普通高等教育医学类系列教材

神经病学

（第二版）

陈生弟 主编

科学出版社

北京

内 容 简 介

本书为高等医学院校新世纪教材,为适应新形势下的教学任务,依照医学院五年制、七年制学生的培养目标而编写。全书共分24章,在内容方面注重科学性、先进性与继承性、实用性的统一。在编写形式方面,追求培养学生科学的临床思维方法和临床实际工作能力。

本书可供高等医学院校临床医学、口腔医学、预防医学、法医学、护理学等相关专业的学生使用。

图书在版编目(CIP)数据

神经病学/陈生弟主编. —第二版. —北京:科学出版社,2010

普通高等教育医学类系列教材
ISBN 978-7-03-029326-8

Ⅰ.①神… Ⅱ.①陈… Ⅲ.①神经病学－医学院校－教材　Ⅳ.①R741

中国版本图书馆 CIP 数据核字(2010)第 207290 号

责任编辑:潘志坚 / 责任校对:谭宏宇
责任印制:黄晓鸣 / 封面设计:殷 靓

科学出版社 出版
北京东黄城根北街16号
邮政编码:100717
http://www.sciencep.com

广东虎彩云印刷有限公司印刷
科学出版社发行　各地新华书店经销

*

2005年2月第 一 版　开本:889×1194 1/16
2011年1月第 二 版　印张:20
2022年8月第十四次印刷　字数:721 000

定价:65.00元

普通高等教育医学类系列教材

《神经病学》(第二版)编委名单

主　　编　陈生弟

副主编　洪　震

编　　委　(以姓氏笔画为序)
丁美萍(浙江大学医学院)
万　琪(南京医科大学)
王拥军(首都医科大学)
王学峰(重庆医科大学)
刘　鸣(四川大学华西医学院)
李承晏(武汉大学医学部)
李焰生(上海交通大学医学院)
张　成(中山大学医学院)
陈生弟(上海交通大学医学院)
陈先文(安徽医科大学)
陈晓春(福建医科大学)
赵忠新(第二军医大学)
贾建平(首都医科大学)
唐北沙(中南大学湘雅医学院)
崔丽英(中国协和医科大学)
谢　鹏(重庆医科大学)
樊东升(北京大学医学部)

学术秘书　王　刚(上海交通大学医学院)

第二版前言

经过五年的使用,《神经病学》教材迎来了第二版,这既是为了适应教育部教材规划项目("十二五"规划)启动的需要,同时也体现了广大临床医学教师及同学对这本教材的认可。本版教材在第一版的基础上,邀请了全国十一所重点高校从事神经病学教学、临床和科研工作的知名专家、教授编写而成,在第一版编写专家团队的基础上,部分人员有所调整,编委设置更具代表性,其专业特色更加鲜明,力图于百花齐放中精益求精。在编写指导思想上,我们力求与时俱进,继续遵循严谨、规范、创新的原则,在尊重以往我国高等医学教育的传统与习惯的基础上,彰显学科发展和时代进步的特色;既能体现现代循证医学与治疗指南的最新成果,也不忘融入每位作者来源于长期临床实践的经验与智慧。在编写过程中,我们参考借鉴了国内外现有的神经病学教材的优点及特色,保留了第一版的主要形式,新增了部分内容,更加便于教师教学和学生自学。

第二版教材秉承了第一版以临床为核心的主要特点,既注意知识的系统性和完整性,又力求重点突出和特色鲜明。主要章节继承了以往教材的内容,包括绪论、神经系统疾病的定位诊断、神经系统疾病的病史采集和体格检查、辅助检查、诊断原则、脑血管疾病、中枢神经系统感染、中枢神经系统脱髓鞘疾病、运动障碍性疾病、癫痫、头痛、痴呆、神经系统变性疾病、神经系统先天性疾病、神经系统遗传性疾病、脊髓疾病、周围神经疾病、自主神经系统疾病、神经-肌肉接头与肌肉疾病、神经康复二十个章。同时根据疾病谱和学科进展的变化,新增了神经系统常见症状、神经系统疾病的循证医学、睡眠障碍、系统疾病的神经并发症四章内容,原有章节则新增了体现近5年学科进展的内容。

在具体内容上，注重基本理论、基本知识、基本技能的介绍和培养，同时对本学科新知识、新技术、新的诊疗规范也作了简要的介绍。对脑血管疾病、癫痫等常见病、多发病编写得较为详细，对少见疾病仅略作介绍。

在编写格式上，注重实际教学的操作和需要，在每章首段均摘选了相关的英文导言，以开拓学生视野、提高同学的人文素养及学习兴趣。为方便学生自学及复习，每章后均附有思考题以及具有代表性的参考文献。疾病各论章节每章选编一个典型病例分析，旨在加强理论与实际的联系，培养学生科学的临床思维方法和临床实际工作能力，也可作为以病例分析为基础的学习方法（case based teaching，CBT）的教学用典型病例。

写作风格简洁规范，逻辑严密，条理清晰，统一风格，图文并茂，便于理解。然而由于不同作者写作习惯和风格难免有所差异，加上受本人学识所限，错误和不妥之处在所难免，恳请并期盼使用本教材的老师、同学和临床医师批评指正，以便今后修订完善。

本教材可供医学院校五年制至七年制教学之用，也可供临床医师参考。各学校可根据培养目标、学制、专业及教学学时选择适当内容课堂讲述，鼓励学生根据学习兴趣自学。

2010 年 9 月 8 日

目　　录

前言

第一章　绪论

第二章　神经系统疾病的定位诊断

第一节　脑神经 /3
 一、嗅神经(Ⅰ) /3
 二、视神经(Ⅱ) /4
 三、动眼神经(Ⅲ)、滑车神经(Ⅳ)、展神经(Ⅵ) /6
 四、三叉神经(Ⅴ) /10
 五、面神经(Ⅶ) /11
 六、位听神经(Ⅷ) /12
 七、舌咽神经(Ⅸ)、迷走神经(Ⅹ) /14
 八、副神经(Ⅺ) /15
 九、舌下神经(Ⅻ) /15

第二节　运动系统 /15
 一、下运动神经元 /16
 二、上运动神经元 /17
 三、锥体外系 /19
 四、小脑 /23

第三节　感觉系统 /24
 一、解剖生理 /25
 二、感觉障碍的临床表现和定位诊断 /27

第四节　反射 /29
 一、浅反射 /29
 二、深反射 /30
 三、病理反射 /30

第五节　中枢各部损害表现 /30
 一、大脑半球 /30
 二、间脑 /34
 三、脑干 /36
 三、小脑 /37
 四、脊髓 /37

第六节　脑脊膜、脑室病变及脑脊液循环障碍的临床表现 /39
 一、脑脊膜 /39
 二、脑室及脑脊液循环 /40

第三章　神经系统疾病的常见症状

第一节　意识障碍 /42
一、定义 /42
二、以意识水平改变为主的意识障碍 /42
三、以意识内容改变为主的意识障碍 /43
四、特殊类型的意识障碍 /43
五、意识障碍的鉴别诊断 /44

第二节　失语症 /44
一、定义 /44
二、分类 /44
三、临床表现 /44

第三节　认知功能障碍 /45
一、轻度认知功能障碍 /45
二、痴呆 /46

第四节　头面部痛 /46
一、定义 /46
二、病因 /46

第五节　眩晕 /47
一、定义 /47
二、临床表现 /47
三、分类 /47

第六节　晕厥 /48
一、定义 /48
二、临床表现 /48
三、病因 /48

第七节　惊厥 /49
一、定义 /49
二、分类 /49

第八节　复视和眼外肌麻痹 /49
一、复视 /49
二、眼外肌麻痹 /50

第九节　躯体感觉障碍 /50
一、抑制性症状 /50
二、刺激性或激惹性症状 /51

第十节　瘫痪 /52
一、概述 /52
二、临床表现 /52

第十一节　不自主运动 /52
一、定义 /52
二、临床表现 /53

第十二节　共济失调 /54
一、定义 /54
二、临床表现 /54

第十三节　步态异常 /55
一、定义 /55
二、临床表现 /55

第十四节　焦虑 /57
一、定义 /57
二、临床表现 /57
三、鉴别诊断 /57

第十五节　抑郁 /58
一、定义 /58
二、临床表现 /58

第四章　神经系统疾病的病史采集和体格检查

第一节　病史采集 /60

第二节　神经系统体格检查 /61

第五章　神经系统疾病常用的辅助检查

第一节　脑脊液检查 /76
一、检查方法 /76
二、检查内容 /77

第二节　神经影像学检查 /78
一、头颅平片和脊柱平片 /78
二、脊髓造影 /78
三、数字减影血管造影 /78
四、计算机断层扫描 /79
五、磁共振成像 /79

第三节　放射性同位素检查 /80
一、单光子发射计算机断层扫描 /80
二、正电子发射计算机断层扫描 /80
三、脊髓腔和脑池显像 /81

第四节　神经电生理检查 /81
一、脑电图 /81
二、脑磁图 /82
三、脑诱发电位 /82
四、肌电图和神经传导测定 /83

第五节 颅、颈血管超声检查 /84
　一、经颅超声多普勒检查 /84
　二、颈部血管彩色超声检查 /85
第六节 脑、神经和肌肉活组织检查 /85
　一、脑活组织检查 /85
　二、周围神经活组织检查 /86
　三、肌肉活组织检查 /86
第七节 分子生物学诊断技术 /86
　一、常用DNA突变检测方法 /86
　二、细胞遗传学检测 /87
　三、异常蛋白的检测 /87
　四、分子生物学诊断技术在临床应用的局限 /87

第六章　神经系统疾病的循证医学

第一节 循证医学的基本概念 /89
第二节 临床研究证据的分类、分级及来源 /90
　一、证据分类 /90
　二、证据分级 /90
　三、神经专业主要的证据来源 /90
第三节 神经疾病的循证临床实践 /91
　一、循证临床实践的基本步骤 /91
　二、如何在神经科进行循证临床实践 /92
　三、神经科开展循证实践的意义 /93

第七章　神经系统疾病的诊断原则

第一节 临床思维方法 /94
第二节 临床诊断思路 /95
　一、定位诊断 /95
　二、定性诊断 /96

第八章　脑血管疾病

第一节 概述 /98
第二节 短暂性脑缺血发作 /103
第三节 缺血性卒中 /105
第四节 脑出血 /109
第五节 蛛网膜下腔出血 /112
第六节 高血压脑病 /114
第七节 其他动脉性疾病 /116
　一、脑底异常血管网病 /116
　二、脑静脉系统血栓形成 /116

第九章　中枢神经系统感染

第一节 概述 /121
第二节 病毒感染性疾病 /121
　一、单纯疱疹病毒性脑炎 /121
　二、病毒性脑膜炎 /123
　三、进行性多灶性白质脑病 /123
　四、亚急性硬化性全脑炎 /124
　五、进行性风疹全脑炎 /125
第三节 艾滋病所致的神经系统障碍 /125
第四节 朊蛋白感染疾病 /127
　一、概述 /127
　二、Creutzfeldt-Jakob病 /128
第五节 中枢神经系统结核病 /129
　一、结核性脑膜炎 /129
　二、中枢神经系统结核瘤 /130
第六节 新型隐球菌性脑膜炎 /130
第七节 螺旋体感染性疾病 /131
　一、神经梅毒 /131
　二、神经Lyme病 /132
　三、神经系统钩端螺旋体病 /132
第八节 脑寄生虫病 /133
　一、脑囊虫病 /133
　二、脑型血吸虫病 /133
　三、脑包虫病 /134
　四、脑型肺吸虫病 /134
　五、广州管圆线虫病 /134

第十章 中枢神经系统脱髓鞘疾病

第一节 概述 /136
第二节 多发性硬化 /136
第三节 视神经脊髓炎 /141
第四节 临床孤立综合征 /142
第五节 急性播散性脑脊髓炎 /142
第六节 急性出血性白质脑炎 /143
第七节 脑白质营养不良症 /143
　一、肾上腺脑白质营养不良症 /143
　二、异染性脑白质营养不良症 /143
　三、克拉伯病 /144
第八节 髓鞘溶解症 /144

第十一章 运动障碍性疾病

第一节 概述 /146
第二节 帕金森病 /148
第三节 肝豆状核变性 /153
第四节 小舞蹈病 /156
第五节 亨廷顿病 /157
第六节 肌张力障碍 /158
第七节 其他运动障碍性疾病 /161
　一、原发性震颤 /161
　二、抽动秽语综合征 /161
　三、迟发性运动障碍 /162

第十二章 癫痫

第一节 概述 /164
第二节 癫痫的分类及临床表现 /166
第三节 癫痫的诊断 /169
第四节 癫痫的治疗 /170

第十三章 头痛

第一节 概述 /178
第二节 原发性头痛 /179
　一、偏头痛 /179
　二、紧张型头痛 /181
　三、丛集性头痛 /182
第三节 继发性头痛 /183
　一、颞动脉炎 /183
　二、低颅压性头痛 /184
　三、药物过度使用性头痛 /185

第十四章 痴呆

第一节 概述 /187
第二节 阿尔茨海默病 /189
第三节 血管性痴呆 /193
第四节 额颞痴呆 /195
第五节 路易体痴呆 /196

第十五章 神经系统变性疾病

第一节 概述 /200
第二节 运动神经元病 /200
第三节 多系统萎缩 /204
　一、橄榄脑桥小脑萎缩 /206
　二、纹状体黑质变性 /207
　三、夏-德综合征 /208

第十六章 神经系统先天性疾病

第一节 概述 /210
第二节 颅颈区畸形 /211
　一、颅底凹陷症 /211
　二、扁平颅底 /211

三、小脑扁桃体下疝畸形 /212
第三节　脑性瘫痪 /212
第四节　先天性脑积水 /213
第五节　胼胝体发育不良 /214

第十七章　神经系统遗传性疾病

第一节　概述 /216
第二节　遗传性共济失调 /217
　一、遗传性脊髓小脑性共济失调 /217
　二、弗里德赖希共济失调 /219
　三、共济失调毛细血管扩张症 /220
　四、遗传性痉挛性截瘫 /221
第三节　腓骨肌萎缩症 /223
第四节　神经皮肤综合征 /224
　一、神经纤维瘤病 /224
　二、结节性硬化症 /225
　三、脑面血管瘤病 /226
　四、视网膜小脑血管瘤病 /226

第十八章　脊髓疾病

第一节　概述 /229
第二节　急性脊髓炎 /232
第三节　脊髓压迫症 /234
第四节　脊髓空洞症 /238
第五节　脊髓亚急性联合变性 /239
第六节　脊髓血管疾病 /241
　一、缺血性脊髓血管病 /241
　二、出血性脊髓血管病 /242

第十九章　周围神经疾病

第一节　概述 /244
第二节　脑神经疾病 /247
　一、三叉神经痛 /247
　二、特发性面神经麻痹 /248
　三、面肌痉挛 /249
　四、多发性脑神经损害 /250
第三节　脊神经疾病 /251
　一、单神经病 /251
　二、多发性神经病 /255
　三、急性炎症性脱髓鞘性多发神经病 /257
　四、慢性炎症性脱髓鞘性多发神经病 /258

第二十章　自主神经系统疾病

第一节　概述 /261
第二节　雷诺病 /261
第三节　红斑性肢痛症 /263
第四节　偏侧萎缩症 /263

第二十一章　神经-肌肉接头与肌肉疾病

第一节　概述 /266
第二节　重症肌无力 /268
第三节　周期性瘫痪 /272
　一、低钾型周期性瘫痪 /272
　二、高钾型周期性瘫痪 /273
　三、正常钾型周期性瘫痪 /273
第四节　进行性肌营养不良症 /274
第五节　多发性肌炎 /277
第六节　肌强直性肌病 /278
　一、强直性肌营养不良症 /278
　二、先天性肌强直 /279
第七节　线粒体肌病及线粒体脑肌病 /279

第二十二章　神经康复学

第一节　神经康复的理论基础 /282
第二节　康复评定和康复目标 /283
第三节　康复治疗技术 /283
第四节　脑卒中的康复 /284

一、急性脑血管病三级康复体系 /284　　　二、脑卒中主要神经功能障碍的康复 /284

第二十三章　睡眠障碍

287

第一节　睡眠生理 /287
第二节　失眠 /287
第三节　睡眠呼吸暂停综合征 /290
第四节　发作性睡病 /292
第五节　其他常见类型的睡眠障碍 /292
　　一、不安腿综合征 /292
　　二、周期性肢体运动障碍 /293
　　三、快速眼球运动睡眠行为障碍 /293
　　四、睡行症 /293
　　五、睡惊症 /294

第二十四章　系统疾病的神经系统并发症

296

第一节　概述 /296
第二节　消化系统疾病的常见神经系统并发症 /298
　　肝性脑病 /298
第三节　呼吸系统疾病的常见神经系统并发症 /300
　　肺性脑病 /300
第四节　内分泌系统疾病的常见神经系统并发症 /301
　　一、高渗性非酮症高糖昏迷 /301
　　二、糖尿病性神经病 /302
第五节　泌尿系统疾病的常见神经系统并发症 /302
　　一、尿毒症性脑病 /302
　　二、尿毒症性神经病 /303
　　三、透析相关的神经系统损害 /303
第六节　结缔组织病相关的神经系统并发症 /304
　　系统性红斑狼疮 /304
第七节　恶性肿瘤的神经系统并发症 /305
　　一、副肿瘤综合征 /305
　　二、恶性淋巴瘤的神经系统并发症 /306

第一章 绪论

　　神经病学(neurology)是研究神经系统及骨骼肌疾病的一门临床学科。它由内科学发展而来,目前已成为与内科学并列的独立二级学科。神经病学的研究对象是神经系统及骨骼肌疾病,研究内容包括上述疾病的病因、发病机制、病理、临床表现、诊断、治疗及预防。神经疾病种类繁多,按病变部位不同可分为中枢神经疾病、周围神经疾病和肌肉疾病。按病因可分为感染、血管病变、肿瘤、外伤、自身免疫、变性、遗传、先天发育异常、中毒、营养缺陷及代谢障碍等。

　　神经病学是一门历史悠久又充满活力的学科,自19世纪中叶作为一门独立学科创立以来已有百余年的历史,进入20世纪后更得到了飞速发展。神经病学作为神经科学领域的一门分支学科,与众多基础学科关系密切,如神经解剖学、神经生理学、神经生化学、神经病理学、神经免疫学、神经遗传学、神经流行病学、神经药理学、神经影像学、神经心理学等,这些基础学科的发展对神经病学的进步息息相关。例如,以计算机X线断层扫描(CT)和磁共振成像(MRI)为代表的神经影像学技术的问世对神经病学诊断水平的提高带来了革命性的变化;神经遗传学和分子生物学技术的发展使很多神经遗传疾病的病因逐渐得以阐明,如肝豆状核变性、亨廷顿病、遗传性共济失调、进行性肌营养不良、强直性肌营养不良等;基因治疗和干细胞移植研究为治疗很多顽固性神经疾病提供了极具前景的发展方向。神经病学与很多临床学科关系也非常密切。神经外科学与神经病学的密切关系自不待言。神经病学与精神病学虽有联系,但属两个不同学科,精神病学是一门研究认知、情感、意志、行为等精神活动障碍的临床学科,如精神分裂症、情绪障碍、人格障碍等;尽管不少神经疾病也具有精神症状,但只是作为器质性疾病的表现之一,神经病学更多的还是关注神经、肌肉器质性病变。眼科、耳鼻喉科、口腔科、骨科等临床学科与神经病学也有较密切的联系,目前已派生神经眼科学、神经耳鼻喉科学等边缘学科。

　　神经系统结构功能极其复杂。就解剖结构而言,神经系统可分为中枢神经系统和周围神经系统,前者由大脑、间脑、脑干、小脑、脊髓等组成,后者由脑神经和脊神经组成。神经元是信息处理的基本元件,不同中枢结构的神经元之间通过突触联系构成复杂的神经调节网络,对机体各种功能发挥调控作用。不同神经结构或组织的损害可产生多种症状及体征,概括起来有以下四类:① 缺损症状:指神经结构损害引起的正常功能丧失,如内囊区脑梗死导致对侧偏瘫和偏身感觉障碍,脊髓胸段横贯性损害导致截瘫、病变平面下深浅感觉消失及大小便功能障碍;② 刺激症状:指神经结构受到刺激时产生的某些症状,如脑肿瘤、外伤等病变引起的癫痫,脊神经或三叉神经受刺激引起的神经痛;③ 释放症状:指某些神经结构损伤导致正常条件下被抑制的功能释放出来,如锥体外系病变引起的不自主运动(如舞蹈征、手足徐动、肌张力障碍、震颤),锥体束损害引起的锥体束征;④ 休克症状:指某些高级神经结构急性严重损害引起的低级中枢的功能暂时减弱,如急性脊髓损害引起的脊髓休克。

　　神经疾病的诊断程序及原则与内科学基本相同。即在病史询问、内科及神经系统体检的基础上,结合适当的辅助检查,进行综合分析得出诊断。神经病学是一门更注重逻辑性的学科,疾病的诊断思路是先定位,再定性,即先确定病变的部位(即定位诊断),再确定病变的性质(即定性诊断)。在临床工作中必须熟悉各部位损害产生的神经症状和体征的特点,将采集到的神经症状及体征结合神经解剖、神经生理知识进行推理分析才能确定病变部位,即作出定位诊断。定性诊断需要根据病史、定位诊断结果,结合必要的辅助检查作出疾病性质的判断,如血管病、炎症、脱髓鞘、肿瘤、中毒、代谢、变性等。需要强调的是,随着科学技术的发展,一大批新型先进的辅助诊断仪器和手段相继应用于临床,尽管这些仪器和设备极大地方便了临床诊断并确实提高了诊断水平,但切勿盲目依赖仪器,忽视基本技能的培养。因为临床方法仍然是疾病诊断的基础,辅助检查只能提供辅助依据,任何先进的辅助检查结果必须结合临床表现才能正确判断其意义。实际上,有些神经疾病,如三叉神经痛、特发性面神经麻痹、癫痫、原发性头痛、短暂性脑缺血发作、肌张力障碍等,只能依据临床表现才能作出诊断。

　　神经疾病的治疗一直是个薄弱环节,但近年来也取得了一些进步。根据治疗水平,神经疾病大致可分为以下三类:① 可治愈疾病:如脑膜炎、脑炎、特发性面神经麻痹、格林-巴利综合征、部分脑血管疾病、营养缺乏性神经疾病等,对这些疾病应早诊断,及时治疗;② 不能治愈但可控制病情、缓解症状的疾病:如大部分癫痫、偏头痛、周期性麻痹、三叉神经痛、多发性硬化、重症肌无力、帕金森病等,对这类疾病要给予适当的治疗,以改善症状,延缓病情的发展;③ 目前无有效治疗方法的疾病:如大多数神经变性疾病、神经遗传病、慢病毒感染等,这类患者应给予适当的对症支持治疗,提高其生活质量。

学好神经病学需要注意学习方法和技巧。神经系统结构功能极其复杂,学好神经病学需要丰富的基础理论知识,特别是神经解剖和神经生理知识,因为这是神经系统疾病定位诊断的基础。神经病学又是一门非常强调实践的临床学科,在学习中,要特别注重临床实践和基本技能的学习培养,多观察、多动手、勤思考,善于把理论知识、书本知识与临床实践结合起来,才能逐步提高实际工作能力。不少神经系统疾病与内科疾病相关,如高血压、糖尿病、冠心病、血液病是脑血管疾病的重要致病因素;心、肺、肝、肾等重要脏器严重损害及代谢障碍会导致神经损害(肝性脑病、肾性脑病、肺性脑病、糖尿病酮症酸中毒及非酮症高渗昏迷、糖尿病周围神经病);有些神经系统疾病常与某些内科疾病伴发,如低钾性周期性麻痹伴甲亢、亚急性联合变性伴巨幼红细胞贫血、小舞蹈病伴风湿病、副肿瘤神经综合征与恶性肿瘤等。学习神经病学应当熟悉其他相关临床学科知识,注意从整体、联系的角度分析问题。本课程旨在为同学们学习神经病学提供入门性理论、知识、技能,由于内容很多,学时有限,在有限的时间里不太可能对所有内容都逐一讲解,同学们也不可能亲自参与所有疾病的诊疗实践(实际上很多罕见疾病在很多专科医生的职业生涯中也难得一见),因此学习本门课程要有所侧重。学习的重点应当是神经病学基本知识和基本技能,如神经系统疾病常见症状的识别和定位、定性诊断方法,神经系统疾病病史采集、神经系统体检、腰穿方法,脑血管病、癫痫、帕金森病等常见神经系统疾病的临床表现和诊断,危重疾病抢救等,为将来的临床工作打下基础。掌握这些基本知识技能,即使将来不从事神经病学专业工作,也会从中受益。当然,对于有志于将来从事本专业或学有余力的同学,可以自学其他内容。除专业图书、文献外,很多专业网站内容丰富、表现形式生动直观,是极佳的学习资源。

尽管神经病学取得了很大发展,神经系统疾病还有很多未解之谜,包括脑血管病、阿尔茨海默病、帕金森病等在内的神经系统疾病是威胁人类健康主要原因之一。21世纪是脑科学的世纪,神经病学作为神经科学的重要分支学科充满机遇和挑战,希望同学们通过本门课程的学习能为将来从事神经病学临床科研工作或其他临床工作打下坚实的基础。

(陈生弟)

参考文献

Bradley Walter G., Daroff Robert B., Fenichel Gerald, Jankovic Joseph. 2007. Neurology in Clinical Practice e-dition, 5th edition. Boston: Butterworth-Heinemann

Ropper Allan H, Brown Robert H. 2005. Adams and Victor's Principles of Neurology. 8th edition. New York: McGraw-Hill Companies, Inc

Rowland Lewis P., Pedley, Timothy. 2009. Merritt's Neurology. 12th Edition, Philadelphia: Lippincott Williams & Wilkins, Inc

第二章 神经系统疾病的定位诊断

Neurology, more than any other specialty, rests on clinicoanatomic correlation. While observing abnormalities of function in the patient, the clinician tries to infer whether there are abnormalities in the structure or metabolic status of various aspects of the nervous system. The neurologic clinician thus attempts, with each patient, to answer two questions: (1) Where is(are) the lesion(s)? (2) What is(are) the lesion(s)?

The term lesion refers to a zone of localized dysfunction within the central nervous system or peripheral nervous system. Lesions can be anatomic, with dysfunction resulting from structural damage(examples are provided by stroke, trauma, and brain tumors). Lesions also can be physioloic, reflecting physiologic dysfunction in the absence of demonstrable anatomic abnormalities. An example is provided by transient ischemic attacks, in which temporary and reversible loss of function of part of the brain occurs without structural damage to neurons or glial cells, as a result of metabolic changes caused by vascular insufficiency.

—— Stephen G. Waxman, 2000

第一节 脑 神 经

脑神经共12对,除第Ⅰ、Ⅱ对与大脑相连外,其余10对与脑干相连(图2-1),其中出入中脑2对(Ⅲ、Ⅳ)、脑桥4对(Ⅴ、Ⅵ、Ⅶ、Ⅷ)、延髓4对(Ⅸ、Ⅹ、Ⅺ、Ⅻ)。与脑干相连的脑神经,其神经核位于脑干中(副神经部分纤维发自颈髓上段),运动核一般靠近中线,感觉核在外侧(图2-2)。脑神经主要支配部位是头面部和颈部,但迷走神经的分布范围达胸腹腔脏器。

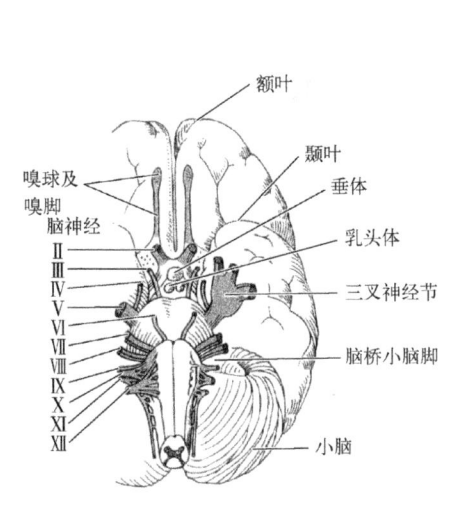

图2-1 脑底及脑神经根

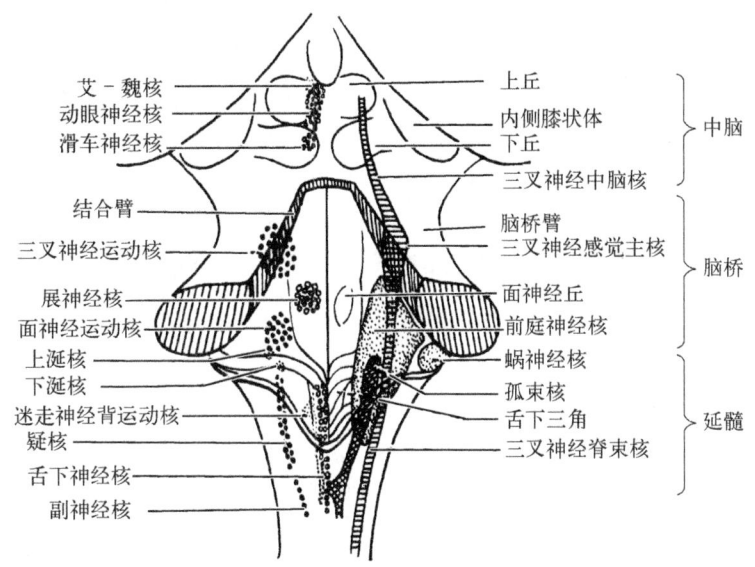

图2-2 脑干内的脑神经核

脑神经依病变部位不同通常被分为中枢性和周围性。周围性病变指脑神经核、脑神经及神经-肌接头病变。中枢性病变指脑干(不包括脑神经核)、大脑、小脑病变。如果脑干病变同时累及脑神经核和其他脑干结构则为中枢性和周围性混合病变。

一、嗅神经(Ⅰ)

(一)解剖生理

嗅神经为主司嗅觉的感觉神经,第一级感觉神经元为双极神经元,位于鼻腔嗅黏膜,其中枢支集合成约20个小支,

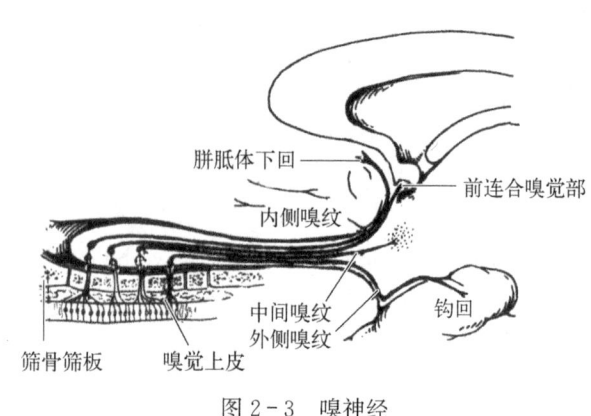

图 2-3 嗅神经

被称作嗅丝(即嗅神经)。嗅丝穿过筛骨的筛板和硬脑膜,终于嗅球。嗅球中有嗅觉第二级感觉神经元,其发出的神经纤维构成嗅束,嗅束向后进一步分为内侧嗅纹、中间嗅纹和外侧嗅纹三个纤维束。外侧嗅纹终于嗅中枢,即颞叶的钩回、海马回前部和杏仁核;内侧嗅纹及中间嗅纹分别终于胼胝体下回及前穿质,参与嗅觉反射联络(图 2-3)。

(二)临床症状

鼻腔嗅黏膜病变可导致一侧或两侧嗅觉丧失。前颅凹颅底骨折可导致嗅丝撕脱引起嗅觉障碍并引起脑脊液沿嗅丝周围间隙流入鼻腔。前颅凹肿瘤压迫嗅丝及嗅束亦可导致嗅觉障碍。嗅中枢病变不会导致嗅觉丧失,但可引起幻嗅发作。

二、视神经(Ⅱ)

(一)解剖生理

视神经为传递视觉信息的感觉神经。视觉感受器位于视网膜,由视锥细胞和视杆细胞两种感光细胞组成,感光细胞感受到的视觉信息传递给视网膜神经节细胞,后者的轴突向视乳头汇集,并向后穿过巩膜形成视神经。在颅中凹,来自两眼鼻侧视网膜的视神经纤维通过视交叉至对侧,与起源于对侧颞侧视网膜的视神经纤维会合形成视束,视束纤维止于外侧膝状体,并在此换元。外侧膝状体神经元发出的视觉纤维形成视辐射,经内囊后肢终于枕叶视中枢皮质(距状裂两侧的楔回和舌回)。参与瞳孔对光反射的视束纤维不经外侧膝状体,它经上丘臂到达中脑上丘,再发出纤维至两侧的动眼神经核(图 2-4)。

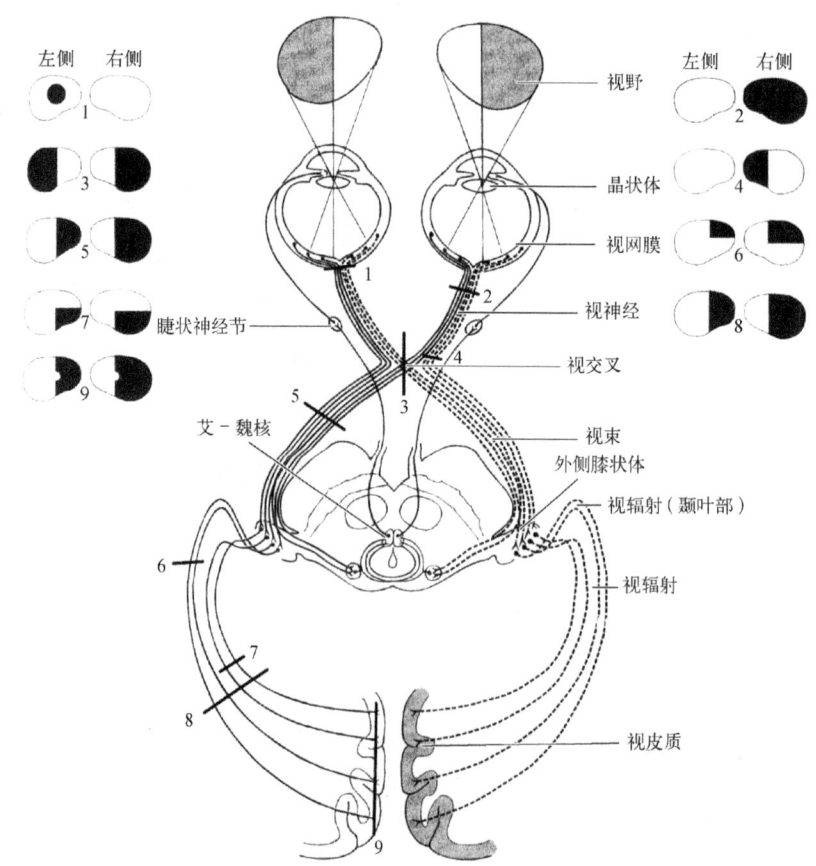

图 2-4 视觉通路、视野缺损及其病变解剖基础

1. 右侧视乳头炎及视神经炎—右侧中央视野缺损;2. 右侧视神经损害—单眼全盲;3. 视交叉损害—双颞侧偏盲;4. 视交叉右外侧损害—右眼鼻侧偏盲;5. 左侧视束损害—右侧同向偏盲;6. 左侧视辐射下部(颞叶)损害—右上象限同向偏盲;7. 左侧视辐射上部(顶叶)损害—右下象限同向偏盲;8. 左侧视辐射全部损害—右侧同向偏盲;9. 视皮质损害—右侧同向偏盲(黄斑回避)

视神经外面有三层包膜,分别由三层脑膜延续而来,因此蛛网膜下腔也随之延续到视神经周围,所以颅内压升高时,常出现视乳头水肿。

(二)临床症状

1. 视力障碍及视野缺损 视觉传导通路不同节段受损,会导致不同类型的视力障碍和视野缺损,有较大的定位诊断价值。大致上,视交叉之前的视神经及视网膜病变可导致同侧视力障碍(单眼盲),视交叉病变会导致双颞侧偏盲,视束及视辐射病变会引起两眼对侧视野同向偏盲(hemianopia)或象限盲。

(1)视神经:视神经及视网膜病变均可导致同侧眼视力下降和视野缺损,常见病因包括炎症、脱髓鞘、压迫、高颅压、缺血等。视神经病变的视力障碍重于视网膜病变。视神经炎多引起中央部视野缺损(图2-4之1),视乳头水肿多引起周边视野缺损及生理盲点扩大。视神经压迫早期引起不规则视野缺损,最终导致单眼全盲(图2-4之2)。

(2)视交叉:此部病变常引起两眼颞侧偏盲(图2-4之3),多为鞍区肿瘤(垂体瘤、颅咽管瘤)压迫所致。少数情况下表现为一侧鼻侧偏盲(图2-4之4),见于颈内动脉病变压迫视交叉外侧部。

(3)视束:此部病变引起两眼对侧视野同向偏盲(图2-4之5),见于颞叶肿瘤或脑血管病。

(4)视辐射:此部病变引起两眼对侧视野同向偏盲或象限盲,病因多为肿瘤或脑血管病。颞叶病变可累及视辐射下部,引起两眼对侧视野上象限同向偏盲(图2-4之6);顶叶病变可累及视辐射上部,引起两眼对侧视野下象限同向偏盲(图2-4之7);枕叶病变可累及视辐射全部,引起两眼对侧视野同向偏盲(图2-4之8)。

视束与视辐射病变引起的视力障碍和视野缺损特点相似,鉴别要点是视束病变偏盲侧光反射消失,而视辐射病变偏盲侧光反射仍然存在。

(5)枕叶视中枢:此部病变引起两眼对侧视野同向偏盲,视野中心视力常保存,称黄斑回避(图2-4之9)。枕叶前部病变可引起视觉失认。

2. 眼底改变 高颅压、视神经本身病变及系统性疾病(糖尿病、高血压)均可导致眼底异常,眼底改变对判断高颅压及视神经病变性质有重要价值。正常眼底见图2-5。常见的与高颅压及视神经本身病变有关的眼底改变如下:

(1)视乳头水肿(图2-6):见于各种原因引起的高颅压,如:颅内占位(肿瘤、脓肿、血肿)、脑出血、蛛网膜下腔出血、脑膜炎、静脉窦血栓形成等。视乳头水肿的发生机制有二:一是高颅压影响视网膜中央静脉和淋巴回流;二是脑脊液渗入到与蛛网膜下腔延续的视神经周围腔隙。视乳头水肿的病变特点是视网膜动脉波动消失(最早出现)、视乳头充血、边缘模糊、生理凹陷消失甚至隆起,可伴视乳头及附近视网膜出血。晚期可出现视神经萎缩改变。视乳头水肿须与假性视乳头水肿、视乳头炎、高血压眼底改变鉴别。

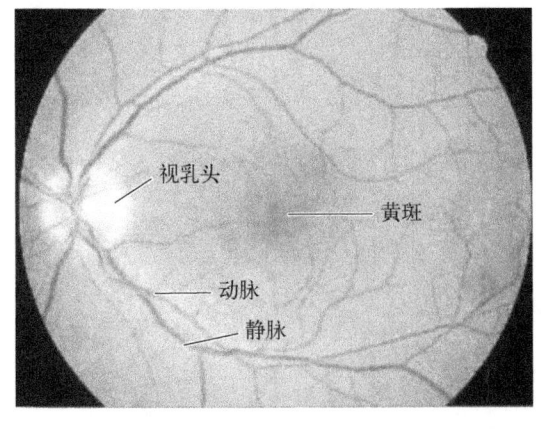 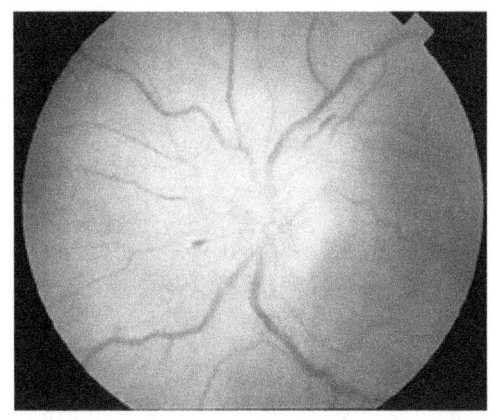

图2-5 正常眼底　　　　　　　　　　图2-6 视乳头水肿

(2)视乳头炎:表现为视乳头轻度肿胀和充血,与视乳头水肿的鉴别要点是肿胀充血较轻且很少伴出血,视力障碍出现早且重,不伴头痛、呕吐等其他高颅压症状。晚期可出现视神经萎缩改变。

(3)视神经萎缩(图2-7):分为原发和继发两种。两者均有视乳头苍白,但原发性视神经萎缩视乳头边界清楚,可窥见筛板,见于视神经压迫、球后视神经炎、多发性硬化、神经变性疾病等;继发性视神经萎缩,视乳头边界模糊,不能窥见筛板,见于视乳头水肿、视乳头炎、视网膜炎后期。外侧膝状体以后视觉通路及视觉中枢病变不引起视神经萎缩。

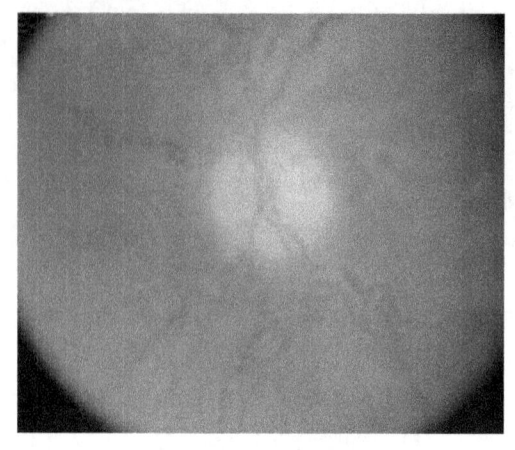

图2-7 视神经萎缩

假性视乳头水肿、高血压及糖尿病眼底改变：①假性视乳头水肿：系视乳头先天发育异常。由于胶原纤维增多，使视乳头突起，边界模糊，但实际上并无水肿，亦无充血及出血，视力正常。②高血压眼底改变：高血压动脉硬化表现为视网膜动脉变细，反光增强，呈银丝样改变，有动静脉压迹。高血压后期或恶性高血压虽也可出现视乳头水肿、渗出及出血，但同时伴有动脉硬化改变。③糖尿病眼底改变：双眼视网膜出现鲜红色毛细血管瘤，火焰状出血，后期有灰白色渗出，鲜红色新生血管形成，易发生玻璃体红色积血。

三、动眼神经(Ⅲ)、滑车神经(Ⅳ)、展神经(Ⅵ)

(一)解剖生理

此三支脑神经均为支配眼肌的眼运动神经，故一并介绍。

1. 动眼神经 动眼神经含躯体运动和内脏运动(副交感)两种纤维，分别起自动眼神经经核和动眼旁核(又称 Edinger-Westphal 核)，其纤维向腹侧行走，穿过红核，在大脑脚脚间窝出脑，与后交通动脉平行向前进入海绵窦侧壁，最后经眶上裂入眶。在眶内，动眼神经中的躯体运动纤维分支支配上睑提肌、上直肌、下直肌、内直肌和下斜肌，副交感纤维进入睫状神经节，交换神经元后，节后纤维抵达瞳孔括约肌和睫状肌(图2-8)，此二肌收缩分别使瞳孔缩小、晶体变突。

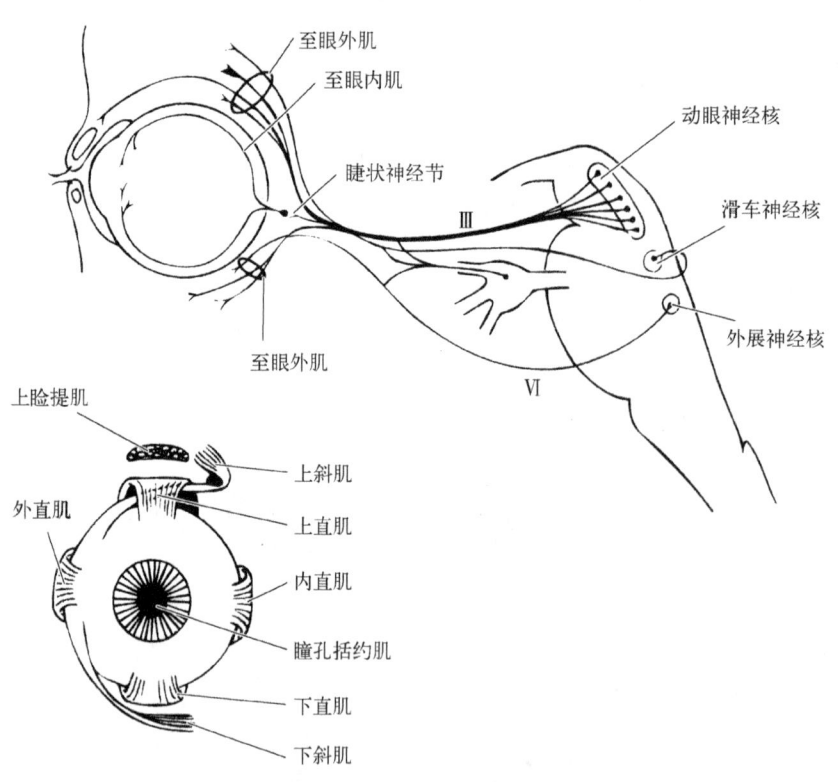

图2-8 眼运动神经及眼肌

2. 滑车神经 起自中脑滑车神经核，在中脑背侧、下丘下方出脑，绕大脑脚外侧向前，穿过海绵窦侧壁，经眶上裂入眶，支配上斜肌(图2-8)。

3. 展神经 起自脑桥背侧近中线处的外展神经核，其纤维在脑桥腹侧与延髓交界处出脑，前行越过颞骨岩尖入海绵窦，穿过海绵窦侧壁，经眶上裂入眶，支配外直肌(图2-8)。

4. 各眼外肌功能与眼球运动 除上睑提肌能上提眼睑，主司睁眼活动外，其他眼外肌均参与眼球运动调节。在眼球运动肌中，只有外直肌和内直肌产生单一水平方向眼球运动，其他肌肉都有几个方向的运动功能。当两眼平视前方，各肌单独收缩功能如下(图2-9)：

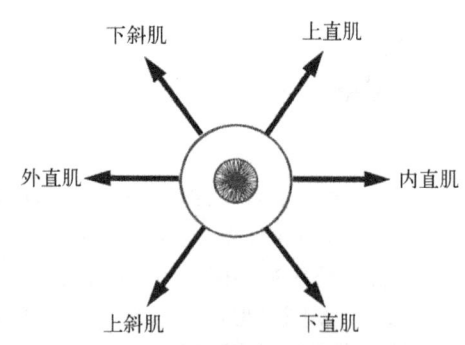

图2-9 眼球平视时眼外肌单独作用方向(右眼)

上直肌：眼球向内上方转动。
下直肌：眼球向内下方转动。
下斜肌：眼球向外上方转动。
上斜肌：眼球向外下方转。
内直肌：眼球向内转动（内收）。
外直肌：眼球向外转动（外展）。

实际眼球运动时，常有多块眼外肌协同完成，但以其中某一肌肉的作用为主。多块眼外肌同时收缩时，功能相互拮抗部分正好抵消，而功能相同的部分能够相互协同。例如，眼球上视时，上直肌内旋作用与下斜肌外旋作用正好抵消，而共同的上视作用得到增强。

上视：上直肌（主要作用）、下斜肌。
下视：下直肌（主要作用）、上斜肌。
内视：内直肌（主要作用）、上直肌、下直肌。
外视：外直肌（主要作用）、下斜肌、上斜肌。

当眼球水平位置发生改变时部分眼肌的作用方向也发生改变，例如：眼球外展23°时，上直肌变成纯粹的提肌，下直肌变成纯粹的降肌；眼球内收51°时，下斜肌变成纯粹的提肌，上斜肌变成纯粹的降肌（图2-10）。两眼不同眼肌协同作用产生两眼协同运动，例如向右水平凝视时，右眼外直肌收缩，左眼内直肌收缩；向右上凝视时，右眼上直肌收缩，左眼下斜肌收缩。

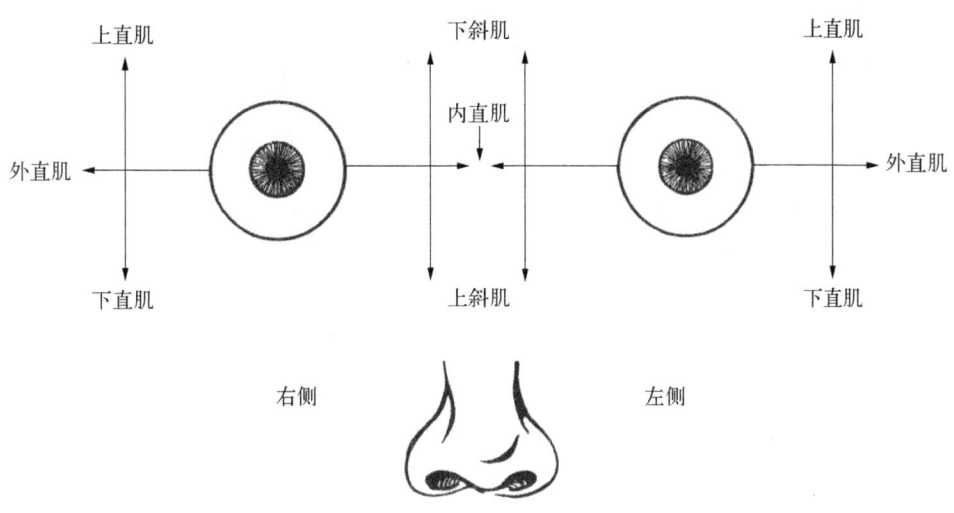

图2-10 眼球水平位置改变时各眼外肌作用方向

5. 眼球协同运动的中枢调节 正常注视物体时需要两眼球协同运动，这种调节活动由位于大脑皮质和脑干的眼球同向运动中枢控制。皮质侧视中枢分布在额叶、枕叶和颞叶，其中额叶侧视中枢主管随意性眼球同向运动，枕叶和颞叶侧视中枢参与视听刺激引起的反射性眼球同向运动。皮质随意性侧视中枢在额中回后部，它发出纤维支配对侧的脑桥侧视中枢，产生向对侧的眼球同向运动。脑干侧视中枢位于脑桥展神经核附近（展旁核），展旁核接受对侧皮质侧视中枢下行纤维支配，并发出神经纤维至同侧外展神经核，还有一部分纤维经内侧纵束至对侧动眼神经核的内直肌亚核，使同侧外直肌和对侧内直肌能够协调收缩，产生向同侧的两眼水平同向转动（图2-11）。皮质眼球垂直性同向运动中枢可能与皮质水平同向运动中枢在同一位置，脑干垂直同向运动中枢位于上丘，由此发出的神经纤维至双侧动眼神经核产生眼球同向向上或向下运动。

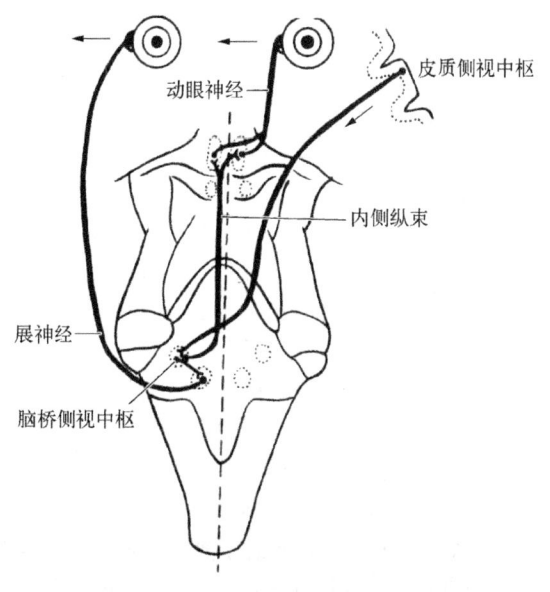

（二）临床症状

1. 眼肌瘫痪 眼球运动功能障碍分周围性、核性、核间性、

图2-11 与水平凝视有关的神经通路

核上性四种。只有眼外肌麻痹而眼内肌(瞳孔括约肌、睫状肌)功能正常称眼外肌麻痹,若情况相反则称眼内肌麻痹,若眼内肌与眼外肌均麻痹称全眼肌麻痹。

(1) 核下性眼肌麻痹:指支配眼肌的运动神经纤维发生病变引起的眼肌麻痹。

1) 动眼神经麻痹:上睑下垂,有外斜视、复视、瞳孔散大、光反射及调节反射消失,眼球不能向上、向内运动,向下运动亦受到限制。注意支配睑板肌的颈交感神经损害、重症肌无力及先天性因素亦有眼睑下垂。

2) 滑车神经麻痹:眼球活动限制较小,只有向外向下活动稍受限,向外下方注视时有复视。单独滑车神经麻痹少见,多与动眼神经麻痹合并出现。

3) 展神经麻痹:内斜视,眼球不能向外侧转动,有复视。

以上三支眼运动神经比较集中的部位,如海绵窦、眶上裂、眶尖及眶内病变,可引起三支眼运动神经同时麻痹,此时眼球固定于中间位置,各方向运动均不能,瞳孔散大,光反射及调节反射消失。

(2) 核性眼肌麻痹(nuclear ophthalmoplegia):指眼运动神经核病变引起的眼肌麻痹,常见于脑干血管病、炎症、肿瘤。特点是除相应的眼肌麻痹外,常伴有邻近的神经组织病变表现。如核性展神经麻痹常伴面神经、三叉神经和锥体束损害,产生同侧的展神经、面神经、三叉神经麻痹和对侧偏瘫(交叉性瘫痪)。核性动眼神经麻痹还有一个特点,那就是可选择性损害个别眼肌功能,而其他动眼神经支配的肌肉功能不受影响,如内直肌麻痹而上直肌、下直肌、下斜肌及提睑肌功能正常。

(3) 核间性眼肌麻痹(internuclear ophthalmoplegia):指内侧纵束损害引起的眼球水平同向运动麻痹,临床多见向同侧水平凝视时同侧眼球外展正常,但可伴眼震,对侧眼球内收不能,称核间性眼肌麻痹。常见于脑血管病及多发性硬化。核间性眼肌麻痹时两眼内聚运动仍正常,因为负责内聚的核上性纤维及支配内直肌动眼神经核并未受损。

若一侧脑桥侧视中枢(外展旁核)及双侧内侧纵束同时受到破坏,则出现同侧凝视麻痹("一个"),对侧核间性眼肌麻痹("半个"),即两眼向病灶侧注视时,同侧眼球不能外展,对侧眼球不能内收;向病灶对侧注视时,对侧眼球能外展,病灶侧眼球不能内收,而两眼内聚运动仍正常,称"一个半综合征(one and a half syndrome)"。

(4) 核上性眼肌麻痹(supranuclear ophthalmoplegia):指皮质随意性侧视中枢及其联系纤维病变引起的眼球同向运动障碍。主要症状为两眼同向偏斜或凝视麻痹(gaze palsy),又称核上性凝视麻痹。若为刺激性病灶(如癫痫),则引起两眼向对侧偏斜(即两眼向病灶对侧凝视);若为破坏性病灶(如卒中),则引起两眼向同侧偏斜(即两眼向病灶同侧凝视)。皮质眼球同向运动中枢病变很少引起眼球垂直运动麻痹。

位于脑干的眼球同向运动中枢病变亦可引起两眼同向偏斜或凝视麻痹,被称作核性凝视麻痹。脑桥侧视中枢病变引起的眼球同向偏斜方向正好与皮质侧视中枢相反,一侧破坏性病灶引起两眼向对侧偏斜,刺激性病灶引起两眼向同侧偏斜。在中脑上丘有眼球垂直同向运动皮质下中枢,累及上丘的破坏性病灶可导致两眼向上同向运动不能,称帕里诺(Parinaud)综合征,常见于松果体肿瘤。若为刺激性病灶则表现为眼球发作性向上转动,称动眼危象(oculogyric crisis),见于脑炎后帕金森综合征,服用抗精神病药物亦可引起。注意正常老年人常有一定程度的向上凝视受限。

核上性与核性凝视麻痹均累及双眼,不产生复视,两者的鉴别要点是:核上性凝视麻痹有随意性凝视运动障碍,但反射性凝视运动保留,如:给予突然的声音刺激,两眼向出现的声音刺激的一侧转动(反射性凝视);将其头向一侧转动,两眼向相反方向转动(头眼反射)。核性凝视麻痹随意性与反射性凝视运动均受限。

2. 复视(diplopia)　　某一眼肌麻痹不仅导致眼球在该眼肌收缩方向上运动受限,而且常伴斜视和复视(视物成双)。复视的形成机制是:两眼注视某一物体时,在正常眼,物像能够落在黄斑区,但患眼由于眼肌麻痹造成眼球运动受限,物像不是落在黄斑区,而是落在黄斑区以外的区域,这种不对称的视网膜刺激会在视觉中枢产生两个物像。正常眼感受到的物像为真像,患眼感受到的物像为假像。由于黄斑区视敏度较其他视网膜区高,故真像较假像清晰。假像总是出现在眼球活动受限的那一方向上,而且越往此方向注视,真像与假像之间的距离越大,复视越明显,如:右眼外直肌麻痹致右眼外展受限,两眼注视右外侧物体时,复视明显,且假像出现在真像的右侧;若为右眼内直肌麻痹致内收受限,两眼注视左外侧物体时,复视明显,且假像出现在真像的左侧。眼球活动方向与复视明显程度之间的关系,以及假像与真像之间的位置关系,有助于判断哪一眼肌发生了麻痹。眼肌麻痹时单眼视物不产生复视,若有,则考虑心因性或眼部病变(如晶体脱位、白内障早期)。

3. 瞳孔大小及瞳孔反射改变　　瞳孔大小受瞳孔括约肌和瞳孔散大肌收缩活动的影响,此两肌又分别受动眼神经的副交感纤维和颈上神经节发出的交感纤维支配。在普通光线下,瞳孔正常直径为3~4 mm,小于2 mm为瞳孔缩小,大于5 mm为瞳孔散大。

(1) 瞳孔散大：见于动眼神经麻痹，钩回疝早期只有瞳孔散大而无眼外肌麻痹，因为副交感纤维在动眼神经表面，先受压。

(2) 瞳孔缩小：一侧瞳孔缩小多见于霍纳(Horner)综合征。此征为颈上交感神经节及其纤维损害所致，一侧中枢交感神经通路受损(延髓背外侧综合征、脊髓C_8~T_1侧角病变)时亦可出现(图2-12)。临床表现除同侧瞳孔缩小外，尚有同侧眼球内陷(眼眶肌麻痹)、眼裂变小(睑板肌麻痹)及面部出汗减少。脑桥出血时，两侧瞳孔呈针尖样缩小，这是由于双侧中枢交感神经通路受损。

药物亦可影响瞳孔大小，如拟胆碱药物匹罗卡平、有机磷农药、吗啡、镇静剂过量可致瞳孔缩小，抗胆碱药物阿托品可致瞳孔散大，临床上需注意与神经病变引起的瞳孔大小改变鉴别。常见瞳孔大小改变及其病因总结于表2-1。

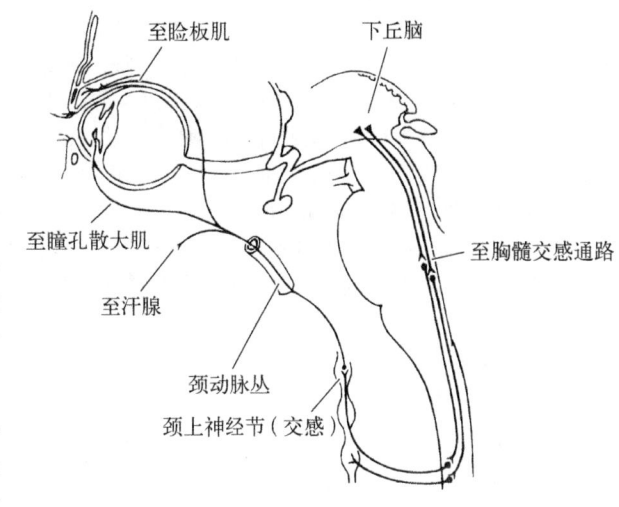

图2-12 支配眼的交感神经通路

表2-1 常见瞳孔大小改变及其病因

瞳 孔 大 小	病 因
单侧瞳孔固定散大(6~9 mm)	急性颅内占位(小脑幕疝) 局部应用抗胆碱药物
双侧瞳孔固定散大(6~9 mm)	脑死亡 小脑幕疝晚期 山莨菪碱、阿托品中毒
双侧瞳孔缩小(2 mm)	急性脑桥损害 有机磷农药、吗啡、镇静剂中毒 非酮症高渗昏迷 高碳酸血症
双瞳孔不等大(相差2~3 mm)	Horner综合征(一侧瞳孔缩小) 中脑及动眼神经损害(一侧瞳孔散大)

(3) 瞳孔光反射：为光线刺激引起的缩瞳反射。分直接光反射和间接光反射，前者指光线刺激引起同侧瞳孔缩小，后者指光线刺激引起对侧瞳孔缩小。

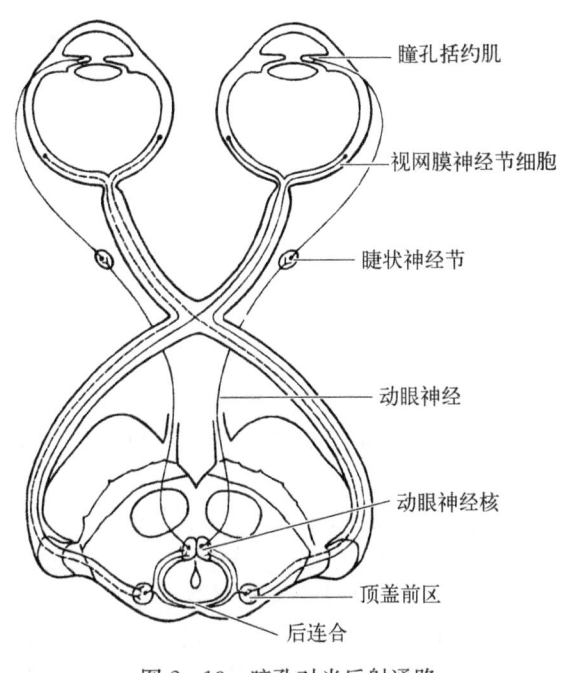

图2-13 瞳孔对光反射通路

瞳孔光反射通路为：视网膜→视神经及视束→中脑顶盖前区→动眼旁核→动眼神经→睫状神经节→节后纤维→瞳孔括约肌(图2-13)。

此通路上任何一处损害均可引起光反射消失。传入通路(视神经)受损时，两瞳孔仍等大，同侧直接光反射消失、对侧间接光反射消失；传出通路(动眼神经)受损时，两瞳孔不等大(患侧大于健侧)，同侧直接和间接光反射均消失，对侧直接和间接光反射均正常。外侧膝状体、视辐射、视觉皮质病变时，瞳孔光反射通路仍然完整，故光反射不消失，瞳孔也不散大。

(4) 调节反射：指视近物时引起的两眼会聚、晶体变凸及瞳孔缩小反应。反射通路可能通过枕叶视皮质，由此发出纤维至动眼神经核及动眼旁核，再经动眼神经使两侧内直肌、睫状肌及瞳孔括约肌收缩。调节反射通路受损导致反射消失，但几种反射效应不一定同时消失，例如，睫状神经节受损(见于白喉)缩瞳效应丧失，但内聚正常。帕金森综合征由于肌强直会引起会聚动作不能，但缩瞳效应正常。

几种特殊瞳孔改变：

1) 阿-罗（Argyll-Robertson）瞳孔：表现为两侧瞳孔大小不等，边缘不整，光反射消失，调节反射存在，乃中脑顶盖前区病变所致，此时光反射通路受损而调节反射通路仍完整。多见于神经梅毒。

2) 艾迪（Adie）瞳孔：又称强直性瞳孔。表现为一侧瞳孔散大，表面上似乎光反射消失，但实际只是对光线强弱变化反应迟钝，在暗处强光持续刺激后仍有缓慢的收缩反应，停止刺激后也是逐渐扩大。调节反射瞳孔变化也较迟钝，视近物时常是等待片刻后才开始缓慢缩小（最终甚至可能比健侧瞳孔还小），停止注视后瞳孔恢复也较慢。多见于成年女性，病因未明，若伴全身腱反射消失和自主神经功能障碍，可称 Adie 综合征。

3) 马可-关（Marcus-Gunn）瞳孔：见于一侧视觉传入通路受损，表现为光刺激该眼时，两眼瞳孔缩小程度均小于刺激对侧眼。

4. 眼震　虽然轻度眼肌麻痹时可伴眼震，但眼震主要见于前庭神经病变，详见后述（位听神经）。

四、三叉神经（Ⅴ）

（一）解剖生理

三叉神经为一含感觉和运动纤维的混合神经，主司头面部皮肤黏膜的痛、温、触觉和咀嚼肌运动。

1. 感觉　三叉神经感觉纤维起源于三叉神经半月节。该神经节位于颞骨岩骨尖三叉神经压迹处，内含假单极神经元，周围突从神经节前面发出，组成眼神经、上颌神经和下颌神经，分布于头前及面部皮肤，还有眼、鼻、口腔黏膜；中枢突组成粗大的感觉根在脑桥腹侧面与小脑中脚交界处入脑（图2-14、图2-15）。周围三支分述如下：

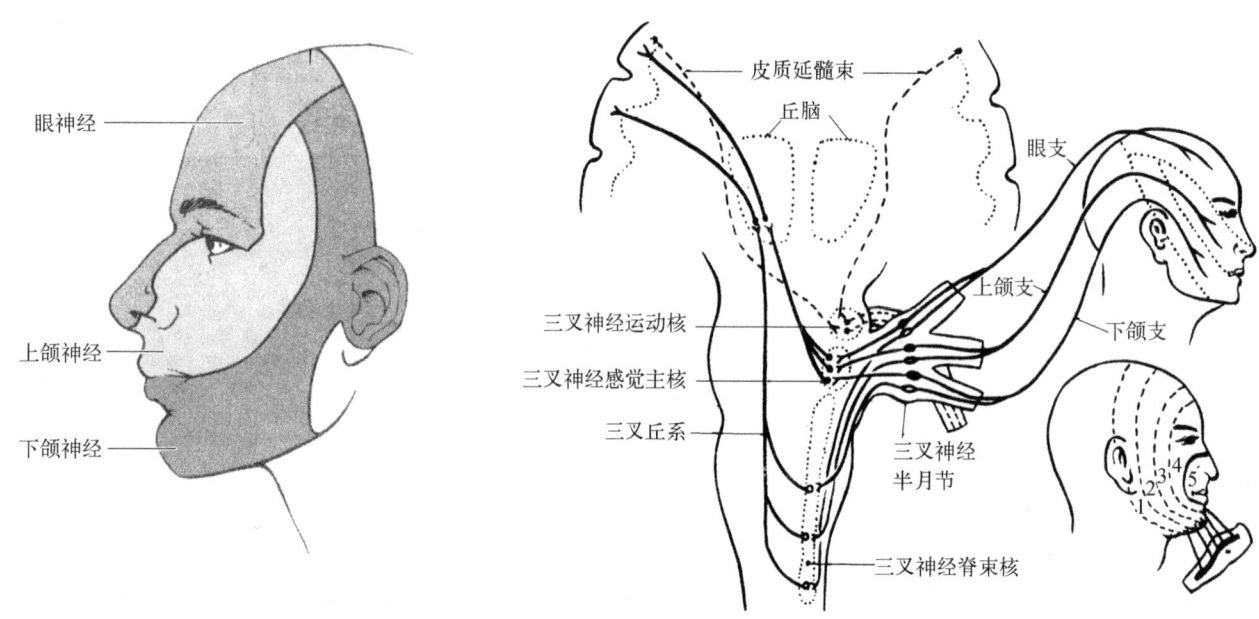

图 2-14　三叉神经分支面部感觉分布　　图 2-15　三叉神经通路（兼示周围性和节段性支配）

（1）眼神经：通过海绵窦的外侧壁，经眶上裂穿入眼眶，再离开眼眶，支配颅顶前部、眼眶以上前额（包括上睑、鼻背）皮肤以及眼球、鼻腔上部、额窦的黏膜（图2-14）。颈内动脉海绵窦段动脉瘤、海绵窦血栓形成或炎症时，可累及眼神经引起眼球及前额疼痛和感觉障碍。角膜反射是刺激角膜引起的闭睑动作，反射通路是：角膜→三叉神经眼支→三叉神经感觉主核→两侧面神经核→面神经→眼轮匝肌。眼支病变可引起角膜反射减弱或消失。

（2）上颌神经：穿海绵窦，经圆孔出颅，入翼腭窝，进眶下裂延续为眶下神经，再通过眶下管，从眶下孔穿出至面部。该神经分支分布于眼裂与口裂之间的面部皮肤、上颌的牙齿以及鼻腔下部、口腔上部和上颌窦黏膜（图2-14）。

（3）下颌神经：属混合性神经，感觉纤维与三叉神经运动支并行，经卵圆孔出颅抵颞下窝，分支支配口裂以下和耳颞部皮肤、下颌的牙齿以及口腔底部、舌体的黏膜（图2-14）。

以上三支在出颅前均发出分支至小脑幕以上硬脑膜，故各种颅内病变累及硬脑膜和静脉窦均可引起头痛。

三叉神经感觉纤维中枢支入脑后，其中的触觉纤维终于感觉主核，而痛、温觉纤维组成三叉神经脊束下行，止于三叉神经脊束核。由三叉神经感觉主核及三叉神经脊束核第二级感觉神经元发出的纤维交叉到对侧组成三叉丘系上行，止于丘脑腹后内侧核，此处有传递头面部感觉的第三级神经元，由此发出纤维经内囊后肢上行，最后终止于大脑皮质中央后回的下1/3（图2-15）。三叉神经脊束核外形狭长，自脑桥开始经延髓延续至第3颈髓后角，来自面部中线部分的痛、温觉纤维，投射到此核的上端，来自面部周围部分的纤维投射到下端。

2. 运动 三叉神经运动纤维发自位于脑桥的三叉神经运动核，该核接受双侧皮质脑干束纤维支配，在脑桥腹侧组成运动支出脑（位于粗大的感觉神经根旁）。运动支加入下颌神经中，自卵圆孔出颅，再分支支配咀嚼肌（咬肌、颞肌、翼内肌、翼外肌）。

（二）临床症状

一侧周围性三叉神经完全损害产生同侧面部（包括眼、鼻、口腔、舌）感觉障碍及咀嚼肌瘫痪（张口时下颌向患侧偏斜）。若选择性损害某一支，则只表现此支功能障碍，如海绵窦病变常累及眼神经，造成同侧前额及头前部的皮肤感觉减退或消失，严重病变还可导致神经麻痹性角膜溃疡。三叉神经感觉支病变还可发生三叉神经痛，表现为受累神经支配区域发作性剧烈疼痛，可伴局部面肌抽动及流泪、流涎。核性三叉神经损害依损害部位、范围不同临床表现有所不同，若运动核损害则表现单纯的咀嚼肌麻痹，三叉神经脊束核部分性损害则表现为节段性分离性痛、温觉障碍，面部痛、温觉障碍呈洋葱皮样分布，损害部位越靠近脊束核下端，感觉障碍区域越靠近面部周边（图 2-15）。

五、面神经（Ⅶ）

（一）解剖生理

属混合性神经，大部分为躯体运动性纤维，主要支配面肌，其余为内脏感觉纤维和副交感纤维，前者传递舌前 2/3 味觉，后者支配泪腺、舌下腺、下颌下腺以及口鼻腔黏膜腺体。

1. 运动 面神经中的躯体运动纤维起自脑桥面神经运动核，先向后上再向前下绕过展神经核，于脑桥腹侧近听神经根处出脑，与位听神经一道入内耳门，穿过内耳道入面神经管，出茎乳突孔，再分支支配面肌、耳周围肌、枕肌及部分颈肌（图 2-16）。面神经在面神经管中还发出小运动支支配镫骨肌。面神经核中支配上部面肌（额肌、眼轮匝肌、皱眉肌）的运动神经元接受双侧皮质脑干束纤维的支配，支配下部面肌（颊肌、口轮匝肌）的运动神经元只接受对侧皮质脑干束纤维的支配（图 2-17）。

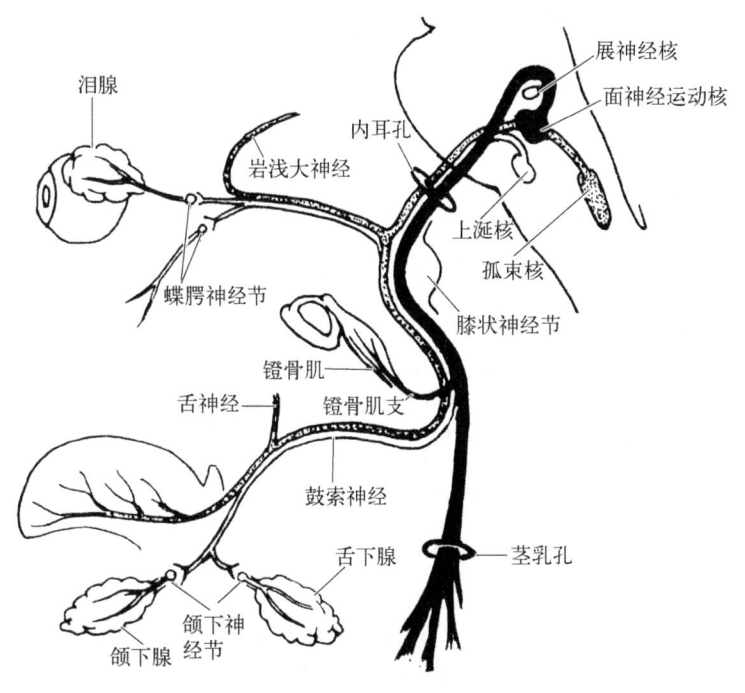

图 2-16 面神经

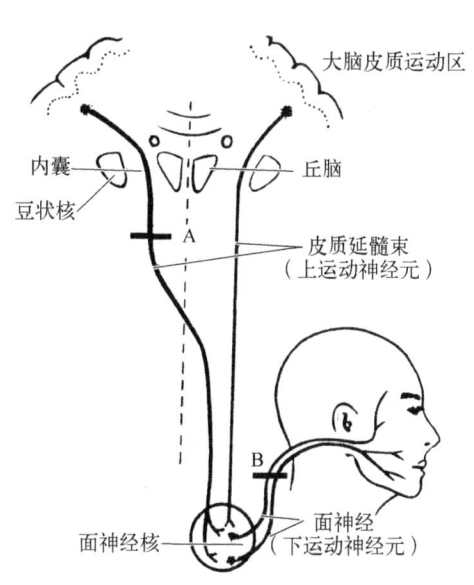

图 2-17 中枢性及周围性面瘫有关的神经通路
A. 中枢性面瘫；B. 周围性面瘫

面神经中的副交感纤维起源于脑桥上涎核，在面神经管膝状神经节处先分支加入岩浅大神经，在翼腭神经节换元支配泪腺，其余纤维参与到鼓索神经中，再经舌神经至下颌下神经节，在节内换元后，支配下颌下腺和舌下腺（图 2-16）。

2. 感觉 面神经中的味觉纤维起源于面神经管中的膝状神经节。周围支先与运动纤维同行,在面神经管中与运动纤维分开形成鼓索神经,后又加入到舌神经中,分布于舌前2/3的味蕾(图2-16)。中枢支形成面神经的中间支进入脑桥,与舌咽神经的味觉纤维一起,终于孤束核。孤束核发出的上行纤维经丘脑接替,终止于中央后回下部。

(二)临床症状

面神经麻痹(面瘫)分中枢性和周围性(图2-17、图2-18),前者系面神经运动核(核性)或面神经纤维(核下性)损害所致,后者系中央前回或皮质脑干束损害所致,两者的临床表现不同,在定位诊断上有重要价值。一侧周围性面神经麻痹时,患侧面肌全部瘫痪,表现为患侧鼻唇沟变浅、口角下垂、眼裂变大、额纹变浅或消失,示齿口角偏向健侧,鼓腮、吹哨、闭眼、皱眉、皱额等动作无法完成。一侧中枢性面神经麻痹时,只有下部面肌瘫痪而无上部面肌瘫痪,表现为对侧鼻唇沟变浅、示齿口角歪斜,但眼裂、额纹正常,闭眼、皱眉、皱额等动作无障碍。中枢性面瘫常合并同侧肢体偏瘫和舌下神经瘫。

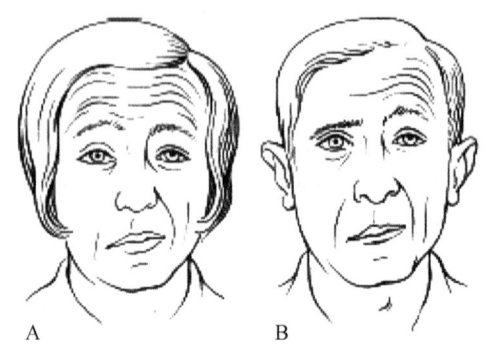

图2-18 中枢性面瘫与周围性面瘫(右侧)
A. 中枢性面瘫;B. 周围性面瘫

周围性面神经麻痹依病变部位不同症状有一定差异。周围性面瘫若伴对侧偏瘫、病理征等长束损害表现,则病变部位在脑干内(脑桥),即核性面神经麻痹;若伴位听神经损害则病变部位在内耳孔附近;若伴味觉缺失(鼓索支损害)、听觉过敏(镫骨肌支损害)则病变部位在面神经管。一侧周围性面神经麻痹伴外耳道疼痛和疱疹,提示膝状神经节带状疱疹病毒感染,称亨特(Hunt)综合征。

六、位听神经(Ⅷ)

(一)解剖生理

位听神经分蜗神经和前庭神经两部分,分别传递听觉和平衡觉。

1. 蜗神经 起源于蜗神经节双极神经元,周围支分布至螺旋器(corti),中枢支在内耳道组成蜗神经,终于脑桥尾端蜗神经核(图2-19)。由蜗神经核发出的纤维组成外侧丘系,在脑干同侧及对侧上行,在下丘及内侧膝状体换神经元,再由此发出纤维组成听辐射,终止于颞横回听觉中枢(图2-20)。

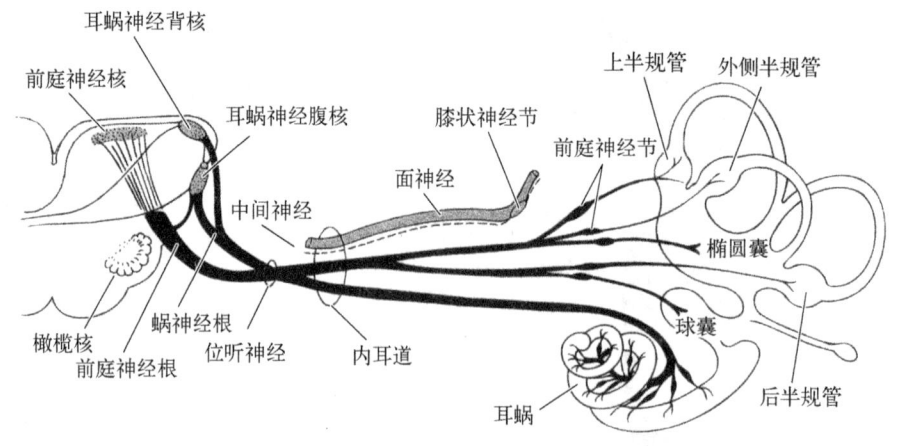

图2-19 位听神经

2. 前庭神经 起源于内耳前庭神经节,周围支分布于前庭器(半规管、球囊、椭圆囊),中枢支组成前庭神经,与蜗神经一起从内耳孔入颅,在脑桥尾端进入脑干,大部分纤维终于脑干各前庭神经核(内侧核、外侧核、上核、下核),小部分纤维不经前庭神经核接替由小脑下脚(绳状体)直接进入小脑。前庭神经核发出的纤维联系包括:① 经小脑下脚入小脑,与绒球小结叶联系;② 前庭外侧核发出纤维形成前庭脊髓束下行,终于同侧脊髓前角,调节姿势步态平衡;③ 发出的纤维参与到内侧纵束,使前庭器传入信息与第Ⅲ、Ⅳ、Ⅵ对脑神经及上部颈髓前角联系起来,反射性调节眼球及颈肌活动(如头-眼反射);④ 至脑干网状结构与自主神经细胞群联系,引起自主神经系统反应;⑤ 上行至大脑皮质产生空间位置觉,该通路具体走向尚不清楚,前庭感觉皮质代表区可能在听觉皮质附近(图2-21)。

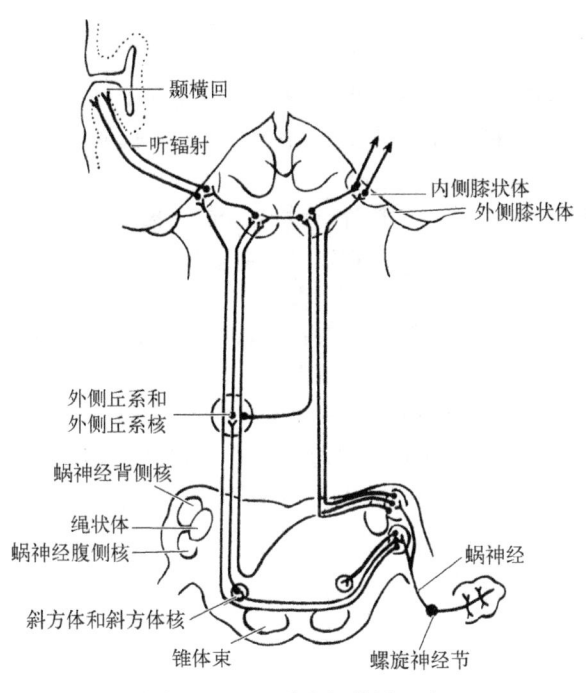

图2-20 听觉中枢传导通路

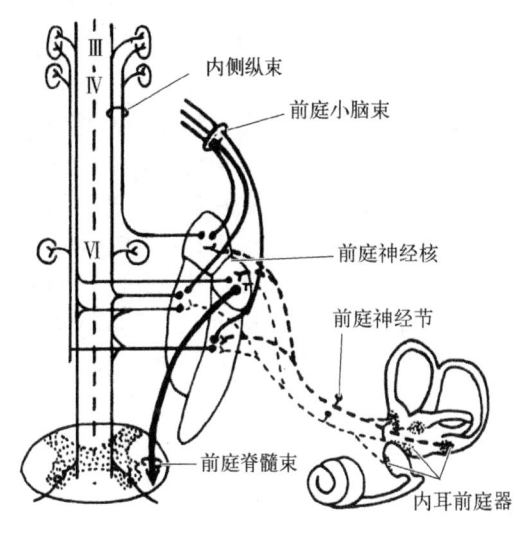

图2-21 前庭神经与眼运动核、脊髓、小脑的联系

(二) 临床症状

蜗神经损害的主要症状是耳聋、耳鸣，前庭神经损害则主要表现为眩晕、平衡障碍和眼球震颤。内耳损害常同时累及蜗神经和前庭神经，若为急性损害，则兼有两方面的症状；若为慢性损害，则主要表现为耳聋、耳鸣，前庭神经损害症状常不明显，因为前庭功能可被代偿。

1. 耳聋(deafness) 分神经性和传音性两类，有时两者共存，则称混合性耳聋。传音性耳聋见于外耳道和中耳病变，以低频音域听力减退为主；神经性耳聋见于耳蜗和蜗神经病变，以高频音域听力减退为主(图2-22)。耳蜗性耳聋与蜗神经损害引起的耳聋可通过重振实验进一步区别开来。耳蜗性耳聋重振实验阳性，即提高声音刺激强度后听力提高；蜗神经损害引起的耳聋重振实验阴性，即提高声音刺激强度后听力无改善。一侧蜗神经冲动经双侧外侧丘系传至两侧大脑皮质听觉代表区，故一侧外侧丘系或听皮质损伤，不会导致明显的听力减退。

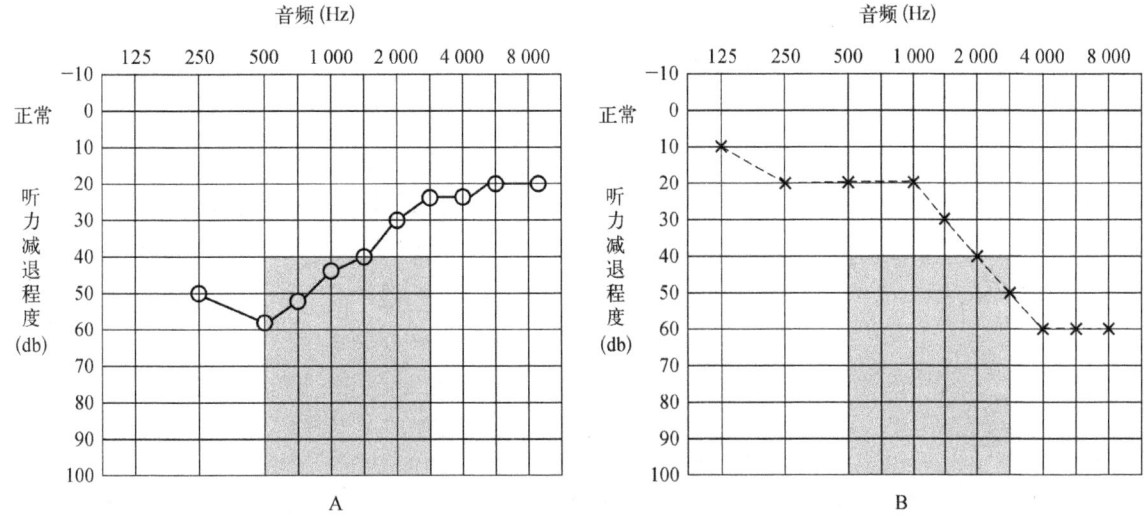

图2-22 传音性耳聋与神经性耳聋电测听曲线

A. 传导性耳聋；B. 神经性耳聋

2. 耳鸣(tinnitus) 指无客观声音刺激时，患者主观感受到的持续性声响。耳鸣与幻听不同，后者属精神症状，声音内容为有意义的语言或音乐，耳鸣则为耳蜗及声音传导通路受病理性刺激所致，声音内容为无意义的各种噪声

(如：鸟鸣样、汽笛声、隆隆声、机器样)。

3. 眩晕(vertigo) 该症状是机体对空间位置关系的定向障碍，表现为视物旋转感或自身旋转感，轻者仅为摇晃感或不稳感，常伴恶心、呕吐、面色苍白、出汗及眼球震颤等症。眩晕应与头晕(假性眩晕)鉴别，后者仅有头重脚轻感，但无旋转感、摇晃感，无恶心、呕吐、眼球震颤等伴随症状，见于眼肌麻痹、屈光不正、心血管疾病、贫血、神经衰弱等非小脑前庭系统病变。

4. 平衡障碍 主要表现为步态不稳，易向患侧偏斜，昂伯(Romberg)征阳性，误指实验时手指向患侧偏斜。

5. 眼球震颤(nystagmus) 简称眼震，为眼球不自主、有节律地短促来回震荡。来回运动方向的速度多不相同，故有快相慢相之分，习惯上以快相运动方向作为眼震的方向。多数眼震在侧视或向上、向下注视时出现，少数在平视时即出现。眼震方向可为水平性、垂直性、旋转性或混合性。眼震应与眼球浮动(ocular bobbing)鉴别，后者表现为双侧眼球来回缓慢移动，无眼震快相运动成分，见于脑桥病变。

眼震多见于前庭系统及小脑病变。内耳、前庭神经病变(如：迷路炎、梅尼埃病)引起的眼震多伴眩晕及自主神经刺激症状(恶心、呕吐)，眼震方向可为水平性、旋转性，但无垂直性，持续时间一般不超过数周，因前庭中枢有代偿作用。中枢性前庭损害(如脑干病变)引起的眼震方向不定，两眼眼震方向可不一致，所伴眩晕症状较轻甚至缺乏。垂直性眼震是脑干损害(常为脑桥)的特异性表现，具有定位诊断价值。注意不少药物，例如，乙醇、巴比妥类、苯妥英钠等，亦可引起眼震。

七、舌咽神经(Ⅸ)、迷走神经(Ⅹ)

(一) 解剖生理

此两支脑神经均为混合性神经，部分纤维有共同的起始或终止核团，行走位置相邻，功能上也有部分协同性。

1. 舌咽神经(图2-23)

(1) 感觉：躯体感觉纤维起源于颈静脉孔内的上神经节(颈静脉神经节)，分布于耳后皮肤。内脏感觉纤维起源于颈静脉孔稍下方的下神经节(结状神经节)，中枢纤维终于孤束核，周围支有多个分支，主要有：① 舌支：分布于舌后1/3，司一般黏膜感觉和味觉；② 窦神经：分布于颈动脉窦和颈动脉体，参与血压、心率、呼吸反射调节；③ 咽支、扁桃体支及鼓室支：分布于咽部、扁桃体、腭弓、鼓室和咽鼓管，传递黏膜感觉。

(2) 运动：躯体运动纤维起源于疑核，支配茎突咽肌。副交感纤维起自下涎核，经鼓室神经及岩小神经，在耳神经节换元，节后纤维支配腮腺。

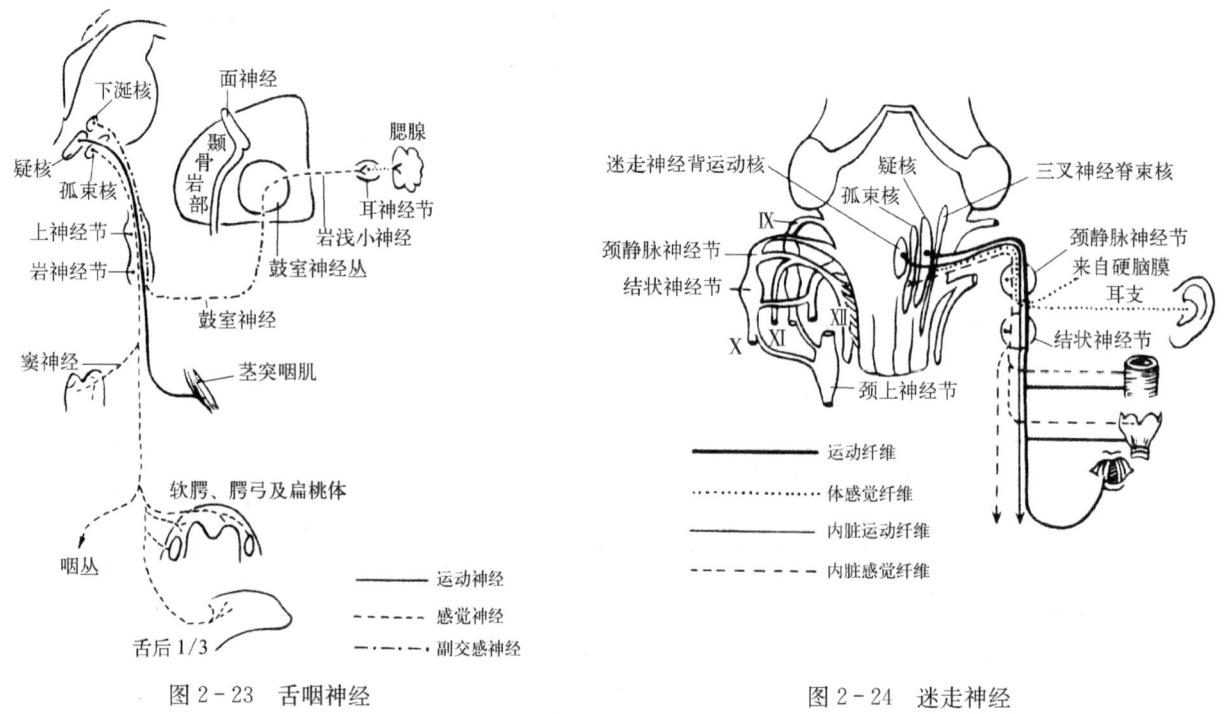

图2-23 舌咽神经　　　　　　图2-24 迷走神经

2. 迷走神经(图2-24)

(1) 感觉：躯体感觉纤维起源于上神经节，周围支分布于外耳道及耳廓后面的皮肤，中枢支终于三叉神经脊束核。

内脏感觉纤维起源于下神经节,中枢支终于孤束核,周围支分布于胸腹腔各脏器。

(2) 运动:躯体运动纤维起源于疑核,支配软腭、咽喉部诸肌,司吞咽、发声运动。副交感纤维起自迷走神经背核,分布于胸腹腔各脏器,支配内脏平滑肌和腺体。

(二) 临床症状

舌咽神经和迷走神经往往同时受损,主要症状为声音嘶哑、吞咽困难、饮水呛咳,即所谓"球麻痹"(bulbar palsy)。检查可见患侧软腭弓下垂,发"啊"声时软腭弓不能上提,悬雍垂向健侧偏斜,患侧咽部感觉缺失及咽反射消失。注意约20%的正常人咽反射不明显,但咽部感觉正常。

周围性舌咽神经和迷走神经损害产生真性球麻痹,双侧皮质脑干束损害产生假性球麻痹(pseudobulbar palsy),两者均有声音嘶哑、吞咽困难、饮水呛咳等球麻痹症状,鉴别要点是:假性球麻痹时可见双侧软腭弓下垂及活动受限,多伴长束体征及额叶释放症状(强哭强笑、出现抓握反射),咽反射存在;真性球麻痹软腭弓下垂及活动受限既可单侧也可双侧,核性损害(延髓病变)可伴长束体征,但脑干外神经纤维损害无长束体征,无额叶释放症状,患侧咽反射消失。一侧皮质脑干束损害不引起球麻痹。

八、副神经(Ⅺ)

(一) 解剖生理

副神经为躯体运动神经,神经根分延髓支和脊髓支。延髓支起源于疑核,在迷走神经根下方出延髓。脊髓支起源于颈髓1~5节段($C_{1\sim 5}$)前角,经枕骨大孔入颅腔,与延髓支合并成副神经干,然后与舌咽神经、迷走神经一道从颈静脉孔出颅(图2-25)。源自延髓支的纤维加入喉返神经支配咽喉肌,来自脊髓支的纤维分支支配胸锁乳突肌和斜方肌。此二肌收缩分别产生转头(向对侧)和耸肩动作。

图2-25 副神经

(二) 临床症状

一侧周围性副神经麻痹表现为患侧肩下垂,胸锁乳突肌和斜方肌萎缩,转头(向对侧)和耸肩乏力。后颅凹病变,副神经常与舌咽神经、迷走神经一道受损,称颈静脉孔综合征。副神经出颈静脉孔部分可因压迫、外伤等原因单独受损。单侧皮质脑干束病变不引起副神经麻痹。

九、舌下神经(Ⅻ)

(一) 解剖生理

起源于延髓背侧近中线处的舌下神经核,神经根从延髓锥体外侧的前外侧沟穿出,经舌下神经管出颅,分支支配舌肌。舌下神经核只接受对侧皮质脑干束支配。伸舌动作主要由颏舌肌承担,缩舌动作主要由舌骨舌肌完成。

(二) 临床症状

一侧舌下神经麻痹,伸舌时舌尖偏向患侧,两侧麻痹,则伸舌受限或不能。周围性舌下神经麻痹还伴同侧舌肌萎缩及肌束颤动(图2-26)。中枢性舌下神经麻痹由对侧皮质脑干束受损所致,无舌肌萎缩及肌束颤动,但常伴长束损害表现。

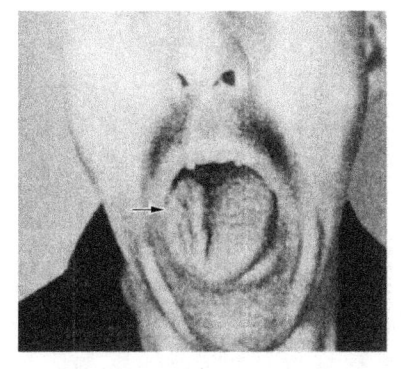

图2-26 周围性舌下神经麻痹
箭头示舌肌萎缩

第二节 运动系统

运动系统是一复杂的神经肌肉网络。神经系统对运动的控制主要由上运动神经元、下运动神经元、锥体外系、小脑几部分组成。位于脊髓前角和脑干运动核的下运动神经元直接支配骨骼肌,一些基本的运动反射活动通过脊髓及脑干即可完成,但有目的的随意运动必须由位于大脑皮质的上运动神经元发动,运动协调精确则需锥体外系、小脑参与。另外,本体觉、前庭感觉和视觉传入信息对运动具有重要的反馈调节作用。

一、下运动神经元

(一)解剖生理

下运动神经元位于脊髓前柱(前角)和脑干运动核,它发出脑神经或周围神经至运动终板使骨骼肌收缩(图2-27)。由皮质及由皮质下结构发出的下行冲动最终都要通过影响下运动神经元才能发挥运动调节作用,同时脊髓节段性运动反射也要下运动神经元参与才能完成,故下运动神经元被称作运动调节的"最后公路"(final pathway)。脊髓前角运动神经元有两种,一种是体积较大的α运动神经元,其轴突支配梭外肌;另一种是体积较小的γ运动神经元,其轴突支配梭内肌。γ运动神经元调节肌梭敏感性,再影响肌梭传入冲动,从而影响α运动神经元的兴奋性。一个下运动神经元及其所支配的肌纤维被称作一个运动单位,它是执行运动功能的基本单元。运动单位的大小不一,功能越精细,运动单位越小,一个脊髓前角细胞支配50～200个肌纤维。

一个脊髓节段的前角运动神经元发出的运动纤维先组成前根,在椎间孔附近前根与后根先合二为一,然后又分为前支和后支。除胸段外,相邻的节段的前支再通过复杂的多次组合、分支形成5个神经丛,即颈丛($C_{1～4}$)、臂丛($C_5～T_1$)、腰丛($L_{1～4}$)、骶丛($L_5～S_4$)和尾丛($S_5～C_0$),神经丛最后形成周围神经到达所支配的肌肉。由于经过多次组合,支配某块肌肉的神经纤维并非来自单一节段,而是来自几个相邻节段,故神经根损害与周围神经干损害造成的肌肉瘫痪分布不一致。熟悉肌肉的神经支配规律对下运动神经元损害的定位诊断很有帮助,部分肌肉的神经支配及其功能归纳于表2-2和表2-3。

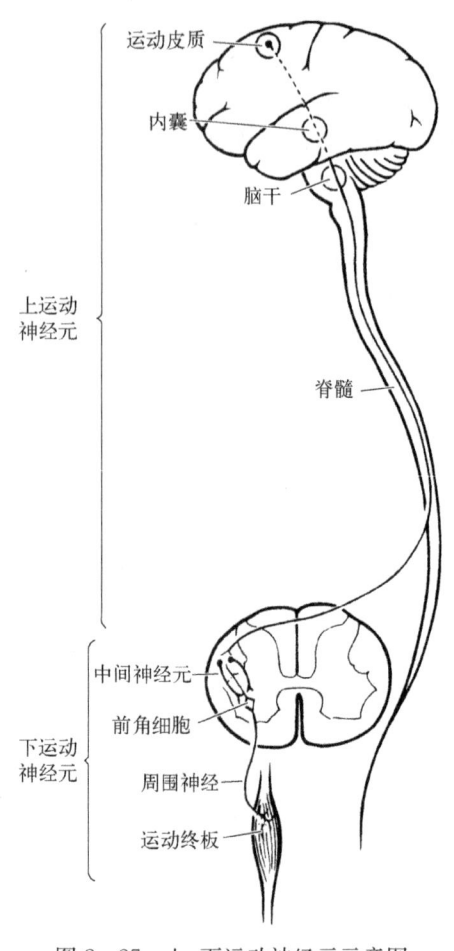

图2-27 上、下运动神经元示意图

表2-2 上肢部分肌肉的神经支配

肌 肉	主要神经根	周 围 神 经	主 要 功 能
冈上肌	C_5	肩胛上神经	上臂外展
冈下肌	C_5	肩胛下神经	上臂外旋(肩关节处)
三角肌	C_5	腋神经	上臂外展
肱二头肌	C_5、C_6	肌皮神经	屈肘
肱桡肌	C_5、C_6	桡神经	屈肘
桡侧腕长伸肌	C_6、C_7	桡神经	伸腕
桡侧腕屈肌	C_6、C_7	正中神经	屈腕
尺侧腕伸肌	C_7	桡神经	伸腕
指伸肌	C_7	桡神经	伸指
肱三头肌	C_8	桡神经	伸肘
尺侧腕屈肌	C_8	尺神经	屈腕
拇短展肌	T_1	正中神经	外展拇指
拇对掌肌	T_1	正中神经	拇指对掌
第一骨间背侧肌	T_1	尺神经	外展示指
小指展肌	T_1	尺神经	外展小指

表 2-3 下肢部分肌肉的神经支配

肌 肉	主要神经根	周围神经	主要功能
髂腰肌	L_2, L_3	股神经	屈髋
股四头肌	L_2, L_3	股神经	伸膝关节
内收肌	L_2, L_3, L_4	闭孔神经	内收髋关节
臀大肌	L_5, S_1, S_2	臀下神经	伸髋关节
臀中肌,臀小肌	L_4, L_5, S_1	臀上神经	外展髋关节
股后肌群	L_5, S_1	坐骨神经	屈膝关节
胫前肌	L_4, L_5	腓神经	踝关节背屈
趾长伸肌	L_5, S_1	腓神经	趾背屈
趾短伸肌	S_1	腓神经	趾背屈
腓骨肌	L_5, S_1	腓神经	足外翻
胫骨后肌	L_4	胫神经	足内翻
腓肠肌	S_1, S_2	胫神经	踝关节跖屈
比目鱼肌	S_1, S_2	胫神经	踝关节跖屈

(二) 临床表现

1. 下运动神经元瘫痪及其特点　下运动神经元胞体及其纤维病变引起的肌肉瘫痪,称下运动神经元瘫痪,亦称周围性瘫痪、弛缓性瘫痪(flaccid paralysis)、软瘫。特点是瘫痪肌肉肌张力降低,肌肉萎缩,腱反射减弱或消失,无病理反射,肌电图示失神经电位,病理检查可发现肌纤维变性。

2. 下运动神经元瘫痪的定位诊断

(1) 脊髓前角:脊髓前角细胞损害引起弛缓性瘫痪,呈节段性分布,无感觉障碍。如 C_5 损害引起三角肌瘫痪, $C_8 \sim T_1$ 损害引起手部小肌肉瘫痪, $L_{3\sim4}$ 损害引起股四头肌瘫痪, L_5 损害引起小腿前部和足背伸肌瘫痪。急性损害见于脊髓灰质炎,慢性损害见于运动神经元病(肌萎缩侧索硬化、进行性脊肌萎缩症)。后者可伴肌束颤动,是病变神经细胞兴奋性升高所致。

(2) 神经根:前根损害瘫痪亦呈节段性分布,因后根常同时受累,故可伴根性神经痛及节段性感觉障碍,多见于髓外肿瘤、椎骨病变和脊膜炎症。常见神经根损害临床特点见表 2-4。

表 2-4 常见神经根损害临床特点

	C_5	C_6	C_7	C_8	L_4	L_5	S_1
肌无力	三角肌(较重)、肱二头肌(较轻)	肱二头肌	肱三头肌、指伸肌群	指伸肌群、示指和小指外展肌	股四头肌	拇趾背伸	足跖屈
感觉障碍	上臂外侧	拇指	中指	小指	小腿内侧	足内侧、拇趾	足外侧、小趾
腱反射减弱或消失		肱二头肌反射	肱三头肌反射		膝反射		踝反射

(3) 神经丛:神经丛损害常涉及一个肢体的多根周围神经,除表现为受累神经支配的肌肉瘫痪外,常伴有相应的感觉障碍和自主神经功能障碍。

(4) 周围神经:周围神经干损害引起瘫痪和感觉障碍,与其支配范围一致。多发性周围神经病引起四肢远端对称性肌肉瘫痪,并伴手套-袜套样感觉障碍。

二、上运动神经元

(一) 解剖生理

大脑皮质是运动调控的最高级中枢,发动随意运动的上运动神经元即分布于此。上运动神经元位于大脑皮质运动区,包括中央前回、辅助运动区(supplementary motor area)和前运动区(premotor area),前两者相当于 Brodmann 4 区,后者相当于 Brodmann 6 区,其发出的下行纤维组成锥体束,其中起源于中央前回的大部分纤维发自第五层的大锥体细胞,即贝茨(Betz)细胞。

Brodmann 4区对运动的控制具有三大特点：一是交叉支配，即一侧中央前回及辅助运动区(旁中央小叶)主要支配对侧身体肌肉；二是身体各部肌肉在此区均有相应的控制区域(代表区)，各代表区呈倒置排列，即头部代表区在中央前回下部，向上依次为上肢、躯干、下肢，下肢代表区一部分位于旁中央小叶，肛门及膀胱括约肌亦位于旁中央小叶；三是各代表区的大小与其运动精细程度有关，运动越精细，代表区越大，故头面部和手代表区较躯干、下肢代表区大(图2-28)。

由大脑皮质运动区发出的锥体束纤维，大部分要经皮质下(脑干)中间神经元多次接替才与下运动神经元发生突触联系，只有小部分直接抵达下运动神经元(支配功能精细的肌肉，如肢体远端)。因此，所谓上运动神经元还应包括这部分皮质下神经元。

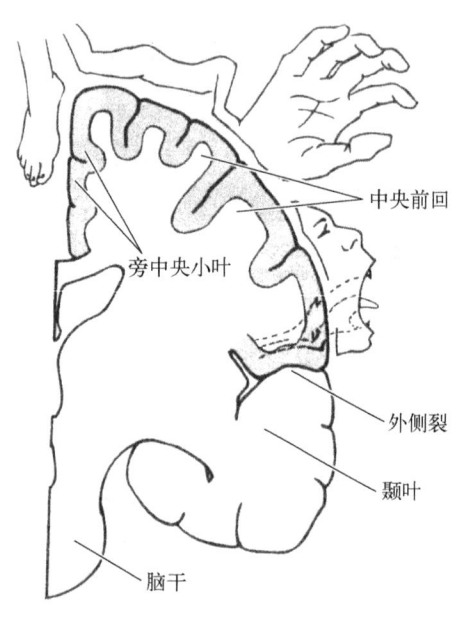

图2-28 运动皮质代表区示意图

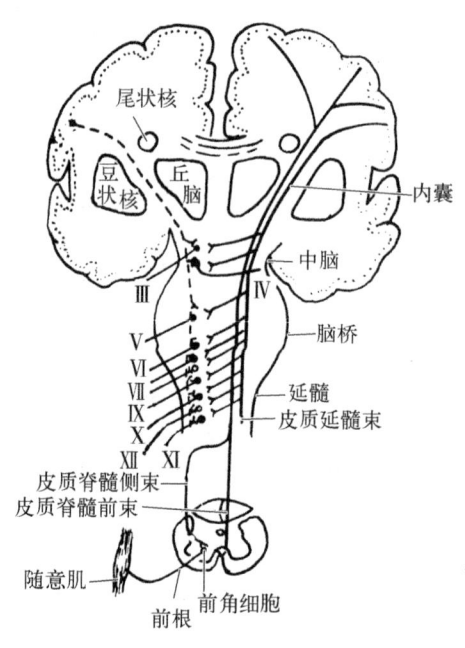

图2-29 皮质脑干束和皮质脊髓束

锥体束有两部分，即皮质脑干束(皮质核束)和皮质脊髓束(图2-29)。皮质脑干束经内囊膝部下行，在脑干各运动核平面大部分交叉至对侧，终于各脑干运动核，小部分纤维不交叉，终于同侧的脑干运动核，但面神经核下部及舌下神经核只接受对侧皮质脑干束纤维支配。皮质脊髓束经内囊后肢下行，再经大脑脚、脑桥基底部下行至延髓锥体，在延髓锥体其纤维大部分交叉至对侧，延续为皮质脊髓侧束下行，沿途终于脊髓前角细胞，小部分(10%)不交叉，延续为皮质脊髓前束，在下行至所投射的脊髓平面才交叉到对侧。皮质脊髓束中一小部分纤维(3%)始终不交叉，终于同侧脊髓前角细胞，此部纤维主要支配躯干肌、肢带肌。

尽管一侧身体运动主要受对侧锥体束支配，但也接受多少不等的同侧锥体束纤维控制。有些肌肉的下运动神经元既接受对侧锥体束支配，又受较大比例的同侧锥体束纤维支配，如眼肌、咀嚼肌、咽喉肌、上部面肌、颈肌、躯干肌等，一侧锥体束破坏并不会导致这些肌肉瘫痪。支配下部面肌、舌肌和四肢肌的下运动神经元主要受对侧锥体束支配，一侧锥体束破坏会导致对侧这些肌肉瘫痪，且肢体远端重于近端，因为近端肌肉接受更多同侧锥体束纤维支配。

(二) 临床症状

1. 上运动神经元瘫痪及其特点　上运动神经元胞体及其纤维损害引起的瘫痪，称上运动神经元瘫痪，亦称中枢性瘫痪、痉挛性瘫痪(spastic paralysis)、硬瘫。其特点是：瘫痪肌肉肌张力高，无肌肉萎缩(可有轻度废用性萎缩)，腱反射亢进，浅反射消失，出现病理反射，肌电图无失神经电位，病理检查无肌纤维变性。

上运动神经元严重急性损害(如急性脑血管病和急性脊髓炎)还有一个重要特点，即断联休克现象，瘫痪先为弛缓性，肌张力不高，腱反射减弱或消失，不能引出病理反射，休克期之后渐转为痉挛性瘫痪，肌张力增高，腱反射亢进并出现病理反射。休克期长短依损害程度、全身状况和有无并发症而异，一般数天至数周不等。休克现象的产生原理是正常生理状态下，脑干锥体外系下行通路对下运动神经元具有易化作用，锥体束急性严重病变常同时累及此通路，使下运动神经元突然失去易化作用，兴奋性降低，呈现弛缓性瘫痪，待下运动神经元兴奋性恢复后，才表现为固有的痉挛性瘫痪。

2. 上运动神经元瘫痪定位诊断(图2-30)

(1) 大脑皮质运动区：多为单瘫(monoplegia)，即一个肢体或面部瘫痪。病变靠近中央前回上部以下肢瘫痪为主，病变靠近中央前回下部以上肢瘫痪或面部瘫痪为主,左侧病变累及额下回后部可伴运动性失语。若为刺激性病变,则表现为对侧身体局部发作性肌肉抽搐,即部分性运动性癫痫发作,常见发作表现是口角、手指、脚趾抽搐,因这些部位在运动皮质的代表区较大。有时抽搐可按各部代表区的排列次序扩散,此时称杰克逊(Jackson)癫痫。

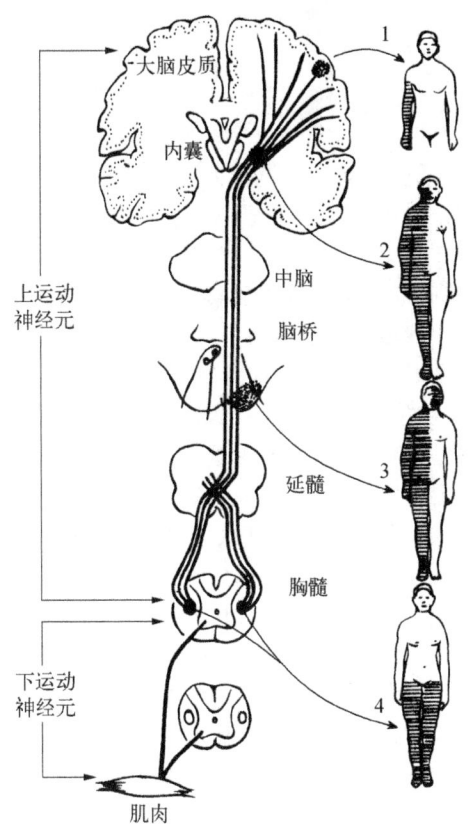

图 2-30 上运动神经元常见损害部位及瘫痪特点
1. 皮质运动区—单瘫;2. 内囊—偏瘫;3. 脑干—交叉性瘫痪;4. 胸髓—截瘫

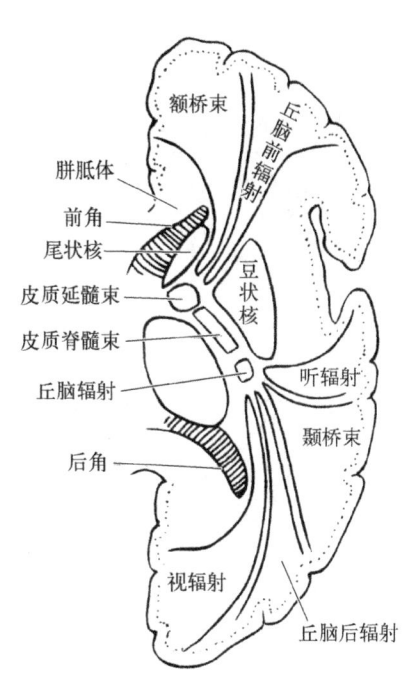

图 2-31 内囊及通过内囊的重要神经通路
(大脑水平切面)

(2) 内囊:此处锥体束纤维最为集中(图 2-31),若发生病变多引起对侧完全性偏瘫,即中枢性面瘫、舌下神经瘫及上、下肢瘫。内囊损害所致偏瘫常伴对侧偏身感觉障碍(丘脑辐射受损),若同时累及视辐射,还可伴对侧同向偏盲,称"三偏"征。内囊与皮质之间的上、下行纤维(放射冠)受损时,临床表现介于两者之间,多为上、下肢程度不一的偏瘫。

(3) 脑干:通过脑干的锥体束损害往往伴随同侧脑干运动核损害,临床表现为交叉性瘫痪(crossed hemiplegia),即病变同侧脑神经周围性瘫痪,对侧偏瘫。依损害平面不同,脑干损害可表现为多种综合征,如中脑损害可引起同侧动眼神经麻痹、对侧完全性偏瘫(Weber 综合征);脑桥损害产生同侧周围性面神经、展神经麻痹及对侧偏瘫(Millard-Gubler 综合征);延髓内侧损害可产生交叉性舌下神经偏瘫(Jackson 综合征)。脑干病变若范围较广,可累及双侧锥体束,除有相应平面的脑神经损害表现外,常有四肢瘫及球麻痹。

(4) 脊髓:因脊髓断面面积小,通过脊髓的皮质脊髓束损害通常是双侧的,常伴传导束性感觉障碍(病变平面以下痛温觉减退或消失),有时伴括约肌功能障碍。依损害平面和损害范围不同,脊髓病变所致瘫痪有不同特点,有关内容参见"脊髓疾病"。

三、锥体外系

(一) 解剖生理

锥体外系由多个皮质下核团及其神经通路组成,一般包括纹状体(尾状核、壳核、苍白球)、底丘脑核及黑质,有学者认为红核、脑干网状结构以及锥体束以外的脑干下行传导束(红核脊髓束、前庭脊髓束、网状脊髓束、顶盖脊髓束等)也应归于锥体外系。皮质与皮质下运动调节系统有复杂的纤维联系,很大一部分与锥体外系有关。

1. 基底节及其纤维联系 基底节组成如下:

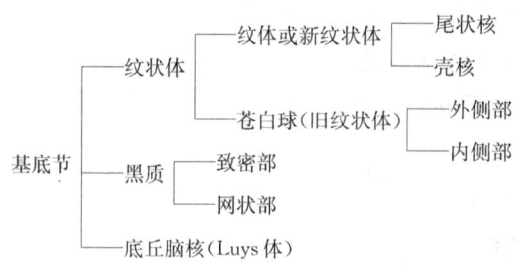

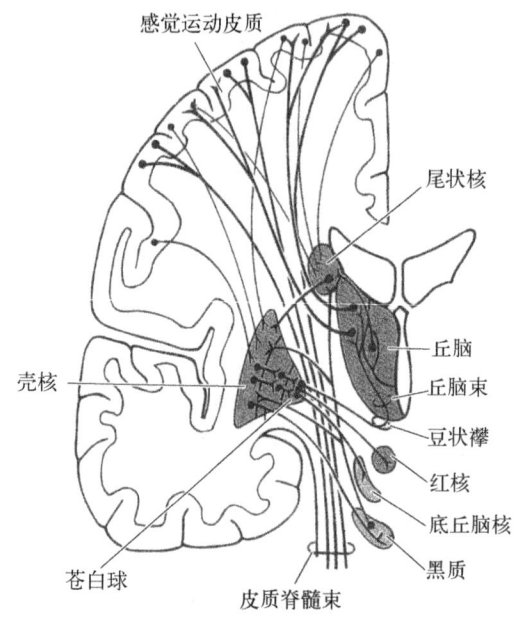

图 2-32 基底节及其主要纤维联系

基底节纤维联系极其复杂。概括而言,基底节纤维联系可分为传入纤维、传出纤维和内部联系纤维三部分,纹状体是基底节纤维联系的核心(图 2-32、图 2-33)。

新纹状体是基底节传入纤维主要接受单位,纤维来源包括大脑皮质、丘脑、脑干(中缝核、蓝斑)等处。大脑皮质是基底节传入纤维的最重要来源,几乎所有皮质区域均发出纤维至新纹状体,不同脑区投射纤维在新纹状体呈定位分布,在功能上可能也有所不同,其中与运动调节有关的皮质传入纤维发自前运动区、辅助运动区以及其他感觉运动皮质,主要投射到壳核。

内侧苍白球和黑质网状部是基底节传出纤维主要发出单位。此两部在细胞构筑及功能上极为相似,可像尾、壳核一样视为同一功能单位。主要传出靶点包括丘脑、上丘、脚桥核(pedunculopontine nucleus)。这当中以内侧苍白球/黑质网状部-丘脑的投射纤维最为重要,基底节绝大部分传出纤维均加入此通路。基底节输出纤维分两束进入丘脑,一束为豆状襻(ansa lenticularis),另一束为豆核束(lenticular fasciculus),此二束穿过或绕过内囊,随后与来自小脑的上行纤维合并构成丘脑束进入丘脑,主要投射至丘脑腹外侧核,也有少数纤维投射至腹前核和板内核。丘脑腹外侧核及腹前核发出的纤维再投射至同侧大脑皮质前运动区。基底节输出纤维的递质是 γ-氨基丁酸,对丘脑-皮质反馈活动起抑制作用。

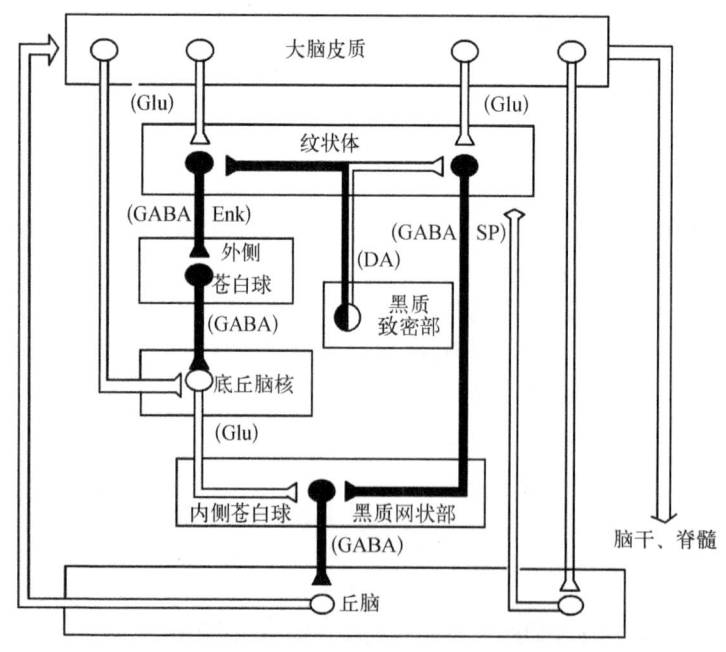

图 2-33 基底节纤维联系及皮质-基底节-丘脑-皮质环路

各通路的主要递质分布及其作用如图所示。黑色实体圆圈和线条表示抑制性作用,白色圆圈和线条表示兴奋性作用。Glu:谷氨酸;GABA:γ-氨基丁酸;DA:多巴胺;Enk:脑啡肽;SP:P 物质

基底节内部联系纤维中较重要的是新纹状体-内侧苍白球/黑质网状部通路和黑质致密部-新纹状体通路。新纹状体-内侧苍白球/黑质网状部通路有两条：

直接通路：新纹状体（—）内侧苍白球/黑质网状部。

间接通路：新纹状体（—）外侧苍白球（—）底丘脑核（+）内侧苍白球/黑质网状部。

依据两条通路内部各核团之间纤维性质可以推知，刺激直接通路减少基底节的输出，刺激间接通路增加基底节的输出。黑质致密部-新纹状体通路为多巴胺能纤维，对基底节输出具有重要调节作用。此通路病变与帕金森病发病有关。

基底节通过上述纤维联系与大脑皮质、丘脑一起构成皮质-基底节-丘脑-皮质环路（图2-33）。这一环路是基底节实现其运动调节功能的主要结构基础。目前未发现基底节至脊髓的直接下行通路，只有少量纤维至脑干，然后经脑干结构多突触传递到达脊髓。

基底节在正常运动调控中的具体作用依然不甚明了。根据实验研究及基底节疾病所表现的运动缺陷，一般认为人类基底节没有独立于皮质的运动功能，其主要作用是接受运动皮质输入，加以处理后再通过抑制性输出的变化，对运动皮质的某些功能环节，如运动发动、运动执行、肌张力等，起调节作用。

基底节功能解剖模型

基底节的运动调节机制至今仍未阐明，根据实验研究和临床观察资料，有学者提出了其运动调节的功能解剖模型（图2-34）。

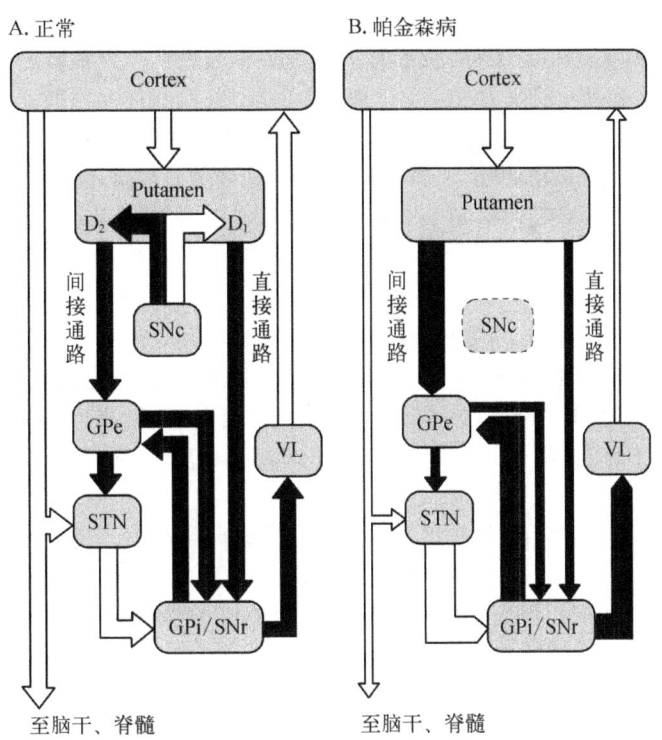

图2-34　正常及帕金森病皮质-基底节-丘脑-皮质环路功能活动比较

黑色实体线条表示抑制性作用，白色空心线条表示兴奋性作用，线条粗细表示作用强弱。Cortex：大脑皮质；Putamen：壳核；GPe：外侧苍白球；SNc：黑质致密部；STN：底丘脑核；GPi/SNr：内侧苍白球/黑质网状部；VL：丘脑腹外侧核；D_1：D_1型多巴胺受体；D_2：D_2型多巴胺受体

基底节对运动的调控主要是通过皮质-基底节-丘脑-皮质环路实现的。来自皮质感觉运动区的谷氨酸能投射作用于新纹状体。刺激直接通路可减少内侧苍白球/黑质网状部的基底节的抑制性输出，刺激间接通路则会增加基底节的输出。基底节输出主要投射至丘脑腹外侧核和腹前核，对丘脑-皮质的易化反馈活动起抑制作用。因此，来自皮质的传入纤维通过刺激直接通路易化皮质的运动功能，刺激间接通路抑制皮质的运动功能，这两条通路的活动平衡对正常运动的实现至关重要。

黑质-纹状体多巴胺通路对基底节的输出具有重要调节作用。目前认为，多巴胺刺激直接通路的活动但抑制间接通路的活动，其结果都是减少基底节的抑制性输出，易化皮质的运动功能。

此模型能较好地解释某些基底节疾病运动症状的发生机制。例如，帕金森病患者由于黑质-纹状体多巴胺通路变性导致直接通路活动减弱，间接通路活动增强，基底节输出过多，丘脑-皮质反馈活动受到过度抑制，其对皮质运动功能的易化作用受到削弱，因此会产生动作减少、运动徐缓等症状。类似地,亨廷顿病由于纹状体神经元变性,基底节输出减少,丘脑-皮质反馈对皮质运动功能的易化作用过强,因而会产生多动症状。损毁内侧苍白球或底丘脑核可减少基底节输出,因而对帕金森病某些症状具有治疗作用。

2. 脑干锥体外系下行通路 由脑干一些结构,如红核、前庭核、脑干网状结构、顶盖等发出的下行传导束对某些运动功能也起着重要调节作用,分述如下:

(1) 红核脊髓束:红核接受对侧小脑齿状核和双侧大脑运动皮质投射纤维,发出红核脊髓束交叉到对侧,在对侧脊髓侧索下行,终于脊髓中间神经元。红核脊髓束与皮质脊髓束协同调节手及手指的运动,对屈肌张力具有易化作用。

(2) 前庭脊髓束:前庭核接受前庭神经和小脑纤维投射,前庭脊髓束主要起自前庭外侧核,在脊髓同侧及对侧下行,终于双侧脊髓中间神经元,部分纤维可能直接终止于伸肌运动神经元。此束对伸肌张力具有易化作用,与身体姿势的维持关系密切。

(3) 网状脊髓束:脑干网状结构接受感觉运动皮质纤维投射,发出网状脊髓束在脊髓侧索下行,终于脊髓中间神经元和γ运动神经元。此束主要参与躯干及肢体近端肌肉的运动控制。单纯的一侧锥体束损害时,躯干及肢体近端肌肉无明显瘫痪,除与未交叉的皮质脊髓束纤维有关外,还可能与此束有关。

(4) 顶盖脊髓束:起自中脑上丘,在中脑交叉至对侧,下行至延髓水平加入到内侧纵束,终于脊髓颈段中间神经元。此束与视觉刺激引起的头颈和眼球反射活动有关。

(二)临床症状

锥体外系病变一般不会引起瘫痪,但对姿势、肌张力、随意运动质量会产生严重影响。锥体外系病变症状可分为三类:运动减少、运动过多(不自主运动)、肌张力改变。运动减少系黑质-纹状体多巴胺通路病变所致,见于各种原因引起的帕金森综合征(强直-少动综合征)。不自主运动主要见于纹状体及底丘脑核病变,临床有多种表现形式,如舞蹈征、肌张力障碍、投掷症、手足徐动症、抽动症等,大多具有精神紧张、疲劳时加重、睡眠时消失的特点。

1. 运动减少及运动迟缓 运动减少(akinesia)指随意运动缺乏或明显减少,运动迟缓(bradykinesia)指随意运动速度缓慢笨拙,实际上由于这两种运动症状常同时存在,临床上不作严格区别。见于各种原因引起的帕金森综合征。

2. 肌强直 肌强直(rigidity)指肌张力均匀一致的增高,被动运动关节时可发现阻力增大,其特点是整个被动运动过程中阻力始终保持一致,屈伸运动的阻力也一致,而且阻力大小基本不受被动运动的速度和力量的影响,如同弯曲铅管一样,所以被称作"铅管样强直"(lead-pipe rigidity)。有时被动运动肢体关节时可感觉到转动齿轮样的节律性停顿,这一现象曾被称作"齿轮样强直"(cogweel-like rigidity)。肌强直亦见于各种原因引起的帕金森综合征。

3. 静止性震颤 震颤(tremor)指相互拮抗的肌群交替收缩或同步收缩产生的一种节律性不随意运动,表现为肢体或头面部不自主节律性抖动。锥体外系疾病的典型震颤形式是静止性震颤(static tremor),有时可伴轻度姿势性或动作性震颤。静止性震颤的特点是肢体静止时震颤明显,肢体活动时震颤减弱或消失。典型的表现是手指每秒3~5次的节律性抖动,状如"搓丸"或"数钱",称"搓丸样震颤"。

4. 舞蹈症 舞蹈症(chorea)是一种迅速有力、幅度较大、无规律的不自主运动。患者手舞足蹈如同跳舞,通常上肢较下肢明显。头面部亦可累及,表现为皱眉、挤眼、咧嘴、伸舌等怪异表情动作,讲话音量节奏不规则。本症常见于遗传性舞蹈病、风湿性舞蹈病等纹状体病变以及服用抗精神病药物者。

5. 手足徐动症 手足徐动症(athetosis)又称指划症。这一症状的特点是手指、脚趾、舌或身体其他部位呈相对缓慢的、弯曲不定的不自主运动,常是一个动作接一个动作,导致受累的部位不能维持在某一姿势或位置。

6. 投掷症 投掷症(ballismus)或舞动动作指肢体近端剧烈粗大、无规律、投掷样不自主运动。典型的偏侧投掷动作被认为源于对侧底丘脑核病变。

7. 扭转痉挛 扭转痉挛(torsion spasm)又称全身性肌张力障碍、变形性肌张力障碍,系围绕身体长轴缓慢不自主扭转运动及姿势异常。肢体及面部、舌运动模式同手足徐动症相似。肌张力障碍的异常运动和姿势常以相似的模式重复出现。

8. 抽动症 抽动(tics)一般被定义为间歇性、无节律、似无目的、短促、重复刻板的运动或发声。具体表现因人而异,可表现为急速的挤眉、瞬目、歪嘴、耸肩、转颈等,也可有躯干的急速抖动和扭转。喉部的抽动可发出一些不随意的怪声或下流语言。部分患者伴抽动部位的不适感。典型的抽动常见于抽动-秽语综合征。

四、小脑

(一) 解剖生理

小脑位于后颅凹,在脑桥和延髓的背侧,其间为第四脑室,上端籍小脑幕与大脑枕叶相邻,下端与小脑延髓池相邻(图2-35)。

小脑大体结构由位于中线的蚓部和其两侧的小脑半球组成,通过上、中、下三对小脑脚分别与中脑、脑桥和延髓相连。以原裂为界,小脑大体结构还可分为前叶和后叶两部分,每叶可进一步分为若干小叶。

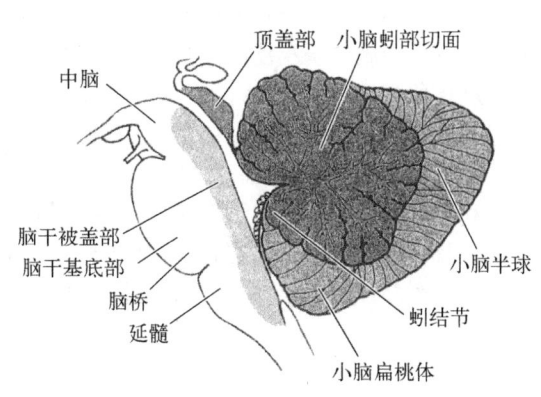

图2-35 小脑与脑干的位置关系

小脑内部结构由小脑皮质、白质和小脑深部核团组成。小脑皮质有非常规则的三层结构,由外向内分别为分子层、浦肯野细胞层、颗粒细胞层,各层神经元之间构成较复杂的局部神经元回路。四对小脑核埋藏在白质中,由内向外排列次序为:顶核、球状核、栓状核、齿状核。

小脑通过三对小脑脚与大脑皮质、脑干和脊髓发生纤维联系(图2-36)。小脑下脚含脊髓小脑后束和低位脑干(包括下橄榄核、前庭核及前庭神经)的传入纤维。小脑中脚由大量对侧皮质发出的下行投射纤维(经脑桥核接替)组成。小脑上脚主要含传出纤维,投射目标包括对侧丘脑(主要是腹外侧核)和对侧红核。至丘脑的传出纤维经丘脑接替组成齿状核-丘脑-大脑皮质通路投射至对侧大脑皮质,至红核的纤维经红核接替发出的红核脊髓束。由于锥体束和红核脊髓束均交叉支配对侧脊髓,故小脑病变表现为同侧的肢体的功能障碍。小脑上脚尚有进入小脑的脊髓小脑前束纤维。

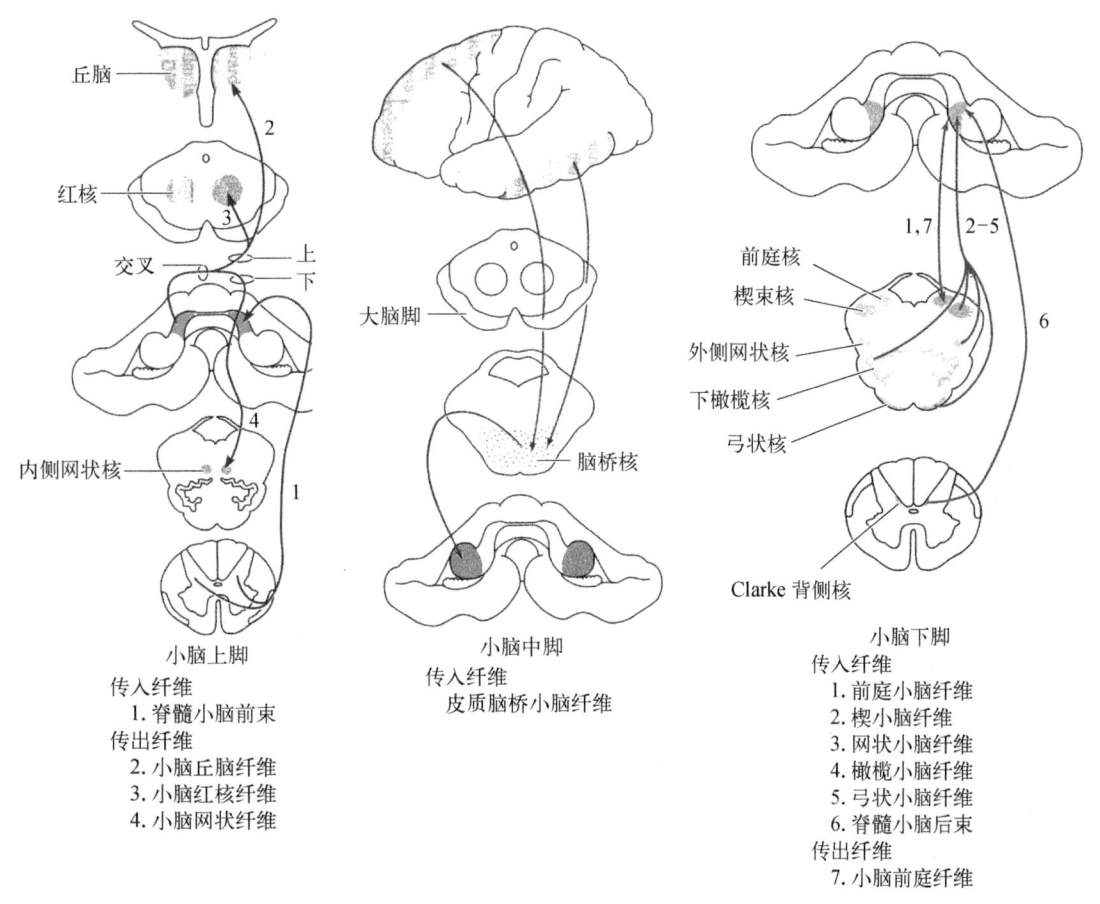

图2-36 小脑的纤维联系

小脑内部纤维联系较为复杂。由下橄榄核发出的传入纤维,入小脑后形成攀缘纤维,与小脑皮质浦肯野细胞发生突触联系。由脑桥核、脊髓、前庭核和脑干网状结构发出的传入纤维,入小脑后形成苔状纤维,与颗粒细胞发生突触联系。攀缘纤维和苔状纤维行走途中均有侧支至小脑深部核团。小脑皮质局部神经元回路对传入信息进行处理后,其结果通过浦肯野细胞传至小脑深部核团(主要是齿状核),再由此发出小脑传出纤维。

从进化角度,小脑可分为古小脑、旧小脑和新小脑三部分,各部承担着不同运动调节功能。古小脑出现最早,由位于半球的绒球和小脑蚓部的小结及其之间的联系纤维组成,与前庭系统有密切的纤维联系,主管平衡功能。旧小脑出现较古小脑晚,由小脑半球前部(前叶)和小脑后叶的一部分(蚓垂、蚓锥)组成,此部接受脊髓小脑束纤维投射,与肌张力调节和推进性定型运动如行走、游泳有关。新小脑出现最晚,占据大部分小脑后叶(除蚓垂、蚓锥),与大脑皮质联系密切,主司精细随意运动的协调。新近的研究提示小脑还与运动记忆机制有关。小脑对身体各部运动调节有分区现象,大致上,蚓部控制躯干,小脑半球控制同侧肢体。

(二)临床症状

小脑病变的临床症状包括共济失调、姿势步态不稳、肌张力降低、眼震及构音障碍。单侧损害引起同侧运动功能障碍。

1. 小脑损害的临床表现

(1)共济失调(ataxia):是小脑损害最突出的症状。该症状是小脑协调运动功能受损,执行随意运动的相关肌群在速度、幅度、力量、方向等运动要素上不能精确配合所致。一般上肢比下肢重,远端比近端重,精细动作比粗大动作明显。临床上有多种表现形式。

1)辨距不良(dysmetria):指动作幅度把握不准,让患者对指或指向某一物体常偏离目标。意向性震颤(intention tremor)是辨距不良的一种特殊表现形式,其特点是做指向运动时(如指鼻实验)出现肢体震颤,且越接近目标震颤越明显。指鼻实验和跟膝胫实验常被用来检查上肢和下肢共济运动障碍。

2)快复轮替不能(adiadochokinesis):指不能顺利执行快速交替的连续运动动作,如手快速旋前旋后、用手掌手背交替拍击大腿、拇指与食指连续对指等动作。

3)反跳现象(rebound phenomenon):指对抗某种运动或姿势的阻力突然撤除,肢体运动不能及时终止导致幅度过大。如:以阻力对抗上肢屈肘,突然撤除阻力,上肢活动不能终止以致弹击自己胸部或面部。双臂平伸,从旁突然向下打压肢体,肢体反弹上抬时常超过原来的位置。

(2)姿势不稳及共济失调步态:两腿并拢站立时摇晃不定,易跌倒。走路时两腿分开较宽,蹒跚不稳,左右摇晃,如同醉汉走路,称蹒跚步态或共济失调步态(ataxic gait)。主要见于蚓部损害。下肢共济失调亦可出现步态不稳,身体易向患侧倾斜。

(3)肌张力降低(hypotonia):急性小脑损害肌张力常降低,行走时摆臂幅度大,可观察到钟摆样膝反射,有时伴肌无力。慢性病变肌张力变化不明显。

(4)眼震:小脑蚓部和半球损害时,向患侧注视均可见粗大眼震。

(5)构音障碍(dysarthria):为发音肌群共济失调表现。语言节奏、重音失去正常规律,发声轻重缓急变化无常,呈断续、顿挫、爆发样语言,称爆发样语言或吟诗样语言。意向性震颤、爆发样语言和眼震被称作小脑损害夏科(Charcot)三联征。

(6)小脑脑血管病、肿瘤:可压迫四脑室,引起梗阻性脑积水和高颅压症状,严重时小脑扁桃体被挤入枕骨大孔引起小脑扁桃体疝(枕骨大孔疝)。

2. 小脑损害的定位诊断

(1)中线部分(蚓部)损害:主要表现为躯干平衡功能障碍(躯干共济失调),患者站立不稳,行走时呈共济失调步态,可有眼震,上肢共济失调、构音障碍一般不明显。多见于蚓部肿瘤。小脑上蚓部损害可单纯表现为共济失调步态,见于慢性酒精中毒。

(2)小脑半球损害:主要表现为同侧肢体共济失调,亦有步态不稳,且向患侧倾斜,可伴眼震、构音障碍。常见于脑血管病、肿瘤、脱髓鞘。

(3)弥漫性小脑损害:兼有中线和半球损害表现。常见于炎症、变性疾病、代谢性因素、药物不良反应(抗癫痫药、镇静剂)等。

第三节 感 觉 系 统

感觉是各种刺激作用于感受器并经感觉神经传递后在中枢神经系统的反映,可分为四种基本类型:

浅感觉:皮肤、黏膜的痛觉、温度觉和触觉。

深感觉(本体觉)：肌肉、肌腱及关节的位置觉、运动觉和振动觉。

内脏感觉：饥饿觉、恶心觉和内脏痛觉。

特殊感觉：嗅觉、视觉、听觉、味觉和平衡觉。

大脑皮质对浅感觉和深感觉进行综合处理后还可派生出复合感觉，又称皮质感觉，包括两点辨别觉、定位觉、图形觉、实体觉和重量觉。浅感觉、深感觉和复合感觉合称躯体感觉。内脏感觉和特殊感觉分别由自主神经传入纤维和脑神经传导。本节主要介绍躯体感觉。

一、解剖生理

(一) 感觉传导通路(图2-37)

内外环境的变化作用于皮肤痛、温、触觉感受器和肌梭、Golgi 腱器官等本体感受器，感受器将理化刺激信息转变成神经冲动，经感觉神经上传到中枢。深、浅感觉均由三级感觉神经元接替传递才能抵达感觉中枢，传导途中第二级感觉神经元发出的感觉纤维均交叉到对侧，故一侧感觉皮质接受对侧躯体感觉纤维的投射。

1. 痛温觉和轻触觉 第一级感觉神经元位于后根神经节，轴突周围支至皮肤、黏膜，中枢支经后根进入脊髓，在后角周围上升1～2个节段后终于后角，此处的第二级感觉神经元发出的纤维交叉到对侧形成脊髓丘脑束(腹外侧系统)。脊髓丘脑束实际上分为两束，在脊髓侧索上行者为脊髓丘脑侧束，传递痛温觉；在脊髓前索上行者为脊髓丘脑前束，传递轻触觉(粗触觉)。脊髓丘脑束上行至丘脑，终于丘脑腹后外侧核，此处的第三级感觉神经元发出的上行纤维经内囊后肢终于大脑顶叶中央后回。

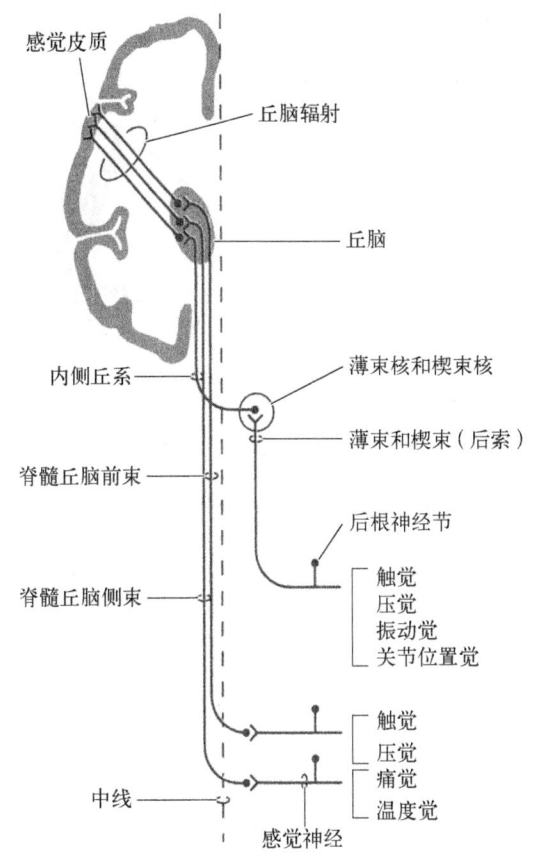

图2-37 感觉传导通路

2. 本体觉和精细触觉 第一级感觉神经元位于后根神经节，轴突周围支分布于肌肉、肌腱、关节和皮肤，中枢支经后根进入脊髓后索分两束上行，来自下半身(T_4以下)的纤维组成薄束，来自上半身(T_4以上)的纤维组成楔束。薄束和楔束分别终于延髓薄束核和楔束核，此处的第二级感觉神经元发出的纤维交叉到对侧形成内侧丘系，上行终于丘脑腹后外侧核，此处的第三级感觉神经元发出上行纤维经内囊后肢终于大脑顶叶中央后回。

头面部的深、浅感觉经三叉神经传递，分别终于脑干三叉神经感觉主核和三叉神经脊束核，此二核团内的第二级感觉神经元发出的纤维交叉后分别加入内侧丘系和脊髓丘脑束(详见本章第一节)。

脑干中传递浅感觉的脊髓丘脑束与传递深感觉的内侧丘系在延髓相距较远，但在脑桥和中脑上行途中逐渐靠近(图2-38)。

传递身体不同节段的深、浅感觉纤维在脊髓有一定的排列次序。在脊髓颈段，传递痛、温觉和轻触觉的脊髓丘脑束纤维由背外侧向腹内侧依次为骶、腰、胸、颈，传递本体觉和精细触觉薄束、楔束纤维由外向内依次为颈、胸、腰、骶(图2-39)。这种定位排列次序对髓内、髓外病变的鉴别有一定意义。例如，髓内肿瘤常由内向外压迫脊髓丘脑束，引起的痛、温觉障碍常由上向下发展；髓外肿瘤常由外向内压迫脊髓丘脑束，引起的痛、温觉障碍常由下向上发展。

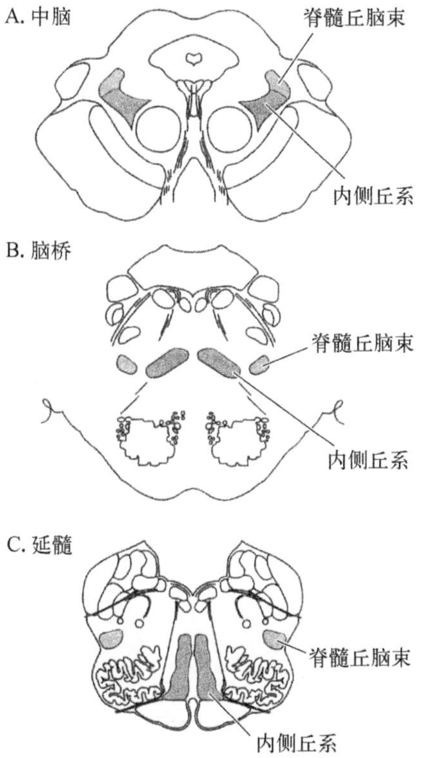

图2-38 脑干各段中的感觉通路的位置

(二) 感觉的根性支配和周围神经支配

每支脊髓后根支配的皮肤区域呈节段性分布，此区域称皮节

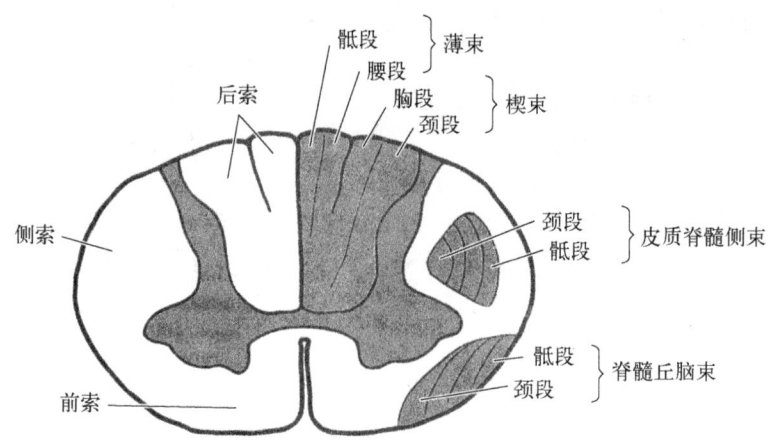

图2-39 脊髓中各段感觉运动纤维的定位排列(颈段)

(dermatome)。相邻皮节有一定范围的重叠(图2-40),故后根损害实际感觉障碍的范围较皮节小一些,感觉传导束损害的感觉障碍平面较相应的脊髓节段低一些。单支后根损害的感觉障碍范围较小,除敏感部位(如手指),一般不易被发现。

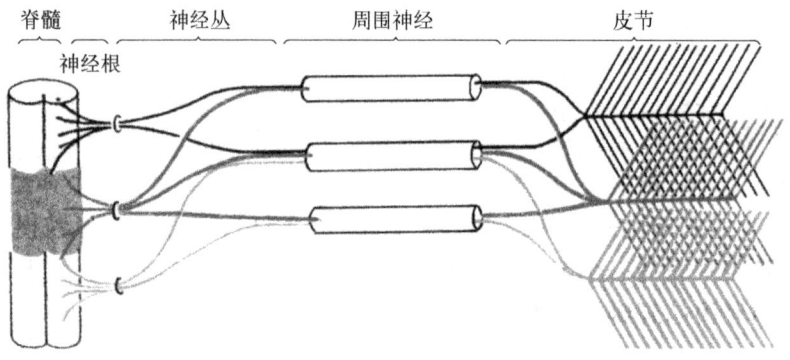

图2-40 相邻皮节的重叠支配

根性(节段性)皮肤感觉支配见图2-41、图2-42和图2-43。大致上,$C_{2\sim4}$支配头颈部,$C_5\sim T_2$支配上肢($C_{5\sim7}$:上肢桡侧,$C_8\sim T_1$:前臂尺侧,T_2:上臂尺侧),$T_{2\sim12}$支配躯干(T_4:乳头,T_7:肋弓下缘,T_{10}:脐,$T_{12}\sim L_1$:腹股沟),$L_1\sim S_3$支配下肢($L_{1\sim3}$:股前,$L_{4\sim5}$:小腿前面,$S_{1\sim2}$:足底及下肢后面),$S_{4\sim5}$支配肛周(鞍区)。胸段神经根感觉支配节段性特征尤为明显。

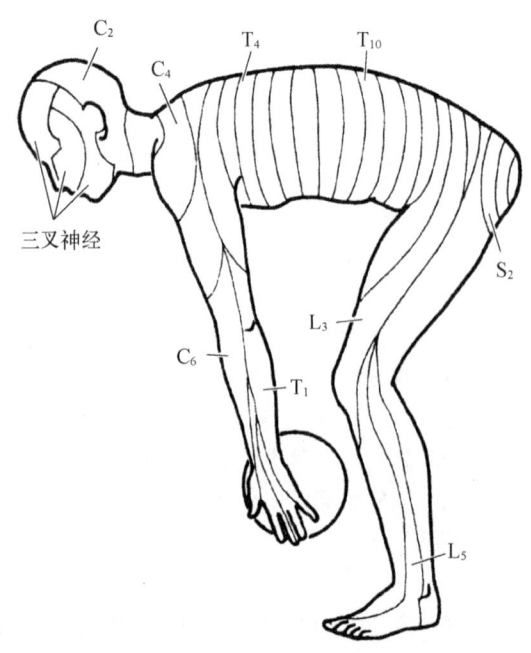

图2-41 体表感觉的节段性支配

周围神经由神经丛分支组合而成,而神经丛又由相邻的脊神经前支多次分支、组合混编而成,故一支周围神经含多个节段的脊神经纤维,其支配的体表感觉区分布与根性节段性分布不同(图2-42、图2-43)。

熟悉这些支配规律,对感觉损害的定位诊断很有帮助。

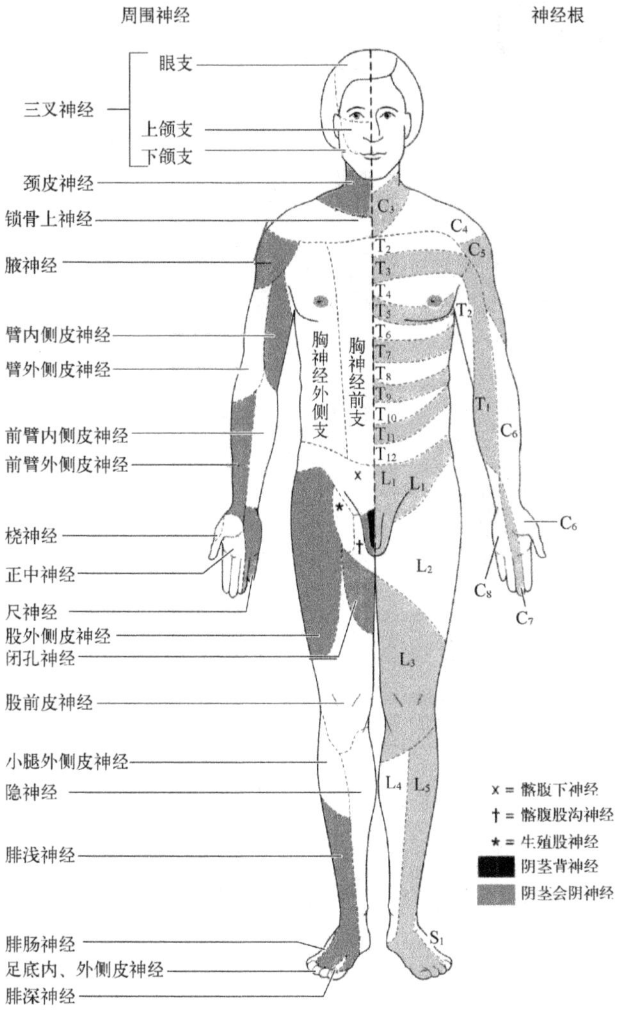

图2-42 体表感觉的根性和周围性支配(前面)

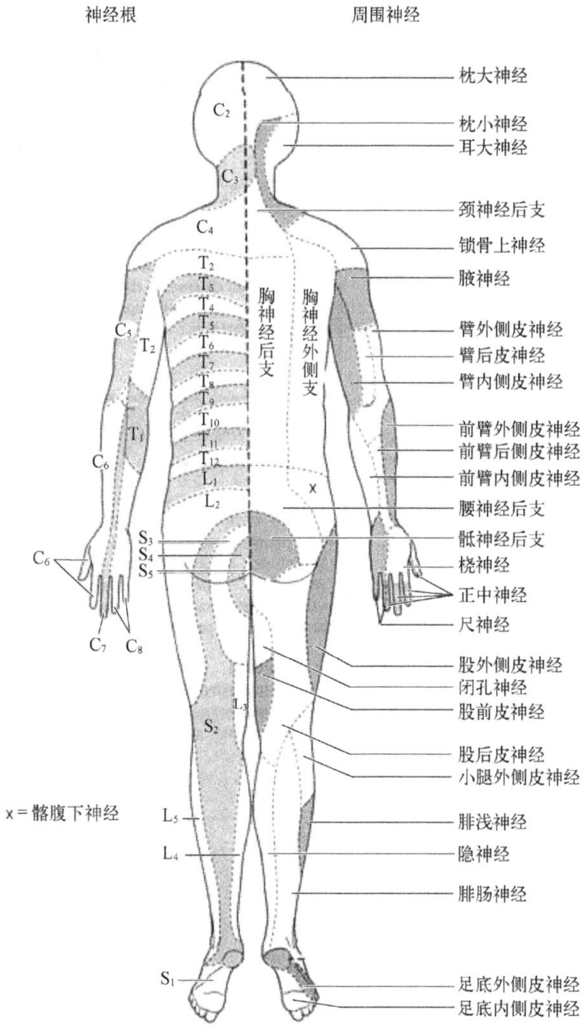

图2-43 体表感觉的根性和周围性支配(后面)

(三) 感觉皮质

躯体感觉的最高级中枢在大脑皮质,主要感觉代表区在顶叶中央后回和旁中央小叶(相当于Brodmann 3、1、2区)。与主要运动区对运动的支配一样,主要感觉代表区对躯体感觉的支配也具有交叉支配、定位分布的特点,各区大小与感觉的精细程度有关(图2-44)。除主要感觉代表区,躯体感觉也投射到中央后回邻近的区域,这些皮质区域被称作第二感觉区,身体各部代表区在此区的定位不如主要感觉代表区那样明显。

二、感觉障碍的临床表现和定位诊断

感觉障碍依病变性质不同,可分为刺激性症状和抑制性症状两大类,详见第三章。感觉传导通路不同部位损害产生的感觉障碍类型和分布不同,据此可对感觉障碍的病变部位作出定位诊断(图2-45)。不同部位损害感觉障碍定位诊断分述如下:

1. 神经干 单支周围神经干损伤会引起该神经所支配区域感觉障碍,见于各种单神经病,如尺神经麻痹、桡神经麻痹、坐骨神经麻痹、股外侧皮神经炎等。

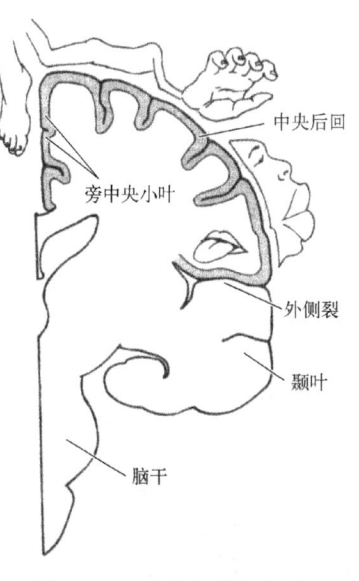

图2-44 感觉皮质代表区

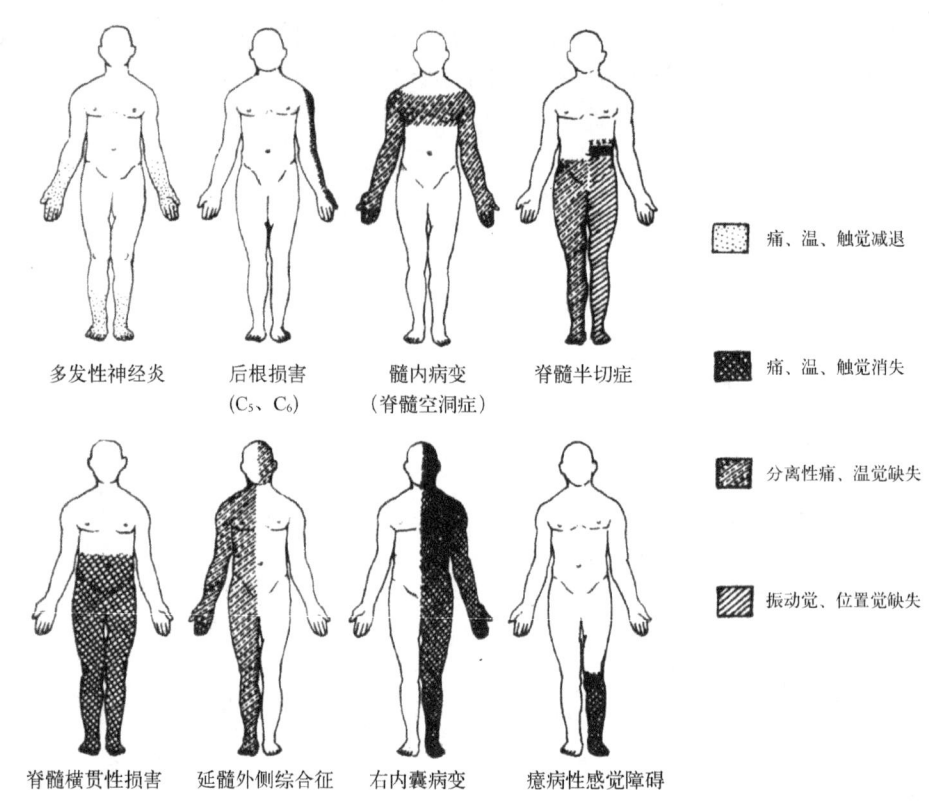

图 2-45 各种感觉障碍的分布特点

依损伤性质不同,不同感觉纤维受损的程度可不一致,例如,压迫性损伤易于损害较粗的触觉纤维,引起触觉减退。不同神经感觉障碍特点有所不同,多数表现为感觉减退或消失,但正中神经、坐骨神经损害除可导致感觉减退或消失外,常有疼痛。

2. 神经末梢 神经末梢损害导致末梢型感觉障碍,常为对称性,远端重于近端,呈所谓手套-袜套样感觉障碍,见于多发性周围神经病。一般下肢感觉障碍较上肢出现早,常伴肌无力、反射改变和自主神经功能障碍。

3. 神经根 后根损害引起节段性感觉障碍。由于相邻神经根支配区域有一定重叠,一般单支后根损害不引起明显的感觉障碍,只有两支以上相邻后根同时损害才会出现明确的感觉障碍。神经根压迫性损害常有相应节段明显的疼痛或其他感觉刺激症状,称根痛或神经根刺激症状。依损伤水平不同,可伴相应的腱反射消失(如 $S_{1\sim2}$ 损害时跟腱反射消失)。前根同时受累时,可伴肌无力及肌萎缩。

4. 脊髓 脊髓损害引起的感觉障碍可分两种类型。一种类型为传导束性感觉障碍,由感觉传导束损害所致,表现为病变平面以下相应的感觉减退或消失。例如,脊髓丘脑侧束损害引起病变平面以下对侧痛、温觉丧失,后索损害引起病变平面以下同侧深感觉障碍。第二种类型为节段性感觉障碍,由后角或中央部损害所致,表现为病变节段痛、温觉丧失,触觉、深感觉保留,称节段性分离性感觉障碍。例如,脊髓空洞症常引起马褂样分布的痛、温觉丧失,但触觉、深感觉保留。

5. 脑干 延髓外侧及脑桥下部外侧病变常引起交叉性感觉障碍,即病变同侧面部和对侧身体痛、温觉缺失,这是因为脊髓丘脑束、三叉神经束核及三叉神经脊束受累,此处脊髓丘脑束由对侧交叉而来,支配对侧身体,而三叉神经脊束核及三叉神经脊束支配同侧面部。见于小脑后下动脉闭塞引起的 Wallenberg 综合征。延髓内侧损害累及内侧丘系,导致对侧偏身深感觉障碍,而浅感觉保留,即深、浅感觉分离性感觉障碍。在上脑干,脊髓丘脑束与内侧丘系相伴而行,上脑干病变两者常同时受累,表现为对侧半身的深、浅感觉障碍。脑干病变引起的感觉障碍常伴脑神经麻痹及锥体束损害。

6. 丘脑 丘脑病变引起对侧偏身各种感觉减退或缺失,常伴自发性疼痛及感觉过度,称丘脑综合征(Dejerine-Roussy 综合征)。

7. 内囊 内囊病变引起对侧偏身各种感觉减退或缺失,常伴偏瘫及偏盲。

8. 感觉皮质 感觉皮质损害引起对侧复合感觉障碍,表现为两点辨别觉、图形辨别觉、定位觉、实体觉、重量觉障碍,痛、温觉障碍较轻。通常肢体远端重于近端及躯干。局限性损害可引起对侧单肢感觉障碍。刺激性病变可引起感觉性癫痫发作。

第四节 反 射

反射(reflex)指机体对内外环境的变化所作出的规律性应答反应,是最基本的神经调节活动方式。在神经病学上,反射常分为浅反射、深反射、内脏反射和病理反射四种类型。有时根据反射中枢的水平对反射进行分类,如:脊髓反射、延髓反射、脑桥反射、中脑反射、大脑反射等。一些较重要的反射归纳于表2-5,本节着重介绍深、浅反射和病理反射。

表2-5 部分重要反射

反 射	传 入 神 经	反 射 中 枢	传 出 神 经
浅反射			
角膜反射	三叉神经	脑桥	面神经
鼻反射(喷嚏反射)	三叉神经	脑干及脊髓	三叉神经、面神经、舌咽神经、迷走神经、支配呼吸肌的脊神经
咽反射	舌咽神经	延髓	迷走神经
上腹壁反射	脊神经($T_{7\sim10}$)	脊髓($T_{7\sim10}$)	脊神经($T_{7\sim10}$)
下腹壁反射	脊神经($T_{10\sim12}$)	脊髓($T_{10\sim12}$)	脊神经($T_{10\sim12}$)
提睾反射	股神经	脊髓(L_1)	生殖股神经
跖反射	胫神经	脊髓($S_{1\sim2}$)	胫神经
肛门反射	阴部神经	脊髓($S_{4\sim5}$)	阴部神经
深反射(腱反射)			
下颌反射	三叉神经	脑桥	三叉神经
肱二头肌反射	肌皮神经	脊髓($C_{5\sim6}$)	肌皮神经
肱三头肌反射	桡神经	脊髓($C_{7\sim8}$)	桡神经
桡反射	桡神经	脊髓($C_{5\sim6}$)	桡神经
膝反射	股神经	脊髓($L_{3\sim4}$)	股神经
踝反射	胫神经	脊髓($S_{1\sim2}$)	胫神经
内脏反射			
瞳孔对光反射	视神经	中脑	动眼神经
眼调节反射	视神经	枕叶皮质	动眼神经
睫脊反射	皮肤感觉神经	脊髓($T_{1\sim2}$)	颈交感神经
眼心反射	三叉神经	延髓	迷走神经
颈动脉窦反射	舌咽神经	延髓	迷走神经
勃起反射	阴部神经	脊髓($S_{2\sim4}$)	盆神经
排尿和排便反射	阴部神经	脊髓($S_{2\sim4}$)	阴部神经及自主神经
病理反射			
伸性跖反射(Babinski征)	胫神经	脊髓($L_{3\sim5}$,S_1)	腓神经

反射的解剖基础是反射弧,它由五部分组成:感受器、传入神经、反射中枢、传出神经及效应器。以上五部分中任何一部分受到损害都可导致反射弧完整性破坏,使反射减弱或消失。对于完整的机体,低位中枢介导的反射活动受到高位中枢的调节,若高位中枢及其下行纤维损害,也可引起反射活动异常。例如,皮质脊髓束损害常导致腱反射亢进并可出现病理征,若为急性严重损害可引起断联休克。正常人反射活动强弱常有个体差异,而且反射活动常受到代谢、内分泌、药物等非神经因素的影响,单纯的对称的反射改变并不都有病理意义。另外,婴幼儿神经系统发育尚未成熟,其反射活动亦与成人不同,例如1岁以下儿童可引出伸性跖反射,并无病理意义。在临床工作中,要特别注意左右对比、上下对比,同时结合伴随的神经症状、体征并考虑年龄因素,才能对反射检查结果的意义作出正确判断。

一、浅反射

浅反射指刺激皮肤、黏膜及角膜等部位的浅表感受器引起的肌肉收缩活动,如角膜反射、鼻反射、咽反射、腹壁反射、肛门反射、提睾反射及跖反射。浅反射的基本反射中枢虽多在脊髓、脑干,但受到高位中枢下行通路的调节,有些浅反射活动(如腹壁反射、提睾反射)其冲动要上传至大脑皮质并经锥体束对脊髓基本反射中枢进行调节。因此,当基本反射弧破坏,或高位中枢及其下行通路受到损害,均可引起这些反射减弱或消失。浅反射在昏迷、麻醉、深睡时可消失,1岁以内婴儿有时不能引出。

二、深反射

深反射指刺激深部感受器引起的肌肉收缩活动。临床上深反射主要指腱反射(tendon reflex),它指肌肉受到急速牵拉引起的反射性肌肉快速、短促收缩,如下颌反射、肱二头肌反射、肱三头肌反射、桡反射、膝反射及踝反射。腱反射的感受器为肌梭,传入神经为支配肌梭的本体感觉纤维(Ⅰa、Ⅱ类),反射中枢一般只涉及感觉神经元与下运动神经元之间的单突触联系,传出神经为运动神经,效应肌肉收缩反应以受到牵拉的肌肉最明显,但不限于该肌(图2-46)。整体条件下,大脑皮质运动区及脑干等高位中枢对腱反射一般起抑制作用。若腱反射的反射弧或高位中枢下行通路受到破坏,将导致腱反射异常。

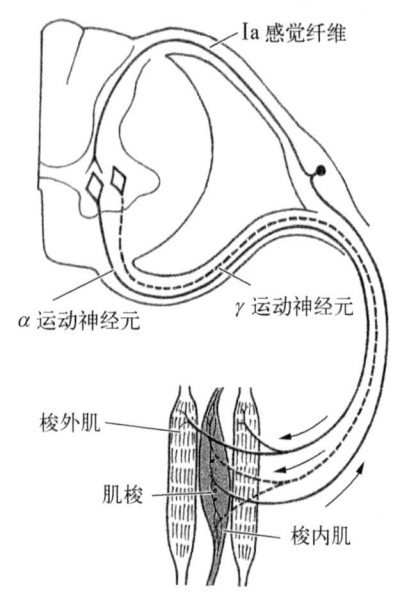

图2-46 腱反射反射弧

(一)腱反射减弱或消失

反射弧任何部位的中断都将导致腱反射减弱或消失,如肌肉、神经-肌接头、周围神经、脊神经根、后根节、脊髓病变。腱反射减弱或消失是下运动神经元或肌肉病变的一个重要体征。深昏迷、深麻醉、深睡、应用大量镇静药物均可使腱反射减弱或消失,锥体束急性损害发生断联休克时也会出现腱反射减弱或消失。

(二)腱反射增强

锥体束损害可引起腱反射增强(活跃或亢进),是上运动神经元损害的重要体征。叩击肌腱引出的肌收缩较正常增强称反射活跃,若伴反射区扩大、重复肌收缩反应、阵挛则称反射亢进。反射区扩大指刺激肌腱以外的区域也能引出腱反射,如叩击胫骨前面或膝关节上方引出膝反射。重复肌收缩反应指叩击肌腱一次引起两次以上肌收缩反应。腱反射增强也可见于神经症、甲亢、手足搐搦症、破伤风等神经肌肉兴奋性升高的患者,一般仅为反射活跃。

腱反射增强的患者有时伴有阵挛(clonus)、霍夫曼(Hoffmann)征、罗索利莫(Rossolimo)征,目前认为是腱反射增强的特殊表现形式。

三、病理反射

病理反射指正常条件下不出现,中枢神经有损害时才出现的异常反射。临床上的病理反射主要指巴宾斯基(Babinski)征。该反射是一种原始性保护反射,1岁以内婴儿可以出现,以后随着中枢神经系统发育成熟,该反射被锥体束抑制。若锥体束损害,该征呈阳性,因此Babinski征是锥体束损害的重要体征。

Babinski征的检查方法同跖反射,跖反射表现为大脚趾跖屈,该征表现为大脚趾背屈,故又称伸性跖反射。有时伴其余脚趾呈扇形散开,但这不是Babinski征的必要条件。临床上还有不少其他方法可引出与Babinski征相同的反应,称Babinski征等位征,如查多克(Chaddock)征、奥本汉姆(Oppenheim)征、戈登(Gordon)征等,其阳性率不如Babinski征高,一般认为其病理意义也不如Babinski征可靠,但在Babinski征阴性而这些反射阳性时,对锥体束损害仍有一定提示意义。昏迷、深睡、使用大量镇静剂也可引出上述病理反射。1岁以内婴儿可出现伸性跖反射,但无病理意义。

脊髓自动反射是Babinski征的增强反应,亦称回缩反射、三短反射,见于完全横贯性脊髓损害。该反射表现为刺激下肢任何部位均可引出双侧Babinski征及双下肢回缩(踝背屈、屈膝、屈髋)。当反应强烈时,还伴有大小便排空、举阳、射精、下肢皮肤发红出汗、竖毛等反应,称总体反射。

第五节 中枢各部损害表现

一、大脑半球

大脑半球(cerebral hemisphere)左右各一,其间通过胼胝体相连。大脑半球在组织结构上由皮质(灰质)、白质、埋藏于白质之中的基底节及侧脑室组成。每侧半球借表面的沟裂划分为 6 个脑叶，即额叶、顶叶、枕叶、颞叶、岛叶及边缘叶（图 2-47、图 2-48）。

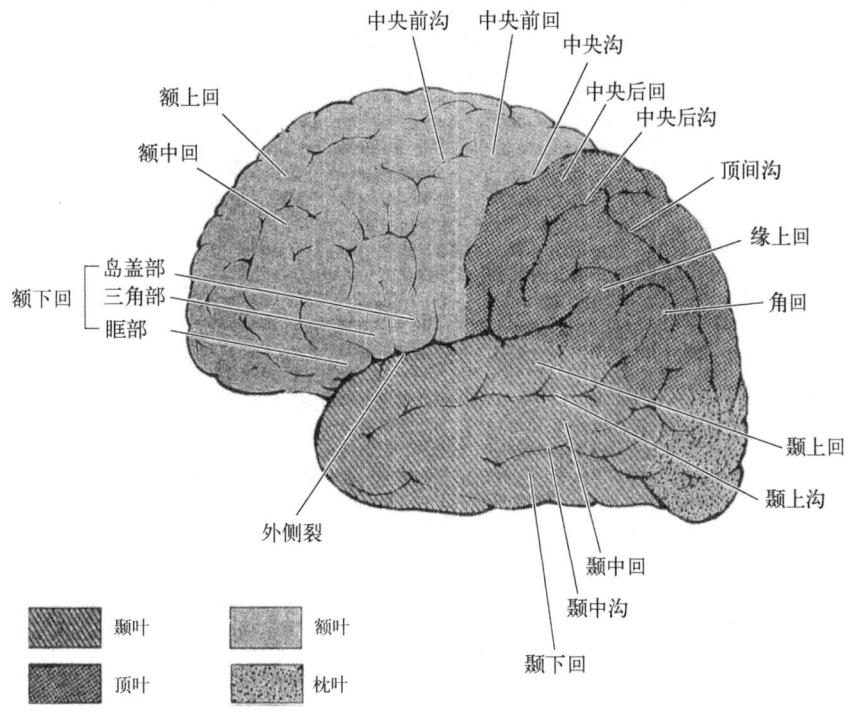

图 2-47　大脑半球外侧面（左侧）

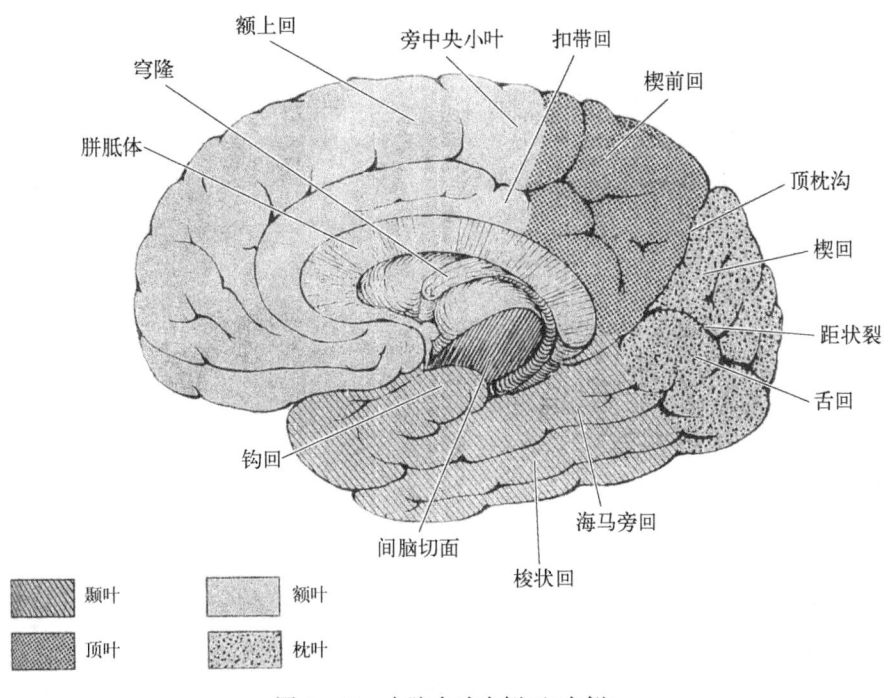

图 2-48　大脑半球内侧面（右侧）

皮质位于半球表层，人类大脑皮质高度发达，表面有很多沟回（发育中皮质发生折叠所致）。不同部位的皮质细胞构筑有一定差异，根据细胞构筑特点可将大脑皮质进行分区，应用最广泛的是 Brodmann 分区。大脑白质位于皮质深部，由神经纤维及胶质细胞组成。大脑半球白质纤维可分为三类，即连接两侧半球的连合纤维、连接本侧半球不同部位的固有联合纤维、联系大脑皮质与皮质下结构的投射纤维。

大脑半球功能极其复杂，除前述运动、感觉功能外，还与认知、情感、语言、行为等高级功能有关。两侧大脑半球功能并不完全对称，一侧半球在某些高级功能上有一定侧重。多数人语言功能主要由左侧半球承担，空间及形象识别主要由右侧半球承担。还有假说认为对音乐的理解主要由左侧半球实现，而计算、推理主要由右侧半球完成。通常把语言功能占优势的半球称为优势半球(dominant hemisphere)。鉴于大多数人为右利手，语言中枢在左侧半球，且约70%左利手者语言中枢也在左侧半球，故习惯上将左侧半球称作优势半球。

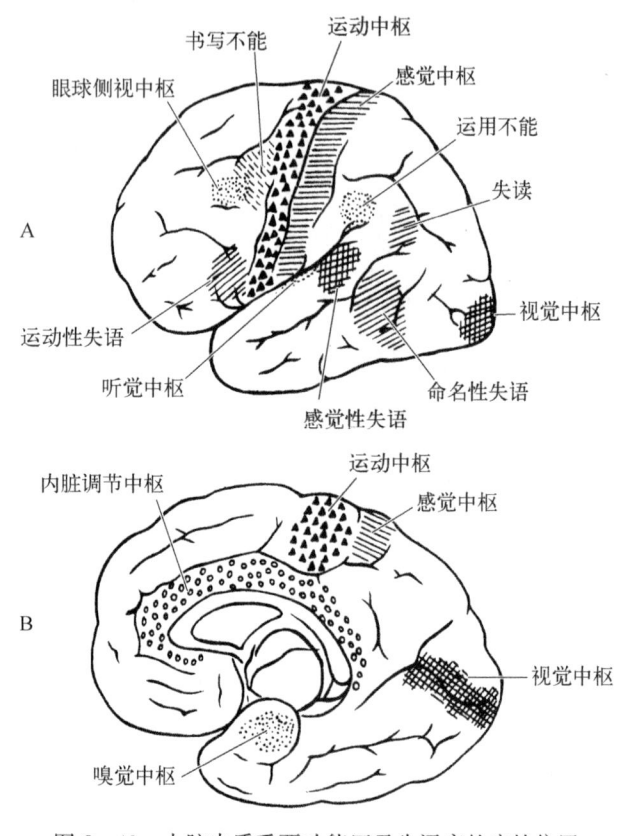

图2-49 大脑皮质重要功能区及失语症的病灶位置

（一）额叶

额叶(frontal lobe)位于大脑半球的最前端，额叶表面有纵行的中央前回和三个横行的回（额上回、额中回和额下回）。额叶重要功能区及其损害表现(图2-49)：

1) 中央前回、旁中央小叶前部及前运动区(4、6区)，为随意运动中枢。若受到破坏将导致对侧痉挛性瘫痪，一般为单瘫，中央前回上部损害引起下肢瘫痪，下部损害引起面部、舌及上肢瘫痪。若为严重广泛损害导致对侧偏瘫。此部刺激性病变可引起运动性癫痫。

2) 额中回后部有眼球侧视中枢(8区)，若发生病变可导致头部及眼球向一侧偏斜（破坏性病灶向同侧，刺激性病灶向对侧）。

3) 左侧额下回后方(44、45区)有运动语言中枢(Broca区)，此区损害可发生运动性失语(Broca失语)，表现为不能讲话或讲话费力，伴错语。左侧额中回后部有书写中枢，若受到损害可引起失写症(agraphia)。

4) 额叶前部（运动区之前部分）与情感、认知及适应性行为活动有关，若受到损害可出现多种精神症状、痴呆和行为活动异常，双侧损害较单侧明显。前额叶与小脑有纤维联系，损害后可有一过性共济失调。

5) 旁中央小叶前部有排尿、排便中枢，损害后引起大、小便功能障碍。

6) 额叶底面有嗅神经和视神经经过，此部占位性病变可造成嗅觉、视觉障碍。额叶底面综合征，又称Foster-Kennedy综合征，表现为病变侧视神经萎缩和嗅觉减退或消失（肿瘤直接压迫所致），病变对侧视乳头水肿（继发颅高压所致）。

（二）顶叶

顶叶(parietal lobe)位于大脑半球中部，前部有中央后回，后部借横行的顶间沟分为顶上小叶和顶下小叶，后者又分为角回和缘上回。缘上回位置靠前，围绕外侧裂后端；角回位置靠后，围绕颞上沟后端。顶叶内侧面还有旁中央小叶后部和楔前回。

顶叶的重要功能区及其损害表现(图2-49)：

1) 中央后回及旁中央小叶后部(3、1、2区)为躯体感觉中枢，若发生破坏性病变将导致对侧身体复合感觉障碍，如实体觉、图形觉、两点辨别觉和皮肤定位觉丧失，一般感觉如痛、温、触觉保留。若发生刺激性病变将导致对侧身体感觉异常（感觉性癫痫），如针刺、电击、麻木感等。

2) 顶叶后部为感觉联合皮质及复合联合皮质。左侧顶、枕、颞交界区（角回、缘上回）损害可引起古茨曼(Gerstmann)综合征，表现为左右侧失定向、手指失认、计算不能和书写不能。此部损害还可引起阅读不能（失读）、命名性失语、失用和触觉失认。右侧此区损害可引起体象障碍(disturbance of body image)，即对身体各部分的存在、空间位置及其相互关系发生认识障碍，如自体认识不能(autotopognosis)、病觉缺失(anosogosia)。右侧顶叶后部损害还可导致视空间障碍，如偏侧视觉忽略（阅读、画钟面常忽略对侧）、空间位置定向障碍（看不懂简单的地图、不认识回家的路线）及结构性失用（不会绘图、穿衣、搭积木）。

3) 顶叶有视辐射上部经过，若受到损害可引起对侧同向下限盲。

(三) 颞叶

颞叶(temporal lobe)位于大脑半球下部,外表面有3个横行脑回,即颞上回、颞中回及颞下回,在外侧裂深部有颞横回。颞叶内侧面海马旁回,前端为钩回。海马旁回与颞下回底部之间有枕颞内侧回和枕颞外侧回。

颞叶重要功能区及损害表现(图2-49):

1) 颞横回(Heschl区,41、42区)为听觉中枢,单侧损害不引起耳聋,双侧损害可致耳聋。刺激性病变可引起幻听。

2) 颞上回为听觉联合皮质,与听觉高级识别及语言理解有关,损害后可引起听觉失认,即虽然能听到声音,但不能根据声音特点识别是哪一物体(如不能根据引擎和喇叭声判断出汽车),也不能根据嗓音辨别是哪个人。左侧颞上回后部有感觉性语言中枢(Wernicke区),损害后导致感觉性失语(Wernicke失语),表现为听不懂他人讲话,自己虽可讲话,但用词语法错乱,别人也听不懂。颞上回和颞下回属复合联合皮质,后部损害可引起命名性失语。

3) 钩回是嗅觉及味觉中枢,受到损害可引起幻嗅或幻味,伴吸吮、咀嚼、吞咽动作,即钩回发作。若痫性放电向后扩散,可引起精神运动性癫痫发作。

4) 颞叶内侧与记忆功能关系密切,双侧颞叶内侧损害常有突出的记忆力减退。

5) 颞叶有视辐射下部经过,若受到损害可引起对侧同向上限盲。

6) 幕上占位性病变可将颞叶钩回挤入小脑幕裂孔内,引起颞叶钩回疝。

(四) 枕叶

枕叶(occipital lobe)位于大脑半球后部,内侧面由距状裂分为两叶,上为楔回,下为舌回。枕叶重要功能区及损害表现(图2-49):

1) 距状裂两侧皮质(17区)为视觉中枢。此处的破坏性病变导致对侧视野同向偏盲或象限盲,黄斑部视力保留。双侧损害引起皮质盲(cortical blindness),表现为双目失明,但瞳孔大小及对光反射正常,眼底亦正常。此处刺激性病灶可引起视幻觉。

2) 其余枕叶皮质为联合皮质(18、19区),与视觉信息高级综合处理有关,左侧或双侧损害可引起视觉失认,患者能看到周围的物体,但不能识别,对图形、面容、颜色也可失去辨别能力。右侧此区损害可引起视空间障碍。

(五) 边缘叶及边缘系统

边缘叶(limbic lobe)位于大脑半球内侧面,包括扣带回、隔区、海马旁回、海马及齿状回等环绕胼胝体的皮质区域(图2-50)。边缘叶与皮质下一些核团,如杏仁核、隔核、丘脑前核、乳头体等,通过广泛的纤维联系,共同构成边缘系统。

边缘系统与自主神经功能、情绪、记忆等关系密切,损害后的表现有颞叶癫痫、记忆障碍、情绪异常、摄食及睡眠异常等。记忆障碍通常是双侧病变所致,多见于代谢性、炎性(单纯疱疹病毒性脑炎)及变性疾病。

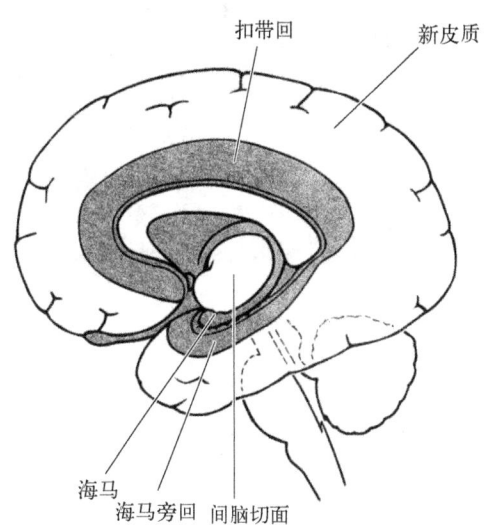

图2-50 边缘叶

(六) 基底节及基底前脑核

基底节(basal ganglia)位于大脑半球深部的白质中,主要与运动调节有关,损害后主要表现为运动过少、不自主运动(舞蹈征、投掷征、手足徐动征、震颤、扭转痉挛等)和肌张力异常(增高或降低),无瘫痪及感觉异常(有关内容详见本章第二节)。典型的基底节病变多为变性疾病,根据临床特征,大致可分为两大症候群:运动减少-肌张力增高症候群、运动过多-肌张力降低症候群,前者系黑质-新纹状体多巴胺通路病变所致,代表性疾病为帕金森病;后者多纹状体、底丘脑核病变所致,代表性疾病是亨廷顿病。有些以不自主运动为主要表现的疾病,例如原发性扭转痉挛、抽动症等,确切病变部位不清,推测可能与基底节病变有关。基底节及其邻近区域(内囊、丘脑)也是脑血管疾病的好发部位,临床上突出的表现是瘫痪及感觉障碍,锥体外系症状较少见。

在纹状体前端下方,有数个细胞团,被称作基底前脑核或Meynert核。此处富含胆碱能神经元,发出大量纤维至大脑皮质,与认知功能关系密切,损害后可引起智能减退。

（七）内囊及皮质下白质

内囊(internal capsule)指豆状核、尾状核及丘脑之间的白质结构(图2-51、图2-52)，大脑皮质与皮质下结构诸多联系通路均由此经过。在大脑的水平切面上，内囊可分为三部：前肢、后肢和膝部。前肢位于尾状核头部和豆状核之间，后肢在豆状核和丘脑之间，前肢与后肢之间的部分为膝部。前肢有额桥束、皮质至丘脑前核及内侧核往返纤维通过。膝部有皮质脑干束通过。后肢前2/3为皮质脊髓束(支配上肢的纤维靠前，支配下肢的纤维靠后)，后1/3为丘脑发出的一般感觉纤维。顶桥束和颞桥束也在后肢通过。后肢最后为传递视听觉的视辐射和听辐射纤维。内囊病变主要引起对侧偏瘫及偏身感觉障碍，有时伴对侧视野同向偏盲，称"三偏综合征"。较小的病灶可引起单纯的运动或感觉障碍。

在基底节及内囊与大脑皮质之间有大块白质，在横断面上呈半卵圆形，被称作半卵圆中心(图2-53)。此部的纤维有大量自内囊上行、呈扇形的投射纤维，称辐射冠。半卵圆中心病变表现与内囊相似，但此处纤维较为分散，因此可引起单纯的运动或感觉障碍，症状可以是完全性偏侧的(上、下肢症状可能轻重不一)，也可以只累及对侧上肢或下肢。

胼胝体是两侧大脑半球信息沟通的主要桥梁，病变时多发生记忆障碍及癫痫发作，也可出现肢体失用及精神症状。

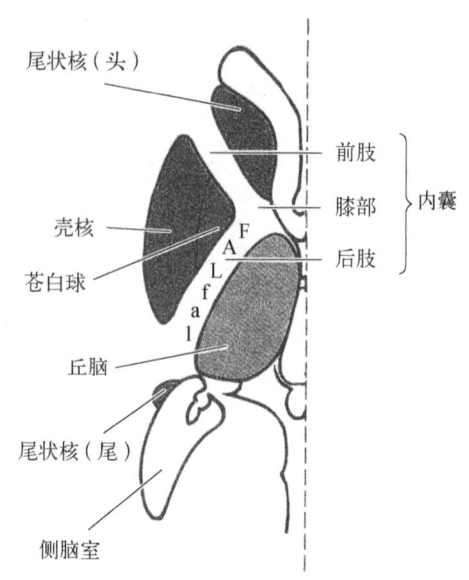

图2-51 内囊及其周围结构

F、A、L分别示支配面部、上肢、下肢的运动纤维，
f、a、l分别示支配面部、上肢、下肢的感觉纤维

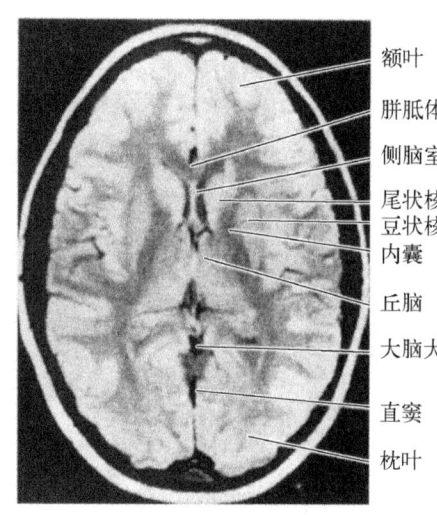

图2-52 大脑水平切面磁共振成像(示内囊及其周围结构)

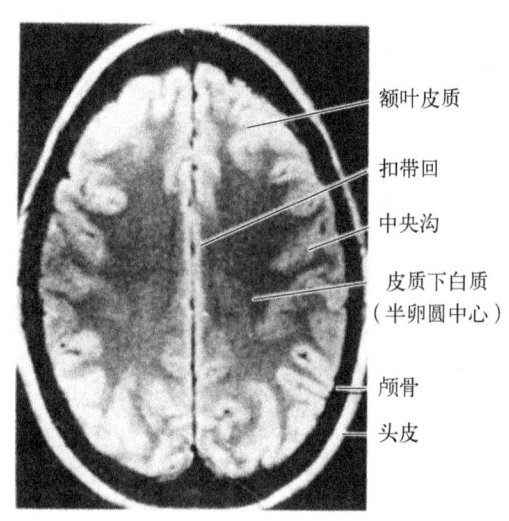

图2-53 大脑水平切面磁共振成像(示半卵圆中心)

二、间脑

间脑(diencephalon)位于中脑和大脑半球之间，三脑室两侧，除下部外大部分被大脑半球覆盖。如图2-54所示，三脑室侧壁的一条浅沟-下丘脑沟将间脑分为上下两部，上部为丘脑(thalamus)和上丘脑(epithalamus)，下部为下丘脑(hypothalamus)和底丘脑(subthalamus)。

（一）丘脑

丘脑(thalamus)，又称背侧丘脑，是间脑中最大的灰质团块，呈卵圆形，前端为较狭窄的丘脑前结节，后端为较宽大的丘脑枕，内、外侧膝状体在丘脑枕的后下方。丘脑灰质被内部"Y"形白质——内髓板分为前部、内侧部和外侧部。各部又有若干神经核团，大致可分为五群：前核、中线核群、内侧核群、外侧核群、后核群(图2-55)。从功能角度，这些核团可分为五组，其纤维联系各不相同：① 感觉核群：包括腹后内侧核、腹后外侧核、内侧膝状体和外侧膝状体，其功能是分别传递来自头面部、躯干、耳蜗及视网膜的感觉信息；② 运动核群：包括腹前核和腹外侧核，其功能是介导大脑皮质与基底节及

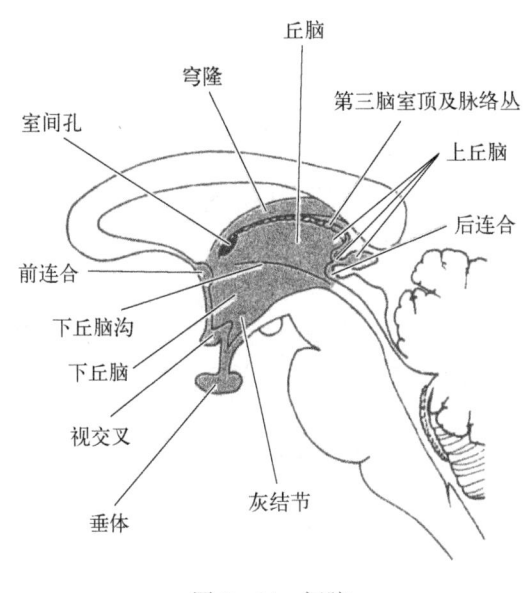

图 2-54 间脑

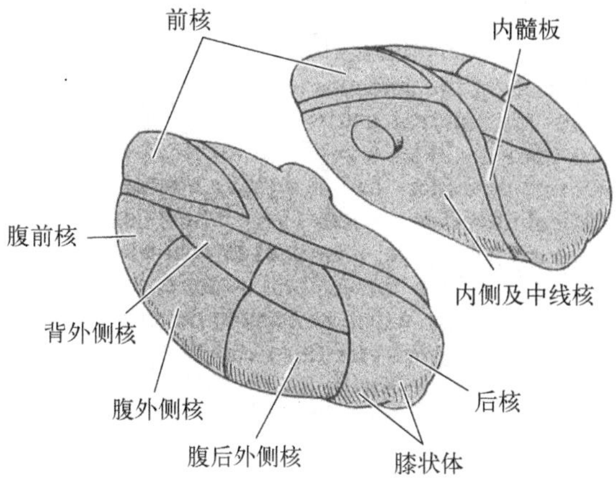

图 2-55 丘脑及其主要核团

小脑间的环路联系，与运动调节有关；③ 边缘核群：包括前核和背内侧核，前者介导乳头体与扣带回之间的纤维联系，后者介导颞叶嗅皮质及杏仁核与前额叶皮质及下丘脑之间的纤维联系，与内脏活动、情感、记忆等功能有关；④ 复合功能核群：包括枕、后外侧核及背外侧核，与顶叶联合皮质有纤维联系；⑤ 非特异核群：包括板内核、网状核及中央中核等，接受脑干网状结构上行纤维投射，然后弥散地投射到广泛的皮质区域，与觉醒状态的维持有关。

丘脑病变引起丘脑综合征，表现有：对侧偏身感觉减退，一般面部较肢体、躯干轻，可伴自发性疼痛及感觉过敏、感觉过度。有时伴舞蹈动作、动作性震颤、共济失调，此乃丘脑运动核及其纤维受累所致。边缘核群受累可引起情绪反应过度。若病灶水肿压迫邻近内囊可引起轻偏瘫。

（二）下丘脑

下丘脑（hypothalamus）位于下丘脑沟下方，构成第三脑室侧壁和底部。下丘脑腹侧表面由前往后依次有视交叉、灰结节、乳头体，灰结节向下延伸出漏斗，与垂体后叶相连（图 2-56）。下丘脑由前向后可分为三部，即前部、中央部（包括结节、漏斗）、后部（乳头体区）。各区有多个神经核团。下丘脑前方，视交叉与前连合之间的区域为视前区，结构上虽属

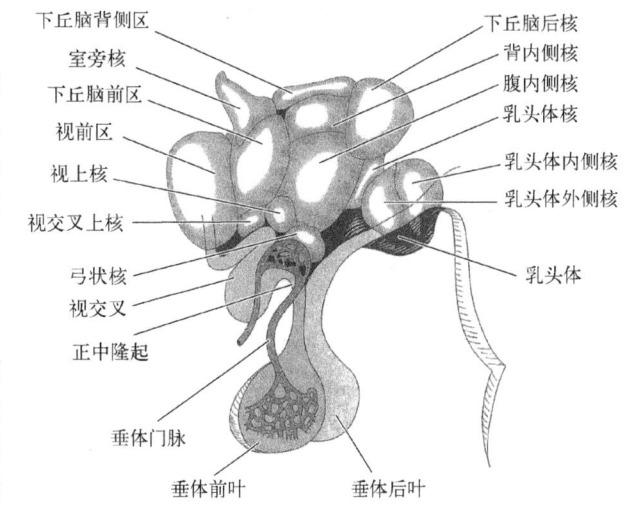

图 2-56 丘脑及其主要核团

端脑，但功能上与下丘脑关系极为密切。下丘脑与边缘系统、丘脑、垂体、脑干有丰富的联系，它是重要的皮质下自主神经中枢，也是机体的内分泌调节中枢，而且本身也具有内分泌功能。下丘脑通过视上核、室旁核内分泌神经元发出神经纤维与垂体后叶进行联系，对垂体前叶的调节则通过垂体门脉实现。下丘脑对内脏活动、摄食、水平衡、内分泌、体温、昼夜节律、睡眠觉醒及情绪行为等多种生理功能均有重要调节作用。

下丘脑病变的多为下丘脑本身或邻近结构的肿瘤压迫，有时脑血管病、炎症、外伤亦可累及下丘脑。临床主要表现为内分泌和自主神经功能障碍，如尿崩症、体温调节障碍（中枢性高热或体温过低）、睡眠障碍（嗜睡或失眠）、暴饮暴食及肥胖症、厌食及消瘦、月经失调、异常泌乳、性功能减退或亢进、生殖器萎缩、性早熟等。急性损害可引起昏迷及上消化道溃疡、出血。刺激性病灶还可引起发作性自主神经功能紊乱（间脑癫痫），如血压波动、脉快、多汗、瞳孔散大、面部潮红、呼吸缓慢或急促等。

（三）上丘脑

上丘脑（epithalamus）包括髓纹、缰核和松果体。此部病变多为松果体肿瘤，常压迫邻近四叠体及中脑导水管，引起瞳孔

对光反射消失及眼球垂直凝视麻痹(上丘受累)、神经性耳聋(下丘受累)、小脑共济失调(小脑上脚受累),常伴高颅压症状。

(四) 底丘脑

底丘脑(subthalamus)为丘脑与中脑之间的移行区,包括底丘脑核和 Forel 区,与苍白球及黑质有纤维联系,属锥体外系结构,一侧病变引起偏身投掷症(有关内容详见本章第二节)。

三、脑干

脑干包括中脑、脑桥和延髓,上借中脑与间脑相连,下借延髓与脊髓相连。脑桥和延髓的背面共同构成菱形窝,为第四脑室底。脑干内部结构由灰质和白质组成。功能相同的灰质神经元多聚集呈团形成脑神经核,在脑干中轴还有不少散在或小团状聚集的神经元分布于交错呈网状的白质纤维中构成脑干网状结构。白质主要为各种上、下行传导束。

脑干的生理功能极其复杂,除发出 10 对脑神经支配头面部外,本身有许多重要的生理中枢,对呼吸、循环、消化等基本生理活动起重要调节作用。此外,上段脑干网状结构还参与睡眠、觉醒及边缘系统活动的调节。因此,脑干病变的临床表现显得特别复杂、丰富。脑干损害症状的基本特征是交叉性麻痹,即病变同侧脑神经麻痹,对侧中枢性偏瘫/偏身感觉障碍。根据这一症状特点结合受累脑神经所在的脑干节段,可对脑干损害作出定位诊断。依病变范围和部位不同,脑干病变可伴小脑、自主神经、锥体外系症状及意识障碍。

(一) 中脑

根据病变部位及临床特点不同,中脑损害可有多种临床表现(图 2-57)。一侧大脑脚受压引起同侧动眼神经麻痹、对侧偏瘫,称动眼神经交叉性麻痹(Weber 综合征)。一侧黑质及邻近病灶引起同侧动眼神经麻痹、对侧偏身帕金森综合征或不自主运动(Benedikt 综合征)。一侧红核及邻近病灶引起同侧动眼神经麻痹,对侧偏身共济失调(Claude 综合征)。上丘受损引起两眼垂直凝视麻痹(Parinaud 综合征)。中脑网状结构上行激动系统受损引起意识障碍。中脑红核水平网状结构下行通路阻断可导致去大脑强直(decerebrate rigidity),表现为角弓反张、四肢伸性强直。

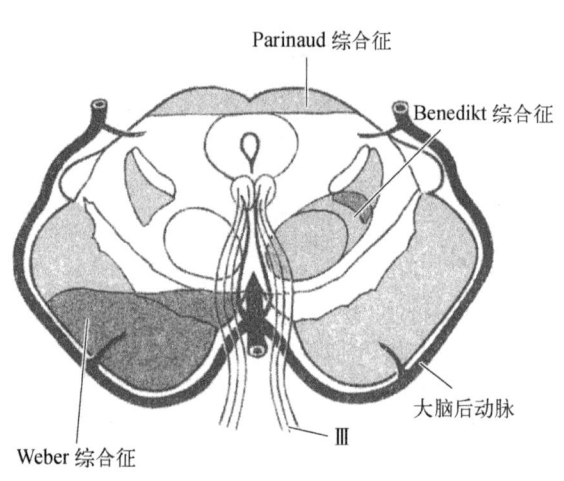

图 2-57 中脑损害综合征

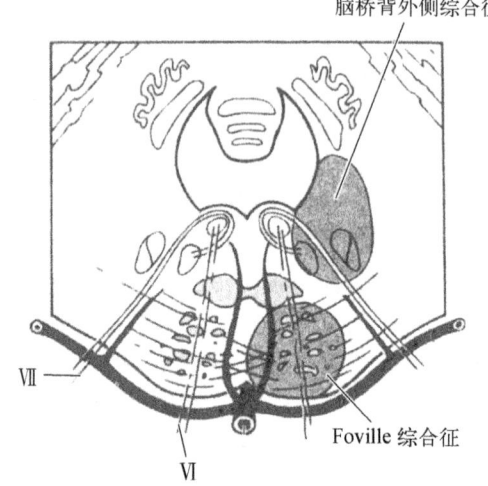

图 2-58 脑桥损害综合征

(二) 脑桥

脑桥病变依病灶部位不同也有多种临床表现(图 2-58)。脑桥基底内侧损害可引起面神经麻痹和对侧肢体及舌肌瘫痪,可伴轻度对侧偏身感觉障碍(Foville 综合征)。脑桥基底外侧病变引起外展神经及面神经麻痹、两眼向患侧凝视障碍、对侧肢体及舌肌瘫痪(Millard-Gubler 综合征)。脑桥背外侧损害引起脑桥背外侧综合征(Raymond-Cestan 综合征),表现为同侧共济失调、对侧半身感觉障碍,可伴同侧面部感觉障碍或外展神经麻痹及凝视麻痹。脑桥严重损害,常引起昏迷、四肢瘫、高热和针尖样瞳孔。双侧脑桥基底部病变,可导致该平面以下的各种随意运动不能,四肢瘫,不能讲话,不能吞咽,但意识清楚,能以眼球活动示意,感觉正常,称闭锁综合征(locked-in syndrome),又称去传出状态。脑桥附近的占位性病变亦可累及脑桥及其神经根。脑桥小脑角占位性病变可引起位听神经、面神经及三叉神经麻痹和脑桥、小脑实质损害，称脑桥小脑角综合征，常见于听神经瘤。小脑蚓部及四脑室肿瘤亦常压迫脑桥并引起梗阻性脑积水。

（三）延髓

延髓病变常引起球麻痹，表现为构音障碍、吞咽困难、饮水呛咳、咽反射消失，可伴周围性舌下神经麻痹。基底内侧损害引起舌下神经交叉性瘫，即同侧舌下神经麻痹，对侧肢体偏瘫（图2-59）。背外侧损害引起延髓背外侧综合征（Wallenberg综合征），常见于小脑后下动脉闭塞，表现为病变同侧咽、喉肌麻痹（疑核受损），同侧面部、对侧偏身痛、温觉减退（脊髓丘脑束、三叉神经脊束核及其纤维受损），眩晕及眼震（前庭核受损），同侧共济失调（小脑下脚受损），同侧Horner综合征（交感神经下行通路受损）。延髓广泛损害或枕大孔疝常累及生命中枢，造成中枢性呼吸、循环衰竭。

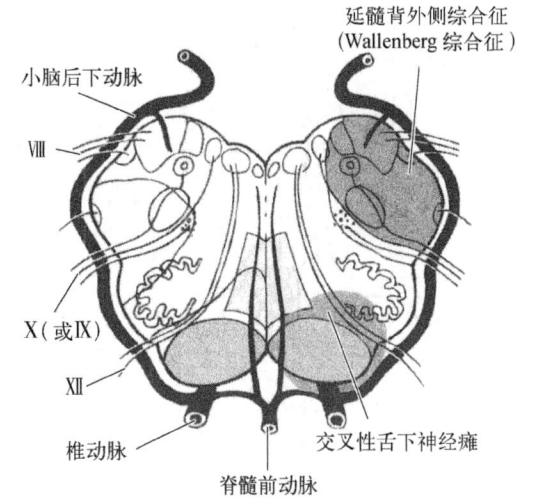

图2-59 延髓损害综合征

三、小脑

小脑位于后颅凹，在脑桥和延髓的背侧，通过三对小脑脚与大脑皮质、脑干和脊髓发生纤维联系。小脑主要功能是协调随意运动、维持姿势步态平衡、调节肌张力。小脑病变的临床症状包括共济失调、姿势步态不稳、肌张力降低、眼震及构音障碍（详见本章第二节）。一般小脑半球损害引起同侧肢体运动功能障碍，蚓部损害引起躯干共济失调。急性病变较慢性病变明显。后颅凹占位性病变可使小脑扁桃体向下突入枕骨大孔并压迫延髓，引起小脑扁桃体疝（枕骨大孔疝），造成呼吸、心跳骤停。

四、脊髓

脊髓位于椎管内，上端在枕骨大孔水平与延髓相连，下端逐渐变细形成脊髓圆锥，成人平第1腰椎下缘，在此水平以下的椎管内有几乎垂直下行的腰骶神经根——马尾。脊髓可分为31个节段，其中颈髓8节（$C_{1\sim8}$），胸髓12节（$T_{1\sim12}$），腰髓5节（$L_{1\sim5}$），骶髓5节（$S_{1\sim5}$），尾髓1节（图2-60）。脊髓有两处膨大：颈膨大由$C_5\sim T_2$组成，发出神经支配上肢；腰膨大由$L_1\sim S_2$组成，发出神经支配下肢。每段有两对神经根（前根和后根）与其相连，前、后根在椎间孔附近合并形成脊神经（图2-61）。

脊髓内部由灰质和白质组成（图2-62）。灰质位于中央，横断面呈"H"形，每侧灰质向前、后方突出的部分分别称脊髓前角和后角，两者之间的部分为侧角（中间外侧灰质），两侧的灰质通过中央管前、后的灰质联合相连。前角有下运动神经元聚集，后角有浅感觉的第二级感觉神经元聚集，$T_1\sim L_2$节段侧角含交感神经节前神经元，$S_{3\sim5}$节段侧角含副交感节前神经元。白质位于灰质周围，由各种上、下行传导束组成，借脊髓表面的沟裂分为3个索：前索在前正中裂与前外侧沟之间，侧索在前、后外侧沟之间，后索在后正中沟与后外侧沟之间。薄束和楔束位于后索，脊髓丘脑侧束在侧索，脊髓丘脑前束在前索，皮质脊髓束纤维大部分在侧索，小部分在前索。

脊髓发出31对脊神经支配四肢、躯干及脏器。虽然一些初级反射通过脊髓即可实现，如脊髓牵张反射、屈肌反射、排尿反射、排便反射等，但正常条件下的脊髓各种生理活动总是在高位中枢的控制下进行的。脊髓病变的主要症状包括运动、感觉及自主神经功能障碍几方面。常见脊髓损害临床表现分述如下。

（一）横贯性损害

主要表现为病变平面以下痉挛性瘫、传导束型感觉障碍及尿、便障碍。若为急性病变，瘫痪先为弛缓性，脊休克期后转为痉挛性瘫。多见于急性脊髓炎和脊髓压迫症晚期。

1. 高颈髓（$C_{1\sim4}$） 早期可有颈枕部疼痛，然后出现四肢痉挛性瘫，病变平面以下深、浅感觉缺失，尿、便障碍，四肢、躯干无汗及高热。可伴有呼吸困难、咳嗽无力（膈神经、肋间神经麻痹），面部外侧痛、温觉障碍（三叉神经脊束核下部受累），转颈、耸肩无力（副神经核受累）。向上波及延髓可出现球麻痹。

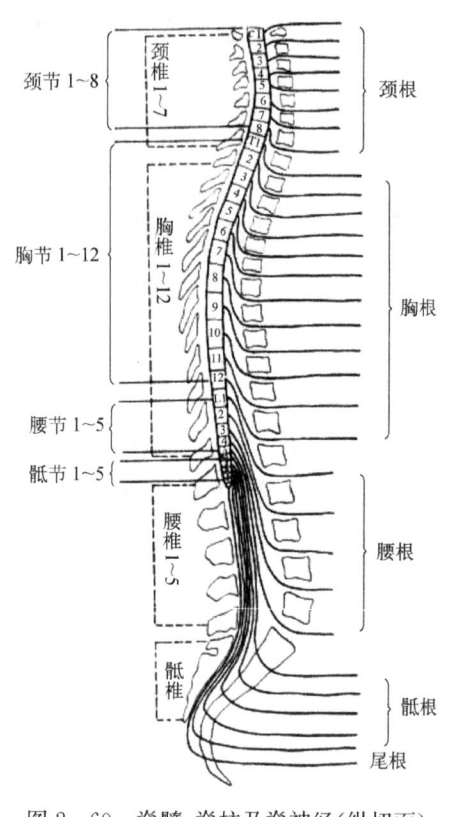

图 2-60 脊髓、脊柱及脊神经(纵切面)

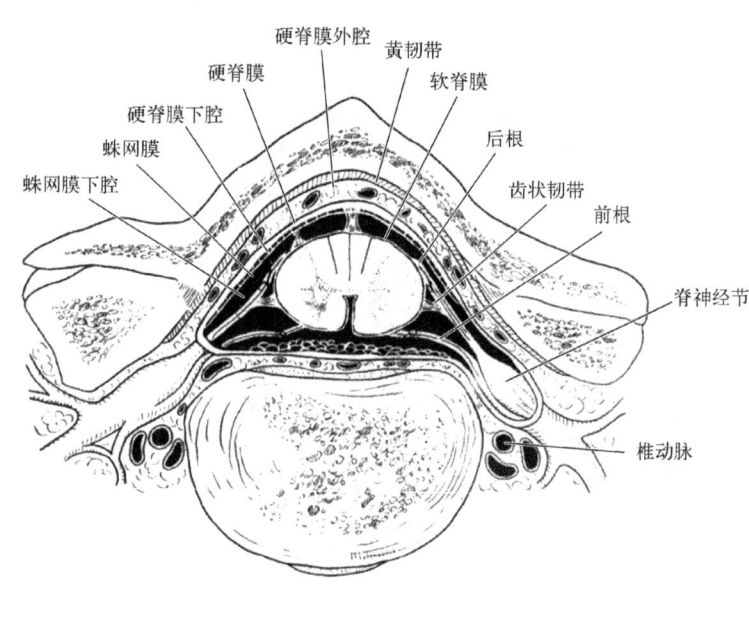

图 2-61 脊髓、脊椎、脊膜及脊神经(横切面)

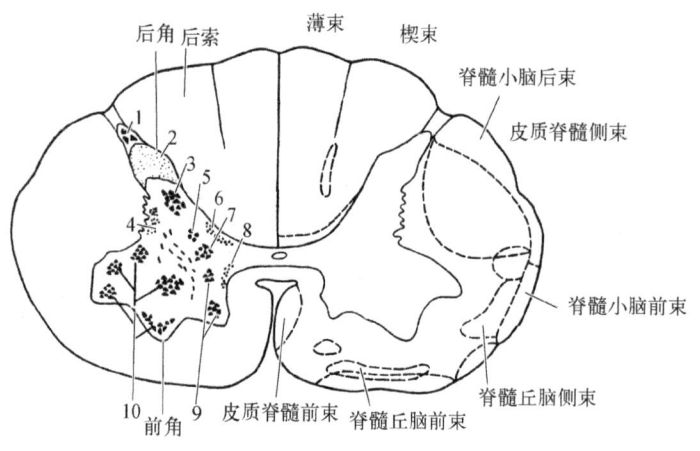

图 2-62 脊髓内部结构(颈 7)

1. 后角边缘核;2. 胶状质;3. 后角固有核;4. 网状核;5. 克拉克核;6. 后角联合核;
7. 中间内侧核;8. 前角联合核;9. 内侧运动核;10. 外侧运动核

2. 颈膨大($C_5 \sim T_2$) 双上肢弛缓性瘫,双下肢痉挛性瘫,病变平面以下深、浅感觉缺失,伴向肩部及上肢放射的疼痛,尿、便障碍。可伴 Horner 综合征($C_8 \sim T_1$ 侧角受累)。肱二头肌反射消失提示 $C_{5\sim6}$ 受损,肱三头肌反射消失提示 $C_{7\sim8}$ 受损。

3. 胸髓($T_3 \sim T_{12}$) 双下肢痉挛性瘫,病变平面以下深、浅感觉缺失,尿、便障碍。上、中、下腹壁反射消失提示病变分别累及 $T_{7\sim8}$、$T_{9\sim10}$、$T_{11\sim12}$ 节段。T_{10} 节段损害可出现 Beevor 征,即由仰卧位坐起时可见脐上提,此乃腹直肌上部收缩正常、下部瘫痪所致。

4. 腰膨大($L_1 \sim S_2$) 双下肢弛缓性瘫,病变平面以下深、浅感觉缺失,尿、便障碍。病变在腰膨大上段时,根痛向腹股沟及股前放散,膝反射消失($L_{2\sim4}$ 受累)。病变在腰膨大下段时,根痛向股后及小腿后部放散,踝反射消失($S_{1\sim2}$ 受累)。

5. 圆锥($S_3 \sim S_5$ 和尾节) 单纯圆锥病变引起肛周及会阴部呈鞍形分布的感觉缺失或疼痛,尿、便障碍,阳痿,肛门反射消失,无下肢瘫痪及感觉障碍。

6. 马尾 马尾由 $L_2 \sim$ 尾节的神经根组成,损害后出现剧烈的下肢及鞍区疼痛或根性分布的感觉减退,可有下肢弛缓性瘫痪,症状常不对称,尿、便障碍轻且晚。圆锥周围包绕着马尾,若同时受损,则兼有两者的症状,称圆锥马尾综合征。

(二) 半侧损害

病变平面以下同侧深感觉障碍、中枢性瘫痪,对侧痛、温觉丧失,称脊髓半切综合征,又称 Brown-Sequard 综合征(图 2-63)。见于外伤、脊髓压迫症早期。

(三) 中央部损害

较小的病灶使后角及通过灰质前联合的痛温觉交叉纤维受损,引起病变节段痛、温觉丧失,触觉、深感觉保留,称节段性分离性感觉障碍。通常为双侧,不一定对称。较大的病灶可累及邻近的灰质和传导束,故可伴有同节段弛缓性瘫痪(脊髓前角受累)、病变平面以下痉挛性瘫(皮质脊髓束受累)及深感觉障碍(后索受累)。见于脊髓空洞症、髓内肿瘤。

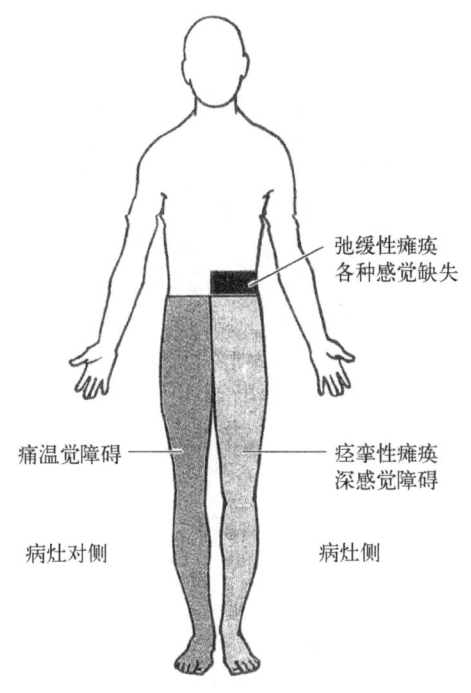

图 2-63 Brown-Sequard 综合征

(四) 前部损害

脊髓前 2/3 血供由脊髓前动脉提供,若脊髓前动脉闭塞,则引起病变平面以下痉挛性瘫痪,痛、温觉障碍,可伴尿、便障碍,但深感觉正常,称脊髓前动脉综合征。运动神经元病及脊髓灰质炎可选择性损害与运动有关的脊髓结构,感觉不受影响。若仅累及前角细胞,可引起节段性弛缓性瘫,见于进行性脊肌萎缩症和脊髓灰质炎;若同时累及锥体束,则兼有弛缓性和痉挛性瘫表现,见于肌萎缩侧索硬化症。

(五) 后索损害

病变平面以下深感觉障碍,Romberg 征阳性,其他感觉正常。见于脊髓痨、亚急性联合变性、Frederich 共济失调等。

第六节 脑脊膜、脑室病变及脑脊液循环障碍的临床表现

一、脑脊膜

(一) 解剖生理

脑的外面有三层被膜(图 2-64),外层为厚而坚韧的硬脑膜;中层为薄而透明的蛛网膜;内层是软脑膜,紧贴脑的表面。脊髓的外面也有相应的三层被膜,分别称作硬脊膜、脊髓蛛网膜和软脊膜,与脑的三层被膜在枕骨大孔处相延续。三层脑脊膜及骨膜之间有三个腔隙,即硬脑(脊)膜与骨膜间的硬膜外腔、硬脑(脊)膜与蛛网膜间的硬膜下腔、蛛网膜与软脑(脊)膜间的蛛网膜下腔。

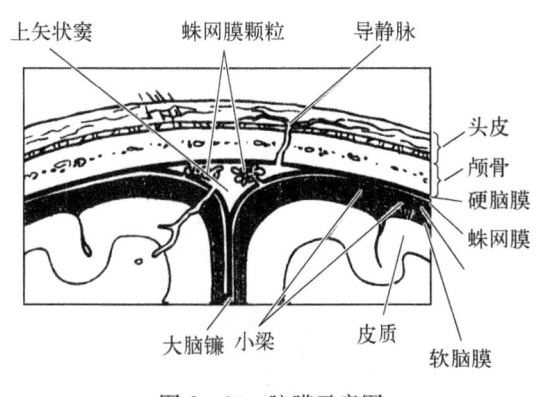

图 2-64 脑膜示意图

1. 硬脑(脊)膜 硬脑膜和硬脊膜分别附着于颅骨和椎骨内面,在颅底硬脑膜与骨膜牢固粘贴,不易分开,颅底骨折常撕裂硬脑膜和蛛网膜造成脑脊液漏。硬脑膜在颅内几处形成皱褶深入脑沟裂或空隙中,包括大脑镰、小脑幕、小脑镰和鞍隔。大脑镰是大脑半球之间的纵隔,在颅顶正中线向下深入到两半球间的纵裂中,游离缘大致与胼胝体平行,两边为扣带回,若一侧半球压力增大,可使同侧扣带回通过游离缘挤向对侧,形成扣带回疝。小脑幕在大脑枕叶与小脑之间,将颅腔分为幕上和幕下两部分,其游离缘构成小脑幕切迹,与枕骨斜坡围成一孔,内有中脑通过。颅内压升高时,从上方可以把颞叶沟回挤到小脑幕切迹的下方,称小脑幕疝或颞叶沟回疝。小脑镰是小脑半球间纵隔。鞍隔覆盖于蝶鞍的上面,中间有一孔,有漏斗通过。

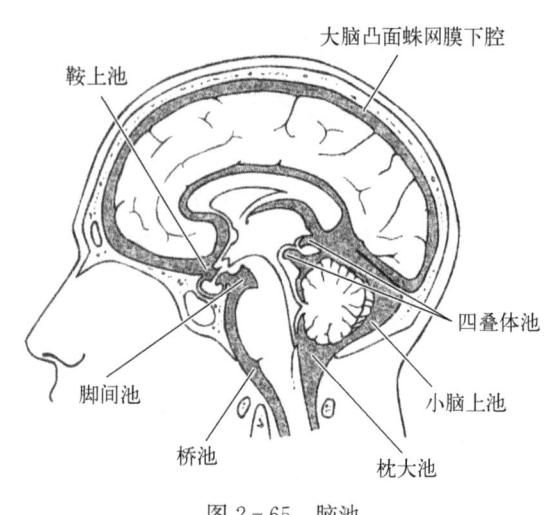

图 2-65 脑池

硬脑膜在一定部位分成两层形成脑静脉窦。在大脑镰基底部和游离缘分别有上、下矢状窦。在小脑幕基底部有横窦，向下接乙状窦。在蝶鞍两旁有海绵窦。这些静脉窦与头皮及面部静脉相通，头面部感染可借此蔓延到静脉窦，引起静脉窦炎或炎性血栓。

2. 蛛网膜　蛛网膜外面贴于硬脑膜或硬脊膜内面；内面与软脑膜或软脊膜之间有蛛网膜下腔，其内充满脑脊液。蛛网膜下腔在脑沟裂或颅腔空隙处扩展加深，称脑池。脑池通常以其邻近的结构命名。小脑延髓背面的小脑延髓池是最大的脑池，下通脊髓蛛网膜下腔。脑桥周围有桥池，大脑脚之间有脚间池，环绕中脑的为环池，视交叉之前有视交叉池，蝶鞍之上有鞍上池，大脑半球外侧裂处有外侧裂池（图 2-65）。脊髓蛛网膜下腔在圆锥以下的部分较为宽阔且无脊髓结构，便于进行腰椎穿刺检查。

3. 软脑（脊）膜　软脑（脊）膜紧贴于脑脊髓表面，深入沟裂内，随脑表面形态起伏。软脑（脊）膜上有丰富的小血管。

（二）脑脊膜病变的临床表现

软脑膜和蛛网膜病变刺激神经根引起脑膜刺激征（颈项强直、Kernig 征及 Brudzinski 征），是脑脊膜病变最具特异性表现，见于脑膜炎、蛛网膜下腔出血及脑膜转移癌。硬脑膜损害见于外伤，常伴颅骨骨折及硬膜外或硬膜下血肿，除高颅压症状外，可有癫痫、偏瘫等局灶性神经损害表现。硬脊膜损害见于硬膜外脓肿及转移癌，常引起脊髓压迫症。静脉窦病变以血栓较多见。海绵窦窦内及邻近有眼运动神经、三叉神经眼支及颈内动脉通过（图 2-66），故海绵窦血栓

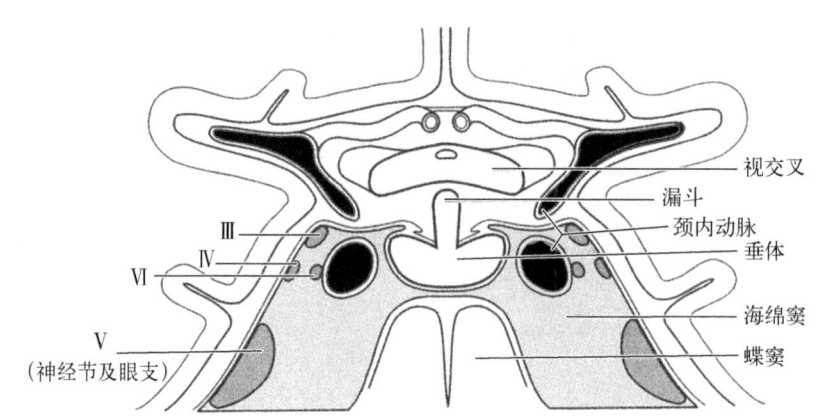

图 2-66　海绵窦及其邻近结构示意图

或炎症、颈内动脉海绵窦瘘、颈内动脉海绵窦段动脉瘤等病变可累及上述神经引起头痛、眼肌麻痹及前额感觉障碍，海绵窦炎性血栓及动静脉瘘可有眼球突出、结膜充血水肿。

二、脑室及脑脊液循环

（一）解剖生理

脑室系统是脑实质内的一组腔隙，包括侧脑室、第三脑室、中脑导水管和第四脑室（图 2-67）。侧脑室位于大脑半球深部，左右各一，由前角、后角、下角、三角区及体部组成，前角、后角及下角分别深入到额叶、枕叶和颞叶，故又分别称作额角、枕角和颞角，三角区为后角、下角与体部交界区。第三脑室位于两侧丘脑及下丘脑之间，是一狭窄缝隙，在其前上方经两侧的室间孔与侧脑室相通，在后下方通过中脑导水管与第三脑室相通。第四脑室位于脑桥和延髓背面的菱形窝与小脑腹面之间。在菱形窝的两个侧角各有一侧孔

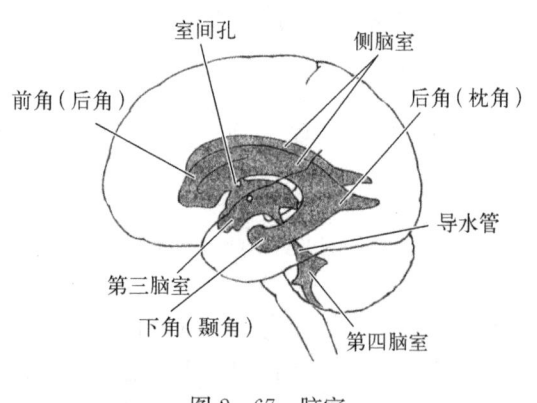

图 2-67　脑室

(Luschka 孔),在菱形窝下角有正中孔(Magendie 孔),与蛛网膜下腔相通。脑室系统中有脉络丛,该组织由源自软脑膜的血管丛及室管膜上皮细胞组成,主要分布于侧脑室体部、三角区及下角、第三及第四脑室,以侧脑室三角部最丰富。

脑脊液由脉络丛分泌生成,各脑室中的脑脊液通过室间孔及中脑导水管相流通,最后通过第四脑室的正中孔与侧孔流入蛛网膜下腔(图2-68)。蛛网膜下腔中的脑脊液通过蛛网膜颗粒而被吸收到静脉窦。脑脊液总量总是在不断生成与吸收间保持动态平衡。

(二)脑室病变及脑脊液循环障碍的临床表现

脑室脉络丛血管破裂引起脑室出血,血液流入蛛网膜下腔可致继发性蛛网膜下腔出血,其表现同原发性蛛网膜下腔出血。脑脊液循环障碍可引起脑积水,根据其发生机制分两种类型:由脑脊液循环通道阻塞引起者称梗阻性脑积水,见于脑室肿瘤、脑室出血、脑室炎症、脑室囊虫和脑实质占位性病变;由脑脊液分泌过多或吸收障碍引起者称交通性脑积水,见于脑膜炎、蛛网膜下腔出血、静脉窦受压或血栓形成。脑积水主要表现为高颅压症状,影像学检查可见脑室扩大,脑实质变薄,脑沟变浅。交通性脑积水中有一部分颅压正常,称正常颅压脑积水,其临床主要表现为步态不稳、尿失禁和痴呆三联征。第四脑室带蒂的肿瘤或漂浮生长的脑囊虫可因体位变化使脑脊液循环突然受阻,引起发作性剧烈头痛、眩晕、恶心、呕吐、强迫头位、意识障碍等症状,称 Brun 综合征。严重时可压迫脑干引起去大脑强直发作,甚至突发枕骨大孔疝致死。

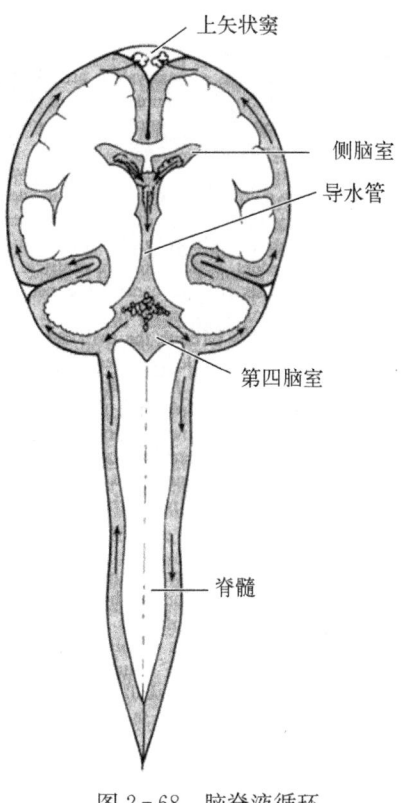

图2-68 脑脊液循环

(陈先文)

思 考 题

1. 视野缺损的类型及其定位诊断。
2. 眼肌麻痹有哪些类型?其临床表现各有何特点?
3. 中枢性面瘫与周围性面瘫的临床表现各有何特点?
4. 上、下运动神经元瘫痪的特点有哪些?锥体束不同层面损害(运动皮质、内囊、脑干、脊髓)所致瘫痪各有何特点?
5. 试述躯体感觉的传导通路不同层面(神经末梢、神经干、脊髓、脑干、丘脑、内囊、放射冠、感觉皮质)损害的感觉障碍特点。
6. 有哪些神经通路从内囊通过?内囊损害有哪些临床表现?
7. 额叶、颞叶、顶叶、枕叶有哪些重要功能区?其损害后的临床表现如何?
8. 脑干各段损害的临床表现有哪些?
9. 小脑损害有哪些临床表现?
10. 脊髓颈膨大横贯性损害有哪些临床表现?

参考文献

陈生弟. 2005. 神经病学. 北京:科学出版社. 4~43

Baehr M, Frotscher M. 2005. Duus' Topical Diagnosis in Neurology: Anatomy, Physiology, Signs, Symptoms. 4th edition. George Thieme Verlag

Stephen G. Waxman. 2000. Correlative Neuroanatomy. 24th edition. New York: McGraw-Hill Companies, Inc

Victor M, Ropper AH. 2001. Principles of Neurology. New York: McGram-Hill, Inc, 7th edition. 45~585

第三章 神经系统疾病的常见症状

What is the nature of the neurologic disorder? An individual patient's symptoms and signs usually cluster into broad syndromes or categories of disease: developmental disorder, peripheral neuropathy, acute encephalopathy, progressive dementia, parkinsonian syndrome, cerebrovascular syndrome, and so on. A syndromic diagnosis assists in clarifying the nature of the disease and further focuses on possible specific causes.

What are the most likely etiologies for the patient's illness? These derive from consideration of the anatomic and syndromic diagnoses in light of the tempo (rapid or slow) and course (fixed from onset, steadily progressive or stepwise) of the illness, relevant past history and family history, and whether there is evidence of systemic involvement. The possible etiologies listed in order of probability constitute the differential diagnosis, and this in turn determines which laboratory tests need to be ordered and the urgency with which the evaluation should proceed.

—— Lewis P. Rowland; Timothy A. Pedley, 2009

第一节 意识障碍

一、定义

意识(consciousness)是指个体对周围环境及自身状态的感知能力。意识的维持依赖大脑皮质的兴奋性。脑干上行网状激活系统(ascending reticular activating system)接受各种信息的传入,发放冲动上传至丘脑的非特异性核团,再弥散投射至大脑皮质,使整个大脑皮质保持兴奋,维持觉醒状态。脑干上行网状激活系统或双侧大脑皮质的广泛损害均可导致意识障碍。

意识障碍(disorders of consciousness)包括意识水平下降(觉醒障碍)和意识内容改变两方面。前者表现为嗜睡、昏睡和昏迷;后者表现为意识模糊、谵妄等。

大脑和脑干功能发生不可逆转的丧失称为脑死亡(详见本书第四章)。

二、以意识水平改变为主的意识障碍

(一)嗜睡

嗜睡(somnolence)是意识障碍的早期表现,主要是意识清晰度水平的下降。表现为睡眠时间过度延长,呼唤或刺激患者肢体时可被唤醒,醒后可勉强配合检查、回答简单问题,定向力完整,停止刺激后又入睡。

(二)昏睡

昏睡(stupor)的意识清晰度水平比嗜睡低。一般的外界刺激不能使其觉醒,需经高声呼唤或较强的疼痛刺激方可唤醒,对言语的反应能力尚未完全丧失,可作含糊、简单而不完全的回答,当外界停止刺激后又很快入睡。

(三)昏迷

昏迷(coma)是一种最为严重的意识障碍,患者意识完全丧失,各种强刺激均不能使其觉醒。昏迷按严重程度可分为:

1. 浅昏迷 意识完全丧失,对周围事物及声、光刺激全无反应,可有较少无意识的自发动作,对强烈疼痛刺激(如压眶)可有躲避动作及痛苦表情,但不能觉醒。咽反射、咳嗽反射、角膜反射以及瞳孔对光反射仍然存在。生命体征无明显改变。

2. 中度昏迷 对外界的正常刺激均无反应,自发动作很少。对强烈刺激的防御反射、角膜反射和瞳孔对光反射减弱,大、小便潴留或失禁。生命体征可有改变(呼吸减慢或增快,脉搏、血压改变)。

3. 深昏迷 对外界任何刺激均无反应,自主运动完全消失,全身肌肉松弛,眼球固定,瞳孔散大,腱反射消失,大、小便多失禁。生命体征已有明显改变,呼吸不规则,血压或有下降。

目前常采用 Glasgow 昏迷量表来对昏迷程度进行评分(表 3-1),最高分是 15 分,最低分是 3 分,分数越高,意识状态越好,低于 3 分者为深昏迷。

表 3-1 Glasgow 昏迷评分量表

类别	项目	计分
睁眼反应	自主睁眼	4
	能遵嘱睁眼	3
	疼痛刺激后睁眼	2
	无反应	1
运动反应	能按嘱咐做出活动	6
	对疼痛刺激能有目的保护性反应	5
	疼痛刺激仅能引起无目的肢体回缩	4
	疼痛刺激引起异常的屈曲	3
	疼痛刺激引起伸直反应	2
	无反应	1
语言反应	定向准确,对答正确	5
	失定向,能对答	4
	答非所问	3
	音意难辨	2
	无反应	1

三、以意识内容改变为主的意识障碍

(一)急性意识模糊状态

急性意识模糊状态(acute confusional state)的突出表现是淡漠和嗜睡,时间定向障碍明显,其次为地点定向障碍。表现为注意力减退、情感反应淡漠、活动减少、语言缺乏连贯性,对外界刺激可有反应,但低于正常水平。

(二)谵妄

谵妄(delirium)是一种急性脑高级功能障碍,以思维能力受损以及不能对内、外部刺激作出适当的反应为特征。患者对周围环境的认识及反应能力均有下降,觉醒水平、注意力、定向力、知觉、记忆功能、智能和情感等明显紊乱,多伴有激惹、焦虑和恐怖,甚至可有冲动和攻击行为。思维推理迟钝,语言功能障碍,睡眠觉醒周期紊乱,常伴有听幻觉、视幻觉和片段妄想等。病情常呈波动性,夜间加重,白天减轻,常持续数小时至数天。引起谵妄的常见神经系统疾病有脑炎、脑血管病、脑外伤及代谢性脑病等。其他系统性疾病也可引起谵妄,如酸碱平衡及水电解质紊乱、营养物质缺乏、高热、中毒等。急性谵妄状态常见于高热或药物中毒,慢性谵妄状态常见于慢性酒精中毒。

四、特殊类型的意识障碍

(一)去皮质综合征

患者能无意识地睁眼、闭眼或转动眼球,光反射、角膜反射正常,四肢肌张力增高,双侧锥体束征阳性。可有吸吮、强握等原始反射,甚至喂食也可引起无意识的吞咽,但无自发动作,对外界刺激不能产生有意识的反应,大、小便失禁。身体呈去皮质强直(decorticated rigidity)姿势,表现为双上肢屈曲内收,腕及手指屈曲,双下肢伸直,足跖屈。去皮质综合征(decorticated syndrome,apallic syndrome)常见于缺氧性脑病、脑炎、中毒、严重颅脑外伤等。

（二）无动性缄默症

无动性缄默症（akinetic mutism）又称睁眼昏迷（vigil coma）。患者双目睁开，眼睑开闭自如，能注视周围环境及检查者，貌似清醒，但不能活动或言语，对自身及外界环境不能理解，强烈刺激不能改变其意识状态，肌张力减低，大、小便失禁，无锥体束征。存在觉醒-睡眠周期，常伴植物神经症状。本症由脑干上部和丘脑的网状激活系统及前额叶-边缘系统损害引起，此时大脑半球及其传出通路无病变。常见于脑干梗死。

（三）植物状态

植物状态（vegetative state）患者貌似清醒但无意识，对自身和外界的认知功能完全丧失，呼之不应，有自发或反射性睁眼，偶有视物追踪，可有无意义的哭笑，存在吸吮、咀嚼和吞咽等原始反射，大、小便失禁，有觉醒-睡眠周期。它是大脑半球严重受损而脑干功能相对保留的一种状态，常由昏迷演变而来。非外伤性病因此状态持续3个月以上或外伤性病因此状态持续12个月以上常称为持续性植物状态（persistent vegetative state）。

五、意识障碍的鉴别诊断

（一）闭锁综合征

闭锁综合征（locked-in syndrome）又称去传出状态，患者意识清醒，四肢及脑桥以下脑神经均瘫痪，言语理解无障碍，仅能以瞬目和眼球垂直运动示意与周围建立联系，常被误认为昏迷。本综合征系脑桥基底部病变所致，双侧皮质脊髓束和皮质脑干束均受累，可见于脑血管病、感染、肿瘤、脱髓鞘病等。

（二）木僵

木僵（stupor）表现为对外界刺激缺乏反应，不语不动，不吃不喝，甚至出现大、小便潴留，多伴有蜡样屈曲、违拗症，言语刺激涉及其心因时可有流泪、心率增快等情感反应。临床见于紧张性木僵、抑郁性木僵、反应性木僵等。

第二节 失 语 症

一、定义

失语症（aphasia）是指大脑病变导致的言语交流能力障碍综合征。患者在神志清楚、意识正常、发音和构音没有障碍的情况下，各种语言符号表达及理解能力受损或丧失，表现为自发谈话、听理解、复述、命名、阅读和书写等方面能力残缺或丧失。

二、分类

不同的大脑语言功能区受损可有不同的临床表现。国内外较通用的是以解剖-临床为基础的分类法。下面简单介绍主要的失语症类型。

1. 外侧裂周围失语综合征 包括 Broca 失语、Wernicke 失语和传导性失语，病灶位于外侧裂周围。共同特点是均有复述障碍。

2. 经皮质性失语综合征 又称为分水岭区失语综合征，病灶位于分水岭区，共同特点是复述相对保留。包括经皮质运动性失语（TCMA）、经皮质感觉性失语（TCSA）和经皮质混合性失语（MTA）。

3. 完全性失语 也称混合性失语，是最严重的一种失语类型。

4. 命名性失语 又称遗忘性失语，由优势侧颞中回后部病变引起。主要特点为命名不能。

5. 皮质下失语 皮质下失语是指丘脑、基底节、内囊、皮质下深部白质等部位病损所致的失语。本症常由脑血管病、脑炎引起。包括丘脑性失语和内囊、基底节损害所致的失语。

三、临床表现

1. Broca 失语 又称表达性失语或运动性失语，由优势侧额下回后部（Broca 区）病变引起。以口语表达障碍为突出表现。谈话为非流利型、电报式语言，讲话费力，找词困难，只能讲一两个简单的词，且用词不当，或仅能发出个别的语音，口语理解相对保留，复述、命名、阅读和书写均有不同程度的损害。常见于脑梗死、脑出血等可引起Broca区损害的神经系统疾病。

2. Wernicke失语 又称听觉性失语或感觉性失语，由优势侧颞上回后部（Wernicke区）病变引起。临床特点为严重听理解障碍，表现为患者听觉正常，但不能听懂他人和自己的言语。口语表达为流利型，语量增多，发音和语调正常，但言语混乱而割裂，缺乏实质词或有意义的词句，难以理解，答非所问。复述障碍与听理解障碍一致，存在不同程度的命名、阅读和书写障碍。常见于脑梗死、脑出血等可引起Wernicke区损害的神经系统疾病。

3. 传导性失语 一般认为本症是由于外侧裂周围弓状束损害导致Wernicke区和Broca区之间的联系中断所致。临床表现为流利型口语，患者语言中有大量错语，但自身可以感知到其错误，欲纠正时显得口吃，听起来似非流利型失语，但表达短语或句子完整。听理解障碍较轻，在执行复杂指令时明显。复述障碍较自发谈话和听理解障碍重，二者损害不成比例是本症的最大特点。命名、阅读和书写也有不同程度的损害。

4. 完全性失语 临床上以所有语言功能均严重障碍或几乎完全丧失为特点。患者限于刻板言语或哑，听理解严重缺陷，命名、复述、阅读和书写均不能。病变位于优势半球大脑中动脉分布区的大面积病灶。

5. 命名性失语 由优势侧颞中回后部或颞枕交界区病变引起。主要特点为找词困难，如令患者说出指定物体的名称时，仅能叙述该物体的性质和用途。别人告知该物体的名称时，患者能判别对方讲的对或不对。自发谈话为流利型口语，有较多停顿，缺实质词，赘话和空话多。听理解、复述、阅读和书写障碍轻。常见于脑梗死、脑出血等可引起优势侧颞中回后部损害的神经系统疾病。

6. 丘脑性失语 由丘脑及其联系通路受损所致。表现为音量减小，语调低，表情淡漠，不主动讲话，听理解缺陷，阅读理解障碍，命名不能，言语流利性受损，可同时伴有重复语言、模仿语言、错语等。复述功能相对较好。

7. 基底节性失语 内囊、壳核受损时，表现为语言流利性降低，语速慢，理解基本无障碍，常常用词不当。能看懂书面文字，但易读错或不能读出，复述也轻度受损，类似Broca失语。壳核后部病变时，表现为听觉理解障碍，讲话流利，但语言空洞、混乱而割裂，找词困难，类似Wernicke失语。

第三节 认知功能障碍

认知是指大脑接受、加工处理外界信息，再转换成内在的心理活动，从而获取知识或应用知识的过程。它包括记忆、语言、视空间、执行、计算和理解判断等方面。

认知功能障碍是指上述几项认知功能中的一项或多项受损。本节主要简单介绍轻度认知功能障碍和痴呆这两个认知功能障碍综合征。

一、轻度认知功能障碍

轻度认知功能障碍（mild cognitive impairment，MCI）是介于正常衰老和非常轻微的痴呆之间的一种中间状态，是一种认知障碍综合征。与年龄和教育程度匹配的正常老年人相比，MCI患者在临床上以记忆障碍为突出表现，可合并存在其他认知领域功能障碍和人格行为改变，但一般生活能力保留，没有痴呆。随访研究发现每年有$10\%\sim15\%$的MCI患者会发展为痴呆，AD患者中有2/3由MCI转化而来，故MCI患者为老年期痴呆的高危人群。

轻度认知功能障碍的核心症状是认知功能减退。根据病因或大脑损害部位的不同，可以累及记忆、语言、视空间结构技能、执行功能、计算等其中的一项或一项以上，导致相应的临床症状。

MCI患者认知功能减退必须满足以下条件：① 主诉或者知情者报告的认知损害；② 认知障碍由临床评估证实，表现为记忆和（或）其他认知领域出现损害；③ 日常基本生活能力保存，复杂的工具性日常能力未受损或仅有非常轻微的损害；④ 无痴呆。

根据损害的认知功能不同，轻度认知障碍症状可以分为两大类：① 遗忘型轻度认知功能障碍：患者主要表现有记忆损害。根据受累的认知领域多寡又可分为单纯记忆损害型（仅累及记忆力）和多认知领域损害型（除累及记忆力外，还存在其他一项或多项认知领域功能损害）。② 非遗忘型轻度认知功能障碍：患者表现为记忆功能保留，而记忆功能以外的认知领域损害，也可以进一步分为非记忆单一认知领域损害型和非记忆多认知领域损害型。

二、痴呆

痴呆(dementia)是指由于脑功能障碍而产生的获得性、持续性智能损害综合征。痴呆患者必须有两项或两项以上认知领域功能受损，并出现明显的日常能力减退。临床诊断出现记忆和(或)智能障碍至少持续6个月以上。痴呆可由脑原发性退行性病变(如阿尔茨海默病、路易体痴呆、Pick病等)所致，也可继发于其他原因(如脑血管病、外伤、感染、中毒等)。

痴呆患者学习新事物发生障碍，严重者对以往的事情回忆不能，执行管理(即计划、组织、安排次序、抽象)功能受损，出现皮质损害体征如失语、失用、失认时更加支持痴呆的诊断。患者无意识障碍或谵妄，可伴有情感、社会行为和主动性障碍。精神情感症状包括幻觉，妄想(嫉妒、疑病、被害、夸大)、淡漠、意志减退、不安、抑郁、焦躁等；行为异常包括徘徊、多动、攻击、暴力、捡拾垃圾、藏匿、过食、异食、睡眠障碍等。有些患者还伴有明显的人格改变。临床上对于患者的精神行为异常需要与抑郁症、精神分裂症等疾病相鉴别。

第四节 头面部痛

一、定义

头痛(headache)是指头颅上半部，即外眦、外耳道与枕外隆突连线以上部位的疼痛。

面痛(facial pain)是指上述连线以下到下颌部的疼痛。头面部疼痛的性质有全头或局部的胀痛或钝痛、搏动性疼痛、头重感、戴帽感或勒紧感等，同时可伴有恶心、呕吐、眩晕、视力障碍等。

二、病因

头痛是许多疾病常见症状之一。可以是颅内或颅外组织病变，也可由全身器质性疾病或功能性疾病所致。凡头颅内外或全身性疾病侵犯了脑膜、颅内外动脉、颅内静脉窦、三叉、舌咽或迷走神经、第1、2对颈段脊神经，以及头颈部软组织等对疼痛敏感的组织时，即可引起头痛。因此，应该仔细询问患者的病史，包括发生的速度、疼痛的部位、发生及持续的时间、疼痛的程度、疼痛的性质及伴随症状、近期发作的变化情况、使用过的药物以及头痛的家族史等可对头部疼痛加以鉴别诊断，可根据颅内→颅腔附近部位→全身→功能性疾病的次序分析考虑。

急性头痛见于神经痛、感染、外伤、脑卒中等；反复发作性头痛常见于偏头痛、三叉神经痛、紧张性头痛、丛集性头痛等；慢性进行性头痛见于颅内肿瘤。头痛局限于头面某部位或神经分布区者常为颅外病变所致；一侧性的头痛，常见于丛集性头痛、偏头痛、三叉神经痛等；整个头部疼痛常见于紧张性头痛、脑炎或脑膜炎等。搏动性头痛见于血管性头痛，阵发性刺痛多见于神经痛。用力、咳嗽时头痛加剧，常见于颅内高压者；站立时头痛加剧，卧位时减轻见于低颅压性头痛。头痛伴发热常为全身感染性疾病或脑炎、脑膜炎，伴剧烈呕吐和脑膜刺激征常见于蛛网膜下腔出血、脑膜炎等。

对于头痛患者必须做详细的神经系统和全身的体格检查，必要时还要作眼、耳鼻喉和口腔科等相关专科的检查。相应的辅助检查包括血常规、血沉、CT或MRI、副鼻窦摄片、颈椎片、腰穿等，有利于及时做出诊断和鉴别诊断。

在临床上，头(面)痛可分为器质性与功能性两大类，常见病因见表3-2。

表3-2 常见头面痛的病因

分类	疾病
器质性头痛	颅内病变
	颅内占位性病变：肿瘤、肉芽肿病
	颅内炎症：脑膜炎、脑炎
	脑血管疾病：脑出血、蛛网膜下腔出血、脑静脉系统血栓形成等
	脑寄生虫病：脑囊虫病、脑型血吸虫病、脑型肺吸虫病、脑型疟疾等
	颅内压力异常：高颅压、低颅压
	颅脑外伤
	急慢性中毒
	癫痫性头痛
	颅外病变(头部神经、血管、肌肉及颅骨)

续表

分类	疾病
	头部神经痛：如三叉神经痛、舌咽神经痛等
	血管性头痛：偏头痛、丛集性头痛、巨细胞动脉炎等
	紧张性头痛
	颅腔附近部位病变：
	眼源性头痛：如青光眼、葡萄膜炎、视神经炎等
	鼻咽源性头痛：如急慢性鼻炎、急慢性副鼻窦炎、急慢性鼻咽炎、鼻咽癌、扁桃体炎等
	耳源性头痛：如中耳炎等
	口源性头痛：如牙髓炎、牙周炎、阻生牙等
	颈椎病变引起的头痛：如颈椎退行性病、颈椎肿瘤和炎症等
	全身性及内科疾患所致的头痛：高血压、发热、急慢性炎症、中毒代谢性疾病、内分泌疾病、变态反应疾病、血液系统疾病等
功能性头痛	神经症、脑外伤后综合征、更年期综合征、焦虑症等

第五节 眩 晕

一、定义

眩晕（vertigo）是一种运动性幻觉或错觉，造成自身与周围环境的空间关系在大脑皮质中反应失真，产生旋转、倾倒、摇晃及起伏等感觉。

机体维持空间的平衡和定位有赖于前庭系统、深感觉系统和视觉系统向中枢提供各种信息，在脑部整合分析后发出神经冲动作用于脊髓前角运动神经元，完成各种姿势运动和反射。若维持平衡的各系统受损或工作不协调，可能导致运动错觉（眩晕）和平衡障碍。

二、临床表现

眩晕的症状包括自身或周围环境在空间旋转的错觉、倾倒或平衡障碍、眼球震颤，严重者还伴有自主神经症状（恶心、呕吐、出汗或面色苍白等）。除偏头痛外，中枢性眩晕几乎都伴有其他神经系统症状和体征，很少仅以眩晕或头晕为惟一表现。

眩晕的病因诊断常依赖于症状的临床特点。根据持续时间诊断：持续数秒者考虑为良性发作性位置性眩晕（benign paroxysmal positional vertigo，BPPV）；持续数分钟至数小时者考虑为梅尼埃病、TIA 或偏头痛相关眩晕；持续数小时至数天者考虑为前庭神经元炎或中枢性病变；持续数周到数月者考虑为精神心理性。根据发作频度诊断：单次严重眩晕应考虑前庭神经元炎或血管病；反复发作性眩晕应考虑梅尼埃病或偏头痛；伴有其他神经系统表现的反复发作眩晕应考虑为后循环缺血；反复发作性位置性眩晕应考虑 BPPV。根据伴随症状诊断：不同疾病会伴随不同症状，包括耳闷、耳痛、头痛、耳鸣、耳聋、面瘫、失衡、明显畏光和畏声或其他局灶性神经系统体征。根据诱发因素诊断：有些眩晕为自发性或位置性，有些则是在感染后、应激、耳压改变、外伤或持续用力后发病。

三、分类

临床上按眩晕的性质可分为真性眩晕和假性眩晕。真性眩晕存在对自身或外界环境空间位置的错觉，而假性眩晕仅有一般的头昏感，并无对自身或外界环境空间位置的错觉。按病变的解剖部位可将眩晕分为系统性眩晕和非系统性眩晕，前者由前庭神经系统病变引起，后者由前庭系统以外病变引起。

（一）系统性眩晕

系统性眩晕是眩晕的主要病因，按照病变部位和临床表现的不同又可分为周围性眩晕与中枢性眩晕。周围性眩晕明显多于中枢性眩晕，是后者的 4～5 倍。在周围性眩晕的病因中，BPPV 约占 50%，前庭神经元炎约占 25%，梅尼埃病占 10%～15%；中枢性眩晕的病因多样但均少见，包括血管性、外伤、肿瘤、脱髓鞘、神经退行性疾病等。中枢性眩晕与周围性眩晕的区别见表 3-3。

表 3-3 周围性眩晕与中枢性眩晕的鉴别

临床特点	周围性眩晕	中枢性眩晕
病变部位	前庭感受器及前庭神经颅外段	前庭神经颅内段、前庭神经核、核上纤维、内侧纵束、小脑、大脑皮质
常见疾病	晕动症、BPPV、前庭神经元炎、Ménière病、迷路炎、内听动脉病、迷路瘘、中耳炎、乳突炎、咽鼓管阻塞等	椎-基底动脉供血不足、颈椎病、小脑肿瘤、脑干(脑桥和延髓)病变、听神经瘤、第四脑室肿瘤、颞叶肿瘤、颞叶癫痫、偏头痛等
眩晕程度及持续时间	症状重,发作性,持续时间短(数分钟、数小时或数天)	症状轻,大多没有强烈旋转感,持续时间长(可数月以上)
眼球震颤	幅度小、多水平或水平加旋转、眼震快向向健侧	幅度大、形式多变(水平、旋转、垂直或混合性)、眼震方向不一致
平衡障碍	倾倒方向与眼震慢相一致、与头位有关	倾倒方向不定、与头位无一定关系
前庭功能试验	无反应或反应减弱	反应正常
听觉损伤	伴耳鸣、听力减退	不明显
自主神经症状	恶心、呕吐、出汗、面色苍白等	少有或不明显
中枢神经系统损害的症状、体征	无	脑神经损害、瘫痪和抽搐、复视、构音障碍、吞咽障碍、麻木、共济失调

(二)非系统性眩晕

也称为假性眩晕。常由眼部疾病(眼外肌麻痹、屈光不正、先天性视力障碍)、心血管系统疾病(高血压、低血压、心律不齐、心力衰竭)、内分泌代谢疾病(低血糖、糖尿病、尿毒症)、中毒、感染、贫血等疾病引起,某些药物也可引起。临床表现为头昏眼花或轻度站立不稳,通常无外界环境或自身旋转感或摇摆感,很少伴有恶心、呕吐,也无眼震。

第六节 晕 厥

一、定义

晕厥(syncope)是由于全脑(大脑半球和脑干)血液供应突然减少,导致短暂发作性意识丧失伴姿势性肌张力丧失的综合征。其病理机制是大脑及脑干的低灌注导致的网状激活系统一过性缺血。

二、临床表现

晕厥发作突然,伴有肌张力丧失和跌倒,持续时间短,典型的临床表现有:① 晕厥前期(先兆期):晕厥发生前数分钟通常会有一些先兆症状,常为自主神经症状,表现为头晕、恶心、面色苍白、出汗、打哈欠、耳鸣、乏力、视物不清、上腹部不适、肢端发冷、心动过速、神志恍惚等,患者有预感时立即平卧,取头低位,可防止发作或减少损伤;② 晕厥期:可分为三期:Ⅰ期:患者意识模糊,伴有呕吐、面色苍白,肢体无力和肌张力减弱使患者摇摇欲倒;Ⅱ期:患者意识和肌张力均丧失,跌倒,伴有面色苍白、大汗、血压下降、脉缓细弱、光反射减弱、角膜反射消失,心动过速转变为心动过缓,有时可伴有尿失禁,但无神经系统阳性体征;Ⅲ期:也称惊厥性晕厥,仅部分患者存在,患者出现强直性痉挛和角弓反张,双拳紧握,瞳孔散大,可有舌咬伤或尿失禁;③ 晕厥后期(恢复期):晕厥患者得到及时处理很快意识恢复,能正确理解周围环境,可留有全身乏力、头晕、不愿讲话或活动、恶心、出汗、面色苍白等症状,偶有极短暂的发作后意识模糊伴定向力障碍和易激惹。经休息后症状可在数分钟或数十分钟后完全消失,恢复如常。

三、病因

晕厥不是一个单独的疾病,而是由多种病因引起的一种综合征,总体来说可分为反射性晕厥、心源性晕厥、脑源性晕厥和其他疾病所致的晕厥四型,临床上最常见的是反射性晕厥,约占整个晕厥的90%。

反射性晕厥常见于血管迷走性晕厥、直立性低血压性晕厥、颈动脉窦性晕厥、排尿性晕厥、吞咽性晕厥、咳嗽性晕厥、舌咽神经痛性晕厥;心源性晕厥常见于心律失常、心瓣膜病、冠心病及心肌梗死、先天性心脏病、原发性心肌病、左房黏液瘤及巨大血栓形成、心脏压塞、肺动脉高压;脑源性晕厥常见于严重脑动脉闭塞、主动脉弓综合征、高血压脑病、基底动脉型偏头痛;其他原因的晕厥还包括哭泣性晕厥、过度换气综合征、低血糖性晕厥、严重贫血性晕厥等。

第七节 惊 厥

一、定义

惊厥(convulsion)又俗称"抽筋"、"抽风",是指四肢躯干与颜面骨骼肌非自主的强直与阵挛性抽搐,并引起关节运动,常为全身性、对称性,伴有或不伴有意识丧失。惊厥可由脑部疾病、全身性疾病或神经症所引致。

二、分类

惊厥可分为有热惊厥和无热惊厥两种。

(一) 有热惊厥

1. 全身感染性疾病 如肺炎、破伤风、败血症、中毒性菌痢等。由急性上呼吸道感染引起的高热惊厥,在婴幼儿期较为常见,一般只要高热解除,惊厥即可缓解,惊厥停止后神志即可恢复正常。

典型高热惊厥的标准:患者的首次发病年龄在 4 个月至 3 岁,且最后一次发作不会超过 5 岁;先发热后惊厥,体温在 38℃以上,发热后 24 h 内出现惊厥;发作为全身性强直-阵挛,伴有意识丧失,持续时间最长不超过 15 min;患者的脑脊液检查正常,发作 2 周后脑电图正常;患者躯体及智能方面发育正常;有明显的遗传倾向。

2. 中枢神经系统感染疾病 如流行性脑膜炎、乙型脑炎、中毒性脑病、脑性疟疾、脑脓肿等引起的惊厥,常表现为反复多次发作,每次发作时间较长,可呈持续状态,惊厥发生后有高热、嗜睡、谵妄、昏迷等。

(二) 无热惊厥

1. 癫痫 惊厥性的癫痫表现为患者突然意识模糊或丧失,两眼上翻或斜视,双手握拳,全身强直,持续半分钟左右,继而四肢发生阵挛性抽搐、口吐白沫、呼吸不规则或暂停、皮肤先苍白后发绀,发作持续数分钟后自行停止,常常反复发作或呈持续状态。发作停止后不久,患者意识恢复。

2. 全身疾病或颅内急性病变 表现为发作性的全身肌肉强直或抽动,可有意识障碍,伴有双眼上翻或凝视、咬舌、心跳加快、血压升高、小便失禁等。可见于高血压脑病、子痫、脑卒中、脑水肿、脑缺氧、脑肿瘤、脑炎、电解质紊乱、低血糖、尿毒症、糖尿病酸中毒、脑外伤等。各种原因的晕厥有时也伴有轻微的肢体抽动。

低钙引起的肢体抽动又称搐搦,常特指手足搐搦症。多见于婴儿,由各种原因引起的缺钙所致,特征性表现为腕部弯曲,手指伸直,大拇指贴近掌心,足趾强直而跖部略弯,呈弓状,称为助产士手、芭蕾舞足样。成人各种原因引起的低钙血症也可表现为手足抽动,如原发或继发性甲状旁腺功能减退,患者一般意识清楚,低钙纠正后抽动停止。

3. 精神疾病 癔病性发作亦表现全身肌肉反复、不规则性收缩,或呈乱动、抖动,常伴有哭泣或喊叫,发作时缓慢倒下而不受伤,面色无改变,瞳孔反射正常,不伴意识障碍和尿失禁,发作后能回忆。与精神因素关系密切,暗示能终止发作。

第八节 复视和眼外肌麻痹

一、复视

正常人通过眼球的运动完成双眼单视。眼球运动障碍(abnormality of ocular movements)是由眼肌或支配眼肌的神经及中枢病损所致。眼球运动的最后通路包括脑干发出的动眼神经、滑车神经、外展神经和它们支配的眼外肌。双眼同时一致的动作称为同向运动,需由成对的相应的肌肉来完成。

复视(diplopia)指两眼视同一物体时产生两个影像。它是眼外肌麻痹时经常出现的表现,当某一眼外肌麻痹时,眼球向麻痹肌收缩的方向运动不能或受限,并出现视物双影。患者感觉视野中有一实一虚两个映像,即真像和假像。健侧眼视物为真像(实像),麻痹侧眼为假像(虚像)。复视最明显的方位出现在麻痹肌作用力的方向上,复视成像规律是:例如当眼球上转肌麻痹时,眼球向下移位,虚像位于实像之上;当一眼的外直肌麻痹时,眼球转向内侧,虚像位于实像的外侧;内直肌麻痹时,眼球偏向外侧,虚像位于实像的内侧。

单眼复视是指用单眼注视一物体时出现的复视,甚至单眼注视一物体时可出现多个物体影像,称为多像症。常见于癔病或眼部疾病,如外伤性晶体脱位,矫正不能性屈光不正,外伤性虹膜离断等。

复视时通过头的位置改变可以减少麻痹肌的收缩,从而减少甚至避免复视,即代偿性头位。

二、眼外肌麻痹

眼肌麻痹仅限于眼外肌而支配瞳孔的眼内肌功能正常,称眼外肌麻痹;相反瞳孔括约肌及瞳孔散大肌麻痹而眼外肌正常,称眼内肌麻痹;眼内肌与眼外肌均麻痹,称全眼肌麻痹。

根据损害部位不同眼外肌麻痹可分为肌源性、周围神经性、核性(脑干主司眼球的运动神经核)、核间性(脑干的内侧纵束)及核上性(眼球同向运动中枢)眼肌麻痹(详见本书第二章)。

引起眼肌麻痹的原因很多,如炎症、外伤、肿瘤、血管性疾病、代谢性疾病、先天性疾病或变性病等。临床上支配眼球活动的神经合并麻痹很多见,由于损害部位不同可以产生不同的综合征。

1. 重症肌无力 主要症状是上睑下垂,亦可见眼球运动受限及复视,瞳孔不散大,对光反射正常。眼肌麻痹特点为晨轻暮重,病态疲劳等,抗胆碱酯酶药物试验阳性。

2. 多脑神经病变 眶尖综合征常是视神经孔和眶上裂同时受累,临床表现除动眼神经、滑车神经、三叉神经第Ⅰ支、展神经麻痹外,还有视神经损害症状,见于眶尖肿瘤、炎症等。眶上裂综合征表现为动眼神经、滑车神经、三叉神经第Ⅰ支、展神经麻痹,外展神经早期受累,见于外伤、炎症、肿瘤等。

3. 海绵窦综合征 动眼神经、滑车神经、三叉神经第Ⅰ支、展神经麻痹,病变偏后者可有三叉神经的第Ⅱ、Ⅲ支受损,临床上常伴有眼球突出,眼睑和结膜水肿,视神经盘水肿。常见于海绵窦血栓形成,急性起病,头痛、高热后出现上述表现,可自一侧扩展到另一侧,面部常有感染病灶。

4. 脑动脉瘤 后交通动脉瘤常伴动眼神经麻痹,表现为上睑下垂,瞳孔散大,可有一侧眼眶部的搏动性头痛,压迫同侧颈总动脉可使疼痛减轻。脑血管造影可确诊。

5. 糖尿病 多见于中老年人,起病急,出现眼肌麻痹前或发生瘫痪时常有眶部和前额部疼痛,可表现动眼(常累及眼外肌)、展神经麻痹。血糖增高和糖耐量试验异常可提示诊断。

6. 痛性眼肌麻痹 为亚急性或急性起病的眶区持续性疼痛,病前常有感染史,除眼肌瘫痪,还可伴有三叉神经第Ⅰ、Ⅱ支损害,反复发作。常有血沉增快,外周血白细胞数增高。

7. 眼肌麻痹型偏头痛 有偏头痛发作史,常在头痛程度减弱时出现眼肌麻痹,多为动眼神经麻痹,常在数日内恢复。

8. 脑干病变 可表现为核性或核下性眼肌麻痹。脑干肿瘤小儿多见,表现为缓慢起病、进行性加重的交叉性瘫痪,以外展和动眼神经麻痹常见。成人多为鼻咽癌或颅中窝肿瘤,前者常有鼻塞和鼻涕带血丝等征象,而后者常伴有颅内压增高,CT、颅底X线片和鼻咽腔活检可确诊。脑干炎症急性或亚急性起病,眼肌麻痹多为双侧性,常伴锥体束征或其他脑神经损害,病前有感染史。

9. 脑膜炎 结核性、化脓性和隐球菌性等脑膜炎均可累及动眼神经、滑车神经、展神经麻痹而引起眼肌麻痹,脑膜刺激症及脑脊液的性状改变有助确诊。

第九节 躯体感觉障碍

躯体感觉(somatic sensation)指作用于躯体感受器的各种刺激在人脑中的反映。根据病变的性质,感觉障碍可分为抑制性症状和刺激性症状两大类。

一、抑制性症状

感觉传导径路受破坏时功能受到抑制,出现感觉(痛觉、温度觉、触觉和深感觉)减退(hypoesthesia)或感觉缺失

(anesthesia)。感觉减退是指患者在清醒状态下，对强的刺激产生弱的感觉，是由于感觉神经纤维遭受不完全性损害所致；感觉缺失是指患者在清醒状态下对刺激无任何感觉。在意识清醒的情况下，同一部位各种感觉均缺失，称完全性感觉缺失。

同一部位出现某种感觉障碍而其他感觉保存，称分离性感觉障碍（dissociated sensory disturban），常见于脊髓空洞症、脊髓半切综合征等。

患者深、浅感觉正常，但在无视觉参加的情况下，对刺激部位、物体形状、重量等不能辨别者，称皮质感觉缺失。当一神经分布区有自发痛，同时又存在痛觉减退者，称痛性痛觉减退或痛性麻痹。

二、刺激性或激惹性症状

感觉传导径路受到刺激或兴奋性增高时出现刺激性症状，可分为以下几种。

（一）感觉过敏

轻微刺激引起强烈感觉。如轻触皮肤一般人没感觉或感觉轻微，感觉过敏（hyperesthesia）者可有强烈的疼痛。常见于浅感觉障碍。

（二）感觉过度（hyperpathia）

在感觉障碍的基础上伴有以下特点：① 潜伏期延长：刺激开始后需经历一段时间才能感知；② 兴奋阈值增高：刺激必须达到一定的强度才能感觉到；③ 不愉快的感觉：患者所感到的刺激具有暴发性，呈现一种剧烈的、定位不清的、难以形容的不愉快感；④ 扩散性：单点的刺激患者可感到是多点刺激并向四周扩散；⑤ 后作用：当刺激停止后，在短时间内患者仍有刺激存在的感觉。常见于烧灼性神经痛、带状疱疹疼痛和丘脑病变。

（三）感觉倒错

感觉倒错（dysesthesia）指对刺激产生错误的感觉，如将冷刺激误认为温刺激，触觉刺激或其他刺激误认为痛觉等。常见于顶叶病变或癔症。

（四）感觉异常

在没有外界刺激的情况下，感觉异常（paresthesia）患者感到某些部位有蚁行感、麻木、瘙痒、重压、针刺、冷热、肿胀等异常感觉，而客观检查无感觉障碍。常见于周围神经或自主神经病变。

（五）疼痛

疼痛（pain）是感觉纤维受刺激时的躯体感受，是机体的防御机制。临床需了解疼痛的分布、性质、程度、频度、是发作性还是持续性及加重和减轻疼痛的因素。

常见的疼痛可有以下几种：

1. 局部疼痛（local pain）　　病变部位的局限性疼痛，如三叉神经痛引起的局部疼痛。

2. 放射性疼痛（radiating pain）　　中枢神经、神经根或神经干刺激性病变时，疼痛不仅发生在局部，而且扩散到受累神经的支配区，如神经根受到肿瘤或椎间盘的压迫出现腰骶部向小腿扩散的疼痛，脊髓空洞症的痛性麻痹等。

3. 扩散性疼痛（spreading pain）　　疼痛由一个神经分支扩散到另一个神经分支。如牙疼时，疼痛从三叉神经的一支扩散到其他三叉神经的分支区域。

4. 牵涉性疼痛（referred pain）　　内脏病变时，与内脏痛觉支配处于同一脊髓节段的体表区域出现疼痛或感觉过敏，如心绞痛可引起左胸及左上肢内侧痛，胆囊病变可引起右肩痛。

5. 幻肢痛（phantom limb pain）　　见于截肢后，感到被切断的肢体仍然存在，且出现疼痛，这种现象称幻肢痛，与下行抑制系统的脱失有关。

6. 灼性神经痛（causagia）　　剧烈烧灼样疼痛，在正中神经或坐骨神经损伤后多见，可能是由于沿损伤轴突表面产生的异位性冲动或损伤部位的无髓鞘轴突之间发生了神经纤维间接触所引起。

第十节 瘫痪

一、概述

运动系统包括下运动神经元、上运动神经元、锥体外系和小脑系统,机体通过运动系统控制随意运动。

瘫痪(paralysis)是指个体随意运动功能的减低或丧失。随意运动的神经通路由两级神经元所组成,即上运动神经元和下运动神经元。凡支配随意运动的神经通路或骨骼肌病损均可引起肢体瘫痪。

按瘫痪的病因可分为神经源性、神经肌肉接头性及肌源性等类型;按瘫痪的程度可分为完全性和不完全性;按瘫痪的肌张力状态可分为弛缓性和痉挛性;按运动传导通路的不同部位可分为上运动神经元性瘫痪和下运动神经元性瘫痪;按瘫痪的分布可分为偏瘫、截瘫、四肢瘫、交叉瘫和单瘫。

二、临床表现

(一)上运动神经元性瘫痪

又称痉挛性瘫痪(spasm paralysis)或中枢性瘫痪,是由于上运动神经元,即大脑皮质运动区神经元及其发出的下行纤维病变所致。其临床表现有:

1. 肌力减弱 上运动神经元性瘫痪时,由其支配的肢体肌力下降,远端肌肉受累较重,尤其是手、指和面部等,而肢体近端症状较轻,这是由于肢体近端的肌肉多由双侧支配而远端多由单侧支配。上肢伸肌群比屈肌群瘫痪程度重,外旋肌群比内收肌群重,手的屈肌比伸肌重,而下肢恰好与上肢相反,屈肌群比伸肌群受累重。

2. 肌张力增高 上运动神经元性瘫痪时,瘫痪肢体肌张力增高,可呈现特殊的偏瘫姿势,如上肢呈屈曲旋前,下肢则伸直内收。由于肌张力的增高,患肢被外力牵拉伸展时,开始时出现抵抗,当牵拉持续到一定程度时,抵抗突然消失,患肢被迅速牵拉伸展,称之为"折刀"现象(clasp-knife phenomenon)。

3. 浅反射减退或消失 上运动神经元瘫痪时,浅反射通路受损,包括腹壁反射、提睾反射及跖反射等浅反射可减退或消失。

4. 深反射活跃或亢进 上运动神经元性瘫痪时,腱反射可活跃甚至亢进,还可有反射扩散,如敲击桡骨膜不仅可引出肱桡肌收缩,还可引出肱二头肌或指屈肌反射。此外,腱反射过度亢进时还可有阵挛,表现为当牵拉刺激持续存在,可诱发节律性的肌肉收缩,如髌阵挛、踝阵挛等。

5. 病理反射 上运动神经元性损害时才出现,包括 Babinski 征、Oppenheim 征、Gordon 征、Chaddock 征等病理反射。

6. 无明显的肌萎缩 上运动神经元性瘫痪时,下运动神经元对肌肉的营养作用仍然存在,因此肌肉无明显的萎缩。当长期瘫痪时,由于肌肉缺少运动,可表现为废用性肌萎缩。

(二)下运动神经元性瘫痪

又称弛缓性瘫痪(flaccid paralysis)或周围性瘫痪,指脊髓前角的运动神经元、前根、神经丛及周围神经受损所致。脑干运动神经核及其轴突组成的脑神经运动纤维损伤也可造成弛缓性瘫痪。下运动神经元瘫痪临床表现为:① 受损的下运动神经元支配区域的肌力减退;② 肌张力减低或消失,肌肉松弛,外力牵拉时无阻力;③ 腱反射减弱或消失;④ 浅反射消失;⑤ 肌肉萎缩明显。

第十一节 不自主运动

一、定义

不自主运动(involuntary movement)指患者在意识清楚的状态下,产生一种不受意识控制的、无目的、无意义、不协调的异常运动,常见于基底节区病变。

二、临床表现

(一)震颤

震颤(tremor)是主动肌和拮抗肌交替收缩引起的人体某一部位有节律的振荡运动。节律性是震颤与其他不随意运动的区别,主动肌和拮抗肌参与的交替收缩是与阵挛的区别。震颤可分为静止性震颤、姿势性震颤及意向性震颤三种,后两种又称为动作性震颤(action tremor)。

1. 静止性震颤(static tremor) 是指在安静和肌肉松弛的情况下出现的震颤,表现为安静时出现,紧张时加重,活动时减轻,睡眠时消失,手指有节律的抖动,频率每秒4~6次,呈"搓药丸样",严重时可发生于头、下颌、唇舌、前臂、下肢及足等部位。一般都伴有肌张力强直性增高,常见于帕金森病。

2. 姿势性震颤(postural tremor) 一般在身体受累部分主动地保持某种姿势时出现,且可在整个动作过程中均存在,但在抵达目的物时并不加重,静止时消失。如当患者上肢伸直,手指分开,保持这种姿势时可见到手臂的震颤,肢体放松时震颤消失,当肌肉紧张时又变得明显。姿势性震颤以上肢为主,头部及下肢也可见到。可见于睡眠剥夺、戒酒或甲亢、疲劳、焦虑、情绪紧张等肾上腺活动增强的情况下;此外,也见于特发性震颤、慢性乙醇中毒、肝豆状核变性。肝性脑病时的扑翼样震颤也属于姿势性震颤。

3. 意向性震颤(intention tremor) 是指肢体有目的地接近某个目标时,在运动过程中出现的震颤,动作开始时不明显,越接近目标震颤越明显。当到达目标并保持姿势时,震颤有时仍能持续存在。多见于小脑病变,丘脑、红核病变时也可出现。

(二)肌束震颤(faciculation)

个别肌肉快速收缩,肉眼可见"肉跳",但不引起肢体关节的活动,见于下运动神经元受刺激时,如前角、前根、周围神经病变等。

(三)肌肉颤搐

肌肉颤搐(myokymia)是指一群或一块肌肉在休止状态下呈现缓慢、持续性、不规则的波动状颤动,肉眼可见,睡眠时不消失。肌电图显示涉及2~200个运动单位自发性成串放电。可见于正常人剧烈运动后、疲劳、精神紧张和神经症。也可见于甲亢性肌病、神经性肌强直等。

(四)舞蹈症

舞蹈症(chorea)多由尾状核和壳核的病变引起,为肢体无规律、无节律、无目的、不协调且快速变换的、运动幅度大小不等的不自主运动。表现为耸肩、转颈、伸臂、抬腿、摆手或手指间断性伸屈(盈亏征或挤奶妇手)等动作,头面部可出现挤眉弄眼、撅嘴伸舌等动作。病情严重时肢体可有粗大的频繁动作、下肢跳跃动作。上肢比下肢重,远端比近端重,随意运动或情绪激动时加重,安静时减轻,入睡后消失。见于小舞蹈病或亨廷顿病等,也可继发于其他疾病,如脑炎、脑内占位性病变、脑血管病、肝豆状核变性、棘红细胞增多症等。

(五)手足徐动症

手足徐动症(athetosis)又称指划动作或易变性痉挛。由于肢体远端的游走性肌张力增高或降低,表现为缓慢的不规则的蠕虫样徐动或奇形怪状的不自主运动,伴肢体远端过度伸屈。如腕过屈时,手指常过伸,前臂旋前,缓慢过渡为手指屈曲。有时出现发音不清和鬼脸,亦可出现足部不自主动作。手足徐动症的动作较舞蹈症缓慢,有时可以同时合并舞蹈症及肌张力障碍。多见于脑炎、播散性脑脊髓炎、Hallervorden-Spatz病、肝豆状核变性等。

(六)肌张力障碍

扭转痉挛(torsion spasm)也称变形性肌张力障碍或全身性肌张力障碍,是肌张力障碍(dystonia)的一种类型,为围绕躯干或肢体长轴的缓慢旋转性不自主运动及姿势异常。其临床特点有颈部、躯干、肢体近端强烈地扭转姿势。发作时肌张力增高,发作间歇期肌张力降低。

有的患者仅表现为局部或相邻节段的肌肉不自主缓慢扭转样收缩及姿势异常,称为局限性或节段性肌张力障碍。

例如颈肌受累时出现的痉挛性斜颈,表现为颈部肌肉痉挛性收缩,使头部缓慢不自主扭曲和转动。其他还有书写痉挛、睑痉挛等。特殊类型的肌张力障碍如睑痉挛-口下颌肌张力障碍综合征(Meige综合征)可累及一个以上相邻部位。

本症可为原发性遗传疾病,也可见于肝豆状核变性、Hallervorden-Spatz病以及某些药物反应等。

(七)偏身投掷运动

偏身投掷运动(hemiballismus)为一侧肢体猛烈的投掷样的不自主运动,以肢体近端为重,运动幅度大,力量强。由损害丘脑底核及与其有直接联系的结构所致,常见于脑血管病。

(八)抽动症

抽动症(tics)为单个或多个肌肉的快速收缩动作,固定一处或呈游走性。临床表现为眨眼、皱眉、耸肩、伸舌、鼻翼扇动、鬼脸。如果累及呼吸肌及发音肌肉,抽动时会伴有不自主的发音,或伴有秽语,故称"抽动秽语综合征"(multiple tics-coprolalia syndrome),或称为"图雷特综合征"(Gilles de la Tourette syndrome)。本病常见于儿童,病因及发病机制尚不清楚,部分病例由基底节病变引起,有些与精神因素有关。

第十二节 共济失调

一、定义

正常随意运动需要有主动肌、协同肌、对抗肌、固定肌在运动速度、幅度和力量等方面的精确配合,并依靠前庭系统、小脑、脊髓和锥体外系共同参与。肌肉间的这种巧妙的协同动作称为共济运动。

共济失调(ataxia)指小脑、本体感觉以及前庭功能障碍导致的运动笨拙和不协调,累及躯干、四肢和咽喉肌时可引起身体平衡、姿势、步态及言语障碍。

二、临床表现

临床上,共济失调可有以下四类:

(一)小脑性共济失调

小脑本身、小脑脚的传入或传出联系纤维、红核、脑桥或脊髓的病变均可产生小脑性共济失调。小脑性共济失调表现为随意运动的力量、速度、幅度和节律的不规则,即协同运动障碍。可伴有肌张力减低、眼球运动障碍及言语障碍。

1. 姿势和步态异常 蚓部病变可引起头部和躯干的共济失调,导致平衡障碍,姿势和步态异常。患者站立不稳,步态蹒跚,行走时两脚基底宽,呈共济失调步态,又称"醉汉步态",坐位时患者将双手和两腿呈外展位分开以保持身体平衡。闭目难立征试验表现为睁、闭眼均不稳。小脑半球控制同侧肢体的协调运动并维持正常的肌张力,一侧小脑半球受损,行走时患者向患侧倾倒。

2. 随意运动协调障碍 小脑半球病变可引起同侧肢体的共济失调,表现为动作易超过目标(辨距不良),动作愈接近目标时震颤愈明显(意向性震颤)。一般上肢重于下肢,远端重于近端,精细动作重于粗大动作,如书写时,字迹愈写愈大(大写症),各笔画不匀等。快复及轮替动作异常。

3. 言语障碍 由于发声器官如口唇、舌,咽喉等肌肉的共济失调,患者表现为说话缓慢、发音不清和声音断续、顿挫或爆发式,呈爆发性或吟诗样语言。

4. 眼球运动障碍 眼外肌共济失调可导致眼球运动障碍。患者表现为双眼粗大眼震,偶见下跳性眼震、反弹性眼震等。

5. 肌张力减低 小脑病变时常可出现肌张力减低,腱反射减弱或消失,当患者取坐位时两腿自然下垂,叩击腱反射后,小腿不停摆动,像钟摆一样(钟摆样腱反射)。

(二)大脑性共济失调

大脑额叶、顶叶、颞叶、枕叶通过额桥束和顶颞枕桥束与小脑半球之间形成纤维联系,当其损害时可引起大脑性共济失调。大脑性共济失调较小脑性共济失调症状轻,一侧大脑病变引起对侧肢体共济失调。多见于脑血管病、多发性硬化等疾病。

1. 额叶性共济失调 由额叶或额桥小脑束病变引起。患者症状出现在对侧肢体,表现类似小脑性共济失调,如体位性平衡障碍,步态不稳,向后或一侧倾倒,但症状较轻,闭目难立征试验表现为睁、闭眼均不稳。辨距不良和眼震很少见。常伴有精神症状,强握反射等额叶损害表现。查体可见肌张力增高,病理征。见于肿瘤、脑血管病等。

2. 颞叶性共济失调 由颞叶或颞桥束病变引起。患者共济失调症状出现在对侧肢体,较轻,早期不易发现。可伴有颞叶受损的其他症状或体征,如同向性象限盲和失语等。见于脑血管病及颅高压压迫颞叶时。

3. 顶叶性共济失调 表现对侧肢体不同程度的共济失调,深感觉障碍多不重或呈一过性,闭眼时症状明显。两侧旁中央小叶后部受损可出现双下肢感觉性共济失调及大、小便障碍。

4. 枕叶性共济失调 由枕叶或枕桥束病变引起。患者表现为对侧肢体的共济失调,症状轻,常伴有深感觉障碍,闭眼时加重,可同时伴有枕叶受损的其他症状或体征,如视觉障碍等。见于肿瘤、脑血管病等。

(三)感觉性共济失调

由深感觉障碍引起,患者不能辨别肢体的位置及运动方向,出现感觉性共济失调。表现为站立不稳、举足过高、迈步不知远近、落脚不知深浅、踏地过重、有踩棉花感。睁眼时有视觉辅助,症状较轻,黑暗中或闭目时症状加重。查体可见闭目难立征阳性,音叉震动觉和关节位置觉丧失,无眩晕、眼震和言语障碍。多见于周围神经、后根、脊髓后索、内侧丘系、丘脑和顶叶皮质病变,也可见于其他影响深感觉传导通路的病变。

(四)前庭性共济失调

前庭损害时以平衡障碍为主,身体失去空间定向能力,产生前庭性共济失调。临床表现为站立不稳,改变头位可使症状加重,行走时向患侧倾倒,沿直线行走更明显。伴有明显的眩晕、恶心、呕吐、眼球震颤,前庭功能检查异常。四肢共济运动及言语功能正常。多见于内耳疾病、脑血管病、脑炎及多发性硬化等。

第十三节 步态异常

一、定义

步态(gait)是指患者行走时的姿势,是一种复杂的运动过程,要求神经系统与肌肉的高度协调,同时涉及许多脊髓反射和大脑、小脑的调节,以及各种姿势反射的完整性、感觉系统与运动系统的相互协调。

机体很多部位参与维持正常步态,不同的疾病可有不同的特殊步态。步态常可提供重要的神经系统疾病线索。一些神经系统疾病,虽然病变部位不同,但可出现相似的步态障碍。

二、临床表现

步态异常可分为以下几种(图3-1):

(一)痉挛性偏瘫步态

又称"划圈样步态"。患侧下肢因伸肌肌张力高而显得较长,且屈曲困难,表现为下肢伸直、外旋,行走时将患侧盆骨提得较高,为避免足尖拖地而向外旋转后再移向前方(画一半圈)。偏瘫侧上肢的协同摆动动作消失,呈现内收、旋前、屈曲姿势。为单侧皮质脊髓束受损所致,常见于脑血管病或脑外伤恢复期及后遗症期。

(二)痉挛性截瘫步态

又称"剪刀样步态",患者双侧肢体严重痉挛性肌张力增高,表现为站立时双下肢伸直位,大腿靠近,小腿略分开,双足下垂伴有内旋,行走时两大腿强直内收,膝关节几乎紧贴,用足尖走路,交叉前进,行走费力,似剪刀状,伴代偿性躯干运动,为双侧皮质脊髓束受损步态。常见于脑瘫的患者,其他如多发性硬化、脊髓空洞症、脊髓压迫症、脊髓血管病及炎症恢复期,遗传性痉挛性截瘫等也可见剪刀样步态。

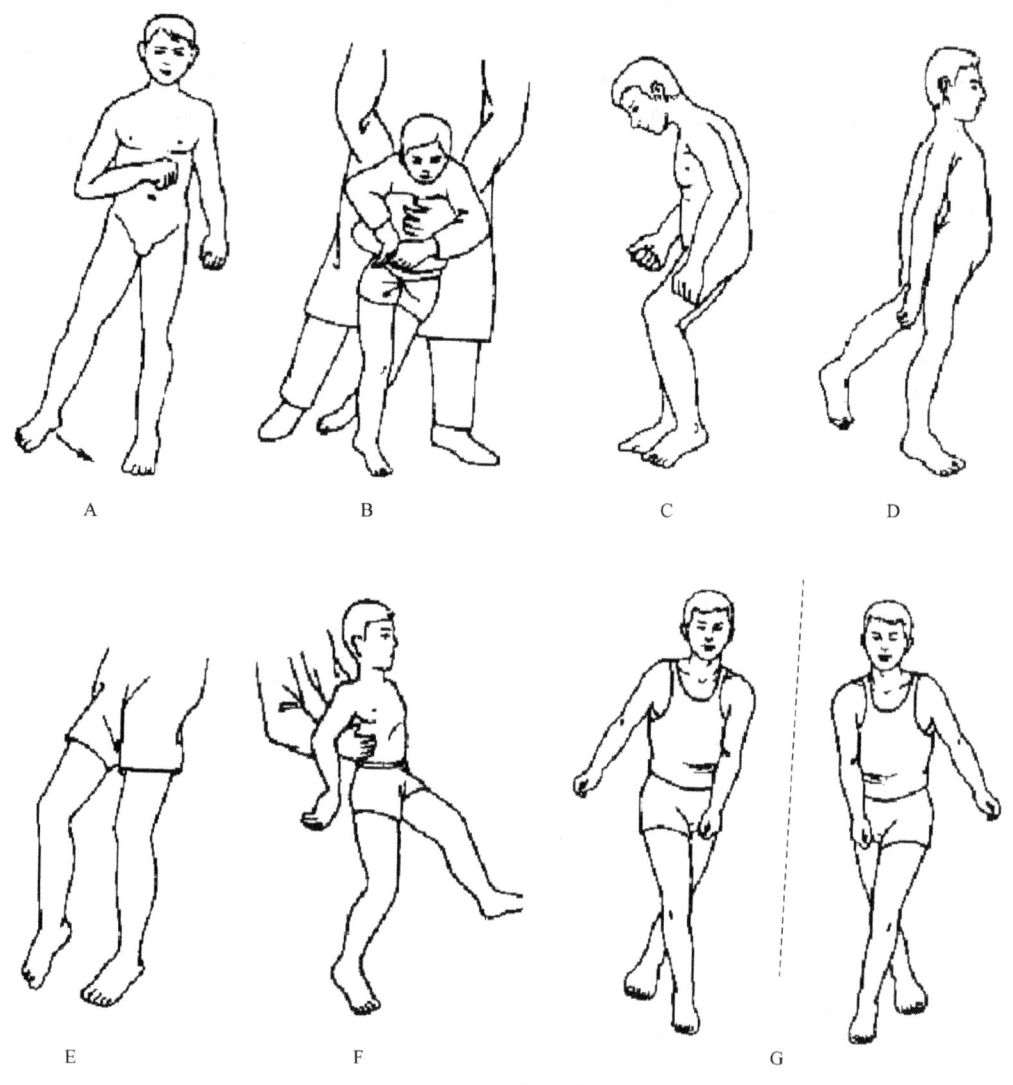

图 3-1 步态异常

A. 痉挛性偏瘫步态；B. 痉挛性截瘫步态；C. 慌张步态；D. 摇摆步态；E. 跨阈步态；F. 感觉性共济失调步态；G. 醉酒步态
（引自贾建平主编. 神经病学. 第 6 版）

（三）慌张步态

慌张步态是帕金森病的典型步态，表现为身体略前倾，行走时起步困难，第一步不能迅速迈出，开始行走后，步履缓慢，后逐渐速度加快，小步快速往前，脚底不离地，擦地而行，停步困难，极易跌倒，转身时以一脚为轴，挪蹭转身。

（四）冻结步态

冻结步态是一种短暂发作性的步态紊乱，表现为患者起始犹豫，不能行走。患者抱怨自己的脚像粘在地板上，持续时间短于 1 min。可以出现在起步犹豫时、转弯时、即将到达目的地时。在晚期帕金森病者中较为常见，且持续时间较长。

（五）摇摆步态

又称"鸭步"，指行走时躯干部，特别是臀部左右交替摆动的一种步态。是由于躯干及臀部肌群肌力减退，行走时不能固定躯干及臀部，左右摇摆。多见于进行性肌营养不良症、进行性脊肌萎缩症、少年性脊肌萎缩症等疾病。

（六）跨阈步态

又称"鸡步"，表现为足尖下垂，足部不能背屈，向前迈步抬腿过高，脚悬起，落脚时总是足尖先触及地面，如跨门槛样。由胫前肌群病变或腓总神经损害所致，常见于腓总神经损伤、脊髓灰质炎、进行性脊肌萎缩、腓骨肌萎缩症等。

(七)感觉性共济失调步态

表现为肢体活动不稳、晃动,步幅较大,两腿间距较宽,提足较高,双脚触地粗重。失去视觉提示(如闭眼或黑暗)时,共济失调显著加重,闭目难立征阳性,夜间行走不能。多见于脊髓亚急性联合变性、脊髓痨、脊髓小脑变性疾病等。

(八)醉酒步态

又叫作"蹒跚步态"。表现为站立不稳,行走时步基宽大、左右摇晃,不能沿直线行走。是由小脑受损所致,多见于遗传性小脑性共济失调、小脑血管病和炎症等。

第十四节 焦 虑

一、定义

焦虑(anxiety)是一种情绪障碍症状,指在缺乏相应的客观因素情况下,患者表现为顾虑重重、紧张恐惧,以致搓手顿足似有大祸临头,惶惶不可终日,伴有心悸、出汗、手抖、尿频等自主神经功能紊乱症状。焦虑情绪在综合性医院临床就诊患者中广泛存在。

焦虑症(anxiety neurosis)是一种以焦虑情绪为主的神经症,以广泛和持续性焦虑或反复发作的惊恐不安为主要特征,常伴有自主神经紊乱、肌肉紧张与运动性不安。临床分为广泛性焦虑障碍(generalized anxiety disorder,GAD)与惊恐障碍(panic disorder)两种主要形式。

二、临床表现

(一)广泛性焦虑障碍

又称慢性焦虑症,是焦虑症最常见的表现形式。以经常或持续存在的焦虑为主要临床特点。常缓慢起病,具有以下表现:

1. 精神焦虑 精神上的过度担心是焦虑症状的核心。表现经常担心未来可能发生的、难以预料的某种危险或不幸事件。这种担心、焦虑和烦恼的程度与现实很不相称,称为预期焦虑(apprehensive expectation)。

2. 躯体焦虑 表现为多种躯体不适。① 运动不安:可表现为不能静坐,不停地来回走动。有的患者表现为舌、唇、指肌的震颤或肢体震颤;② 躯体症状:胸骨后的压缩感是焦虑的一个常见表现,常伴有气短;③ 肌肉紧张:表现为主观上的一组或多组肌肉不舒服的紧张感,严重时有肌肉酸痛,多见于胸部、颈部及肩背部肌肉,紧张性头痛也很常见;④ 自主神经功能紊乱:表现为心动过速、皮肤潮红或苍白、口干、便秘或腹泻、出汗、尿意频繁等症状。有的患者可出现早泄、阳痿、月经紊乱等症状。

3. 觉醒度提高 表现为过分的警觉,对外界刺激易出现惊跳反应;入睡困难、易惊醒;注意力很难集中,易受干扰;情绪易激惹;感觉过敏,有的患者能体会到自身肌肉的跳动、血管的搏动、胃肠道的蠕动等。

4. 其他 广泛性焦虑障碍患者常合并疲劳、抑郁、强迫、恐惧、惊恐发作及人格解体等症状。

(二)惊恐障碍

惊恐障碍(panic disorder)又称急性焦虑障碍。患者常在无特殊的恐惧性处境时,突然感到一种突如其来的惊恐体验,伴濒死感或失控感以及严重的自主神经功能紊乱症状。发作具有不可预测性和突然性,反应程度强烈,患者常体会到濒临灾难性结局的害怕和恐惧,而终止亦迅速。发作后仍心有余悸,担心再发,不过此时焦虑的体验不再突出,而代之以虚弱无力,需数小时至数天才能恢复。发作期间始终意识清晰,保持高度警觉。

三、鉴别诊断

某些神经系统疾病如脑炎、脑血管病、脑变性病、系统性红斑狼疮、甲状腺疾病、心脏疾病等易于出现焦虑症状。临床上对初诊、年龄大、无心理应激因素、病前个性素质良好的患者,要高度警惕焦虑是否继发于躯体疾病。

1. 药源性焦虑 许多药物在中毒、戒断或长期应用后可导致典型的焦虑障碍。如某些拟交感药物苯丙胺、可卡因、咖啡因,某些致幻剂及阿片类物质,长期应用激素、镇静催眠药、抗精神病药物等等。根据服药史可资鉴别。

2. 精神疾病所致焦虑 精神分裂症、抑郁症、其他神经症均可伴有焦虑情绪,焦虑症状在这些疾病中常属于继发症状。

第十五节 抑 郁

一、定义

抑郁是以情感低落、哭泣、悲伤、失望、活动能力减退,以及思维、认知功能迟缓等为主要特征的一类情感障碍。

抑郁症(depression)是以持久性抑郁为主要临床表现的心理障碍。抑郁症患者往往感觉不开心、不愉快、悲观、郁闷或忧心忡忡,行为表现可为愁眉苦脸、唉声叹气、说话声音低缓、动作行为迟缓或减少,不愿与人交往。心理上可表现为自我评价过低、自卑自责、缺乏信心,对任何事物都失去兴趣,甚至觉得度日如年,感觉生不如死。上述抑郁状态如果持续存在2周以上就应该考虑抑郁症,即抑郁症的临床诊断必须兼顾病程。

二、临床表现

抑郁发作在临床上以情感低落、思维迟缓、意志活动减退和躯体症状为主。

1. 情感低落 主要表现为显著而持久的情感低落、抑郁悲观。患者终日忧心忡忡、郁郁寡欢、愁眉苦脸、长吁短叹。情绪低落症状晨重夜轻是抑郁症的特征性表现之一。

2. 思维迟缓 患者思维联想速度缓慢、反应迟钝,临床表现为主动言语减少,语速明显减慢,声音低沉,工作和学习能力下降。

3. 意志活动减退 患者意志活动呈显著持久的抑制。临床表现为行为缓慢,生活被动、疏懒,不想做事,不愿和周围人接触交往,常闭门独居、疏远亲友、回避社交。严重时出现"抑郁性木僵"。伴有焦虑的患者,可有坐立不安、手指抓握、搓手顿足或踱来踱去等症状。严重抑郁发作的患者常伴有消极自杀的观念或行为。

4. 躯体症状 很常见,主要有睡眠障碍、食欲减退、体重下降、乏力、便秘、身体任意部位的疼痛、阳痿、闭经、性欲减退等。躯体不适主诉可涉及各脏器,以消化道症状较为常见,如食欲减退、腹胀、便秘等,常常纠缠于某一躯体主诉,并容易产生疑病观念,进而发展为疑病、虚无和罪恶妄想。睡眠障碍主要表现为早醒,醒后不能再入睡,有的表现为入睡困难,睡眠不深,少数患者表现为睡眠过多。自主神经功能失调的症状也较常见,易发展成为慢性。

5. 其他 抑郁发作时也可出现人格解体、现实解体及强迫症状。抑郁发作临床表现较轻者称之为轻度抑郁。主要表现情感低落、兴趣和愉快感的丧失、易疲劳,自觉日常工作能力及社交能力有所下降,不会出现幻觉和妄想等精神病性症状。老年抑郁症患者除有抑郁心境外,多数患者有突出的焦虑烦躁情绪,有时也可表现为易激惹和敌意。精神运动性迟缓和躯体不适主诉较年轻患者更为明显。因思维联想明显迟缓以及记忆力减退,可出现较明显的认知功能损害症状,类似痴呆表现,如计算力、记忆力、理解和判断能力下降,即"抑郁性假性痴呆"(depressive pseudodementia)。

(丁美萍)

思 考 题

1. 常见的意识障碍分为哪几类?各自的临床特点是什么?
2. 临床常见的失语症的分类和表现是什么?
3. 中枢性眩晕和周围性眩晕如何鉴别?
4. 眼肌麻痹分为哪几类?临床常见的眼肌麻痹的原因有哪些?
5. 上运动神经元瘫痪和下运动神经元瘫痪的鉴别要点是什么?

参考文献

陈生弟. 2005. 神经病学. 北京:科学出版社

郭国际. 2006. 实用神经系统疾病诊断与治疗. 北京：中国医药科技出版社

贾建平. 2009. 神经病学. 第6版. 北京：人民卫生出版社. 69～93

盛树力. 2006. 老年性痴呆及相关疾病. 北京：科学技术文献出版社. 14～34

头晕诊断流程专家组. 2009. 头晕的诊断流程建议. 中华内科杂志. 48(5)：435～437

Lewis P. Rowland；Timothy A. Pedley. 2009. Merritt's Neurology，12th edition. Philadelphia：Lippincott Williams & Wilkins，Inc. 2～14

第四章 神经系统疾病的病史采集和体格检查

Although limited in many ways, the neurologic examination is of crucial importance. Simply watching the patient for a few moments yields considerable information. The predominant postures of the limbs and body; the presence or absence of spontaneous movements on one side; the position of the head and eyes; and the rate, depth, and rhythm of respiration should be noted. The state of responsiveness is the estimated by noting the patient's reaction to calling his name, to simple commands, or to noxious stimuli such as supraorbital or sternal pressure, pinching the side of the neck or inner parts of arms or thighs, or applying pressure to the knuckles. By gradually increasing the strength of these stimuli, one can roughly estimate both the degree of unresponsiveness and changes from hour to hour. Vocalization may persist in stupor and is the first response to be lost as coma appears. Grimacing and deft avoidance movements of the stimulated parts are preserved in light coma; theirs presence substantiates the integrity of corticobulbar and corticospinal tracts. Yawning and spontaneous shifting of body positions indicate a minimal degree of unresponsiveness.

—— Victor M and Ropper AH, 2001

第一节 病史采集

病史采集是神经科医生必备的基本临床技能之一,也是疾病诊断的第一个环节,真实、准确、全面的病史不仅是神经疾病诊断重要依据,而且能为下一步体检和选择有关的辅助检查提供重要线索。有些神经疾病,病史是诊断的主要依据,如偏头痛、癫痫、晕厥等。

神经科病史采集除要遵循一般临床病史采集原则外,还要注意本专业的特点。首先,神经科疾病患者中不少有意识、智能、情绪及语言方面的障碍,除了要有耐心外,要注意从家属、同事、目击者中收集病史。有时患者未能主动提供某些症状,但在后面的体检中发现有这方面的病变线索,应及时补充询问。第二,神经科疾病症状专科特点较强,往往患者不能准确表达,例如,"头晕",有的患者指真性眩晕,有的患者则指头昏(假性眩晕);"麻木",有的患者指感觉减退或消失,有的则指主观感觉异常,还有人指肌无力。采集病史时要注意仔细甄别。第三,神经科疾病症状复杂,要抓住重点、分清主次,例如眩晕患者多伴恶心、呕吐等症状,若抓不住眩晕这一主要症状,易误诊为消化系统疾病。第四,神经系统疾病同系统性疾病相互影响,不少系统性疾病可伴神经系统症状,神经系统疾病也会伴有系统性疾病的症状,采集病史不可局限于神经系统而忽略其他系统。

【现病史】

现病史是病史中最重要的部分,是对疾病进行临床分析和诊断的最重要途径。通常需要了解以下内容:① 起病情况:包括起病时间、症状、缓急、诱因及病因线索;② 主要症状及其特点;③ 病情的发展和演变;④ 伴随症状,包括有鉴别意义的阴性症状;⑤ 诊治经过及疗效。通过病史询问要对整个病程形成清晰的印象,急性起病还是逐渐起病,若是逐渐起病,时间跨度有多长,数天、数月还是数年?主要症状有哪些?演变的次序如何?它们是持续性还是间歇性?加重或缓解的因素有哪些?成功的病史采集应能对疾病的定位和性质作出初步假设:是否神经系统疾病?中枢损害、周围性损还是两者兼有?疾病的性质可能是什么(炎症、血管性、中毒代谢性、占位、变性疾病等)?下列神经系统常见症状需要仔细询问。

1. 头痛 注意头痛部位,是局部、偏侧还是整个头部;头痛发生形式,是突然发生还是逐渐加重,是持续性还是发作性,如为发作性,发作时间、发作频率如何;头痛性质及严重程度,是胀痛、跳痛、放电样痛还是紧箍痛,能否坚持工作;头痛有无诱因、加重及缓解的因素,对止痛剂的反应;头痛前驱症状和伴随症状,如视觉闪光、发热、恶心、呕吐等。

2. 疼痛 询问内容与头痛类似,注意疼痛的部位、性质和发作情况,伴随症状,缓解加重因素,治疗情况。脊髓或脊神经根病变病初常有呈根性分布的疼痛或束带感。

3. 抽搐 初次发作开始时间(年龄)、发作频率、有无致病因素或诱因;单次发作的特点:有无视物闪光、幻嗅、幻味、"胃气上升"等先兆,抽搐的部位及形式,是局部、偏侧还是全身,肢体是伸直、屈曲还是阵挛,有无头颈扭转,有无意识丧失、眼球凝视、紫绀、口吐白沫、呼吸暂停、尿便失禁、舌咬伤、发作后昏睡及肢体瘫痪;单次发作持续时间,频繁发作时两次发作间期意识是否恢复。诊疗经过及效果。

4. 视力障碍 是视力减退、视野缺损、复视、视物变形还是幻视,起病及进展情况,有无缓解复发,伴随症状如何。对于复视还要询问复视的方向、实像与虚像的位置关系和距离。

5. 运动功能障碍 是瘫痪(肌无力)还是运动协调障碍、不自主运动。若是瘫痪,部位是某些肌群,还是一个肢体、偏侧、四肢、双下肢,是远端重还是近端重;瘫痪的程度,是否影响站立、起坐、行走,是否影响日常生活和工作;伴随症状如何,有无肌肉跳动、肌萎缩,有无麻木、疼痛;不自主运动要询问部位、运动模式,加重或缓解因素,伴发症状。

6. 感觉功能障碍 首先要分辨感觉障碍的性质,感觉障碍是减退或消失,还是感觉异常或感觉过敏、感觉过度;有无针刺感、麻木感、冷热感、重压感,有无无痛性烫伤史,能否感知肢体活动的方向及部位;感觉障碍的起始部位、扩展方向及范围,加重或缓解的因素。

7. 眩晕 应询问有无视物旋转、摇晃感,症状与头部及体位改变有何关系,持续时间、发作频率如何,是否伴有恶心、呕吐、出汗、面色苍白等自主神经刺激症状,是否有耳鸣及听力减退,是否伴有复视、构音障碍、饮水呛咳、肢体麻木无力等脑干损害症状。

8. 晕厥 晕厥发生的环境和体位,有无头晕、视物模糊、心慌、胸闷、面色苍白、出冷汗等先兆症状,发作前有无用力、强烈情感刺激、疼痛刺激、突然体位改变、过度通气、咳嗽、排尿等诱因,发作持续时间及表现,有无心脑血管疾病史。

9. 昏迷 昏迷发生缓急及演变过程,有无前驱症状,是否伴有头痛、呕吐、瘫痪、抽搐、发热等症状,有无外伤、癫痫史,是否接触药物、农药、鼠药、一氧化碳及其他毒物,有无可能引起昏迷的内科疾病史(感染、内分泌疾病、代谢紊乱、心肺肝肾等重要脏器严重病变等)。

10. 排尿障碍 发病缓急,是尿潴留还是尿失禁,有无膀胱充盈感,是否伴有下肢疼痛、麻木、无力,加重及缓解因素如何。

【既往史】
询问内容同一般内科疾病,包括既往健康状况、疾病史(包括传染病)、外伤手术史、药物过敏史等。要特别注意询问与现病史关系密切的疾病或致病因素,例如,对脑血管疾病患者要注意询问高血压、糖尿病、高血脂及心脏病史,对癫痫患者要注意询问脑炎、产伤、脑缺血缺氧、脑外伤、脑肿瘤及脑部手术史,对脱髓鞘疾病注意询问有无感染及疫苗接种史,对多发性周围神经病要注意询问有无酒精、恶性肿瘤、重金属和化学品中毒史。

【个人史】
了解出生和发育情况,有无产伤、身体及精神发育异常。生活和工作经历,有无疫区生活史和疫水接触史,有无有毒有害化学品接触史,有无冶游史。有无烟、酒、吸毒等不良嗜好。女性要询问月经生育史。

【家族史】
神经科疾病有不少为遗传性疾病,如进行性肌营养不良、遗传性共济失调、肝豆状核变性、神经纤维瘤等,要询问家族中有无类似病例,必要时绘出家系图来说明分布情况。对癫痫、偏头痛、特发性震颤等有遗传倾向的疾病患者也应询问家族史。

第二节 神经系统体格检查

神经系统检查既要全面,又要根据病史采集获得的线索把握重点,并要与一般内科检查同步进行。检查前准备必要的专科检查工具(叩诊锤、棉签、大头针、眼底镜、近视力表、电筒、音叉、压舌板),依次检查意识和精神状态、脑神经、运动、感觉、反射、步态。在病史询问阶段就应注意观察患者的意识状态、精神活动、姿势步态、表情、言语等。在体检之前和体检中注意与患者交流,取得患者合作。

【一般检查】
一般检查的目的是对患者一般身体健康状况做大致观察,检查内容包括年龄、性别、生命体征、意识和精神状态、发育体型,皮肤黏膜,姿势步态,头颈面部、躯干、四肢形态,心肺、腹部脏器功能体检等。意识和精神状态是中枢神经系统功能综合反应,是神经系统体检的重要内容,其检查方法见下述,其余项目检查要点同一般内科检查,在此不再赘述。

1. 意识状态 意识是人体对自身及外界环境的识别和察觉能力。正常意识指存在正常睡眠-觉醒周期,在觉醒状态下,感知、语言、情感、认知等高级皮质功能正常,对自身和环境刺激有察觉识别能力并能做出适应性反应。外在表现是感知灵敏、思维敏捷、语言理解表达流畅、行为举止得体。意识障碍分为觉醒(arousal)障碍和意识内容障碍两个层次。觉醒水平降低反映网状结构上行激动系统损害。意识内容障碍则由于双侧大脑皮质广泛受损,感知、语言、情感、认知等高级皮质功能障碍。觉醒是产生意识内容的前提,故觉醒障碍多伴意识内容障碍,但意识内容障碍则不一定有觉醒障碍。一般情况下,觉醒水平降低和意识内容障碍均被称作意识障碍,有时意识障碍专指觉醒水平降低。意识状态主要通过观察患者对语言、声光及疼痛刺激的反应作出判断,生命体征和脑干反射检查对判断意识障碍程度也很有价值。各种意识障碍表现详见第三章第一节。

(1) 觉醒水平降低:

1) 嗜睡(somnolence):是最轻的意识障碍。患者处于病态睡眠状态,能唤醒,醒后能配合检查及回答问题,停止刺激后不久又入睡。

2) 昏睡(stupor):意识障碍较嗜睡深,患者处于病态深睡状态,需大声喊叫或给予疼痛刺激才能唤醒,醒后只能作简单或含糊不清的答话,刺激停止后很快又陷入深睡。

3) 浅昏迷:昏迷(coma)指患者对自我及环境的无意识状态,对语言刺激无任何反应,不能唤醒。浅昏迷意识障碍较昏睡更深,不能唤醒,有无意识的自发肢体活动,对疼痛刺激可有反射性躲避反应,瞳孔对光反射、角膜反射、头眼反射等脑干反射存在,血压、心跳、呼吸等生命体征平稳。

4) 中度昏迷:不能唤醒,对疼痛刺激无反应或仅有较弱的肢体屈伸活动,脑干反射可迟钝,生命体征无明显改变。

5) 深昏迷:对疼痛刺激无任何反应,瞳孔散大,脑干反射部分或全部消失,脊髓反射也可消失,四肢软瘫,可伴生命体征异常。

(2) 伴知觉改变的意识障碍:

1) 意识模糊(confusion):又称朦胧状态(twilight state),指在觉醒水平降低的基础上伴定向力和注意力障碍。患者有一定程度的精神活动,但局限在较狭窄范围内或意识内容较简单。对时间、地点、人物的定向力减退,唤醒后虽能回答某些问题,但表情淡漠,反应迟钝,答非所问或回答错误。

2) 谵妄(delirium):指在觉醒水平降低的基础上伴有突出的精神运动性兴奋症状。患者有丰富的错觉、幻觉,可伴片段妄想,常伴躁动不安、言语错乱及自主神经反应(发热、脉快、血压升高、出汗、皮肤苍白或潮红),定向力、注意力、思维判断力严重受损,不能回答问题。谵妄常与昏睡交替出现。

(3) 特殊意识障碍:

1) 去皮质综合征(apallic syndrome):又称去皮质状态(decorticated state)或植物状态(vegetative state),患者常表现为无意识的睁眼、闭眼和眼球活动,无自发语言及有目的动作,无意识活动。存在觉醒-睡眠周期,但觉醒及睡眠时间缺乏规律。可有无意识的吸吮、咀嚼和吞咽动作,刺激有时可引起去皮质强直(呈上肢屈曲、下肢伸直姿势),病理反射常阳性。除大小便失禁,自主神经功能正常,生命体征平稳。患者可能在环境刺激时有无意识的眨眼、转动眼球、流泪、呻吟等反应,患者家属可能误为患者可以交流,但实际上这些反应无持续性和可重复性,说明是无目的反应。此状态持续 3 个月以上临床可诊断持续性植物状态(persistent vegetative state),对外伤性病因此状态持续 12 个月才可诊断植物状态。常见于缺氧性脑病、脑外伤后,大脑皮质受到广泛损害而网状结构上行激动系统损害较轻或已恢复。

2) 微意识状态(minimally conscious state,MCS):是具有微弱但非常明确的行为证据来证明能感知自我和环境的严重意识障碍状态。患者意识清晰度和意识内容均严重受损,但存在有限的自我和环境意识活动。患者临床表现类似去皮质状态,但对外界刺激有不恒定但肯定有关联的意识反应,如对情感性语言刺激或视觉刺激有哭笑等反应(对非情感性刺激则无类似反应),对简单问题可通过语言或姿势做出"是/否"反应,能注视跟踪移动的物体,对摆在眼前的物体能做出指向性或抓取动作等。

3) 无动性缄默(akinetic mutism):见于脑干上部和丘脑网状激活系统损害或扣带回等边缘系统损害,而大脑半球及传出通路无病变。患者可睁眼,注视检查者,并能随之转动眼球,有时对声音刺激有注视反应,貌似清醒,此现象提示其有一定注意力,但其他神经心理活动缺乏,表情极为淡漠,不言不语,无肢体活动,大、小便失禁,肌肉松弛,无锥体束征,存在觉醒-睡眠周期。部分患者有过度睡眠现象,刺激后可睁眼,可伴不典型去大脑强直。预后较植物状态好,但很少恢复到正常。仅根据临床表现不易与去皮质状态鉴别,近年文献中很少提及这种意识障碍,患者常被归于"植物状态"、"微意识状态(MCS)"、"无意志状态(abulia)"。

(4) 脑死亡(brain death):指包括脑干在内的不可逆转的全脑功能丧失状态。目前世界已有 10 多个国家制定了脑死亡标准并立法实施,我国尚未立法制定正式脑死亡诊断标准。我国卫生部拟定的脑死亡标准(草案)包括:① 先决条件:昏迷原因明确,排除各种原因的可逆性昏迷(如药物中毒、低温、内分泌代谢疾病等);② 临床诊断:深昏迷,脑干反射全部消失,无自主呼吸(靠呼吸机维持,呼吸暂停试验阳性);③ 确认试验:脑电图平直,经颅脑多普勒超声呈脑死亡图形,体感诱发电位 P14 以上波形消失,以上三项中必须有一项阳性;④ 脑死亡观察时间:具备以上条件,观察 12 h 无变化,方可确认为脑死亡。

2. 精神状态 精神状态异常见于额叶损害、广泛的皮质损害(痴呆)及代谢性、精神性疾病。如上所述,在采集病史时通过观察患者的举止言行就可以对患者的精神状态有个大致的了解。注意观察以下情况。

(1) 行为举止：患者仪表、衣着修饰、清洁卫生是否得体，表情是否自然，有无接触困难，有无胡言乱语、行为错乱，检查能否配合等。

(2) 情感：有无情感淡漠、情绪低落、焦虑、恐惧、欣快、躁动，有无喜怒无常、情绪波动、易激惹。

(3) 知觉：有无错觉、幻觉。

(4) 思维：有无思维迟钝或过度活跃，有无思维贫乏或思维跳跃，思维是否连贯、符合逻辑，有无妄想。

(5) 智能：见本节"脑高级神经功能"部分。

(6) 自知力：对自己患病情况是否有自知力，是否有求治愿望。

【脑高级神经功能检查】

脑高级功能指由大脑皮质承担的语言、情感、思维活动、记忆、感觉综合、运动综合等复杂功能。注意这些高级功能必须在意识清晰、注意力完整的条件下才能实现。因此，只有意识和注意力正常的患者才可进行此项检查。有些特殊高级功能障碍，如失语、失认、失用等还要求患者视听觉及发音器官正常，无肌肉瘫痪及共济运动障碍时才能检查。脑高级功能检查一般可先了解有无全面性脑高级功能损害，即有无痴呆。如无痴呆，则可检查有无个别脑高级功能损害，如失语、失认、失用等。

1. 总体认知功能检查　① 定向力：包括时间、地点、人物定向。② 常识：根据患者文化背景提问，判断是否具备应该知道的常识。如"现在的总理是谁？""我们国家的首都在哪个城市？"。③ 记忆：说出三个物件的名称或出示实物，让其识记，3~5分钟后让其回忆，若不能回忆说明近期记忆受损。询问可以核实的以往经历的事件、人物、地点、时间等信息，测试其远期记忆。④ 注意力：让患者重复一串随机数字（如电话号码），正常人至少能重复5位，不足5位提示注意力障碍，此项检查同时可反映即刻记忆。让患者注视检查者伸出的示指不要移开，另一只手在其视野周围移动干扰之，有注意力障碍时常不自主地离开注视目标去看移动的手。⑤ 理解和判断：询问"你今天为什么来看医生？"。⑥ 抽象思维：让患者解释常用成语或比较两种物体的异同点，如"守株待兔是什么意思？""苹果和橘子有什么相同之处？"。⑦ 计算：测试100连续减7。也可用日常事例测试，如"一斤青菜卖两毛，一块六毛钱能买几斤？"。⑧ 语言的流利性：通过与患者谈话判断。⑨ 必要时可进行智能量表测试，临床常用简明精神状态量表（Mini Mental Status Examination，MMSE）和长谷川量表（Hasegawa dementia scale，HDS）。简明精神状态量表总分30分，低于24分提示有认知功能损害（表4-1）。

表4-1　简明精神状态量表

项　目	评　分
定向力	
时间：年、季节、月、日、星期几（每项1分）	5
地点：国家、省、县或市、所在医院或病房大楼、楼层或房间（每项1分）	5
识记	
说出三个物体的名称，如"皮球、铅笔、苹果"，嘱其复述。（每项1分） 　若不能完全复述，让其反复识记，直至能完全重复。	3
注意和计算	
计算100连续减7，连减5次：100-7=? 93-7=? 86-7=? 79-7=? 72-7=?。（每项1分）	5
回忆	
嘱其重复前述3个物体的名称。（每项1分）	3
语言	
出示铅笔和手表，嘱其说出名称。（每项1分）	2
复述"四十四只石狮子"。	1
口头命令："把一张纸拿在手上，对折，再放到大腿上。"（每步1分）	3
读出并执行书面指令："闭上你的眼睛。"	1
书写一个完整的句子。	1
结构	
临摹2个交叉的五边形。	1
总分	30

2. 专项脑高级功能障碍检查

(1) 记忆障碍：记忆指识记、贮存、提取信息的能力。临床对记忆的测试分为即刻记忆、近期记忆、远期记忆三部分，大体分别反应识记、贮存、提取三个记忆过程。① 即刻记忆(immediate recall)：检查方法大致同注意力检查，常用顺行性数字广度测试，即令患者重复一串数字，从3位数字串开始，逐渐增加数字串长度，正常成人能顺向重复5～9位，低于5位提示即刻记忆障碍。② 近期记忆(recent memory)：主要评价学习新信息的能力。通常先出示3～4个实物或词语，通过重复让患者先记住(属即刻记忆)，3分钟后令其回忆。对于有失语的患者，可令其从一堆物件中把刚才出示的物体找出来。时间和地点定向力与近期记忆功能有关，是测试近期记忆的有用指标。人物定向与近期记忆无关。③ 远期记忆(remote memory)：远期记忆与近期记忆实际差别仅在于后者需要学习新信息的能力。远期记忆测试主要通过询问以往的经历、事件、人物等信息，如以往的工作单位、同事、领导名称，生日、结婚纪念日，单位家庭门牌、电话号码等，注意提问及回答结果的评判应考虑患者的教育水平。

(2) 失语症：失语症(aphasia)指发音器官运动功能完好、视听功能正常的情况下出现的语言功能障碍。临床上常见的四种失语类型，即运动性失语、感觉性失语、传导性失语、混合性失语。失语症的检查一般从口语表达、理解、复述、命名、阅读和书写几方面观察。① 口语表达：观察自发谈话是否减少，口语表达是否流利，有无发音不准及语言节奏异常，有无找词困难、用词错误(多余词语、词语替代、无意义的自造词语)、语法错误。② 理解：观察患者对口头指令的理解力。用口头形式下达下列指令，由简到繁，如："闭上眼睛"，"把你的左手抬起来"，"用你的左手摸一下你的右边的耳朵"，"走到门口，敲三下门，再回来躺下"。先不要作示范动作，如其不能执行指令，再给以指令并作示范动作，如能模仿，说明患者检查合作而且无运动方面的障碍，不能执行指令是语言理解障碍所致。③ 复述：令患者复述字、词组、数字(如门、皮球、狗和机器、百分之八十八、乌鲁木齐和呼和浩特)，如无障碍，再复述语句，由简到繁。④ 书写：令患者抄写、听写、主动书写。⑤ 阅读：令患者执行书面指令，如"用您的左手摸一下右耳"；让患者朗读书报文字，然后询问文章内容，观察患者是否理解文字的意义。⑥ 命名：出示患者熟悉的物件，如"钢笔"、"手表"、"牙刷"等，让其说出名称。命名障碍(命名性失语或遗忘性失语)不能说出原来熟悉的物件名称，常用描述性词语代替，如将"钢笔"说成"写字用的"。命名性失语常与其他失语合并存在，很少单独出现。

(3) 失认症：失认(agnosia)指虽然患者的深浅感觉、视觉、听觉等基本感觉功能正常，无明显智能减退，但不能通过某种感觉途径辨认以往熟悉的物体、人物面孔、自身身体或空间结构。失认包括触觉失认、视觉失认、听觉失认，体像障碍、偏侧肢体忽略也属失认症范畴。各种失认检查方法简介如下。① 触觉失认：患者虽然皮肤浅感觉和关节肌肉深感觉正常，但不能通过触摸识别原来熟悉的物体。检查方法是令患者闭目，双手分别辨认熟悉的物体，如钥匙、手表、牙刷等，令其说出物体名称。② 视觉失认：患者视觉正常，能看见对象却不能识别。视觉失认可表现为物体失认、颜色失认、面孔失认等类型。纯失读也是一种视觉失认表现，患者能看见文字却不明白文字的含义。检查方法是出示常用物品或其图片，患者熟悉的人物照片，令其指出物品的名称、颜色及人物身份，若无法表达，可令其从多个对象中挑选出指令的物品、颜色及人物。③ 听觉失认：患者听觉正常，能听到声音却不明白其含义。检查方法是让患者听各种声音，如铃声、钟表声、翻书声、汽车喇叭声，令其辨别声音性质。④ 偏侧视觉忽略：偏侧视觉忽略常表现为看书、书写、画画忽略一侧空间，常用的测试方法是划消测试、线等分测试、画钟测试等。划消测试是让患者把一张纸上杂乱排列的英文字母(或数字、图形)中的某一符号(如字母"A")划掉，阳性结果是患者只划消半边纸上的字母，另半张纸上内容被忽视。线等分测试的方法是让患者把一条横线从正中分开，正常人误差不超过10%，偏侧视觉忽略者常明显偏向一侧。画钟测试先在纸上画一个圆圈，令患者补充画成钟面，阳性结果表现为将数字画到钟面一侧。⑤ 体像障碍：体像障碍也是一种失认的表现，它可表现为自体部位失认、偏侧肢体忽略及病觉缺失。检查时注意观察日常生活有无一侧肢体忽略现象，令其执行指令"伸出你左手拇指，放在右边耳朵上"，询问"你知道你的左侧肢体有什么问题吗？"

(4) 失用症：失用(apraxia)系运动的整合功能损害所致，患者虽然无瘫痪、共济运动、肌张力及感觉障碍，但不能执行原来熟悉的技巧性动作或有目的的动作。失用症尽管发生率较高，但经常不能被发现，因为患者很少主动诉说有这方面的障碍。

失用症检查时重点检查口面动作和上肢动作。注意观察日常生活中口面部和肢体活动有无障碍，肢体失用通常表现为上肢不能执行写字、系鞋带、扣扣子、弹琴等技巧性动作，下肢失用可导致失用步态，口面失用常表现为伸舌、眨眼、吹口哨、吹火柴等运动障碍。检查时先要求患者做指令性不及物动作(如伸舌、眨眼、吹口哨、敬礼、握拳)，再做及物模拟动作(如模仿梳头、刷牙、钉钉子、点烟、开锁)，再提供实物要求做实物操作。如不能完成，可做示范动作，再令其模仿。

(5) 视空间定向障碍：患者对空间位置关系失去辨别能力，看不懂简单的地图，不能认识道路及方位。视空间定向障碍还可导致结构性失用。检查时可要求患者画出房子、钟面、立方体等图形，如不能主动性作画，可令其临摹。也可提供积木让其搭出一定的二维及三维结构。

【脑神经检查】

1. 嗅神经（Ⅰ） 患者闭目，一手将一侧鼻孔压闭，将带有气味但无刺激性的物质（如樟脑、薄荷、香水、香油、香烟、牙膏等）置于另一侧鼻孔前测试其嗅觉。一侧测试完毕，同法测试另一侧。嗅神经检查定位意义有限，一般不作为常规，但在有线索提示病变可能累及嗅神经时，如前额底部肿瘤、前颅凹骨折、脑底脑膜炎等，应做此项检查。

2. 视神经（Ⅱ）

(1) 视力：利用视力表分别检查两眼视力，屈光不正可戴矫正眼镜测试。若视力减退超出视力表可测范围，可依次检查对一定距离的手指数、指动、光感的辨别能力，若某患者仅能分辨眼前1 m处手指数，其视力可记录为1 m指数。用电筒照其眼无光感说明完全失明。对不能配合检查者，可迅速将手指从侧面伸到其眼前，观察有无眨眼反应，粗略估计视力情况，还可鉴别伪盲者。视力减退需首先排除眼科疾病（如青光眼、白内障、角膜白斑、屈光不正、视网膜色素变性等）才能确定视觉神经通路损害。

(2) 视野：一般先用粗测法：检查者与患者相距1 m左右面对面而坐，先各自用手遮盖相对一侧眼睛，另一侧眼睛互相对视，检查者用示指在两人中间分别从内、外、上、下各方向的周围向中间移动，当患者看到手指时立即报告，比较两人视野范围，粗略估计患者视野缺损情况。同法检测另一侧。若发现有视野缺损，再用视野计精确测定。

(3) 眼底：患者取坐位或仰卧位，眼球正视前方勿动，检查右眼时，检查者立于右侧，以右手持眼底镜并用右眼观察，检查左眼时以上各项换为左侧。注意观察以下内容：视乳头颜色、形状、大小；生理凹陷是否存在；视乳头边缘是否清晰；血管颜色、形态；有无出血、渗出、色素沉着。

3. 动眼神经、滑车神经和外展神经（Ⅲ、Ⅳ、Ⅵ）

(1) 视诊：有无眼裂不对称或眼睑下垂，眼球有无斜视或同向凝视，有无眼球突出或内陷。

(2) 眼球运动：嘱患者头部固定，两眼注视前方检查者的手指，然后随之向上、下、左、右、内上、内下、外上、外下各方向转动，注意观察有无活动受限及眼震，并询问有无复视。

(3) 瞳孔：① 观察两侧瞳孔大小、形状，有无瞳孔不等大。② 瞳孔对光反射：用手电筒从侧方照射瞳孔，观察同侧及对侧瞳孔是否缩小。光照引起同侧瞳孔缩小为直接对光反射，对侧瞳孔缩小为间接对光反射。③ 眼调节反射：先让患者两眼平视前方远处的物体，然后突然将示指置于其眼前让其注视，观察有无两眼内聚、瞳孔缩小。④ 睫脊反射：给头颈或胸部的皮肤施以疼痛刺激（抓捏或针刺）可反射性引起瞳孔缩小，此反射的传入神经为支配皮肤的感觉神经，传出神经为颈交感神经。

4. 三叉神经（Ⅴ）

(1) 面部感觉：以针刺试痛觉，棉签检查触觉，盛有冷、热水的试管检查温度觉。注意左右对比，有感觉障碍时应注意其分布特点，是周围性、核性（节段性）还是传导束性。

(2) 咀嚼肌运动：双手触摸两侧咬肌及颞肌，检查有无肌萎缩及肌肉松弛，再令患者做咀嚼动作，了解收缩力量，有无不对称。令患者张口，观察下颌有无偏斜，再让其向两侧移动下颌，并以阻力对抗之，检查力量大小。张口下颌偏向一侧提示该侧翼肌麻痹。

(3) 角膜反射：以捻成细束的棉丝轻触角膜，可引起两侧迅速闭眼。刺激同侧反射性闭眼为直接角膜反射，对侧为间接角膜反射。刺激结膜引起的类似反应称结膜反射。

(4) 下颌反射：患者略张口，检查者以手指放在其下颏中部，用叩诊锤叩击手指，反射效应为下颌上提。传入、传出神经均为三叉神经，反射中枢在脑桥。正常人此反射轻微或不能引出，此反射增强提示脑桥以上双侧皮质脑干束损害。

5. 面神经（Ⅶ）

(1) 运动：观察有无口角歪斜、额纹及鼻唇沟变浅和眼裂增宽。让患者做鼓腮、吹哨、示齿、闭眼、皱眉、皱额等动作，左右对比，观察有无相应的面肌瘫痪。疑有轻度面肌瘫痪时可在患者闭眼及鼓腮时给予阻力进一步验证。

(2) 味觉：检查者用酸、甜、咸、苦四种试剂（可用白醋、糖水、盐水、奎宁水代替）依次检查舌前2/3味觉。检查前应交代注意事项，取得患者配合。令患者伸舌，每次用棉签蘸少许试剂分别涂在两侧舌前2/3，让其指认写在纸上的"酸、甜、咸、苦、无"5字之一表示结果，也可检查者说出这5个字让患者点头表示确认，摇头表示否定，检查中患者不能缩舌或讲话。每检查完一种味觉，用清水漱口再检查下一种。

6. 位听神经（Ⅷ）

(1) 蜗神经：注意能否听见谈话声，能否听见耳旁的捻指音或捻发音，能否听秒表或音叉振动声，测定可听最远距离，通过左右比较或与检查者的正常听力比较，判断有无听力减退。对不能配合检查的患者，在其不注意时，于其一侧或身后突然给予强声刺激(如用力拍掌),如能引起反射性闭眼或扭头动作,说明患者有一定听力,此反射还可鉴别伪聋者。精确测定听力可行电测听检查,其原理是施加不同频率(125~12 000 Hz)的纯音刺激,记录每一频率可感知的最低声音强度,并将结果绘成听力曲线,了解不同频率的声音听力。传导性耳聋低频听力减退较明显,神经性耳聋时高频听力减退较明显。用128 Hz的音叉行Rinne试验和Weber试验,可鉴别耳聋的性质,即区别传导性耳聋与神经性耳聋。① Rinne试验:用振动的音叉放于患者耳旁(检查气导),当患者听不见时立即报告,迅速将音叉柄末端置于乳突上(检查骨导),让其报告能否听到,再反过来测试,比较气导时间与骨导时间的长短。正常人气导时间比骨导时间长数秒,传导性耳聋气导<骨导,神经性耳聋虽气导>骨导,但两者时间均缩短。② Weber试验:将振动的音叉柄末端置于患者额中线,比较两侧音响强度,正常两侧相同,传导性耳聋偏向患侧,神经性耳聋偏向健侧。

(2)前庭神经:首先要观察患者有无眩晕、眼震、呕吐、行走不稳等前庭症状或体征,当怀疑前庭功能损害时,可行变温试验(冷热水试验)或旋转试验检测前庭功能。① 变温试验:检查前要排除鼓膜穿孔。检查垂直半规管时患者取坐位,头略前倾;检查水平半规管时取卧位,头后仰60°。检查者将冷水(30℃)或热水(40℃)缓慢灌入外耳道(100~250 ml),正常人一般20~30 s后可出现眩晕、恶心及眼震,冷水试验引起的眼震向对侧,热水引起的眼震向同侧,持续时间40~50 s。若持续时间不足15 s,或3 min仍无上述反应,提示前庭功能障碍。② 旋转试验:患者坐在转椅上,头前倾30°,闭眼,将转椅向一侧旋转(10 s,20转以上),突然停止转动,让患者睁眼,可见与旋转方向相反的水平性眼震,正常持续时间约30 s,不足15 s提示前庭功能障碍。

7. 舌咽神经和迷走神经(Ⅸ、Ⅹ)

(1)运动:首先询问有无吞咽困难、饮水呛咳,注意讲话时有无声音嘶哑、带鼻音或失音。当一侧舌咽神经和迷走神经麻痹时,让患者张口,可见患侧软腭弓下垂,发"啊"声时软腭弓不能上提,悬雍垂向健侧偏斜。必要时可通过喉镜检查有无声带麻痹。

(2)感觉:用压舌板轻触两侧软腭及咽后壁,检查有无触觉减退或消失。检查舌后1/3味觉,方法同前。舌咽神经麻痹可致患侧咽部感觉缺失。

(3)咽反射:用压舌板轻触两侧咽后壁,可引起呕吐及软腭上抬动作。此反射的传入神经为舌咽神经,传出神经为迷走神经,反射中枢在延脑,当反射通路受到损害时咽反射消失。双侧皮质脑干束损害引起的假性球麻痹仅有双侧咽喉肌运动功能障碍,无感觉及咽反射消失。

8. 副神经(Ⅺ) 观察有无斜颈、塌肩,胸锁乳突肌和斜方肌有无萎缩。令患者转头和耸肩,以阻力对抗之,检查力量大小,有无不对称。

9. 舌下神经(Ⅻ) 让患者伸舌,观察有无偏斜、舌肌萎缩及肌束颤动。令患者将舌抵住一侧颊部,以阻力对抗测试其力量大小。

【运动系统检查】

1. 肌肉关节形态 观察有无肌萎缩或肥大及其分布,是否伴有肌束颤动,有无关节挛缩、畸形,注意左右比较。必要时可测量两侧肢体对称部位周长,一般上肢取尺骨鹰嘴、下肢取髌骨为标记,在其上、下10~15 cm处用软尺测量。

2. 肌张力 肌张力(muscle tone)主要通过触摸肌肉坚实程度和感知肢体被动运动阻力来判断。检查时嘱患者尽量放松,触摸肌肉硬度,以不同速度和幅度反复被动运动其关节,体会阻力大小,并注意左右比较。肌张力增高时触摸肌肉有坚实紧绷感,被动运动肢体关节时阻力增大;肌张力降低时肌肉柔软弛缓,被动运动肢体阻力减小。若有肌张力增高,注意进一步区别其特点,是折刀样或是铅管样、齿轮样。各种肌张力改变的临床特点及解剖基础总结于表4-2,注意额叶病变亦可出现肌张力升高,这是由于注意力障碍,对被动运动的不自主抵抗引起的。

表4-2 各种肌张力改变的临床特点及解剖基础

肌张力	临床特点	病变解剖基础
降低	肌肉柔软弛缓,被动运动肢体阻力减小	下运动神经元、小脑、急性锥体束损害(如脑卒中、脊髓炎)
增高		
肌痉挛	单向阻力为主(上肢伸直、下肢屈曲),关节运动之初、快速运动时更明显	锥体束损害
肌强直	阻力大小始终一致,不受运动方向及运动速度影响,呈"铅管样"强直,叠加震颤时呈"齿轮样"强直	基底节(锥体外系)
不自主抵抗	任何接触可引起肢体僵硬,外加力量越大,阻力越大	额叶或广泛皮质损害

3. 肌力(muscle strength)

(1) 一般检查：令患者主动做关节运动，并以阻力对抗之，检查肌肉收缩力大小。检查上肢时，可令患者抬臂、外展、内收肩关节，分别屈伸肘、腕、指关节。检查下肢时，可令患者屈、伸、外展、内收髋关节，分别屈伸其膝、踝、趾关节。检查颈部时，可令其头部前屈、后伸。检查躯干肌，则令其做仰卧起坐动作及俯卧抬头、抬肩动作。若不能对抗阻力，则嘱其做抗重力动作，观察肢体上抬的高度及角度。不能对抗重力时，观察肢体能否在床面上移动；无关节活动时，则观察有无肌肉收缩。肌力(muscle strength)大小可分6级表示：

0级：完全瘫痪，无任何肌肉收缩活动。
1级：肌肉可收缩，但无关节活动。
2级：肢体能在床面移动，但不能抬离床面。
3级：肢体能抬离床面(可对抗重力)，但不能对抗附加阻力。
4级：肢体能抬离床面并可对抗一定附加阻力，但比正常差。
5级：肌力正常。

(2) 轻瘫试验：轻度肢体瘫痪，一般检查不能肯定时，可做轻瘫试验明确之。

1) 上肢轻瘫试验：① 嘱患者两臂前伸，掌面朝下，手指并拢，瘫痪侧肢体可出现下垂、小指外展、前臂旋前动作；② 两臂前伸，两手掌相对但不接触，各指用力分开，瘫痪侧手指逐渐靠拢并屈曲；

2) 下肢轻瘫试验：① Mingazini试验：患者仰卧，嘱其膝、髋关节呈直角屈曲，瘫痪侧小腿会逐渐下垂；② Jackson征：患者仰卧，两下肢伸直，患侧下肢呈外展外旋位；③ Barre下肢第一试验：患者俯卧，膝关节呈90°或略低于90°屈曲，瘫痪侧小腿会逐渐下垂；④ Barre下肢第二试验：患者俯卧，令其足跟尽量靠近臀部，可观察到患侧足跟与臀部距离较大。

(3) 个别肌肉肌力检查：怀疑个别肌肉肌力减退时(见于周围神经、神经根及脊髓节段性病变)，可做针对性重点检查。肢体主要肌肉肌力神经支配及检查方法列于表4-3。

表4-3 肢体主要肌肉神经支配及其肌力检查方法

肌肉	主要神经根	周围神经	功能	检查方法
三角肌	C_5	腋神经	上臂外展	上臂水平外展位，检查者将肘部下压
肱二头肌	$C_{5\sim6}$	肌皮神经	屈肘，前臂旋后	前臂旋后并屈肘，检查者加阻力
肱桡肌	$C_{5\sim6}$	桡神经	屈肘，前臂旋前	前臂正中位屈肘，检查者加阻力
肱三头肌	C_8	桡神经	伸肘	伸肘，检查者加阻力
桡侧腕长伸肌	$C_{6\sim7}$	桡神经	伸腕	伸腕，检查者于手背桡侧加阻力
尺侧腕伸肌	C_7	桡神经	伸腕	伸腕，检查者于手背尺侧加阻力
桡侧腕屈肌	$C_{6\sim7}$	正中神经	腕关节屈曲并外展	屈腕，检查者于手掌桡侧加阻力
尺侧腕屈肌	C_8	尺神经	腕关节屈曲并内收	屈腕，检查者于手掌尺侧加阻力
指伸肌	C_7	桡神经	伸2～5指	伸2～5指，检查者加阻力
指屈肌	$C_8\sim T_1$	正中、尺神经	屈2～5指	屈2～5指，检查者加阻力
拇短展肌	T_1	正中神经	外展拇指	外展拇指，检查者加阻力
拇对掌肌	T_1	正中神经	拇指对掌	拇指对掌，检查者加阻力
第一骨间背侧肌	T_1	尺神经	外展示指	外展示指，检查者加阻力
小指展肌	T_1	尺神经	外展小指	外展小指，检查者加阻力
髂腰肌	$L_{2\sim3}$	股神经	屈髋	仰卧呈直角屈髋屈膝，对抗进一步屈髋
股四头肌	$L_{2\sim3}$	股神经	伸膝	对抗伸膝
内收肌	$L_{2\sim4}$	闭孔神经	内收髋	仰卧两腿伸直分开，检查者对抗并拢
臀大肌	$L_5\sim S_2$	臀下神经	伸髋	俯卧屈膝，检查者对抗膝关节抬离床面
臀中肌、臀小肌	$L_4\sim S_1$	臀上神经	外展髋	仰卧两腿伸直并拢，检查者对抗分开
股后肌群	$L_5\sim S_1$	坐骨神经	屈膝	屈膝，检查者加阻力
胫前肌	$L_{4\sim5}$	腓神经	踝背屈	踝背屈，检查者于足背侧加阻力
趾长、短伸肌	$L_5\sim S_1$	腓神经	趾背屈	趾背屈，检查者于趾背侧加阻力
腓骨肌	$L_5\sim S_1$	腓神经	足外翻	足外翻，检查者于足外侧加阻力
胫骨后肌	L_4	胫神经	足内翻	足内翻，检查者于足背内侧加阻力
小腿三头肌	$S_{1\sim2}$	胫神经	踝跖屈	踝跖屈，检查者于足底加阻力

4. 不自主运动(involuntary movement) 观察有无不能控制的异常运动动作,并注意其运动模式、速度、幅度、节律,情绪波动、安静、随意运动、疲劳、睡眠对其有何影响。确定不自主运动属何种类型,如舞蹈样运动、手足徐动、震颤、抽动、肌阵挛等。

5. 共济运动(coordination movement) 观察吃饭、刷牙、穿衣、取物、写字等日常活动是否协调准确,并做以下检查:

(1) 指鼻试验(finger-to-nose test)及对指试验(finger-to-finger test):指鼻试验时,令患者上臂伸直,从不同方向以示指指尖指自己的鼻尖;对指试验时,令患者两臂伸直并外展,然后两侧示指指尖对指。先睁眼、后闭眼,重复进行,观察是否准确。小脑共济失调时指鼻或对指不准并有意向性震颤,感觉性共济失调睁眼无障碍,闭眼则不准。

(2) 快复轮替动作(rapid alternating test):令患者前臂快速交替旋前、旋后,或以手掌、手背交替拍打另一侧手掌,或足跟着地,足掌连续拍打地面。小脑共济失调时这些动作显得笨拙,节奏变慢且不均匀,称快复轮替动作障碍(dysdiadochokinesia)。帕金森病亦有快复轮替动作障碍。

(3) 反跳试验(rebound test):患者用力屈肘,检查者一手握住患者腕部对抗之,一手保护患者前胸,然后突然撤除阻力,小脑病变患者上肢活动不能终止以致反击自己胸部或面部。

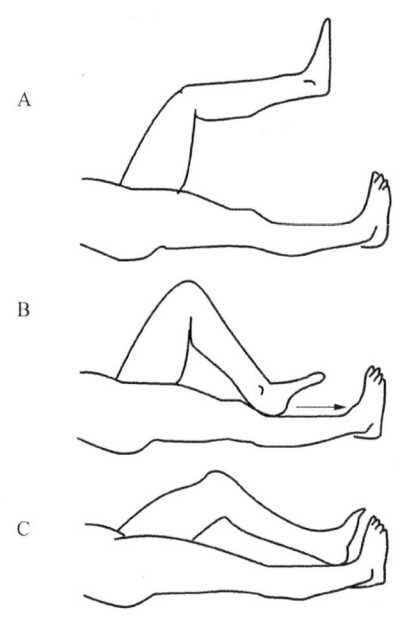

图 4-1 跟膝胫试验检查法

A. 一腿抬高;B. 以足跟置于另一腿膝盖上;C. 沿胫骨前面直线向下移动

(4) 跟膝胫试验(heel-knee-shin test):患者仰卧,一腿抬高,再以足跟置于另一腿膝盖上,然后沿胫骨前面直线向下移动(图 4-1)。小脑共济失调时抬腿找膝盖不准,下移摇晃不稳。感觉性共济失调时睁目找膝盖不准。

(5) 闭目难立征(Romberg 征):让患者双臂平伸、两腿并拢站立,然后闭目,观察有无不稳及倾倒。感觉性共济失调时睁眼能站稳,闭眼不稳,称 Romberg 征阳性。小脑病变时,睁眼、闭眼均不稳,小脑半球病变易向患侧倾倒,小脑蚓部病变易向后倾倒,闭眼时更明显。前庭共济失调时睁眼、闭眼均不稳,闭眼更明显,但并非立即出现,而是稍等片刻后不稳才加重,倾倒方向多不固定。

(6) 起坐试验:患者仰卧,两臂交叉抱胸,无支撑情况下试行坐起,正常坐起时两下肢下压床面,小脑病变时出现屈髋、两腿抬离床面,坐起困难,称联合屈曲运动。

6. 姿势和步态 依次观察站立姿势,一般行走情况,用脚跟、脚尖及脚跟对脚尖(直线行走)行走情况。注意从前、后、侧面观察姿势步态有无异常,行走时开步、转弯、步幅、速度、节奏、姿态有无异常。常见姿势步态异常特点参见第三章。

【感觉系统检查】

需要依赖患者主观感受,费时费力,特别需要取得患者合作和耐心。对轻度感觉减退需要反复核实,注意左右比较、近端与远端比较。

1. 浅感觉 痛觉检查用大头针刺激皮肤,触觉检查用棉签或纸片轻触皮肤,依次检查左、右侧,肢体近端与远端,注意损害的分布和范围。发现感觉减退时,为确定其范围,一般从感觉减退区向正常区检查,若为痛觉过敏则从正常区向过敏区检查。温度觉检查用装有冷水(5~10℃)和热水(40~50℃)的试管接触皮肤,也可用手触摸患者皮肤粗略测试温度觉,患者的感觉应与检查者相反,如检查者感觉凉时患者应感觉温暖,反之亦然。一般痛、触觉无异常可不做温度觉检查。

2. 深感觉

(1) 运动觉:患者闭目,检查者轻轻夹住手指或脚趾两侧使其屈曲或背伸,令患者说出运动方向,即"向上"或"向下"(图 4-2)。先小幅运动,若患者不能识别,再加大运动幅度。

(2) 位置觉:患者闭目,检查者将其肢体放在一定位置,令患者报告或让其用另一肢体模仿。

(3) 振动觉:将振动的音叉柄末端置于骨突起处,如手指、尺骨及桡骨茎突、鹰嘴、足趾、内踝及外踝、胫骨、膝盖、髂棘、肋骨等,询问有无振动感,比较左右两侧感觉强弱及持续时间(图 4-3)。

(4) 复合感觉:

1) 实体觉:患者闭目,让其触摸熟悉的物件,如钥匙、钢笔、牙刷等,再令其

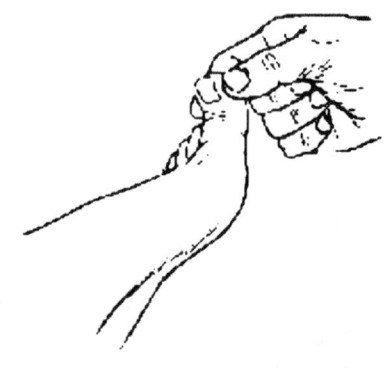

图 4-2 关节运动觉检查法

说出物件的形状和名称。分别测试两手辨别力并进行比较。

2) 图形觉：患者闭目，检查者用手指或竹签在其皮肤画写简单的图形、阿拉伯数字、英文字母等符号，令其说出书写的内容，左右比较。

3) 定位觉：患者闭目，用手指或棉签轻触其皮肤，让其指出刺激部位。正常误差手部<0.35 cm，躯干<1 cm。

4) 两点辨别觉：患者闭目，用钝脚两脚规的两脚或一脚分别刺激皮肤，令其报告是一点还是两点，若能正确区别，逐渐缩短两脚间距离，重复刺激，直至不能区别为止，注意左右比较。正常身体各处最小两点刺激辨别距离不一，其中指尖 0.2～0.4 cm、手掌 1.5～2 cm、手背 2～3 cm、小腿前面 4 cm、后背 6～7 cm。

图 4-3 关节振动觉检查法

【反射检查】

1. 浅反射

(1) 腹壁反射(abdominal reflexes)($T_{7～12}$，肋间神经)：患者仰卧，下肢半屈曲使腹壁放松，检查者以钝器(如竹签)沿肋下缘、平脐及腹股沟上方，由外向内划两侧腹壁皮肤，反射效应为相应节段腹肌收缩，肚脐向刺激侧偏移(图 4-4)。刺激以上三处腹壁引起的反射分别称上、中、下腹壁反射，其基本反射中枢分别位于 $T_{7～8}$、$T_{9～10}$ 及 $T_{11～12}$。

(2) 提睾反射(cremasteric reflex)($L_{1～2}$，生殖股神经)：用钝器自上而下轻划大腿上部内侧皮肤，反射效应为同侧提睾肌收缩，睾丸上提。

(3) 跖反射(plantar reflex)($S_{1～2}$，胫神经)：用钝器由后向前划足底外侧，至小趾根部转向内侧划过足掌，反射效应为足趾跖屈。

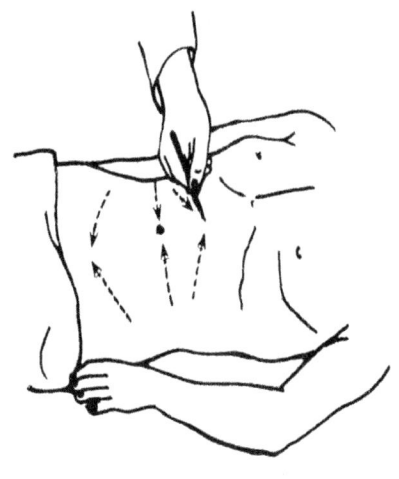

(4) 肛门反射(anal reflex)($S_{4～5}$，阴部神经)：用钝器划肛门周围皮肤，反射效应为肛门外括约肌收缩。

(5) 掌颏反射(palmomental reflex)：用钝器轻划手掌大鱼际皮肤，阳性反应为同侧颏肌收缩，颏部上抬。若反射明显增强或不对称提示锥体束损害。

2. 深反射(腱反射和骨膜反射) 深反射检查首先要让患者肢体放松并且位置适当，让患者数数、检查下肢时上肢握拳或两手手指钩紧对拉可帮助放松，并且可使反射效应增强。两侧比较对确定反射异常非常重要，两侧腱反射不对称可能较两侧对称性减弱或增强更具临床意义，但需注意检查时两侧叩击力量和肢体的位置必须对称。深反射强度分 5 级：

消失(−)：无肌肉收缩反应。

减弱(+)：较正常反应弱。

正常(++)：反应正常。

活跃(+++)：较正常反应增强但无阵挛。

亢进(++++)：伴有阵挛或腱反射重复反应(叩击肌腱一次引起多次肌收缩)。

图 4-4 腹壁反射检查法

(1) 肱二头肌反射(biceps reflex)($C_{5～6}$，肌皮神经)：患者肘关节半屈曲，检查者左手拇指紧扣在其肱二头肌肌腱上，右手持叩诊锤叩击左手拇指，反射效应是肱二头肌收缩引起屈肘(图 4-5)。

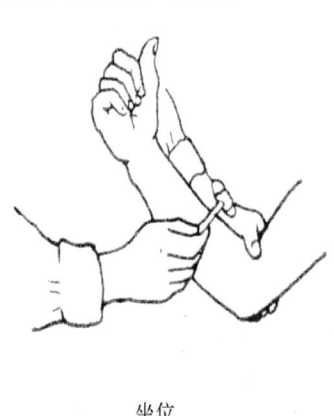
坐位

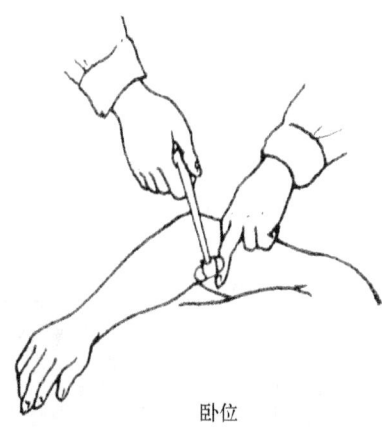
卧位

图 4-5 肱二头肌反射检查法

（2）肱三头肌反射(triceps reflex)（$C_{7\sim8}$，桡神经）：患者上臂外展，检查者在肘关节稍靠上握住其上臂，使其前臂可自由摇晃，叩击尺骨鹰嘴上方的肱三头肌肌腱，反射效应是肱三头肌收缩引起伸肘(图4-6)。

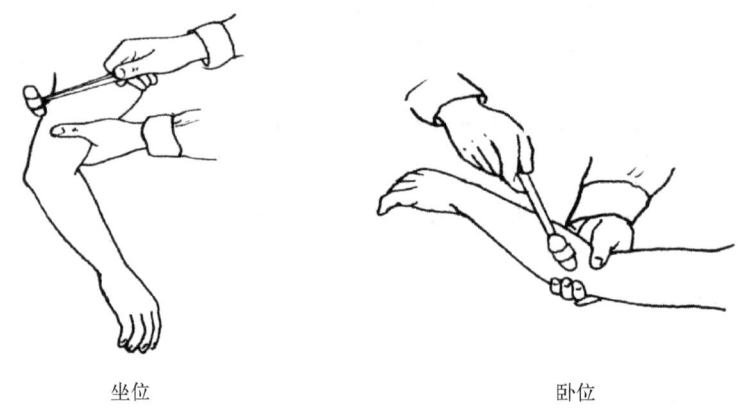

图4-6　肱三头肌反射检查法

（3）桡反射(radial reflex)（$C_{5\sim6}$，桡神经）：患者前臂置于轻度屈和半旋前位置，叩击其桡骨下端，反射效应是肱桡肌收缩引起屈肘、前臂旋前，有时伴手指屈曲动作(图4-7)。

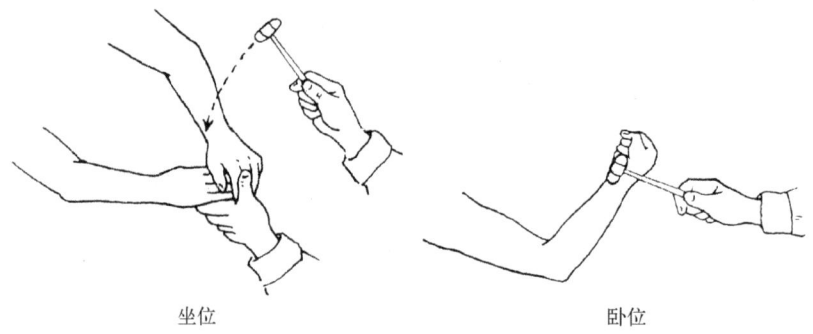

图4-7　桡反射检查法

（4）膝反射(patellar tendon reflex)（$L_{3\sim4}$，股神经）：坐位检查时膝关节呈直角屈曲，小腿松弛下垂；卧位检查时检查者以左手从膝关节后方托住其两侧下肢，使膝关节呈半屈曲位。叩击髌骨下方的股四头肌肌腱，反射效应为股四头肌收缩，伸膝关节(图4-8)。

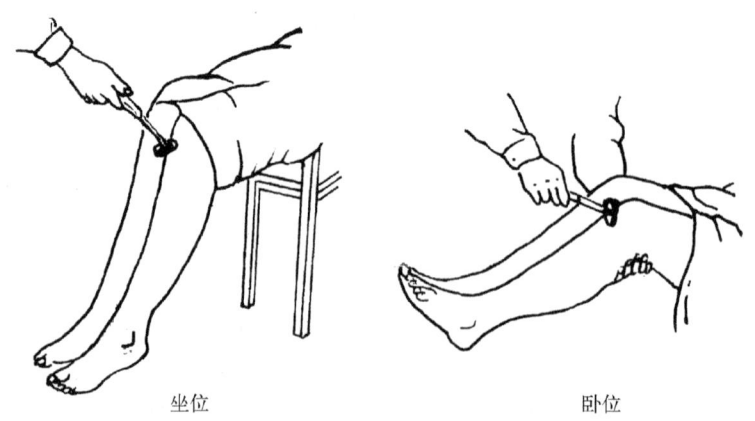

图4-8　膝反射检查法

（5）踝反射(achilles tendon reflexes)（$S_{1\sim2}$，胫神经）：仰卧位检查时，膝关节半屈曲，检查者左手握住其足部使踝关节呈直角屈曲，叩击跟腱，反射效应为踝跖屈。俯卧位检查时，膝关节呈直角屈曲，检查者向下适当按压足部使踝关节呈直角屈曲，叩击跟腱。跪位检查时，让患者跪在床上，足悬床边，叩击跟腱(图4-9)。

（6）腱反射亢进特殊表现：腱反射亢进时可出现阵挛、Hoffmann征、Rossolimo征，目前认为是腱反射增强的特殊表现形式，虽然见于一些反射灵敏的正常人，但两侧不对称或反应明显，仍可提示锥体束损害。

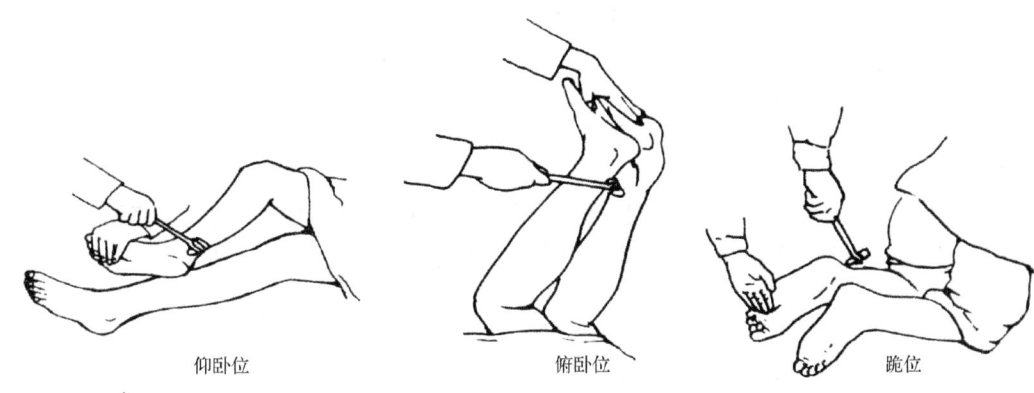

图4-9 踝反射检查法

1)阵挛(clonus)(图4-10):① 踝阵挛:患者仰卧,膝关节轻度屈曲,检查者一手托住其小腿上端,一手握住足前部突然用力背屈踝关节并维持背屈位,阳性反应为踝关节连续节律性连续背屈、跖屈。正常人若有踝阵挛,次数一般在5次以下;② 髌阵挛:患者仰卧,下肢伸直,检查者用拇指和示指夹住髌骨上缘,突然用力向下方推动(不要松开),阳性反应为髌骨节律性上下颤动。

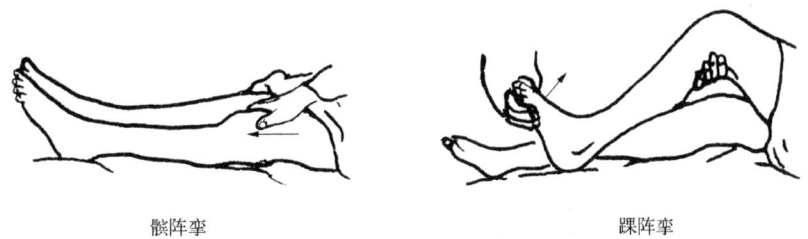

图4-10 髌阵挛和踝阵挛检查法

2)霍夫曼(Hoffmann)征($C_7 \sim T_1$,正中神经):检查者用示指和中指夹住患者中指第二节指骨并使其腕关节略背屈,再以大拇指快速弹刮患者中指指甲,阳性反应为其他手指出现屈曲动作(图4-11)。若检查者用手指从掌面弹拨患者中间三指指尖,引起各指屈曲,称Tromner征(图4-12),意义与Hoffmann征相同。

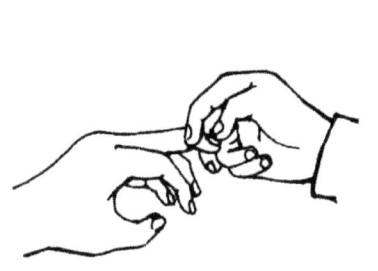

图4-11 Hoffmann征检查法

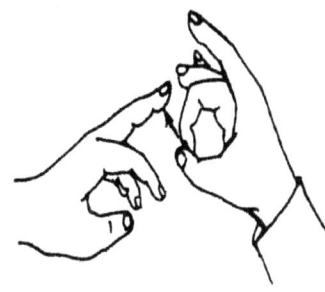

图4-12 Tromner征检查法

3)罗索利莫(Rossolimo)征($L_5 \sim S_1$,胫神经):患者仰卧,下肢伸直,检查者叩诊锤叩击脚掌前部或用手从跖面弹拨足趾,阳性反应为足趾屈曲(图4-13)。

3. 额叶释放反射 见于婴儿一些原始反射,如抓握反射、吸吮反射、唇反射等,是婴儿的适应性反射,以后随着神经发育成熟,这些反射被抑制。弥散性脑损害,特别是额叶病变可使这些原始反射释放出来。上述原始反射中抓握反射不会出现在婴儿期之后的正常人,若出现则具有较大的临床意义。其余原始反射可见于少数正常人,但一般反射效应微弱,若明显增强,也有临床意义。

(1)抓握反射(grasp reflex):在患者不注意时,触摸其手掌或手指掌面,阳性反应为不自主抓握动作,强反应时会握住检查者的手指不放松。

(2)吸吮反射(sucking reflex):轻轻用手指或压舌板触摸患者嘴唇,阳性反应为吸吮或吞咽动作。

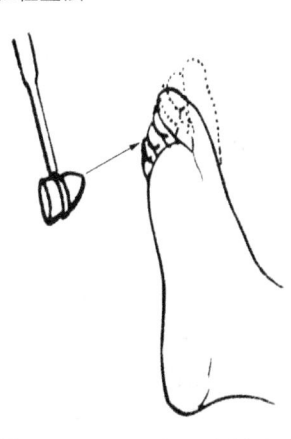

图4-13 Rossolimo征检查法

(3) 撅嘴反射(snout reflex)：检查者用食指垂直置于嘴唇中线位置，再用另一手或叩诊锤叩击食指，阳性反应为撅嘴动作。

(4) 眉心征(glabellar sign)：又称 Myerson 征。用手指重复敲击患者眉心，正常人开始每次敲击有眨眼反应，但很快适应不再眨眼，异常反应为随着敲击的继续仍然眨眼不止。此征主要见于帕金森病。

4. 病理反射

(1) 巴宾斯基(Babinski)征：检查方法同跖反射，即用竹签等钝器适度用力由后向前划足底外侧，至小趾根部再转向内侧(注意不要接触足趾)，阳性反应为大脚趾背屈，有时伴其余各趾扇形散开(图 4-14)。

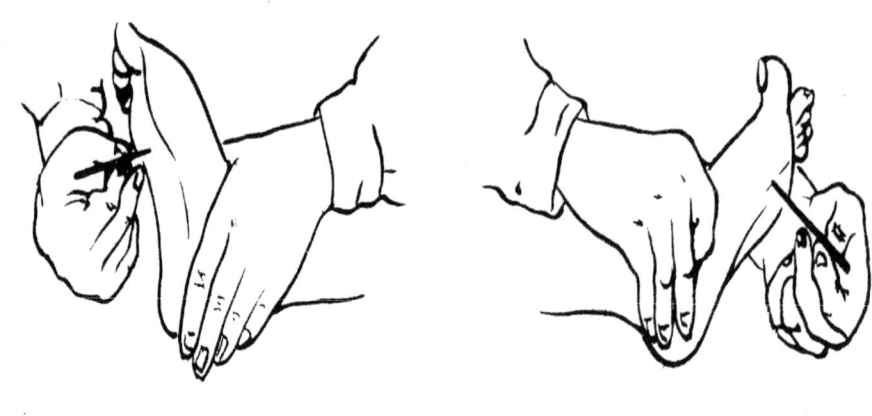

正常跖反射　　　　　　　　　　　　　　Babinski征

图 4-14　跖反射及 Babinski 征检查法

(2) Babinski 等位征：临床上还有不少其他方法可引出与巴宾斯基征相同的反应，称 Babinski 等位征。检查方法分述如下(图 4-15)：

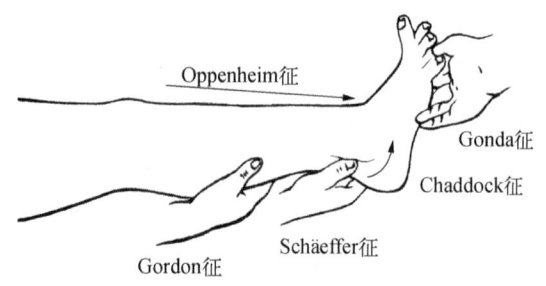

图 4-15　Babinski 等位征检查法

1) Chaddock 征：用竹签等钝器从外踝下方向前划足背外缘。
2) Oppenheim 征：以拇指和示指沿患者胫骨前缘自上向下推压。
3) Gordon 征：用手挤压腓肠肌。
4) Schaeffer 征：用手挤压跟腱。
5) Gonda 征：向下紧压第 4、5 脚趾，数分钟后突然松开。

5. 脑膜刺激征　脑膜刺激征是脑膜或神经根受刺激引起的保护性反应，包括颈项强直、克匿格(Kernig)征和布鲁津斯基(Brudzinski)征，见于脑膜炎、蛛网膜下腔出血及颅内压增高。检查方法如下：

(1) 屈颈试验：患者仰卧位，下肢伸直，头颈部放松，检查者立于床边，一手按住前胸，一手从枕后屈曲患者颈部，正常无阻力，下颌可抵前胸。若阻力大，屈颈活动受限并有颈后部疼痛提示屈颈试验阳性。注意颈椎疾病可有屈颈活动受限，帕金森综合征患者因颈肌强直可出现颈抵抗，部分老年人因注意力减退不能按要求使颈部肌肉放松也可出现不同程度的颈抵抗，不要将其误作脑膜刺激征。

(2) Kernig 征：患者仰卧位，嘱其髋、膝均屈曲成直角，检查者一手固定其膝关节，另一手将小腿上缓慢抬，使膝关节伸直，若伸直受限(＜135°)且伴有大腿后面及腘窝疼痛，视为 Kernig 征阳性。Kernig 征还可见于腰骶神经根及坐骨神经病变，如腰椎间盘突出、腰骶神经根炎、坐骨神经炎等。

(3) Brudzinski 征：有颈征、下肢征和耻骨联合征三种表现。患者仰卧位，两下肢伸直，检查者迅速屈曲其颈部，若出现双下肢髋、膝反射性屈曲，称颈征；让患者先屈曲一侧膝关节，检查者用力将该侧下肢压向腹部(屈髋)，出现对侧肢体屈曲，称下肢征；叩击耻骨联合出现双下肢屈曲、内收，称耻骨联合征。

【自主神经功能检查】

1. 一般观察

(1) 皮肤及黏膜：色泽有无苍白、潮红、红斑、紫绀、色素脱失、色素沉着；质地有无变薄、增厚、粗糙、脱屑、潮湿、干燥；有无溃疡、褥疮、水肿；温度有无增高或变凉；有无局部或全身多汗、少汗或无汗。

(2) 毛发及指甲：毛发有无增多、稀少、脱失或分布异常，指甲有无增厚、变薄、松脆。

2. 自主神经反射及功能实验

(1) 眼心反射（三叉神经，迷走神经）：卧位放松，测脉率，检查者用示指和中指对双侧眼球逐渐施加压力 20~30 s，再测脉率。正常人前后每分钟脉搏数减少 10~12 次，迷走神经损害者无反应，若每分钟脉搏数减少 12 次以上提示迷走神经功能亢进，若压迫后脉率不减少反而增加提示交感神经功能亢进，又称倒错反应。因压迫眼球可能引起视网膜剥离，该反射检查应慎重。

(2) 颈动脉窦反射（舌咽神经，迷走神经）：检查者用示指和中指压迫一侧颈总动脉分叉处（平甲状软骨上缘的胸锁乳突肌内缘处）10~15 s，可使脉率减慢，异常结果及其意义同眼心反射。该反射可能诱发心率过缓、血压过低甚至晕厥，不宜同时按压双侧动脉窦，有心脏病、颅内压增高者不宜做此项检查，检查中若发现面色苍白、出虚汗、晕厥应及时终止压迫。

(3) 卧立位试验：分别测卧位、立位心率和血压。若立位心率增加 12 次以上，提示交感神经功能亢进。直立位收缩压较卧位下降 30 mmHg 以上，舒张压下降 10 mmHg 以上，而无代偿性心率加快为直立性低血压，提示交感神经功能损害。

(4) 竖毛反射：当皮肤受到寒冷及疼痛刺激时可反射性引起竖毛肌收缩（由交感神经支配），表现为毛囊处隆起，状如鸡皮，并逐渐向周围扩散，称竖毛反应。脊髓横贯性损害时，以冰块刺激颈后或腋窝皮肤，竖毛反应在损害平面以下消失。节段性或周围性自主神经损害，以冰块刺激或搔刮病变神经支配的局部皮肤不能引起竖毛反应。

(5) 发汗试验：患者仰卧，皮肤上涂一层含 1.5% 碘和 10% 的蓖麻油的淡碘酊液，待干后再涂上一层干淀粉，然后通过环境加热、口服乙酰水杨酸或肌肉注射 1% 的毛果芸香碱 1 ml 诱发出汗，汗液与淀粉、碘反应使覆盖物变成蓝色，不变色或变色较小的区域提示其自主神经功能受损。

(6) 皮肤划痕试验：用竹签等钝器在皮肤上适度用力划出一条白线，正常反应为数秒后变为一条红线并增宽带有红晕，宽度一般不超过 0.6 cm。若白线持续时间较久，提示交感神经兴奋性升高；若红线持续较久，并明显增宽甚至隆起，提示副交感神经兴奋性升高或交感神经麻痹。

(7) 膀胱功能试验：怀疑神经损害造成排尿功能异常（神经源性膀胱）时，可作此项检查帮助确定病变部位。先嘱患者排尿，再导尿并测残余尿尿量，向膀胱注入 15℃ 及 41℃ 温水测试膀胱感觉功能，再排空。将导尿管接测压计，以每分钟 10 ml 的速度向膀胱内注入生理盐水，每注入 50 ml 测定一次压力，直至患者感到有急迫排尿感或注入液体量达到 500 ml 为止，记录患者刚有尿意和急迫排尿感的膀胱容量和压力，最后将结果绘成压力-容量曲线。正常 150~200 ml 开始出现尿意，450~500 ml 有急迫排尿感。若为高张力性膀胱（尿失禁、膀胱容积变小、张力增高、无残余尿、膀胱感觉正常或模糊），提示高位排尿中枢至骶髓初级排尿中枢的下行通路损害；若为低张力性膀胱（尿潴留及充溢性尿失禁、膀胱容积增大、张力降低、有残余尿、膀胱感觉消失），提示骶髓初级排尿中枢或其传入、传出神经损害。

【昏迷患者的检查】

对昏迷患者应首先根据病情的危急程度作必要的对症抢救，与此同时询问有关病史并做全面体检及适当的辅助检查。昏迷患者检查的目的是寻找昏迷的发生原因，即确定昏迷是颅脑疾病所致还是系统性因素所致，或者两种原因兼有。体检的重点是重要生命体征、心肺肝肾等重要脏器功能、有无神经定位体征。作为神经科医师应迅速判断昏迷是否原发于颅脑部的疾病所致，并进一步明确其性质。局灶性神经体征，如偏瘫、脑神经损害、脑干反射异常、脑膜刺激征提示昏迷是原发于颅脑部的疾病所致。

1. 一般检查

(1) 体温：高热提示感染、中枢、中枢性高热（脑干或下丘脑损害）。体温过低提示休克、镇静剂中毒、甲状腺功能低下、低血糖、冻伤等。

(2) 脉搏：脉搏过缓提示高颅压、缓慢性心律失常（病态窦房节综合征、房室传导阻滞），脉搏过快如无高热则提示休克、心衰、快速型心律失常、甲亢危象，脉搏不齐提示心律失常。

(3) 血压：血压过高见于脑出血、高血压脑病及高颅压，血压过低见于休克、脱水、严重心脏病、镇静剂中毒、中枢性循环衰竭等。

(4) 呼吸：深而快规律性呼吸常见于糖尿病酮症酸中毒，浅速规律性呼吸见于休克、心肺疾病等。中枢不同平面损害可产生多种异常呼吸：大脑广泛损害引起潮式呼吸；中脑背盖部损害引起中枢性过度呼吸；脑桥前端损害引起长吸式呼吸；脑桥后部损害引起丛集式呼吸；延脑损害引起共济失调式呼吸。注意呼吸气体的气味，有些特殊气体能帮助快速明确病因，烂苹果味提示糖尿病酸中毒，肝臭味提示肝昏迷，酒味提示急性酒精中毒，大蒜味提示敌敌畏中毒，氨味提示尿毒症。脑出血常有鼾声呼吸。

(5) 皮肤：黄染提示肝昏迷或药物中毒，紫绀提示心肺疾病致缺氧，樱桃红色提示一氧化碳中毒。休克、低血糖、严重贫血常见皮肤苍白，高热及阿托品中毒常有皮肤潮红，出血热、败血症等急性感染性疾病及血液病可有皮肤出血点。有机磷中毒、低血糖及甲亢危象可伴多汗,阿托品中毒、中暑及脱水时皮肤干燥。

(6) 头颅:注意有无伤痕、血肿及脑脊液漏。

2. 神经系统检查

(1) 瞳孔:双侧瞳孔散大见于中脑严重损害及阿托品中毒,双侧瞳孔缩小见于脑桥出血、有机磷、镇静剂及吗啡中毒,一侧瞳孔散大见于钩回疝,一侧瞳孔缩小见于脑疝早期及 Horner 综合征。

(2) 眼底:注意有无视乳头水肿及出血。

(3) 偏瘫体征:下列体征提示偏瘫,注意观察:眼球及头部向一侧偏斜、双侧鼻唇沟不对称、偏侧自发肢体活动减少、一侧下肢外旋位、一侧病理征阳性、肢体坠落试验阳性。肢体坠落试验检查方法是将双侧上肢提起后同时松开,瘫痪侧肢体坠落较快,即肢体坠落试验阳性。

(4) 疼痛刺激反应:观察患者对疼痛刺激的反应可助昏迷深度及运动功能障碍判断。压迫眼眶上缘或刺激肢体,有痛苦表情及肢体逃避反应提示昏迷程度较浅,无反应提示昏迷较深。若有偏瘫,疼痛刺激时可见瘫痪侧口角向健侧偏斜,健侧肢体有防御动作,而瘫痪侧肢体防御动作减少或消失。施加疼痛刺激后出现角弓反张,上肢伸性强直并内收、旋前,下肢伸性强直,为去大脑强直;上肢屈性强直,下肢伸性强直,为去皮质强直。一般去大脑强直较去皮质强直预后更差。

(5) 脑干功能。

1) 瞳孔对光反射:一侧或双侧瞳孔光反应消失提示中脑损害。

2) 角膜反射:昏迷患者此反射消失提示中脑及脑桥损害。

3) 头眼反射(oculocephalic reflex):又称玩偶眼反射(doll's eye reflex)。检查方法是将患者头部快速转向一侧或前屈后仰,阳性反应是患者眼球向对侧移动,然后逐渐回到中线。此反射的感受器是前庭器官和颈部肌肉本体感受器,传出神经为眼运动神经,反射中枢涉及前庭核、脑桥侧视中枢、眼运动神经核和内侧纵束。此反射在婴儿为正常反射,此后随着脑发育成熟被抑制。成人在清醒状态下头眼反射不能引出,当大脑弥漫性病变或功能抑制而脑干正常时,又重新出现。昏迷患者头眼反射消失通常提示脑干广泛损害,但传入或传出通路损害也可使其不能引出。该反射还可用于检查个别眼外肌麻痹,例如头部转动时一侧眼球外展或内收不能,提示相应的外展神经或动眼神经麻痹。

4) 眼前庭反射(oculovestibular reflex):该反射的意义与头眼反射相同,但反应更为强烈可靠。检查方法是将 1 ml 冰水注入一侧外耳道,正常反应是两眼眼震,快相指向刺激对侧,当大脑弥漫性病变而脑干正常时则表现为向刺激侧的强直性两眼同向偏斜,脑干广泛损害时无反应。

5) 紧张性颈反射(tonic neck reflex):又称颈伸展反射,将患者头部转向一侧,阳性反应是朝向面部的一侧肢体出现强直性伸展,对侧肢体出现屈曲动作。此反射在婴儿为正常反射,此后随着脑发育成熟被抑制,在去大脑强直、去皮质强直或脑干上部损害时可被引出。

(6) 脑膜刺激征:脑膜刺激征阳性而无局灶性脑实质损害体征提示脑膜炎、脑炎及蛛网膜下腔出血。脑膜刺激征阳性伴局灶性脑实质损害体征提示脑膜和脑实质同时损害,如脑外伤、脑血管病、脑炎、脑脓肿等。

附 Glascow 昏迷量表

Glascow 昏迷量表常被用来评价昏迷深度、跟踪病情演变及判断预后。该量表由睁眼、语言及运动反应三部分组成(表4-4)。满分为15分,3~8分表示昏迷。病初3~4分者约95%会死亡或成为植物人。

表4-4 Glascow 昏迷量表

项 目	评 分
Ⅰ. 睁眼动作	
主动睁眼	4
言语呼唤后睁眼	3
痛刺激睁眼反应	2
对痛刺激无睁眼反应	1
Ⅱ. 言语反应	
清醒、有定向力	5
神志模糊,对话可听懂	4
言语混乱,仅有不连贯词语可听懂	3
难以理解的发声	2

续表

项　目	评　分
无言语反应	1
Ⅲ. 运动反应	
能按吩咐做肢体运动	6
肢体对疼痛有定位反应	5
肢体对疼痛有屈曲逃避反应	4
肢体对疼痛异常屈曲反应,如去皮质强直	3
肢体对疼痛刺激有异常伸直反应,如去大脑强直	2
肢体对疼痛刺激无反应	1
总分	15

(陈先文)

思 考 题

1. 意识障碍有哪些类型？如何检查判断？
2. 轻瘫试验检查方法有哪些？
3. 共济失调的检查方法有哪些？
4. 如何检查昏迷患者的神经定位体征？
5. 试述 Babinski 征及其等位征检查方法和临床意义。

参考文献

陈生弟. 2005. 神经病学. 北京：科学出版社. 4~43

Rowland LP, Pedley TA. 2009. Merritt's Neurology. 12th ed. New York: Lippincott Williams & Wilkins

Simon RP, Aminoff MJ, Greenberg DA. 2005. Clinical Neurology. 6th edition. New York: McGraw-Hill Inc

第五章 神经系统疾病常用的辅助检查

The history and examination are the keys to making the diagnosis in a patient with neurological disease. However, laboratory investigations are becoming increasingly important in diagnosis and management. Laboratory tests should be directed to prove or disprove the hypothesis that a certain disease is responsible for the condition in the patient. They should not be used for the fishing expedition. The physician must understand the hematological, biochemical, and bacteriological studies and the specific neurodiagnostic investigations. These include clinical neurophysiology, neuroimaging, neurogenetic DNA testing, and the neuropathological study of biopsied tissue.

—— Bradley WG, et al. 2004

第一节 脑脊液检查

脑脊液(cerebrospinal fluid, CSF)存在于脑室和蛛网膜下腔内,约70%由脑室脉络丛产生,另30%为脑和脊髓的细胞间隙形成的间质液。由脑室脉络丛产生的脑脊液,从两个侧脑室经室间孔进入第三脑室、中脑导水管、第四脑室,最后经第四脑室的中间孔和两侧孔而流到脑脊髓表面的蛛网膜下腔及脑池。脑脊液的吸收主要是通过大脑凸面的蛛网膜粒绒毛渗入到上矢状窦,小部分则从神经根周围间隙吸收。

成人脑脊液总量平均约为130ml,其生成速度约0.35 ml/min。脑脊液的主要功能是作为缓冲系统保护脑和脊髓免受外力震荡损伤、调节颅内压力变化以及供给脑和脊髓营养物质并转运代谢产物等。当中枢神经系统发生诸如感染、炎症、肿瘤、外伤等各种病变时,都可能导致脑脊液循环的异常变化。在临床上,一般经腰椎穿刺(特殊情况也可经颈池侧方、小脑延髓池或侧脑室穿刺),通过对脑脊液压力、一般性状、化学成分、显微镜检以及免疫、微生物和细胞学的检查,达到对神经系统疾病诊断、治疗和预后进行判断的目的。因此,脑脊液检查是神经科临床一项十分重要的常用诊断技术。

一、检查方法

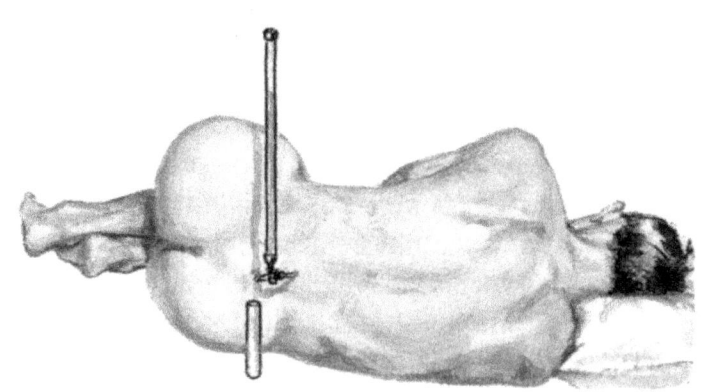

图5-1 腰椎穿刺术

腰椎穿刺(lumbar puncture,简称腰穿)是一个安全的过程。检查时要求患者背对术者侧卧,后背置于检查床边缘,颈部及双膝向腹部屈曲团身(图5-1)。正确的姿势是腰穿成功的关键。由于脊髓在$L_{1\sim2}$椎间隙平面终止,故穿刺部位应低于此平面,通常在$L_{2\sim3}$及以下椎间隙进行。由于髂嵴与$L_{3\sim4}$椎间隙平面相对应,在做腰穿定位时是一个很有用的骨性标志。确定穿刺椎间隙后,用碘酒和酒精清洁皮肤,以无菌洞巾覆盖手术区域,使用1%利多卡因行皮下注射局部麻醉5 min后,取腰穿针(通常为22号)刺入两个棘突之间,以一个略向头部的小角度缓慢推进。穿刺针应始终保持水平,这样在穿过硬脊膜时可因平行于硬脊膜纤维的方向而减少纤维的损伤。多数成人在抵达蛛网膜下腔之前需进针4~5 cm。一旦进入蛛网膜下腔,术者通常会感觉阻力突然消失。如果穿刺时触到椎骨不能进针或患者有尖锐的疼痛向腿部放射时,需将针全部拔出重新定位。如果2~3次穿刺均不能进入蛛网膜下腔,应重新摆放患者体位。

腰穿检查的适应证包括:中枢神经系统炎性病变(含各种原因引起的脑炎或脑膜炎)、蛛网膜下腔出血、脱髓鞘疾病、中枢神经系统血管炎、脑膜癌病及各种颅内原发或转移肿瘤。特别是在临床怀疑蛛网膜下腔出血而颅脑CT尚不能证实时,腰穿检查具有确定意义。对脊髓病变和急性或慢性炎性脱髓鞘性多发性神经病的诊断和鉴别诊断也有帮助。此外,还用于脊髓造影和鞘内药物治疗等。

腰穿检查的禁忌证有:颅内压升高并有明显视乳头水肿者、怀疑后颅凹肿瘤者、穿刺部位有化脓性或脊椎结核者、脊髓压迫症的脊髓功能已处于即将丧失的临界状态者、血液系统疾患而有明显出血倾向者、使用抗凝药而导致出血倾向者以及血小板低于 $5×10^4/mm^3$ 者。

腰穿后的最常见并发症是低颅压性头痛,主因脑脊液持续漏出所致,发生率约20%。这种头痛通常在腰穿后 12～48 h 出现,可持续数天至两周,但极少持续更长的时间。这类头痛与体位有明确的关系,即直立时加重、平卧后减轻。为避免出现该并发症,腰穿后患者一般需去枕平卧 4～6 h 后方可起床。

二、检查内容

1. 常规检查

(1) 压力:需连接测压管进行测量。侧卧位的正常压力为 80～180 mmH_2O,大于 200 mmH_2O 提示颅内压增高,180～200 mmH_2O 为可疑增高。脑脊液压力测定应包括初压(留取脑脊液前)和终压(留取脑脊液后)。

在脊髓病变疑有椎管梗阻时,应进行压颈静脉试验(简称压颈试验,又称 Queckenstedt 试验)。压颈试验前应先做压腹试验,即用手掌深压腹部后可见脑脊液压力迅速上升,解除压迫后脑脊液压力又迅速下降,由此可证实穿刺针头确在蛛网膜下腔内。压颈试验有指压法和压力计法两种,前者是用手指压迫颈静脉然后迅速放松,观察脑脊液压力的变化,是一种简易方法。压力计法是将血压计气带轻缚于患者颈部,测定初压后迅速充气至 20 mmHg,每 5 s 记录一次脑脊液压力,直至 30 s 后或压力不再上升;然后放掉气袋压力,5 s 记录一次脑脊液压力,直至不再下降;再分别将气袋压力提升至 40 mmHg、60 mmHg,做同样记录,将三次测试结果作曲线图以供分析。正常情况下,压颈后脑脊液压力可迅速上升至 200～300 mmH_2O 以上,解除压颈后则迅速下降恢复至初压水平。如果存在椎管梗阻,压颈时压力不上升(完全梗阻),或上升和下降缓慢(部分梗阻),称为压颈试验阳性。在颅内压升高、脑出血等情况下,禁行压颈试验。

(2) 性状:正常脑脊液为无色透明液体。脑脊液呈血性多是由于穿刺损伤所致,临床上易与蛛网膜下腔出血混淆,此时需要对所获得的脑脊液标本立即进行离心。如果离心后脑脊液上清透明清澈,支持血性脑脊液为穿刺损伤的判断,而倘若离心后脑脊液上清为黄色变,则提示血性脑脊液系蛛网膜下腔出血所致。一般而言,因穿刺损伤所致的血性脑脊液颜色通常会在"三管试验"的连续观察中逐渐变淡,而因蛛网膜下腔出血所致者则前后各管颜色均匀一致。脑脊液黄变除蛛网膜下腔出血外,也可见于肝病患者或脑脊液蛋白水平显著升高(150～200 mg/dl)的患者,后一种情况下脑脊液在离体后不久即可自动凝固如胶样,该现象被称为 Froin 综合征,常见于椎管梗阻。当中枢神经系统因感染而导致脑脊液细胞数明显增多时,脑脊液外观可呈云雾状,严重的化脓性感染时甚至可状如米汤;当发生结核性脑膜炎时,脑脊液离体放置后可有纤维蛋白膜形成,此现象又被称为蛛网膜样凝固。

(3) 细胞计数:正常脑脊液白细胞数为 0～5 个/mm^3,多为单核细胞。白细胞增多见于脑脊髓膜和脑实质的炎性病变。正常成人脑脊液中无红细胞,当穿刺损伤导致血性脑脊液时,细胞计数将失去原有意义。

(4) Pandy 试验:为脑脊液蛋白定性试验,其原理是利用脑脊液中球蛋白能与饱和石炭酸结合形成不溶性蛋白盐,当球蛋白含量越高时反应越明显,但可出现假阳性反应。

2. 生化检查

(1) 蛋白质:正常人腰穿脑脊液蛋白质的含量为 15～45 mg/dl(0.15～0.45 g/L),脑池液为 10～25 mg/dl(0.1～0.25 g/L),脑室液为 5～15 mg/dl(0.05～0.15 g/L)。脑脊液蛋白质含量升高提示患者血-脑屏障受到破坏,常见于中枢神经系统感染、脑肿瘤、脑出血、脊髓压迫症、Guillain-Barre 综合征等。脑脊液蛋白质含量降低则常见于腰穿或硬膜损伤引起的脑脊液丢失、身体极度虚弱及营养不良者。

(2) 葡萄糖:正常值为 50～75 mg/dl(2.5～4.4 mmol/L),约为血糖的 60%。脑脊液糖含量明显减少见于化脓性脑膜炎,轻至中度减少见于结核性或真菌性脑膜炎(特别是隐球菌性脑膜炎)及脑膜癌病,病毒性脑膜炎时多为正常。脑脊液糖含量增加见于糖尿病。

(3) 氯化物:正常脑脊液含氯化物 700～750 mg/dl(120～130 mmol/L),较血氯水平为高,是由于脑脊液要维持 Donnan 平衡所致。细菌性和真菌性脑膜炎均可使氯化物含量减低,尤其以结核性脑膜炎最为明显。

3. 特殊检查

(1) 细胞学检查:常用细胞沉淀室法或玻片离心法收集新鲜脑脊液细胞,经 Wright-Giemsa 染色后镜检,可进行细胞分类,发现病原菌或肿瘤细胞,因此,对中枢神经系统的病原学诊断有很大参考意义。化脓性脑膜炎呈中性粒细胞反应,结核性脑膜炎呈混合性反应,病毒性脑膜炎呈淋巴细胞反应,脑寄生虫病时出现嗜酸性粒细胞和浆细胞增多,脑膜白血病时出现原始及幼稚的白血病细胞。蛛网膜下腔出血时出现无菌炎性反应和红细胞引起的单核吞噬细胞反应,4～5 d 后出现含铁血黄素的巨噬细胞,于出血后数周甚至数月仍可见到。

(2) 蛋白电泳:脑脊液蛋白电泳的正常值(滤纸法)是:前白蛋白 2%～6%,白蛋白 44%～62%,α_1-球蛋白 4%～

8%，α_2-球蛋白 5%～11%，β-球蛋白 8%～13%，γ-球蛋白 7%～18%。电泳带质和量的分析对神经系统疾病诊断有一定帮助。前白蛋白降低多见于神经系统炎症，升高则见于变性疾病；白蛋白减少多见于γ-球蛋白增高的情况；α-球蛋白升高主要见于中枢神经系统感染早期；β-球蛋白升高可见于神经系统退行性疾病；γ-球蛋白升高则常见于脱髓鞘疾病和中枢神经系统感染等。

(3) 免疫球蛋白测定：正常脑脊液的免疫球蛋白含量极少，其中 IgG 10～40 mg/L，IgA 1～6 mg/L，IgM 含量甚微。脑脊液 IgG 升高可见于多发性硬化、亚急性硬化性全脑炎、结核性脑膜炎、梅毒性脑膜炎等许多中枢神经系统病变。脑脊液 IgG 指数、IgG 24 h 合成率以及寡克隆 IgG 带(oligoclonal bands, OB)的检测，作为中枢神经系统内自身合成的免疫球蛋白标志，是多发性硬化重要的辅助诊断指标。IgA 升高可见于化脓性、结核性以及梅毒性脑膜炎。若脑脊液中发现 IgM 升高，通常提示近期有中枢神经系统感染。

(4) 微生物学检查：革兰染色后镜检是脑脊液微生物学检查的第一步，化脓性脑膜炎由此发现病原球菌的阳性率为 60%～90%。结核杆菌可用罗丹明 B 荧光染色来提高检出率。新型隐球菌则一般用印度墨汁染色。脑脊液细菌培养主要适用于脑膜炎奈瑟菌、链球菌、葡萄球菌、流感嗜血杆菌等的分离培养。

(5) 聚合酶链反应(PCR)扩增病毒核酸：使用 PCR 扩增来自脑脊液特异性病毒的 DNA 或 RNA 已成为诊断中枢神经系统病毒感染的重要手段。即使在标准培养方法为阴性时，也可能从中枢神经系统病毒感染患者的脑脊液中扩增出病毒 DNA，但必须注意排除因脑脊液标本污染导致的假阳性可能。

(6) 其他：血-脑屏障指数是用脑脊液中白蛋白含量除以血清中白蛋白含量的比值，正常为 7.4×10^{-3}，超过正常提示存在血-脑屏障的破坏。

第二节 神经影像学检查

一、头颅平片和脊柱平片

检查简便经济，患者无任何不适。头颅平片包括常规的正侧位片以及颅底、内听道、视神经孔、舌下神经孔及蝶鞍等特殊像。主要观察颅骨的厚度、密度、各部位结构，颅底的裂和孔、蝶鞍及颅内钙化斑等。脊柱平片包括前后位、侧位和斜位。可观察脊柱的生理屈度有无异常，椎体发育有无异常，骨质结构有无破坏、增生、骨折、脱位和变形，椎弓根的形态、椎间孔和椎间隙的改变，以及椎旁有无软组织阴影等。

二、脊髓造影

脊髓造影(contrast myelography)是经皮穿刺将水溶性碘造影剂注入蛛网膜下腔，造影剂在 X 线引导下通过不断改变患者的体位来观察其流动是否受阻，以及受阻的部位和形态，然后在病变部位摄片。脊髓造影的适应证是脊髓压迫症，如脊髓肿瘤、慢性粘连性蛛网膜炎等。尽管脊髓造影是相对安全的，但对可疑脑疝、颅内压增高、既往有鞘内注射造影剂过敏的患者禁用。对可疑椎管梗阻的患者，应在梗阻平面以下注入少量造影剂，以减少加重病情的危险。脊髓造影的并发症往往与穿刺和使用造影剂有关，头痛、恶心、呕吐最常见，可在约38%的患者中发生。这些症状可能与造影剂的神经毒性作用、穿刺点持续脑脊液漏，或对操作过程的心因性反应有关，使用小号腰穿针和非离子型水溶性造影剂可减少这些并发症的发生。

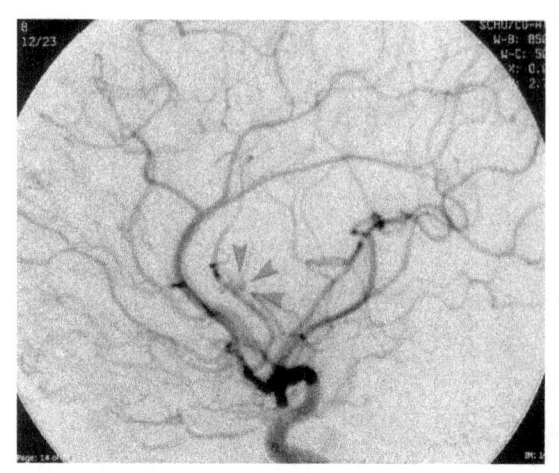

图 5-2 数字减影血管造影

三、数字减影血管造影

数字减影血管造影(digital subtraction angiography, DSA)对脑血管病患者的诊断和治疗具有重要意义。检查首先要将导管插入动脉，然后在 X 线引导下将其导向需检查或治疗的部位，注射造影剂后在动脉期、毛细血管期和静脉期分别摄片，图像经计算机技术处理后，使充盈造影剂的血管影像保留下来，而其他组织影像则被减影去除，最后得到清晰的脑部血管影像(图 5-2)。检查的适应证主要是用于颅内动脉瘤、血管畸形、小血管病变(如血管炎)的诊断以及进行血管内介入治疗等。需要注意的是,在所有影像学的诊断性检查中,血管造影的风险最大,其并发症可因导管顶端内外形成血栓,导管、导丝或注射造影剂的推力引起动脉硬化斑块脱落,造成远端脑血管栓塞甚至引起死亡。

脊髓血管造影用于检查脊髓的血管畸形和肿瘤。通常检查时间较长,需要使用较大剂量的造影剂。脊髓血管造影的严重并发症包括下肢瘫痪、视物模糊、言语改变等,发生率约2%。

介入神经放射学这一迅速发展的新技术为许多脑血管疾病患者提供了新的治疗手段,包括动脉瘤的可控微螺圈治疗、动静脉畸形的微粒或液态粘附栓塞治疗、血管痉挛的球囊成形术和限制术、硬膜动静脉瘘经动脉或经静脉栓塞术、颈动脉-海绵窦瘘和椎动脉瘘的球囊栓塞术、Galen静脉畸形的血管内治疗、肿瘤术前栓塞术以及急性动、静脉血栓溶栓术等。

四、计算机断层扫描

计算机断层扫描(computerized tomography, CT)是一种使用计算机技术对通过身体某一层面各点的X线束衰减进行分析、处理而产生的解剖结构图像。检查时,X线源首先对准患者的扫描层面,然后绕患者旋转,使用与X线源成180°的检测器探测通过患者被扫描层面的放射线衰减,而后经计算机分析处理后形成图像。由于骨结构引起较强的X线衰减,造成高"密度"区域,而软组织结构的X线衰减较弱,则呈现低"密度"。CT图像的清晰度取决于X线的剂量、层厚、视野以及矩阵大小。目前的CT扫描设备能获得1 mm到10 mm层厚的图像,每个层面扫描速度1~3 s,全脑扫描一般在2~3 min内即可完成。新近发展的螺旋CT是一种可获得连续三维CT信息的新技术,可进一步缩短扫描时间,获得更加清晰的图像,并可在静脉造影时更快速地重建血管结构。

由于CT扫描无创、简便、快捷,敏感度较常规X线检查提高100倍以上,可较确切地显示病变,因此,已被广泛地应用于各种神经疾病的临床诊断。目前常规CT主要用于颅内血肿、脑外伤、脑出血、蛛网膜下腔出血、脑梗死、脑肿瘤、脑积水、脑萎缩、脑炎症性疾病以及脑寄生虫病等的诊断。有些病变还可通过静脉注射造影剂增强组织密度来提高诊断的阳性率。CT检查是安全、可靠的,其可能的并发症主要与静脉造影剂的使用有关。目前使用的造影剂有离子型和非离子型两大类,离子型造影剂价格相对便宜,但引起的毒性反应较非离子型大。静脉注射离子型造影剂后可出现发热、疼痛、恶心、呕吐等,而这些副反应在非离子型造影剂中则没有或程度较轻;此外,对过敏体质(如哮喘和枯草热)或既往对造影剂有反应的患者,静脉造影要特别慎用或不用,因为严重的过敏反应有时甚至可致患者死亡。

五、磁共振成像

磁共振成像(magnetic resonance imaging, MRI)是将主磁场和特定频率射频波激发产生的人体组织质子共振信号通过计算机处理得到重建图像。检查时,处于主磁场中的受检者接受一定序列的射频脉冲激发。组织中的氢质子的能级和相位在激发后被改变,激发停止后会回到激发前的状态,这一恢复过程称作弛豫。弛豫过程中伴有射频能量的释放(回波),后者可通过产生射频冲动的同一表面线圈进行检测。这种复杂的射频信号通过傅立叶分析而转换为构成磁共振图像所使用的信息。被激发的质子恢复平衡的速率被称为弛豫速率。弛豫速率在不同的正常及病理组织中表现不同,受周围分子环境及邻近原子的影响。有两种弛豫速率可被测定到:T_1弛豫速率是63%的质子恢复到正常平衡状态的时间,T_2弛豫速率则是63%的质子由于邻近质子间相互作用而相位移后的时间。T_1加权像(T_1WI)主要反映T_1弛豫速率,T_1短的组织(如脂肪和亚急性出血)在T_1加权像上表现为高强度信号(白色),T_1长的组织(如脑脊液和水肿组织)则呈低信号(黑色)。T_2加权像(T_2WI)主要反映T_2弛豫速率,长T_2的组织(如脑脊液和水肿组织)呈白色高信号,短T_2的组织则呈黑色低信号。骨皮质和空气无论T_1加权像还是T_2加权像均为低信号。组织结构之间的对比取决于T_1和T_2弛豫速率的差别。白质由于髓鞘中含较多脂质成分,其所含水分比灰质少10%~15%,两者之间的化学差异导致灰白质之间不同的对比度。一般而言,T_2WI对水肿或髓鞘破坏要比T_1WI更敏感。

重金属元素钆作为一种顺磁性物质,是当前所有静脉磁共振成像造影剂的基础。它通过改变氢质子的磁性作用而改变其弛豫时间,从而获得高信号,产生有效的对比作用,以增加诊断的敏感性。由于钆造影剂不能通过正常血-脑屏障,因此只有血-脑屏障被破坏的脑组织和无血-脑屏障的正常脑组织(如垂体)能产生增强效应。钆被螯合后通过肾脏被排泄,不具毒性,过敏反应也极少见。

一般来说,MRI在显示多数中枢神经系统病灶上比CT更敏感,特别是对于脊髓、脑神经和后颅窝的病灶,但CT在观察骨性结构方面,如颞骨正常结构及骨折等,则比MRI更敏感。图5-3示脑梗死急性期头颅CT及MRI的T_2加权像成像效果对比。

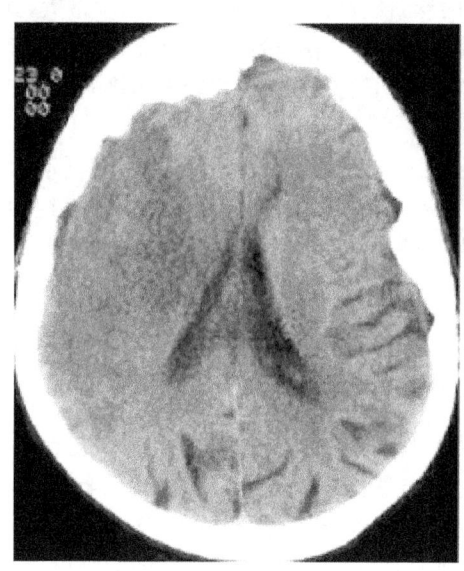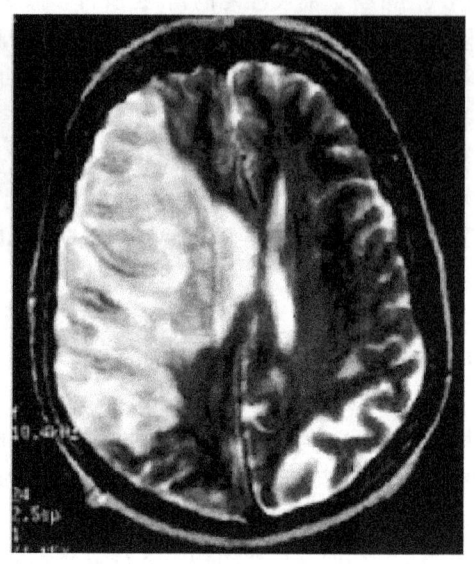

图 5-3 头颅 CT(左图)及 MRI-T_2加权像(右图)显示右侧大脑中动脉区急性脑梗死病灶,有中线轻度移位和明显的侧脑室受压情况

一般情况下,MRI 对患者是安全的,但必须注意体内有金属异物时不宜做此检查,因为高强度磁场与金属之间的作用可能对人体产生伤害。例如,金属性动脉瘤夹在磁场内可发生扭转,引起出血甚至死亡;眼中的金属异物移动可引起出血;心脏起搏器植入术后是 MRI 检查的禁忌,原因是有诱发心律失常的危险。约 5% 的人在 MRI 环境下可发生幽闭恐惧症,使用少量镇静剂可减轻症状。

磁共振血管造影(magnetic resonance angiography,MRA)是流动的血流相对于固定的背景组织而言产生的从明到暗的复杂磁共振成像图像。快血流(如动脉血)在常规磁共振成像无信号,慢血流(如静脉或动脉狭窄的远端)可显示高信号。通过设置不同的磁共振成像参数,可定量或定性地评估血流情况。需要指出的是,MRA 图像是血流图而不是传统血管造影的解剖结构图。MRA 的分辨率较传统的血管造影低,因此不能检测诸如血管炎类小血管的细微改变。其对慢血流不敏感,因此也不能鉴别梗阻性病变和邻近的梗阻。检查对象的移动也会干扰成像,可能导致伪影产生而被误认为狭窄或阻塞。尽管如此,MRA 在评估颈动脉、颅内大血管和静脉结构上仍是有帮助的,作为非创伤性检查手段在颅内动脉瘤和血管畸形的诊断上也是有益的。

第三节 放射性同位素检查

一、单光子发射计算机断层扫描

单光子发射计算机断层扫描(single photon emission computed tomography,SPECT)是一种利用放射性同位素作为示踪剂检测组织血流和代谢的功能显像技术。例如,将 ^{99m}Tc 标记的放射性药物如 ^{99m}Tc-六甲基丙烯胺肟(^{99m}Tc-HM-PAO)注入血液循环,通过正常的血-脑屏障,快速进入脑组织。^{99m}Tc-HM-PAO 在脑内的分布与局部脑血流量成正比,因此聚集在血流丰富的脑组织中。由于它能够发射单光子,利用断层扫描和影像重建技术,可获得脑的显像图。因其价格较为低廉,在临床较易被接受和推广。用于 SPECT 检测的放射性示踪剂有碘、铊和铸,最常用的是 ^{99m}Tc-HM-PAO,其优点是放射量低、价格便宜及物理性能理想等。

SPECT 的临床意义主要是了解脑血流和脑代谢。其对颅内占位性病变诊断的阳性率为 80% 左右,尤其是脑膜瘤及血管丰富或恶性程度较高的脑瘤,阳性率可在 90% 以上。该检查对急性脑血管病、癫痫、帕金森病、痴呆等疾病的研究也具有重要的价值。

二、正电子发射计算机断层扫描

正电子发射计算机断层扫描(positron emission tomography,PET)是近年应用于临床的一种局部放射性同位素活性浓度体层图像的新技术,可客观地描绘出脑生理和病理代谢活动。其原理是利用回旋或线性加速器产生正电子发射同位素(如^{11}C、^{13}N、^{15}O、^{18}F-脱氧葡萄糖和^{18}F-多巴),经口服吸收或静脉注射透过血-脑屏障进入脑组织,以其所具有的生物学活性在参与脑代谢的同时发射出射线,体外通过探测仪即可测定其在脑不同部位的浓度,经与CT和MRI相似的显像技术处理后获得脑断面组织的图像,并可计算出脑血流、氧摄取、葡萄糖利用以及^{18}F-多巴的分布情况,也可在彩色图像上显示不同部位示踪剂剂量的差别。目前,PET检测最常用的示踪剂是2-氟[^{18}F]-2-脱氧-D-葡萄糖(FDG),它是葡萄糖的类似物,与2-脱氧葡萄糖被细胞竞争性摄取。葡萄糖摄取活动的多帧图像可在45~60 min形成。所获图像可显示正常和病理脑组织区域葡萄糖代谢的不同,从而为临床不同疾病的诊断和鉴别诊断提供帮助。

目前,PET在神经系统疾病中已被用于脑肿瘤的分级、放疗坏死组织与复发肿瘤组织的鉴别、癫痫病灶的局部定位、代谢性疾病的检测、各种痴呆的鉴别以及帕金森病与帕金森综合征的诊断与鉴别诊断等方面。此外,它还被用于缺血性脑血管病的病理生理研究以及治疗过程中脑血流和脑代谢改变的检测,脑功能(如受体、递质、生化改变)以及临床药理学等方面的研究。PET作为一种十分精密的大型仪器设备,其检测灵敏度很高,是神经系统疾病诊断和鉴别诊断的又一新的重要辅助检查手段。但由于设备价格及放射性标记物均很昂贵,目前它更多用于科研方面,而临床应用尚难广泛开展。由于SPECT价格低廉,所获结果与其类似,必要时可作为PET的替代检查。

三、脊髓腔和脑池显像

也称脑脊液显像。方法是将某些放射性药物注入蛛网膜下腔,它将沿脑脊液循环路径运行,约1 h后进入颈部蛛网膜下腔,3~4 h显示大部分脑池轮廓,最后到达大脑凸面时被蛛网膜颗粒吸收而进入血液循环中。患者通常在注药后1、3、6、24 h进行检查,必要时可延至48、72 h。主要观测扫描图像中有无缺损或局部不正常的放射性聚集,以了解脑脊液循环有无梗阻等病理性改变。临床可用于显示交通性脑积水、梗阻性脑积水、脑脊液漏、脑穿通畸形、蛛网膜囊肿及脊髓压迫症所致的椎管阻塞等。

第四节 神经电生理检查

一、脑电图

脑电图(electroencephalography,EEG)是检测自发的脑生物电活动以了解脑功能的电生理检查技术。检查时,采用国际10~20系统在头皮上安放电极,电极连接可采用双极导联或单极导联。在临床工作中,为提高异常脑电活动的检出率,可做一些诱发试验,如过度换气(3~4 min)、闪光刺激、睡眠、剥夺睡眠等。

清醒状态下处于安静平卧位的正常成年人,闭目时可在脑电图上看到顶枕部8~12 Hz的α节律,波幅20~100 μV,在额颞部位可见13~25 Hz的β活动,波幅5~20 μV。睁眼时α节律减弱,在产生睡意时α节律也减弱,至入睡后则出现4~7 Hz的θ波和小于4 Hz的δ波等慢波活动。病理情况下,可在不同脑区记录到波幅、频率、波形、节律异常的脑电活动,如弥漫性或局灶性慢波、痫样放电、三相波、周期性慢波或尖波等,对疾病诊断可提供帮助。

脑电图主要应用于:

(1)癫痫:脑电图具有重要诊断价值。癫痫脑电图主要表现为痫样放电,包括阵发性棘波、尖波、棘慢波、尖慢波、多棘慢波等。痫样放电的特点对癫痫发作类型确定也有一定价值,例如,每秒3次规律对称的棘慢波提示失神发作、多棘波或多棘慢波提示肌阵挛发作。发作间期,约一半患者仍可记录到痫样放电。利用便携式仪器作24 h或更长时间的动态记录有助于提高检出率。将动态录像和动态脑电记录技术结合的视频脑电图技术对癫痫的诊断价值更大。

(2)脑炎:病毒性脑炎一般表现为广泛的多形慢波活动。大多数单纯疱疹性脑炎患者的脑电图为局灶性颞叶或额颞叶慢波,通常出现在第2~15 d。若经阿昔洛韦治疗后脑电图异常有明显改善,则将对临床诊断有非常重要的帮助。在慢性感染时,规律性重复出现的复合波可支持Creutzfelt-Jakob病或亚急性硬化性全脑炎。

(3)昏迷:对外部刺激的脑电反应有助于判断昏迷患者的预后,无脑电反应通常提示患者的昏迷程度重。脑死亡的患者,脑电图表现为脑电静息。需要注意的是在低温或用药过量的患者,脑电图波幅可降低到不能检测出脑电活动,但这种脑电静息并不一定表明有不可逆的脑损伤存在。闭锁综合征患者的脑电图通常是正常的,这有助于该病和昏迷状态的鉴别,因为两者在临床上有时容易混淆。

(4)痴呆:痴呆的脑电图表现通常是非特异性的,一般并不能鉴别不同原因引起的认知功能低下。大多数痴呆患者脑电图为正常或弥漫性慢波,单纯脑电图结果不能确定患者是否痴呆。

二、脑磁图

脑磁图(magnetoencephalograpy,MEG)是指从头表面记录到由脑神经细胞电流活动所产生的交变磁场。由于其强度非常弱,远远低于地磁场的强度,将它们记录下来实非易事。直到1972年,在开发了高度灵敏的超导量子干涉仪生物磁检测系统后,才首次记录到人脑波的脑磁场。

脑电图是从头皮记录到的容积传导电流,它主要反映的是锥体细胞的突触后电位,特别是兴奋性突触后电位。与脑电图不同,脑磁图记录到的是由神经细胞内电流产生的磁场,所以,脑磁图与脑电图具有一种表里关系。由于磁场的穿透性几乎不受组织的影响,利用脑磁图信号进行信号源的定位,就相对于脑电图准确得多,其精度误差可以小至几个毫米的范围,而脑电图的精度误差范围一般要以厘米计算。

脑磁图在临床上有着广泛的应用领域,归纳起来有以下几个方面:① 对异常发放的脑内发生源进行定位,在临床上对癫痫灶的定位有重要意义;② 与MRI结合进行高精度定位的技术,可以帮助对大脑的重要神经活动中枢进行精确定位,特别是在手术前制订治疗方案,确定手术切除范围方面有重要的应用价值;③ 在人类的大脑功能研究方面,功能性磁共振成像和PET具有较高的空间分辨率,而脑磁图所具有的高时间分辨率,使得将两种技术结合起来成为今后研究大脑高级功能的发展方向。

三、脑诱发电位

1. 感觉诱发电位 通过对特异性感觉传入通路进行刺激而在脊髓或脑记录其反应电位,是检测这些感觉通路传导功能完整性的一个重要方法。由于这些诱发电位相对于背景脑电活动是非常微小的,因此必须在记录多次刺激反应波后使用计算机平均叠加技术方可辨认和确定它们。感觉诱发电位可用于检测和定位中枢神经系统传入通路的损害,特别是对怀疑为多发性硬化的患者,临床表现只有一个病灶而电生理发现还有其他亚临床损害的存在,将有助于提示或支持多发性硬化诊断。但试图依靠电生理的测定作精确的定位则可能出现错误,因为感觉诱发电位许多成分的产生来源并不十分清楚。

(1) 视觉诱发电位(visual evoked potential,VEP):以翻转的棋盘格图形分别刺激每只眼,在中线和对侧枕区头皮进行记录。有临床意义的主要成分是一个潜伏期约100 ms的正波,即P100。观察指标包括波形是否存在、潜伏期是否延长、双侧波形是否对称等。在严重的急性视神经炎患者,P100常消失或显著衰减,当患者临床恢复而视力改善时,P100也随之恢复,但其潜伏期的延长通常要持续一段时间。VEP对发现多发性硬化患者早期视神经损害有重要价值。

(2) 脑干听觉诱发电位(brainstem auditory evoked potential,BAEP):以重复"嗒、嗒"声分别刺激每只耳,在头顶部和乳突或耳垂间进行记录。在刺激后头10 ms出现以罗马数字表示的5个正波分别代表听神经(Ⅰ波)、耳蜗核(Ⅱ波)、上橄榄核(Ⅲ波)、外侧丘系(Ⅳ波)和中脑下丘(Ⅴ波)不同起源结构的兴奋顺序。各波是否存在、潜伏期长短、波间期差值等是主要观测参数。结果有助于筛查听神经瘤、检测脑干病变以及评估昏迷患者。原因不明的昏迷患者如果脑干听觉诱发电位保留,提示病因可能为代谢或中毒性疾患或双侧大脑半球病变,而当昏迷系脑干病变所致时则BAEP通常表现异常。

(3) 体感诱发电位(somatosensory evoked potential,SEP):电刺激上肢或下肢的周围神经,在头皮和脊椎进行记录。体感诱发电位的形状、极性、潜伏期取决于受刺激的神经和记录电极的置放。临床上主要用于评估周围神经近端部分和中枢躯体感觉通路的完整性。对脊髓损伤的患者,可帮助确定损伤是否完全:刺激脊髓损伤节段以下周围神经而在皮质仍能产生反应或很早即恢复,提示损伤为不完全性,功能恢复可能较好;反之,如果不能引出则为完全性,功能恢复较差。

2. 运动诱发电位 电或磁刺激运动皮质或中枢运动通路,在肌肉和脊髓记录到的电位称为运动诱发电位(motor evoked potential,MEP)。为临床应用目的而记录到的反应通常为运动皮质经皮磁刺激所引出的复合肌肉动作电位。通过线圈的电流可产生一个强大而短暂的磁场,并在紧邻下方的神经组织产生刺激电流,这个过程无痛且非常安全。包括多发性硬化和运动神经元病在内的数种中枢运动通路损害的神经疾患,都已发现有运动诱发电位的异常。除诊断神经疾患或评估所患疾病病变范围外,这项技术还可提供预后相关的信息(如提示卒中后运动功能恢复的可能性)以及作为术中监护中枢运动通路功能完整性的一种有用工具。

3. 认知诱发电位 一些诱发电位的成分依赖于受试者的精神注意力和刺激发生的方式,而不单纯是刺激的物理特性。这种"事件相关"电位(event-related potential，ERP)或"内源性"电位，与从背景刺激中分辨出偶然发生的靶刺激的认知能力有关。对临床而言，事件相关电位的P3成分最受关注，因为它是听觉靶刺激开始后一个正相、潜伏期300～400 ms的波，该成分也被称为P300。许多痴呆患者的P3潜伏期延长，而在易误诊为痴呆的抑郁或其他精神疾患的患者中P3却一般为正常，因此，对痴呆鉴别诊断有一定帮助。但是，潜伏期正常的P3并不能绝对排除痴呆。

四、肌电图和神经传导测定

1. 肌电图　在肌肉放松和收缩过程中，可通过插入肌肉的针电极记录到肌肉的电活动，即肌电图(electromyography，EMG)。松弛状态的肌肉除终板区以外，正常情况下均为电静息状态，但当受检肌肉有失神经或炎性改变时则可出现异常的自发电位。最常见的失神经电位是纤颤电位、正锐波和束颤电位。纤颤电位是起始为正相的双相波，时限1～5 ms，波幅一般为20～200 μV；正锐波是起始为正相、之后为一时限较宽而波幅较低的负向波，形状似"V"字形，时限10～100 ms(图5-4)；束颤电位则反映单个运动单位的自发活动。此外，还有一种肌强直发放电位，系单根肌纤维波幅和频率递增递减地高频放电，是强直性肌肉疾病的特点。

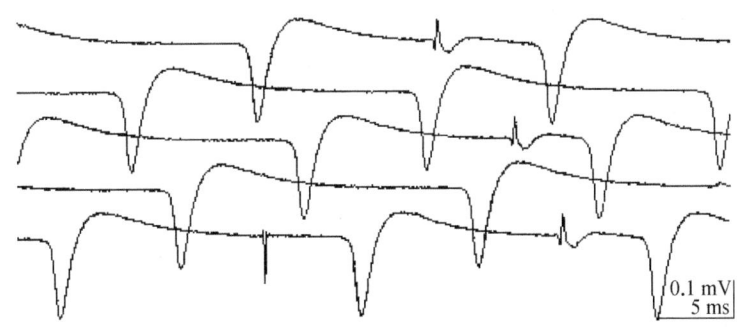

图5-4　肌电图：纤颤电位和正锐波

一块肌肉的小力自主收缩可引起少数运动单位兴奋。在针电极附近由这些运动单位支配肌纤维所产生的电位将被记录下来。正常运动单位动作电位的参数大小取决于受检肌肉和患者年龄，其时限在5～15 ms、波幅在0.2～2 mV之间，多数为两相或三相波。运动单位的兴奋数目取决于自主收缩的强度，肌肉收缩力量的增强与所兴奋(募集)的运动单位数目及其发放频率的增加相关。大力收缩时，所兴奋的运动单位太多，以至于无法区分出单个运动单位动作电位，从而产生一种完全的干扰相。

肌电图在临床上能够确定受检肌肉为肌源性或神经源性损害。在肌源性疾病，短时限、多相(＞4相)的小运动单位动作电位发生率增多；相反，神经源性疾病出现的运动单位缺失则使大力收缩时兴奋的运动单位减少，表现为单纯或混合相；根据神经源性病损时间长短及是否出现神经再支配现象，其电位形状、大小也有所不同。残存的运动单位电位形状最初表现尚正常，但当出现神经再支配时，时限和波幅均增大，且成为多相波。

临床最常用的同心针电极肌电图，它是使用一种标准技术测定20个运动单位动作电位的平均时限和波幅。巨肌电图则提供较大运动单位范围内肌纤维数目和大小的信息，用于估测一块肌肉中运动单位的数目。单纤维肌电图有助于检测神经肌肉传递的障碍，它是将一个特制的单纤维针电极插入肌肉中，调整位置以记录属于同一运动单位的两条肌纤维的动作电位。在连续发放中，两个电位之间的时间间隔是不断变动的，该变动被称为神经肌肉颤抖。颤抖可被量化为连续电位间隔之间的平均差，正常在10～50 μs之间。任何原因引起的神经肌肉传递障碍都可使该数值增大。在某些情况下，因为神经肌肉接头传导阻滞，肌纤维的冲动可能无法传达。在诊断重症肌无力时，单纤维肌电图比重复神经刺激或确定乙酰胆碱受体抗体水平都更敏感。

2. 神经传导测定　是用于评定周围神经运动和感觉传导功能的一项电诊断技术。其中，运动神经传导速度(motor nerve conduction velocity，MCV)是沿神经的走行在两点或多点刺激运动神经，在其支配的肌肉上记录电反应，由此确定刺激点间的快传导运动纤维的传导速度(图5-5)。感觉神经传导速度(sensory nerve conduction velocity，SCV)则是通过刺激感觉神经纤维的一点，在沿神经走行的另一点记录反应波来确定感觉纤维的传导速度和动作电位波幅。成人的上肢神经传导速度正常为50～70 m/s，下肢为40～60 m/s。

神经传导测定在确定有无周围神经病理损害及其程度方面补充了肌电图的不足。在单神经病的患者，神经传导测定对损害病灶定位、确定病变的程度、判定预后等方面均具有十分重要的价值。神经传导测定还有助于将多发性神经病和多发的单神经病鉴别开来。此外，它们还可提示不同损害的潜在病理基础，如脱髓鞘性周围神经病常表现为传

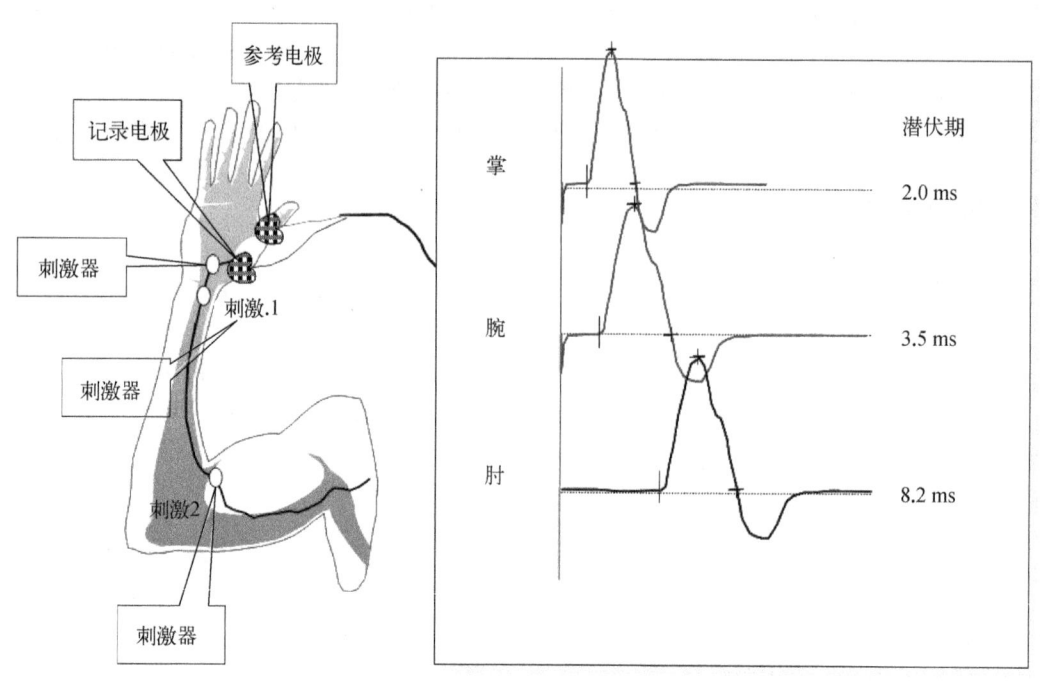

图 5-5 神经传导测定

导速度明显减慢、终末运动潜伏期延长以及复合运动感觉神经动作电位离散,在这些疾病的变异型中还常见传导阻滞;相反,在代谢或中毒性周围神经病中则出现轴索性神经病,表现为传导速度正常或仅轻度减慢,神经动作电位波幅变小或缺失,并有肌电图的失神经改变。

超强刺激运动神经引起冲动顺向传导(传向神经末端)的同时,也可引起逆向传导(传向脊髓)。这种逆向冲动引起少数前角细胞发放,在神经刺激产生的直接反应波之后产生一个小的运动反应,称为 F 波。周围神经近端(如神经根)病变时,F 波可缺失或延迟;此外,在 Guillain-Barre 综合征时也常表现异常。另一个检测周围神经近端病变的电检查是 H 反射。与 F 波不同,H 反射是通过低强度刺激胫神经引出的一个传入通路为肌梭(Ⅰa)传入纤维,传出通路为运动轴索的单突触反射。在 S_1 神经根病时可表现病变侧 H 反射的缺失。

3. 重复神经刺激　神经肌肉传递功能可用数种不同的方法进行测定,其中之一是对支配该肌肉的运动神经施行超强的重复神经刺激(repetitive nerve stimulation, RNS),用表面电极记录肌肉电活动的变化。在神经肌肉传递障碍性疾病如重症肌无力,低频(2~5 Hz)重复神经刺激可引起神经肌肉传递减低,表现为受累肌肉记录的反应波大小呈现递减现象,该现象在先天性肌无力综合征也可见到。Lambert-Eaton 肌无力综合征时因神经肌肉接头的乙酰胆碱释放障碍,单个刺激引起的复合肌肉动作电位很小,当重复刺激频率达 10 Hz 时,虽然初始反应波幅低下,但随后即增大。如果使用更快的刺激频率(20~50 Hz),动作电位的大小可出现戏剧性增大,以致可达最初波幅的数倍以上。肉毒中毒患者的重复神经刺激反应也与 Lambert-Eaton 肌无力综合征类似。

第五节　颅、颈血管超声检查

一、经颅超声多普勒检查

经颅超声多普勒(transcranial Doppler, TCD)检查是利用超声波的多普勒效应来研究脑底大血管及其分支血流动力学的一门技术,可直接获得颅内大动脉,包括颅底 Willis 环的血流动态信息,具有简便、快捷、无创伤、易重复及可监测等特点,在帮助脑血管病的诊断和研究脑循环方面有独特的使用价值。

在临床上,TCD 主要用于以下情况的辅助诊断:① 颅内段脑动脉狭窄或闭塞:颈内动脉颅内段闭塞或 50% 以上狭窄的确诊率可达 95% 以上,其与血管造影结果的比较显示符合率达 96%;② 脑血管畸形:有助于脑动静脉畸形的定位、供养血管和引流静脉的确定,也可用于术中或术后监测,避免损伤供血动脉,判断有无畸形血管的残留;③ 脑动脉瘤:诊断小于 1 cm 的动脉瘤比较困难,其检测的意义在于观察和研究动脉瘤破裂出血后脑血管痉挛的发生、发展和转归;④ 脑血管痉挛:蛛网膜下腔出血是导致脑血管痉挛最常见的原因,经 TCD 通过血流速度的变化、动脉参数的改变以及血流杂音等可以判断是否存在脑血管痉挛,其随访观察对评价蛛网膜下腔出血的预后很有意义;⑤ 锁骨下动脉盗血综合征:当观察到对侧椎动脉血流速度增高、同侧椎动脉血流逆转、基底动脉血流降低等,有助于发现和诊断此综合征;⑥ 脑动脉血流中微栓子的监测:可通过多通道经颅超声多普勒微栓子检测仪对颅内、外动脉进行连续和同步的监测,以检测栓子的数量、性质和来源。

二、颈部血管彩色超声检查

颈部血管超声检查可直观显示颅外段颈部大血管的长轴、短轴等切面图像,观察包括颈动脉系统和椎动脉系统在内的所有颅外段颈部血管的形态学改变,确定管腔狭窄及阻塞部位,应用彩色及频谱多普勒技术,检测血管走行、方向、性质,测量血流参数,评价血流动力学变化,从而提供颈部血管的解剖与生理两种信息,其与前述检测颅内段血管为主的TCD技术结合,是目前临床神经科对脑血管疾病诊断与鉴别诊断的一种十分重要的无创性检测手段(图5-6)。检查采用多功能超声扫描仪,以二维图像观测血管解剖形态改变,以频谱及彩色多普勒技术,通过以颜色表示血流方向,以色彩亮暗反映流速,血流色彩相掺呈多色镶嵌型者为湍流,可直观显示血流方向、流速及狭窄部位等信息。

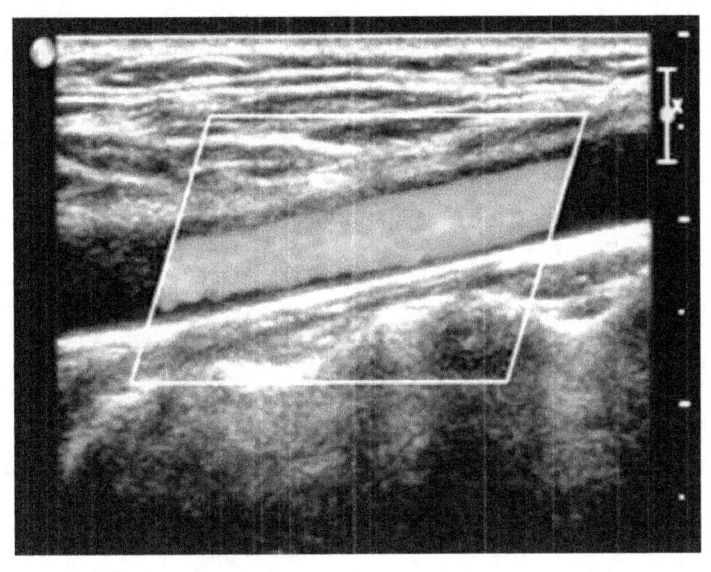

图5-6 颈部血管彩色超声检查

在临床上,颈部血管彩色超声检查可用于以下情况的辅助诊断:① 颈动脉或椎动脉硬化性闭塞症:可发现内膜粗糙及管腔狭窄,粥样硬化斑块形成,内部结构呈弱或等回声者为软斑,提示斑块不稳定,斑块内出血时内部可出现不规则回声;② 颈动脉瘤:呈梭形或囊性扩张,管壁连续好,可有附壁血栓,频谱为异常湍流;③ 锁骨下动脉盗血综合征:可直接显现头臂干动脉或锁骨下动脉管腔狭窄或闭塞,彩色和频谱检测示同侧椎动脉血流收缩期自头侧逆向颈根方向的倒流;④ 多发性大动脉炎(头臂干型):可显示病变血管壁全层增厚、管腔狭窄或闭塞,狭窄部位高速血流,频带增宽。

第六节 脑、神经和肌肉活组织检查

一、脑活组织检查

脑活组织检查取材途径取决于病变的部位。靠近皮质的表浅病变可采用颅骨环钻钻孔后切开脑膜,然后锥形切取脑组织;也可先用小颅钻钻孔,然后穿刺采取脑组织。脑深部病变通常由神经外科医生开颅手术切取标本,也可在CT或MRI定向引导下行脑组织穿刺活检。所获脑组织标本根据需要进行特殊处理,可制成冰冻或石蜡切片,经过不同的染色技术显示病变。还可从脑活检组织中进行病毒分离或检测病毒抗原。在临床上主要用于亚急性硬化性全脑炎、遗传代谢性脑病(如脂质沉积病、黏多糖沉积病、脑白质营养不良等)、阿尔茨海默(Alzheimer)病、Creutzfeld-Jakob病以及性质不明的脑内肿块等的诊断。由于脑活组织检查是一种有创性检查,对于脑功能区及其附近的取材有可能造成严重后果,因此,必须充分权衡利弊后再做决定。

二、周围神经活组织检查

周围神经活组织检查有助于周围神经病的定性诊断和病变程度判定。最常用的取材部位是腓肠神经,原因是该神经走行表浅,易于寻找,后遗症状轻微(仅为足背外侧皮肤麻木或感觉丧失)。常用的病理染色方法有轴突 Palmgren 镀银染色、髓鞘甲苯氨蓝染色、运动终板乙酰胆碱酯酶染色、撕单神经纤维染色等。周围神经活组织检查可以发现一些特异性的改变,是目前其他检查所不能替代的,可帮助诊断血管炎如结节性多动脉炎、原发性淀粉样变性、麻风性神经炎、多葡聚糖体病、恶性血管内淋巴瘤以及一些遗传代谢性周围神经病等。另一方面,可以帮助鉴别以髓鞘脱失为主的周围神经病(如 Guillain-Barre 综合征)和以轴索损害为主的周围神经病(如糖尿病性周围神经病和酒精中毒性周围神经病)等。

三、肌肉活组织检查

肌肉活组织检查有助于明确肌肉病变的性质,鉴别神经源性和肌源性损害。肌肉活检常用的取材部位有肱二头肌、三角肌、股四头肌和腓肠肌等。通常选择临床和神经电生理均受累的肌肉,但须避免在针极肌电图检查后的部位取材。慢性进行性病变时应选择轻中度受累肌肉,急性病变时应选择受累较重甚至伴有疼痛的肌肉,切忌选择已严重萎缩的肌肉。活检标本根据需要可制成冰冻或石蜡切片,然后通过常规组织学、生物化学、组织化学及免疫组织化学等不同的染色技术显示病变(图 5-7)。在临床上,肌肉活组织检查主要适用于多发性肌炎、包涵体肌炎、进行性肌营养不良、先天性肌病、代谢性肌病、内分泌肌病和癌性肌病等的诊断。肌肉活组织检查的最后结论应参考病史特别是家族遗传史、临床特点、血清肌酶谱测定和肌电图的检查结果。

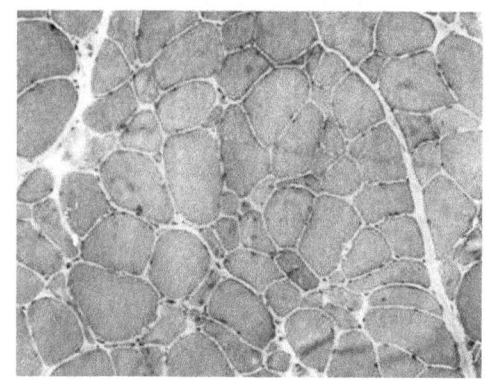 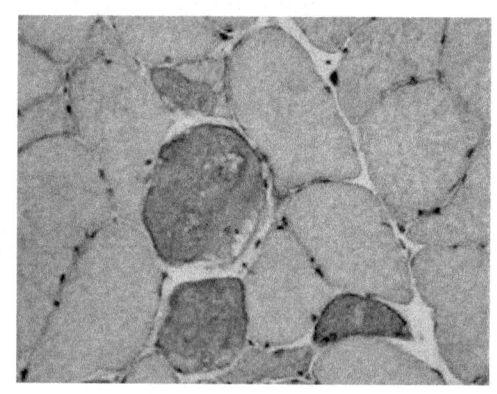

图 5-7 左侧为常规 HE 染色,右侧为免疫组织化学染色所显示的肌肉病变

第七节 分子生物学诊断技术

在临床实践中正确应用分子生物学诊断技术,要求临床医师必须对分子生物学诊断方法的先进性和局限性有一个全面的了解。许多神经系统疾病具有特定的突变致病基因,使临床应用分子生物学检测技术进行诊断成为可能。常见致病基因的突变包括核苷酸替换导致氨基酸的改变、翻译停止信号出现过早以及异常 RNA 转录接合,此外,还与 DNA 的删除、复制及三核苷酸重复的不稳定性有关。尽管一些疾病已经进行了基因定位,但由于尚未阐明其特定的突变,直接进行临床诊断尚不可行。致病基因的确定可通过家系连锁分析进行,家系分析要求所建立家系关系明确、信息标记可靠、家族成员基因型和表型的数量可统计。许多患者由于缺少这方面的信息而使得致病基因的确定难以进行。

一、常用 DNA 突变检测方法

1. 直接 DNA 测序 这种方法一般要求通过聚合酶链反应(PCR)对标本 DNA 进行扩增。大多数测序方法只能确定 300~400 bp 长度的 DNA 片段,因此,这种方法要求样本 DNA 应包含主要突变位点的一个限制性区域。直接测序可以探测到新的突变,并能减少假阴性的机会,但难以说明以前未确定性质的错义突变区的意义。这些突变区可编码氨基酸的多态性,有时可能是无意义的。

2. 序列特异性寡核苷酸探针杂交 该方法适用于已知的突变基因序列检测。利用人工合成的与待检基因正常序列及突变序列互补的两种寡核苷酸探针,与待测基因杂交,以检测是否存在已知突变。

3. 限制性核酸内切酶 PCR 扩增模板 用限制性核酸内切酶消化 PCR 扩增的 DNA 片段后可测定正常或突变的 DNA 序列。DNA 片段的大小结果可以指示样本 DNA 是正常还是发生了突变。这种方法可直接检测到突变。

4. 不稳定重复序列的分析 三核苷酸在特定 DNA 位点重复的数目可通过 PCR 扩增,再进行电泳分析。

5. 单链构象多态性的分析 几百个碱基对组成的基因经 PCR 扩增及电泳后呈变性状态,突变造成基因结构的改变可导致电泳图谱的变化。通过这种方法可直接检验出新的突变。在大量标本的检测中,无论样本是包含多个外显子的大型基因还是来自多个患者,都可使用这种方法。

6. 荧光法原位杂交 荧光法染色体原位杂交可检测兴趣基因的缺失,在 FISH 中荧光法最小可检测到 2 000 bp 的缺失。

7. 脉冲 Southern 印记 DNA 的缺失或复制可通过脉冲电泳法进行检测,这种方法对分离较大的 DNA 片段进行了优化。

二、细胞遗传学检测

外周血淋巴细胞或组织中分离出来的染色体被染色后,可区分插入、缺失或染色体不平衡,并可对染色体数目进行定量分析。

三、异常蛋白的检测

临床应用中,一些基于蛋白质特性或功能的检测诊断方法有时比 DNA 检测更有效。除了传统的基于酶活性的分析方法继续应用于许多代谢相关疾病的诊断以外,蛋白质功能的检查也已用于一些疾病的检测,例如,用免疫染色或 Western 印迹法检测抗肌萎缩蛋白抗体,可发现肌营养不良症患者肌肉活检标本中,抗肌萎缩蛋白水平的减少或分布异常。

四、分子生物学诊断技术在临床应用的局限

必须考虑到分子生物学检测的局限性。因为同一基因的不同突变可导致不同的临床表型(等位基因的异质性),另一方面,不同基因的突变又可导致相同的临床表型(非等位基因的异质性)。其他一些现象如表型模拟、不完全外显率、表型的年龄依赖性发作、多基因遗传、线粒体遗传、动态突变(三核苷酸重复)也增加了基因检测进行临床诊断的困难性。

1. 等位基因的遗传异质性 同一基因的不同突变(等位基因突变)可产生明显不同的临床表型,如朊蛋白基因的等位突变可造成家族性 Creutzfelt-Jakob 病、家族性致死性失眠症和 Gerstmann-Sträussler-Scheimker 病等临床表型;钠通道亚单位基因突变可导致高钾性周期性麻痹和先天性肌强直。在这种情况下,等位基因不同的突变导致蛋白结构和功能的显著改变,从而产生不同的表型。

2. 非等位基因的遗传异质性 指个体或家系中有相同的病理或(和)临床综合征,但却是由不同基因的突变所导致。如腓骨肌萎缩症、家族性阿尔茨海默病、常染色体显性遗传的脊髓小脑性共济失调、肢带型肌营养不良症等,都是由许多不同基因突变导致的。

3. 表型模拟 患者可能具有某些类似遗传病表型的临床表现,却是由非遗传因素所导致。如类似家族性阿尔茨海默病表现的血管性痴呆、类似亨廷顿病的中毒或药物导致的舞蹈病、类似 Friedreich 共济失调的维生素 B_{12} 缺乏等。

4. 可变的表达性 疾病表型的表达可被其他因素所修饰,如诱发疾病的其他等位基因、环境因子、性别和年龄等。基因表达的可变性也出现在由于三核苷酸重复引起的疾病,如强直性肌营养不良等。

5. 不完全的外显 外显率与全或无的基因突变表达有关。如果一个疾病中携带异常基因的个体表达低于 100%,就称为不完全的外显。

6. 多基因遗传　　在某些疾病如散发性阿尔茨海默病、帕金森病和多发性硬化中，疾病的发作取决于伴随的基因突变或大量基因的多态性。这些疾病的易感基因检测或诊断要求分析多基因的模板。

（樊东升）

思 考 题

1. 腰椎穿刺的检查方法、适应证、禁忌证和并发症是什么？
2. 颅脑 CT 和 MRI 的基本原理及其适应证是什么？
3. 神经原性损害和肌原性损害时的肌电图表现有何不同？
4. 颅内和颅外血管超声检查的方法和适应证是什么？
5. 常用 DNA 突变检测的方法及其局限性有哪些？

参考文献

陈生弟. 2005. 神经病学. 北京：科学出版社

王维治. 2004. 神经病学. 第 5 版. 北京：人民卫生出版社

Aminoff MJ, Greenberg DA, Simon RP. 2005. Clinical Neurology. New York：McGraw-Hill

Bradley WG, Daroff RB, Fenichel GM, et al. 2004. Neurology in Clinical Practice (4nd ed). Boston：Butterworth-Heinemann

Ropper AH, Brown RH. 2005. Principles of Neurology (8th ed). New York：McGraw-Hill

第六章 神经系统疾病的循证医学

There is no doubt that EBM does not, and cannot, answer all the epistemological and practical questions surrounding the practice of medicine. On the contrary, it is important that expectations from EBM are appropriate in order to prevent conceptual and practical mistakes. EBM provides methodological tools and a cultural framework. Methodologically it is useful to understand how we can produce valid and relevant information about the effectiveness of medical care. Culturally, its anti-authoritarian spirit is important to increase the opportunity for a multidisciplinary approach to health care problems.

—— Livia Candelise, 2007

第一节 循证医学的基本概念

循证医学(evidence-based medicine, EBM)指医生对患者的诊断、治疗、预防、康复和其他决策应建立在当前最佳临床研究证据、医师的专业技能和经验及患者的意愿三者有机结合的基础之上。

最佳临床研究证据指与临床密切相关的研究，包括对诊断性试验准确性和精确性的研究；对影响预后因素预测强度的研究；对治疗、康复和预防措施效果及安全性的研究等等。更新、更好的证据常常推翻和代替以前的证据。医学研究非常活跃，研究结果日新月异，知识的半衰期越来越短，很少有永恒不变的"真理"。临床医生应终生学习，随时更新知识，了解本领域最新研究进展，才能保证为患者提供高质量的医疗服务。

医师的专业技能和经验指医生应用临床技能和经验迅速判断患者的健康状况并建立诊断以及判断患者对干预措施可能获得的效益和风险比的能力，也就是对患者正确进行个体化处理的能力。最好的证据在用于具体患者时必须因人而异，根据患者的病情灵活应用。

患者的意愿指患者对接受诊治措施后病情改善的期望程度、价值观和偏好。循证医学提倡医生在作出医疗决策时应从患者的角度出发，征求患者的意见。结合证据、经验与患者意愿，才能使患者获得最佳医疗服务和满意度。循证医学体现了以患者为中心的医疗模式。

重视证据是循证医学的关键，但现实中受科技发展和时代的局限，当前神经病学领域中有足够临床试验证据的疗法还不多。因此，在医学发展的不同阶段，证据在影响临床决策诸因素中所占的比重有所不同。在科学研究不太发达的时期，研究证据较少，证据在影响临床决策各因素中所占的比重较小，而经验、推理和直觉的比重较大。随着经济的发展、科学技术的进步和临床研究方法学的改进，高质量临床研究证据会越来越多，在影响临床决策诸因素中所占的比重将会越来越大。

循证医学是在临床流行病学的基础上发展起来的。临床流行病学是临床医学与流行病学方法相结合而产生的学科。在此基础上循证医学更加注重临床研究证据在临床实践中的正确应用以及研究证据质量的评价和提高。循证医学促进医疗实践更加科学化。与以前不同的是循证医学时代形成了系统使用证据的理论框架和原则。因此，从临床实践角度看，循证医学不仅倡导在医疗实践中使用证据，还倡导"更好"地使用证据；从临床研究角度看，循证医学不仅倡导提供证据，还倡导提供"更高"质量的证据。

循证神经病学是循证医学原则和方法在神经疾病医疗实践和研究中的应用，是随着世界循证医学和临床神经病学的进步而发展起来的。国际上，将循证医学理念引入神经疾病领域始于20世纪90年代初，首先应用于脑血管病的循证防治领域。英国爱丁堡大学神经内科于1993年建立了Cochrane脑卒中组，最早在神经疾病领域开展提供系统评价证据的工作，并于1997年发表了神经疾病领域最大规模的多中心随机对照试验(International Stroke Trial, IST)，其基于社区的卒中登记项目(OCSP)为了解卒中自然史和疾病规律提供了大量可靠的临床证据，为循证神经病学的发展起到了重要作用。

神经疾病领域的循证医学实践主要体现在两个方面：

1. 提供证据 包括提供随机对照试验及其他临床研究证据。除开展临床试验外，系统评价或Meta-分析提供的证据也受到高度重视。1993年以来相继成立了Cochrane脑卒中组(stroke group)、癫痫组(epilepsy group)、神经肌肉疾病组(neuromuscular disease group)、运动障碍组(movement disorders group)、多发性硬化组(multiple sclerosis group)、痴呆和认知改善组(dementia and cognitive improvement group)等,这些学术组织提供的 Cochrane 系统评价(Cochrane systematic review)是指导临床实践和研究很好的参考依据,常被作为制定临床实践指南的重要证据来源。

2. 使用证据　　美国神经病学学会质量标准分委会、美国心脏学会及美国卒中协会是使用证据制定神经疾病临床规范的代表性组织。20 世纪 90 年代以来,为促进研究证据尽快用于临床实践,提高医疗质量,美国神经病学学会质量标准分委会组织制定了多个以循证评价为基础的实践参数(practice parameter,相当于指南),并陆续在神经病学(Neurology)杂志上发表。其内容涉及帕金森病、癫痫、头痛、Bell's 麻痹、格林-巴利综合征、多发性硬化、重症肌无力、痴呆和认知障碍等的诊断和治疗。美国心脏学会、美国卒中协会及欧洲卒中组织等发布了多个循证的脑血管病指南。我国近年来也发布了多个神经疾病的诊断和治疗指南。

第二节　临床研究证据的分类、分级及来源

循证医学提倡在临床实践中,尽可能使用当前可得到的最好证据,结合临床经验和患者的意愿进行诊治方案的选择。证据是循证医学的基础,而证据质量是循证医学的关键。因此,产生和提供高质量的证据是循证医学与循证临床实践的核心。

一、证据分类

按研究方法不同可将研究证据分为原始研究证据和二次研究证据两类。

原始研究证据(primary research evidence)是直接在患者中进行有关病因、诊断、预防、治疗和预后等研究所获得的第一手数据,进行统计学处理、分析、总结后得出的结果。主要包括单个的随机对照试验(randomized control trial,RCT)、队列研究(cohort study)、病例对照研究(case-control study)、横断面调查设计(cross-sectional survey)及叙述性研究等。

二次研究证据(secondary research evidence)是尽可能全面地收集某一问题的全部原始研究证据,进行严格评价、整合处理、分析总结后所得出的综合结论,是对多个原始研究进行分析和评价后得到的更高层次的证据。主要包括系统评价(systematic review)/Meta 分析、卫生技术评估(health technology assessment)、临床证据手册(handbook of clinical evidence)、临床实践指南(clinical practice guideline)等。

二、证据分级

重视证据及其质量是循证医学的关键,研究人员应该尽可能提供高质量的证据,同时临床医生应尽可能使用当前可得到的最佳研究证据。如何从大量的临床文献中找出当前最佳的证据并加以应用?这就需要对证据的可靠性进行评价和分级。

关于治疗性临床研究证据的分级,目前有多种大同小异的版本。一般来讲,治疗研究证据按质量及可靠程度可简要分为五级(可靠性依次降低)。一级:所有 RCT 的系统评价/Meta-分析。二级:单个样本量足够的 RCT。三级:设有对照组但未用随机方法分组的研究。四级:无对照的系列病例观察。五级:专家意见。国际公认 RCT 的系统评价或 RCT 的结果是证明某种疗法有效性和安全性最可靠的依据(金标准)。在没有这些金标准的情况下,可依次使用其他证据,但应明确其可靠性降低,当以后出现了更好的证据时则应及时使用更好的证据。

循证指南多是根据上述证据质量划分原则,在分析证据的基础上对治疗措施给出推荐意见。一般来说,推荐意见的强度根据证据级别可简要分为Ⅰ～Ⅳ四级(强度依次降低)。Ⅰ级推荐意见根据当前最好的证据提出,强度最高,多数情况下应该尽可能遵循;Ⅲ或Ⅳ级推荐意见所依据的证据可靠性最低,临床医生可有较大的灵活性,应结合自己的经验和判断来执行。Ⅱ级推荐意见介于二者之间。

三、神经专业主要的证据来源

临床研究证据的传播方式多种多样,获得证据的渠道也非常广泛。尤其在现今互联网时代,证据的获取方式更加多样化。以下是神经科常用的临床指南、系统评价和原始研究的证据来源。

(一) 临床指南

1) National guideline clearinghouse (NGC)：NGC 由美国卫生研究与质量管理机构 (Agency for Healthcare Research and Quality, AHRQ)、美国医学会 (American Medical Association, AMA) 和美国卫生规划协会 (American Association of Health Plans, AAHP) 联合制作与管理。其特点是提供结构式摘要，能进行指南间的比较；对指南内容进行了分类，可链接部分指南全文，可定购指南（复制或打印）；提供电子论坛，交换临床实践指南方面的信息；对指南的参考文献、指南制作方法、评价和使用等提供链接、说明或注释等功能。NGC 每周更新，更新的内容为新发表的或内容更新的指南。其网址为：http://www.guideline.gov/。

2) National Institute for Health and Clinical Excellence (NICE)：NICE 是英国国家临床示范研究所网站的一部分内容，是世界上制作临床指南最多的机构之一。NICE 是最好的循证指南网站之一，其宗旨是促进健康、预防疾病。其网址是：http://www.nice.org.uk/。

3) 各种学术期刊，如 *Neurology*、*Stroke*、*Cerebrovascular Diseases*、*International Journal of Stroke* 及中华神经科杂志等常刊登神经疾患和脑血管病的临床指南。

(二) 系统评价和原始研究

1) Cochrane 图书馆 (Cochrane library, CL)：CL 是临床治疗性研究证据的基本来源，包括系统评价和原始临床试验数据库。不仅收录 Cochrane 协作网系统评价专业组在统一工作手册指导下完成的系统评价（包括全文和研究方案），也收录其他非 Cochrane 的系统评价和 Meta 分析。Cochrane 图书馆是目前公认的高质量系统评价最重要的来源之一，基本囊括了神经科的常见病、多发病。其网址为 http://www.thecochranelibrary.com/。

2) Medline：Medline 是生物医学证据和信息的基本来源。它是由美国国立医学图书馆开发的大型生物医学文献数据库，收录了 1966 年至今包括临床医学、基础医学、护理学、牙科学、卫生保健以及兽医学领域的、以北美地区为主的全世界范围内 4 800 多种期刊，包括 Cochrane 图书馆中的文献。目前有多种不同版本的 Medline，其中以 PubMed 最常用，其网址为 http://www.ncbi.nlm.nih.gov/sites/entrez/。

3) Embase.com：EMBASE.com 由 Elsevier 出版集团开发，是世界上著名的生物医学与药理学文摘型数据库，收录了世界上 70 多个国家/地区出版的 7 000 多种期刊，特别是涵盖大量的欧洲和亚洲的医学刊物。EMBASE.com 将 EMBASE（荷兰医学文摘）与 MEDLINE 数据库进行了整合，并从 MEDLINE 中去掉重复记录，目前 EMBASE.com 包括 EMBASE 收录的 1974 年以来的 1 100 多万条记录，和 MEDLINE 收录的 1966 年以来的 600 多万条记录。其网址为 http://www.embase.com/home。

第三节　神经疾病的循证临床实践

一、循证临床实践的基本步骤

神经疾病循证临床实践包括以下五个基本步骤：

1) 针对具体患者提出要解决的临床问题：进行循证临床实践的首要问题是面对具体患者，提出明确的临床问题，如疾病预防、诊断、治疗等方面的问题。实际临床环境中，医生每天都会遇到许多临床问题，应优先处理急需解决的关键问题。

2) 寻找当前可得到的相关研究证据：寻找证据是医生在病房或门诊遇到问题时为寻找答案而进行的资料查询过程，可通过查询杂志、参考书、上网或咨询有经验的上级医生等途径。若平时已积累充分的资料和经验，遇到临床问题时就可快速地进行处理。寻找证据可依次寻找最新临床实践指南、系统评价或 Meta 分析、随机对照试验（多个或大样本）、非随机但有对照的试验、无对照的研究或专家意见、当地或自己的经验等。当前临床多发病及常见病一般有发表的临床实践指南或共识。故遇到一个需要解决的临床问题后，最好先寻找和使用临床指南，因一个好的、以证据为基础的临床指南已经完成了对当前证据的收集和评价，并将证据与具体实践相结合，多方讨论后取得共识，最终提出临床实用的指导意见。对某一重要的临床问题，即使当前还没有可使用的研究证据，指南也会根据共识提出相应的处理建议，对一线的临床医师会有帮助。

3) 严格评价证据质量：检索到相关证据后，就需要参考证据分级标准，从证据的真实性、可靠性、临床价值及实用性等方面严格评价证据质量。其评价要点是：研究的设计和实施是否规范？样本量是否足够大？

4) 将证据用于指导患者的具体处理：主要是评估使用证据推荐的疗法是否对面前的患者利大于弊，有无不适用的情况，如果没有就可使用。

5) 进行后效评价，总结经验和教训：长期随访患者的结局，观察评价应用当前最佳证据做出的临床决策的效果如何。如果取得较好效果则继续应用；反之，应回顾分析不成功的原因，找出问题，再针对问题进行新的循证研究和决策过程。

二、如何在神经科进行循证临床实践

以下是一个临床案例，以帮助理解如何在神经科施行具体的循证临床实践。

一位70岁女性患者因右侧半身无力、说话不清4 h收入某医院神经内科。既往有高血压病史15年。查体：血压164/106 mmHg，意识清楚，不完全运动性失语，右侧上运动神经元性面瘫和舌瘫，右侧上、下肢肌力Ⅱ级，生活不能自理。急诊脑部CT扫描显示没有出血和其他异常密度影。初步诊断为"急性缺血性脑卒中；高血压病Ⅱ级、极高危"。对该患者的循证治疗根据上述原则主要分为五步。

步骤一：提出问题

患者、家属及主管医生均提出问题：① 能否使用溶栓药物以降低该患者死亡和残疾风险？② 是否应对该患者进行积极降压治疗以及何时继续使用降压药物？③ 怎样选择其他疗法？

步骤二：寻找证据

该患者为急性缺血性脑卒中，国内近年已发表有2010年及2007年两个版本的缺血性脑卒中指南，其中最新的为"中国急性缺血性脑卒中诊治指南2010"（以下简称2010版指南）是循证指南，国外也有多个循证指南（包括2008年欧洲发布的"缺血性脑卒中和短暂性脑缺血发作处理指南2008"和2007年美国发布的"成人缺血性脑卒中早期处理指南"及其更新版）。应尽可能参考最新的本国指南。

1) 关于溶栓：因溶栓时间窗很短，对该患者应快速决定是否溶栓。我国2010版指南推荐对发病3 h内和3～4.5 h内的缺血性脑卒中患者静脉使用rt-PA溶栓（Ⅰ级推荐）。与欧美指南一致。主管医生将该患者情况逐条对照了指南中溶栓的适应证和禁忌证，确定适合进行溶栓治疗。尽管指南都推荐发病4.5 h内的患者静脉使用rt-PA，仍需与患者及家属沟通使用rt-PA后的早期颅内出血和死亡风险以及费用问题，并签署知情同意书。

2) 关于血压的处理：我国2010版指南建议：血压持续升高，收缩压≥200 mmHg或舒张压≥110 mmHg，或伴有严重心功能不全、主动脉夹层、高血压脑病，可予谨慎降压治疗。准备溶栓者，应使收缩压＜180 mmHg、舒张压＜100 mmHg。欧美指南与我国指南大同小异，但在血压标准方面欧美指南建议：血压持续＞220/120 mmHg时可用降压药谨慎降压；有溶栓指征的患者，血压应降至≤185/110 mmHg；此外，我国和美国指南均建议有高血压病史且病前正在服用降压药者，可于病情平稳24 h后开始恢复使用降压药物。目前关于急性期血压处理的问题由于缺乏充分的随机对照试验证据，上述国内外推荐意见均主要基于观察性研究和专家共识。故临床医生可参考本国指南推荐，结合临床经验及患者的具体情况进行处理。

3) 关于其他常用措施：将国内外最新指南的推荐意见大致归纳如下：

证据充分应广泛使用：卒中单元，阿司匹林150～320 mg/d。

证据欠充分应限制性使用：肝素限用于少数再栓塞风险很大的患者。

目前不推荐使用：各种类型抗凝剂无选择地广泛使用、血液稀释疗法等。

步骤三：评价证据

对指南可以进行评价，以确定其推荐意见的可靠程度。已对原始研究证据进行了质量评价的循证指南相对更为可靠。对指南真实性（validity）、可靠性（reliability）和临床意义及实用性进行评价的要点如下：

1) 指南的真实性和可靠性

① 指南是否收集了所有最新的有关证据，并进行了分析、评价和对其真实性进行了分级？

最新的我国、欧洲和美国指南都大致分为三个部分，首先介绍了制定指南的目的、参加制定指南的人员情况及制定指南的方法，并给出了大同小异的证据水平和推荐意见强度对照表；对处理措施当前有关研究证据进行了全面分析和评价并在指南中进行了报告，列出了相应的参考文献；最后在这些证据的基础上形成推荐意见，并标记了推荐意见强度和证据水平，将推荐意见与相应支持证据紧密联系起来。

② 是否对每一条推荐意见标注了其依据的证据级别和相关文献出处？

最新的我国、欧洲和美国指南均对推荐意见标注了其依据的证据级别和相关文献出处。

2) 指南推荐意见的临床意义和实用性,执行指南意见带来的益处是否大于风险?(见步骤二)
3) 指南推荐意见是否适用于你面对的患者?(见步骤二)

步骤四:具体应用证据

归纳对该患者的处理要点为:立即静脉使用rt-PA,并密切观察病情变化,病情平稳24 h后开始口服阿司匹林150 mg,每天1次,数周后可改为75 mg,每天1次并长期使用(Ⅰ级推荐)。如果患方不同意溶栓治疗,就应立即使用阿司匹林、对症、支持、康复和防止并发症及复发等措施。该患者的血压不太高且病情稳定,故暂时不急于使用降压药,可考虑于病情平稳24 h后开始恢复原用降压药物。有条件应进入卒中单元(Ⅰ级推荐)。

步骤五:后效评价

患者应用上述治疗原则后病情稳定,出院时血压稳定在140/80 mmHg,右侧肢体肌力恢复到Ⅲ级,失语较入院时好转,复查头颅CT示左额叶斑片状低密度改变,未见出血。提示应用当前治疗策略效果尚佳,出院后应定期随访。

三、神经科开展循证实践的意义

神经科医生常常面临许多临床疑难问题,过去常用的解决方式为:根据既往的经验;询问高年资医生;查询教科书;根据推理或动物实验结果;意见不统一时,由多位医生讨论,形成一致性意见;这些方法长期以来帮助我们解决了不少临床问题。然而进入21世纪后,随着知识更新的加快、计算机、互联网的普及,患者和家属知识水平的提高,医疗纠纷的增加等,上述习惯的方式常常显示出明显的局限性,因这样获得的知识或经验可能是片面的或过时的。人们从网上获得的信息可能会与我们的习惯处理方法有所不同,为什么要选择某些疗法会受到质疑,有时可能会令我们十分尴尬。面对这种挑战,学习循证医学,掌握更新知识的方法是一种明智的选择。对上述问题采用循证医学的方法来回答将更加准确和全面,为患者做出的各种决策更加科学合理、有效、安全、经济和使用方便,患者将得到更好的医疗服务和满意度。这样才能适应新世纪的要求成为高水平的临床医生。

(刘鸣　王德任)

思 考 题

1. 什么是循证医学?
2. 治疗性临床研究证据怎样分级?
3. 神经疾病领域的主要证据来源有哪些?
4. 循证临床实践的基本步骤有哪些?
5. 神经内科开展循证临床实践的意义。

参考文献

刘鸣. 2005. 循证神经病学的发展、问题与展望. 中国循证医学杂志. 5(2):91~96
李幼平主编. 循证医学. 第2版. 北京:高等教育出版社,2009,3~43
中华医学会神经病学分会脑血管病学组急性缺血性脑卒中诊治指南撰写组. 2010. 中国急性缺血性脑卒中诊治指南2010. 中华神经科杂志. 43(2):146~152
Livia Candelise. 2007. Evidence-based Neurology: Management of Neurological Disorders. Oxford: Blackwell Publishing. 3~14
Sackett DL, Straus SE, Richardson WS et al. 2000. Evidence-based medicine: how to practice and teach EBM [M]. 2nd edition. London: Churchill Livingstone. 149~153

第七章 神经系统疾病的诊断原则

The authors believe that many of the difficulties in comprehending neurology can be overcome by adhering to the basic principles of clinical medicine. First and foremost, it is necessary to learn and acquire facility in the use of the clinical method. Without a full appreciation of this method, the student is virtually as helpless with a new clinical problem as a botanist or chemist who would undertake a research problem without understanding the steps in the scientific method. And even the experienced neurologist faced with a complex clinical problem resorts to this basic approach. The importance of the clinical method stands out more clearly in the study of neurologic disease than in certain other fields of medicine.

—— ADAM N VICTOR'S PRINCIPLES OF NEUROLOGY, 2005

第一节 临床思维方法

神经病学临床诊断的目的在于：① 为临床医生选择适当的治疗方法提供依据；② 为临床医生判断疾病的转归和预后提供帮助；③ 通过发现遗传性疾病为早期开展遗传咨询工作提供便利；④ 为开展临床研究提供必不可少的准备。然而，作出快速的、正确的临床诊断需要借助良好的临床思维方法。与医学的其他学科相比，临床思维方法在神经系统疾病诊断和研究中的重要性就更为突出。一般情况下，临床方法由下列步骤有序组成：

1) 通过详细的询问病史和仔细的体格检查获取与疾病有关的症状和体征。病史的询问涉及疾病的起病、发生、发展和演变模式、累及的非神经系统的临床症状或体征、过去史、家族史等。

2) 确定疾病相关的功能与解剖结构的异常：从生理学和解剖学角度解释与疾病有关的症状和体征，并将识别到的症状和体征组合归纳为一种或几种综合征。用综合征来描述一系列的症状和体征，对于确定疾病的性质及发病部位有很大帮助。这一步骤称为综合征诊断（syndrome diagnosis）。

3) 利用这种症状与功能和解剖结构异常的关系，明确疾病所涉及的神经系统的部位。这一步骤称为解剖学或局部解剖学诊断（anatomic or topographic diagnosis）。

4) 根据解剖学诊断和其他临床资料，尤其是疾病的起病、发生、发展和演变的方式，所累及的其他系统的临床症状或体征、过去史、家族史以及实验室检查（包括影像学、电生理学、神经生化学、组织病理学等）结果，推出病理学诊断（pathologic diagnosis），当疾病的病因和发病机制明确时，即为病因诊断（etiologic diagnosis）。

5) 最后，评价神经系统功能障碍的程度，并明确这种功能障碍是暂时性的还是永久性的。这种功能性诊断（functional diagnosis）对于疾病的治疗及功能恢复的判断（即预后）非常重要。

由以上这种系统性的诊断步骤，可以得出明确的定位诊断和准确的疾病诊断。诊断步骤见图7-1。

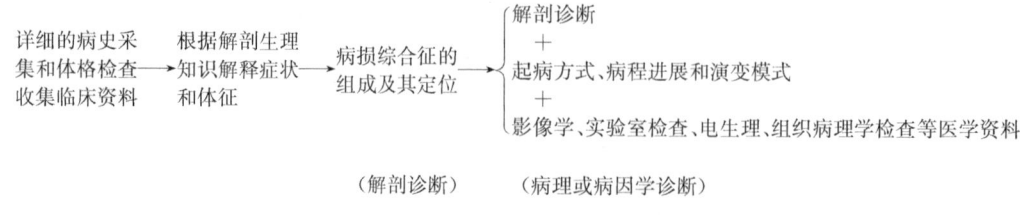

图7-1 神经病学诊断的步骤

遵循上述的临床思维方法，在大多数情况下，神经病学的诊断可以做出解剖学诊断。然而，病因诊断通常需要选择各种适当的实验室检查。但即使是最严格地运用临床方法和实验室检查，仍然有许多患者诊断不明。通常在这种情况下，我们可以遵循以下的经验：① 集中分析主要的可靠而肯定的症状和体征，剔除一些无关紧要的体征和不可靠的临床资料，以避免其分散我们临床判断的注意力。通常检查到的体征要比询问到的主观症状来的更可靠，而运动系统或反射等体征要比感觉系统的体征更肯定。此外，如果将疲劳误认为是轻瘫，将震颤误认为是共济失调，那么临床判断一开始就偏离了。② 避免过早地下结论和作出诊断,我们往往会因为思路过早地局限于病史或体检中的某些体征,而忽略了其他诊断的可能性。要知道最先作出的诊断仅仅是一种假设,诊断应当随着新资料的获得而加以调整;病情在不断变化,随着时间的推移,诊断将会进一步明确。③ 当临床表现不符合所考虑的疾病的特点时,就应该考虑另一种疾病的可能。一般情况下遇到常见病的不典型的表现概率,要比遇见罕见病典型表现的概率大得多。④ 临床医生不要根据自己对主要症状和体征的经验性认识作出诊断,而要通过对临床现象的归类和统计分析进行判断。⑤ 尽可能进行组织活检,获取细胞病理学资料,这样不仅有利于诊断,也有利于为以后的临床研究做准备。

医学是一种复杂的科学,任何一种疾病的临床表现都不尽相同。我们从实践中积累知识,从误诊中得到教益。只要遵循疾病诊断的基本原则、运用正确的临床思维方法,并且在诊断过程中重视证据、重视调查研究及验证,这样我们就能够尽早地作出正确的临床诊断,减少误诊的发生。

第二节 临床诊断思路

神经病学是从内科学中分离出来成为一门独立的学科。内科学通常以脏器作为分科的依据,疾病的名称一般包含了定位和定性两方面的内容,如急性气管-支气管炎、肺脓肿等。由于神经病学领域的病变损害可涉及的范围十分广泛,包括了中枢神经系统(脑、脊髓)、周围神经系统和全身骨骼肌,而且它们相互之间的联系非常密切。所以,神经病学的临床诊断更为强调定位的内容,通常以病变部位作为划分疾病的主线,然后再以定性的方式串联上各种疾病。

一、定位诊断

定位诊断(topical diagnosis)是根据患者的症状、体征等临床资料提供的线索确定疾病损害的部位。在对神经系统疾病进行初步分析时,进行定位(解剖学)诊断通常先于定性(病因学)诊断。显然,如不明确神经系统累及的部位或结构而去寻找病因,就像内科医生还不知道患者患的是呼吸系统疾病,还是心血管系统疾病就试图去分析疾病的病因一样,是难以实现的。而且,许多神经系统病变的发生都具有与一定的解剖部位相关的特性,定位诊断一旦确定,也为定性诊断提供了重要的诊断信息。

由于神经系统各部位的解剖和生理功能不同,不同部位受损时会产生不同的功能障碍,并表现出有一定规律可遵循的临床症状和体征,所以不同部位神经系统的病变有着各自的临床特点。通常神经解剖学、神经生理学和神经病理学的专业知识是临床医生做出神经系统疾病定位诊断遵循的依据,在得出初步诊断后可选用必要的、合适的特殊辅助检查来验证或修正定位诊断的正确性。在做出正确定位诊断之后再按照各种疾病病理过程的特点,结合病史、临床表现和辅助检查结果,推测病变的性质和病因。如同时出现视神经和横贯性脊髓损害的症状,就容易让临床医生联想和考虑到视神经脊髓炎(devic病)的诊断。

正确的定位诊断也为神经影像学辅助检查和神经病理活检的部位选择提供必要的临床依据。在神经影像学、神经电生理学等学科高度发展的今天,辅助检查确实为临床医生确定或排除疾病诊断提供了许多有益的帮助,但需要强调的是辅助检查并不能取代认真细致的问诊和查体,以及缜密的临床诊断思维。辅助检查的选择能体现临床诊断思维的针对性和目的性,对一些价格比较昂贵或有创伤性的特殊检查,在选择时还需要充分考虑患者的经济承受能力和检查手段的安全性。

在疾病的定位诊断的思考中应该注意以下几点:

1) 要确定病变损害所累积的范围或层面。首先,需要区分神经系统的症状、体征所涉及的是中枢神经系统(脑和脊髓)、周围神经系统(神经根、神经丛和周围神经),还是肌肉系统(肌肉或神经肌肉接头)的损害。其次,也要同时辨别不同部位神经系统和肌肉病变损害的临床特点。

2) 要分析病变损害在空间分布上的特点。局灶性损害是指仅在中枢、周围神经或肌肉有一个局部损害的病灶,如额叶损害或面神经麻痹。多灶性损害是指在上述范围内出现两个或两个以上的局部损害的病灶,如视神经脊髓炎分别损害视神经和脊髓。系统性损害是指病变选择性地损害某一特定功能解剖系统或传导束,如运动神经元病选择性损害锥体系统。弥漫性损害是指病变广泛侵犯中枢和(或)周围神经系统、肌肉,如脑炎时可损害左右侧额、颞、顶叶等广泛区域。

3) 定位诊断通常要遵循一元论的原则。尽量用一个局限性病变解释患者的全部症状、体征,如果无法解释,再考虑多灶性(包括播散性)或弥散性病变的可能。

4) 定位诊断应重视患者的首发症状。首发症状可能提示病变的主要部位,有时还可以提示病变的性质。

二、定性诊断

定性诊断(etiologic diagnosis)是确定疾病病因(性质)的诊断。

神经病学的定性诊断的思维方法不同于内科。不同类型的神经系统疾病有各自不同的演变规律,必须通过详细地采集病史,明确症状的来龙去脉,了解疾病发生的急缓,获取病情进展的详情,发现病变损害部位和程度,结合神经影像学等辅助检查的资料,才可得出初步病因诊断。神经系统疾病一般按起病的方式和病程(图7-2)分为两大类:

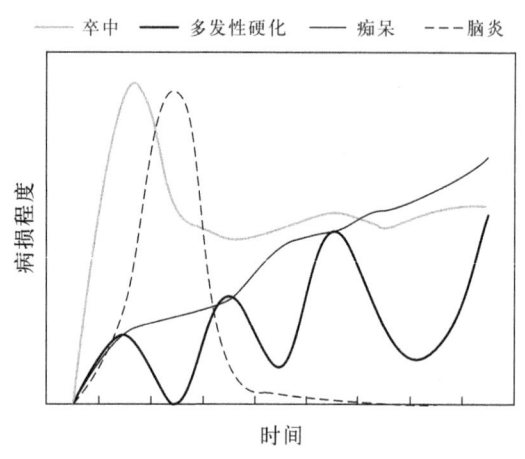 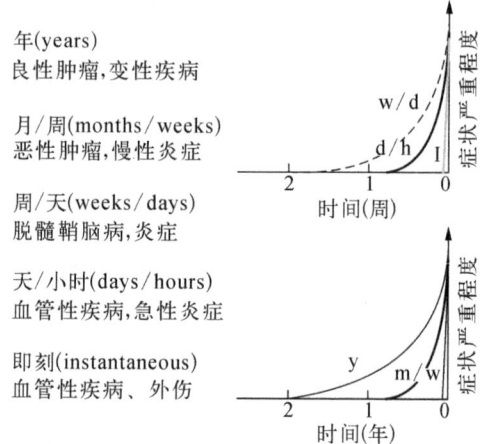

图7-2 起病的方式和病程

一种为急性过程的疾病:主要包括血管性疾病、炎症(感染)、外伤、中毒、脱髓鞘性疾病;另一种为慢性过程的疾病:主要包括肿瘤和寄生虫等占位疾病、变性、代谢和遗传性疾病。

1. 血管性疾病 起病方式急骤,仅次于外伤。可在数小时或数十小时内疾病发展达高峰,出现意识障碍和(或)局灶性神经损害体征,借助影像学检查可获得比较确切的中枢神经损害的证据,如各类脑血管病。

2. 炎症(感染) 起病多呈急性或亚急性,病情在数日或十数日内达高峰。神经损害体征可以较广泛。病程可有或无前驱感染,也可有或无发热,通常脑脊液检查可提供有价值的诊断信息,神经影像学检查有助于发现损害的病灶。

3. 外伤 起病方式最急,神经系统症状、体征大多在外伤后立即或稍后极短时期内出现,病变损害很快就能发展到高峰,可有肯定的、影像学支持的颅骨、脊柱、四肢等损伤存在,可出现明确的局灶性神经损害体征和(或)意识障碍,通常定性诊断并不困难。外伤史是诊断外伤的最主要的依据。

4. 中毒 具有明确中毒史。急性中毒性即刻或稍后出现中毒性神经、精神症状。少数在中毒后数周、数月才表现出神经系损害,如一氧化碳中毒后脑病,有机磷中毒后迟发性周围神经病。

5. 脱髓鞘性疾病 常为急性或亚急性的方式起病,病灶散布在大脑白质、小脑或脊髓内,病程中可有复发和缓解的现象,大多数表现为反复发作的神经功能障碍,经多次缓解复发后病情每况愈下。

6. 肿瘤 起病方式缓慢,病情在数月或数年内呈进行性加重,局灶性病变和局限性神经体征呈现出明显的阶梯样扩大和进展的趋势,通常伴有颅内压增高的现象,神经影像学检查可为定性诊断提供有力的佐证。

7. 变性和遗传病 起病比较隐匿,病情发展达数年之久,进展比较缓慢,但症状体征多呈进行性加重,可选择性地损害某一系统,可有家族遗传史。

8. 代谢病 大多起病缓慢,病程相对较长,少数呈特殊性的神经体征,但大多数临床表现无特异性,多在全身症状的基础上出现神经功能障碍的体征,可依据组织、体液中相应酶、蛋白质、脂质等的异常做出诊断。

9. 离子通道病 偏头痛、癫痫、周期性瘫痪、肌无力、肌强直等一些较常见的遗传性神经、肌肉疾病,虽然临床表现各异,但在发病机制上都与离子通道的功能异常有关,被统称为离子通道病。这类疾病可有家族遗传史,可呈间歇性反复发作,临床处理后的间歇期可以正常。

在确定神经系统病变损害的性质之后,应根据患者的临床表现和辅助检查结果寻找发现可能的致病原因。如果掌握了确切、客观的病理学或病原学证据,可对疾病做出肯定的诊断;如果依据的只是临床表现和反映间接征象的辅助检查资料,一般只能做出"可能"或"很可能"的诊断。

思 考 题

1. 在神经系统疾病定位诊断中,特别需要把握的要点有哪些?
2. 试述不同部位中枢神经系统损害的临床特征。
3. 神经系统疾病的临床诊断需要注意哪些要点?

(陈晓春)

参考文献

陈生弟. 2005. 神经病学. 北京:科学出版社

Ropper AH, Brown RH. . 2005. Adams and Victor's Principles of Neurology, 8th edition. New York:McGraw-Hill Companies. 3~12

Rowland LP. 2000. Merritt's Neurology, 10th edition. Philadelphia:Lippincott Williams & Wilkins. 921~948

第八章 脑血管疾病

Disturbances of cerebral perfusion are due to ischemia in 80～85% of cases and to intracerebral or subarachnoid hemorrhage in the remaining 15%～20%. They may present as transient ischemic attacks or as permanent neurological deficits. Two-thirds occur in the territory of the anterior circulation (the internal carotid artery and its branches), and one-third in that of the posterior circulation (the vertebral and basilar arteries). They may arise from diseases of the extracranial large vessels, the intracranial large vessels, or the intracranial microvasculature, or from embolization of a thrombus formed in the heart. Each of these causes accounts for approximately 20% of disturbances of cerebral perfusion. A small percentage of strokes are due to nonatherosclerotic vascular disease, such as arterial dissection. Macroangiopathies and emboli typically cause infarction in the territory of a major vessel, while microangiopathies typically cause lacunar infarcts. Motor and sensory hemisyndromes, homonymous hemianopsia, and neuropsychological deficits are characteristic features of hemispheric strokes; lateralizing phenomena include aphasia (dominant hemisphere, usually left) and disturbances of spatial processing (right hemisphere). Vertebrobasilar disturbances produce bilateral motor and sensory deficits, cerebellar ataxia, visual field defects, diplopia, dysphagia, and other cranial nerve deficits. Stroke prophylaxis (for all patients at risk, including those who have already had a stroke) consists of the treatment or elimination of controllable risk factors, including hypertension, smoking, obesity, and hyperlipidemia; healthful diet and regular exercise; and, where indicated, the use of medications such as inhibitors of platelet aggregation and anticoagulants, statins and the surgical treatment of high-grade carotid stenosis.

—— Mark Mumenthaler; Heinrich Mattle, 2004

第一节 概　　述

【概念】

脑血管疾病(cerebrovascular disease, CVD)是指由于各种脑血管病变所引起的一组脑部疾病。卒中(stroke)又称中风或脑血管意外(cerebrovascular accident)，是一组以急性起病，局灶性或弥漫性脑功能缺失为共同特征的脑血管疾病。既往曾把缺血性卒中分为脑血栓形成、心源性栓塞、腔隙性梗死。其实，上述三种名称只是描述了疾病的不同方面。脑血栓形成是指某一病理生理过程，在动脉粥样硬化、动脉夹层、血管炎、烟雾病等存在动脉病变的情况下均可以出现。心源性栓塞是一个病因诊断。腔隙性梗死是按照病变部位的大小诊断，病因可以包括小动脉自身的病变、大动脉粥样硬化或心源性栓塞等。因此，本文并未采用上述分类，而只是对缺血性卒中做一整体介绍。

【流行病学】

卒中是严重威胁人类健康的疾病。据2008年世界卫生组织公布的数据显示，卒中继缺血性心脏病之后成为第二大致死病因，每年造成约570万例死亡，占全球所有死亡的9.7%。卒中死亡和当地经济收入相关，在高收入国家，卒中是第2位的死因(每年约80万例死亡)，而在中等收入国家是第1位的死因(每年约350万例死亡)，在低收入国家则是第五位的死因(每年约150万例死亡)。据估算，至2030年年龄性别调整后的卒中死亡率将会下降，但因人口老龄化影响，总卒中死亡人数预期会增加至750万。

我国也是受脑血管疾病威胁较大的国家之一，2008年卫生部公布了中国新的死因顺位，与之前的中国死因顺位不同，卒中(136.64/10万)已经首次超过恶性肿瘤(135.88/10万)，成为中国第一死因。

脑血管疾病发病率男性高于女性，男：女为1.3:1～1.7:1。脑血管疾病发病率、患病率和死亡率随年龄增长而增加，45岁以后明显增加，65岁以上人群增加最为明显，75岁以上者发病率是45～54岁组的5～8倍。脑血管疾病的发病与环境因素、饮食习惯和气候(纬度)等因素有关，我国卒中发病率总体分布呈现北高南低、西高东低的特征；纬度每增高5°，卒中发病率则增高64.0/10万，死亡率增高6.6/10万。

【脑的血液供应】

脑的血管系统大体可分为动脉系统和静脉系统。脑血管的最大特点是颅内动脉与静脉不伴行。

1. 脑的动脉系统 包括颈内动脉系统和椎-基底动脉系统，是脑的主要供血来源（图8-1）。

（1）颈内动脉系统（又称前循环）：起自颈总动脉，沿咽侧壁上升至颅底，穿行颈动脉管至海绵窦，然后进入蛛网膜下腔。颈内动脉的主要分支有眼动脉（主要供应眼部血液）、脉络膜前动脉（供应纹状体、海马、外侧膝状体、大脑脚、乳头体和灰结节等）、后交通动脉（与椎-基底动脉系统连接组成Willis环）、大脑前动脉和大脑中动脉。供应眼部和大脑半球前3/5部分（额叶、颞叶、顶叶和基底节）的血液。

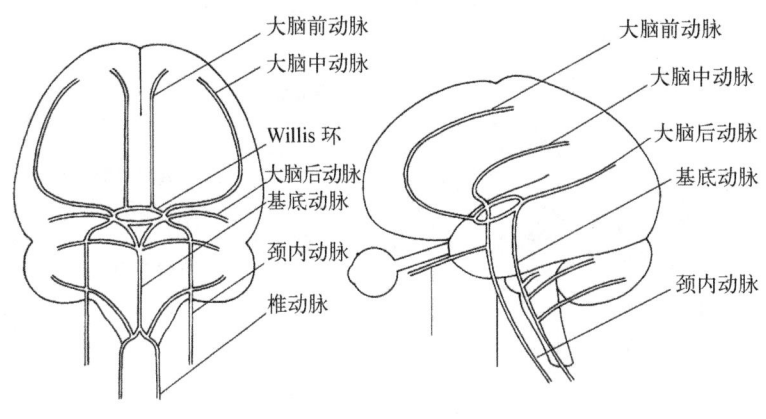

图8-1 脑的主要供血动脉

大脑前动脉是颈内动脉的终支，在视交叉上方折入大脑纵裂，在大脑半球内侧面延伸，主要分支有眶前动脉、眶后动脉、额极动脉、额叶内侧动脉、胼周动脉、胼缘动脉等皮质支和深穿支；左、右大脑前动脉之间有前交通动脉相连。大脑前动脉皮质支主要供应大脑半球内侧面前3/4及额顶叶背侧面上1/4部皮质及皮质下白质，深穿支主要供应内囊前肢及部分膝部、尾状核、豆状核前部等。

大脑中动脉是颈内动脉的直接延续，供应大脑半球背外侧面的2/3，包括额叶、顶叶、颞叶和岛叶，内囊膝部和后肢前2/3、壳核、苍白球、尾状核。主要的分支有眶额动脉，中央沟、中央沟前及中央沟后动脉，角回动脉，颞后动脉等皮质支和深穿支。

（2）椎-基底动脉系统（又称后循环）：两侧椎动脉均由锁骨下动脉的根部上后方发出，经第1颈椎至第6颈椎的横突孔入颅，在脑桥下缘汇合成基底动脉。椎动脉分支有脊髓后动脉、脊髓前动脉、小脑后下动脉；基底动脉的分支有小脑前下动脉、脑桥支、内听动脉、小脑上动脉和大脑后动脉；大脑后动脉是基底动脉终末支，其分支有皮质支（颞下动脉、矩状动脉和顶枕动脉），深穿支（丘脑穿通动脉、丘脑膝状体动脉和中脑支），脉络膜后动脉。该系统供应大脑半球后2/5部分、丘脑、脑干和小脑的血液。

（3）脑底动脉环（又称Willis环，图8-2）：位于脑底面下方、蝶鞍上方，下丘脑及第三脑室下方，灰结节、垂体柄和乳头体周围。该环由双侧大脑前动脉、颈内动脉、大脑后动脉、前交通动脉和后交通动脉组成，使两侧大脑半球及一侧大脑半球的前、后部分有充分的侧支循环，具有脑血流供应的调节和代偿作用。

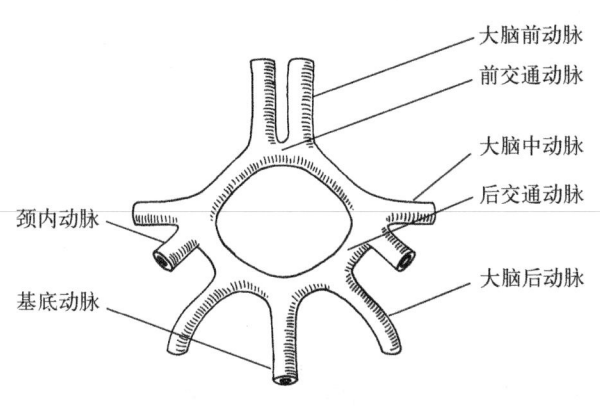

图8-2 Willis环　　　　　　　　　　图8-3 颅内外的动脉吻合

（4）颅脑动脉吻合：头皮、颅骨、硬膜和脑的动脉系统既相对分隔又存在着广泛的吻合。在正常情况下，这些吻合血管的血流量很小。当某些血管狭窄或闭塞时，这些吻合血管则起到一定的代偿作用，是调节脑部血液分配的另一重要途径。如颈内动脉的眼动脉与颈外动脉的颞浅动脉、颈外动脉的脑膜中动脉与大脑前、中、后动脉的软脑膜动脉间的吻合（图8-3）。

2. 脑的静脉系统 由脑静脉和静脉窦组成。大脑浅静脉分为三组：大脑上静脉汇集大脑皮质的大部分血流注入上矢状窦；大脑中静脉汇集大脑外侧沟附近的血液注入海绵窦，大脑下静脉汇集大脑半球外侧面下部和底部的血液注入海绵窦和大脑大静脉。大脑的深静脉主要为大脑大静脉（Galen静脉），它包括大脑内静脉和基底静脉两部分；前者由丘脑纹状体静脉、透明隔静脉、丘脑上静脉和侧脑室静脉组成。后者由大脑前静脉、大脑中静脉和下纹状体静脉组成,大脑大静脉汇集大脑半球白质、基底节、间脑及脑室脉络丛等处静脉血注入直窦。下矢状窦接受大脑镰静脉注入直窦。深浅两组静脉的血液经乙状窦由颈内静脉出颅。上矢状窦、下矢状窦、直窦、海绵窦、横窦和乙状窦是颅内主要的静脉窦(图8-4)。

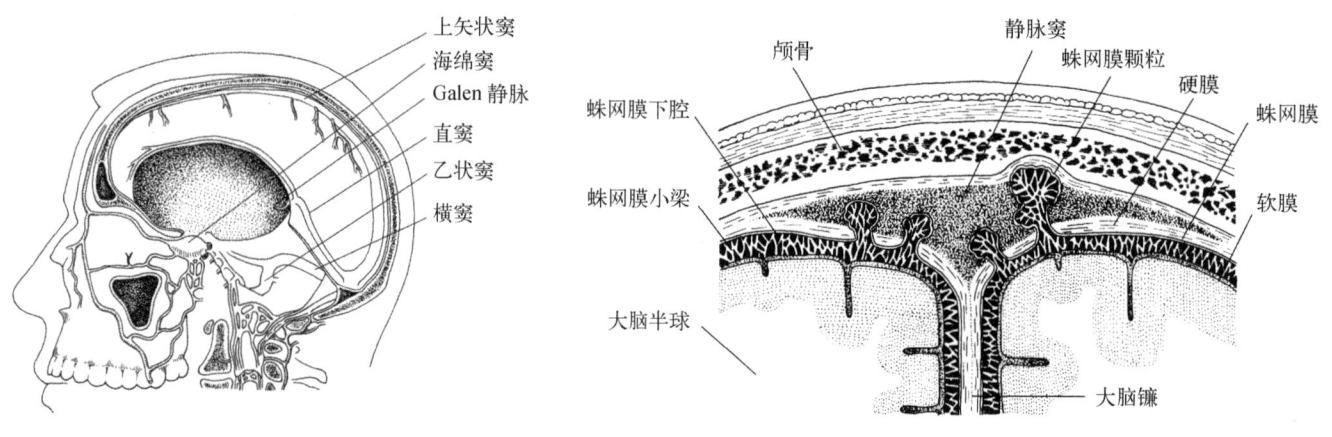

图8-4 脑的静脉系统　　　　　　　　　　图8-5 蛛网膜下腔的构造

3. 蛛网膜下腔　蛛网膜下腔不属于脑的血管系统,而属于脑脊液循环系统。因其与脑血管系统联系密切,故在此提及。脑和脊髓的表面自外向内由硬脑(脊)膜、蛛网膜和软脑(脊)膜3层被膜包裹。3层被膜之间留有间隙。位于蛛网膜和软膜间的叫蛛网膜下腔,比较宽大,内有与蛛网膜构造相同的小梁连于二膜间,很多血管在此间隙内走行。蛛网膜下腔内充满脑脊液。脑的蛛网膜下腔各处深度不同,扩大处叫蛛网膜下池。其中最重要的是小脑延髓池(或称枕大池),位于小脑与延髓间。第四脑室借正中孔和两个外侧孔与小脑延髓池连通,故脑室的脑脊液经此3孔流入蛛网膜下腔。脑的蛛网膜下腔经枕骨大孔与脊髓的蛛网膜下腔通连。脑蛛网膜在硬脑膜窦附近,特别是上矢状窦两侧形成许多绒毛状突起,突入硬脑膜窦,称为蛛网膜粒。脑脊液经蛛网膜粒渗入硬脑膜窦内,回流入静脉(图8-5)。

【脑循环调节】

正常成人的脑重约为1500 g,占体重的2%~3%,流经脑组织的血液750~1 000 ml/min,占每分心搏出量的20%,表明脑血液供应非常丰富,代谢极为旺盛。脑组织耗氧量占全身耗氧量的20%~30%。能量来源主要依赖于糖的有氧代谢,几乎无能量储备。因此脑组织对缺血、缺氧性损害十分敏感,无论氧分压明显下降或血流量明显减少都会出现脑功能的严重损害。

在正常情况下,脑血流量(cerebral blood flow,CBF)具有自动调节作用,CBF 与脑灌注压成正比,与脑血管阻力成反比。在缺血或缺氧的病理状态下,脑血管的自动调节机制紊乱,血管扩张或反应异常,脑水肿和颅内压的升高,就会出现缺血区内充血和过度灌注或脑内盗血现象。颅外血管(椎动脉、锁骨下动脉或无名动脉)狭窄或闭塞时可发生脑外盗血现象,出现相应的临床综合征,如锁骨下动脉盗血综合征。

由于脑组织的血流量的分布并不均一,灰质的血流量远高于白质,大脑皮质的血液供应最丰富,其次为基底核团和小脑皮质,因此,急性缺血时大脑皮质可发生出血性脑梗死(红色梗死),白质易出现缺血性脑梗死(白色梗死)。

不同部位的脑组织对缺血、缺氧性损害的敏感性亦不相同,大脑皮质(第Ⅲ、Ⅳ层)、海马神经元对缺血、缺氧性损害最敏感,其次为纹状体和小脑 Purkinje 细胞,脑干运动神经核的耐受性较高。因此,相同的致病因素在不同的部位可出现程度不同的病理损害。

【分类】

临床常见的急性脑血管疾病,主要是动脉血管的病变,分为两大类:缺血性脑血管疾病和出血性脑血管疾病。前者依据发作形式和病变程度分为脑梗死和短暂性脑缺血发作;后者根据出血部位不同,主要分为脑出血和蛛网膜下腔出血。静脉血管的病变以静脉窦血栓形成较常见。

【病因】

许多全身性血管病变、局部脑血管病变及血液系统病变均与脑血管疾病的发生有关,其病因可以是单一的,亦可由多种病因联合所致。常见的病因有:

1) 血管壁病变中,以动脉粥样硬化和高血压性动脉硬化所致的血管损害最常见,其次为结核、梅毒、结缔组织疾病和钩端螺旋体等多种原因所致的动脉炎,先天性血管病(如动脉瘤、血管畸形和先天性狭窄)和各种原因(外伤、颅脑手术、插入导管、穿刺等)所致的血管损伤以及药物、毒物、恶性肿瘤等所致的血管病损等。

2) 心脏病和血流动力学改变如高血压、低血压或血压的急骤波动,以及心功能障碍、传导阻滞、风湿性或非风湿性瓣膜病、心肌病及心律失常,特别是心房纤颤。

3) 血液成分和血液流变学改变包括各种原因所致的高粘血症,如脱水、红细胞增多症、高纤维蛋白原血症和白血病等,以及凝血机制异常,特别是应用抗凝剂、服用避孕药物和弥漫性血管内凝血等。

4) 其他病因包括空气、脂肪、癌细胞和寄生虫等栓子,脑血管受压、外伤、痉挛等。部分脑血管疾病患者的病因不明。

【危险因素及预防】

降低脑血管疾病发病率的关键在于采取措施消除或减少脑血管疾病危险因素的影响。流行病学调查发现,许多因素与卒中的发生及发展有密切关系。

可干预的危险因素系指可以控制或治疗的危险因素。包括:① 高血压:系公认的脑血管疾病最重要的独立危险因素。脑血管疾病的发生与收缩压、舒张压和平均动脉压呈直线关系。大约60%的脑血管疾病患者是由高血压病所致。高血压患者群的卒中危险性是正常人群的3~6倍;② 糖尿病:系脑血管疾病最常见的独立危险因素。糖尿病患者发生缺血性脑血管病的危险性是普通人群的2~3倍;③ 脂代谢紊乱:系脑血管疾病的重要危险因素;④ 心脏病:各种心脏病,如心房颤动、感染性心内膜炎、心瓣膜病、急性心肌梗死均可引起脑血管疾病;⑤ 短暂性缺血性发作(TIA):既是一种脑血管疾病,也是一种危险因素。30%的脑梗死患者在发病前曾有过TIA的病史;⑥ 颈动脉狭窄:系缺血性脑血管疾病的潜在性危险因素。当狭窄程度加重或发生血流动力学改变时,则可发生缺血性脑血管疾病;⑦ 脑血管病史:曾患过脑血管病者的复发率明显升高;⑧ 吸烟:系最容易预防的危险因素。吸烟导致脑血管疾病的危险性与吸烟的量成正比,最高可达不吸烟人群的6倍。戒烟后2年,卒中的危险性即大幅度下降;5年后与不吸烟人群已无明显差异;⑨ 酗酒:也系最容易预防的危险因素。长期大量饮酒可引起脑动脉硬化或颈动脉粥样硬化,最终导致脑血管疾病的发生。饮酒量与卒中的发生率有明显的相关;⑩ 其他:如高同型半胱氨酸、药物滥用(包括可卡因、苯丙胺等)、口服避孕药、睡眠呼吸紊乱等。

针对吸烟、酗酒、肥胖、体力活动少等危险因素,建议进行生活方式的改变。对于缺血性脑卒中和TIA,进行抗高血压治疗,以降低脑卒中和其他血管事件复发的风险。在参考高龄、基础血压、平时用药、可耐受性的情况下,降压目标一般应该达到≤140/90 mmHg,理想应达到≤130/80 mmHg。糖尿病血糖控制的靶目标为HbAlc<6.5%,但血糖过低可能带来危害。胆固醇水平升高的缺血性脑卒中和TIA患者,应该进行生活方式的干预及药物治疗。建议使用他汀类药物,目标是使LDL-C水平降至2.59 mmol/L以下或使LDL-C下降幅度达到30%~40%。

不可干预的危险因素系指不能控制和治疗的危险因素。包括:① 年龄:是最重要的独立危险因素。如55岁以后,每增加10岁,脑血管疾病发病率增加1倍以上;② 性别:男性脑血管疾病的危险度较女性高,且男性脑血管疾病的病死率也较女性高;③ 遗传:家族中有脑血管疾病的子女发生脑血管疾病的可能性明显升高;④ 种族:如黑人脑血管疾病的发生率明显高于白种人。中国人和日本人的脑血管疾病发生率也较高。

通过对脑血管疾病患者和易患人群进行病史采集和辅助检查,可以全面了解其具备哪些危险因素及其严重程度,以便更好地采取治疗或预防措施,提高人类的健康水平。

【诊断】

脑血管疾病的诊断依赖于准确的病史采集、临床及辅助检查。但脑血管疾病的诊断与其他疾病存在一些差异。

1. 病史采集 根据临床是否需要对脑血管疾病患者紧急处理,可以采取有针对性的病史采集策略。

(1) 系统的病史采集:系统的病史采集对于判断脑血管疾病的病因、发病机制以及采取个体化的诊断和治疗是必不可少的。在脑血管疾病的病史采集中,应着重下列几点:

1) 要问清首次发作的起病情况:确切的起病时间;起病时患者是在安静的状态还是在活动或紧张状态;是急性起病还是逐渐起病;有无脑血管疾病的先兆发作——短暂性脑缺血发作;患者有多少次发作,如为多次发作,应问清首次发作的详细情况,以及最近和最严重的发作情况,每次发作后有无意识障碍、智力和记忆力改变、说话及阅读或书写困难、运动及感觉障碍、视觉症状、听力障碍、平衡障碍以及头痛、恶心、呕吐等症状。

2) 询问前驱症状及近期事件:在脑血管疾病的形成过程中,常有脑血液循环从代偿阶段到失代偿阶段的变化过程,代偿阶段的改变表现在临床上就是本病的前驱症状。如能仔细询问前驱症状如卒中、心肌梗死、外伤、手术或出血等,找到症状的诱发因素以及病因线索,给予合理治疗,有时可避免或延缓完全性卒中的发生,或可减少病情进展。

3) 伴随疾病:患者有无高血压、糖尿病、心脏病、高血脂、吸烟和饮酒情况、贫血等。

4) 用药情况:对脑血管疾病患者应询问服用药物情况,有些药物可诱发低血压和短暂性脑缺血发作,如降压药物、吩噻嗪类衍生物;有的药物可并发脑内出血,如抗凝剂;有时可并发高血压危象和脑血管疾病。还有一些药物如酒精、降血糖药物、孕酮类避孕药等也可引起脑血管疾病，故在询问脑血管疾病患者时，要仔细询问服用药物情况。

（2）快速判断卒中方法：急诊处理时，由于时间紧迫，难以进行详细的病史采集，当患者或家属主诉以下情况时，常提示卒中的可能，应及时采取有效的处理，待病情平稳后，再进行详细的病史采集。

提示患者卒中发作的病史：① 症状突然发生；② 一侧肢体（伴或不伴面部）无力、笨拙、沉重或麻木；③ 一侧面部麻木或口角歪斜，说话不清或理解语言困难，双眼向一侧凝视；④ 一侧或双眼视力丧失或模糊；⑤ 视物旋转或平衡障碍；⑥ 既往少见的严重头痛、呕吐；⑦ 上述症状伴意识障碍或抽搐。

2. 特殊检查 除了进行内科系统及神经系统查体外，脑血管疾病的检查还有特殊的检查方法：

（1）神经血管检查：神经血管学检查是临床脑血管疾病检查的最基本内容，是血管检查的开始。标准的临床神经血管检查包括：① 供血动脉相关的触诊，主要是颈动脉和桡动脉的触诊，获得动脉搏动强度和对称性的信息；② 双上肢血压的同时测量，了解双上肢血压的一致性；③ 头颈部动脉的听诊，选择钟形听诊器对头颈部动脉主要体表标志进行听诊，主要听诊区包括颈动脉听诊区、椎动脉听诊区、锁骨下动脉听诊区和眼动脉听诊区（图8-6），了解血管搏动的声音对称性以及有无杂音。听诊时要注意找到准确的体表标志，杂音的最强部位，通过适当加压有助于判断脑血管的听诊。

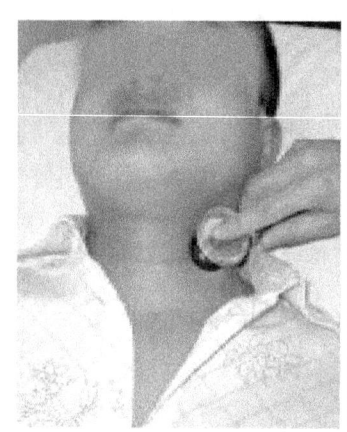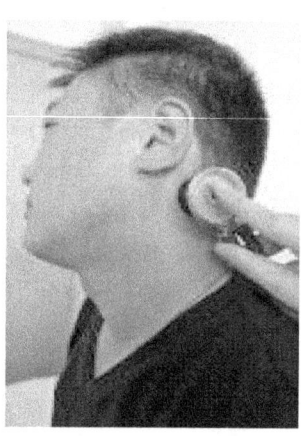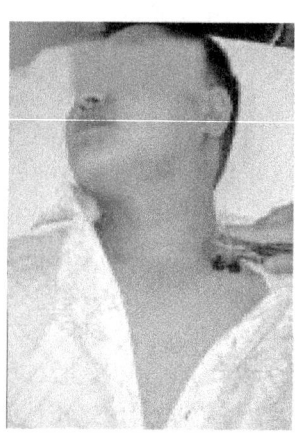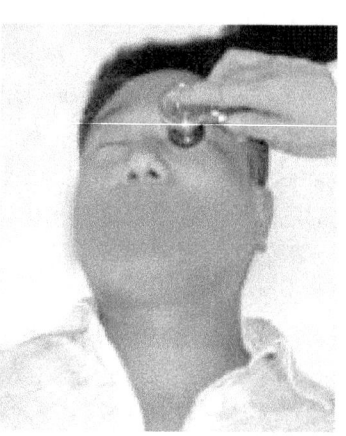

图8-6 头颈部动脉的听诊，主要听诊区包括颈动脉听诊区、椎动脉听诊区、锁骨下动脉听诊区和眼动脉听诊区

（2）临床严重程度的评估：准确记录患者的病情严重程度，是有效观察患者病情变化的前提。临床上，常采取一些量表来记录患者的病情。如NIHSS（美国国立卫生研究院卒中量表）是一个省时方便、可信有效且内容较全面的综合性卒中量表，它所涵受的神经功能缺损范围大，在脑血管疾病的病情判断中被广泛采用。

（3）影像学检查：脑血管疾病的影像学检查需要注意，不仅需要进行结构影像学的评估，还应进行血管影像学与灌注影像学的评估，主要的检查方法有：

1）CT：平扫CT由于应用广泛、检查时间短、费用较低，以及可准确检出蛛网膜下腔出血和脑实质出血等优点，仍是评估急性脑血管疾病最常用的影像学方法。平扫CT还有助于提示由于动脉再灌注损伤而出现的出血转化。在大多数情况下，CT能为急诊治疗的决策提供重要信息。

其他以CT为基础的技术还有CT灌注成像（CT perfusion，CTP）和CT血管成像（CT angiography，CTA）。CTP有助于显示梗死区和缺血半暗带。CTA有助于显示颈内动脉、大脑中动脉、大脑前动脉、基底动脉和大脑后动脉的血管狭窄或闭塞状况，显示颅内动脉瘤和其他血管畸形。

2）磁共振成像（MRI）：普通MRI对后颅凹病变、脑内小病灶的检出及血管畸形有帮助。

其他以MRI为基础的技术有：MR血管成像（MR angiography，MRA）、弥散加权成像（diffusion weighted imaging，DWI）、灌注加权成像（perfusion weighted imaging，PWI）和磁共振静脉造影（MR venography，MRV）等。MRA能显示潜在的脑动脉形态异常。MRV用于显示上矢状窦、直窦、横窦、乙状窦及大脑大静脉静脉的狭窄或闭塞的部位和程度。

3）头颈部动脉超声：颈动脉彩色超声检查和经颅多普勒超声检查用于筛查动脉内病变。

4）数字减影血管造影（DSA）：DSA能动态全面地观察主动脉弓至颅内的血管形态，包括动脉和静脉，是脑血管检查的金标准。

目前，随着影像学技术的快速发展，影像学资料可以为急性脑血管疾病，尤其是缺血性卒中患者的个体化治疗方案提供越来越多的依据。

【治疗原则】

急性脑血管疾病起病急、变化快、异质性强，其预后与医疗服务是否得当有关，在急性脑血管疾病的处理时，应注意：① 参照临床试验结果；② 按照"正确的时间顺序"提供及时的评价与救治措施；③ 系统性，即应整合多学科的资源，如建立组织化的卒中中心或卒中单元系统模式。

1. 参照临床试验结果 循证医学迅猛发展，产生了大量的临床试验证据，在此基础上产生许多临床指南。以科学研究所获得的最新和最有力的证据为基础，开展临床医学实践活动，能够保证临床决策的规范化。在循证医学时代，临床医生应该对研究对象、研究方案、研究结果进行辩证的分析和评价，将个人的经验与所获取的最新证据有机地结合起来，充分考虑患者的要求和价值取向，采用有效、合理、实用和经济可承受的个体化诊疗方案。

2. 急诊通道 急性脑血管疾病是急症，及时的治疗对于病情的发展变化影响明显。缺血性卒中溶栓治疗的时间窗非常短暂。卒中发病后能否及时送到医院进行救治，是能否达到最好救治效果的关键。发现可疑患者应尽快直接平稳送往急诊室或拨打急救电话由救护车运送应送至有急救条件的医院。在急诊时，即应尽快采集病史、完成必要的检查、作出正确判断，及时进行抢救或收住院治疗。通过急诊绿色通道可以减少院内延误。

因为紧急医疗服务(emergency medical service, EMS)能提供最及时的治疗，所有发生急性卒中的患者应启用这一服务，如拨打120或999电话。患者应被快速转运到能提供急诊卒中治疗的最近的机构以便评估和治疗。对于疑似卒中的患者，EMS应当绕过没有治疗卒中资源的医院，赶往最近的能治疗急性卒中的机构。到院后，不能为了完成各种影像检查而延误卒中的急诊治疗。

3. 卒中单元 卒中单元(stroke unit)是一种多学科合作的组织化病房管理系统，旨在改善住院卒中患者管理，提高疗效和满意度。卒中单元的核心工作人员包括临床医生、专业护士、物理治疗师、职业治疗师、语言训练师和社会工作者。它为卒中患者提供药物治疗、肢体康复、语言训练、心理康复和健康教育。由于脑血管疾病表现多样，并发症多，涉及的临床问题复杂，所以在临床实践中，卒中单元是卒中治疗的最佳途径。多学科的密切合作和治疗的标准化是产生疗效的主要原因。有条件的医院，所有急性脑血管疾病患者都应收入到卒中单元治疗。要正确、及地、系统地执行循证医学指南，尚需一系列的持续医疗质量改进措施保证。

【预防】

脑血管疾病的预防包括一级预防和二级预防。

1. 一级预防 脑血管疾病的一级预防系指发病前的预防，即通过早期改变不健康的生活方式，积极主动地控制各种危险因素，从而达到使脑血管疾病不发生或推迟发病年龄的目的。我国是一个人口大国，脑血管疾病的发病率高。为了降低发病率，必须加强一级预防。

2. 二级预防 卒中的复发相当普遍，卒中复发导致患者已有的神经功能障碍加重，并使死亡率明显增加。首次卒中后6个月内是卒中复发危险性最高的阶段，所以在卒中首次发病后有必要尽早开展二级预防工作。

二级预防的主要目的是预防或降低再次发生卒中的危险，减轻残疾程度，提高生活质量。针对发生过一次或多次脑血管意外的患者，通过寻找卒中发生的原因，治疗可逆性病因，纠正所有可预防的危险因素，这在相对年轻的患者中显得尤为重要。此外，要通过健康教育和随访，提高患者对二级预防措施的依从性。

第二节 短暂性脑缺血发作

短暂性脑缺血发作(transient ischemic attack, TIA)又称一过性脑缺血发作，是指颈内动脉系统或椎-基底动脉系统缺血导致的相应区域一过性局灶性脑或视网膜功能障碍，不超过24小时即完全恢复，典型的症状只有数分钟，且无急性缺血性卒中的证据(图8-7)。反之，如果临床症状持续存在或影像学上有肯定的异常梗死灶，就是卒中。

【病因及发病机制】

目前短暂性脑缺血发作的病因与发病机制仍不十分清楚，主要与下列因素有关：

1. 微栓塞 微栓塞型TIA又分为动脉-动脉源性和心源性。其发病基础主要是动脉或心脏来源的栓子进入脑动脉系统引起血管阻塞，如栓子自溶则形成微栓塞型TIA。

2. 血流动力学改变 血流动力型TIA是在动脉严

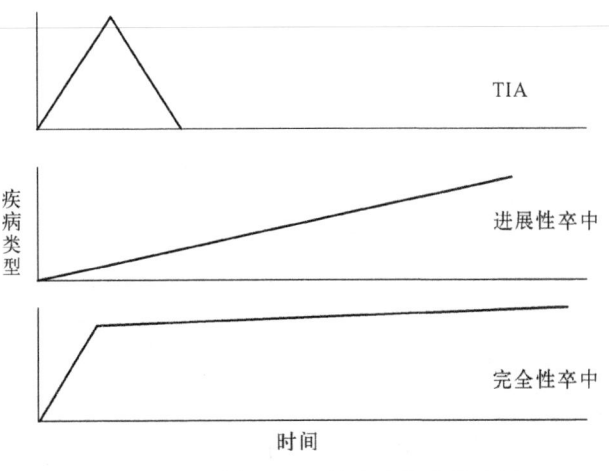

图8-7 不同类型脑血管疾病的病情发展

重狭窄基础上因血压波动而导致的远端一过性脑缺血,血压低于脑灌注代偿的阈值时发生 TIA,血压升高脑灌注恢复时症状缓解。

【临床表现】

本病好发于中年以后,50~70 岁多见,男性多于女性。主要特点是:发作突然,症状常在 1 min 内即达高峰,多在几分钟至 15 min 内恢复,最长不超过 24 h,恢复后不遗留神经功能缺损。常反复发作。

1. 根据发病机制不同,血流动力型与微栓塞型 TIA 临床表现不完全相同(表 8-1)

表 8-1 不同发病机制引起的 TIA 临床表现

临床表现	微栓塞型	血流动力型
发作频率	稀疏	密集
持续时间	长	短暂
临床症状	多变	刻板

2. 因受累的血管不同,TIA 可有下列临床表现

(1) 颈动脉系统 TIA:常见偏身运动障碍;偏身感觉障碍;单眼一过性黑矇或对侧视野的同向偏盲;优势半球病变时可出现失语。

(2) 椎-基底动脉系统 TIA:过去曾称为椎基底动脉供血不足。最常见的症状为眩晕、平衡障碍、复视、吞咽困难和构音不良,交叉性运动障碍和(或)感觉障碍。但是单纯的眩晕、平衡失调、耳鸣、闪光暗点、短暂性遗忘及跌倒发作通常并不是由 TIA 引起。

【辅助检查】

1. MRI 检查 MRI 检查的空间分辨率较高,有可能发现较小的病灶。而且应用 MRI 检查时,可以进行多序列的扫描。弥散加权像(DWI)可以发现病灶,但不是绝对的。灌注加权像(PWI)可发现缺血的脑组织。

2. CT 检查 由于 MRI 设备普及与检查所需时间的限制,临床医生有时首先需要进行 CT 检查,这种情况适用于需要尽快检查的患者。

3. 血管检查 颈部动脉超声、TCD、头或颈 MRA、必要时可做 DSA 除外颅内、外动脉病变。

4. 其他检查 如经胸超声心动图和(或)经食道超声心动图有助于发现潜在的心脏病变。

【诊断及鉴别诊断】

诊断要点:① 发病突然;② 脑或视网膜局灶性缺血症状;③ 持续时间短暂,每次发作持续时间通常在数分钟至 1 h 左右,症状和体征应该在 24 h 以内完全消失;④ 恢复完全;⑤ 常反复发作。另外,不属于 TIA 的症状有:不伴有后循环(椎-基底动脉系)障碍其他体征的意识丧失、强直性及/或阵挛性痉挛发作、躯体多处持续进展性症状、闪光暗点。

本病需与以下疾病鉴别:

1. 局限性癫痫 各种类型局限性癫痫特别是感觉性发作可酷似 TIA,脑电图检查可发现有局限性脑波异常,CT 或 MRI 检查可发现局限性脑内病灶,间歇期临床可发现有局灶性神经系统体征。

2. 偏头痛 青年发病多,当头痛发作伴有神经功能短暂丧失的先兆症状时需做出鉴别。偏头痛多有长期发作史、先兆后出现头痛的症状,疼痛呈搏动性,常伴恶心或呕吐。每次发作常超过 24 h。

3. 晕厥 多在直立位置发生,特点为短暂发作,发作时面色苍白,出冷汗,意识丧失,脉搏沉细,血压下降,无神经体征。

4. 梅尼埃综合征 以眩晕发作为主,发病时间长,可达 2~3 天方逐渐缓解,多伴有耳鸣,无神经体征,多次发作后听力减退。

【治疗】

1. TIA 是一种急症 TIA 是卒中的重要危险因素,约 30% 的 TIA 患者会发生脑梗死。因此 TIA 是脑梗死预防的关键时期。从这个意义上,TIA 同样应该视为医学急症。可以根据 TIA 的危险因素判断 TIA 近期内发生卒中的危险高低,最常用的是 TIA 的 $ABCD^2$ 危险因素评分(表 8-2)。高风险:6~7 分,2 d 内卒中发生风险 8.1%;中风险:4~5 分,2 d 内卒中发生风险 4.1%;低风险:0~3 分,2 d 内卒中发生风险 1.0%。有中、高风险因素的患者($ABCD^2$ 评分>4)需要接受卒中单元的早期诊治,或在 24~48 h 内得到 TIA 专科门诊的诊治。有低风险因素的患者($ABCD^2$ 评分<4)需要在 7~10 d 内接受当地全科医师或其他能提供 TIA 专科门诊的医疗机构的诊治。

表 8-2 TIA 的 ABCD² 危险因素评分

	TIA 的临床特征		得分
A	年龄	>60 岁	1
B	血压(mmHg)	SBP>140 mmHg 或 DBP>90 mmHg	1
C	临床症状	单侧无力	2
		不伴无力的言语障碍	1
D	临床症状持续时间	>60 min	2
		10～59 min	1
E	糖尿病	有	1

2. 药物治疗

(1) 抗血小板治疗：对于非心源性栓塞性 TIA 的患者，应立刻进行长期的抗血小板治疗。常用的药物有：① 阿司匹林：环氧化酶抑制剂。每日 50～325 mg。阿司匹林可出现胃肠道刺激、出血等副反应。有严重溃疡病和出血倾向者忌用；② 氯吡格雷，抑制 ADP 凝聚血小板，每日氯吡格雷 75 mg。与阿司匹林相比，腹泻和皮疹的发生率高，但是胃肠道症状和出血出现的较少。

(2) 抗凝治疗：患有持续性或阵发性心房颤动(瓣膜的或非瓣膜的)的患者，当发生 TIA 时，长期口服抗凝药物。INR 目标值控制到 2.5(范围为 2.0～3.0)。对于存在口服抗凝药物禁忌证的患者，建议其使用阿司匹林。

(3) 扩容治疗：适用低血流动力型 TIA。

(4) 手术治疗：近年来临床上采用颈动脉内膜剥离术；血管内治疗：球囊扩张或支架，长期疗效有待临床验证的结论。

【预后】

约 1/3 的 TIA 患者在发病后一年至数年内发生脑梗死，1/3 患者反复发作，1/3 患者不经治疗可自行停止发作。持续服药仍发生 TIA 或轻微缺血性卒中的人群，往往更容易复发卒中。TIA 患者在一些情况下很有可能复发，包括：高度狭窄的血管供血区与症状相符、症状反复出现。

第三节 缺血性卒中

缺血性卒中，又称脑梗死(cerebral infarction，CI)，是由于脑局部供血障碍导致的脑组织缺血、缺氧引起的脑组织坏死软化，从而产生的相应的脑功能缺损的临床症状。

【病因】

1. 动脉粥样硬化 动脉粥样硬化是缺血性卒中的首要病因。动脉粥样硬化影响大、中弹性肌动脉。在脑循环中，颈动脉主干起始部、颈部主干分叉上方的颈内动脉、颈内动脉海绵窦段、大脑中动脉起始部、椎动脉起始部和入颅处、基底动脉是好发部位。大、中动脉粥样硬化可通过：① 动脉-动脉栓塞机制：易损斑块脱落，形成血栓-斑块栓塞物阻塞远端血管；② 血流动力学机制：大、中动脉严重狭窄，导致远端脑组织供血不足，发生脑梗死；③ 闭塞穿支动脉，大、中动脉的粥样硬化斑块可以覆盖穿支动脉的开口部，使之狭窄或闭塞而发生脑梗死。

2. 心源性栓塞 引起脑栓塞的病因很多。心源性栓塞是最常见的原因，常见的心源性栓子的高度、中度危险因素见表 8-3：

表 8-3 心源性栓子的高度、中度危险因素

高度危险的栓子来源	中度危险的栓子来源
机械心脏瓣膜	二尖瓣脱垂
二尖瓣狭窄伴心房颤动	二尖瓣环状钙化
心房颤动(除外单独出现的心房颤动)	二尖瓣狭窄不伴心房颤动
病态窦房结综合征	心房间隔缺损
4 周之内的心肌梗死	卵圆孔未闭
左心房或左心耳血栓	心房扑动
左心室血栓	单独出现的心房颤动

续 表

高度危险的栓子来源	中度危险的栓子来源
扩张型心肌病 左心室区段性运动功能不良 左心房黏液瘤 感染性心内膜炎	生物心脏瓣膜 非细菌性血栓性心内膜炎 充血性心力衰竭 左心室区段性运动功能减退 4周之后,6个月之内的心肌梗死

脑栓塞多发生在大脑中动脉,栓子进入不容其通过的血管后,阻塞血管,并刺激血管壁而发生脑动脉痉挛,或继发血栓形成,加剧栓塞后的症状。如栓子溶解碎裂而移向远端,侧支循环及时建立,动脉痉挛缓解,局部脑水肿消退,神经缺损症状亦逐渐减轻或消失。栓塞性梗死具有突发性,神经影像显示有数个血管区的既往梗死。栓子主要来源于心脏附壁血栓,也可来源于颈动脉及主动脉不稳定的动脉粥样硬化斑块。

3. 小动脉硬化 长期高血压引起脑深部白质及脑干穿通动脉病变和闭塞。

4. 其他病因 动脉壁的炎症,如结核性、梅毒性、化脓性、钩端螺旋体感染、结缔组织病、变态反应性动脉炎等,还可见于先天性血管畸形、真性红细胞增多症、血高凝状态等。

5. 隐源性或原因不明 不能归于以上类别的缺血性卒中。

【病理】

动脉粥样硬化改变是最常见的病理改变。血管壁出现大量结缔组织;动脉管腔内的血栓可见大量血小板、红细胞和自血管壁向血栓内生长的纤维细胞。陈旧的血栓内尚可机化及管腔再通。梗死的范围大小不等。所有急性梗死病灶其中央为坏死组织,周围绕以水肿区。坏死区神经元、轴突、髓鞘及胶质细胞均遭受破坏。后期坏死组织液化,被吸收形成囊腔。梗死灶可以是多发的。绝大多数血栓形成引起白色梗死,少数梗死区的坏死血管可继发破裂而引起出血,也可是血管周围套状出血,称出血性梗死或红色梗死。

脑栓塞急性期可见梗死区域组织坏死伴发脑水肿。陈旧病灶中心神经细胞死亡,代以胶质细胞增生或形成囊腔。栓子性质可为炎性菌栓、虫卵、癌瘤细胞、脂肪球或气体。梗死灶可为缺血性白色梗死,也可为灶内出血形成红色梗死即出血性梗死。

【病理生理】

1. 脑血流障碍 脑血流有储备机制,包括结构学储备和功能学储备。结构学储备主要指侧支循环的开放:1级侧支开放(脑底Willis环)和2级侧支开放(眼动脉、软脑膜侧支等);功能学储备中重要的Bayliss效应是指当局部血管严重狭窄或闭塞致血流量下降时,血管床扩张使局部血容量增加以维持正常灌注压的血流储备机制。血管狭窄程度较轻时,脑血管的血流储备作用能够保证脑血流量维持在相对正常水平,当血管狭窄到一定程度或者由于突发的血管闭塞,血流储备作用失代偿或无法代偿时,脑血流量明显下降,导致症状的产生。

2. 神经细胞缺血性损害 脑组织对缺血、缺氧损害非常敏感,阻断脑血流30 s脑代谢即会发生改变,1 min后神经元功能活动停止,脑动脉闭塞致供血区缺血超过5 min后即可出现脑梗死。缺血后神经元损伤具有选择性,轻度缺血时仅有某些神经元丧失,严重缺血时各种神经元均有选择性死亡,完全持久的缺血时,缺血区内各种神经元及胶质细胞、内皮细胞均坏死。

急性脑梗死病灶是由中心坏死区及其周围的缺血半暗带(ischemic penumbra)组成。中心坏死区由于严重的完全性缺血致脑细胞死亡;而缺血半暗带内因仍有侧支循环存在,可获得部分血液供给,尚有大量可存活的神经元,如果血流迅速恢复,损伤仍为可逆的,脑代谢障碍可得以恢复,神经细胞仍可存活并恢复功能。保护这些神经元是急性脑梗死治疗成功的关键。

脑动脉闭塞造成的脑缺血,如果脑血流得以再通,氧与葡萄糖等的供应恢复,脑组织缺血损伤理应得到恢复。但实际上并不尽然,存在一个有效时间即再灌注时间窗(time window)问题。如脑血流的再通超过了再灌注时间窗的时限,则脑损伤可继续加剧,此现象称之为再灌注损伤(reperfusion damage)。目前认为,再灌注损伤的机制主要是:自由基的过度形成及"瀑布式"自由基连锁反应、神经细胞内钙超载、兴奋性氨基酸的细胞毒作用和酸中毒等一系列代谢影响,导致神经细胞的损伤。

【临床表现】

1. 依据病情进展速度及病情程度可分为下列两种(图8-7)

(1) 完全性卒中(complete stroke):发病突然,症状和体征迅速在6 h内达到高峰,即完全性卒中。

(2) 进展性卒中(progressive stroke)：发病后的症状呈阶梯样或持续性加重,在6小时~3天左右发展至高峰。

2. 不同血管分布区脑梗死的症状 脑局灶症状因病变分布而不同,临床上常见的有以下几种。

(1) 颈内动脉：临床表现较为复杂多样,与颅底动脉环血运情况有关。常见症状为：① 病变对侧肢体有不同程度瘫痪及感觉障碍,优势半球损害可有运动性失语；② 眼动脉受累可出现同侧单眼一过性黑矇；③ 少数病例可出现昏迷。

(2) 大脑中动脉：主干及其分支是最易发生闭塞的血管。临床表现为：① 主干闭塞引起对侧偏瘫、偏身感觉障碍和偏盲(三偏征),若在优势半球可有失语、失写、失读；② 深穿支或豆纹动脉闭塞出现上、下肢程度一致的偏瘫,一般无感觉障碍和偏盲；③ 皮质支闭塞可出现对侧偏瘫,以面部和上肢为重,以及失语、失读、失写、失用,非优势半球可引起感觉忽略及体像障碍。

(3) 大脑前动脉：闭塞时临床表现为：① 皮质支闭塞时产生对侧下肢的感觉及运动障碍,可伴有小便潴留(因双侧旁中央小叶受累)；② 深穿支闭塞可出现对侧下面部、舌肌及上肢瘫痪,亦可发生情感淡漠、欣快等精神症状及强握反射。主侧半球受累可有运动性失语。

(4) 大脑后动脉：临床表现为：① 距状裂分支闭塞出现对侧同向偏盲或上象限盲；② 丘脑膝状体动脉闭塞,出现典型的丘脑综合征,对侧深、浅及精细感觉消失,伴有对侧自发性疼痛,一过性偏瘫或轻偏瘫；③ 丘脑穿通动脉闭塞表现为对侧肢体舞蹈样手足徐动症,而无明显感觉障碍。

(5) 基底动脉：主干闭塞可引起广泛脑桥梗死,四肢瘫痪、眼肌麻痹、瞳孔缩小,多数脑神经麻痹以及小脑症状等,严重者可迅速昏迷,中枢性高热达41~42℃。脑桥部梗死可产生闭锁综合征(locked-in syndrome)：患者四肢瘫痪,不能讲话,但神志清楚,面无表情,缄默无声,仅能以眼球活动示意。

基底动脉一侧分支闭塞,可因脑干受累部位不同而出现相应的体征,以交叉性瘫痪为主要特征,临床上可出现各种症状。较典型的脑干综合征,分述如下：

1) 延髓背外侧部综合征(Wallenberg综合征)：病变位于延髓外侧部,表现为：① 眩晕、恶心、呕吐、眼球震颤；② 同侧面部及对侧半身感觉障碍；③ 同侧肢体共济失调；④ 软腭及声带麻痹,吞咽困难、声音嘶哑、咽反射消失；⑤ 同侧霍纳综合征。

2) 脑桥外侧部综合征(Millard-Gubler综合征)：脑桥旁中央动脉闭塞所致,病变对侧肢体瘫痪,病变侧外展神经和面神经麻痹。

3) 中脑腹侧综合征(Weber综合征)：又称大脑脚底综合征,中脑穿通动脉闭塞所致,病侧动眼神经麻痹,对侧肢体瘫痪。

【辅助检查】

随着医学新技术的不断进展,目前可应用于脑血管疾病的辅助检查种类很多,按照检查的目的可分为：

1. 结构影像学检查 包括头部CT和MRI。CT在6h内的影像学征象常不明显,在缺血性卒中24~48h后,可显示梗死区域为边界不清的低密度灶(图8-8)。CT检查对明确病灶、脑水肿和有无出血性梗死有很大价值,但对于小脑或脑干的病灶,常不能显示。

MRI一般在发病6~12 h后,可见在T_1加权像上低信号,T_2加权像上高信号(图8-9),出血性梗死显示其中混杂T_1高信号。弥散加权成像(DWI)可早期诊断缺血性卒中,在发病2 h内显示缺血病变,为早期治疗提供重要信息。

2. 血管检查 主要包括目前常用的颈动脉双功能超声(dupplex)、经颅多普勒(TCD)、CT血管成像(CTA)、磁共振血管成像(MRA)、数字减影血管造影(DSA)等,脑血管检查的目的是了解血管的畅通性(正常、狭窄、闭塞或再通),还包括对血管壁的了解(斑块的性质、大小、溃疡或微栓子脱落等)。

3. 灌注影像学检查 主要包括常用的CT灌注成像(CTP)、磁共振灌注成像(MRPWI)、较少应用的单光子发射计算机断层成像(SPECT)以及新的检查技术融合灌注成像技术(fusion CT image)。灌注影像检查在识别缺血半暗带以及溶栓治疗方面发挥了重要作用。

4. 其他脑影像检查 其他脑影像检查包括磁共振纤维束成像、功能磁共振成像等,这些特殊的检查对于判断预测患者预后、帮助选择适宜的康复手段、对功能区作用以及解释临床现象等方面起到了重要作用。

5. 其他检查 对于可疑心源性栓塞者可行超声心动图、经食道超声心动图检查来证实。对于可疑镰状细胞病、高同型半胱氨酸血症、高凝状态等,可行相应的血液检查。

【诊断及鉴别诊断】

诊断要点：① 突然起病；② 脑局灶性症状和体征；③ 有TIA、卒中病史、高血压、糖尿病、心脏病、吸烟、颈动脉狭窄、高脂血症等危险因素；④ 脑栓塞者有原发病症状和体征；⑤ CT或MRI有助于诊断。

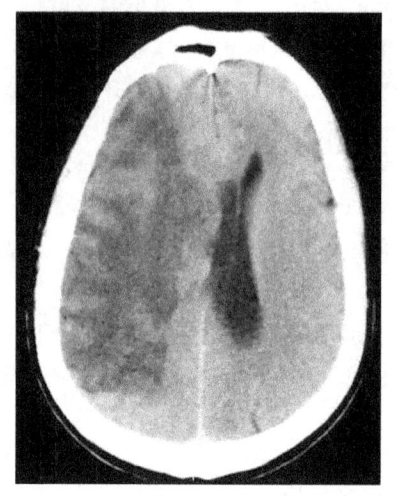 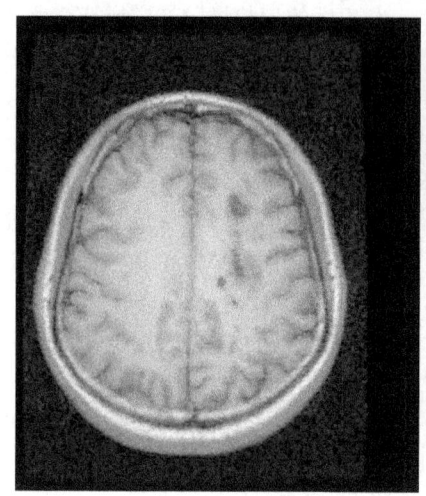 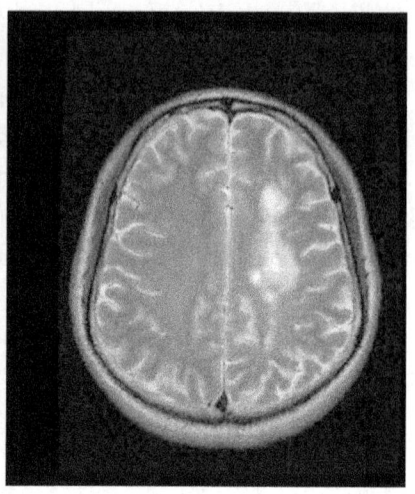

图8-8 脑梗死的CT显示右侧大脑半球低密度梗死,同侧脑室受压

图8-9 在磁共振上,缺血性卒中表现在T_1加权像上低信号(左图),T_2加权像上高信号(右图)

鉴别诊断包括:

1) 与其他脑血管疾病的鉴别(表8-4)

2) 颅内占位性病变 占位性病变病程长,缓慢进展,常伴有颅内压增高的表现,有明显的局灶性神经体征。CT或MRI检查可资鉴别。

3) 同时要区别于晕厥、癫痫、慢性硬膜下血肿等

【治疗】

1. 急性期治疗 脑梗死应看作是比急性心肌梗死更需要紧急抢救的危重疾病,发病后极早期恢复血流是治疗动脉血栓性脑梗死的关键。

(1) 一般治疗:对严重神经功能缺损的患者,应间断性监测神经功能状态、脉搏、血压、体温以及氧饱和度72 h。最初24 h内应用生理盐水补液,如没有低血糖,不建议使用葡萄糖液,以防止乳酸在脑内的积聚。

1) 调整血压:不建议急性卒中后常规降压,当血压过高(>220/120 mmHg)或伴有严重心脏功能衰竭、主动脉夹层或高血压脑病的患者,谨慎降压,反复测量,避免快速降压。

2) 控制血糖:血清葡萄糖>180 mg/dl(>10 mmol/L)时滴注胰岛素治疗。出现严重低血糖(<50 mg/dl [<2.8 mmol/L])时,应用静脉葡萄糖或10%~20%葡萄糖输注。

3) 控制体温:出现发热时(体温>37.5℃),可应用对乙酰氨基酚并积极寻找合并感染。

4) 吸氧:当氧饱和度低于95%时给予吸氧。

5) 预防并发症:建议早期活动以预防吸入性肺炎、深静脉血栓形成和褥疮等并发症。如合并感染时,应用适当的抗生素治疗卒中后感染,但不建议预防性应用抗生素,左氧氟沙星可能对急性卒中患者有害。早期补液和分级加压弹力长袜等方法可减少静脉血栓栓塞的发生,对深静脉血栓形成或肺栓塞的高危患者,应当考虑给予低剂量皮下肝素或低分子肝素。如有癫痫发作者,可应用抗癫痫治疗。应该评估每位患者的跌倒风险,防止跌倒发生。有跌倒风险的卒中患者,建议补充钙/维生素D。

6) 营养支持:应对每位患者进行吞咽评价,口服饮食补充剂仅用于营养不良的无吞咽障碍的卒中患者,有吞咽障碍的卒中患者早期(48 h内)开始鼻饲。

(2) 溶栓治疗:对于急性缺血性梗死发病3~4.5 h内,无溶栓禁忌证者且血压在180/100 mmHg以下者,静脉内使用组织型纤溶酶原激活剂(rt-PA)。rt-PA 0.9 mg/kg(最大用量90 mg),其中10%在最初1 min内静脉推注,其余持续滴注1 min。溶栓治疗后24 h内禁用抗血小板药、抗凝剂等。发病6 h内的缺血性卒中患者,如不能使用rt-PA,静脉给予尿激酶,使用方法:尿激酶100~150万IU,溶于生理盐水100~200 ml,持续静脉滴注30 min。10%静脉推注>1 min,其余静脉滴注(1 h)。治疗后,前24 h内不得使用抗凝药或阿司匹林。24 h后CT显示无出血,可行抗血小板和/或抗凝治疗。由于出血的副反应,不推荐静脉应用链激酶溶栓治疗。静脉应用尿激酶及一些新型溶栓药的效果目前尚缺乏有力的证据。

动脉溶栓可以减少剂量,出血并发症较少,但必须在DSA监测下进行。对于时间超过3 h而在6 h内的,或者静脉

溶栓出血风险较高的(如近期手术),可以考虑动脉溶栓。

(3) 抗血小板治疗:不能进行溶栓治疗者,在排除脑出血性疾病的前提下,应尽快给予阿司匹林(300 mg/d),推荐剂量范围 50~325 mg;或其他抗血小板制剂,见 TIA 章节。

(4) 抗凝治疗:可以使用肝素的情况:有再栓塞危险的心源性病因(如房颤)、动脉夹层或高度狭窄、进展性卒中。

给予肝素方法:使用肝素时,要求 PTT 达到 60~80 s。常用剂量为 3 000~5 000 U。初始速度:一般每小时 1 000 U;如果患者为小儿、老人或身体虚弱的患者则每小时 600~800 U;对于体格健壮的年轻患者每小时给予 1 300~1 500 U。

(5) 扩容治疗:卒中后继发于低血容量或伴随神经功能恶化出现的低血压,应用扩容药物治疗。

(6) 脑保护治疗:神经保护剂可通过降低脑代谢或阻断由梗死引发的细胞毒机制来减轻梗死性脑损伤。目前可用的药物有:胞二磷胆碱、鸦片受体拮抗剂纳洛酮、电压-门控式钙通道阻滞剂、兴奋性氨基酸受体拮抗剂和巴比妥盐等。

(7) 中医中药治疗:中医的活血化瘀常用于治疗缺血性卒中,可用的药物有丹参、红花、三七、葛根素、川芎等。昏迷者还可以采用安宫牛黄丸开窍醒脑。这些方法的有效性和副反应尚待进一步研究。

(8) 脑水肿和颅内压增高:空间占位性脑水肿是早期恶化和死亡的一个主要因素。危及生命的脑水肿通常在卒中发生后第 2~5 天出现。对于≤60 岁进展性恶性大脑中动脉梗死(梗死面积>1/3 大脑半球),发病后 48 h 内给予手术减压治疗,术前可应用甘露醇等渗透疗法治疗颅内压增高。大面积小脑梗死压迫脑干时,也可考虑行脑室引流或手术减压治疗。对于不适合手术,可考虑甘露醇、甘油果糖、高渗盐水等治疗。

2. 恢复期治疗 卒中急性期后,应采取措施预防卒中的复发,并采取系统、规范及个体化的康复治疗,促进神经功能的恢复。

(1) 控制血管危险因素:见概述。

(2) 抗栓治疗:应用抗栓治疗可以预防缺血性卒中的复发,常用抗血小板凝集治疗。但是有下列情况时,可以考虑抗凝治疗:由心房颤动引起的缺血性卒中、由非心房颤动性心源性栓塞引起但复发风险高的卒中、主动脉粥样硬化斑块、基底动脉梭形动脉瘤、颈动脉夹层、卵圆孔未闭伴深静脉血栓形成或房间隔动脉瘤。抗凝治疗期间,应监测 INR。

(3) 康复治疗:如果患者病情稳定,应及早开始康复,在卒中发病第一年内应持续进行康复治疗,并适当增加每次康复治疗的时程和强度。康复治疗包括有肢体康复、语言训练、心理康复等。

【预后】

动脉粥样硬化性脑梗死急性期病死率 5%~15%,轻者预后较好。梗死面积较大,并有脑干梗死者预后较差,存活者中一般留有不同程度的神经功能障碍。脑栓塞急性期病死率 6%~10%,死因大多为严重脑水肿、脑疝形成,颅内或并发内脏梗死出血和肺部感染等并发症。

第四节 脑 出 血

脑出血(cerebral haemorrhage)指原发性脑内血管非外伤性破裂,血液流入脑实质内或脑室内形成血肿。

【病因及发病机制】

高血压是脑出血最常见的原因,称作高血压性脑出血。较少见的病因有脑内小的先天性动静脉畸形或动脉瘤破裂、脑淀粉样血管病、脑动脉炎性管壁坏死、脑梗死后出血、瘤卒中、凝血障碍、血液病并发脑内出血、使用抗凝药物所致、溶栓剂导致的脑出血、毒品和药物滥用导致的脑出血等。

长期高血压势必导致小动脉硬化,在一些经常承受高压的部位,特别是供应深部脑组织的穿通支(如大脑中动脉的豆纹动脉等)与主干呈直角分出,承受冲灌压力较大,可形成微动脉瘤,易破裂造成出血。小动脉的粥样硬化,使管壁变性,血管周围组织缺血、坏死,在血压升高时可破裂出血。

【病理】

脑内出血的主要临床病理过程与出血部位和出血量有关。出血量多或形成较大血肿的可在数小时内形成脑水肿,产生颅内压增高,使邻近脑组织受压移位以至形成脑疝。小量脑内出血时,血液仅渗透在神经纤维之间,对脑组织的破坏较少。基底节、脑桥或小脑出血时,血液可破入脑室系统或蛛网膜下腔,引起继发性脑室出血和蛛网膜下腔出血。

脑内出血后,新鲜的出血呈暗红色、紫褐色胶冻状液化血液或为绿褐色圆形出血灶。出血灶周围为软化带。由于脑组织水肿,造成局部静脉回流受阻,出现小静脉、毛细血管渗血,可见到斑点状出血。陈旧的出血灶血块可逐渐溶解吸收,遗留下小的囊腔。囊壁内含有含铁血黄素而成铁锈色,可以存在多年而不退。腔壁软化坏死伴有星形胶质细胞增生、胶质纤维形成,可将腔壁填平而致局部萎缩,形成一腔隙。

【临床表现】

脑出血(ICH)好发于50岁以上的中老年人,男女相近,多数有高血压史。常有情绪激动、活动用力的诱因。典型的表现是突发局灶神经功能缺损,病程几分钟到几小时,伴随头痛、恶心、呕吐、意识水平下降和血压升高。自发性脑出血的症状、体征发展迅速。高血压性脑出血的出血部位以壳核最多见,其次为丘脑、尾状核、半球白质、脑桥、小脑和脑室等。偶见中脑出血,延髓出血罕见。因出血部位及出血量不同而临床表现各异。小量出血者,可不产生任何症状和体征。大量出血者,出血区的脑组织遭到破坏,邻近脑组织受压、移位,出现严重的症状和体征。

临床尚可按出血部位将其分类:

1. 壳核-外囊出血　最为常见。可很快发生对侧偏瘫,并在几分钟至几小时内出现昏迷。小量的出血可能仅表现嗜睡和偏瘫。患者言语不清或失语。头眼常偏向病灶侧。出血、水肿严重,产生占位效应压迫脑干上部时,昏迷加深,瞳孔散大、固定,双侧肌张力增高,巴宾斯基征阳性,呈间歇、不规则呼吸。

2. 丘脑-内囊出血　起病方式与壳核-外囊出血相似。部分患者可发生对侧偏身感觉障碍。内囊后肢的视放射受累时可出现对侧同向偏盲。主侧半球出血可发生失语,非主侧半球损害可出现自身疾病认识不能或偏侧忽视。丘脑出血压迫中脑顶盖。产生双眼上视麻痹而固定向下注视,瞳孔缩小,光反应消失,双眼会聚麻痹等。

3. 脑桥出血　一侧少量的脑桥出血,即表现为交叉性瘫痪和双眼凝视瘫痪肢体侧。出血累及脑桥双侧,病情危重,除深度昏迷外,还呈现中枢性高热、双瞳孔针尖般缩小和四肢瘫痪三种特征性体征,预后多不良,常在1~2d内死亡。

4. 小脑出血　突发后枕部疼痛。眩晕,有频繁呕吐,而无瘫痪。如意识清楚,可查出眼球震颤、站立不能、行走不稳等小脑体征。严重小脑出血除在起病早期可见上述症状和体征外,常因血肿增大或破入第四脑室,引起急性枕大孔疝,患者很快昏迷,呼吸不规则或突然停止,导致死亡。

5. 脑叶出血　几乎都有头痛,而意识障碍却少见。额叶出血表现为额部头痛,对侧单肢或偏身轻瘫。颞叶出血开始可有同侧耳痛,检查可发现对侧同向象限盲或偏盲,主侧额叶出血可有言语障碍。顶叶出血可有同侧颞顶部痛、对侧单肢或偏身的感觉障碍或有手的运动障碍。枕叶出血的头痛可位于同侧眼区,可有不同程度的对侧同向偏盲。

6. 脑室出血　多数由壳核出血破入到侧脑室流到蛛网膜下腔。小脑和脑桥出血常破入到第四脑室。起病急骤,病情突然恶化,头痛呕吐、深昏迷、脑膜刺激征阳性,四肢弛缓性瘫痪,腱反射不能引出。当出现四肢阵发强直性痉挛、去大脑强直、呼吸不规则、脉搏血压不稳定等时,病情凶险,预后极差。

【辅助检查】

对疑似脑出血患者,应尽快行头部CT或头部MRI检查明确诊断。如果患者有MRI检查的禁忌证,应当查CT。出血量小的患者及非高血压引起者临床表现常不典型,通过上述影像学方法可以明确。为进一步查找脑血管基础病变时,可检查MRA、MRV、CTA及DSA等。

1. CT检查　头颅CT扫描是临床上鉴别脑出血与脑梗死的最可靠方法,CT上表现为高密度影,CT值为75~80 Hu(图8-10)。发病2周后CT诊断率下降,这是由于血肿液化吸收,病变区为等密度或低密度改变。

2. MRI检查　当脑干内的小血肿或出血区与脑组织等密度时,MRI的诊断比CT可靠。对血压正常的脑叶出血患者,有助于寻找血管畸形。

3. 数字减影血管造影　所有需手术治疗,出血原因不明的患者(特别是临床情况稳定的年轻、血压正常者)需做脑血管造影。老年高血压患者出血位于基底节、丘脑、小脑、脑干,而且CT未提示结构损伤者不需血管造影。大部分老年患者深部脑室铸型、再出血率高,不适宜血管造影。脑血管造影时机取决于患者临床情况和神经外科医师判断手术紧急程度。若CT显示的血肿不在高血压性脑出血的好发部位,需进行血管造影以除外动静脉畸形或动脉瘤。

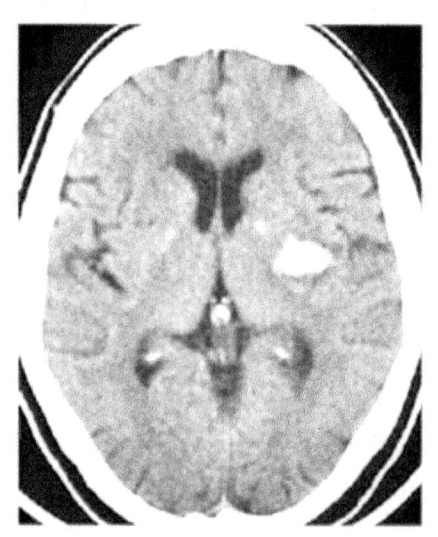

图8-10　头颅CT显示基底节区出血
(高血压性脑出血)

【诊断及鉴别诊断】

1. 诊断　50岁以上高血压或无高血压患者在活动或情绪激动时突然发病,迅速出现偏瘫、偏身感觉障碍、失语等局灶性神经缺失体征,应首先想到脑出血的可能。以头颅CT检查见到脑内出血病灶为确诊依据。进一步对脑出血的病因作出诊断,以下为常见病因的诊断线索:

(1) 高血压性脑出血：① 常见部位是豆状核、丘脑、小脑和脑桥；② 急性期极为短暂，出血持续数分钟；③ 高血压病史；④ 无外伤、淀粉样血管病等其他出血证据。

(2) 脑淀粉样血管病：① 老年患者或家族性脑出血的年轻患者；② 出血局限于脑叶；③ 无高血压史；④ 有反复发作的脑出血病史；⑤ 确诊靠组织学检查。

(3) 抗凝剂导致的脑出血：① 长期或大量使用抗凝剂；② 出血持续数小时；③ 脑叶出血。

(4) 溶栓剂导致的脑出血：① 使用溶栓剂史；② 出血位于脑叶或原有的脑梗死病灶附近。

(5) 瘤卒中：① 脑瘤或全身肿瘤病史；② 出血前有较长时间的神经系统局灶症状；③ 出血位于高血压脑出血的非典型部位；④ 多发病灶；⑤ 影像学上早期出血的周围水肿和异常增强。

(6) 毒品和药物滥用导致的脑出血：① 毒品滥用史；② 血管造影血管呈串珠样改变；③ 脑膜活检的组织学证据；④ 免疫抑制剂有效。

(7) 动静脉畸形出血：① 发病早，年轻人的脑出血；② 遗传性血管畸形史；③ 脑叶出血；④ 影像学发现血管异常影像；⑤ 确诊依据脑血管造影。

2. 鉴别诊断

(1) 与其他脑血管疾病的鉴别见表 8-4。

表 8-4 急性脑血管疾病鉴别诊断表

	缺血性卒中		脑出血	蛛网膜下腔出血
	动脉粥样硬化	心源性脑栓塞		
发病年龄	中老年	青壮年	中老年	各年龄均可
常见病因	动脉粥样硬化	心脏疾病	高血压及动脉硬化	动脉瘤或血管畸形
发病情况	安静、休息时	不定	活动及情绪激动时	活动及情绪激动时
发病缓急	较缓（小时，日）	最急（秒，分）	急（分，小时）	急（分）
头痛、呕吐	多无	多无	常有，早期呕吐	剧烈头痛
偏瘫	多有	多有	多有	无
脑膜刺激征	多无	多无	多有	多明显
TIA 史	多有	少有	无	无
CT	脑内低密度病灶	脑内低密度病灶	脑内高密度病灶	脑池或脑裂内高密度改变
脑脊液	正常	正常	血性或正常	血性

(2) 病毒性脑炎：患者常较年轻，有感染、高热、精神症状等前驱症状，多无高血压病史。

(3) 高血压性脑病：表现为血压突然急剧升高并伴有明显的头痛、呕吐、眩晕、视乳头水肿，甚至有意识障碍等；其与脑出血有时不易鉴别。但主要的区别在于高血压性脑病没有明确的局限性神经功能障碍。降血压治疗后症状明显好转，CT 扫描可明确。

(4) 中毒与代谢性疾病：在神经功能缺损症状不明显时，要慎重除外一氧化碳、酒精、化学药品等急性中毒或代谢性疾病所致昏迷，应详细追问起病时的环境因素。主要从病史，相关实验室检查提供线索，头颅 CT 可以确定有无脑出血。

【治疗】

最恰当的处理措施是防止继续出血；降低 ICP；在许可的情况下及时外科减压。大的脑内或小脑血肿常需外科干预。CT 扫描用作鉴别诊断。如果脑水肿导致昏迷，脑室引流管的置入可能挽救生命。

1. 一般治疗 参见缺血性卒中。

2. 降低颅内压 药物治疗前，应注意抬高床头、镇痛和镇静。常用药物有甘露醇（0.25～0.5 g/kg）静滴，输液速度 20 min，可以快速降低颅内压，每隔 6～8 h 1 次。通常每日的最大量是 2 g/kg。症状进行性恶化的患者，可静脉内给予 40 mg 速尿，但不能用于长期治疗，并应监测电解质。

3. 控制血压 控制高血压要根据患者年龄、病前有无高血压、病后血压情况、保证脑灌注等多种因素确定最适血压水平。一般来说，如果收缩压＞200 mmHg 或平均动脉压＞150 mmHg，要考虑用持续静脉药物积极降低血压；如果收缩压＞180 mmHg 或平均动脉压＞130 mmHg，并有疑似颅内压升高的证据，可用间断或持续的静脉给药降低血压，要保证脑灌注压＞60～80 mmHg。降血压不能过快，要加强监测。

4. 颅内血肿开颅清除术和微创清除术 手术治疗脑出血建议见表 8-5。

表 8-5 手术治疗脑出血建议

1. 手术最佳适应证：患者清醒、中～大血肿。
2. 小脑出血＞3cm；神经功能恶化、脑干受压、梗阻性脑积水的患者。
3. ICH合并动脉瘤、动静脉畸形或海绵状血管瘤：如果患者有机会获得良好预后并且手术能到达病变血管。
4. 年轻患者，中等到大量脑叶出血，临床情况恶化者。

【预后】

15%～40%的脑出血死于急性期，死因主要是脑疝。经合理治疗，得以存活的患者中约有半数以上可重获自理生活和工作能力。脑出血的结果及死亡率取决于出血的部位和出血量，特别是根据CT测量的血肿大小（直径或体积）；意识水平（GCS评分）；CT影像（如有无出血引起的脑室扩大、继发性脑积水）。

第五节 蛛网膜下腔出血

蛛网膜下腔出血（subarachnoid haemorrhage,SAH）是指颅内血管破裂后，血液流入蛛网膜下腔。

【病因及发病机制】

最常见的病因是先天性脑底动脉瘤，其次有动静脉畸形、脑底异常血管网病、高血压动脉硬化、血液病、肿瘤、炎性血管病、感染性疾病、抗凝治疗后、妊娠并发症、颅内静脉系统血栓等。有少数找不到明确病因。动脉瘤多发生于脑底动脉的分叉部，由于该处动脉中层发育缺陷，管壁薄弱，经血流冲击而渐扩张，形成囊状或带蒂状动脉瘤。少数的动脉瘤是由于高血压动脉硬化，脑动脉中纤维组织代替肌层，内弹力层变性断裂和胆固醇沉积于内膜，经过血流冲击逐渐扩张形成梭形的动脉瘤。动静脉畸形是在原始血管网期发育障碍而形成的，其血管壁发育不全，厚薄不一，多位于大脑中动脉和大脑前动脉供血区的脑表面。这些动脉瘤壁或血管畸形的管壁发展到一定程度后，在血压突然升高，血流冲击下发生破裂。炎性病变、脑组织梗死和肿瘤也可直接破坏脑动脉壁，导致管壁破裂。血液凝血功能低下时，脑动脉壁也易破裂。

【病理生理】

蛛网膜下腔出血后，脑池和脑沟内血细胞沉积、血凝块积贮。48h后，血细胞破裂、溶解释放出大量的含铁血黄素，可见不同程度的局部粘连。可继发一系列颅内、外的病理生理过程。① 颅内容量增加：血液流入蛛网膜下腔，使颅内容量增加，引起颅内压增高，严重者出现脑疝；② 阻塞性脑积水：血液在颅底或脑室发生凝固，造成脑脊液回流受阻，导致急性阻塞性脑积水，颅内压增高，甚至脑疝形成；③ 化学性炎性反应：血细胞崩解后释放的各种炎性或活性物质，导致化学性炎症，进一步引起脑脊液增多而加重高颅压，同时也诱发血管痉挛导致脑缺血或梗死；④ 下丘脑功能紊乱：由于急性高颅压或血液及其产物直接对下丘脑的刺激，引起神经内分泌紊乱，出现血糖升高、发热、应激性溃疡、低钠血症等；⑤ 自主神经功能紊乱：急性高颅压或血液直接损害丘脑下部或脑干，导致自主神经功能紊乱，引起急性心肌缺血和心律紊乱；⑥ 交通性脑积水：血红蛋白和含铁血红素沉积于蛛网膜颗粒，导致脑脊液回流的缓慢受阻而逐渐出现交通性脑积水和脑室扩大，引起认知功能障碍和意识障碍等。

【病理】

蛛网膜下腔有大量积血和血凝块。先天性动脉瘤85%为单发，大多位于脑底动脉环附近；80%发生在颈内动脉分支的分叉处，也可位于椎-基底动脉分叉处。动静脉畸形多分布在幕上脑表面；粥样硬化性动脉瘤多位于脑底部。血管破裂处可见脑组织水肿、变性等改变。

【临床表现】

1) 任何年龄均可发病，多数为成年人，秋、冬季发病率较高。有1/5～1/3的患者可查见诱因；最常见的诱因有重体力劳动、用力排便、酗酒、奔跑、情绪激动等。

2) 起病急骤，多有明显诱因，如剧烈运动、过劳、激动、用力排便、咳嗽、饮酒、口服避孕药等。极少数在安静状态下发病。

3) 临床表现为突然发生头痛、恶心、呕吐，部分患者出现不同程度的意识障碍或谵妄、定向力障碍、虚构和幻觉等精神症状。有的可出现癫痫发作。轻症病例意识可始终清楚或只有短暂意识障碍，头痛或眩晕等症状。老年人以意识障碍多见，头痛常不明显、少数重症病例很快进入昏迷，并可出现去大脑强直、脉搏和呼吸变慢，甚至可突然呼吸停止而死亡。

4) 检查可见明显的脑膜刺激征，即颈项强直和克匿格（Kernig）征阳性。少数可伴有一侧动眼神经麻痹，短暂或持久的单瘫或偏瘫，失语和感觉障碍等。也可出现视网膜前即玻璃体膜下片状出血，10%患者可见视乳头水肿。如出血停止,在 2～3 周后头痛和脑膜刺激征状亦逐渐减轻或消失。

5) 并发症:本病的常见并发症有:① 脑血管痉挛(cerebrovascular spasm,CVS):早发性脑血管痉挛出现于出血后,历时数十分钟至数小时缓解;迟发性发生于出血后 4～15 d,7～10 d 为高峰期,2～4 周后逐渐减少。迟发性脑血管痉挛为弥散性,可继发脑梗死。② 再出血:多为激动、用力或活动过早而引起动脉瘤破裂,2 周内再发率占再发病例的 54%～80%,近期再发的病死率为 41%～46%,明显高于蛛网膜下腔出血的病死率(25%)。③ 脑积水(hydrocephalus):急性脑积水于发病后 1 周内发生,与脑室及蛛网膜下腔中积血量有关;轻者仅有嗜睡,可有上视受限、外展神经麻痹等;重者出现昏睡或昏迷,可因脑疝形成而死亡;迟发性脑积水发生在蛛网膜下腔出血后 2～3 周。④ 低钠血症:低钠血症可能由抗利尿激素的异常分泌(血管内容量正常或增加)或过量排钠引起。

【辅助检查】

1. CT 检查 确诊方法是 CT 发现蛛网膜下腔有高密度和/或脑脊液均匀一致血性,一般在 12 h 内可作 CT。超过 12 h,如果 CT 阴性,必须加作脑脊液检查。蛛网膜下腔出血的 CT 诊断率为 90% 以上,特别是脑干周围的基底池、侧裂池、纵裂池(图 8-11)。若出血极少或出血后数天,CT 检查可能是阴性。此时,腰穿发现蛛网膜下腔出血或 CSF 黄变提示最近有出血。

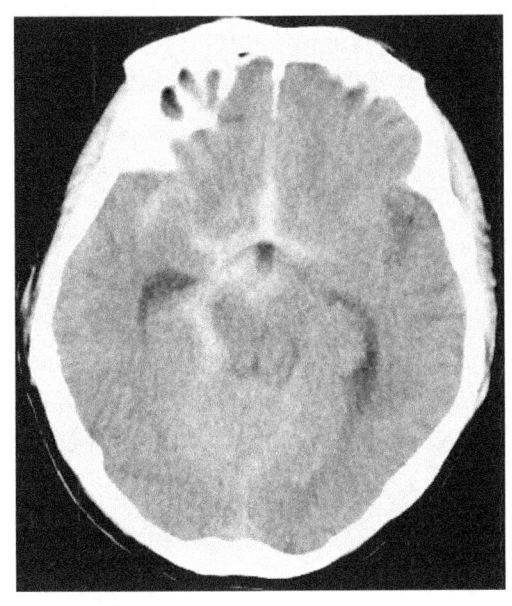 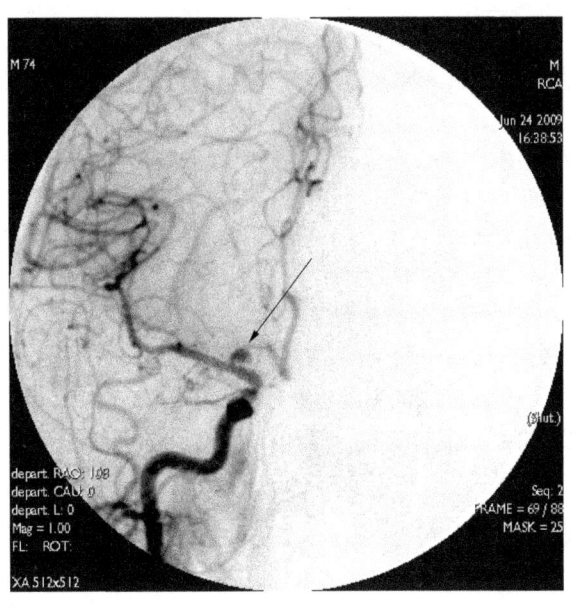

图 8-11 头颅 CT 显示蛛网膜下腔出血　　图 8-12 数字减影血管造影显示动脉瘤(箭头所示)

2. 脑脊液检查 起病后不久(1～24 h 内)即可做腰穿,脑脊液呈均匀血性,不凝固,为确诊依据。24 h 后逐渐变成外观黄红色或黄色(黄变症),连续观察脑脊液通常红细胞数逐渐减少,4～20 d 后消失。用传统方法不能确定是蛛网膜下腔出血还是误穿出血时,作脑脊液分光光度检查。

3. MRI 检查 主要用于检查并发于血管痉挛的脑梗死、在动静脉畸形引起的脑内血肿已经吸收后,MRI 可提示动静脉畸形的存在。

4. 数字减影血管造影 是确定蛛网膜下腔出血病因的主要手段,可确定出血的原因及其部位,如可确定动脉瘤的位置、大小、形态(图 8-12)及其他病因,如动静脉畸形、烟雾病等。

【诊断及鉴别诊断】

1. 诊断 突然头痛、恶心、呕吐、脑膜刺激征阳性的患者均需怀疑蛛网膜下腔出血。患者主诉"一生中最严重的头痛",应考虑到蛛网膜下腔出血。诊断要点:① 急骤起病,出现剧烈头痛、呕吐;② 脑膜刺激征阳性或有眼底出血;③ CT 表现有脑池或脑裂处有出血性改变;④ 脑脊液呈均匀血性。

2. 鉴别诊断 ① 与脑出血鉴别:见表 8-4;② 各种脑膜炎:结核性脑膜炎、病毒性脑膜炎、隐球菌性脑膜炎,及脑炎、脑脓肿等,也可出现头痛、呕吐、脑膜刺激征。但起病较缓慢,且伴有全身感染的征象,脑脊液呈炎性改变而非血性,容易鉴别。

【治疗】

治疗原则是预防再出血,降低颅内压,控制血压,防治并发症,去除病因。

1. 预防再出血 绝对卧床 4～6 周,避免一切可能引起血压和颅内压增高的诱因,如咳嗽、便秘等。头痛、烦躁者可给予止痛、镇静药物。可以使用抗纤溶剂。最常用的抗纤溶剂是6-氨基己酸,通常24g/d,连用3天。3天后改为8g/d,每天1次,维持3周或维持到手术前。然而,必须注意抗纤溶治疗可能会并发脑缺血,需同时联合应用钙拮抗剂。

2. 降颅压治疗 常用药物是甘露醇和甘油果糖。参见缺血性卒中。

3. 控制血压 应当管理和控制血压以平衡卒中风险、高血压相关的再出血风险和维持脑灌注压。

4. 抗血管痉挛治疗 尼莫地平可减少蛛网膜下腔出血相关的严重神经功能缺损,临床状况良好的患者应尽早给药(10~20 mg,静滴1 mg/h,连续14天),此期最易因血管痉挛导致神经功能缺损。在上述剂量下,一些患者会出现低血压,可减慢速度或减量。

5. 脑脊液置换术 蛛网膜下腔出血患者出现急性脑积水、剧烈头痛,可考虑腰椎穿刺放脑脊液,每次缓慢放液10~20 ml,每周2次,可降低颅内压,减轻头痛。但需注意诱发脑疝、颅内感染、再出血的危险性。

6. 蛛网膜下腔出血并发症的治疗

(1) 蛛网膜下腔出血引起的脑积水:在蛛网膜下腔出血后慢性脑积水的有症状患者中,进行临时或持续脑脊液分流。脑室引流术对急性蛛网膜下腔出血后脑室扩大和意识障碍的患者是有益的。

(2) 蛛网膜下腔出血引起的癫痫的治疗:不建议常规长期使用抗惊厥药,但在有危险因素的患者中,如有癫痫发作史、实质血肿、梗死或大脑中动脉动脉瘤的,可以考虑使用。

(3) 低钠血症和容量收缩的治疗:蛛网膜下腔出血后,一般应避免给予大容量低张液体和静脉给予容量收缩。对最近发生蛛网膜下腔出血患者监测中心静脉压、肺毛细血管楔压、液体平衡、体重以评估容量状态,出现容量下降的趋势应补液纠正。

7. 手术和血管内治疗 蛛网膜下腔出血患者,如果动脉瘤一旦明确,应当早期进行手术夹闭或血管内弹簧圈栓塞,以降低动脉瘤性蛛网膜下腔出血后再出血的发生率。有破裂动脉瘤的患者,由经验丰富的脑血管外科和血管内治疗专家团队判定,技术上如果神经外科夹闭或血管内弹簧圈栓塞都可行的话,血管内弹簧圈栓塞更有益。然而,应当考虑患者和动脉瘤的个体特点,以决定动脉瘤修复的最佳手段。如果病因考虑为动静脉畸形者,可以考虑手术切除、血管内栓塞治疗、放射外科治疗等。

【预后】

有10%~50%的患者死于首次发作,5年生存率为50%~85%。动脉瘤破裂易在2~4周内复发。出血后3~6个月复发危险性明显减少。动静脉畸形比动脉瘤的预后好。多数蛛网膜下腔出血患者不留后遗症,个别患者数月至数年内可出现正常颅压脑积水。

第六节 高血压脑病

高血压脑病(hypertensive encephalopathy)是指血压骤然急剧升高引起的一种暂时性、急性全面脑功能障碍综合征。由Oppenheimer和Fisherg(1928)首先报道。

【病因及发病机制】

1. 病因 任何原因引起的血压急剧过度升高均可导致本病。① 任何类型高血压均可引起高血压脑病,临床上以急进型恶性高血压引起者最常见,尤其是并发肾功能衰竭或脑动脉硬化的患者,约占12%;其次为急性或慢性肾小球肾炎、肾盂肾炎、子痫、原发性高血压、嗜铬细胞瘤等,原发性醛固酮增多症及主动脉狭窄也可引起,但少见;突然停用抗高血压药物,特别是可乐亭(clonidine)亦可导致高血压脑病;② 有报道个别抑郁症患者服用单胺氧化酶抑制剂时可发生高血压脑病;摄入含酪胺的食物(干酪、扁豆、腌鱼、红葡萄酒、啤酒等)可诱发;③ 急性或慢性脊髓损伤者,因膀胱充盈或胃肠潴留等过度刺激自主神经也可诱发高血压脑病,如不迅速处理可危及生命;④ 环孢霉素A的神经毒性可表现为高血压脑病。

2. 发病机制 至今尚不十分清楚。① 脑血流自动调节崩溃学说:当平均动脉压在60~180 mmHg范围内,小动脉可随血压波动自动调节保持充足的脑血流量;当平均动脉压迅速升高到180 mmHg以上时,失去自动调节机制,血管由收缩变为被动扩张,脑血流量增加,血管内压超过脑间质压,使脑血管床内液体外流,迅速出现脑水肿及颅内压增高;② 小动脉痉挛学说:由于血压迅速升高,自动调节过强而致小动脉痉挛,血流量减少,血管壁缺血坏死,通透性增高,血管内液体外渗。但多数学者认为脑血流自动调节崩溃、强制性血管扩张是导致该病的主要机制。

【病理】

高血压脑病的主要病理表现是:① 脑水肿:脑重量增加,可超过正常脑的20%~30%,脑的外观苍白,脑回变平、脑沟变浅、脑室变小;② 脑小动脉管壁纤维素样坏死(玻璃样变性):血管内皮增厚,外膜增生,血管腔变小或阻塞,导致纤维蛋白性血栓和脑实质微梗死,形成本病所特有的小动脉病(arteriolopathy);血管壁纤维素样坏死严重者可破裂而发生多数瘀点或脑内大量出血;颅内压升高或视网膜动脉压升高阻碍静脉回流,可致视网膜动脉纤维素样坏死、出血或梗死及永久性视力丧失。近年来,由于对急性肾炎、妊高症及恶性高血压等防治意识和效果的提高,本病发病率较以前有所减少。

【临床表现】

1) 发病年龄与病因有关,平均为40岁左右,急性肾小球肾炎引起者多见于儿童或青年,慢性肾小球肾炎引起者则以青少年及成年人多见,子痫常见于年轻妇女,恶性高血压30～50岁最多见。

2) 起病急骤,病情发展十分迅速,一般出现高血压脑病需经12～48 h,短则数分钟。主要临床表现为头痛、呕吐、黑矇、烦躁、意识模糊、嗜睡、视物模糊和癫痫发作等,出现神经系统局灶体征者不多见。及时降血压治疗后所有症状在数分钟至数日内完全消失,不留后遗症;否则可导致严重损害,甚至死亡。

3) 舒张压常在140 mmHg以上,由于儿童、孕妇或产后妇女的初始血压较低,当血压突升至180/120 mmHg即可发病。眼底检查可见呈Ⅳ级高血压眼底改变,视乳头水肿,视网膜出血。

4) 头颅CT可见脑水肿所致弥漫性白质密度降低,脑室变小。MRI显示脑水肿比CT敏感,呈长T_1与长T_2信号。有人认为CT和MRI显示的顶枕叶水肿是高血压脑病的特征。脑电图可显示弥漫性慢波活动,但无特异性。

【诊断及鉴别诊断】

本病诊断可根据有原发或继发性高血压病史,血压突然显著升高,以舒张压升高为主(＞120 mmHg);临床出现颅内压增高症状,或有短暂的神经系统局灶体征,眼底可见高血压视网膜病变,头颅CT或MRI显示特征性顶、枕叶水肿;经速效降压治疗后症状和体征在数小时内消失,不遗留任何后遗症。

本病应与高血压性脑出血、脑梗死、蛛网膜下腔出血鉴别,CT检查可见弥漫性脑水肿,而卒中则有低密度或高密度病灶的证据;高血压脑病与高血压危象都是高血压的特殊临床表现,均表现血压急剧升高,但两者发病机制及临床表现不尽相同,鉴别点如表8-6:

表8-6 高血压脑病与高血压危象的鉴别点

鉴别点	高血压脑病	高血压危象
发病机制	脑血流自动调节机制崩溃	全身小动脉短暂性强烈痉挛
血压升高	以舒张压为主	以收缩压为主
心率	多缓慢	多增快
脑水肿及颅内压增高	为主要症状	不明显,除非伴高血压脑病
心绞痛、心衰、肾衰	少见	多见
抽搐失语及暂时性偏瘫	较多见	少见

【治疗】

治疗原则是尽快降低血压、控制抽搐、减轻脑水肿和降低颅内压。

1. 降低过高血压 高血压脑病发作时应在数分钟至1小时内使血压下降。舒张压应降至110 mmHg以下(原有高血压)、80 mmHg或以下(原血压正常),并维持1～2周,使脑血管自动调节恢复适应性;但应注意降压不要过快、过低,以防诱发心肌梗死和脑梗死。常用药物:① 硝普钠:50 mg加入5%葡萄糖500 ml静脉滴注,滴速为1 ml/min,每2～3 min测1次血压,根据血压值调整滴速和用量,以维持适宜水平;降压迅速且恒定,通常无不良反应;本药很不稳定,须新鲜配制并在12 h内使用;② 硝酸甘油:25 mg加于5%葡萄糖500 ml静脉滴注,根据血压调节滴速,作用迅速且监护较硝普钠简单,副反应较少,更适宜合并冠心病、心肌供血不足和心功能不全者。

2. 减轻脑水肿,降低颅内压 可用20%甘露醇250 ml快速静脉滴注,1次/6～8 h,心肾功能不全者慎用;也可用速尿40 mg,静脉注射;地塞米松10～20 mg静脉滴注,1～2次/d,与甘露醇联合使用疗效更好;亦可选10%复方甘油或2%人体血清白蛋白等。

3. 控制抽搐 严重抽搐者首选地西泮10～20 mg缓慢静脉注射;苯巴比妥0.2～0.3 g肌注,以后每6～8 h重复注射0.1 g;10%水合氯醛成人可用30～40 ml灌肠;控制发作1～2 d后可改用苯妥英钠或卡马西平口服,维持2～3个月以防复发。

【预后】

预后取决于病因和是否得到及时治疗。若能紧急处理,多可化险为夷,预后良好。意识障碍加重以至昏迷或频发抽搐,提示预后不良。

第七节 其他动脉性疾病

一、脑底异常血管网病

脑底异常血管网病是颈内动脉虹吸部及大脑前、中动脉起始部进行性狭窄或闭塞，以及颅底软脑膜、穿通动脉形成细小密集的吻合血管网为特征的脑血管疾病。脑血管造影显示密集成堆的小血管影像，酷似吸烟时吐出的烟雾，故又称烟雾病（moyamoya disease），最初在日本报道。

【病因及发病机制】

本病病因不详。好发于婴幼儿、儿童、青少年（约半数以上发病年龄不超过10岁），日本女童发生可能与3号染色体3p24.2-26、6号染色体D6s441、8号染色体8p23及17号染色体的17q25的基因异常有关，所以推测本病可能具有遗传因素。但也见于任何家族人群，或者动脉粥样硬化、镰状细胞性贫血、既往有基底脑膜炎的患者。因此目前烟雾病是指影像学表现为烟雾的一类病，而不是指临床或病理表现。

【病理】

脑底部和半球深部有许多畸形增生和扩张的血管网，管壁菲薄，偶见动脉瘤形成。在疾病各阶段均可见脑梗死、脑出血或蛛网膜下腔出血等病理改变。主要病理改变是受累动脉内膜明显增厚、内弹力纤维层高度迂曲断裂、中层萎缩变薄、外膜改变较少，通常无炎性改变，偶见淋巴细胞浸润。

【临床表现】

1）约半数病例在10岁前发病，11～40岁发病约占40%，以儿童和青年多见。TIA、卒中、头痛、癫痫发作和智能减退等是本病常见的临床表现，并有年龄差异。

2）儿童患者以缺血性卒中或TIA为主，常见偏瘫、偏身感觉障碍和/或偏盲，主侧半球受损可有失语，非主侧半球受损多有失用或忽视。两侧肢体可交替出现轻偏瘫或反复发作，单独出现的TIA可为急性脑梗死的先兆，部分病例有智能减退和抽搐发作；头痛也较常见，与脑底异常血管网的血管舒缩有关。约10%病例出现脑出血或蛛网膜下腔出血，个别病例可有不自主运动。

3）成年患者多见出血性卒中，蛛网膜下腔出血多于脑出血；约20%为缺血性卒中，部分病例表现为反复的晕厥发作。与囊状动脉瘤所致蛛网膜下腔出血相比，本病患者的神经系统局灶症状如偏瘫、偏身感觉障碍、视乳头水肿发生率较高；脑出血虽发病时症状较重，但大多恢复较好，有复发倾向。

【辅助检查】

头颅CT或MRI无异常表现，也可表现为脑梗死或脑出血，其梗死、出血表现易与其他脑血管疾病混淆。

MRA可见颈内动脉末端狭窄和颅底烟雾状血管形成等烟雾病特征性影像表现。脑血管造影是烟雾病诊断的金标准，其基本表现是双侧颈内动脉末端闭塞伴颅底烟雾状血管形成，也可以在大脑后动脉出现相似改变。

【诊断】

如果儿童和青壮年患者反复出现不明原因的TIA、急性脑梗死、脑出血和蛛网膜下腔出血，又无高血压及动脉硬化证据时，应想到本病的可能。可进一步行CTA、MRA或DSA确诊。

【治疗】

可依据患者的个体情况选择治疗方法。TIA、脑梗死、脑出血或蛛网膜下腔出血可依据一般的治疗原则和方法。外科手术方式可分为直接血管重建和间接血管重建。直接血管重建采用颅内外血管直接吻合，包括颞浅动脉-大脑中动脉血管吻合术（STA-MCA），枕动脉-大脑中动脉血管吻合术等。间接血管重建主要包括：① 脑-颞肌贴敷术（EMS）；② 脑-颞肌-动脉贴敷术（EDAMS）；③ 脑-硬脑膜-动脉贴敷术（EDAS）；④ 颅骨钻孔术等。

二、脑静脉系统血栓形成

脑静脉系统血栓形成（cerebral venous thrombosis,CVT）分为静脉窦血栓形成和脑静脉血栓形成，是由于感染性或非感染性原因导致静脉系统形成血栓而引起阻塞，造成静脉回流障碍，产生脑组织瘀血、水肿及颅压增高，从而表现出一系列相关的临床症状与体征。常发生血栓形成的硬脑膜窦的部位有横窦、海绵窦和上矢状窦。较少发生血栓形成的是直窦和Galen静脉。

【病因及发病机制】

依据病因可分为原发性和继发性两类，原发者病因不明；常见的继发性原因为外伤（如开放性或闭合性颅脑外伤）、妊娠期、产褥期、肿瘤（脑膜瘤、转移瘤）、脱水和营养不良（消耗性血栓形成）、感染（如细菌、真菌性中耳炎、乳突炎、鼻窦炎）、血液病（红细胞增多症、镰状细胞贫血、白血病、弥漫性血管内凝血及其他凝血障碍）、白塞病（Bechet's disease）等。由于各种因素造成血管壁损伤、血流状态改变、凝血机制异常导致血栓形成而发病。

1. 感染性 现已少见。为局部或远隔化脓性感染所引起，常见于面部三角区感染，其他部位的感染，如筛窦、蝶窦、牙脓肿和中耳炎引起的较少见。另外脑膜炎、脑脓肿、败血症、颅脑外伤等也可引起。慢性感染中，革兰氏阴性杆菌、真菌（如曲霉菌）、寄生虫（如旋毛虫）、艾滋病病毒及巨细胞病毒等也是脑静脉系统血栓形成较常见的感染病因。

2. 非感染性原因 与血液高凝状态、纤维蛋白溶解酶活性下降、血流淤滞及内皮损害有关。常见于各种原因引起的脱水、女性产褥期及口服避孕药、恶性肿瘤、真红细胞增多症、贫血、心力衰竭、系统性狼疮病、白塞病、抗凝血酶Ⅲ、蛋白C及蛋白S缺乏，凝血酶原基因突变，弥散性血管内凝血等。

【病理】

其病理所见是静脉窦内栓子富含红细胞和纤维蛋白，仅有少量血小板，故称红色血栓。随时间推移，栓子被纤维组织替代。血栓性静脉窦闭塞可引起静脉回流障碍，静脉压升高，导致脑组织瘀血、水肿和颅内压增高，脑皮质和皮质下出现点片状出血灶。硬膜窦闭塞可见严重脑水肿，脑静脉病损累及深静脉可致基底节和（或）丘脑静脉性梗死。感染性者静脉窦内可见脓液，常伴有脑膜炎和脑脓肿。

【临床表现】

本组疾病的临床表现多样，与血栓形成的部位、严重程度和发生速度有关。常有头痛、呕吐等颅内压增高症状，头痛多严重而持续，呕吐多为喷射性，可有抽搐和局限性神经系统缺损症状。意识障碍常见，或表情呆滞、反应迟钝，或意识模糊、嗜睡，或为昏迷。

1. 横窦血栓形成 横窦血栓形成常继发于中耳炎或乳窦炎。婴幼儿和儿童常见。血栓可以在感染的急性期发生，也可以感染进入慢性期发生。

发病前常有感染和寒战，但不是每个患者均有发热症状。约50%的患者出现败血症，常见的为溶血性链球菌性败血症。少数患者可出现皮肤、黏膜瘀点或肺、关节和肌肉的感染性栓塞。

典型症状是发热、头痛、恶心和呕吐。后者是由于颅内高压引起，右侧横窦闭塞时更易出现。由于横窦引流脑的大部分血液，因此闭塞时更易出现颅高压症状。横窦闭塞引起的局灶性症状少见，偶可出现因浅静脉回流受阻引起的乳窦区肿胀，颈部颈动脉区域的压痛。

约50%的患者可出现视乳头水肿。常见于双侧横窦闭塞，也可见于单侧闭塞。可能是由于海绵窦的不对称累及引起。婴儿患者由于颅内压增高可出现骨缝裂开或囟门突出。

少数患者可出现昏睡或昏迷。也可以发生抽搐。偏瘫后出现杰克逊氏癫痫发作可能提示感染扩散至引流半球的静脉。复视可由于颅内压增高或颞骨岩部炎症影响到第Ⅵ脑神经。第Ⅵ脑神经麻痹（外展肌麻痹）和面部疼痛（第Ⅴ脑神经受累）是Gradenigo综合征。颈静脉炎症如果扩散，穿过颈静脉孔，可引起第Ⅸ、Ⅹ、Ⅺ脑神经受累。

2. 海绵窦血栓形成 海绵窦血栓形成（cavernous sinus thrombosis）常有眶部、鼻窦、上面部化脓性感染或全身感染。初期累及一侧海绵窦，之后可迅速波及对侧。一侧或两侧海绵窦血栓形成也可由其他硬脑膜窦感染扩散而来。非感染性血栓形成罕见，常因肿瘤、外伤、动静脉畸形阻塞所致。

化脓性血栓形成常突然急骤起病，伴有高热、眼部疼痛和眶部压痛，剧烈头痛、恶心、呕吐和意识障碍。眼静脉回流受阻使球结膜水肿、患眼突出、眼睑不能闭合和眼周软组织红肿；第Ⅲ、Ⅳ、Ⅵ、Ⅴ₁～₂脑神经受累出现眼睑下垂、眼球各方向运动受限和复视，眼球固定，可发生角膜溃疡，瞳孔扩大，对光反应消失；有时因眼球突出而眼睑下垂可不明显。视神经较少受累，视力正常或中度下降，眼底可见视乳头水肿，周围有出血。可并发脑膜炎、脑脓肿。若颈内动脉海绵窦段出现炎性改变和血栓形成，可有颈动脉触痛，对侧中枢性偏瘫及偏身感觉障碍。波及垂体引起脓肿、坏死，可造成水盐代谢紊乱。如血栓形成进展快、脑深静脉或小脑静脉受累、败血性栓子、患者昏迷及年龄过小或过大均提示预后不良。CSF检查白细胞增高。

3. 上矢状窦血栓形成 上矢状窦血栓形成（superior sagittal sinus thrombosis），多为非感染性，多见于产后1～3周的产妇、妊娠期、口服避孕药、婴幼儿或老年人严重脱水、全身消耗及恶液质等情况；感染性血栓形成少见，感染可源于头皮及鼻窦感染，或继发于上矢状窦的外伤，也可由骨髓炎、硬膜或硬膜下感染扩散引起上矢状窦血栓形成。

上矢状窦血栓形成时，使流入该窦的大脑上静脉回流受阻，也形成血栓，可导致脑皮质显著水肿，并有出血性梗死及软化灶。临床特点是急性或亚急性起病,常呈全身衰竭状态,首发症状多为头痛、恶心、呕吐、视乳头水肿、复视、外展神经麻痹、意识障碍等颅内压增高症状,可见前额水肿,而无局灶性神经系统体征。婴幼儿可见喷射性呕吐、颅缝分离、额部浅静脉怒张和迂曲,老年患者症状轻微,仅有头昏、头痛、眩晕等表现;部分患者早期可有癫痫发作,可为全身性或部分性。大静脉受累可出现皮质及皮质下白质出血,导致神经功能缺失症状,如旁中央小叶受累可引起膀胱功能障碍、双下肢瘫痪;中央前回受累引起偏瘫;中央后回受累引起偏身感觉障碍;枕叶视皮质受累引起黑矇等。

CSF压力增高,白细胞及蛋白也增高。头颅CT示上矢状窦旁出血、脑水肿、脑室变小、小脑幕静脉扩大,增强扫描可见最具特征的上矢状窦空三角征。MRI和MRA示血栓形成初期,正常的血液流空现象消失,T_1等信号,T_2低信号;1~2周后,T_1、T_2均呈高信号。但CT和MRI正常亦不能排除静脉窦血栓形成。脑血管造影最可靠,血栓形成的静脉窦和引流静脉不显影。

4. 乙状窦血栓形成 乙状窦血栓形成(lateral sinus thrombosis)常由化脓性乳突炎或中耳炎引起,常见于急性期,以婴儿及儿童最易受累。约50%患者是由溶血性链球菌性败血症引起,皮肤、黏膜出现瘀点、瘀斑,肺、关节、肌肉的脓毒性血栓少见。

发病时多有发热、寒战及外周血白细胞增高,血栓形成延及上矢状窦或对侧横窦时,出现进行性脑水肿和颅内压增高症状,如头痛、呕吐、复视、视乳头水肿、头皮及乳突周围静脉怒张、颈内静脉触痛、精神症状和不同程度的意识障碍,多无神经系统定位体征。婴儿可因颅内高压引起颅缝分离,嗜睡和昏迷常见,也可发生抽搐。如颈静脉孔附近受累则影响Ⅸ、Ⅹ、Ⅺ脑神经,可出现颈静脉孔综合征,表现为吞咽困难、饮水发呛、声音嘶哑和副神经受累症状。如血栓形成扩展至直窦、岩上窦、岩下窦、上矢状窦,颅内压增高更为明显,可出现昏迷、肢体瘫痪和癫痫发作。CSF压力明显增高,压颈试验患侧压力不升高,压健侧压力迅速升高,CSF细胞数、蛋白均增加。

5. 其他硬脑膜窦血栓形成 下矢状窦、直窦、Galen静脉血栓形成很少单独发生。这些部位的血栓常继发于化脓性或非化脓性的横窦、上矢状窦或海绵窦血栓形成。下矢状窦、直窦、Galen静脉血栓形成的症状常由于其他重要硬脑膜窦血栓形成的症状所掩盖。Galen静脉血栓形成可引起大脑半球、基底节或侧脑室部位的脑出血。

6. 大脑静脉血栓形成 大脑静脉血栓形成(cerebral vein thrombosis)多由于静脉窦血栓形成扩延而来。大脑皮质静脉血栓形成常见于产褥期、脱水、菌血症、血液病等,起病突然,表现发热、头痛、局限性或全身性抽搐发作、轻偏瘫及颅内压升高。深部的大脑大静脉(Galen静脉)发生血栓,则病情严重,可累及间脑和基底节,出现昏迷、高热、去脑强直和痫性发作,患者如能存活,多会遗留手足徐动症、舞蹈症等。

【辅助检查】
脑静脉系统血栓形成的诊断主要依据神经影像学检查。

1. MRI及MRA 是脑静脉系统血栓形成诊断及随访的最佳方法。如临床高度怀疑脑静脉系统血栓形成时,MRI及MRA应作为一线的检查手段。

(1) MRI:① 血栓的直接征象,随时间变化:急性血栓(1周内),T_1等信号,T_2低信号。亚急性血栓(2~4周),T_1及T_2均为高信号。慢性期(1月后),为血栓的溶解期,窦壁增厚,窦腔改变。此期血栓信号变化不定,诊断困难。上矢状窦、横窦及直窦血栓形成MRI的这些变化最容易识别,皮质静脉血栓不明显;② 脑静脉系统血栓形成的间接征象:弥漫性脑肿胀:可为正常信号;水肿或梗死:T_1低信号或等信号 T_2高信号,多发生在侧脑室周围白质;出血性梗死:T_1及T_2均为高信号。

(2) MRA:有血栓的血管信号缺失。

2. CT扫描

(1) 脑静脉系统血栓形成的直接征象相对少见,但特异性高,有以下三种:① 空δ征(强化扫描下,在上矢状窦的后部、直窦及横窦较易看到,表现为中心低或等密度,周围高密度);② 条索征(在皮质静脉、直窦及大脑大静脉较常见,常规扫描表现上述部位高密度);③ 致密三角征(dense triangle sign,常规扫描时上矢状窦呈现高密度)。

(2) 非特异的间接征象有三种:① 脑实质异常,如低密度提示水肿或梗死,高密度提示出血性梗死;② 裂隙样脑室;③ 大脑镰及小脑幕的强化。CT正常的病例约占30%。螺旋CT静脉造影是脑静脉系统血栓形成很有价值的检查工具,常见的异常有充盈缺损、窦壁的强化及侧支静脉引流增加等。

3. 动脉内血管造影 曾经是脑静脉系统血栓形成的关键性诊断,现在仅用于MRI可疑脑静脉系统血栓形成的情况下。典型的征象包括部分或全部静脉窦不显影及由扩张的侧支螺旋状的血管包围的皮质静脉突然中断。目前,MRA有代替动脉内血管造影的倾向。

4. 脑脊液检查 检查脑脊液常规、生化及颅内压数值,对于排除感染、识别蛛网膜下腔出血(提示出血性梗死)、确定颅内压的大小及指导降颅压药物的应用是有价值的。

【诊断】

具备以下四种临床综合征之一,应怀疑脑静脉系统血栓形成。

1. 局灶性神经缺损伴或不伴颅内压升高 是最常见的一种。可出现失语、偏瘫、偏盲等。如同时伴有头痛、癫痫发作或意识状态的改变应高度怀疑脑静脉系统血栓形成。

2. 单纯高颅压型 也是很常见的一种类型。表现为头痛、视乳头水肿及第Ⅵ对颅神经的麻痹,与良性颅内压升高相仿。

3. 亚急性脑病型 表现为意识水平的下降,有时伴有癫痫,无明确的定位体征或可识别的颅内压升高的特点,此型易被误诊。

4. 海绵窦血栓形成 通常发病急,慢性进展,常伴有中度疼痛及第Ⅲ或第Ⅵ对脑神经麻痹。

【治疗】

1. 一般治疗

(1) 纠正脱水、高热、心力衰竭等。

(2) 改善血液高凝状态:给予低分子右旋糖酐 500 ml,每日 1 次,静滴,降低血黏度,改善微循环。

(3) 抗生素治疗:① 原发灶处理:如局部脓疮、乳突炎、副鼻窦炎等应用抗菌药物治疗或外科局部治疗;② 炎性血栓形成:根据脑脊液涂片、细菌培养、血常规、血培养等检查结果,选择适宜的抗菌素。

2. 低分子肝素 目前主张将肝素作为一线用药用于脑静脉系统血栓形成的治疗,对于出血性梗死的患者,适当减少剂量,出血量较大时禁用。对该药过敏者、血小板减少症、与凝血障碍有关的各种出血征象,活动性消化道溃疡、脑血管出血性意外、急性细菌性心内膜炎等视为禁忌证。

3. 溶栓治疗 在足量抗凝的条件下,血栓仍在进展,临床进一步恶化,可试用局部溶栓治疗,具体用药剂量及途径尚未肯定。

4. 病因治疗 针对病因治疗,如白塞病需要高剂量的激素及足量的免疫抑制剂等。

(王拥军 秦海强 杜万良)

思 考 题

1. 颈内动脉系统和椎-基底动脉系统 TIA 及缺血性卒中的常见原因、临床表现和治疗原则有哪些?
2. 缺血性卒中急性期和恢复期如何治疗?
3. 脑出血的常见病因有哪些?不同部位脑出血的临床表现,治疗方法是什么?
4. 蛛网膜下腔出血的病因有哪些?蛛网膜下腔出血后会发生什么病理生理改变,临床如何治疗?
5. 各类型脑血管疾病的鉴别及治疗的异同点是什么?
6. 病例分析

【病史摘要】

患者,男,64 岁,已婚。主诉右侧肢体活动不利 8 小时。

患者晨起像往常一样到公园散步,正走着突感右侧胳膊和腿无力,向别人呼救时发现说话也不清楚了,3 分钟后一切恢复了正常。未在意,继续往前走。半小时后再次出现右侧肢体无力,伴不能说话。由他人呼叫急救中心将患者送到医院。既往吸烟史 30 余年,每天 20~30 支;患高血压 20 余年;血脂高。

入院体检:神清,完全运动性失语,右侧中枢性面舌瘫,右侧肢体肌力 0 级,肌张力及腱反射低,右侧病理征阳性,右侧偏身感觉减退。颈无抵抗,Kernig 征(一)。双侧脉搏搏动对称,双上肢血压 150/90 mmHg。双颈动脉听诊区可闻血管杂音。

辅助检查:头颅 CT 示左侧侧裂脑沟变浅,其余未发现异常。经颅三维多普勒超声(TCD)示左大脑中动脉未探及血流信号;颅外血管超声(颈、椎和锁骨下动脉)示双颈内动脉斑块形成;头颅 MRI 示左大脑中动脉(MCA)主干分布区大面积梗死;磁共振血管成像(MRA)及数字减影血管造影(DSA)均示左 MCA-M_1 段闭塞。血清学检测示低密度脂蛋白(LDL)高于正常,余无异常。

入院后诊断为脑梗死,动脉粥样硬化性。给予降颅压;抗血小板药物(阿司匹林 300 mg)口服;他汀类降血脂药物;抗动脉粥样硬化药物(丙丁酚)及脑保护治疗。同时进行语言和肢体功能康复。患者 14 天后出院时,肢体肌力已恢复至 2 级,语言功能未恢复。出院后转至康复医院继续危险因素的控制(包括戒烟),抗栓二级预防及康复治疗。

【诊断分析】

1. 病例特点　　老年男性，既往吸烟、有高血压病史、血脂高。以突发右侧肢体无力、言语不能为主要临床表现。辅助检查：MRI 提示左 MCA 主干分布区大面积梗死；MRA 及 DSA 均示 MCA-M_1 段闭塞。

2. 定位诊断　　依据该患者的临床体征：完全运动性失语，右侧中枢性面舌瘫，右侧肢体肌力 0 级，肌张力及腱反射低，右侧病理征阳性，右侧偏身感觉减退，病变定位考虑在左侧颈内动脉（即前循环）系统中的大脑中动脉，MRA 及 DSA 均示左 MCA-M_1 段闭塞，支持临床诊断。

3. 定性诊断　　根据患者发病时神志清楚，无头痛、恶心和呕吐，脑膜刺激征阴性，血压不升高，虽在行走时发病，急诊头颅 CT 未见高密度影，可考虑脑梗死的诊断；之后行 MRI、MRA 和 DSA 检测确诊为脑梗死（动脉粥样硬化性；左侧 MCA 闭塞）。脑梗死分型包括动脉粥样硬化性脑梗死、心源性脑梗死、腔隙性脑梗死、其他原因脑梗死、不明原因脑梗死。此患者分型属于动脉粥样硬化性脑梗死，左 MCA 闭塞是造成脑梗死的原因。危险因素包括高龄、吸烟、高血压和脂代谢异常。本例需与脑出血鉴别。脑出血也常发生在高龄患者，有高血压病史，往往为急性动态起病，发病时血压增高明显，头颅 CT 显示为高密度是其与脑梗死的主要鉴别点。

参考文献

陈生弟. 2005. 神经病学. 北京：科学出版社

Allan H. Ropper, Martin A. Samuels. 2009. Adams & Victor's Principles of Neurology, 9th edition. New York：McGraw-Hill. 660～746

Iain Wilkinson, Graham Lennox. 2005. Essential Neurology. 4th edition. Malden, Massachusetts：Blackwell Publishing, Inc. 25～39

Louis R. Caplan. 2009. Caplan's stroke. 4th edition. Philadelphia：Elsevier. 3～21

Mark Mumenthaler, Heinrich Mattle. 2004. Neurology. 4th edition. New York：Thieme Medical Publishers. 131～220

第九章 中枢神经系统感染

Infections of the central nervous system (CNS) are notable for their diversity. They range from common to rare, acute to chronic, and benign to fatal. Although some are semi-limited or are easily cured with modern treatment, others are relentlessly progressive despite treatment or have no known treatment. For the many CNS infections that are treatable, prompt diagnosis and aggressive management afford the best chance of recovery without sequelae.

—— Rakesh K, et al. 2004

第一节 概　　述

病原微生物侵犯中枢神经系统(CNS)的实质、被膜及血管等引起的急性或慢性炎症性(或非炎症性)疾病即为中枢神经系统感染性疾病。这些病原微生物包括病毒、细菌、螺旋体、寄生虫、立克次氏体和朊蛋白等。

中枢神经系统感染途径有三：① 血行感染：如昆虫叮咬、狗咬伤、不规范注射等，病原体可通过呼吸道黏膜、皮肤，也可能通过头面部静脉进入中枢神经系统；② 直接感染：穿通性颅脑外伤、头面部及其附近的感染灶，病原体直接进入中枢神经系统；③ 神经逆行感染：如单纯疱疹病毒、狂犬病病毒可以经过嗅神经、三叉神经或脊神经的神经轴突、淋巴管或神经纤维的组织间隙逆行进入脑内。

近年来，一种既具有传染性又缺乏核酸的非病毒性致病因子朊蛋白所致的朊蛋白病开始受到关注。人类朊蛋白病以 Creutzfeldt-Jakob 病(CJD)最常见。朊蛋白可通过角膜、硬脑膜移植，肠道外给予人生长激素制剂和埋藏未充分消毒的脑电极而传播，引起医源性朊蛋白病。

神经系统细菌或病毒感染在组织病理方面，具有以下特殊性：① 坏死改变十分突出：中枢神经系统，尤其是大脑灰质、丘脑下部神经细胞核团，对中毒感染反应十分敏感。嗜神经病毒则引起以大脑灰质细胞变性坏死为主要改变，白质髓鞘对中毒感染、缺氧、血液循环障碍等也比较敏感，往往以髓鞘破坏为主。而神经胶质细胞，如少突胶质细胞及星形胶质细胞，对上述病变反应较晚。② 炎症渗出比较隐蔽：Virchow-Rubin 腔的炎细胞浸润，俗称血管套形成，是颅内感染的标志之一。其组成往往是淋巴细胞、单核细胞和浆细胞，而多核白细胞仅出现在疾病早期，持续时间也较短，故镜下检查时不易被发现。③ 胶质增生比较明显：胶质增生是中枢神经对感染的重要反应，特别是小胶质细胞，在遇到颅内感染时，迅速由静止状态走向活跃状态，不仅数目增多，其形态也发生一系列改变。在急性感染时，多以吞噬细胞形式出现，由于吞噬内容不同而呈现不同的形态。慢性感染则表现为杆状或棒状细胞。当然，少突胶质细胞及星形胶质细胞的增生也十分突出。④ 修复能力差：脑组织不同于体内其他脏器，纤维结缔组织较少，对颅内感染的修复则十分缓慢而薄弱。此时则多依靠星形胶质细胞的增生，特别是纤维型星形胶质增生来进行修补，例如脑脓肿壁的形成，多由星形胶质纤维和部分胶原纤维组成，因而其壁薄弱，对压力的抵抗能力有限，有时在脓肿灶周围又形成新的小脓肿。

第二节 病毒感染性疾病

一、单纯疱疹病毒性脑炎

单纯疱疹病毒性脑炎(herpes simplex virus encephalitis, HSE)是由单纯疱疹病毒(herpes simplex virus, HSV)感染引起的一种急性中枢神经系统感染性疾病。是成人病毒性脑炎中最常见类型，1940 年首次从患者脑脊液中分离出该病毒。本病无季节性和地区性。男女患病率相近，近年似有增多趋势，任何年龄都可患病，50% 发生在 20 岁以后。

【病因及发病机制】

单纯疱疹病毒为嗜神经病毒，属 DNA 病毒，有两种血清型，即单纯疱疹病毒Ⅰ型(HSV-1)和单纯疱疹病毒Ⅱ型(HSV-2)，患者和健康带毒者是主要传染源。单纯疱疹病毒Ⅰ型，经呼吸道感染机体后，潜伏在三叉神经半月神经节内，当机体免疫功能下降时，潜伏的病毒再度活化，复制增殖，经三叉神经或其他神经轴突进入脑组织内而发生脑炎。

单纯疱疹病毒Ⅱ型系婴儿经母体生殖道由分泌物感染,再由血行播散产生脑炎或脑膜炎。

【病理】

病理改变主要是脑组织水肿、软化、出血、坏死,以颞叶内侧、边缘系统和额叶眶面最为明显,亦可累及枕叶。镜下可见受侵部位正常神经结构丧失,坏死灶周围有炎细胞浸润,形成血管套。胶质细胞增生,并能看到活跃的格子细胞。此外,神经细胞和胶质细胞核内可见嗜酸性包涵体,包涵体内含有疱疹病毒的颗粒和抗原。

【临床表现】

急性或亚急性起病,体温可高达38~40℃,伴有头痛,轻微意识障碍和人格改变,并可出现不同形式的癫痫发作。精神症状较为突出,如注意力涣散、反应迟钝、言语减少、情感淡漠、表情呆滞、行为懒散、生活不能自理、甚至木僵和缄默,或有动作增多、行为奇特及冲动行为等。患者可出现神经系统定位体征,如偏瘫、失语、脑神经损害、视野缺损、脑干症状,并可伴有脑膜刺激征。随病情加重可出现嗜睡、昏睡、昏迷或去皮质状态,部分患者在疾病早期即出现昏迷。重症患者可因广泛脑实质坏死和脑水肿引起颅内压增高,甚至脑疝形成而死亡。

【辅助检查】

1. 脑脊液 压力正常或轻度增高,重症者可明显增高,细胞数通常在$(10\sim400)\times10^6/L$,20%在发病最初几天内脑脊液(CSF)可完全正常。红细胞可高达$1\,000\times10^6/L$,提示为出血性坏死性炎症。蛋白质呈轻、中度增高,糖与氯化物正常。

CSF病原学检查:① 检测HSV特异性lgM、lgG抗体:病程中2次及2次以上检测抗体滴度呈4倍以上增加,即可确诊;② 检测CSF中HSV-DNA:用PCR检测病毒DNA,可早期快速诊断。

2. 脑活检 脑活检是诊断单纯疱疹病毒性脑炎(HSE)的金标准。可发现非特异性的炎性改变,细胞核内出现嗜酸性包涵体,电镜下可发现细胞内病毒颗粒。

3. 影像学检查 头颅CT检查大约有50%的HSE患者在一侧或两侧颞叶和额叶发现低密度灶,部分患者在低密度灶中有点状高密度灶,提示有出血。在HSE症状出现后的最初4~5 d内,头颅CT检查可能是正常的,此时头颅MRI对早期诊断和显示病变区域帮助较大,典型表现为在颞叶内侧、额叶眶面、岛叶皮质和扣带回出现局灶性水肿,MRI T_2相上为高信号。

4. 脑电图 可见弥散或局限性高幅慢波,也可以发现周期慢波发放(2~3 Hz)。在经脑活检证实的HSE中80%脑电图有改变。

【诊断及鉴别诊断】

根据临床表现结合辅助检查,可作出临床诊断。诊断依据包括:① 急性或亚急性起病;② 感染的一般症状,发热、不适等;③ 有神经或精神症状、癫痫发作,可有脑膜刺激征,轻偏瘫等;④ 脑脊液多有压力增高,细胞数与蛋白增高,糖正常;⑤ 脑电有弥散或局限慢波;⑥ CT或MRI示颞叶、额叶异常信号。若能行病原学检查,可有助于确诊。

本病应与以下疾病鉴别:

1. 颞叶脓肿或肿物 结合病史、病程、影像学及脑脊液所见可鉴别。

2. 化脓性脑膜炎 全身感染症状重,血液白细胞数增高明显,脑脊液呈化脓性改变。

3. 急性脱髓鞘性脑病 单纯疱疹性脑炎主要病变在灰质,而脱髓鞘性脑病主要改变为白质,影像学可发现与脑室关系密切的多灶性病变,大小不一,新旧不等。

4. 带状疱疹病毒性脑炎 临床少见,为带状疱疹病毒感染后引起的变态反应性脑损害,可有意识障碍,共济失调,局灶性脑梗死,病情较轻,预后相对较好,CT无出血性坏死表现。血清及脑脊液可检出该病毒抗体、抗原及病毒核酸。

5. 肠道病毒性脑炎 肠道病毒性脑炎多见于夏秋季,流行或散发,病前常有胃肠道症状,相继出现发热、神志模糊、共济障碍、癫痫发作及肢体瘫痪等,脑脊液可分离出病毒或检测到病毒抗原、抗体。

6. 巨细胞病毒性脑炎 见于免疫缺陷,如AIDS或长期应用免疫抑制剂的患者,呈急性、亚急性或慢性起病,表现为记忆减退、情感障碍、头痛或神志模糊。约25%患者MRI有弥漫性或局灶性白质损害,脑脊液通过PCR可检测出该病毒。

【治疗】

早期诊断和治疗是降低本病死亡率的关键,治疗原则包括抗疱疹病毒治疗、降低颅内压、控制癫痫和对症治疗。

1. 抗病毒药物 ① 阿昔洛韦(aciclovir),也称无环鸟苷,为一种鸟嘌呤衍生物,能抑制病毒DNA的合成,对疱疹病毒细胞内复制有明显抑制作用。10 mg/kg溶于生理盐水100~250 ml,静脉滴注,每日3次,连用14~21 d。副反应有肌酐升高、局灶性静脉炎、恶心、震颤、肌阵挛、血清转氨酶暂时性升高等。对临床疑诊又无条件行脑脊液病原学检查的病例可用阿昔洛韦进行诊断性治疗。近年国内已发现对阿昔洛韦耐药的 HSV 株,这时可使用膦甲酸钠和西多福韦(cidafovir)治疗。② 更昔洛韦(ganciclovir):抗 HSV 的疗效是阿昔洛韦的 25～100 倍,具有更广谱的抗 HSV 作用和更低的毒性。用量是 5～10 mg/(kg·d),疗程 10～14 d,静脉滴注。主要副反应是骨髓抑制(中性粒细胞和血小板减少)和损害肾脏,停药后多可恢复。

2. 降低颅内压　可应用 20% 甘露醇 250 ml,静脉滴注,每日 3～4 次。甘油果糖：250 ml,静脉滴注,每日 2 次,速度宜慢。

3. 控制癫痫　可应用卡马西平、苯妥英钠等。

4. 使用糖皮质激素　对糖皮质激素治疗本病尚有争议,但对病情危重、头颅 CT 见出血坏死灶,以及 CSF 中白细胞和红细胞明显增多者可酌情使用;常用药物为地塞米松 10～15 mg,静脉滴注,每日 1 次,10～14 d 后逐渐减量至停药。

【预后】

本病若不及时治疗,病死率可达 50%～70%,若及时治疗则能有效降低死亡率。

二、病毒性脑膜炎

病毒性脑膜炎(viral meningitis)是一组由各种病毒感染引起的以软脑膜弥漫性炎症为主要病理改变的疾病,临床以发热、头痛和脑膜刺激征为主要表现。本病大多呈良性过程。

【病因及发病机制】

绝大多数病毒性脑膜炎系肠道病毒引起,有 60 多个亚型,其中包括脊髓灰质炎病毒、柯萨奇病毒、虫媒病毒、单纯疱疹病毒等。腮腺炎病毒、淋巴细胞脉络丛脑膜炎病毒、流感病毒则少见。

肠道病毒主要经粪、口途径传播,也可以通过呼吸道分泌物传播。往往先有下消化道感染,肠道病毒与肠道细胞上的病毒受体结合,经血液产生病毒血症,再进入中枢神经系统。

【病理】

主要侵犯软膜和脑室脉络丛,可见少许淋巴细胞浸润,血管充盈,很少累及血管壁。本病软膜改变较结核性、化脓性脑膜炎轻,由于不累及血管,故很少伴有脑实质改变。

【临床表现】

夏、秋季高发,儿童多见,成人也可以患病。多急性起病,出现病毒感染的全身中毒症状如发热、头痛、畏光、肌痛、恶心、呕吐、食欲减退、腹泻和全身乏力等,以及脑膜刺激征。通常不伴有脑实质和脊髓损害症状。

【辅助检查】

脑脊液压力轻度增高,无色透明,细胞数增多,多在 $(10～500)\times10^6$/L,早期可有多形核细胞,8～48 h 后以淋巴细胞为主,蛋白可轻度增高,糖和氯化物含量正常。脑脊液分离出病毒或 PCR 检测阳性,可以帮助确诊。

【诊断及鉴别诊断】

根据急性、亚急性起病,儿童或青年多发,脑膜刺激征,脑脊液细胞增多,糖、蛋白改变不明显,病程短,预后好,可作出诊断。但有时须与结核性脑膜炎鉴别。

【治疗】

本病是一种自限性疾病,但抗病毒药物可明显缩短病程。脑脊液检查可确定病毒种类,针对性用药最为理想。抗微小核糖核酸病毒药物普来可那立(pleconaril)通过阻止病毒脱衣壳及阻断病毒与宿主细胞受体的结合,而达到抑制病毒复制的目的。颅压增高者可应用脱水剂。

三、进行性多灶性白质脑病

进行性多灶性白质脑病(progressive multifocal leukoencephalopathy, PML)是一种由乳头多瘤空泡病毒(JCV)引起的罕见的亚急性致死性的脱髓鞘疾病。最早发现于 1952 年,Astrom 及同事(1958 年)首次进行病理描述,之后 Richardson 又进行了全面描述。

【病因及发病机制】

Waksman 最初主张 PML 可能是发生在免疫缺陷患者中枢神经系统内的病毒感染,结果证明此观点是正确的。Zurhein 等(1965 年)通过电镜观察 PML 病灶中带包涵体的少突胶质细胞,发现有颇似乳多空病毒的结晶状排列的微粒。此后,称此为 JC 病毒或 JCV 的人类多瘤状病毒。此病毒已从 PML 患者脑组织中分离出来,并认为是该病的致病因子。健康人群中 70% 体内存在该病毒抗体,由此推断该病毒普遍存在,并长期潜伏在人体中,当机体出现免疫抑制时,该病毒被激活。虽然从患者的血、尿、肾脏中分离出病毒,但除神经系统外无其他系统损伤的临床表现。

【病理】

本病的病理特征是以大脑半球白质为主的广泛髓鞘脱失,也可侵及小脑和脑干,脊髓很少受累。镜下可见髓鞘脱失的病灶范围及程度不等,异常胶质细胞,病灶内某些反应性星形胶质细胞有巨大、变形和奇异的细胞核,也可见核丝分裂,其改变颇似恶性胶质细胞瘤。病灶周边部少突胶质细胞核变大,伴有异常包涵体,血管改变缺如,炎症反应亦不明显。

【临床表现】

本病为成人罕见疾病,通常发生在肿瘤或慢性免疫功能缺陷的患者中,其中大部分患者被证实为 AIDS,后者进行性多灶性白质脑病发生率为 5%。其余主要与慢性肿瘤并发(主要为慢性淋巴细胞性白血病、Hodgkin 病、淋巴肉瘤、骨髓增生性疾病),少见的有非肿瘤性肉芽肿,如结核病、结节病。某些病例还可发生在接受免疫抑制剂治疗的患者中,如肾移植或其他疾病。

人格改变和智力低下可先于神经症状前数日至数周。神经症状可以多种多样,如轻偏瘫、四肢瘫、视野缺损、皮质盲、失语、共济失调、发音困难、痴呆、错乱状态直至昏迷。抽搐和小脑性共济失调为罕见症状。多数死于神经症状出现后的 3~6 个月内,若伴有 AIDS 则死亡更快。

脑脊液检查一般正常,头颅 CT 可发现白质内多灶性低密度区,无增强效应;MRI 可见 T_2 均质高信号,T_1 低信号或等信号病灶。

【治疗】

本病尚无特效治疗方法,病程通常持续数月,80% 的患者于发病后 9 个月内死亡。

四、亚急性硬化性全脑炎

亚急性硬化性全脑炎(subacute sclerosing panencephalitis,SSPE)由 Dawson(1934 年)首先描述并命名为包涵体脑炎。以后 Van Bogaert 又做进一步研究,重新命名为亚急性硬化性全脑炎。目前,该病被认为是麻疹缺陷病毒感染所致。自风疹疫苗应用以来,本病发病已非常罕见,发病率为(5~10)/100 万儿童。

【发病机制】

有学者认为本病是对初期感染当时及后来发生的迟发的免疫应答反应。另一些学者则认为是某些有缺陷的麻疹病毒不能合成组成病毒周膜的 M 蛋白,病毒不能释放,结果这种缺陷病毒核衣壳只能在细胞内聚集,复制直至细胞破裂再引起其他细胞感染。

【病理】

本病侵犯两侧大脑半球灰质、白质和脑干,小脑通常无改变。神经细胞脱失,噬节现象以及小静脉周围由淋巴细胞和单核细胞组成的血管套等,提示为病毒感染。白质内可见神经纤维变性,伴有由单核细胞和纤维型星形胶质细胞增生(硬化性脑炎)。特征性病理标志为神经元和胶质细胞胞质或胞核内存在嗜酸性包涵体。

【临床表现】

1) 本病主要侵及儿童和少年,18 岁以后发病者甚少。男性多于女性(3∶1)。典型病例通常在 2 岁前有过原发性麻疹感染,再经过 6~8 年无症状期而发病。

2) 隐匿起病,缓慢发展,无发热。病程可分三个阶段:① 早期:初期学习能力下降,易发脾气,人格改变,语言困难,对日常活动缺乏兴趣;② 进展期:数周或数月后逐渐出现局灶性或全身性抽搐、广泛肌阵挛、共济失调、肌强直、腱反射亢进,Babinski 征阳性,对外界刺激无反应。因进行性脉络膜视网膜炎而出现视力减退。可伴体温异常、多汗、不规则鼾声呼吸等自主神经失调症状;③ 终末期:则处于去皮质状态而终日卧床,最后死于合并感染或循环衰竭。

【辅助检查】

1. 脑电图　　特征性改变为周期性(每 5~8 s)同步发放 2~3 次/s 的高幅慢波,随后为相对平坦的波。

2. 脑脊液　　细胞数正常或稍多,蛋白含量增高,可出现 IgG 寡克隆带,提示存在特异性麻疹病毒抗体。血清和脑脊液中均含有高浓度麻疹病毒中和抗体,但从患者脑组织中发现病毒还十分困难。

【诊断及鉴别诊断】

儿童及青少年发病，隐匿起病，具有典型的病程及相应的临床表现，脑电图具有典型的周期性同步放电，血清和脑脊液麻疹抗体滴度增高，可作出临床诊断。对不典型的病例，脑组织活检有助于诊断和鉴别诊断。

鉴别诊断包括儿童和青少年痴呆性疾病，如脂质沉积病、弥漫性硬化（schilder）病、Lefora型进行性肌阵挛性癫痫、线粒体性脑肌病等。

【治疗及预后】

目前尚无有效的治疗方法，以支持疗法和对症治疗为主，加强护理，预防并发症。患者多在1～3年内死亡，偶有持续10年以上的病例。

五、进行性风疹全脑炎

进行性风疹全脑炎（progressive rubella panencephalitis）为风疹病毒感染引起的一种罕见脑炎。患者多数为有先天性风疹感染的儿童或青少年，当全身免疫功能低下时，潜伏的病毒再次活化引起迟发性损害。少数系获得性而非先天性风疹病毒感染发病。

【病理】

主要侵犯大脑白质，表现为广泛进行性亚急性全脑炎，如灰白质血管周围淋巴细胞及浆细胞浸润、胶质增生、广泛脱髓鞘等。本病病理与麻疹病毒相关的慢性脑炎之间有类似改变，但无特征性包涵体。

【临床表现】

儿童或青少年发病，至少发生在出生后2～3年。早期主要表现为迅速进展的进行性智力障碍。小脑共济失调突出，早期步行笨拙，相继出现躯干和肢体共济失调，可伴痉挛、构音障碍和吞咽困难等锥体束症状。视乳头苍白、眼肌麻痹、痉挛性四肢瘫痪以及无动性缄默为本病晚期表现。

脑脊液淋巴细胞轻度增多，蛋白质增高，丙种球蛋白比例（占总蛋白35%～52%）明显增加，并可检测到寡克隆带。脑脊液和血清中风疹抗体滴度增高。脑电图为弥漫性慢波，无周期性。CT可见脑室扩大。

【诊断及治疗】

有先天风疹感染的儿童或青少年出现上述迟发性、进行性全脑损害表现时应想到本病。获得性感染者需作病毒血清学及病原学检查辅助诊断。

无有效治疗，病程可迁延8～18年。

第三节 艾滋病所致的神经系统障碍

艾滋病亦名获得性免疫缺陷综合征（acquired immunodeficiency syndrome，AIDS），是由人类免疫缺陷病毒（human immunodeficiency virus，HIV）感染所引起的。10%～27%的艾滋病患者出现神经综合征。从1982年6月5日美国疾病防治中心发表第一份报告以来，20多年间在全世界范围内迅速传播，全世界已有2 200万人死于本病。中国1985年报告第一例AIDS，估计目前至少有100万感染者。

【病因及发病机制】

HIV属逆转录病毒，包括HIV-1和HIV-2两型。HIV-1能引起免疫缺陷和AIDS，呈世界性分布；HIV-2仅在非洲西部和欧洲的非洲移民及其性伴中发生，很少引起免疫缺陷和AIDS。在我国HIV感染以血液传播为主（占77.7%），特别是静脉注射毒品者，其次才是性传播。

HIV可能通过以下途径导致神经系统损害：① HIV直接细胞毒性，大脑中的神经元和胶质细胞可表达CD_4分子，病毒可通过CD_4分子而感染神经系统；② 病毒在复制过程中产生gP^{41}、gP^{120}、Tat和Nef等病毒蛋白，它不仅能破坏神经细胞膜的完整性，而且还能抑制细胞间的信号传递，导致神经细胞与胶质细胞的功能紊乱；③ HIV感染脑组织巨噬细胞、星形胶质细胞，产生毒性TNF-α、TGF-β、IL-1、IL-6和内皮素-1，造成神经细胞和髓鞘的破坏；④ 自身免疫反应：针对HIV的某些抗体可能与神经细胞有交叉反应，导致神经细胞损坏。此外HIV还会使CD_4^+T细胞和巨噬细胞防御功能受损，使机体对机会感染和某些肿瘤易感性明显增加。

【病理】

神经系统任何部位均可被侵犯，包括大脑、脊髓、周围神经和脑脊膜，肌肉亦可累及。不同个体差别很大，轻者目视几乎看不到任何改变，仅在镜下才能发现轻微改变。重者神经结构有明显破坏，往往伴有感染、肿瘤和血管病等改变。

某些标本可见不同程度的脑萎缩,额颞叶更为明显。镜下可见大脑神经细胞脱失,伴有明显胶质增生,白质髓鞘破坏。大脑灰质或灰质下白质可以多核巨细胞、巨噬细胞和小胶质细胞为主的胶质结节。多核细胞可位于血管周围间隙和脑实质内,该细胞体积较大,胞质呈嗜酸性,胞核 2~10 个不等,有时可多达 20 个,位于细胞边缘部分。多核巨细胞是大脑感染 HIV 的一个相当敏感的标志。

【临床表现】

HIV 感染多发生在青壮年,男性多于女性,临床上依据起病快慢、病程长短、病毒侵及神经系统的部位不同及是否伴有其他病原体感染可将 AIDS 的神经系统感染分为以下两类。

(一) HIV 引起的原发性感染

1. 急性脑膜脑炎　　表现为发热、头痛、神志模糊、癫痫发作或偏瘫,也可出现颈强及 Kernig 征。脑脊液细胞数及蛋白质增高,糖正常。神经影像学可完全正常。经过数天或数周症状可自行消失,但可以反复发生。此期血清 HIV 呈阳性反应。

2. AIDS-痴呆综合征　　开始患者表现注意力不集中,记忆减退,逐渐发展为人格改变和行为异常,直至痴呆状态。也可伴有癫痫、四肢张力增高、病理反射、共济失调和肌阵挛发作等。脑脊液细胞数与蛋白增高,P_{24} 抗原水平和 β_2 微球蛋白水平与认知功能严重程度呈正相关。脑电呈弥散性慢波。头部 CT 和 MRI 除可见脑萎缩及白质低密度外,于 T_2 加权像可见深部白质呈斑片状高信号,有的互相融合,两侧基本对称。

3. 空泡性脊髓病　　可与痴呆综合征并存,也可单独发生。约有 1/3 的 AIDS 脊髓白质有空泡形成,胸段侧索与后索尤为突出。但只有在空洞形成明显时,才出现症状。其临床表现与亚急性联合变性相似。

脊髓 HIV 感染可能激活巨噬细胞。镜下可见病灶内巨噬细胞数量明显增加,它可释放细胞因子,如肿瘤坏死因子-α(TNF-α),对髓鞘和少突胶质细胞有毒性作用,被破坏的神经纤维被吞噬细胞运走,于是造成局部的空泡形成。应该指出,空泡性脊髓病并不是 AIDS 的特征性改变,无 HIV 感染,也可形成此病。此外,少数 HIV 感染病例,脊髓病灶可见较多的多形核白细胞,称此为 HIV 脊髓炎。更多的病例脊髓内缺乏多形核白细胞,称此为 HIV 感染的空泡性脊髓病。

4. 周围神经病　　20%~80% AIDS 患者可出现周围神经症状,其表现形式不一,常见的有以下数种。

(1) 急性炎症性脱髓鞘性多发性神经病:可出现在 HIV 感染早期,其表现与 Guillain-Barre 综合征相似,四肢轻瘫,腱反射低下,感觉障碍较轻,可伴有双侧周围性面瘫。脑脊髓呈现蛋白细胞分离,有时也可有细胞数增多。电生理检查示周围神经传导速度减慢。部分患者可呈慢性经过或反复发生。

(2) 远端对称性感觉性神经病(distal symmetric sensory neuropathy):四肢远端对称性深、浅感觉障碍,由于深感觉改变较重,呈现感觉性共济失调。腱反射低下,而不伴有运动障碍。电生理检查示感觉神经传导速度减慢,神经活检可发现轴索变性和血管炎。

(3) 多发性单神经病:以不对称性多发性单神经损害为特征,多累及尺神经、股神经和坐骨神经,也可累及动眼、滑车、外展及面神经。脑脊液细胞数增加,电生理检查示周围神经轴索损害,神经活检除有不同程度轴索坏变外,尚有多核细胞浸润。

(4) 进行性痛性神经根病:腰骶痛为主,往往延及下肢,也可伴有尿、便障碍,脑脊液蛋白轻微增高。

(5) 自主神经病(autonomic neuropathy):AIDS 后期可有心律失常、阳痿、发汗障碍、直立性低血压、腹泻或尿潴留等。

5. 肌病　　可发生于 AIDS 各个阶段,四肢远端无力、肌萎缩、肌痛或伴有压痛。血清肌酶增高,肌肉活检示散在的肌纤维变性,小血管周围、肌纤维间及肌束膜可有炎细胞浸润。

(二) 继发于 AIDS 的神经系统损害

1. 中枢神经系统机会感染　　由于细胞免疫功能严重受损,中枢神经系统易出现各种各样的机会感染,临床常见的有如下数种:

(1) 脑弓形体病(toxoplasmosis):是 AIDS 常见的机会性感染,病情缓慢进展,出现发热、意识模糊状态和局灶性或多灶性脑病症状和体征,如脑神经麻痹或轻偏瘫、癫痫发作、头痛和脑膜刺激征等。MRI 可发现基底节一或多处大块病灶,有环形增强;PCR 可检出弓形体 DNA;确诊有赖于脑活检。

(2) 真菌感染:以新型隐球菌感染引起脑膜炎最常见。

(3) 病毒感染：单纯疱疹病毒、巨细胞病毒、带状疱疹病毒等引起脑膜炎、脑炎和脊髓炎，乳头多瘤空泡病毒引起进行性多灶性白质脑病。

(4) 细菌感染：分枝杆菌、李斯特菌、金黄色葡萄球菌等引起各种脑膜炎，以结核性脑膜炎较多见。

2. 中枢神经系统肿瘤 本症可并发中枢神经系统机会性肿瘤，以淋巴瘤最常见，偶见卡波西肉瘤（Kaposi sarcoma），淋巴瘤多出现在 HIV 感染晚期。瘤细胞可浸及软膜或脑内血管周围间隙。临床上可有头痛、精神障碍和局灶症状。脑脊液可见淋巴细胞增多，蛋白质增高。CT 或 MRI 于脑室周围有单发或多发性结节，并呈环状增强。T_1 加权像呈低信号，T_2 加权像为高信号，脑活检可确诊。

3. 脑血管意外 可以因肉芽肿血管炎引起脑梗死，炎性血栓性心内膜炎引起脑栓塞，也可以因血小板减少引起脑内或蛛网膜下腔出血。偶可见脑静脉及静脉窦血栓。

【辅助检查】

血液白细胞或淋巴细胞减少，血液 CD_4^+ T 细胞亚群绝对值降低。CD_8^+ T 细胞亚群数量增加，CD_4/CD_8 比值降低或逆转。CD_4^+ 细胞数量下降有助判断 HIV 感染状态及预后。

用 ELISA 方法检测 HIV 感染人的血清、尿液、脑脊液的抗体，感染后 3 个月内绝大部分可呈阳性。而 HIV 抗原（P_{24} 抗原）在血清中出现时期早于 HIV 抗体，因此 HIV 抗体阴性时，HIV 抗原可能阳性。

【诊断及鉴别诊断】

对原因不明的神经症状，遇到下列情况时，应想到 AIDS 的可能：① 有吸毒、输血、不洁性接触史；② 不明原因免疫功能低下；③ 不明原因的机会感染；④ 不明原因的消瘦；⑤ 不明原因的淋巴结肿大；⑥ 反复出现带状疱疹、口腔念珠菌感染及皮肤脓疱；⑦ 高热，而白细胞数不高；⑧ 年轻人痴呆。此时宜做血液、脑脊液有关 HIV 感染的检测。

儿童艾滋病患者需与先天性免疫缺陷鉴别，前者常见腮腺炎及血清 IgA 增高，后者则少见，病史和 HIV 抗体也有助于鉴别；成人 AID 患者需要与应用皮质激素、血液或组织细胞恶性肿瘤等引起的获得性免疫缺陷区别。

【治疗及预后】

本病治疗原则是积极抗 HIV 治疗、增强患者免疫功能和治疗机会性感染及肿瘤等神经系统并发症。

目前临床常用的抗 HIV 药物包括：① 核苷逆转录酶抑制剂（NRTI）：齐多夫定、拉米夫定等；② 非核苷逆转录酶抑制剂（NNRTI）：奈韦拉平等；③ 蛋白酶抑制剂（PI）：印地那韦等。主张用高效抗逆转录病毒疗法治疗，在患者 CD_4 细胞计数 $\leqslant 350 \times 10^6/L$ 时开始治疗，采用"鸡尾酒疗法"，各类药物通过不同的组合以增强疗效。由于抗 HIV 药物的抗病毒能力、依从性、耐药性和毒性，加之药物还不能将病毒完全从体内清除，最近有学者主张采用间断疗法。

增强和调节免疫功能常用的药物有：异丙肌苷、转移因子、干扰素及其诱生剂、IL 介素-2、胸腺激素、甘草甜素、香菇多糖等。

治疗机会性感染的药物，如脑弓形体病用乙胺嘧啶和磺胺嘧啶，单纯疱疹病毒感染用阿昔洛韦，真菌感染用二性霉素 B。巨细胞病毒所致的神经根病的进行性疼痛可用更昔洛韦及三环类抗抑郁药如阿米替林等治疗。

第四节 朊蛋白感染疾病

一、概述

朊蛋白感染疾病（prion disease）是一类由具传染性的朊蛋白（prion protein，PrP）所致的散发性中枢神经系统变性疾病。人朊蛋白感染疾病主要包括 Creutzfeldt-Jakob 病（CJD），Gerstmann-Straussler 病（GSS），Kuru 病及致死性家族性失眠症（fatal familial insomnia，FFI）。这组疾病的共同特点是：① 除新变异型 CJD（nvCJD）外，多为中年以上发病；② 既有神经症状，如癫痫、共济失调等，又有精神症状，如记忆困难、痴呆等；③ 进展迅速：CJD 85% 一年内发展为去皮质强直，GSS 2～3 年内发展至生活不能自理；④ 预后不良：CJD 多于一年内死亡，GSS 多于发病 5 年后死亡，FFI 平均发病后 13.3 个月死亡；⑤ 病理改变主要是神经细胞凋亡，星形胶质细胞增生和以灰质为主的海绵状变性，严重者可累及白质，但无任何炎症反应；⑥ 实验动物可以传递，CJD 冷藏的脑组织制成匀浆，接种于实验鼠脑内，1～2 年后动物可以发病。但具有 PrP 基因突变者难以传递成功，GSS 约 50% 可以传递，FFI 已被传递成功。

该组疾病发现后不久，即引起医学界、农牧业方面广泛注意。牛海绵状脑病的发现，对人朊蛋白感染疾病，尤其是对 CJD 的研究，起到很大的推动作用。世界卫生组织（1996 年）要求各国成立国家 CJD 监测中心。尽管部分欧洲国家制定出一些政策和措施，可是新型 CJD 病例仍陆续增多。迄今已有百余人因食入疯牛病的牛肉而感染 nvCJD。目前认为 CJD 可能是人畜共患的新型传染病。朊蛋白感染疾病与艾滋病已被看成是本世纪全球性的两大顽疾。

二、Creutzfeldt-Jakob 病

Creutzfeldt-Jakob 病(CJD)是最常见的人类朊蛋白病，主要累及皮质、基底节和脊髓，故又称皮质-纹状体-脊髓变性(corticostriatospinal degeneration)。临床上以进行性痴呆、肌阵挛、锥体束或锥体外系症状为主要表现。本病呈全球性分布，发病率为 1/100 万。患者多为中老年人，平均发病年龄 60 岁。

【病因及发病机制】

CJD 是由一种特殊的具有感染性质的蛋白质——朊蛋白所引起。正常中枢神经组织也存在朊蛋白(PrPc)，无致病性，功能不清。其基因位于第 20 号染色体短臂。PrPc 是 α-螺旋结构，具有水溶性，可被蛋白酶水解。异常朊蛋白(PrPsc)空间构象近 40% 为 β-片层结构，不溶于水，不能被蛋白酶水解，也不能被常规消毒法灭活。多个 PrPsc 聚集，则形成直径为 10~20 nm，长度 100~200 nm 的物质，这种物质可能就是早期发现的羊瘙痒病相关原纤维(scrapic-associated-fiber, SAF)和朊蛋白质粒(prion liposome)。PrPsc 大量沉积于脑内，造成大脑广泛的神经细胞凋亡、脱失、形成海绵状脑病。

PrPsc 是怎样进入中枢神经系统，又是怎样从正常的 PrPc 转变为异常的 PrPsc，其详细途径和机制仍在研究中。不过，不同类型的 CJD，其发生机制也不尽相同。一般来说，医源性 CJD 为传递感染，即将被 PrPsc 污染的组织或器械，通过脑深部电极检查、颅脑手术、硬脑膜移植，以及反复接受从垂体提取的生长激素或性激素肌注等，经过长达数年至数十年的复制而发病。家族性 CJD 则为 *PrP* 基因突变。

【病理】

大体可见脑呈海绵状变，皮质、基底节和脊髓萎缩变性；显微镜下可见神经元丢失、星形细胞增生、细胞质中空泡形成，感染脑组织内可发现异常 PrP 淀粉样斑块，无炎症反应。变异型 CJD 的病理学改变为大脑和小脑轻微的海绵状变性，且较少见，而斑块形成非常明显。

【临床表现】

CJD 分为散发型、医源型(获得型)、家族型和变异型等四种类型。80%~90% 的 CJD 呈散发型。发病年龄 25~78 岁，平均 58 岁，男女均可罹患。

临床表现大致可分为三期：

1. 初期 主要表现为乏力，易疲劳，注意力不集中，失眠，抑郁，记忆力减退等。此期易误诊为神经症或轻度抑郁症。有时尚伴有头痛、头重、眩晕、视力模糊或共济失调等神经症状。

2. 中期 亦称痴呆-肌阵挛期。此期记忆障碍尤为突出，甚或外出找不到家门，迷路，人格改变，直至痴呆。有的伴有失语、失认、失行。四肢肌张力增高，腱反射亢进，Babinski 征阳性。有的出现多动或癫痫发作、轻偏瘫、视力障碍、小脑性共济失调、肌强直等。少数病例也可出现肢体肌肉萎缩。此期约 2/3 患者出现肌阵挛。

3. 晚期 呈现尿失禁，无动性缄默或去皮质强直。往往因褥疮或肺部感染而死亡。85% 的患者于发病后 1 年内死亡。少数可死于发病后 3 周以内或长至 8 年以上。

变异型 CJD 特点是，发病较早(平均约 30 岁)，病程较长(>1 年)，小脑必定受累出现共济失调，早期突出的精神异常和行为改变，痴呆发生较晚，通常无肌阵挛和特征性 EEG 改变。

【辅助检查】

1. 脑脊液 免疫荧光检测 CSF 中 14-3-3 蛋白可呈阳性，CJD 脑组织大量神经元破坏可导致 14-3-3 蛋白释出至脑脊液，可作为临床诊断可疑 CJD 患者的重要指标；也可检测血清 S100 蛋白，因 CJD 患者 S100 蛋白随病情进展呈持续性增高。

2. 脑电图 脑电图改变是临床诊断 CJD 的重要依据，疾病的不同时期，脑电改变也不尽相同。本病初期仅为广泛存在的非特异性慢波，后期则呈现特异性的周期性同步放电(periodic synchronous discharge, PSD)。表现形式为间歇性或连续性中至高波幅的尖慢波或棘慢波同步放电。持续时间为数秒至十数秒不等。目前认为 PSD 的出现与肌阵挛关系密切，伴有肌阵挛者 79% 出现 PSD。

3. CT 或 MRI 急性发病或病程较短的 CJD，头颅 CT 或 MRI 可完全正常。在病程较长的 CJD 可以发现不同程度的脑萎缩，严重者伴有脑室扩大。

【诊断及鉴别诊断】

在疾病早期作出诊断有很大困难。诊断可采用以下标准：① 在 2 年内发生的进行性痴呆；② 肌阵挛、视力障碍、小脑症状、无动性缄默等四项中具有其中两项；③ 脑电图周期性同步放电的特征性改变。具备以上三项可诊断为很可

能(probable)CJD；仅具备①②两项，不具备第③项诊断为可能(possible)CJD；如患者脑活检发现海绵状态和PrP^{SC}者，则为确诊的CJD。可用脑蛋白检测代替脑电图特异性改变。

临床诊断CJD时，应与Alzheimer病、进行性核上性麻痹、橄榄脑桥小脑萎缩、脑囊虫病、肌阵挛性癫痫等鉴别。

【防治】

本病尚无有效治疗。90%病例于病后1年内死亡，病程迁延数年者很罕见。

第五节 中枢神经系统结核病

一、结核性脑膜炎

结核性脑膜炎(tuberculous meningitis, TBM)是由结核杆菌引起的脑软膜和脊髓膜的慢性纤维素性渗出性炎症，在肺外结核中有5%~15%的患者累及神经系统，其中又以结核性脑膜炎最为常见，大约占神经系统结核的70%左右。

【病因及发病机制】

结核性脑膜炎是由结核杆菌感染所致，其感染途径：① 结核杆菌经血液循环在软膜上形成结节，破溃后形成结核性脑膜炎；② 脊柱结核，病灶延及软膜，而形成结核性脑膜炎；③ 部分病例体内找不到结核灶。不过大多数结核性脑膜炎继发于肺结核，或其他部位，如淋巴腺、骨、副鼻窦、胃肠道等结核。

【病理】

结核性脑膜炎主要侵犯脑底软膜，尤其是脚间池、桥池、视交叉池等部位，有时可沿血管侵及大脑外侧面，也可向下波及软脊膜。其病变性质为慢性纤维素性渗出性炎症。被侵犯软膜增厚，并有灰白色半透明渗出物，有时与附近脑神经形成粘连。炎症也可影响血管，形成结核性血管内膜炎或全血管炎，致使管腔狭小，甚或形成脑梗死。由于中孔、侧孔堵塞或伴发颗粒性室管膜炎而呈现梗阻性脑积水，致使颅内压增高和脑室扩大，严重病例可发生天幕疝或枕大孔疝。也可因脊膜肥厚、粘连形成脊髓软化。镜下可见大脑软膜、蛛网膜下腔有纤维素性渗出性炎症、小结核结节和干酪样坏死等。

【临床表现】

1) 急性或亚急性起病，慢性病程，常缺乏结核接触史，早期表现为发热、头痛、呕吐及脑膜刺激征，通常持续1~2周。如早期未能及时治疗，发病4~8周时常出现脑实质损害症状，如精神萎靡、淡漠、谵妄或妄想，部分性、全身性痫性发作或癫痫持续状态，昏睡或意识模糊，肢体瘫痪如因结核性动脉炎所致，可呈卒中样发病，出现偏瘫、交叉瘫、四肢瘫和截瘫等；如由结核瘤或脑脊髓蛛网膜炎引起，表现为类似肿瘤的慢性瘫痪。

2) 颅底炎性渗出物的刺激、粘连、压迫，可致脑神经损害，以动眼、外展、面和视神经最易受累，表现为视力减退、复视和面神经麻痹等。

3) 颅内压增高在早期由于脑膜、脉络丛和室管膜炎性反应，脑脊液生成增多，蛛网膜颗粒吸收下降，形成交通性脑积水，颅内压多为轻、中度增高；晚期蛛网膜、脉络丛粘连，呈完全或不完全性梗阻性脑积水，颅内压多明显增高，表现头痛、呕吐和视乳头水肿。严重时出现去脑强直发作或去皮质状态。

【辅助检查】

1. 血液 白细胞数正常或轻微增加，血沉加快，结核菌素试验多呈阳性。

2. 脑脊液 压力增高，细胞数增高，多在$(50\sim500)\times10^6/L$。以淋巴细胞为主，但疾病早期或晚期可有多形核细胞，蛋白质增高，糖和氯化物降低。抗酸染色或结核菌培养可发现结核杆菌，但阳性率低。

3. CT或MRI 慢性期可见梗阻性脑积水、双侧侧脑室与第三脑室扩大，而第四脑室多正常。部分病例因合并脑梗死呈现低密度灶。有时可与结核瘤并存。

【诊断及鉴别诊断】

根据有结核接触史或体内结核灶，有头痛、呕吐、脑膜刺激征，脑脊液有相应改变，临床诊断不难成立。但需与下列疾病鉴别。

1. 隐球菌性脑膜炎 症状及脑脊液某些改变与结核性脑膜炎相似。最可靠的鉴别方法是脑脊液墨汁染色检查隐球菌或脑脊液霉菌培养找到新型隐球菌。

2. 囊虫性脑膜炎 脑囊虫病脑膜炎型也有相似症状。有便囊虫节片史、皮下有囊虫结节、脑脊液囊虫间凝试验及ELISA试验等可帮助鉴别。

3. 病毒性脑膜炎 脑脊液无结网形成，糖降低不明显，乳酸及C-反应蛋白均正常，而结核性脑膜炎后两项增高。

【治疗】

本病的治疗原则是早期给药、合理选药、联合用药及系统治疗,只要患者临床症状、体征及实验室检查高度提示本病,即使抗酸染色阴性亦应立即开始抗结核治疗。目前认为异烟肼、利福平、吡嗪酰胺或乙胺丁醇及链霉素是治疗结核性脑膜炎有效药物。WHO的建议应至少选择三种药联合治疗,常用异烟肼、利福平和吡嗪酰胺,轻症患者治疗3个月后可停用吡嗪酰胺,再继续用异烟肼和利福平7个月。耐药菌株可加用第四种药如链霉素或乙胺丁醇。利福平不耐药菌株,总疗程9个月已足够;利福平耐药菌株需连续治疗18~24个月。重症可辅以静滴糖皮质激素,以及20%甘露醇或甘油果糖静脉滴注,此时,应注意防治水电解质失衡和肾功能继发性损害。

【预后】

如能早期诊断,尽快接受系统治疗,预后较好。90%患者可以痊愈。若治疗不彻底或病程迁延,约25%患者可遗有癫痫发作、脑神经麻痹、两下肢截瘫、智力障碍等并发病,严重者可死于脑疝。

二、中枢神经系统结核瘤

结核瘤(tuberculoma)是结核杆菌感染引起的脑或脊髓实质内的占位病变,由脑内类上皮细胞、巨噬细胞组成的干酪性肉芽肿病灶,可伴钙化。多在大脑实质内,单发或多发。结核瘤属于非进行性病变,相当一部分患者无明显临床症状,仅少数可有头痛、视乳头水肿、颅内压增高、轻偏瘫以及癫痫发作等症状。往往在头颅CT或MRI扫描时发现大脑内有大小不一、数量不等的占位性病变,偶可钙化。增强扫描结核瘤边缘显影加强。脑脊液多正常,抗结核治疗有效。

第六节 新型隐球菌性脑膜炎

新型隐球菌性脑膜炎(cryptococcus meningitis)是由新型隐球菌感染所引起的脑膜炎,也是中枢神经系统最常见的真菌感染。通常发生在免疫功能低下或菌群失调的患者。由于抗生素广泛使用,恶性肿瘤、AIDS患者增加,本病似有增加趋势。

【病因及发病机制】

新型隐球菌(cryptococcus neoformans)广泛存在于自然界,常见于鸟类,特别是鸽子栖息的土壤中。因此,鸽子患新型隐球菌病高出人类多倍。一般是通过呼吸道,在肺内形成小病灶,再经血液传播至脑内。偶可经皮肤或黏膜进入体内。30%~60%发生于患消耗性疾病的患者,如AIDS、淋巴肉瘤、网质细胞瘤、白血病、Hodgkin病、多发性骨髓瘤、结节病、结核病、糖尿病、肾病与红斑性狼疮等。

【病理】

本病多侵犯脑底软膜,还可侵犯脑沟、脑裂以及大脑深部灰质。可有散在、多发、粟粒样小结节样肉芽肿和小囊肿。蛛网膜下腔有胶样渗出物,触之滑腻。淋巴细胞和单核细胞浸润,其中含有新型隐球菌。在大脑灰质或底节区可见分散或集中存在的小囊腔,呈圆形或椭圆形、内含胶冻样物质和直径10~15μm、带有荚膜、圆形或卵圆形的隐球菌。

【临床表现】

起病隐袭,进展缓慢。早期可有不规则低热或间歇性头痛,后持续并进行性加重;免疫功能低下的患者可呈急性发病,常以发热、头痛、恶心、呕吐为首发症状。

神经系统检查多数患者有明显的颈强直和Kernig征。少数出现精神症状如烦躁不安、人格改变、记忆衰退。大脑、小脑或脑干的较大肉芽肿引起肢体瘫痪和共济失调等局灶性体征。大多数患者出现颅内压增高症状和体征,如视乳头水肿及后期视神经萎缩,不同程度的意识障碍,脑室系统梗阻出现脑积水。由于脑底部蛛网膜下腔渗出明显,常有蛛网膜粘连而引起多数脑神经受损的症状,常累及听神经、面神经和动眼神经等。

【辅助检查】

脑脊液改变颇似结核性脑膜炎。压力增高,细胞数轻度或中度增加,通常$(50\sim500)\times10^6$/L,主要为淋巴细胞、蛋白质增高,糖降低。

确诊需依靠脑脊液墨汁染色或培养发现新型隐球菌,也可从患者尿、血液、痰及骨髓中找到病原体。脑脊液隐球菌抗原检查阳性率可高达90%以上。

头颅CT或MRI检查可见脑积水。影像学检查不能发现小囊腔。但可显示较大的脑内肉芽肿。约半数患者的CT检查可完全正常。

【诊断及鉴别诊断】

根据头痛、微热、脑膜刺激征和相应的脑脊液改变,近期有接受大剂量抗生素、激素治疗和慢性消耗性疾病的既往史,临床可以考虑有隐球菌性脑膜炎可能。但是,确诊须靠脑脊液涂片或培养找到新型隐球菌。在未找到隐球菌前必需与结核性脑膜炎鉴别。

【治疗】

诊断一经确定,应立即开始应用抗真菌药物。

1. 二性霉素 B 乃目前药效最强的抗真菌药物,但因其不良反应多且严重,主张与 5-氟胞嘧啶联合治疗,以减少其用量;成人首次用二性霉素 B 1~2 mg/d,加入 5% 葡萄糖液 500 ml 内静脉滴注,6 h 滴完;以后每日增加剂量 2~5 mg,直至每日剂量达 25~40 mg,疗程一般需 3~4 个月,总剂量 3~4 g。该药副反应较大,可引起高热、寒战、血栓性静脉炎、头痛、恶心、呕吐、血压降低、低钾血症、氮质血症等,偶可出现心律失常、癫痫发作、白细胞或血小板减少等。

2. 5-氟胞嘧啶 50~150 mg/(kg·d),分 3~4 次口服,持续 1~3 个月。此药口服吸收良好,脑脊液浓度为血清浓度的 64%~68%。副反应为食欲下降、恶心、白细胞与血小板减少、皮疹、肾功能损害。停药后上述症状可以恢复。此药与两性霉素 B 合用时具有协同作用。联合应用时可减少两性霉素 B 剂量。

3. 氟康唑 成人口服每日 200~400 mg。副反应为恶心、腹痛、腹泻、胃肠胀气及皮疹等。

【预后】

尽早接受正规治疗可使痊愈率达 70% 左右,但若治疗较晚或不系统治疗,可遗有后遗症甚或死亡。

第七节 螺旋体感染性疾病

一、神经梅毒

神经梅毒(neurosyphilis)系由苍白密螺旋体(*treponema pallidum*)感染人体后出现的大脑、脑膜或脊髓损害的一组临床综合征,是晚期(Ⅲ期)梅毒全身性损害的重要表现。

梅毒的主要传播方式是不正当的性行为,男同性恋者是神经梅毒的高发人群。约 10% 未经治疗的早期梅毒患者最终发展为神经梅毒。约 15% 的人类免疫缺陷病毒(HIV)感染者梅毒血清学检查为阳性,约 1% 的感染者患有神经梅毒。

【临床表现】

神经梅毒的临床表现可有五种:

1. 无症状性神经梅毒 确诊完全依赖于血清学和脑脊液检查,如果脑脊液细胞数超过 $5×10^6/L$ 可诊断为无症状性脑膜梅毒。MRI 检查时脑膜可能出现增强效应。

2. 梅毒性脑膜炎 通常在原发感染后 1 年内发病,表现为发热、不适、头痛、颈强直等,脑脊液压力增高,细胞数增多,蛋白增高,糖轻微减少。确诊需依靠血清学检查。体征有时不明显,少数病例可伴有脑神经麻痹,如面瘫或听力丧失,若脑脊液通路受阻可引起梗阻性或交通性脑积水。

3. 脑血管梅毒 梅毒所致的脑梗死与其他原因引起的脑梗死临床表现大致相同。确诊需依靠血液或脑脊液检查。多发生在原发感染后 5~30 年。发病年龄较轻,部分症状伴发脑膜梅毒,而有头痛或颈强直。瘫痪可在几天内呈进行性加重。MRI 检查除可见脑内梗死灶外,脑膜可呈现增强效应。

4. 脊髓痨(tabes dorsalis) 是实质性神经梅毒的一个类型,主要侵犯软脊膜、后根和后索。临床表现有两下肢闪电样或刀割样剧痛、进行性共济失调、膝跟腱反射消失、深感觉丧失和尿便障碍。最主要的体征是膝跟腱反射消失、下肢震动觉与关节位置觉消失及瞳孔异常。瞳孔异常可表现为不规整、不等大和光反应消失,部分呈现阿-罗瞳孔(瞳孔缩小、光反应消失,而调节反应正常),可伴有视神经萎缩、低张力膀胱、阳痿及 Charcot 关节病等。

5. 麻痹性痴呆 为实质神经梅毒另一类型。见于原发感染后 10~20 年,男性多于女性。主要表现为缓慢发病且逐渐进展的精神衰退。初期表现为记忆障碍、判断和计算力下降,相继出现人格改变、懒散、衣着不整、虚构、吝啬和妄想等。进行性智力衰退终至痴呆。可伴有瞳孔不整、阿-罗瞳孔、视神经萎缩、言语含糊、瘫痪、腱反射亢进及病理反射等。

【诊断及鉴别诊断】

诊断主要依据有不洁性行为或先天梅毒感染史,神经损害临床表现(尤其是阿-罗瞳孔),脑脊液淋巴细胞及蛋白升高,血清及脑脊液梅毒诊断试验呈阳性。本病需与其他原因引起的脑膜炎、脑血管炎、痴呆、脊髓病鉴别,梅毒诊断试验在鉴别诊断上具有重要价值。

【治疗】

本病的治疗应早期开始。① 青霉素G：为首选药物，安全有效，可预防晚期梅毒的发生，剂量为1 200万～2 400万U/d，每4h一次，静脉滴注，10～14 d为一疗程；② 头孢曲松钠1 g肌注，每日1次，连用14 d；③ 对β-内酰胺类抗生素过敏者可选强力霉素200 mg，每日2次，连用30 d。治疗后须在第3、6、9、12、18个月及第2、3年进行临床检查和血清、脑脊液梅毒试验，在第6个月脑脊液细胞数仍增高、血清VDRL试验仍呈4倍增加者，可静脉注射大剂量青霉素重复治疗。

治疗过程中由于大量螺旋体死亡，可引起赫氏反应（Jarisch-Herxheimer fever reaction），此时，患者出现高热、寒战、头痛、脉搏加快，也可呈现体温骤降、低血压甚或休克。为预防此反应，在青霉素治疗开始前一天，予强的松5～10 mg，每日3次口服，连用3 d。

二、神经Lyme病

莱姆病（Lyme disease）系由蜱传伯氏疏螺旋体（Borrelia burgclorferi）引起的人畜共患疾病。通过蜱叮咬皮肤而传播。1975年在美国康涅狄格州的莱姆地区首先发现此病，故名Lyme病。本病在世界范围内广泛分布。我国于1985年首次报道，目前经流行病学调查及病原学证实23个省（市、区）存在Lyme病自然疫源地。

本病发生于任何年龄，发病季节通常在5～11月，6～7月为发病高峰。蜱叮咬后7～10 d，被叮咬处皮肤出现游走性红斑，并逐渐扩大。往往伴有肌痛、关节痛、头痛和发热。神经症状多在发疹后数周至数月后出现，偶可在数年后发生。主要表现为脑膜炎、脑炎、脑神经炎（面神经炎尤为多见），亦可出现单发或多发性神经病。可持续数月，经治疗后可完全恢复。脑脊液细胞轻度或中度增加，脑电图正常或出现慢波。头颅CT及MRI无改变。

根据患者先后出现皮肤、神经、心脏和关节病变，有被蜱叮咬历史，应想到Lyme病。确诊须靠抗伯氏螺旋体抗体测定或用PCR方法检测宿主标本中的DNA。病程1个月内血清中抗伯氏螺旋体特异性IgM和IgG呈阳性，1个月后特异性IgG抗体仍为阳性。

伯氏疏螺旋体对红霉素、四环素、氨苄青霉素和头孢曲松高度敏感，可选用相关抗生素进行治疗。脑膜炎或中枢神经系统受累可用头孢曲松（2 g/d）、青霉素G（2 000万u/d，分次静滴）疗程3～4周。

三、神经系统钩端螺旋体病

钩端螺旋体病（leptospirosis）简称钩体病，是由致病的钩端螺旋体引起的全身性疾病。我国除西藏外，均有发生或流行，华南地区及长江中下游诸省较多。家畜和鼠类感染后，其尿液和粪便污染环境和水源，钩体经破损的皮肤或黏膜感染人体，随血液进入神经系统，并继续存活。钩体本身或释放的内毒素引起神经组织，如脑软膜、脑或脊髓的炎症和坏死，也可继发脑动脉炎引起脑梗死。

本病好发于疫区青壮年农民、野外作业人员及儿童。多流行于6～10月，但全年均可见散发病例。早期可有发热、头痛、乏力、眼结膜充血、腓肠肌压痛和浅表淋巴结肿大。神经症状可有以下四种：

1）脑膜脑炎：头痛、颈强直、躁动不安、嗜睡、谵妄、偏瘫、失语，严重者可出现昏迷、抽搐，并发脑疝而死亡。脑脊液压力增高，白细胞轻度或中度增高，以淋巴细胞为主，蛋白含量亦高，糖与氯化物则正常。脑电图可有弥漫性慢波。

2）脑动脉炎：多发生钩体病流行后2～6个月。相当一部分病例并无急性钩体病症状。主要表现为脑缺血和脑梗死的症状，如短暂性脑缺血发作、持续性或进展性偏瘫，有的可伴有失语症。部分病例表现为蛛网膜下腔出血或硬膜下血肿。头颅CT或MRI可呈现相应影像学改变。MRI可显示动脉狭窄范围。

3）脊髓炎：可发生在钩体病早期或晚期，主要表现为两下肢截瘫，传导束性感觉障碍及两便障碍。通常运动障碍重于感觉障碍。

4）单发或多发性神经根神经病，有时也可表现为脑神经损害。

血、脑脊液中钩体凝集溶解试验（凝溶试验）阳性率达90%以上，发病1周左右出现，3～4周达高峰，可持续数月至数年。血清效价1：400以上为阳性，脑脊液1：4为阳性。通过培养及动物接种，从患者血、脑脊液中可检出钩体。

诊断主要依据流行病学资料，上述临床表现和钩体凝溶试验阳性。

疾病早期应给予青霉素治疗，疗程至少1周。对青霉素过敏者，可选用四环素或红霉素。无并发症的青年患者通常预后良好。50岁以上患者病后常有严重肝病和黄疸，病死率达50%。

第八节 脑寄生虫病

一、脑囊虫病

脑囊虫病(cerebral cysticercosis)是猪绦虫的幼虫(囊尾蚴)寄生于脑部所引起的疾病。50%～70%囊虫病患者可有中枢神经系统(CNS)受累。人食用被虫卵污染的食物,或食用含囊尾蚴的食物(米猪肉)患绦虫病,绦虫节片逆行入胃释放出虫卵,虫卵在十二指肠孵化为六钩蚴,再经血液入脑及其他器官发育为囊尾蚴致病。我国东北、西北、华北地区为高发区。脑内囊虫感染以其感染部位的不同可分为蛛网膜型、脑实质型、脑室型及脊髓型四种:

1. 脑实质型 皮质的包囊引起癫痫发作,偏瘫、偏身感觉障碍、偏盲和失语等;小脑的包囊引起共济失调;极少数患者包囊的数目很多,并分布于额叶或颞叶等部位可发生痴呆。

2. 蛛网膜型 脑膜的包囊破裂或死亡可引起交通性脑积水和脑膜炎;如包囊不断扩大,亦可引起阻塞性脑积水;脊髓蛛网膜受累出现蛛网膜炎和脊髓蛛网膜下腔阻塞。

3. 脑室型 囊虫寄生于脑室系统以第四脑室最多见,病灶可单发或多发,游离或黏附于脑室壁上。室内的包囊可阻断脑脊液循环,导致阻塞性脑积水。包囊可在脑室腔内移动,产生一种活瓣作用,可突然阻塞第四脑室正中孔,导致脑压突然增高,引起眩晕、呕吐、意识障碍和跌倒,少数患者可突然死亡。

4. 脊髓型 非常罕见,可有根痛和脊髓压迫症的表现。

脑脊液除嗜酸性粒细胞增多外,囊虫免疫学检查有较高的敏感性与特异性。常用的方法有间接血细胞凝集试验,酶联免疫吸附试验,囊虫补体结合试验等。头颅CT与MRI对脑囊虫诊断有重要价值。囊虫灶通常为直径0.3～1.0 cm,圆形或卵圆形,CT表现为低密度影,偶可在病灶内看到一点状高密度囊虫头结影。MRI T_1 加权像示边缘清楚的低信号,而 T_2 加权像为高信号,病灶内头节则相反,即 T_1 为高信号,T_2 为低信号。脑室内囊虫,特别是第四脑室囊虫则较大,直径可达5～7 cm。而蛛网膜下腔的囊虫多呈葡萄状成堆的存在。MRI能较CT更准确地显示脑囊虫在脑内的位置、大小及大概数目,CT的优点是能显示钙化影,有助于囊虫死亡的判定。

脑囊虫病治疗可选用:① 吡喹酮(praziquantel,PZQ):30～50 mg/kg,分3～4次口服,12 d为一疗程,间隔2～3个月可重复治疗,共3个疗程。该药可使颅内压增高者的颅压更加增高,甚或促发脑疝形成。因此,需并用20%甘露醇或地塞米松降低高颅压。② 丙硫咪唑(albendazole):15～18 mg/d,分2次口服,10 d为一疗程,间隔2～3周后可重复,共2～3个疗程。该药胃肠道反应较轻,但对高颅压者可能使颅压进一步增高。丙硫咪唑与吡喹酮可联合应用,也可先用一疗程丙硫咪唑,3个月后做增强头颅CT,仍有囊虫影时,可再用一疗程吡喹酮。第四脑室囊虫则不宜应用吡喹酮治疗,应尽快手术摘除或行脑脊液分流术。对癫痫发作及精神症状可对症治疗。

二、脑型血吸虫病

脑型血吸虫病(cerebral schistosomiasis)是由于人体血吸虫排出的虫卵随血流沉积于脑实质和脑膜所引起的神经系统功能障碍。长江中下游及南方13省是本病的流行区。建国后血吸虫病曾一度被控制,但近年发病率又有增加趋势。

血吸虫虫卵由粪便污染水源,在中间宿主钉螺内孵育成尾蚴,并浮游于水中,人接触疫水,尾蚴经皮肤或黏膜侵入人体,在门静脉系统内发育成成虫,所排出的虫卵再经血流侵入脑内,多分布于左侧顶叶与枕叶的灰质或灰质与白质交界处。特异性改变为虫卵性肉芽肿、假结核结节及瘢痕形成,急性虫卵结节也称嗜酸性脓肿。脑内中小血管可呈现内膜增生,管壁水肿,炎细胞浸润,也可继发脑梗死灶。偶尔侵犯脊髓和周围神经。

临床表现分急性型和慢性型两种。急性型主要症状为脑膜脑炎,如发热、头痛、神志障碍、偏瘫等,而慢性型则更多见。发病于感染后数月至四年内不等。常见类型有:

1. 癫痫型 33.8%～62%呈现此型,可表现为各种类型癫痫发作。

2. 脑瘤型 占18%～34.6%,临床症状与脑肿瘤相似。

3. 脑卒中型 由虫卵栓塞或脑小动脉炎症所致。多急性起病,出现偏瘫或昏迷,此型占0.8%～3%。偶可表现为急性脊髓炎或多发性神经病等。

急性血吸虫病血液嗜酸性粒细胞增高,可达20%～40%,但其增高程度与感染程度不成比例关系。脑脊液中白细胞数增高,蛋白质正常或轻度增高、糖无改变。有关免疫学检查,如皮内试验、环卵沉淀试验(COPT)、间接血凝试验(IHA)、酶联免疫吸附试验(ELISA)等均有辅助诊断价值。其中COPT有较高的特异性与敏感性。头颅CT急性型可呈现脑水肿,慢性型则为肉芽肿等占位改变。

药物治疗首选吡喹酮,10 mg/kg,一日 3 次口服,总剂量为 120～150 mg/kg,分 4 d,12 次服完。较大的肉芽肿也可考虑手术治疗。

三、脑包虫病

脑包虫病(cerebral echinococcosis)或称脑棘球蚴病,是犬绦虫(细粒棘球绦虫)的幼虫(棘球蚴)引起的颅内感染性疾病。在脑内形成单灶或多灶性囊肿,多位于大脑中动脉供应区,也可在小脑或脑室内。本病为自然疫源性疾病,主要流行于畜牧区。我国西北地区多见,如甘肃、宁夏、青海、新疆、西藏、内蒙和四川西部等地区。

脑包虫起病与进展均缓慢。主要表现为颅内压增高,如头痛、呕吐、颈强直及视乳头水肿等,也可呈现局灶症状,如轻偏瘫、失语、偏侧感觉障碍或癫痫发作等。血液和脑脊液嗜酸性粒细胞增加,包虫补体结合试验多呈阳性。CT 或 MRI 检查有重要的诊断价值,脑内可见有大圆形囊肿,边界清晰,周围无水肿,囊液 CT 值与脑脊液相同,占位效应明显。T_1 加权像为低信号,而 T_2 加权像为高信号,子囊和头节在 T_1 加权像为高信号。

手术摘除效果较好,对不能手术或复发者,可选用阿苯哒唑 400 mg,每日 2 次,30 d 为一疗程。

四、脑型肺吸虫病

脑型肺吸虫病(cerebral paragonimiasis)是由寄生于人体的肺吸虫移行入脑所引起的疾病。人因食不熟或生的含有囊蚴的溪蟹(石蟹、喇蛄)等而感染。此病在世界范围内分布甚广,我国云南、广东、浙江、四川、贵州、辽宁、吉林、江西、山西、广西、山东等省市均有肺吸虫病的报道,而脑型肺吸虫病占 20%～26%。

多数患者在出现脑症状前先有肺吸虫病。咳嗽、胸痛、咯血是常见的症状。肺部 X 线检查可示相应的影像学改变。神经症状发生在感染后 10 个月左右,也可迟至 36 个月。主要有以下类型:

1. 头痛型 40%～60% 为此型,具有起病急,时间短暂,反复发作及夜间较重的特点。

2. 癫痫型 12%～30% 为此型,可表现为各种类型发作,其中以部分发作最为常见。严重者也可形成癫痫持续状态。

3. 瘫痪型 由于肺吸虫在神经系统寄生部位的不同,可表现为单瘫、偏瘫等,偶可有截瘫。

4. 脑瘤型 除有头痛、恶心、呕吐、视乳头水肿等颅压增高症状外,也可有局灶性症状。CT 或 MRI 可显示占位性改变。

5. 脑膜炎型 多见于疾病早期、起病急,往往有头痛、发热、呕吐及脑膜刺激征。脑脊液压力增高,以淋巴细胞为主的白细胞数增多,可有相当数量的嗜酸性粒细胞。蛋白也轻度增加。

6. 脑卒中型 由于幼虫侵犯蛛网膜下腔血管或大脑血管,破裂后产生蛛网膜下腔出血或脑叶出血。

若患者来自肺吸虫病流行区,有食生蟹或不熟的溪蟹史,血中嗜酸性粒细胞增高,有肺和脑症状,痰或脑脊液中发现肺吸虫虫卵,结合以下实验室检查诊断可以确诊:① 肺吸虫皮内试验:阳性率 95% 左右;② 补体结合试验:血清阳性率为 75%～98%,脑型肺吸虫病脑脊液阳性率 85%～100%;③ 后尾蚴膜反应:阳性率可达 97.3%。

治疗主要应用吡喹酮,10 mg/kg,每日 3 次口服,总剂量为 120～150 mg/kg,疗效较好。也可应用硫双二氯酚 1 g,每日 3 次口服,10～15 d 为一疗程,间隔 1 个月后可重复治疗。巨大肉芽肿需考虑手术治疗。

五、广州管圆线虫病

广州管圆线虫最早由陈心陶于 1933 年在广东家鼠及褐家鼠体内发现寄生于鼠类肺部血管。偶可寄生于人体引起嗜酸性粒细胞增多性脑膜脑炎或脑膜炎。人类感染较少见,首例患者见于我国台湾 1944 年报道。

鼠类是广州管圆线虫的终宿主,病原虫寄生于鼠类肺部血管,发育成熟并产卵。第一期幼虫孵出后穿破肺毛细血管进入肺泡,经气管、咽部,后被吞入消化道,随粪便一起排出。随后进入中间宿主,主要是淡水螺和蛞蝓,发育为第二及第三期幼虫,具有感染性。当人生食含本虫幼虫的中间宿主后,幼虫穿过肠壁进入门脉系统,经血循环到达大脑,引起嗜酸性粒细胞增多性脑膜脑炎或脑膜炎。临床主要表现为发热、头痛,主要位于枕部和双颞部,恶心、呕吐、眼部损害、脑膜刺激征等。

诊断本病主要依据有吞食或接触含本虫的中间宿主病史,脑脊液压力升高,白细胞总数明显增多,其中嗜酸性粒细胞数亦明显增高。

本病尚无特效治疗。一般采用对症治疗。

(谢 鹏 邹德智)

思 考 题

1. 如何诊治单纯疱疹病毒性脑炎？
2. 如何鉴别诊断结核性脑膜炎、隐球菌性脑膜炎和病毒性脑膜炎？
3. 学习朊蛋白的致病性有何意义？
4. 我国有哪些常见脑寄生虫疾病？如何进行诊断与鉴别诊断？
5. 为什么HIV患者易发生中枢神经系统机会感染？
6. 病例分析

【病史摘要】

患者，女性，33岁，已婚，汉族。因"发热、头痛5天，伴精神行为异常3天"入院。患者于本次发病前1周有上呼吸道感染史，入院前5天出现发热，体温最高达39℃，伴有头痛，呕吐，呈喷射性，3 d前出现精神行为异常，胡言乱语。既往史、个人史、家族史无殊。

体格检查：体温38.5℃，脉搏90次/min，呼吸22次/min，血压130/80 mmHg。烦躁，查体不合作，对答不切题，脑神经正常，颈阻可疑，四肢肌力正常，腱反射对称(++)，双侧病理征阴性。

辅助检查：血常规、电解质、肝、肾功能正常。腰穿脑脊液压力240 mmH$_2$O，外观无色透明，有核细胞60×10^6/L，以单核为主，糖和氯化物正常，蛋白0.8 g/L。脑电图呈弥漫性高波幅慢波。头颅MRI显示双侧颞叶、额叶、岛叶T$_2$相呈片状高信号影。

【诊断分析】

1. 病史特点　　青年女性，急性起病，有上呼吸道感染病史。有发热、精神异常和颅内压增高的临床表现。腰穿、脑电图和头颅MRI显示异常。

2. 定位诊断　　依据患者颅内压增高的临床表现和精神行为的异常，结合脑电图和头颅MRI的异常，病变可定位在双侧大脑半球。

3. 定性诊断　　依据青年患者，急性起病，病前有上呼吸道感染史，临床主要表现为头痛、呕吐和精神行为异常以及脑电图有弥漫性高波幅慢波等双侧大脑半球损害的表现；有发热、腰穿脑脊液白细胞数增多等感染的证据，定性诊断为中枢神经系统感染性疾病。结合头颅MRI改变，符合单纯疱疹病毒性脑炎的初步诊断，尚需与下列疾病鉴别。

(1) 化脓性脑膜炎　　该病全身感染症状更重，血常规检查白细胞数增高明显，脑脊液呈化脓性改变，本例患者血常规正常，脑脊液中有核细胞数仅为60×10^6/L，且外观无色透明故不支持。

(2) 结核性脑膜炎　　该病起病一般相对较病毒性脑炎缓慢，部分患者有结核病史或结核接触史，脑脊液检查糖降低。本例患者急性起病，无结核病史，脑脊液生化检查糖正常，不支持，头颅MRI改变亦不支持结核性脑膜炎。

(3) 隐球菌性脑膜炎　　隐球菌性脑膜炎一般起病较缓慢，脑脊液检查糖降低，本例患者起病较急，脑脊液检查糖正常，也未检测到隐球菌故不支持。

4. 治疗经过入院后经阿昔洛韦治疗14 d后患者症状明显好转，复查腰穿脑脊液正常后出院。同时作为诊断性治疗，抗单纯疱疹病毒治疗有效，也可反证单纯疱疹病毒性脑炎的诊断。

参考文献

贾建平. 2009. 神经病学. 第6版. 北京：人民卫生出版社. 233~257

Brant T, Caplan LR, Dichgans J. 2003. Infections and Inflammatory Disease, in Neurological Disorders Course and Treatment. 2nd. Amsterdam: Academic Press. 529~720

Buktea Y, Kemanoglu S, Nazaroglu H, et al. 2004. Cerebral hydatid disease: CT and MR imaging findings. Swiss Med Wkly. 134: 459~467

Katti MK. 2004. Pathogenesis, diagnosis, treatment, and outcomeaspects of cerebral tuberculosis. Med Sci Monit. 10(9): RA215~229

Scheld WM, Whitley RJ, Marra CM. 2004. Infections of the Central Nervous System 3th. Philadephia: Lippincott Williams & Wilkins. 57~323

第十章 中枢神经系统脱髓鞘疾病

Multiple sclerosis (MS) is a chronic, potentially disabling, immune-mediated inflammatory demyelinating disease of the central nervous system (CNS). The multifocal nature of the disease manifests clinically as a range of sensorimotor, cerebellar, visual, sphincteric, cognitive, and neuropsychiatric symptoms. Most patients present with a relapsing and remitting course, which is characterized by recurring attacks of acute neurological deficits or exacerbations of existing deficits (relapses) followed gradually by partial or full recovery (remission). The immune pathogenesis of MS is thought to be heterogenous, with recent studies showing the involvement of distinct subsets of T-cells and the crucial role of B cells and antibodies. The exact etiology is unknown, although it is likely to stem from the loss of immune regulation, leading to the breakdown of immune tolerance, influenced by genetic susceptibility. Focal CNS inflammation, demyelination, axonal loss and eventual neuronal death are typical pathological features.

—— S. Y. Lim, 2010

第一节 概 述

髓鞘是神经系统保持高效、稳定神经传递的重要细胞结构。中枢神经系统的髓鞘形成于胚胎期,直至出生后2~3年,以后仍有缓慢的生长,直到成年期停止。少突胶质细胞(oligodendrocyte)的突起呈同心圆样包绕一段轴索构成一段髓鞘(不超过1mm),1个少突胶质细胞可向其邻近数毫米范围内的几个或几十个轴索发出突起。成熟的髓鞘是多层紧密包绕的双脂质生物分子层,其中脂质占干重的75%,主要成分是脑苷脂、磷脂和胆固醇。髓鞘的主要蛋白成分是蛋白脂蛋白(proteolipid protein,PLP)和髓鞘碱性蛋白(myelin basic protein,MBP)。成熟髓鞘的转化缓慢,容易受到多种致病因素的损害。

脱髓鞘疾病(demyelinative diseases)是一类多种原因引起的以中枢神经系统髓鞘破坏和脱失为基本病理损害特征的疾病。本章主要介绍以多发性硬化为代表的炎性中枢神经系统脱髓鞘疾病,同时介绍由遗传和代谢障碍引起的髓鞘损害或髓鞘形成异常性疾病,如脑白质营养不良症。由缺血、变性、维生素缺乏或病毒感染(人类嗜T细胞病毒1型、乳多空病毒)等明确病因引起的脱髓鞘病变则不在此讨论。

第二节 多发性硬化

多发性硬化(multiple sclerosis,MS)是一组异质性的中枢神经炎性脱髓鞘性疾病,以时间、空间上分离的多灶性损害为临床特征,是导致中青年人残疾的重要原因。

【流行病学】

MS的发病年龄范围为10~60岁,高峰为20~30岁;男女患病比为1∶2;终生患病风险为(1~2)/1000。有关MS发病率的研究结果不一,有随地理纬度变化而变化的倾向,高纬度地区(北美、北欧和澳洲)为(30~80)/10万,中纬度地区(欧洲和美国南部、中东地区)为(6~14)/10万,赤道地区则只有1/10万。全球患者约为200万,我国的发病率低,为(1~2)/10万。

【病因】

1. 遗传易感性 双生子研究发现同、异卵双生子的同病率分别是12/35和2/49;患者亲属的患病率为15%,远高于普通人群;存在患病率的种族差异。不少研究发现患病与某些人类白细胞抗原(HLA)连锁,主要是DR_2、DR_3、DB_7和DA_3等位片段,不同人群有不同的连锁形式。近年全基因组分析发现IL-2受体α基因和IL-7受体α基因是本病重要的遗传因素。

2. 获得性因素 流行病学研究均证明存在导致本病发病的环境因素,病毒感染、特别是人类疱疹病毒6和EB病毒感染与本病发病有关。但是,许多关于在MS患者中分离到某种病毒的研究报道未能被多次重复,提示并不存在特异的"多发性硬化病毒"。对移民的研究,发现15岁前由高发病区移居至低发病区后,发病率降低,与低发病区相当;而15岁后移居,则发病率仍维持高水平,与移居前地区的发病率相当;提示15岁前接触的环境因素影响了以后的发病。

3. 促发因素 感染、创伤或应激会增加MS的发病或复发,原因可能是免疫功能紊乱。女性在妊娠期的发病率降低,产后则又增高。

【发病机制】

目前认为本病的发病机制是易感者体内免疫系统对髓鞘成分的交叉反应,即为自身免疫性疾病。用该学说可以很好地解释MS的易感性,与感染的关系,动物模型的建立,免疫病理学的发现以及免疫调节防治的效果。

1. 实验动物模型 将中枢神经系统组织,特别是MBP或其显性肽链区,结合免疫佐剂处理易感动物,可产生实验性变态反应性脑脊髓炎(experimental allergy encephalomyelitis, EAE),这是经典的MS的动物模型。其中针对MBP和PLP抗原的T细胞介导的免疫反应被认为是EAE的最基本发病机制,而且这种激活的T细胞可使健康动物致病,产生所谓的免疫继承转移。

2. 免疫障碍 MS患者和EAE动物模型有多种免疫异常的表现,如脑脊液中免疫球蛋白合成增加、出现寡克隆的IgG区带(OCB)和多种抗神经髓鞘成分的抗体,血中抑制性和(或)辅助性T细胞异常,出现对MBP和(或)PLP抗原决定簇有反应性的T细胞,干扰素(IFN)、白介素(IL)和肿瘤坏死因子(TNF)等多种细胞因子水平异常,且异常的程度与疾病的活动和病程有关。组织学改变可见病灶周边小血管周围出现淋巴细胞和巨噬细胞浸润。推测的免疫损伤过程是反应性T细胞与小静脉内皮细胞结合后移行,进入血管周围的脑或脊髓实质,伴随血-脑屏障的破坏,单核细胞亦向脑内浸润,多种细胞因子、炎症因子水平增高。一旦反应性T细胞进入脑或脊髓内并与相应抗原的T细胞受体结合,将引起广泛炎症反应,特别是激活巨噬细胞和小胶质细胞,导致寡突胶质细胞-髓鞘复合体的破坏。B细胞通常不进入脑内,一旦血-脑屏障破坏,则可进入脑内,通过T细胞依赖的机制激活,从而产生抗髓鞘抗原的抗体。

3. 分子模拟 当感染病原体与自身抗原的表位(epitope)相同时,就会产生交叉性免疫损害。神经系统损害则使多个隐蔽的抗原暴露于免疫系统,产生表位扩散(epitope spread),包括分子间和分子内扩散。前者如针对MBP抗原的免疫反应破坏了髓鞘,导致髓鞘少突细胞糖蛋白暴露,引发免疫系统转而对之攻击。后者则为免疫反应原先针对MBP的某一段肽(如82~99肽),因破坏了髓鞘结构使得隐藏的表位(102~118肽)暴露,免疫系统转而攻击新的表位。以此学说可以解释MS患者的多种免疫异常。

4. 髓鞘的脱失 髓鞘破坏或脱失,直接损害朗飞节的跳跃性电传导,引起各种临床表现。脱髓鞘的纤维对温度敏感,温度升高0.5℃就可以导致一些纤维传导阻断,所以患者容易对热环境敏感,出现热水浴或锻炼后症状一过性加重的现象。急性期症状的快速缓解与炎症和水肿的消退有关,而与髓鞘修复关系不大。

5. 轴索的损害 神经轴索容易受到多种损害,包括针对其所含神经微丝或神经节苷脂的抗体、炎性因子和毒性因子的作用,失去髓鞘保护的轴索的运输和代谢异常,其胞膜上的离子通道的表达亦异常。神经轴索的损害见于疾病的全程,是患者出现持续性残疾和认知功能损害的直接原因,也是脑和脊髓萎缩的原因。

【病理】

本病的病理改变是双相的,在疾病的各个时期都存在脱髓鞘和轴索损害,只是不同时期的突出损害有所不同。脱髓鞘病灶可位于大脑半球、脑干、小脑、视神经和脊髓,特征是累及邻近小血管的白质,如侧脑室体部和前角的旁室管膜下静脉分布区以及脊髓软膜静脉旁的白质。

脑和脊髓冠状切面上,肉眼可见多个大小和形态不一的病灶,直径自小于1mm至数厘米不等。急性病灶与周围正常组织分界不清,色泽粉灰;陈旧病灶则与周围正常组织分界清晰,色泽灰白。病灶在好发白质区域中随机分布。镜下所见与病灶的时程有关,在病程长的患者中可发现各种类型的病灶。新鲜病灶中,髓鞘部分或完全地崩解和消失、轴索相对保存、少突胶质细胞变性和消失、胶质增生、小血管周围单核和淋巴细胞浸润、病灶周围有水肿,重者压迫脊髓和神经根。慢性病灶中,大量小胶质吞噬细胞(巨噬细胞)浸润,星形胶质细胞增生。晚期病灶由相对无细胞的纤维胶质构成,偶见淋巴细胞和巨噬细胞,可见个别的神经轴索。神经轴索的华勒变性、萎缩和消失见于脑和脊髓,有些伴不完全的髓鞘修复。

【临床表现】

多发性硬化患者神经功能缺陷的临床表现随病变部位及病程不同而不同,呈各种损害引起的症状和体征的不同组合,存在时间上分离(反复发作和缓解)和空间上分离(多部位损害或不能用单个部位损害解释的神经功能缺陷)的现象则是其恒定的特点。

1. 前驱期 相当数量的患者在起病前数周或数月有疲乏、无力、体重降低、肌肉关节疼痛等不典型症状,常被忽视。感冒、发热、外伤、手术和应激则常常是发病的诱因。

2. 发病形式 主要是急性或亚急性起病。据报道约70%的患者为急性起病,20%为慢性起病,10%则呈隐匿发病。发病症状主要为一个或几个肢体的无力及感觉异常,亚洲人群易表现为视神经炎和(或)脊髓炎(60%),少数为脑干病变、小脑性共济失调或排尿障碍。不典型起病表现包括精神异常、认知功能下降、癫痫、意识障碍、类似占位性病变或慢性脊髓病。

3. 症状和体征

(1) 运动障碍:上运动单位性肢体瘫痪,多见于下肢,不对称,也可为单肢瘫或偏瘫,症状呈进行性或波动性加重,罕有单上肢或面肌瘫痪。晚期患者因脱髓鞘斑块压迫或周围神经压迫而出现手肌萎缩。痉挛比瘫痪常见,也是导致患者残疾的重要原因,表现为下肢伸性痉挛、痉挛步态、足跖屈内翻、关节活动度受限等。

(2) 感觉障碍:超过半数的患者有感觉异常,包括肢体针刺样痛、剧烈的深部痛、发热感或躯干束带感。客观检查多见以下肢为主的深感觉减退,很少有明确的躯干感觉平面(除横贯性脊髓炎外)。由于脱髓鞘的轴索对牵拉和压迫敏感,出现 Lhermitte 征(过度屈颈引起自颈后部向背部放散的剧痛)有诊断意义,但缺乏特异性。

(3) 脑干和小脑病变:出现构音障碍、吞咽困难、面瘫和眩晕等。三叉神经受累可引起一过性面部麻木或三叉神经痛。眼球运动障碍常见,常表现为眼球运动不协调而不是单个眼外肌麻痹。眼震见于半数的患者,多为对称性水平眼震,快相向患侧。核间性眼肌麻痹具诊断意义,表现为患侧外展不能,对侧内收时有明显的分离性眼震,辐辏反射正常。出现一侧核间性眼肌麻痹而另侧为水平性麻痹(1个半综合征)也有诊断意义。约半数患者出现共济失调,累及言语、肢体活动和步态。晚期患者可出现 Charcot 三联征(眼震、意向性震颤和吟诗样语言)。

(4) 视神经损害:约 1/3 的患者起病时有视神经炎,3/4 的患者病程中出现视神经炎。表现为急性或突然起病的视力减退,单眼受累或双眼在数周内交替受累,伴眼球运动时疼痛。眼底检查示盘缘不清、纹状出血。多数在几周内有所恢复,可遗留视神经萎缩。

(5) 脊髓损害:急性脊髓炎是亚洲患者的一种重要形式,但在欧美患者中少见,多见于年轻患者,表现为反复的、不对称和不完全性的脊髓损害,感觉症状突出,少有脊髓休克,常伴有视神经炎或亚临床的视神经损害证据。少数老年患者表现为慢性脊髓病,出现进行性痉挛性瘫痪和不同程度的后柱受累,极似脊髓压迫症。

(6) 膀胱功能障碍:50%~80%的患者在病程中出现膀胱功能损害,症状时轻时重,表现为尿急、排尿无力、困难或尿潴留,其中多数患者伴有双侧锥体束征。

(7) 认知与精神症状:50%~70%的患者有认知功能损害,早期为学习记忆能力、视空间能力、注意力和精神运动障碍,后期呈皮质下痴呆的表现。20%~70%的患者有抑郁、悲观、无兴趣和睡眠障碍,10%的患者有欣快和无内省。

(8) 其他:患者常有与瘫痪或抑郁无关的疲劳,具波动性,变化快。遇热环境可出现一过性新症状或原有症状加重(Uhthoff 现象),持续数分钟。少数患者出现发作的刻板性症状,如癫痫发作、痛性痉挛、感觉异常(闪痛或痒)、发作性共济失调和肌张力障碍等。

4. 病程和临床分型

2/3 的患者以多次的复发和缓解为特点,发作间期病情稳定,称为复发缓解型(RR 型)。近半数的复发缓解型患者的神经功能缺陷在后期进行性加重,没有明显的症状缓解,称为继发进展型(SP 型)。约 10%的患者的病程呈慢性进展,无明显复发和缓解,起病年龄较大,主要以慢性脊髓病为表现,称为原发进展型(PP 型)。5%~10%的患者在几次发作后长期稳定,不再复发,称为良性型。

使用扩展性残疾状态量表(expanded disability status scale,EDSS)可量化地评估神经功能残疾程度。使用多发性硬化功能组合量表(multiple sclerosis function composite,MSFC)可评估患者的整体功能状态。

5. 临床病理变异型

以往有些疾病被认为是与 MS 无关的疾病,后逐渐被认为是 MS 的临床病理变异型。① Marburg 病:也称恶性型多发性硬化,在 1 次或几次脱髓鞘事件后发生,呈致死性病程,现此概念仅限于临床使用;② 弥散性硬化(Schilder 病):少见,儿童起病,进展性病程中有间断加重,表现同 MS,可有皮质损害的表现,还有头痛、盲、癫痫、呕吐等。病理见弥散的累及大脑、小脑和脑干的脱髓鞘,有轴索脱失、坏死。MRI 可见双侧半球对称性脱髓鞘病灶(大于 3×2 cm);③ Balo 同心圆性硬化:病理特征是同一部位反复的脱髓鞘和髓鞘修复形成同心圆性病灶。临床表现多样,可有颅内压增高的表现,可累及视交叉、幕下结构和脊髓。多呈急性单相进展性病程,也可有轻症、自发缓解、复发缓解和原发进展型;④ 肿胀型:出现异常大的脱髓鞘病灶(大于 2 cm),类似肿瘤或脓肿,有占位效应,病灶有增强。

【辅助检查】

1. 脑脊液(CSF) 急性期约 1/3 的患者 CSF 中出现轻-中度细胞数升高(一般不超过 $50×10^6$/L);约 40%的患者有蛋白升高,但多不超过 1 000 mg/L。2/3 的患者 CSF 中 IgG 合成增加,表现为 IgG 含量超过总蛋白量的 12%和 IgG 指数(脑脊液 IgG/血清 IgG 与脑脊液白蛋白/血清白蛋白的比)大于 0.7。约 90%的患者 CSF 中出现 OCB,如同时血中 OCB 阴性则更有诊断意义。

2. 磁共振成像(MRI)　　MRI检查可以发现许多无临床表现的脑内病灶(80%～90%的MRI上新病灶与临床活动无关)和难以发现的脊髓病灶,因而可以提高诊断准确性和帮助鉴别诊断。典型的表现为位于中央半卵圆区和侧脑室旁的卵圆形、长轴指向侧脑室的病灶,不累及脑膜,T_2加权相呈高信号(非特异性),部分在T_1加权相上呈低信号(提示严重损害和轴索损害),直径大于3 mm,部分可以融合(图10-1)。位于脑干、小脑、胼胝体和脊髓的病灶多为斑片状,有诊断意义。急性期病灶因血-脑屏障破坏而有增强,持续4～6周。MRI所见的磁化转移(Magnetization transfer)对诊断和评估治疗疗效有帮助。

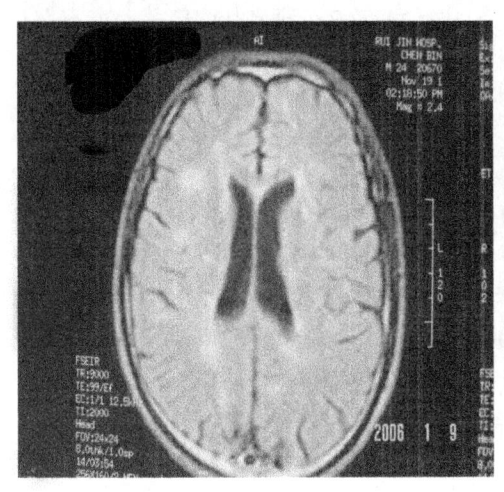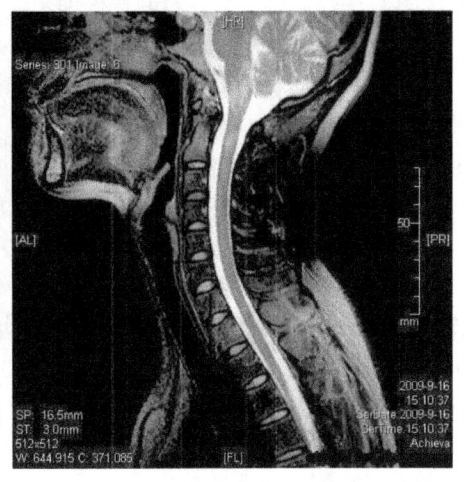

图10-1　多发性硬化病灶在MRI上表现为T_2加权相高信号,分布于脑室旁白质,卵圆型病灶的
长轴与侧脑室垂直(左图);高颈段脊髓内可见T_2加权相高信号改变(右图)

3. 神经电生理　　50%～90%的患者有视觉诱发电位(VEP)和体感诱发电位(SEP)的检查异常,主要是传导时间延长和波幅下降。视觉诱发电位检查所见的P100进行性延长与视神经损害相关。神经电生理检查的意义在于发现亚临床的生理学改变。

4. 其他　　本病患者还可以出现多种免疫异常的表现,如T细胞亚群比例失调、血和CSF中细胞因子水平改变以及出现多种抗神经组织的自身抗体。

【诊断及鉴别诊断】

时间和空间分离的中枢神经损害是MS诊断的主要依据。传统的诊断标准要求有2次或2次以上发作的临床证据且有辅助检查的支持,现认为单次发作伴有明确辅助检查证据(MRI发现2个或2个以上病灶,OCB阳性)亦可做出诊断(表10-1)。其中,发作指持续时间大于24 h的各种症状或体征;时间上分离是指发作间隔1月以上;空间上分离则指所有的临床表现难以用同一病灶来解释或MRI上发现多个病灶。对于进展型多发性硬化,只有排除了其他疾病后才能做出诊断。

表10-1　常用的多发性硬化诊断标准(更新的McDonald标准)

临床发作	客观病变	其他要求
≥2次	≥2	不需,临床证据已足够。如有,应与多发性硬化一致
≥2次	1	MRI上空间分离的病灶;或 MRI上≥2个与多发性硬化一致的病灶伴CSF阳性改变;或 等待其他部位新发
1次	≥2	MRI上时间分离;或 第二次发作
1次	1	MRI上空间分离的病灶;或 MRI上≥2个与多发性硬化一致的病灶伴CSF阳性改变,加MRI上时间分离;或 第二次发作
0(起病后进展)	≥1	疾病进展≥1年,加下列3项中2项: ● 脑MRI阳性:9个T_2病灶或4个T_2病灶加VEP阳性 ● 脊髓MRI阳性:≥2个病灶 ● CSF阳性

对于症状、体征、病程或MRI表现不典型者,需注意与多种疾病相鉴别。缺血性、代谢性和遗传性脱髓鞘疾病多可

经病史、生化和影像学检查相区别。系统性红斑狼疮等结缔组织病可突出地累及中枢神经系统,发现其他部位损害、头颅 MRI 检查和血中发现高滴度的自身抗体可资鉴别。原发性中枢神经系统淋巴瘤的临床表现、MRI 表现及对皮质类固醇治疗的反应均与多发性硬化相似,难鉴别,但脑脊液中无 OCB。慢性脊髓型者难与颈椎病和脊髓压迫症区别,MRI 检查是重要的手段。头颅 MRI 检查有助于鉴别以视神经炎起病者和单纯的视神经炎。以脊髓病起病者需与急性横贯性脊髓炎区别,后者损害严重且有脊髓休克。

【治疗】

目前尚无根治手段,治疗原则主要是控制急性期损害、预防复发、对症处理和加强康复。

1. 急性期和复发治疗 控制急性期发作,能够减轻症状、缩短急性期病程。而且,早期有效治疗可以减少表位扩散,改善预后。皮质类固醇具有抗炎和免疫调节作用,其疗效被多个大样本的随机对照临床试验所证实,但最佳的药物、剂量、频度、时程及给药途径仍不明确。静脉用甲泼尼龙(methylprednisolone)冲击疗法最具证据,静脉滴注 1 g/d×3 d,或 500 mg/d×5 d,然后每日口服泼尼松 60 mg,在 2~4 周内减量而结束。对病情较轻者,可口服甲泼尼龙 60~120 mg/d,3~5 d,在 2~3 周内减量结束。对冲击治疗反应差者,可考虑使用更大剂量(每日 2 g×5 d)。病情严重者(如 Marburg 型),可多次冲击治疗或行血浆置换治疗。皮质类固醇治疗特别适合有运动障碍、共济失调、眼肌麻痹或眩晕的重症患者,但不适用于没有功能缺损而只有症状波动者。对皮质类固醇治疗反应不佳者可选用血浆置换治疗。

2. 预防复发 所有复发-缓解型患者均应给予疾病调节治疗(disease modifying therapy),首次发作的高危人群(临床孤立综合征伴头颅 MRI 上有 2 个以上大于 3 mm 的病灶)也应予以疾病调节治疗,只对明确的良性型、妊娠和哺乳期、有过敏反应或严重精神疾病的患者不予使用。目前获得认可上市的药物有下述 5 种:

(1) IFN-β:是应用最广泛的一线治疗,包括 IFN-β1a 和 IFN-β1b。主要作用是抑制炎性细胞进入中枢神经系统、抑制 T 细胞激活和炎症细胞活性,使细胞因子谱由前炎症状态改变为抗炎状态。多项随机对照临床试验证明能有效地减少临床复发(约 30%)、减缓神经功能残疾和认知功能衰退、减少 MRI 上所见的病灶增加和脑萎缩,疗效与剂量有关。IFN-β1a 对首次发作的高危患者也有很好的预防疗效。治疗的主要不良反应是短暂的流感样不适、注射部位不适和白细胞降低。长期应用后产生中和抗体(1 年后为 5%~20%)和价格昂贵则是制约治疗的重要原因。有报道干扰素-β 与皮质激素合用可减少中和抗体形成、提高疗效。

(2) 格拉替雷(glatiramer):是按 MBP 的主要氨基酸成分随机合成的 4 肽,有激活 Th 细胞和抑制反应性 T 细胞功能的作用。随机对照研究证明每日皮下注射 20 mg 能减少残疾和复发、减慢 MRI 上病灶的增加。其疗效与干扰素-β 治疗相近,也是一线治疗药物,但对 SP 型疗效差。

(3) 他珠单抗(natalizumab):是 $α_4β_1$ 整合素 $α_4$ 亚基的单克隆抗体,能阻止激活淋巴细胞向中枢神经系统的移行,适用于进展迅速或一线治疗无效者,对 SP 型疗效差。

(4) 米托蒽醌(mitoxantrone):为蒽环类抗肿瘤药,具有广泛的免疫抑制效应。随机对照试验证明其对恶化的 RR 型及 SP 型患者有效,常用剂量为每 3 月内 12 mg/m^2,终生累计剂量不超过 140 mg/m^2,要注意心脏毒性和白血病等少见但严重的不良反应。

上述治疗虽然均经大样本的随机对照试验证实,但都存在疗效不很突出、有一定的不良反应、费用昂贵、不易获得等限制。对无条件使用上述药物或治疗反应差者,可试用静脉注射丙种球蛋白(每月 1 次,0.4/kg)或甲泼尼龙(1 000 mg/次,每月 1 次,连用 6~24 月),也可试用硫唑嘌呤(2~3 mg/kg/d)、氨甲蝶呤或环孢素治疗。

近年来,开展了多个 Ⅱ 期和 Ⅲ 期的随机对照临床试验,观察了多种单克隆抗体(针对 CD52、CD20、IL-2 受体)、鞘氨醇-1-磷酸受体调节剂芬格莫德(fingolimod)、具淋巴细胞毒性的二氯脱氧腺苷、特立氟胺(teriflunomide)、拉喹莫德(laquinimod)、富马酸二甲酯、自体骨髓细胞移植、干细胞移植、他汀类药物的疗效,均发现具有减少复发、延缓疾病进展的作用,长期疗效和安全性还有待进一步证实。大量证据表明慢性皮质类固醇治疗或隔日治疗副反应大,不能改变病程,故不应使用。

3. 进展型治疗 目前认为变性损害大于炎症损害是进展型的原因,因此患者对皮质类固醇的治疗反应差。对 SP 型患者,可能大剂量 IFN-β1b 和米托恩醌有效。目前尚无确切的对 PP 型有效的治疗方法,可试用环磷酰胺、氨甲蝶呤(7.5~22.5 mg/周)、环孢素或每月静脉滴注 1 次甲泼尼龙 1 000 mg。

4. 对症治疗

(1) 一般处理:对患者和家属给予充分的支持和帮助,使之了解疾病的病因、表现和治疗,避免诱因(感染、劳累、热环境),遵从医嘱。

(2) 康复治疗:进行理疗和有氧训练有助于神经功能恢复和保持,减少痉挛,减轻疲劳,提高生活质量,改善心理状态。

(3) 痉挛：教育患者学会通过改变姿势而减少痉挛。常用药物有氯苯氨丁酸(小量起始，加至 30～80 mg/d)、替扎尼定(最大 32 mg/d)和地西泮，严重者行鞘内注射氯苯氨丁酸、局部注射肉毒素 A 或手术治疗。

(4) 疲劳：金刚烷胺(100 mg，2 次/d)和莫达菲尼(200 mg/d)有效。也可选用选择性 5-羟色胺再摄取抑制剂(SSRI)。

(5) 抑郁障碍和认知功能损害：三环抗抑郁剂或 SSRI 可以有效地控制抑郁症状。心理治疗亦有效，与药物治疗结合更好。胆碱酯酶抑制剂(多奈哌齐 5～10 mg/d)可以改善认知功能。

(6) 膀胱功能异常：对膀胱刺激症状，可用普鲁本辛、舍尼亭或辣椒素膀胱内使用。对尿潴留者，建议定期间隙导尿，重者则要持续导尿或耻骨上造瘘。

(7) 疼痛：卡马西平(0.1～0.2,2～3 次/d)对于发作性疼痛(如三叉神经痛)或痛性痉挛有效，无效者可使用加巴喷丁等其他抗癫痫药。与肌张力障碍相关的疼痛则宜使用抗痉挛的药物。慢性疼痛(下背痛、肢体痛)可选用抗癫痫药和三环抗抑郁剂。

(8) 其他：共济失调和震颤可试用氯硝西泮、异烟肼加维生素 B_6、普萘洛尔或加巴喷丁。对阳痿为主的性功能障碍，可选用西地那非。氯苯氨丁酸对控制眼球运动异常可能有效。钾通道阻断剂 4-氨基吡啶(dalfampridine)可以显著地改善患者的行走功能。SSRI 可用于治疗病理性强哭强笑。

【预后】

疾病的发作频率、间歇期长短、症状轻重、致残时间长短以及是否接受有效治疗均影响预后。有研究随访 1 000 例患者 25 年，发现 2 年内发作超过 5 次者平均 3 年达到中等残废、7 年达到严重残废，而发作只有 2 次者则需 8 和 17 年才分别达到中等和严重残废。15 年后，约半数患者不能独立行走。通常，首发后恢复完全、复发间期长、OCB 阴性、起病年龄轻和 MRI 上病灶少者预后相对好。男性，年龄大于 40 岁，起病表现为运动、小脑或括约肌功能障碍者，发作频繁或进展病程者的预后差。

第三节 视神经脊髓炎

视神经脊髓炎(neuromyelitis optica,NMO)是以视神经炎和急性脊髓炎为主要临床表现的神经系统脱髓鞘疾病，Devic 最先予以详细报道。

【病因及发病机制】

发病机制不明。早期认为是 MS 的一个亚型，以后的研究则发现它与 MS 相关但不完全相同，称为 Devic 病，而由 MS 及其他疾病所引起者统称为 Devic 综合征。近来发现患者有针对水通道上水孔蛋白-4(AQP4)的特异性抗体(NMO 抗体)。水孔蛋白多见于脊髓和视神经的血-脑屏障处的星型细胞足突上，NMO 抗体对之结合，直接产生一系列的免疫损害。

【病理】

病变主要累及视神经、视交叉和脊髓(颈胸段多见)，病理改变为脱髓鞘和坏死(脊髓突出)，累及灰质，血管壁增厚远比血管周围炎性细胞浸润突出。

【临床表现】

儿童和青少年多见。多为急性或亚急性起病的、严重的、双眼视力减退，伴自发的眶区胀痛或眼球运动时疼痛。眼科检查见黄斑暗点、生理盲点扩大、视野缺损，半数以上呈视神经炎和球后视神经炎改变。病程呈单相，约 15% 会复发。在视神经炎起病前后的数天或数周内发生脊髓炎，基本是完全横贯性损害，有脊髓休克，这是与 MS 所不同的重要之处。少数患者的视神经炎和脊髓炎发病可间隔较长时间。

【辅助检查】

患者 CSF 中白细胞数增高(>50)，部分有蛋白增高，OCB 常为阴性。60%～75% 的患者有血清 NMO 抗体。MRI 检查脊髓可见超过 3 个脊髓节段的肿胀病灶，有增强。而头颅 MRI 检查基本正常，不同于以视神经炎为发病表现的多发性硬化患者的头颅 MRI 表现，其异常率达 70%～80%。

【诊断及鉴别诊断】

急性起病的视神经炎和在其前后伴发的急性脊髓炎是诊断 Devic 病的必要条件，其他帮助诊断的条件是头颅 MRI 没有 MS 样的表现、脊髓 MRI 有超过 3 个节段的增强病灶、血清 NMO 抗体阳性。少数 MS 呈复发脊髓型，多见于老年男性，为同一水平反复发生的脊髓炎或慢性脊髓病，无其他部位脱髓鞘的证据，脑脊液中 OCB 阳性，应予鉴别。

本病需与急性播散性脑脊髓炎、各种结缔组织病引起的 Devic 综合征、球后视神经炎、缺血性视神经病变等相鉴别。

【治疗】

最为肯定的治疗是使用皮质类固醇,方法同 MS 治疗中的冲击疗法。皮质类固醇减量过程中如出现疗效丧失,可将减量期延长 4～12 周。对皮质类固醇治疗反应差者可试用静脉用丙种球蛋白或血浆置换。

【预后】

Devic 病多呈单相病程,预后较 MS 差。起病 5 年内,半数患者的视力丧失、不能孤立行走,20% 发生呼吸困难。起病时有头颅 MRI 异常的患者 5 年的多发性硬化发生风险为 84%,没有 MRI 异常者则只为 6%～24%。

第四节 临床孤立综合征

急性或亚急性发病的由单个白质病灶引起的神经功能损害,称为临床孤立综合征(clinically isolated syndrome, CIS),其病因、发病机制和病理表现与 MS 相似。

约 85% 的 MS 患者的起病表现为临床孤立综合征,如视神经炎、脑干-小脑综合征、脊髓炎、肿胀性脱髓鞘病变或多局灶性病变。非完全的横贯性脊髓炎表现,特别是感觉症状突出,是脊髓损害的临床特点。经 5～10 年,43%～59% 的患者会演变为临床肯定的 MS。60%～70% 的患者 CSF 中 IgG 合成增高、OCB 阳性。50%～70% 的患者的 MRI 可以发现异常。临床表现为多种神经系统症状和体征、CSF 中 IgG 合成增高及 MRI 异常(T_2 加权相出现≥3 个白质病灶)的患者容易演变为临床肯定的 MS。起病时 CSF 无改变、MRI 检查未见异常者则较少演变为 MS。

多数轻的临床孤立综合征患者可有自发恢复。当症状导致功能损害或缺乏自发恢复时,可予以皮质类固醇治疗。对单症状的视神经炎,3 d 的甲泼尼龙和接着 11 d 的泼尼松治疗能促进症状恢复,但有报道长期使用皮质类固醇会增加复发的风险。对单次严重的发作可试用血浆置换,而静脉用丙种球蛋白的疗效不确定。小样本的研究提示采用 MS 的疾病调节治疗,特别是对有明显 MRI 异常的患者,可以延缓向 MS 转化。

第五节 急性播散性脑脊髓炎

急性播散性脑脊髓炎(acute disseminated encephalomyelitis,ADEM)是感染或免疫接种后发生的广泛累及中枢神经系统白质的脱髓鞘性炎性疾病。

【病因及发病机制】

感染(70%～80%)或免疫接种后发生,为对自身髓鞘或少突细胞的免疫反应,导致广泛中枢神经系统白质的破坏。本病的动物模型与多发性硬化的 EAE 模型相同。

【病理】

广泛分布于脑和脊髓中的脱髓鞘改变,特征是围绕中、小静脉周围,直径自小于 1 mm 至数毫米不等,轴索损害轻;小血管周围有由小胶质细胞和单核细胞形成的血管袖套;可累及脑膜。

【临床表现】

儿童或青少年在感染(特别是麻疹、风疹、水痘等出疹性感染,也见于巨细胞病毒、EB 病毒和支原体感染)或接种后 2～3 周内发生的神经系统损害,病情危重。前驱表现多为头痛、乏力、发热。

临床表现为急性发生的意识和精神障碍、脑病(70%)、头痛、发热、呕吐、脑膜刺激征、癫痫(占 20%,强直阵挛发作、局灶性发作、肌阵挛发作等),也有大脑半球(偏瘫、偏盲、不自主运动)、小脑(共济失调)、脑干和脑神经(双侧视神经炎)以及脊髓(横贯性脊髓炎、脊髓前动脉综合征、骶髓炎)受损的局灶症状和体征。其中小脑性共济失调特别易见于水痘或支原体感染后。儿童轻型者可只为小脑损害表现和双侧锥体束征。少数患者可有复发或伴随有周围神经损害的表现。

【辅助检查】

CSF 压力增高或正常,可有淋巴细胞数(60%)和蛋白含量升高(60%),OCB 多为阴性。脑电图呈中度以上的弥散性异常,可有痫性放电。头颅 MRI 可见广泛分布于白质的、融合的长 T_1 和长 T_2 信号病灶,性质与 MS 的病灶相似,可累及底节、丘脑和脑膜,有增强。

【诊断及鉴别诊断】

感染或免疫接种后急性发生的广泛神经系统损害是诊断本病的基本点,并有相应的辅助检查证据则更有助于诊断。

出现脊髓损害对与乙型脑炎、单纯疱疹性脑炎和病毒性脑膜脑炎的鉴别有重要价值。单相病程的广泛神经系统损害,有发热、意识障碍和脑膜刺激征则可与 MS 不同进行鉴别。

【治疗】

多予以甲泼尼龙治疗(1 g/d×5 d),加 6 周的减量过程。可试用血浆置换或静脉注射丙种球蛋白。由于缺乏特效治疗,故积极的对症治疗极为重要。

【预后】

疾病呈单相病程,通常在发病数周后恢复。约 20% 的患者可遗留有认知功能障碍、行为障碍、癫痫或局灶性损害体征。病死率约为 10%。

第六节 急性出血性白质脑炎

急性出血性白质脑炎(acute hemorrhagic leukoencephalitis)又称 Weston-Hurst 病,罕见,推测是严重致死型急性播散性脑脊髓炎。

该病的病因不明,可能与急性播散性脑脊髓炎相同。有限的尸检资料示大脑半球、小脑、脑干和脊髓白质严重的坏死,近乎液化,伴散在点状出血,脑膜有炎性反应。

患者在呼吸系统感染后急骤起病,发展迅速,病情险恶,很快出现高热、头痛、颈强直、不安、昏迷、癫痫、脑干和长束体征以及去脑强直。

血中白细胞数常超过 $30×10^9/L$,血沉快。脑脊液的压力、多核细胞数和蛋白含量升高,有不等数量的红细胞,糖和氯化物水平正常。脑电图呈广泛慢波改变;CT 和 MRI 上有双侧、不对称的大片融合病灶,增强明显。

早期使用大剂量皮质类固醇、血浆置换或静脉注射丙种球蛋白可能改善预后。

该型预后极差,患者起病 2~4 d 内死亡。

第七节 脑白质营养不良症

脑白质营养不良症(leukodystrophies)是一组遗传性累及中枢和周围神经的进行性疾病,共同的发病基础是遗传缺陷导致脂质代谢及髓鞘成分异常。

一、肾上腺脑白质营养不良症

肾上腺脑白质营养不良症(adrenoleukodystrophy,ALD)是性连锁隐性遗传性疾病,男性新生儿发病率为 5/10 万。该病早期曾被误作为 Schilder 病或被称为嗜苏丹的脑白质营养不良症。致病基因位于 Xq28,编码过氧化物酶体浆膜上的运输蛋白,缺陷导致过氧化物酶体的极长链脂肪酸(VLCFA)过氧化障碍,VLCFA 在脑和其他部位中沉积。

临床表现多样,分为脑型和脊髓神经型。脑型主要见于 4~10 岁的儿童,早期出现行为异常、学习成绩下降,以后有痉挛性瘫痪、构音和吞咽障碍、皮质盲、共济失调和 Addison 综合征(呕吐、嗜盐、皮肤色素沉着)的表现。脊髓神经型主要见于青少年和成人,较脑型多见,表现为痉挛性步态、尿失禁、周围神经病,认知功能和肾上腺功能改变或呈亚临床减退。少数患者仅为单纯的 Addison 综合征表现或成人脑型。约 20% 的女性携带者常在 30 岁出现临床或亚临床的表现。

头颅 MRI 检查可见以顶、枕叶为主的白质长 T_1、长 T_2 信号改变,可有增强,无占位效应。患者的周围神经传导速度减慢;脑脊液中蛋白增高;血浆和皮肤成纤维细胞中极长链脂肪酸水平增高。测定基因 ATP-结合盒的亚族 D1(ABCD1)和白细胞中基因产物具有确诊意义。对有肾上腺功能减退者应补充皮质类固醇,服用 Lorenzo 油(甘油三芥酸油和甘油三油酸油)或进行骨髓移植治疗可能有效。

二、异染性脑白质营养不良症

异染性脑白质营养不良症(metachromatic leukodystrophy,MLD)是一组常染色体隐性遗传性硫脂酶缺乏引起的溶酶体沉积病,因神经组织中含异染的脑硫脂颗粒而得名。

本病多在 6 个月至 2 岁起病,表现为进行性运动障碍、痉挛步态、言语减少、精神异常、智能发育迟滞,多有周围神经损害、视觉减退、眼震、共济失调和延髓麻痹,起病早者无语言发育。个别在青少年期或成年期起病,精神障碍和智能减退突出,易误诊为精神分裂症。MRI检查可见广泛的、以后部和皮质下为主的损害。脑脊液中蛋白增高;神经传导速度减慢。

确诊依据测定外周血白细胞或皮肤成纤维细胞中硫脂酶水平、尿中硫脂水平或周围神经活检。骨髓移植治疗可能有效。

三、克拉伯病

克拉伯病为常染色体隐性遗传的半乳糖脑苷脂酶缺乏症,因半乳糖脑苷脂沉积于血管周围的巨噬细胞中使其呈球样,故而又名为球型细胞脑白质营养不良症。

本病患者90%为3个月至3岁起病,广泛性僵直、频繁呕吐和受刺激后全身痉挛是其特点,喂养困难,发育迟滞,有视神经和周围神经受累,起病1~2年后死亡。少数为青少年或成人起病,突出表现为痴呆和视神经萎缩。

脑脊液中蛋白水平高;神经传导速度减慢。头颅MRI可见位于内囊和基底节的对称且不增强的T_2高信号灶,后期病变扩散到整个半球和脑干。

确诊依据对白细胞和皮肤成纤维细胞的半乳糖脑苷脂酶水平的测定。近来试用骨髓移植治疗。

第八节 髓鞘溶解症

髓鞘溶解症(myelinolysis)是原因不明的髓鞘破坏性疾病,约50%累及脑桥,称为脑桥中央髓鞘溶解症(central pontine myelinolysis,CPM),也可累及基底节、丘脑、皮质、胼胝体和小脑等脑桥外结构。

早期研究认为病因与过快纠正的低钠血症有关,迅速纠正的高渗状态使得血-脑屏障开放,髓鞘内层水肿,胶质细胞变性,巨噬细胞衍生因子释放,髓鞘崩解,故又称为渗透性脱髓鞘综合征。病理上除见到髓鞘破坏外,并无血管改变或炎症表现。近来发现慢性酒精中毒、肝移植、多种药物亦是重要病因。

患者常有低钠血症,在低钠被迅速纠正后2~3 d内急性发病,出现四肢瘫痪、真性和假性延脑麻痹、眼球运动障碍,典型者呈闭锁综合征;累及脑桥外者可有多种类型的精神行为异常、视野缺损、共济失调、帕金森综合征、肌张力障碍、无动或手足徐动-舞蹈;预后差,死亡率和残废率高。

辅助检查中唯MRI最有意义,可见不符合血管供血范围的、无占位效应的长T_1、长T_2信号病灶,对称地位于脑桥中央,少数累及脑桥外结构。

缺乏有效的治疗方法,预后差,存活者多有肌张力障碍、行为异常和认知功能损害。慎重纠正低钠血症最重要,应慎用生理盐水和限制液体入量,可予脱水剂和皮质类固醇治疗。有报道每日血钠纠正速度不超过12 mmol/L即可避免此病发生。

(李焰生)

思 考 题

1. 多发性硬化的诊断标准是什么?
2. 多发性硬化的主要的急性期治疗和疾病调节治疗有哪些?
3. Devic病与多发性硬化的鉴别诊断有哪些?
4. 脑白质营养不良症的概念是什么?主要类型有哪些?
5. 髓鞘溶解症的主要病因是什么?
6. 病例分析

【病史摘要】

患者,女性,20岁。于6月前感冒后出现饮水呛咳和右上肢麻木,伴一过性尿失禁。脑电图和脑脊液检查提示为"散发性脑炎",予皮质激素治疗6周后逐渐恢复。1月前再次于感冒后出现饮水呛咳、吞咽困难、右上肢麻木及尿失禁。既往史、个人史和家族史无特殊。

神经系统检查:神清,智能正常,欣快。双眼底正常,双眼左侧凝视有持续水平眼震,无面、舌瘫,饮水轻度呛咳,咽反射弱。颈软,四肢肌张力和肌力正常,腱反射(+++),双下肢Chaddock征(+)。深、浅感觉正常。指鼻试验、跟膝胫试验和行走基本正常。

辅助检查：血常规和生化检查正常，自身抗体阴性。脑脊液压力和细胞数正常，蛋白为 650 mg/L，IgG 指数 0.87。脑电图见轻度慢波增多。视觉诱发电位检查示双侧 P100 延长；脑干听觉诱发电位和体感诱发电位检查正常。头颅 MRI 示双侧半卵圆区多个长 T_1 和长 T_2 异常信号病灶，病灶有轻度增强。

病程：甲泼尼龙冲击治疗 4 周后恢复。之后的 1 年半中再发复视、饮水呛咳、言语含糊、下肢无力和行走不稳 4 次。相应出现记忆和注意能力下降、视盘苍白、眼震、下肢肌力差、四肢腱反射亢进、双侧病理征和 Romberg 征（＋）等表现。辅助检查示：脑脊液中寡克隆带阳性；头颅 MRI 有多个新增的增强病灶；视觉诱发电位和体感诱发电位检查异常。每次均经甲泼尼龙治疗后缓解。缓解期间予以环磷酰胺治疗 1 年。随访 3 年余未再复发。

【诊断分析】

1. 病例特点　　青年，女性；以发作性、多种中枢神经系统功能障碍（饮水呛咳、肢体无力和行走不稳等）为主要临床特点；主要的辅助检查发现为脑脊液中蛋白增高、出现寡克隆区带，诱发电位检查异常，头颅 MRI 有多个增强的白质病灶；对皮质激素治疗反应良好。

2. 诊断和鉴别诊断　　多发性硬化的诊断的核心是存在在时间和空间上独立的两个或两个以上的病灶。本例有多次神经系统功能障碍的临床发作，症状和体征涉及大脑半球、脑干、小脑、脊髓和视神经，符合时空间上多灶的标准。辅助检查中，多次头 MRI 检查发现中央半卵圆区和脑干处有多个长 T_1 和长 T_2 的病灶，部分有增强；脑脊液蛋白含量为 650 mg/L，IgG 指数大于 0.7，寡克隆区带阳性；多次诱发电位检查异常。故临床诊断为肯定的多发性硬化。患者具有明显的发作和缓解病程，当属 RR 型。

本例临床和实验室检查表现典型，不难与以下疾病相鉴别。① 急性播散性脑脊髓炎：本例没有意识障碍、头痛或癫痫等广泛神经系统损害表现，病程呈复发缓解而非单相均是鉴别要点。② 单纯疱疹病毒性脑炎：表现为头痛、意识障碍、癫痫、长束体征和/或脑膜刺激征，脑电图呈弥漫异常，头颅 MRI 可发现主要位于颞叶的大片病灶。本例虽首次发病按"散发性脑炎"治疗有效，但反复发作的病程和头颅 MRI 的表现则与之不符。③ 中枢神经系统淋巴瘤：多见于老年男性，临床和 MRI 表现极似多发性硬化，有脑膜和皮质的损害表现，皮质激素治疗后的短暂好转并不能根本改变疾病转归。本例年轻，没有脑膜和皮质的损害表现，MRI 所见病灶没有占位效应，缓解后 3 年随访无复发，均不支持。④ 各种结缔组织病性血管炎综合征：广泛累及脑组织，出现与多发性硬化相似的临床表现，但常累及皮质，很早地出现癫痫、痴呆、精神人格障碍等表现，亦多有全身受累的表现和各种自身抗体。本例均无以上表现，故不难排除。⑤ 脑白质营养不良症多见于儿童，呈进行性痉挛性瘫痪、智能减退和言语功能障碍，成人多为脊髓病或周围神经病表现，病程进展，罕有复发缓解，与本例不符。

参考文献

陈生弟. 2005. 神经病学. 北京：科学出版社

Bradley WG, Daroff RB, Fenichel GM, et al. 2008. Neurology in clinical practice, 5th edition. Boston Butterworth Heinemann Elsevier

Candelise L, Hughes R, Liberati A, et al. 2007. Evidence-based neurology: management of neurological disorders. Malden, MA: Blackwell Publishing

Johnson RT, Griffin JW, McArthur JC. 2006. Current therapy in neurologic disease, 7th edition. Philadelphia: Mosby Elsevier

Roper AH, Samuels MA. 2009. Adams and Victor's Principles of Neurology, 9th edition. New York: McGraw-Hill, Inc

第十一章 运动障碍性疾病

The substantia nigra was discovered in 1786 by Félix Vicq d'Azyr, but it took more than a century before Paul Blocq and Georges Marinesco alluded to a possible link between this structure and Parkinson's disease. The insight came from the study of a tuberculosis patient admitted in Charcot's neurology ward at la Salpêtrière because he was suffering from unilateral parkinsonian tremor. At autopsy, Blocq and Marinesco discovered an encapsulated tumor confined to the substantia nigra, contralateral to the affected side, and concluded that tremor in that particular case resulted from a midbrain lesion. This pioneering work, published in 1893, led Edouard Brissaud to formulate, in 1895, the hypothesis that the substantia nigra is the major pathological site in Parkinson's disease. Brissaud's hypothesis was validated in 1919 by Constantin Trétiakoff in a remarkable thesis summarizing a post-mortem study of the substantia nigra conducted in Marinesco's laboratory. Despite highly convincing evidence of nigral cell losses in idiopathic and post-encephalitic Parkinsonism, Trétiakoff's work raised considerable doubts among his colleagues, who believed that the striatum and pallidum were the preferential targets of parkinsonian degeneration. Trétiakoff's results were nevertheless confirmed by detailed neuropathological studies undertaken in the 1930s and by the discovery, in the 1960s, of the dopaminergic nature of the nigrostriatal neurons that degenerate in Parkinson's disease.

These findings have strengthened the link between the substantia nigra and Parkinson's disease, but modern research has uncovered the multifaceted nature of this neurodegenerative disorder by identifying other brain structures and chemospecific systems involved in its pathogenesis.

— Parent M; Parent A, 2010

第一节 概　　述

运动障碍性疾病（movement disorders），以往称为锥体外系疾病（extrapyramidal diseases），是一组以随意运动迟缓、不自主运动、肌张力异常、姿势步态障碍等运动症状为主要表现的神经系统疾病，大多与基底节病变有关。

【解剖生理】

基底节是大脑皮质下一组灰质核团，由尾状核、壳核、苍白球、丘脑底核和黑质组成。在人、猴等高等动物，基底节对运动功能的调节主要通过与大脑皮质-基底节-丘脑-大脑皮质环路的联系而实现。

在这一环路中，尾状核、壳核接受大脑感觉运动皮质的投射纤维（即传入纤维），其传出纤维经直接通路和间接通路抵达基底节传出纤维的发出单位——内侧苍白球/黑质网状部。直接通路是指新纹状体→内侧苍白球/黑质网状部，间接通路是指新纹状体→外侧苍白球→丘脑底核→内侧苍白球/黑质网状部。基底节传出纤维主要投射到丘脑腹外侧核、腹前核，再由此返回到大脑感觉运动皮质，对皮质的运动功能进行调节。尾状核、壳核还接受黑质致密部发出的多巴胺（DA）能纤维的投射，此通路对基底节输出具有重要调节作用。

基底节病变常导致大脑皮质-基底节-丘脑-大脑皮质环路活动异常。例如，黑质-纹状体多巴胺能通路病变将导致基底节输出增加，皮质运动功能受到过度抑制，导致以强直-少动为主要表现的帕金森综合征；纹状体、丘脑底核病变可导致基底节输出减少，皮质运动功能受到过度易化，引起以不自主运动为主要表现的舞蹈症、投掷症和肌张力障碍。在帕金森病的外科治疗上，损毁丘脑底核或内侧苍白球，或施加高频电刺激作用于这两个核团，均可使帕金森病的运动症状获得改善，其原理即基于纠正异常的基底节输出。

【病因及发病机制】

运动障碍性疾病的病因及发病机制较为复杂。其中：① 有些疾病已经基本明了：如小舞蹈病主要是由 A 族 β 溶血性链球菌感染引起的自身免疫反应所致；肝豆状核变性是由于 *ATP7B* 基因突变，P 型铜转运 ATP 酶（ATP7B 酶）活性部分或全部丧失，不能将多余的 Cu^{2+} 从肝细胞内转运出去，使过量 Cu^{2+} 在肝、脑、肾、角膜等组织沉积而致病；多巴反应性肌张力障碍多由于三磷酸鸟苷环水解酶-1（*GCH1*）基因突变，造成纹状体多巴胺合成减少而致病。② 有些疾病已有所了解：如帕金森病是由于黑质-纹状体多巴胺能神经通路变性所致；亨廷顿病是由于第 4 号染色体 4p16.3 位

上的 *IT15*（interesting transcript 15）基因突变，在 *IT15* 基因 5′端编码区内的三核苷酸（CAG）重复序列拷贝数异常增多所致。③ 有些疾病还不甚了解：如原发性震颤，呈常染色体显性遗传，被认为可能是由于小脑-丘脑-皮质通路传导的下橄榄核-小脑异常振荡所致；肌张力障碍被认为可能与额叶运动皮质的兴奋抑制通路异常有关。

【病理或病变部位】

运动障碍性疾病中帕金森病的主要病理改变是黑质-纹状体多巴胺能神经元变性，残留的神经元胞质内形成路易小体，肝豆状核变性的病理改变主要累及肝、脑、肾、角膜等处，以亨廷顿病为代表的各种舞蹈症的主要病变部位在纹状体，投掷症的病变部位在丘脑底核。某些以运动障碍为主要表现的疾病，其病变部位尚未明确，如原发性震颤、肌张力障碍等。

【临床表现】

运动障碍性疾病所表现的姿势与运动异常被称作锥体外系症状，大致可分为三类，即肌张力异常（过高或过低）、运动迟缓、异常不自主运动（震颤、舞蹈症、投掷症、手足徐动症、肌张力障碍、抽动症）。一般没有瘫痪，感觉及共济运动也不受累。根据临床特点，运动障碍性疾病一般可分为：① 少动性疾病（hypokinetic disorders）：主要表现为肌张力增高-运动减少，主要见于帕金森病；② 多动性疾病（hyperkinetic disorders）：主要表现为肌张力降低-运动过多，疾病主要包括亨廷顿病、小舞蹈病、偏侧舞蹈症、偏侧投掷症、肌张力障碍、原发性震颤、抽动秽语综合征和迟发性运动障碍。

【辅助检查】

运动障碍性疾病的辅助检查必须针对不同疾病选用不同的检测指标。① 血、尿、脑脊液：血清铜蓝蛋白、铜及铜氧化酶和尿铜检测主要针对性地用于诊断肝豆状核变性；血沉、C反应蛋白、抗链球菌溶血素"O"滴度及喉试A族溶血型链球菌检测主要针对性地用于诊断小舞蹈病；脑脊液高香草酸检测可用于诊断帕金森病，但一般不采用。② 影像学：双侧豆状核区CT或MRI检测主要针对性地用于诊断肝豆状核变性；PET或SPECT ^{18}F-多巴摄取、^{125}I-β-CIT 及 ^{99m}Tc-TRODAT-1 多巴胺转运体（DAT）、^{123}I-IBZM 多巴胺受体功能影像检测可用于诊断帕金森病；^{18}F 氟-脱氧葡萄糖影像检测可用于帕金森病与纹状体黑质变性的鉴别诊断及用于辅助诊断亨廷顿病。③ 基因检测：利用常规手段不能确诊的病例，或对症状前期患者或基因携带者筛选时，可考虑基因检测。如针对亨廷顿病的 *IT15* 基因、肝豆状核变性的 *ATP7B* 基因、扭转痉挛的 *DYT1* 基因、发作性运动诱发的运动障碍（PKD）的 *DYT9* 基因、家族性帕金森病的 *α-synuclein*、*Parkin*、*LRRK2* 等基因检测。

【诊断及鉴别诊断】

运动障碍性疾病具有明显的运动症状，症状诊断大多不难，典型病例一望便知。例如，一个动作缓慢、面部表情缺乏、慌张步态外加静止性震颤的患者便会想到帕金森病；扭转痉挛和其他肌张力障碍所表现的广泛性或局限性姿势异常会使人过目难忘；舞蹈手足徐动症所表现的稀奇古怪的面部表情、手及头部不停地扭动，姿势变幻莫测，还有偏侧投掷症患者的粗大快速的投掷样动作均有显著特点。运动障碍性疾病早期或轻症患者有时诊断并不容易，有时需要通过随访或诊断性治疗而获得明确。病因诊断须依靠详细询问病史、体检和选择恰当的辅助检查，包括特殊的血生化、结构或功能影像学、电生理乃至基因检测。

对有些疾病已有较客观、乃至较特异的检测指标，如针对肝豆状核变性的角膜色素环及血清铜蓝蛋白测定，针对亨廷顿病的 *IT15* 突变基因检测；有些疾病通过诊断性治疗即可作出正确的诊断，如针对多巴反应性肌张力障碍应用左旋多巴治疗可获得戏剧性改善；有些疾病在症状明显时容易诊断，但在很早期或不典型时就不容易诊断，如帕金森病，需与原发性震颤、帕金森叠加综合征鉴别。多巴胺转运体及多巴摄取功能影像学检测可以提高临床诊断的正确性。

【治疗】

运动障碍性疾病的主要治疗原则一般依据其肌张力增高-运动减少和肌张力降低-运动过多两大症候群采取两种不同的治疗方案，即对前者主要采用左旋多巴、多巴胺受体激动剂、单胺氧化酶B抑制剂、儿茶酚-氧位-甲基转移酶抑制剂、金刚烷胺、抗胆碱能药等；而对后者主要采用多巴胺受体拮抗剂、多巴胺耗竭剂等。在不同的疾病中还应视其具体病因予以特殊针对性的治疗，如对肝豆状核变性患者应给予青霉胺治疗；对原发性震颤患者应给予普萘洛尔或阿罗洛尔治疗；对小舞蹈病患者应给予青霉素抗链球菌治疗。

运动障碍性疾病中很多疾病目前缺乏有效理想的治疗，因此细胞基因治疗及干细胞移植成为临床前的主要探索方向，其中针对帕金森病开展的基因治疗及干细胞移植已取得了可喜的疗效，但是临床疗效及安全性尚有待进一步研究和证实。

【预后】

不同的运动障碍性疾病，其预后不尽相同，有的尚好，甚至很好，但有的欠佳，甚至很差。属于可治愈疾病有：小舞蹈病、抽动秽语综合征等；属于不能治愈但可控制病情、缓解症状的疾病有：帕金森病、原发性震颤、肝豆状核变性、肌张力障碍等，其中多巴反应性肌张力障碍的预后良好；属于无有效治疗的疾病有：亨廷顿病、帕金森叠加综合征等。

第二节 帕金森病

帕金森病(Parkinson's disease，PD)，又名震颤麻痹(paralysis agitans)，是一种常见于中老年的神经系统变性疾病，临床上以静止性震颤、运动迟缓、肌强直和姿势平衡障碍为主要特征。由英国医生詹姆士·帕金森(James Parkinson)于1817年首报及系统描述。我国65岁人群患病率为1 700/10万，与欧美国家相似，随年龄增加而升高，男性稍高于女性。

【病因及发病机制】

主要化学病理为黑质多巴胺(DA)能神经元变性死亡，但为何会引起黑质多巴胺能神经元变性死亡尚未完全明了。

1. 环境因素 20世纪80年代初发现一种嗜神经毒1-甲基4-苯基1,2,3,6-四氢吡啶(MPTP)在人和灵长类均可诱发典型的帕金森综合征，其临床、病理、生化及对多巴替代治疗的反应等特点均与人类原发性帕金森病甚为相似。MPTP在脑内经单胺氧化酶B(MAO-B)催化转变为强毒性的1-甲基-4-苯基-吡啶离子(MPP+)，后者被多巴胺转运体(DAT)选择性地摄入黑质多巴胺能神经元内，抑制线粒体呼吸链复合物Ⅰ活性，使ATP生成减少，并促进自由基产生和氧化应激反应，导致多巴胺能神经元变性、丢失。MPTP在化学结构上与某些杀虫剂和除草剂相似，有学者认为环境中与该神经毒结构类似的化学物质可能是帕金森病的病因之一，并且通过类似的机制造成多巴胺能神经元变性死亡。机体内的物质包括多巴胺代谢也会产生某些氧自由基，而体内的抗氧化功能(如还原型谷胱甘肽、谷胱甘肽过氧化物酶等)可以有效地清除这些氧自由基等有害物质。可是在帕金森病患者的黑质中存在复合物Ⅰ活性和还原型谷胱甘肽含量明显降低，以及氧化应激增强，提示抗氧化功能障碍及氧化应激可能与帕金森病的发病和病情进展有关。

2. 遗传因素 20世纪90年代后期发现在意大利、希腊和德国的个别家族性帕金森病患者的α-突触核蛋白(α-synuclein)基因突变，呈常染色体显性遗传，其表达产物是路易小体的主要成分。到目前至少发现10个单基因(Park1～10)与家族性帕金森病连锁的基因位点，其中6个致病基因已被克隆，即α-synuclein(Park 1,4q21-23)、Parkin(Park 2,6q25.2-27)、UCH-L1(Park 5,4p14)、PINK1(Park 6,1p35-36)、DJ-1(Park 7,1p36)和LRRK2(Park 8,12p11.2-q13.1)基因。*α-synuclein*和*LRRK2*基因突变呈常染色体显性遗传，*Parkin*、*PINK1*、*DJ-1*基因突变呈常染色体隐性遗传。*UCHL-1*基因突变最早报道于一个德国家庭的2名同胞兄妹，其遗传模式可能是常染色体显性遗传。绝大多数上述基因突变未在散发性病例中发现，只有*LRRK2*基因突变见于少数(1.5%～6.1%)散发性帕金森病。基因易感性如细胞色素$P450_2D_6$基因等可能是帕金森病发病的易感因素之一。目前认为约10%的患者有家族史，绝大多数患者为散发性。

3. 神经系统老化 帕金森病主要发生于中老年人，40岁以前发病少见，提示神经系统老化与发病有关。有资料显示30岁以后，随年龄增长，黑质多巴胺能神经元始呈退行性变，多巴胺能神经元渐进性减少。尽管如此，但其程度并不足以导致发病，老年人群中患病者也只是少数，所以神经系统老化只是帕金森病的促发因素。

4. 多因素交互作用 目前认为帕金森病并非单因素所致，而是多因素交互作用下发病。除基因突变导致少数患者发病外，基因易感性可使患病概率增加，但并不一定发病，只有在环境因素、神经系统老化等因素的共同作用下，通过氧化应激、线粒体功能紊乱、蛋白酶体功能障碍、炎性/免疫反应、钙稳态失衡、兴奋性毒性、细胞凋亡等机制导致黑质多巴胺能神经元大量变性、丢失，才会导致发病。

【病理】

1. 基本病变 主要有二大病理特征，其一是黑质多巴胺能神经元及其他含色素的神经元大量变性丢失，尤其是黑质致密区多巴胺能神经元丢失最严重，出现临床症状时丢失至少达50%以上。其他部位含色素的神经元，如蓝斑、脑干的中缝核、迷走神经背核等也有较明显的丢失；其二是在残留的神经元胞质内出现嗜酸性包涵体，即路易小体(Lewy body)，由细胞质蛋白质所组成的玻璃样团块，其中央有致密的核心，周围有细丝状晕圈(filamentous halo)。α-突触核蛋白(α-synuclein)、泛素、热休克蛋白是形成路易小体的重要成分，阐明这些重要成分在帕金森病发病机制中的作用已成为目前的研究热点。近年来Braak提出了帕金森病发病的六个病理阶段，认为帕金森病的病理改变并非由中脑黑质开始，而是始于延髓Ⅸ、Ⅹ运动神经背核、前嗅核等结构，随疾病进展，逐累及脑桥→中脑→新皮质。这对于进一步认识帕金森病的早期病理改变，寻找到该病的早期生物学标志物，实现对疾病的早期诊断及有效的神经保护治疗具有重要意义。

2. 生化改变　　黑质多巴胺能神经元通过黑质-纹状体通路将多巴胺输送到纹状体,参与基底节的运动调节。由于帕金森病患者的黑质多巴胺能神经元显著变性丢失,黑质-纹状体多巴胺能通路变性,纹状体多巴胺递质水平显著降低,降至70%~80%以上时则出现临床症状。多巴胺递质降低的程度与患者的症状严重度呈正相关。

纹状体中多巴胺与乙酰胆碱(ACh)两大递质系统的功能相互拮抗,两者之间的平衡对基底节运动功能起着重要调节作用。纹状体多巴胺水平显著降低,造成乙酰胆碱系统功能相对亢进。这种递质失衡与皮质-基底节-丘脑-皮质环路活动紊乱和肌张力增高、动作减少等运动症状的产生密切有关。中脑-边缘系统和中脑-皮质系统的多巴胺水平的显著降低是智能减退、情感障碍等高级神经活动异常的生化基础。多巴胺替代治疗药物和抗胆碱能药物对帕金森病的治疗原理正是基于纠正这种递质失衡。

【临床表现】

发病年龄平均约55岁,多见于60岁以后,40岁以前则少见。男性略多于女性。隐匿起病,缓慢发展。

1. 运动症状　　常始于一侧上肢,逐渐累及同侧下肢,再波及对侧上肢及下肢。

(1) 静止性震颤(static tremor):常为首发症状,多始于一侧上肢远端,静止位时出现或明显,随意运动时减轻或停止,紧张或激动时加剧,入睡后消失。典型表现是拇指与屈曲的食指间呈"搓丸样"(pill-rolling)动作,频率为4~6 Hz。令患者一侧肢体运动如握拳或松拳,可使另一侧肢体震颤更明显,该试验有助于发现早期轻微震颤。少数患者可不出现震颤,部分患者可合并轻度姿势性震颤(postural tremor)。

(2) 肌强直(rigidity):被动运动关节时阻力增高,且呈一致性,类似弯曲软铅管的感觉,故称"铅管样强直"(lead-pipe rigidity);在有静止性震颤的患者中可感到在均匀的阻力中出现断续停顿,如同转动齿轮感,称为"齿轮样强直"(cogwheel rigidity)。四肢、躯干、颈部肌强直可使患者出现特殊的屈曲体姿,表现为头部前倾,躯干俯屈,肘关节屈曲,腕关节伸直、前臂内收,髋及膝关节略为弯曲。

(3) 运动迟缓(bradykinesia):随意运动减少,动作缓慢、笨拙。早期以手指精细动作如解或扣纽扣、系鞋带等动作缓慢,逐渐发展成全面性随意运动减少、迟钝,晚期因合并肌张力增高致起床、翻身均有困难。体检见面容呆板,双眼凝视,瞬目减少,酷似"面具脸"(masked face);口、咽、腭肌运动徐缓时,表现语速变慢,语音低调;书写字体越写越小,呈现"小字征"(micrographia);做快速重复性动作如拇、食指对指时表现运动速度缓慢和幅度减小。

(4) 姿势障碍(postural instability):在疾病早期,表现为走路时患侧上肢摆臂幅度减小或消失,下肢拖曳。随病情进展,步伐逐渐变小变慢,启动、转弯时步态障碍尤为明显,自坐位、卧位起立时困难。有时行走中全身僵住,不能动弹,称为"冻结"(freezing)现象。有时迈步后,以极小的步伐越走越快,不能及时止步,称为前冲步态(propulsion)或慌张步态(festination)。

2. 非运动症状　　也是常见和重要的临床征象,而且有的可先于运动症状而发生。

(1) 感觉障碍:疾病早期即可出现嗅觉减退(hyposmia)或和睡眠障碍。中晚期常有肢体麻木、疼痛。有些患者可伴有不安腿综合征(restless leg syndrome,RLS)。

(2) 自主神经功能障碍:临床常见,如便秘、多汗、溢脂性皮炎(油脂面)等。吞咽活动减少可导致流涎。疾病后期也可出现性功能减退、排尿障碍或体位性低血压。

(3) 精神障碍:近半数患者伴有抑郁,并常伴有焦虑。15%~30%的患者在疾病晚期发生认知障碍乃至痴呆,以及幻觉,其中视幻觉为多见。

【辅助检查】

1. 血、脑脊液　　常规检查均无异常,除非检测脑脊液中的高香草酸(HVA)含量可以显示降低。

2. 影像学　　CT、MRI检查无特征性改变,PET或SPECT检查有辅助诊断价值。以 ^{18}F-多巴作示踪剂行多巴摄取PET显像可显示多巴胺递质合成减少;用 ^{125}I-β-CIT、^{99m}Tc-TRODAT-1作示踪剂行多巴胺转运体(DAT)功能显像可显示显著降低,在疾病早期甚至亚临床期即能显示降低;以 ^{123}I-IBZM作示踪剂行 D_2 多巴胺受体功能显像其活性在早期呈失神经超敏,后期低敏。

3. 其他　　嗅觉测试可发现早期患者的嗅觉减退;心脏间碘苯甲胍(metaiodobenzylguanidine,MIBG)闪烁照相术可用于显示心脏交感神经元的功能,有研究提示早期PD患者总MIBG摄取量减少;经颅超声(transcranial sonography,TCS)可通过耳前的听骨窗探测黑质回声,有观察发现PD患者的黑质回声增强。这些检测尚需进一步临床验证。

【诊断及鉴别诊断】

1. 诊断　　我国帕金森病及运动障碍学组在英国脑库帕金森病诊断标准基础上制定的中国帕金森病诊断标准主

要是依据中老年发病,缓慢进展性病程,必备运动迟缓及至少具备静止性震颤、肌强直或姿势平衡障碍中的一项,半侧起病,对左旋多巴治疗敏感即可作出临床诊断(表 11-1)。

表 11-1 中国帕金森病的诊断标准

诊 断 标 准	支 持 标 准 (必须具备下列 3 项或 3 项以上特征)	排 除 标 准
1. 运动减少:启动随意运动的速度缓慢。疾病进展后,重复性动作的运动速度及幅度均降低 2. 至少存在下列 1 项特征:① 肌肉僵直;② 静止性震颤 4~6 Hz;③ 姿势不稳(非原发性视觉、前庭、小脑及本体感受功能障碍造成)	1. 单侧起病 2. 静止性震颤 3. 逐渐进展 4. 发病后多为持续性的不对称性受累 5. 对左旋多巴的治疗反应良好(70%~100%) 6. 左旋多巴导致的严重的异动症 7. 左旋多巴的治疗效果持续 5 年或 5 年以上 8. 临床病程 10 年或 10 年以上	1. 反复的脑卒中发作史,伴帕金森病特征的阶梯状进展 2. 反复的脑损伤史 3. 明确的脑炎史和(或)非药物所致动眼危象 4. 在症状出现时,应用抗精神病药物和(或)多巴胺耗竭药 5. 1 个以上的亲属患病 6. CT 扫描可见颅内肿瘤或交通性脑积水 7. 接触已知的神经毒类 8. 病情持续缓解或发展迅速 9. 用大剂量左旋多巴治疗无效(除外吸收障碍) 10. 发病 3 年后,仍是严格的单侧受累 11. 出现其他神经系统症状和体征,如垂直凝视麻痹、共济失调,早期即有严重的自主神经受累,早期即有严重的痴呆,伴有记忆力、言语和执行功能障碍,锥体束征阳性等

2. 鉴别诊断　　本病主要需与其他原因引起的帕金森综合征鉴别(表 11-2)。

表 11-2 帕金森病与帕金森综合征分类

1. 原发性
   原发性帕金森病
   少年型帕金森综合征
2. 继发性(后天性、症状性)帕金森综合征
   感染:脑炎后、慢病毒感染
   药物:神经安定剂(吩噻嗪类及丁酰苯类)、利血平、灭吐灵、α-甲基多巴、锂、氟桂嗪、脑益嗪
   毒物:MPTP 及其结构类似的杀虫剂和除草剂、一氧化碳、锰、汞、二硫化碳、甲醇、乙醇
   血管性:多发性脑梗死、低血压性休克
   外伤:拳击性脑病
   其他:甲状旁腺功能异常、甲状腺功能减退、肝脑变性、脑瘤、正常颅压性脑积水
3. 遗传变性性帕金森综合征
   常染色体显性遗传路易小体病、亨廷顿病、肝豆状核变性、哈勒沃登-施帕茨病、橄榄脑桥小脑萎缩、脊髓小脑变性、家族性基底节钙化、家族性帕金森综合征伴周围神经病、神经棘红细胞增多症
4. 多系统变性(帕金森叠加征群)
   进行性核上性麻痹、夏-德综合征、纹状体黑质变性、帕金森综合征-痴呆-肌萎缩性侧索硬化复合征、皮质基底节变性、阿尔茨海默病、偏侧萎缩-偏侧帕金森综合征

(1) 继发性帕金森综合征:共同特点是有明确病因可寻,如感染、药物、中毒、脑动脉硬化、外伤等,相关病史是鉴别诊断的关键。继发于甲型脑炎(即昏睡性脑炎)后的帕金森综合征,目前已罕见。多种药物均可引起药物性帕金森综合征,一般是可逆的。拳击手中偶见头部外伤引起的帕金森综合征。老年人基底节区多发性腔隙性梗死可引起血管性帕金森综合征,患者有高血压、动脉硬化及卒中史,步态障碍较明显,震颤少见,常伴锥体束征。

(2) 伴发于其他神经变性疾病的帕金森综合征:不少神经变性疾病具有帕金森综合征表现。这些神经变性疾病各有其特点,有些有遗传性,有些为散发,除程度不一的帕金森征表现外,还有其他征象,如不自主运动、垂直性眼球凝视障碍(见于进行性核上性麻痹)、直立性低血压(夏-德综合征)、小脑性共济失调(橄榄脑桥小脑萎缩)、早且严重的痴呆(路易小体痴呆)、角膜色素环(肝豆状核变性)、皮质复合感觉缺失和锥体束征(皮质基底节变性)等。另外,这些疾病所伴发的帕金森症状,常以强直、少动为主,静止性震颤很少见,对左旋多巴治疗不敏感。

(3) 其他：PD早期患者尚需鉴别下列疾病：临床较常见的原发性震颤，1/3有家族史，各年龄段均可发病，姿势性或动作性震颤为唯一表现，无肌强直和运动迟缓，饮酒或用普萘洛尔后震颤可显著减轻。抑郁症可伴有表情贫乏、言语单调、随意运动减少，但无肌强直和震颤，抗抑郁剂治疗有效。早期帕金森病症状限于一侧肢体，患者常主诉一侧肢体无力或不灵活，若无震颤，易误诊为脑血管病，仔细体检易于鉴别。

【治疗】

世界不同国家已有多个帕金森病治疗指南，在参照国外治疗指南的基础上，结合我国的实际，我国帕金森病及运动障碍学组专家制定(作者执笔)的中国帕金森病治疗指南如下。

(一) 治疗原则

1. 综合治疗 应对PD的运动症状和非运动症状采取综合治疗，包括药物、手术、康复、心理治疗及护理。药物治疗作为首选，且是整个治疗过程中的主要治疗手段，手术治疗则是药物治疗的一种有效补充手段。目前应用的治疗手段，无论药物或手术，只能改善症状，不能有效地阻止病情的发展，更无法治愈。因此，治疗不能仅顾及眼前，而不考虑将来。

2. 用药原则 以达到有效改善症状，提高生活质量为目标。坚持"剂量滴定"、"以最小剂量达到满意效果"；治疗应遵循一般原则，也应强调个体化特点，不同患者的用药选择不仅要考虑病情特点，而且要考虑患者的年龄、就业状况、经济承受能力等因素。尽量避免或减少药物的副反应和并发症。

(二) 药物治疗

1. 保护性治疗 目的是延缓疾病的发展，改善患者的症状。原则上，PD一旦被诊断就应及早予以保护性治疗。目前临床上作为保护性治疗的药物主要是单胺氧化酶B型(MAO-B)抑制剂。曾报道司来吉兰＋维生素E(即Deprenyl And Tocopherol Antioxidative Therapy Of Parkinsonism，DATATOP)治疗可推迟左旋多巴使用的时间及延缓疾病发展(约9个月)，雷沙吉兰为新一代MAO-B抑制剂，其推迟疾病进展的证据可能强于司来吉兰。有多项临床试验提示多巴胺受体(DR)激动剂和大剂量辅酶Q10可能有神经保护作用。

2. 症状性治疗 早期帕金森病治疗(Hoehn-Yahr Ⅰ-Ⅱ级)：

(1) 何时开始用药：疾病早期若病情未影响患者的生活和工作能力，应鼓励患者坚持工作，参与社会活动和医学体疗，可暂缓给予症状性治疗用药；若有影响，则应予以症状性治疗。

(2) 首选药物原则

1) 老年前(<65岁)患者，且不伴智能减退，可有如下选择：① 非麦角类DR激动剂；② MAO-B抑制剂，或加用维生素E；③ 金刚烷胺；若震颤明显而其他抗PD药物效果不佳则可选用抗胆碱能药；④ 复方左旋多巴＋儿茶酚-氧位-甲基转移酶(COMT)抑制剂，即Stalevo；⑤ 复方左旋多巴：一般在①、②、③方案治疗效果不佳时加用。

首选药物并非完全按照以上顺序，需根据不同患者的情况，而选择不同方案。若顺应美国、欧洲治疗指南应首选①方案，也可首选②方案，或可首选④方案；若由于经济原因不能承受高价格的药物，则可首选③方案；若因特殊工作之需，力求显著改善运动症状，或出现认知功能减退，则可首选⑤或④方案，或可小剂量应用①、②或③方案时，同时小剂量合用⑤方案。

2) 老年(≥65岁)患者，或伴智能减退：首选复方左旋多巴，必要时可加用DR激动剂、MAO-B抑制剂或COMT抑制剂。苯海索尽可能不用，尤其老年男性患者，因有较多副反应，除非有严重震颤，并明显影响患者的日常生活能力。

(3) 治疗药物

1) 抗胆碱能药：主要有苯海索(benzhexol)，用法1~2mg，3次/d。此外有开马君、苯甲托品、东莨菪碱、环戊丙醇和安克痉。主要适用于震颤明显且年轻患者，老年患者慎用，狭角型青光眼及前列腺肥大患者禁用。主要副反应有口干、视物模糊、便秘、排尿困难，影响智能，严重者有幻觉、妄想。

2) 金刚烷胺(amantadine)：用法50~100mg，2~3次/d，末次应在下午4时前服用。对少动、强直、震颤均有改善作用，对伴异动症患者可能有帮助。副反应有不宁、神志模糊、下肢网状青斑、踝部水肿等，均较少见。肾功能不全、癫痫、严重胃溃疡、肝病患者慎用，哺乳期妇女禁用。

3) 复方左旋多巴(苄丝肼左旋多巴、卡比多巴左旋多巴)：至今仍是治疗本病最基本、最有效的药物，对震颤、强直、运动迟缓等均有较好疗效。初始用量62.5~125mg，2~3次/d，根据病情而渐增剂量至疗效满意和不出现副反应为止。餐前1h或餐后1.5h服药。复方左旋多巴有标准片、控释片、水溶片等不同剂型。① 复方左旋多巴标准片：有美多芭(madopar)和息宁(sinemet)；② 复方左旋多巴控释剂：有美多芭液体动力平衡系统(madopar-HBS)和息宁控释片(sinemet CR),特点是血药浓度比较稳定,且作用时间较长,有利于控制症状波动,减少每日的服药次数,但生物利用度较低,起效缓慢,故将标准片转换为控释片时,每日首剂需提前服用,剂量应作相应增加;③ 弥散型美多芭(madopar dispersible),特点是易在水中溶解,便于口服,吸收和起效快,且作用时间与标准片相仿。适用于晨僵、餐后"关闭"状态、吞咽困难患者。

副反应有周围性和中枢性两类,前者为恶心、呕吐、低血压、心律失常(偶见);后者有症状波动、异动症和精神症状等。活动性消化道溃疡者慎用,狭窄型青光眼、精神病患者禁用。

4) DR激动剂:目前大多推崇非麦角类DR激动剂为首选药物,尤其用于年轻患者病程初期。因为这类长半衰期制剂能避免对纹状体突触后膜DR产生"脉冲"样刺激,可以减少或推迟运动并发症的发生。激动剂均应从小剂量开始,渐增剂量至获得满意疗效而不出现副反应为止。副反应与复方左旋多巴相似,不同之处是症状波动和异动症发生率低,而体位性低血压和精神症状发生率较高。DR激动剂有两种类型,麦角类包括溴隐亭(bromocriptine)、培高利特(pergolide)、α二氢麦角隐亭(dihydroergocryptine)、卡麦角林(cabergoline)和麦角乙脲(lisuride);非麦角类包括普拉克索(pramipexole)、罗匹尼罗(ropinirole)、吡贝地尔(piribedil)、罗替戈汀(rotigotine)和阿朴吗啡(apomorphine)。麦角类DR激动剂会导致心脏瓣膜病变和肺胸膜纤维化现已不主张使用,其中培高利特国内已停用;目前尚未发现非麦角类DR激动剂有该副反应。目前国内上市的非麦角类DR激动剂有:① 吡贝地尔缓释片:初始剂量50 mg,每日1次,或易产生副反应患者可改为25 mg,每日2次,第2周增至50 mg,每日2次,有效剂量150 mg/d,分3次口服,最大不超过250 mg/d;② 普拉克索:初始剂量0.125 mg,每日3次(个别易产生副反应患者则为1~2次),每周增加0.125 mg,每日3次,一般有效剂量0.5~0.75 mg,每日3次,最大不超过4.5 mg/d。国内上市的麦角类DR激动剂有:① 溴隐亭:0.625 mg,每日1次,每隔5天增加0.625 mg,有效剂量3.75~15 mg/d,分3次口服;② α-二氢麦角隐亭:2.5 mg,每日2次,每隔5天增加2.5 mg,有效剂量30~50 mg/d,分3次口服。上述4种药物之间的剂量转换为:吡贝地尔:普拉克索:溴隐亭:α-二氢麦角隐亭=100:1:10:60)。

5) MAO-B抑制剂:其能阻止脑内多巴胺降解,增加多巴胺浓度。与复方左旋多巴合用可增强疗效,改善症状波动,单用有轻度的症状改善作用。目前国内有司来吉兰(selegiline)和即将有雷沙吉兰(rasagiline)。司来吉兰的用法为2.5~5 mg,每日2次,应早、中午服用,勿在傍晚或晚上应用,以免引起失眠,或与维生素E 2 000 iu合用(DATATOP方案);雷沙吉兰的用法为1 mg,每日1次,早晨服用;新剂型Zydis selegiline(口腔黏膜崩解剂)的吸收、作用、安全性均好于司来吉兰标准片,用法为1.25~2.5 mg/d,目前国内尚未上市。胃溃疡者慎用,禁与5-羟色胺再摄取抑制剂(SSRI)合用。

6) 儿茶酚-氧位-甲基转移酶(COMT)抑制剂:恩他卡朋(entacapone)和托卡朋(tolcapone)通过抑制左旋多巴在外周的代谢,使血浆左旋多巴浓度保持稳定,并能增加其进脑量。托卡朋还能阻止脑内多巴胺降解,使脑内多巴胺浓度增加。COMT抑制剂与复方左旋多巴合用,可增强后者的疗效,改善症状波动。恩托卡朋每次100~200 mg,服用次数与复方左旋多巴次数相同,若每日服用复方左旋多巴次数较多,也可少于复方左旋多巴次数,须与复方左旋多巴同服,单用无效。Stalevo由恩他卡朋/左旋多巴/卡比多巴组合成的一种制剂,应用便利,疾病早期首选治疗可能预防或延迟运动并发症的发生。托卡朋每次100 mg,每日3次,第一剂与复方左旋多巴同服,此后间隔6 h服用,可以单用,每日最大剂量为600 mg。副反应有腹泻、头痛、多汗、口干、转氨酶升高、腹痛、尿色变黄等。托卡朋有可能导致肝功能损害,须严密监测肝功能,尤其在用药前3个月。

中期帕金森病治疗(Hoehn-Yahr Ⅲ级):

若在早期阶段首选DR激动剂、司来吉兰或金刚烷胺/抗胆碱能药治疗的患者,发展至中期阶段时,则症状改善往往已不明显,此时应添加复方左旋多巴治疗;若在早期阶段首选低剂量复方左旋多巴治疗的患者,症状改善往往也不显著了,此时应适当增加剂量,或添加DR激动剂、司来吉兰或金刚烷胺,或COMT抑制剂。在中期阶段有些患者也会产生运动并发症或和非运动症状,具体处理详见晚期PD治疗。

晚期帕金森病治疗(Hoehn-Yahr Ⅳ-Ⅴ级):

晚期帕金森病的临床表现极其复杂,其中有药物的副反应,也有疾病本身进展因素参与。晚期患者的治疗,一方面继续力求改善运动症状,另一方面需处理一些伴发的运动并发症和非运动症状。

(1) 运动并发症的治疗:运动并发症(症状波动和异动症)是晚期患者在治疗中最棘手的副反应,治疗包括药物剂量、用法等治疗方案调整和手术治疗(主要是脑深部电刺激术)。

1) 症状波动的治疗:症状波动(motor fluctuation)主要有两种形式:① 疗效减退(wearing-off)或剂末现象(end of dose deterioration):指每次用药的有效作用时间缩短,症状随血液药物浓度发生规律性波动,可增加每日服药次数或增加每次服药剂量,或改用缓释剂,或加用雷沙吉兰或恩他卡朋(治疗剂末现象的A级证据),也可加用DR激动剂;② "开-关"现象(on-off phenomenon):指症状在突然缓解("开期")与加重("关期")之间波动,"开期"常伴异动症;多见于晚期患者,处理困难,可应用长效 DR 激动剂,或皮下持续输注左旋多巴甲酯或乙酯。

2) 异动症的治疗:异动症(abnormal involuntary movements,AIMs)又称为运动障碍(dyskinesia),常表现为不自主的舞蹈样、肌张力障碍样动作,可累及头面部、四肢、躯干。主要有三种形式:① 剂峰异动症(peak-dose dyskinesia):常出现在血液药物浓度高峰期(用药 1~2 h),与用药过量或多巴胺受体超敏有关,减少复方左旋多巴单次剂量可减轻多动现象,晚期患者需同时加用 DR 激动剂;② 双相异动症(biphasic dyskinesia):在剂初和剂末均可出现,机制未详,治疗较困难;可尝试增加复方左旋多巴每次用药剂量及服药次数,或加用 DR 激动剂;③ 肌张力障碍(dystonia):表现为足或小腿痛性肌痉挛,多发生于清晨服药之前,可在睡前服用复方左旋多巴控释剂或长效 DR 激动剂,或在起床前服用弥散型美多芭或标准片;发生于"关"期或"开"期的肌张力障碍可适当增加或减少复方左旋多巴用量。

(2) 非运动症状:包括感觉障碍、自主神经功能障碍、精神障碍等。对它们的治疗必须遵循一定的原则。

1) 感觉障碍:包括麻木、疼痛、痉挛、睡眠障碍、嗅觉障碍等。其中睡眠障碍很常见,主要有失眠、RLS。失眠若与夜间的帕金森病运动症状相关,睡前需加用复方左旋多巴控释片。若伴有 RLS 者,睡前加用 DR 激动剂。

2) 自主神经功能障碍:最常见便秘,其次有泌尿障碍和体位性低血压等。对于便秘,增加饮水量和高纤维含量的食物对大部分患者行之有效,停用抗胆碱能药,必要时应用助便药。有泌尿障碍的患者需减少晚餐后的摄水量,也可试用奥昔布宁、莨菪碱等外周抗胆碱能药。体位性低血压患者应适当增加盐和水的摄入量,睡眠时抬高头位,穿弹力裤,不宜快速改变体位,α-肾上腺素能激动剂米多君治疗有效。

3) 精神障碍:精神症状表现形式多种多样,如生动的梦境、抑郁、焦虑、错觉、幻觉、欣快、轻躁狂、精神错乱和意识模糊等。治疗原则是:若与抗帕金森病药物有关,则须依次逐减或停用抗胆碱能药、金刚烷胺、司来吉兰、DR 激动剂,待症状明显缓解乃至消失为止。若采取以上措施患者仍有症状,则将复方左旋多巴逐步减量。对经药物调整无效的严重幻觉、精神错乱、意识模糊可加用抗精神病药如氯氮平、奥氮平、奎硫平等。对于认知障碍和痴呆,可应用胆碱酯酶抑制剂,如石杉碱甲、多奈哌齐(donepezil)、利伐斯明(rivastigmine)或加兰他敏(galantamine)。

(三) 手术及干细胞治疗

早期药物治疗显效,而长期治疗疗效明显减退,同时出现异动症者可考虑手术治疗。需强调的是手术仅能改善症状,而不能根治疾病,术后仍需应用药物治疗,但可减少剂量。手术须严格掌握适应证,对帕金森叠加综合征患者是手术的禁忌证。对处于早期帕金森病、药物治疗显效的患者,不推荐手术治疗。手术对肢体震颤和(或)肌强直有较好疗效,但对躯体性中轴症状如姿势步态障碍无明显疗效。手术方法主要有神经核毁损术和脑深部电刺激术(DBS),DBS 因其相对无创、安全和可调控性而作为主要选择。手术靶点包括苍白球内侧部、丘脑腹中间核和丘脑底核。

有临床试验显示将异体胚胎中脑黑质细胞移植到患者的纹状体,可纠正多巴胺递质缺乏,改善帕金森病的运动症状,但此项技术存在供体来源有限及伦理问题。正在兴起的干细胞(包括诱导型多能干细胞、胚胎干细胞、神经干细胞、骨髓基质干细胞)移植结合神经营养因子基因治疗等有望克服这一障碍,是正在探索中的一种较有前景的新疗法。

(四) 中医、康复及心理治疗

中药或针灸和康复治疗作为辅助手段对改善症状也可起到一定作用。对患者进行语言、进食、行走及各种日常生活训练和指导,日常生活帮助如设在房间和卫生间的扶手、防滑橡胶桌垫、大把手餐具等,可改善生活质量。教育与心理疏导也是不容忽视的辅助措施。

【预后】

本病是一种慢性进展性疾病,无法治愈。在临床上常采用 Hoehn-Yahr 分级法(分 5 级)记录病情轻重。患者运动功能障碍的程度及对治疗的评判常采用统一帕金森病评分量表(UPDRS)。多数患者在疾病的前几年可继续工作,但数年后逐渐丧失工作能力。至疾病晚期,由于全身僵硬、活动困难,终至不能起床,最后常死于肺炎等各种并发症。

第三节 肝豆状核变性

肝豆状核变性(hepatolenticular degeneration,HLD)又称威尔逊病(Wilson's disease,WD),于 1912 年由 Samuel A. K. Wilson 首先描述,是一种遗传性铜代谢障碍所致的肝硬化和以基底节为主的脑部变性疾病。临床特征为进行性加重的锥体外系症状、精神症状、肝硬化、肾功能损害及角膜色素环(Kayser-Fleischer ring, K-F环)。

本病的患病率各国报道不一,一般在(0.5~3)/10万,欧美国家罕见,但在意大利南部和西西里岛、罗马尼亚某些地区、日本的某些小岛、东欧犹太人及我国的患病率较高。

【病因及发病机制】

本病的病因和发病机制非常复杂,先后提出了六种发病学说,即胃肠道对铜的吸收增多、铜蓝蛋白异常、异常蛋白质的存在、胆道排铜障碍、溶酶体缺陷、控制基因突变,这些均未能满意解释而逐渐被否定。1985年Wilson病基因被精确定位于13q14.3,1993年Wilson病基因被克隆。Wilson病是基因突变导致的遗传病,其基因突变的数目众多,已达295种,而且突变的类型相当复杂,纯合突变较少而复合杂合突变(携带两个不同突变)多见。目前证实ATP7B基因突变是本病的主要原因,ATP7B基因主要在肝脏表达,表达产物P型铜转运ATP酶(ATP7B酶)位于肝细胞Golgi体,负责肝细胞内的铜转运。由于其功能部分或全部丧失,不能将多余的铜离子从细胞内转运出去,使过量铜离子在肝、脑、肾、角膜等组织沉积而致病。然而ATP7B酶如何改变导致发病至今仍未阐明。此外尚有数十种蛋白如"伴侣蛋白"与Wilson病的发病相关,它们对Wilson病的发病究竟起什么作用,目前尚不清楚。

【病理】

病理改变主要累及肝、脑、肾、角膜等处。① 肝脏外表及切面均可见大小不等的结节或假小叶,病变明显者像坏死后性肝硬变,肝细胞常有脂肪变性,并含铜颗粒。电镜下可见肝细胞内线粒体变致密,线粒体嵴消失,糙面内质网;② 脑部以壳核最明显,其次为苍白球及尾状核,大脑皮质亦可受侵。壳核最早发生变性,然后病变范围逐渐扩大到上述诸结构。壳核萎缩,岛叶皮质内陷,壳核及尾状核色素沉着加深,严重者可形成空洞。镜检可见壳核内神经元和髓鞘纤维显著减少或完全消失,胶质细胞增生。其他受累部位镜下可见类似变化;③ 在角膜边缘后弹力层及内皮细胞质内,有棕黄色的细小铜颗粒沉积。

【临床表现】

多见于5~35岁,少数可迟至成年期,男稍多于女。以肝脏症状起病者平均年龄约11岁,以神经症状起病者平均年龄约19岁。

1. 神经症状 主要是锥体外系病征,表现为肢体舞蹈样及手足徐动样动作,肌张力障碍,怪异表情,静止性、意向性或姿势性震颤,肌强直,运动迟缓,构音障碍,吞咽困难,屈曲姿势及慌张步态等。20岁之前起病常以肌张力障碍、帕金森综合征为主,年龄更大者多表现震颤、舞蹈样或投掷样动作。小脑损害导致共济失调和语言障碍,锥体系损害出现腱反射亢进、病理反射和假性延髓麻痹等,下丘脑损害产生肥胖、持续高热及高血压,少数患者可有癫痫发作。病情常缓慢发展,可有阶段性缓解或加重,亦有进展迅速者,特别是年轻患者。

2. 精神症状 主要表现为情感障碍和动作、行为异常,如淡漠、抑郁、欣快、兴奋躁动、动作幼稚或怪异、攻击行为、生活懒散等,少数可有各种幻觉、妄想、人格改变、自杀等。

3. 肝脏症状 约80%患者发生肝脏受损的征象。大多数表现非特异性慢性肝病症状群,如倦怠、无力、食欲不振、肝区疼痛、肝肿大或缩小、脾肿大及脾功能亢进、黄疸、腹水、蜘蛛痣、食道静脉曲张破裂出血及肝昏迷等。10%~30%的患者发生慢性活动性肝炎,少数患者呈现无症状性肝、脾肿大,或仅转氨酶持续升高。因肝损害还可使体内激素代谢异常,导致内分泌紊乱,出现青春期延迟、月经不调或闭经,男性乳房发育等。极少数患者以急性肝衰竭和急性溶血性贫血起病,多于短期内死亡。

4. 眼部异常 K-F环是本病最重要的体征,见于95%~98%患者,绝大多数双眼,个别为单眼。大多在出现神经系统受损征象时就可发现此环,位于角膜与巩膜交界处,在角膜的内表面上,呈绿褐色或金褐色,宽约1.3 mm,光线斜照角膜时看得最清楚,但早期常需用裂隙灯检查方可发现。少数患者可出现晶体浑浊、暗适应下降及瞳孔对光反应迟钝等。

5. 其他 大部分患者有皮肤色素沉着,尤以面部及双小腿伸侧明显。Cu^{2+}在近端肾小管和肾小球沉积,造成肾小管重吸收障碍,出现肾性糖尿、蛋白尿、氨基酸尿等;少数患者可发生肾小管性酸中毒。尚有肌无力、肌萎缩、骨质疏松、骨和软骨变性等。

【辅助检查】

1. 血清铜蓝蛋白及铜氧化酶活性 正常人铜蓝蛋白值为0.26~0.36 g/L,Wilson病患者显著降低,甚至为零。血清铜蓝蛋白降低是重要的诊断依据之一,但血清铜蓝蛋白值与病情、病程及驱铜治疗效果无关。应注意正常儿童血清铜蓝蛋白水平随年龄改变有特殊变化,新生儿只有成人的1/5,以后迅速升高,在2~3个月时达到成人水平。12岁前儿童血清铜蓝蛋白的矫正公式为:矫正后铜蓝蛋白值=血清铜蓝蛋白测定值×[(12-年龄)×1.7]。血清铜氧化酶活性强弱与血清铜蓝蛋白含量成正比,故测定铜氧化酶活性可间接反映血清铜蓝蛋白含量,其意义与直接测定血清铜蓝蛋白相同。应注意血清铜蓝蛋白降低还可见于肾病综合征、慢性活动性肝炎、原发性胆汁性肝硬化、某些吸收不良综合征、蛋白-热量不足性营养不良等。

2. 人体微量铜测定 ① 血清铜：正常人血清铜为(14.7~20.5)μmol/L，90% Wilson 病患者的血清铜降低。血清铜与病情、治疗效果无关；② 尿铜：大多数患者24 h尿铜含量显著增加，未经治疗时增高数倍至数十倍，服用排铜药物后尿铜进一步增高，待体内蓄积铜大量排出后，尿铜量又渐降低，这些变化可作为临床排铜药物剂量调整的参考指标。正常人尿铜排泄量少于50 g/24 h，未经治疗患者多为(200~400)g/24 h，个别高达1 200 g/24 h。对一些尿铜改变不明显的可疑患者可采用青霉胺负荷试验。口服青霉胺后正常人和未经治疗的患者尿铜均明显增高，但患者比正常人更显著，可作为一种辅助诊断方法；③ 肝铜量：被认为是诊断 Wilson 病的金标准之一。经体检及生化检查未确诊的病例测定肝铜量是必要的。绝大多数患者肝铜含量在250 g/g 干重以上(正常50 g/g 干重)。

3. 肝肾功能 以肝损害为主要表现者可出现不同程度的肝功能异常，如血清总蛋白降低、γ-球蛋白增高等；以肾功能损害为主者可出现尿素氮、肌酐增高及蛋白尿等。

4. 影像学检测 CT 显示双侧豆状核区低密度灶，MRI 显示 T_1 低信号、T_2 高信号(图 11-1)；大脑皮质萎缩。约96%患者的骨关节X线平片可见骨质疏松、骨关节炎或骨软化等，最常见于手部。

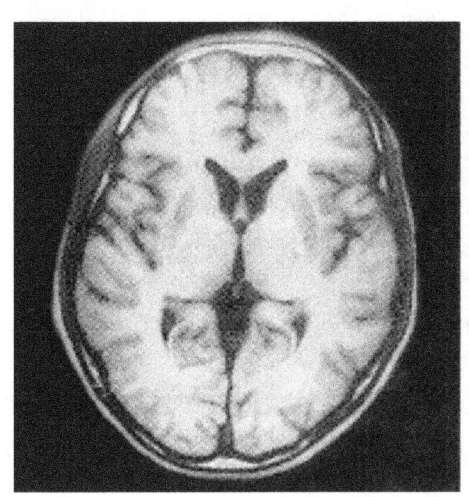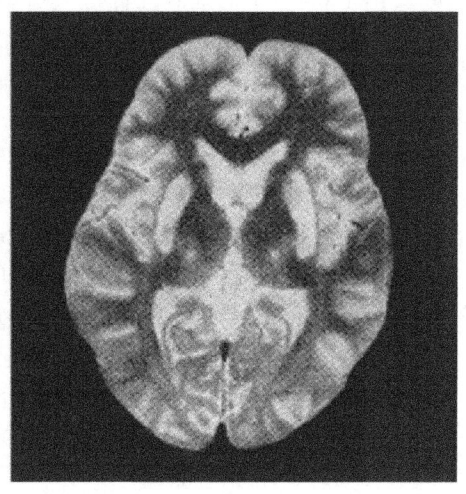

图 11-1 MRI 显示双侧豆状核对称性分布异常信号影，T_1 加权像为低信号，T_2 加权像为高信号

5. 离体皮肤成纤维细胞培养 经高浓度铜培养液传代孵育的患者皮肤成纤维细胞，其胞质内铜/蛋白比值远高于杂合子及对照组。

6. 基因检测 Wilson 病具有高度的遗传异质性，致病基因突变位点和突变方式复杂，故尚不能取代常规筛查手段。利用常规手段不能确诊的病例，或对症状前期患者或基因携带者筛选时，可考虑基因检测。

【诊断及鉴别诊断】

临床诊断主要根据4条标准：① 肝病史或肝病征(锥体外系病征)；② 血清铜蓝蛋白显著降低或(及)肝铜增高；③ 角膜 K-F 环；④ 阳性家族史。符合①、②、③或①、②、④可确诊 Wilson 病；符合①、③、④很可能为典型 Wilson 病；符合②、③、④很可能为症状前 Wilson 病；如具有4条中的2条则为可能 Wilson 病。

本病临床表现复杂多样，鉴别诊断上应从肝脏及神经系统两个方面的主要征象考虑，需重点鉴别的疾病有急(慢)性肝炎、肝硬化、小舞蹈病、亨廷顿病、原发性肌张力障碍、帕金森病和精神病(如精神分裂症、躁狂症、抑郁症)等。

【治疗】

治疗的基本原则是低铜饮食、用药物减少铜的吸收和增加铜的排出；治疗越早越好，对症状前期患者也需及早进行治疗。

1. 低铜饮食 应尽量避免食用含铜多的食物，如坚果类、巧克力、豌豆、蚕豆、玉米、香菇、贝壳类、螺类和蜜糖、各种动物肝和血等。此外，高氨基酸、高蛋白饮食能促进尿铜的排泄。

2. 阻止铜吸收

(1) 锌剂：能竞争性抑制铜在肠道吸收，促进粪铜排泄。尿铜排泄也有一定增加。锌剂可能增加肠细胞与肝细胞合成金属硫蛋白而减弱游离铜的毒性。常用为硫酸锌200 mg，3次/d，醋酸锌50 mg，3次/d，葡萄糖酸锌70 mg，3次/d，以及甘草锌等。副反应轻，偶有恶心、呕吐等消化道症状。

(2) 四硫钼酸胺(tetrathiomolybdate,TM)：在肠黏膜中形成铜与白蛋白的复合物，后者不能被肠吸收而随粪便排出；另能限制肠黏膜对铜的吸收。剂量 20～60 mg，每日 6 次（3 次在就餐时，另 3 次在两餐之间服用）。由于过量的钼可能滞留在肝、脾及骨髓内，故不能用作维持治疗。副反应较少，主要是消化道症状。

3. 促进排铜　各种驱铜药物均为铜络合剂，通过与血液及组织中的铜形成无毒的复合物从尿排出。

（1）D-青霉胺(D-penicillamine)：是治疗 Wilson 病的首选药物，药理作用不仅在于络合血液及组织中的过量游离铜从尿中排出，而且能与铜在肝中形成无毒的复合物而消除铜在游离状态下的毒性。动物实验还证明，青霉胺能诱导肝细胞合成金属铜硫蛋白(copper metallothionein)，也有去铜毒的作用。首次使用应作青霉素皮试，成人量每日 1～1.5 g，儿童为每日 20 mg/kg，分 3 次口服，需终生用药。有时需数月方起效，可动态观察血清铜代谢指标及裂隙灯检查 K-F 环监测疗效。少数患者可引起发热、药疹、白细胞减少、肌无力、震颤（暂时加重）等，极少数可发生骨髓抑制、狼疮样综合征、肾病综合征等严重毒副反应。

（2）三乙基四胺(trietyl tetramine)：也是一种络合剂，其疗效和药理作用与 D-青霉胺基本相同。成人用量为 1.2 g/d。副反应小，可用于青霉胺出现毒性反应的患者。

（3）二巯基丁二酸钠(Na-DMS)：是含有双巯基的低毒高效重金属络合剂，能与血中游离铜、组织中已与酶系统结合的 Cu^{2+} 结合，形成解离及毒性低的硫醇化合物从尿排出。溶于 10% 葡萄糖液 40 ml 中缓慢静注，每次 1 g，每日 1～2 次，5～7 d 为 1 疗程，可间断使用数个疗程。排铜效果优于 BAL，副反应较轻，牙龈出血和鼻衄较多，可有口臭、头痛、恶心、乏力、四肢酸痛等。

（4）其他：如二巯基丙醇(BAL)、二巯丙磺酸(DMPS)、依地酸钙钠(EDTA Na-Ca)也有治疗作用，但现较少用。

4. 中药治疗　大黄、黄连、姜黄、鱼腥草、泽泻、莪术等由于具有利尿及排铜作用而对 Wilson 病有效，少数患者服药早期出现腹泻、腹痛，其他不良反应少。但须强调的是单独使用中药治疗 Wilson 病，效果常不满意，中西医结合治疗效果会更好。推荐用于症状前患者、早期或轻症患者、儿童患者以及长期维持治疗。

5. 对症治疗　如有肌强直及震颤者可用金刚烷胺和（或）苯海索，症状明显者可用复方左旋多巴。依据精神症状酌情选用抗精神病药、抗抑郁药、促智药（智力减退者）。无论有无肝损害均需护肝治疗，可选用肝泰乐肌苷、维生素 C 等。

6. 手术治疗　包括脾切除和肝移植。脾切除适用于：严重脾功能亢进患者，因长期白细胞和血小板显著减少，经常出血或/和感染；又因青霉胺也有降低白细胞和血小板的副反应，患者不能用青霉胺或仅能用小剂量，达不到疗效。经各种治疗无效的严重病例可考虑肝移植。

第四节　小舞蹈病

小舞蹈病(chorea minor)又称 Sydenham 舞蹈病(Sydenham chorea)、风湿性舞蹈病，于 1686 年由 Thomas Sydenham 首先描述，是风湿热在神经系统的常见表现。本病多见于儿童和青少年，其临床特征为舞蹈样动作、肌张力降低、肌力减退和（或）精神症状。

【病因及发病机制】

早在 1780 年 Slott 即已提出本病与风湿病有关，现已证实本病是由 A 组 β 溶血性链球菌感染引起的自身免疫反应所致。部分患儿咽拭子培养 A 族溶血性链球菌呈阳性，血液和脑脊液中可查到抗神经元抗体，该抗体能与尾状核、丘脑底核及其他部位神经元上的抗原结合。血清中的抗神经元抗体滴度随着舞蹈症的好转而降低，随着病情加重而升高。这些资料提示机体针对链球菌感染的免疫应答反应中产生的抗体，与某种未知基底节神经元抗原存在交叉反应，引起免疫炎性反应而致病。

【病理】

病理改变主要为黑质、纹状体、丘脑底核、小脑齿状核及大脑皮质充血、水肿、炎性细胞浸润及神经细胞弥漫性变性，有的病例出现散在动脉炎、点状出血，有时脑组织可呈现栓塞性小梗死，软脑膜可有轻度炎性改变，血管周围有少量淋巴细胞浸润。尸解病例中 90% 发现有风湿性心脏病。

【临床表现】

多见于 5～15 岁，男女之比约为 1：3。无季节、种族差异。病前常有上呼吸道炎、咽喉炎等 A 组 β 溶血性链球菌感染史。大多数为亚急性起病，少数可急性起病。

1. 舞蹈症　可以是全身性，也可以是一侧较重，主要累及面部和肢体远端。表现为挤眉、弄眼、噘嘴、吐舌、扮鬼脸，上肢各关节交替伸屈、内收，下肢步态颠簸，精神紧张时加重，睡眠时消失。患儿可能会用有意识的主动运动动作去掩盖不自主运动。不自主舞蹈样动作可干扰随意运动，导致步态笨拙、持物跌落、动作不稳、爆发性言语。舞蹈症常在发病2～4周内加重，3～6月内自发缓解。约20%的患儿会复发，通常在2年内。少数在初次发病十年后再次出现轻微的舞蹈症。

2. 肌张力低下和肌无力 可有明显的肌张力减低和肌无力。当患儿举臂过头时，手掌旋前（旋前肌征）。检查者请患儿紧握检查者的第二、三手指时能感到患儿手的紧握程度不恒定，时紧时松（挤奶妇手法或盈亏征）。有时肌无力可以是本病的突出征象，以致患儿在急性期不得不卧床。

3. 精神障碍 患儿常伴某些精神症状，如焦虑、抑郁、情绪不稳、激惹、注意力缺陷多动障碍（attention deficit hyperactivity disorder，ADHD）、偏执-强迫行为（obsessive-compulsive behavior）等。有时出现精神症状先于舞蹈症。

4. 其他 约1/3患儿可伴其他急性风湿热表现，如低热、关节炎、心瓣膜炎、风湿结节等。

【辅助检查】

1. 血清学检查 白细胞增多，血沉加快，C反应蛋白效价升高，抗链球菌溶血素"O"滴度增加；由于本病多发生在链球菌感染后2～3个月，甚至6～8个月，故不少患儿发生舞蹈样动作时链球菌检查常为阴性。

2. 喉拭培养 可检见A族溶血型链球菌。

3. 脑电图及影像学检查 脑电图为轻度弥漫性慢活动，无特异性。多数患儿的头颅CT显示尾状核区低密度灶及水肿，MRI显示尾状核、壳核、苍白球增大，T_2加权像信号增强，随症状好转时而消退。

【诊断及鉴别诊断】

诊断主要依据儿童或青少年起病、有风湿热或链球菌感染史、亚急性或急性起病的舞蹈症，伴肌张力低下、肌无力和（或）精神症状应考虑本病。合并其他风湿热表现及自限性病程可进一步支持诊断。

对无风湿热或链球菌感染史、单独出现的小舞蹈症须与其他原因引起的舞蹈症鉴别，如少年型亨廷顿病、神经棘红细胞增多症、肝豆状核变性、各种原因（药物、感染、脑缺氧、核黄疸）引起的症状性舞蹈病。还需与抽动秽语综合征、扭转痉挛鉴别。

【治疗】

1. 对症治疗 对舞蹈症状可选用多巴胺受体拮抗剂，如氯丙嗪12.5～25 mg，氟哌啶醇0.5～1 mg，或硫必利50～100 mg，每日3次口服。前两种药物易诱发锥体外系副反应，需注意观察，一旦发生，需减少剂量。也可选用多巴胺耗竭剂，如丁苯那嗪（tetrabenazine）25 mg，每日2～3次口服。加用苯二氮䓬类药，如地西泮、硝西泮或氯硝西泮则可更有效地控制舞蹈症。

2. 对因治疗 在确诊本病后，无论病症轻重，均需应用抗链球菌治疗，目的在于最大限度地防止或减少小舞蹈病复发及避免心肌炎、心瓣膜病的发生。一般应用青霉素80万U肌注，2次/d，1～2周为一疗程。以后可给予长效青霉素120万U肌注，每月1次。有人认为青霉素治疗应维持至少5年。不能使用青霉素，可改用其他链球菌敏感的抗菌素，如头孢类。

3. 免疫疗法 鉴于患儿患病期间体内有抗神经元抗体，故理论上免疫治疗可能有效。可应用糖皮质激素，也有报道用血浆置换、免疫球蛋白静脉注射治疗本病，可缩短病程及减轻症状。

【预后】

本病为自限性，即使不经治疗，3～6个月后也可自行缓解；适当治疗可缩短病程。约1/4患儿可复发。

第五节 亨廷顿病

亨廷顿病（Huntington disease，HD）又称亨廷顿舞蹈病（Huntington chorea）、慢性进行性舞蹈病（chronic progressive chorea）、遗传性舞蹈病（hereditary chorea），于1842年由Waters首报，1872年由美国医生George Huntington系统描述而得名，是一种常染色体显性遗传的基底节和大脑皮质变性疾病，临床上以隐匿起病、缓慢进展的舞蹈症、精神异常和痴呆为特征。本病呈完全外显率，受累个体的后代一半发病，可发生于所有人种，白种人发病率最高，我国较少见。

【病因及发病机制】

本病的致病基因 *IT15*（interesting transcript 15）位于第4号染色体4p16.3，基因的表达产物为约含3 144个氨基酸的多肽，命名为huntingtin，在 *IT15* 基因5'端编码区内的三核苷酸（CAG）重复序列拷贝数异常增多。拷贝数越多，发病年龄越早，临床症状越重。在huntingtin内，(CAG)*n* 重复编码一段长的多聚谷氨酰胺功能区，故认为本病可能由于一种毒性的功能获得（gain of function）所致。

【病理及生化改变】

病理变化主要位于纹状体和大脑皮质,黑质、视丘、视丘下核、齿状核亦可轻度受累。大脑皮质突出的变化为皮质萎缩,特别是第 3、5、6 层神经节细胞丧失,合并胶质细胞增生。尾状核、壳核神经元大量变性、丢失。投射至外侧苍白球的纹状体传出神经元(含 γ-氨基丁酸与脑啡肽,参与间接通路)较早受累,是引起舞蹈症的基础;随疾病进展,投射至内侧苍白球的纹状体传出神经元(含 γ-氨基丁酸与 P 物质,参与直接通路)也遭殃及,是导致肌强直及肌张力障碍的原因。

生化改变是纹状体传出神经元中 γ-氨基丁酸、乙酰胆碱及其合成酶明显减少,多巴胺浓度正常或略增加;与 γ-氨基丁酸共存的神经调质脑啡肽、P 物质亦减少,生长抑素和神经肽 Y 增加。

【临床表现】

本病多见于 30~50 岁,5%~10% 的患者发病于儿童和青少年,10% 在老年。患者的连续后代中有发病提前倾向,称之为早发现象(anticipation),父系遗传(paternal descent)的早发现象更明显。绝大多数有阳性家族史。隐匿起病,缓慢进展。无性别差异。

1. 锥体外系症状 以舞蹈样不自主运动最常见、最具特征性,通常为全身性,程度轻重不一,典型表现为手指弹钢琴样动作和面部怪异表情,累及躯干可产生舞蹈样步态,可合并手足徐动及投掷症。随着病情进展,舞蹈样不自主运动可逐渐减轻,而肌张力障碍及动作迟缓、肌强直、姿势不稳等帕金森综合征渐趋明显。

2. 精神障碍及痴呆 精神障碍可表现为情感、性格、人格改变及行为异常,如抑郁、激惹、幻觉、妄想、暴躁、冲动、反社会行为等。患者常表现出注意力减退、记忆力降低、认知障碍及智能减退,呈进展性加重。

3. 其他 快速眼球运动(扫视)常受损。可伴癫痫发作,舞蹈样不自主运动大量消耗能量可使体重明显下降,睡眠和/或性功能障碍常见。晚期出现构音障碍和吞咽困难。

【辅助检查】

1. 基因检测 CAG 重复序列拷贝数增加,大于 40 具有诊断价值。该检测若结合临床特异性高、价值大,几乎所有的病例可通过该方法确诊。

2. 电生理及影像学检查 脑电图呈弥漫性异常,无特异性。CT 及 MRI 显示大脑皮质和尾状核萎缩,脑室扩大。MRI T_2 加权像示壳核信号增强。MR 波谱(MRS)示大脑皮质及基底节乳酸水平增高。^{18F}氟-脱氧葡萄糖 PET 检测显示尾状核、壳核代谢明显降低。

【诊断及鉴别诊断】

根据发病年龄,慢性进行性舞蹈样动作、精神症状和痴呆,结合家族史可诊断本病,基因检测可确诊,还可发现临床前期患者。

本病应与小舞蹈病、良性遗传性舞蹈病、发作性舞蹈手足徐动症、老年性舞蹈病、棘状红细胞增多症、肝豆状核变性、迟发性运动障碍鉴别。

【治疗】

目前尚无有效治疗措施。对舞蹈症状可选用:① 多巴胺受体阻滞剂:氟哌啶醇 1~4 mg,每日 3 次;氯丙嗪12.5~50 mg,每日 3 次;奋乃静 2~4 mg,每日 3 次;硫必利 100~200 mg,每日 3 次;以及哌咪清等。均应从小剂量开始,逐渐增加剂量,用药过程中应注意锥体外系副反应;② 中枢多巴胺耗竭剂:丁苯那嗪 25 mg,每日 3 次;③ 补充中枢 γ-氨基丁酸或乙酰胆碱药物:一般疗效不佳。

【预后及预防】

本病病程 10~25 年,平均约 19 年。最后常因吞咽困难、营养不良、活动障碍、卧床不起,发生并发症而死亡。

对确诊患者的家族应给予必要的遗传咨询,注意发掘临床下病例,应劝告其不要生育,避免产出患儿。

第六节 肌张力障碍

肌张力障碍(dystonia)是一种不自主、持续性的肌肉收缩引起的扭曲、重复运动或姿势异常的综合征。

依据病因可分为原发性和继发性(详见下)。依据肌张力障碍的发生部位,可分为:① 局灶型(focal dystonia):即单一部位肌群受累,如眼睑痉挛、书写痉挛、痉挛性构音障碍、痉挛性斜颈等;② 节段型(segmental dystonia):两个或两个以上相邻部位肌群受累,如眼、口和下颌(Meige 综合征),一侧上肢加颈部,或双侧下肢等;③ 多灶型(multifocal dystonia):两个以上非相邻部位肌群受累;④ 偏身型(hemidystonia):半侧身体受累,一般都是继发性肌张力障碍,常为对侧半球、尤其是基底节损害所致;⑤ 全身型(generalized dystonia):下肢与其他任何节段型肌张力障碍的组合,如扭转痉挛。

【病因及发病机制】

原发性肌张力障碍多为散发,少数有家族史,呈常染色体显性或隐性遗传,或X染色体连锁遗传,最多见于7~15岁儿童或少年。常染色体显性遗传的原发性扭转痉挛绝大部分是由于 *DYT1* 基因突变所致,该基因定位在9q32~34,外显率为30%~50%。多巴反应性肌张力障碍也是常染色体显性遗传,为三磷酸鸟苷环水解酶-1(*GCH-1*)基因突变所致。在菲律宾Panay岛,有一种肌张力障碍-帕金森综合征,呈X-连锁隐性遗传。家族性局限性肌张力障碍,通常为常染色体显性遗传,外显不完全。

继发性(症状性)肌张力障碍指有明确病因的肌张力障碍,病变部位包括纹状体、丘脑、蓝斑、脑干网状结构等处,见于感染(脑炎后)、变性病(肝豆状核变性、苍白球黑质红核色素变性、进行性核上性麻痹、家族性基底节钙化)、中毒(一氧化碳等)、代谢障碍(大脑类脂质沉积、核黄疸、甲状旁腺功能低下)、脑血管病、外伤、肿瘤、药物(酚噻嗪类及丁酰苯类神经安定剂、左旋多巴、灭吐灵)等。

发病机制不明。曾报道脑内某些部位的去甲肾上腺素、多巴胺和5-羟色胺等递质浓度异常。可能存在额叶运动皮质的兴奋抑制通路异常,而导致皮质感觉运动整合功能障碍。

【病理】

原发性扭转痉挛可见非特异性的病理改变,包括壳核、丘脑及尾状核的小神经元变性死亡,基底节的脂质及脂色素增多。继发性扭转痉挛的病理学特征随原发病不同而异。痉挛性斜颈、Meige综合征、书写痉挛和职业性痉挛等局限性肌张力障碍病理上无特异性改变。

【临床表现】

1. 扭转痉挛(torsion spasm) 于1911年由Oppenheim H首先命名,是指全身性扭转性肌张力障碍(torsion dystonia),又称畸形性肌张力障碍(dystonia musculorum deformans),临床上以四肢、躯干甚至全身的剧烈而不随意的扭转运动和姿势异常为特征。按病因可分为原发性和继发性两型。

各种年龄均可发病。儿童期起病者多有阳性家族史,症状常从一侧或两侧下肢开始,逐渐进展至广泛的不自主的扭转运动和姿势异常,导致严重的功能障碍。成年起病者多为散发,症状常从上肢或躯干开始,大约20%的患者最终可发展为全身性肌张力障碍,一般不会严重致残。

早期表现为一侧或两侧下肢的轻度运动障碍,足呈内翻跖曲,行走时足跟不能着地,随后躯干和四肢发生不自主的扭转运动。最具特征性的是以躯干为轴的扭转或螺旋样运动。常引起脊柱前凸、侧凸和骨盆倾斜。颈肌受累则出现痉挛性斜颈。面肌受累时则出现挤眉弄眼、牵嘴歪舌、舌伸缩扭动等。肌张力在扭转运动时增高,扭转运动停止后则转为正常或减低。自主运动或精神紧张时扭转痉挛加重,睡眠时完全消失。

常染色体显性遗传者的家族成员中,可有多个同病成员或有多种顿挫型局限性症状,如眼睑痉挛、斜颈、书写痉挛、脊柱侧弯等症状,且多自上肢开始,可长期局限于起病部位,即使进展成全身型,症状亦较轻微。

2. Meige综合征 于1910年由法国医生Henry Meige首先描述,主要表现为眼睑痉挛(blepharospasm)和口-下颌肌张力障碍(oromandibular dystonia),可分为三型:① 眼睑痉挛;② 眼睑痉挛合并口-下颌肌张力障碍;③ 口-下颌肌张力障碍。第Ⅱ型为Meige综合征的完全型;第Ⅰ、Ⅲ型为不完全型。临床上主要累及眼肌和口、下颌部肌肉。眼肌受累者表现为眼睑刺激感、眼干、羞明和瞬目频繁,后发展成不自主眼睑闭合,痉挛可持续数秒至数分钟。多数为双眼,少数由单眼起病,渐及双眼,影响读书、行走、甚至导致功能性"失明"。眼睑痉挛常在精神紧张、强光照射、阅读、注视时加重,在讲话、唱歌、张口、咀嚼、笑时减轻,睡眠时消失。口、下颌肌受累者表现为张口闭口、撇嘴、咧嘴、缩唇、伸舌扭舌、呲牙、咬牙等。严重者可使下颌脱臼,牙齿磨损以至脱落,撕裂牙龈,咬掉舌和下唇,影响发声和吞咽。痉挛常由讲话、咀嚼触发,触摸下巴、压迫颏下部等可获减轻,睡眠时消失。

3. 痉挛性斜颈(spasmodic torticollis) 于1652年由荷兰医生Tulpius首先提出,多见于30~50岁,也可发生于儿童或老年人,男女比例为1∶2。因以胸锁乳突肌、斜方肌为主的颈部肌群阵发性不自主收缩,引起头向一侧扭转或阵挛性倾斜。早期表现为周期性头向一侧转动或前倾、后仰,后期头常固定于某一异常姿势。受累肌肉常有痛感,亦可见肌肉肥大,可因情绪激动而加重,手托下颌、面部或枕部时减轻,睡眠时消失。

4. 手足徐动症(athetosis) 也称指痉症或易变性痉挛(mobile spasm),是肢体远端为主的缓慢弯曲的蠕动样不自主运动,极缓慢的手足徐动导致姿势异常颇与扭转痉挛相似,后者主要侵犯肢体近端、颈肌和躯干肌,典型表现以躯干为轴扭转。

5. 书写痉挛(writer's cramp)和其他职业性痉挛 指在执行书写、弹钢琴、打字等职业动作时手和前臂出现的肌张力障碍和异常姿势,患者常不得不用另一只手替代,而做与此无关的其他动作时则为正常。患者书写时手臂僵硬,握笔如握匕首,肘部不自主地向外弓形抬起,腕和手弯曲,手掌面向侧面,笔和纸几乎呈平行。

6. 多巴反应性肌张力障碍(dopa-responsive dystonia,DRD) 又称伴有明显昼间波动的遗传性肌张力障碍(hereditary progressive dystonia with marked diurnal fluctuation,HPD)或称 Segawas 病,由 Segawas(1976)首先报道。本病多于儿童期发病,女性多见,男:女之比 1:(2~4)。缓慢起病,通常首发于下肢,表现为上肢或下肢的肌张力障碍和异常姿势或步态,步态表现为腿僵直、足屈曲或外翻,严重者可累及颈部。肌张力障碍亦可合并运动迟缓、齿轮样肌强直、姿势反射障碍等帕金森综合征之表现。症状具有昼间波动,一般在早晨或午后症状轻微,运动后或晚间加重。此种现象随年龄增大会变得不明显,一般在起病后 20 年内病情进展明显,20~30 年趋于缓和,至 40 年病情几乎稳定。对小剂量左旋多巴有戏剧性和持久性反应是其显著的临床特征。长期服用左旋多巴无需增加剂量,且不会出现左旋多巴的运动并发症。

7. 发作性运动障碍(paroxysmal dyskinesias) 表现为突然出现且反复发作的运动障碍(可有肌张力障碍型或舞蹈手足徐动症型),发作间期正常。Demirkiran(1995 年)根据病因、诱发因素、临床症状、发作时间将发作性运动障碍分成 4 类:① 发作性运动诱发性运动障碍(PKD,DYT9):突然从静止到运动或改变运动形式诱发;② 发作性过度运动诱发性运动障碍(PED):在长时间运动后发生,如跑步、游泳等;③ 发作性非运动诱发性运动障碍(PNKD,DYT8):自发发生,或可因饮用酒、茶、咖啡或饥饿、疲劳等诱发;④ 睡眠诱发性发作性运动障碍(PHD):在睡眠中发生。

【诊断及鉴别诊断】

根据病史、不自主运动和(或)异常姿势的特征性表现和部位等,症状诊断通常不难。在明确肌张力障碍诊断后要尽量寻找病因。原发性肌张力障碍除可伴有震颤外,一般无其他阳性神经症状和体征。若在起病时即为静止性肌张力障碍、较早出现持续的姿势异常、语言功能早期受累、起病突然、进展迅速以及偏侧肌张力障碍均提示为继发性,应积极寻找病因。若伴有其他神经系统症状和体征,如肌痉挛、痴呆、小脑症状、视网膜改变、肌萎缩、感觉症状等,也提示继发性肌张力障碍。

肌张力障碍需与其他类似不自主运动症状鉴别,主要有:

1) 扭转痉挛应与舞蹈症、僵人综合征(stiff-person syndrome)鉴别。扭转痉挛与舞蹈症的鉴别要点是舞蹈症的不自主运动速度快、运动模式变幻莫测、无持续性姿势异常,并伴肌张力降低,而扭转痉挛的不自主运动速度慢、运动模式相对固定、有持续性姿势异常,并伴肌张力增高。僵人综合征表现为发作性躯干肌(颈脊旁肌和腹肌)和四肢近端肌紧张、僵硬和强直,而面肌和肢体远端肌常不受累,僵硬可明显限制患者的主动运动,且常伴有疼痛,肌电图检查在休息和肌肉放松时均可出现持续运动单位电活动,易与扭转痉挛区别。

2) 痉挛性斜颈应与颈部骨骼肌先天性异常所致的先天性斜颈(Klippel-Feil 畸形、胸锁乳突肌血肿后纤维化)、局部疼痛刺激所引起的症状性斜颈鉴别。症状性斜颈除有相应的病因外,斜颈姿势常固定不变,感觉性刺激不能使其减轻,运动也不会使其加重,同时能检出相应的体征,这些都与肌张力障碍不同。

3) Meige 综合征应与颞下关节综合征、下颌错位咬合、面肌痉挛、神经症相鉴别。面肌痉挛亦好发于老年女性,表现为一侧面肌和眼睑的抽搐样表现,不伴有口-下颌的不随意运动。

【辅助检查】

对疑患继发性肌张力障碍者可予以如下辅助检查:头颅 CT 或 MRI(排除脑部器质性损害),颈部 MRI(排除脊髓病变所致颈部肌张力障碍)、血细胞涂片(排除神经-棘红细胞增多症)、代谢筛查(排除遗传性代谢疾病)、铜代谢测定及裂隙灯检查(排除 Wilson 病)。对儿童期起病的扭转痉挛可行 *DYT1* 基因突变检测。

【治疗】

治疗措施有药物、局部注射 A 型肉毒素(botulinum toxin A)和外科治疗。对局灶型或节段型肌张力障碍首选局部注射 A 型肉毒素,对全身性肌张力障碍宜采用口服药物加选择性局部注射 A 型肉毒素。药物或 A 型肉毒素治疗无效的严重病例可考虑外科治疗。对继发性肌张力障碍的患者需同时治疗原发病。

1. 药物治疗 ① 抗胆碱能药:给予可耐受的最大剂量苯海索 20~30 mg/d,分 3~4 次口服,可能控制症状;② 地西泮 2.5~5 mg,硝西泮 5~7.5 mg 或氯硝西泮 1~2 mg,3 次/d,部分病例有效;③ 氟哌啶醇、吩噻嗪类或丁苯那嗪可能有效,但达到有效剂量时可能诱发轻度帕金森综合征;④ 左旋多巴:对一种特发性扭转痉挛变异型(多巴反应性肌张力障碍)有戏剧性效果;⑤ 巴氯芬(baclofen)和卡马西平也可能有效。

2. A 型肉毒素 局部注射疗效较佳,注射部位选择痉挛最严重的肌肉或肌电图显示明显异常放电的肌群,如痉挛性斜颈可选择胸锁乳突肌、颈夹肌、斜方肌等三对肌肉中的四块作多点注射;眼睑痉挛和口-下颌肌张力障碍分别选择眼裂周围皮下和口轮匝肌多点注射;书写痉挛注射受累肌肉有时会有帮助。剂量应个体化,疗效可维持 3~6 个月,重复注射有效。

3. 手术　对严重痉挛性斜颈患者可行副神经和上颈段神经根切断术,部分病例可缓解症状,但可复发。丘脑损毁术或脑深部电刺激术对某些偏身及全身性肌张力障碍可能有效。

第七节　其他运动障碍性疾病

一、原发性震颤

原发性震颤(essential tremor,ET)又称特发性震颤,是以震颤为惟一表现的常见运动障碍性疾病,1/3患者有阳性家族史,呈常染色体显性遗传。发病机制和病理变化均未明了。目前已发现两个致病基因,分别位于3q13(ETM1)和2p22-25(ETM2)。

本病隐匿起病,缓慢进展,也可长期缓解。可见于任何年龄,但多见于40岁以上的中、老年人。震颤是惟一的临床症状,主要表现为姿势性震颤和动作性震颤,往往见于一侧上肢或双上肢,头部也常累及,下肢较少受累。震颤频率为6~12 Hz。部分患者饮酒后震颤可暂时减轻,情绪激动或紧张、疲劳、寒冷等可使震颤加重。

患者如果经常出现姿势性和/或动作性震颤,饮酒后震颤减轻,有阳性家族史,不伴有其他神经系统症状和体征应考虑ET的可能性。注意需与帕金森病、甲亢等鉴别。

本病治疗国际上一线用药为普萘洛尔、扑痫酮,如果单一药物不能有效控制震颤,可考虑两药合用;若合并焦虑症状可加用苯二氮䓬类药,如阿普唑仑等。二线用药包括苯二氮䓬类药、加巴喷丁、托吡酯、A型肉毒素。具体用法为普萘洛尔(propranolol)30~90 mg/d,或阿罗洛尔(arotinolol)30 mg/d,分3次口服,需长期应用。扑痫酮(primidone)100~150 mg,3次/d,或苯二氮䓬类(如阿普唑仑、氯硝西泮等)均有效,与普萘洛尔或阿罗洛尔合用疗效更佳。药物均需从小剂量开始,逐渐增量,需注意副反应和禁忌证。

少数症状严重、一侧为主,且对药物治疗反应不佳的患者可行丘脑损毁术或脑深部电刺激术(DBS)。

二、抽动秽语综合征

抽动秽语综合征(multiple tics-coprolalia syndrome)又称Gilles de la tourette综合征、Tourette综合征(Tourette syndrome,TS),Itard于1825年首先报道,法国医生Georges Gilles de la Tourette于1885年对此进行了详细描述。遗传因素可能是其病因。发病机制不明,应用多巴胺受体拮抗剂或多巴胺耗竭剂及选择性5-羟色胺再摄取抑制剂(SSRI)能够有效控制抽动症状,提示纹状体多巴胺能和5-羟色胺能活动过度或多巴胺受体超敏可能与其有关。

本病多在2~15岁间起病,男女之比为(3~4):1。临床特征是由表情肌、颈肌或上肢肌肉迅速、反复、不规则抽动起病,表现为挤眼、噘嘴、皱眉、摇头、仰颈、提肩等;以后症状加重,出现肢体及躯干的暴发性不自主运动,如躯干扭转、投掷运动、踢腿等。抽动发作频繁,少则一日十几次,多则可达数百次。有30%~40%的患儿因口喉部肌肉抽动而发出重复性暴发性无意义的单调怪声,似如犬吠声、喉鸣声、咳嗽声等,半数有秽亵言语。85%的患儿有轻至中度行为异常,表现为注意力不集中、焦躁不安、强迫行为、秽亵行为或破坏行为。约有半数患儿可能同时伴注意力缺陷多动障碍(attention deficit hyperactivity disorder,ADHD)。抽动在精神紧张时加重,精神松弛时减轻,入睡后消失。患儿的智力不受影响。神经系统检查除不自主运动外一般无其他阳性体征。

脑电图检查可表现为高幅慢波、棘波、棘慢综合波等,动态脑电图异常率可达50%,但对诊断无特异性。PET和SPECT检查可显示颞、额、基底节区糖代谢及脑灌注量降低。

本病诊断可参照美国精神疾病诊断统计手册第四版(DSM-Ⅳ)的诊断标准:① 18岁前发病;② 在疾病期间有时存在多发性的运动和一或多种发声抽动;③ 抽动一天内发作许多次(通常是一阵阵),几乎是每天或一年多期间间歇性地发作,在此期间从未有连续超过3个月的无抽动发作;④ 疾病造成患者很大的痛苦或严重影响患者的社交、学习和其他重要功能;⑤ 疾病不是由于兴奋剂或其他疾病(如亨廷顿病或病毒性脑炎)的直接生理性反应所致。

本病需与小舞蹈病和习惯性痉挛鉴别。

药物治疗联合心理疏导是治疗本病的有效措施。主要药物有氟哌啶醇、舒必利、硫必利或利培酮,应从小剂量开始,逐渐增加至有效剂量,症状控制后,应逐渐减量,并维持一段时间(3个月或更长),可使许多患儿恢复正常。其他药物有哌咪清、可乐定、丁苯那嗪、氯硝西泮、托吡酯及三环类抗抑郁药或SSRI等。国外报道对个别药物不能有效控制的严重患儿可试用DBS治疗。

三、迟发性运动障碍

迟发性运动障碍(tardive dyskinesia，TD)又称迟发性多动症，于1968年由Crane首先报道，是抗精神病药物诱发持久的刻板重复的不自主运动，常见于长期(1年以上)应用抗精神病药(多巴胺受体拮抗剂)治疗的精神病患者，减量或停服后最易发生。一般认为在长期阻断纹状体多巴胺能受体后，后者反应超敏所致。也可能与基底节γ-氨基丁酸功能受损有关。

本病多发生于老年患者，尤其女性，临床特征是节律性刻板重复的舞蹈-手足徐动样不自主运动，可见于口、面部、躯干或四肢，也可有颈或腰部肌张力障碍，或动作不宁。老年人口部运动具有特征性，年轻患者肢体受累常见，儿童口面部症状较突出。不自主运动常在用药数月至数年后出现，症状大多不呈进行性加重，但可能持久不愈，治疗困难。无用药史时与亨廷顿病不易区别。

本病重在预防，使用抗精神病药物应有明确指征，精神病患者亦宜更换药物。治疗时必须先停服致病药物，对症治疗可选用硫必利、舒必利、利血平、丁苯那嗪等，对控制症状有所帮助。需继续治疗精神病的患者可用非经典抗精神病药氯氮平、利培酮(risperidone)、奥氮平(olanzepine)、喹硫平(quetiapine)等替代经典抗精神病药。

(陈生弟)

思 考 题

1. 运动障碍性疾病临床上分为哪两种类型？举例简述各自的临床特征？
2. 帕金森病的生化病理基础是什么？有哪些主要的临床特征？
3. 帕金森病的治疗原则是什么？常用的药物治疗有哪些？
4. 肝豆状核变性主要的临床特征是什么？常用的药物治疗有哪些？
5. 什么是肌张力障碍？临床上有哪几种类型？扭转性肌张力障碍有哪些主要的临床表现？
6. 简述原发性震颤的临床表现及治疗。
7. 病例分析

【病史摘要】

王某，男性，68岁，退休工人。因右手不自主抖动伴动作缓慢2年于2002年2月21日收住入院。

现病史：患者于2000年初出现右手不自主抖动，静止时明显，持物、活动时减轻，情绪激动或紧张时加重，入睡后消失。2002年初，右下肢也出现抖动。自2000年秋季起自觉右上肢无力，有紧缩感，伴动作减慢，同时发觉字写得弯弯曲曲，越写越小；系鞋带、纽衣扣等精细动作完成困难。家属发现其面无笑容，言语减少，声音变轻。于2000年10月始用美多芭125 mg，3次/d，餐前30 min服用，3周后症状明显好转，震颤减轻，活动便利，动作加快。2001年夏天起从沙发起立时发生困难，需人搀扶，同时常出现开步困难，行走时步伐变小，一旦开步则越走越快，不能立即止步，有时跌倒。美多芭增量至250 mg，3次/d，但症状无明显改善。否认有特殊用药、锰等重金属接触、煤气中毒等病史，家族成员中无类似病史。

神经系统体检：神清，双瞳孔等大0.35 cm，光反应存在，眼球活动好，无眼震，鼻唇沟对称，伸舌居中。表情呆板，眉心征(+)。颈项及四肢肌张力轻度增高，右侧为甚，右上肢呈齿轮样强直，静止时见右侧上下肢震颤，动作时不明显。右手快复轮替动作笨拙。四肢腱反射对称++，肌力Ⅴ级。行走时身体轻度前倾前屈，步距小，右上肢协同摆动动作消失，右下肢稍有拖曳，转身动作减慢。共济运动正常，病理征(-)，浅、深感觉正常。卧立位血压无改变。头颅MRI未见明显异常。入院后美多芭剂量减为187.5 mg，4次/d，同时加用培高利特0.025 mg，3次/d，逐渐增至0.125 mg，3次/d。患者自觉右手抖动有所缓解，开步困难明显好转，行动较前明显增快。

【诊断分析】

1. 病史特点　①68岁男性，隐匿起病，病史2年，缓慢发展；② 锥体外系症状和体征，如表情呆板，眉心征(+)，静止性震颤，动作缓慢，"小字征"，启步慢，步距小，慌张步态，肌张力增高；③ 偏侧起病，症状及体征不对称性；④ 无其他神经系统受累病征；⑤ 美多芭、培高利特治疗有效。

2. 定位诊断　根据患者的静止性震颤、运动迟缓、动作减少、齿轮样肌强直和姿势步态异常，无其他神经系统阳性体征，提示病变主要累及锥体外系，而且以右侧肢体起病和症状为严重，故定位于基底节，病变源于左侧，并波及右侧。

3. 定性诊断　　根据该患者的起病隐匿，进展缓慢，2年病程，符合神经变性疾病的特点，不考虑其他原因，如血管性、炎症性、肿瘤性等。依据老年患者，突出临床表现为锥体外系受累，单侧起病，对美多芭、培高利特治疗敏感，故诊断为原发性帕金森病。由于本例患者否认有特殊用药、锰等重金属接触、一氧化碳中毒、脑卒中、脑炎等病史，无其他神经系统损害征象，头颅MRI未见异常，可以排除继发性帕金森综合征、遗传变性性帕金森综合征和帕金森叠加征群，也可以排除特发性震颤，因后者不应该有肌张力增高、运动迟缓、姿势步态异常。

参考文献

陈生弟. 2004. 神经病学. 北京：科学出版社. 178～198

陈生弟,中华医学会神经病学分会帕金森病及运动障碍学组. 2009. 中国帕金森病治疗指南(第2版). 中华神经科杂志. 42(5)：352～355

黄如训. 2010. 神经病学. 北京：高等教育出版社. 435～460

王新德. 2006. 神经病学. 北京：人民军医出版社. 43～151

Jankovic J, Fahn S. 1998. Dystonic disorders. In: Jankovic J, Tolosa E. (eds): Parkinson's Disease and Movement Disorders. 3rd edition. Philadelphia: Lippincott Williams & Wilkins. 513～551

Victor M, Ropper AH(eds). 2001. Adams and Victor's Principles of Neurology. 7th edition. New York: McGraw-Hill Companies. 67～85, 1106～1174

Watts Ray L., Koller Willianm C. 2004. Movement Disorders: neurologic principles & practice. 2nd edition. New York: McGraw-Hill. 163～272, 431～458, 495～567, 589～602

第十二章 癫痫

A seizure is a transient disturbance of cerebral function caused by an abnormal neuronal discharge. Epilepsy affects 0.5% of the general population.

Epilepsy can result from either primary central nervous system dysfunction or an underlying metabolic derangement or systemic disease. Generalized tonic-clonic seizures are attacks in which consciousness is lost, usually without aura or other warning. When a warning does occur, it usually consists of nonspecific symptoms. Simple partial seizures begin with motor sensory, or autonomic phenomena, depending on the cortical region affected. They may be recurrent or continuous or may spread to involve contiguous regions of the motor cortex. Complex partial seizures, formerly called temporal lobe or psychomotor seizures, consist of episodes in which consciousness is impaired but not lost. The seizure discharge usually arises from the temporal lobe or medial frontal lobe. The symptoms take many forms but usually stereotyped for the individual patient. Absence seizures are genetically transmitted seizures that always begin in childhood and usually do not persist after age 20 years. The spells are characterized by brief loss of consciousness without loss of postural tone.

Therapy should be directed toward the cause of the seizures, if known. Idiopathic epilepsy is treated with anticonvulsant medications.

—— Simon RP, et al. 2000

第一节 概 述

【癫痫发作及癫痫的定义】

不同病因所引起，脑部神经元高度同步化异常放电所导致，由不同症状和体征组成的发作性、短暂性，通常也是刻板性的临床现象称为癫痫发作。由于癫痫发作的起源不同、传播过程不一致，其临床表现可为感觉、运动、自主神经、意识、精神、记忆、认知或行为异常。反复癫痫发作的慢性脑部疾病称为癫痫(epilepsy，EP)。

脑部神经元异常放电是癫痫发作的根本原因。但并不是脑部神经元异常放电引起的发作都是癫痫发作，脑部神经元的异常放电还可引起发作性神经痛等。国际抗癫痫联盟认为只有大脑、丘脑-皮质系统及中脑上部神经元的异常放电才会引起癫痫发作，而且这种异常放电的特征为神经元高度同步化活动。

癫痫是一种常见病和多发病，流行病学调查提示其发病率为0.5%，国内癫痫患者有600万～700万人，可见于各年龄组，青少年和老年是癫痫发病的两个高峰年龄段。

【病因】

癫痫都是有病因的，不仅中枢神经系统的疾病可引起癫痫发作，代谢或系统性疾病也可引起癫痫的发生。有些病因人类已知，有些则在探索中。前者称为症状性或继发性癫痫，后者称为特发性癫痫。临床表现提示为症状性癫痫，但尚不能明确病因者则称为隐源性癫痫。

1. 症状性癫痫的病因

(1) 皮质发育障碍：脑发育时期的任何异常都可能引起癫痫，而皮质发育障碍引起癫痫最常见的原因是神经元移行障碍和局灶性皮质发育异常。前者是神经元迁移过程中由于多种原因受阻，使神经元不能到达正常部位，因而不能形成正常功能所必需的突触联系，反而在局部形成异常神经网络引起癫痫的发生，受阻神经元的形态是正常的。而皮质发育障碍往往有皮质结构和细胞学的异常，无脑回、脑裂、多脑回、巨脑回畸形等常引起癫痫发作。

(2) 肿瘤：无论是原发还是继发，无论是良性还是恶性脑肿瘤都可能引起癫痫发作。流行病学调查显示，癫痫患者中有4%系肿瘤所致。脑瘤患者中癫痫的发病率为35%，慢性耐药性癫痫行手术治疗的患者中，17%是肿瘤所致，肿瘤中少突神经胶质细胞瘤癫痫发生率最高，为92%，星形胶质细胞瘤和脑膜瘤癫痫发生率为70%，成胶质细胞瘤癫痫发生率35%。所以，肿瘤是中年后出现癫痫发作患者最常见的病因之一。

(3) 颅脑损伤：颅脑损伤是癫痫常见病因之一。颅脑损伤后癫痫的发生率一般为2%～5%，重症闭合性颅脑损伤伴有颅内血肿者可达25%～30%,开放性颅脑损伤的患者发病率更高,颅脑损伤中伴有颅内血肿、脑挫裂伤、凹陷性骨折者癫痫的发生率可达到40%。

脑部手术也可导致癫痫的发生。临床报道胶质瘤切除术、颅内出血开颅术及脑膜瘤切除术后癫痫出现的概率分别为19%、21%和22%,而后交通动脉瘤开颅术后出现癫痫发作的风险高达20%。婴幼儿的癫痫发作常与产伤有关。

(4) 脑血管病:脑血管病是癫痫的常见病因。国内流行病学资料显示脑血管病中20%左右有癫痫发作。在老年性癫痫中,32%是由卒中引起。随着脑血管病患者存活期延长,卒中后癫痫的患病率也逐渐增加。能量供应障碍、血液对脑组织的机械和化学刺激、缺血引起癫痫发作阈值的降低和脑血管畸形导致的血液异常分流都可能引起癫痫的发生。

(5) 中枢神经系统感染:结核和多种细菌性脑膜炎、病毒性脑炎和脑膜炎、中枢内的真菌感染都可引起癫痫。人类免疫缺乏性病毒感染可通过感染性脑病、中枢内脱髓鞘、代谢障碍等机制引起癫痫发作。

(6) 寄生虫:长江上游主要为脑型肺吸虫,中下游以血吸虫为主,北方以猪囊虫寄生引起癫痫多见。寄生在中枢神经系统的囊虫以皮质运动区为多。囊虫变性坏死或钙化后则可引起癫痫。

(7) 遗传代谢性疾病:许多神经系统遗传代谢病中有癫痫发作。脑内表皮囊肿、婴儿蜡样脂褐质累积病、Ⅱ型唾液酸苷酶累积病、溶酶体贮积病、黑朦性痴呆(amaurotic idiocy)等都常引起癫痫发生。

(8) 神经变性疾病:发生在中枢神经系统的多种变性疾病是症状性癫痫的另一常见病因,包括阿尔茨海默病、帕金森病、运动神经元病等患者在病程中可能有癫痫发作。

(9) 其他:8%～20%的系统性红斑性狼疮患者可出现癫痫发作;除有低血钙引起的手足搐搦外,甲状旁腺功能低下出现癫痫发作的比例可达30%～50%,主要表现为全身强直-阵挛性发作、局灶性发作、失神发作,部分患者出现癫痫持续状态;糖尿病和低血糖也可引起癫痫,其中有相当部分癫痫发作是低血糖或糖尿病患者早期惟一或突出的表现,因而对原因不明的癫痫,尤其是连续部分性癫痫状态,常规检查血糖是必要的。

2. 特发性癫痫的病因 特发性癫痫应是病因不清楚的癫痫,一旦明确病因就应归于继发性癫痫中,但目前临床上更倾向于将由基因突变和某些先天因素所致,有明显遗传倾向,需用分子生物学方法才能发现病因的癫痫仍称为特发性癫痫。

常染色体显性遗传夜间额叶癫痫(autosomal dominant nocturnal frontal lobe epilepsy)的突变基因是第20号染色体长臂上的 *CHRNA4* 基因;良性家族性新生儿惊厥(benign familial neonatal convulsion)的突变基因是第20号染色体长臂20q13.3的 *KCNQ2* 和 *KCNQ3* 基因,在8号染色体上臂8q24上有其异常基因表达;全面性癫痫伴热性发作重叠综合征(generalized epilepsy with febrile seizures plus)系编码电压门控钠离子通道β亚单位基因突变所致。

【发病机制】

癫痫的发病机制仍不完全清楚,但一些重要的发病环节已为人类所知(图12-1)。

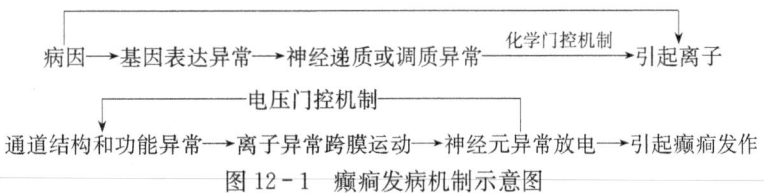

图12-1 癫痫发病机制示意图

1. 神经元异常放电 神经元异常放电是产生癫痫的病变基础,而异常放电的原因系离子异常跨膜运动所致,后者的发生则与离子通道结构和功能异常有关,调控离子通道的神经递质或调质功能障碍又是引起离子通道功能异常的主要原因,离子通道蛋白和神经递质多数是以DNA为模板进行代谢的基因表型产物,因而,其异常往往与基因表达异常有关,可用下列表达式来表述各种病因与神经元异常放电和癫痫的关系。(图12-1)。

2. 脑电图上痫性放电与临床发作 单个神经元的异常放电并不足以引起临床上的癫痫发作。但这种异常的神经元放电进入到局部的神经网络,并在其中传播时,可受到该网络内兴奋或抑制神经元的增益或抑制,使这种异常电流增大或缩小,当这种异常电流增加到一定程度,并可通过脑电图记录到时,就表现为脑电图上的痫性放电。当电流增加到足以冲破脑部的抑制功能,或脑内对其抑制作用减弱时,就会沿电阻最小径路传播,引起临床上的癫痫发作。现有的研究资料支持脑电图上的痫性放电是以兴奋性谷氨酸为代表的脑内兴奋功能增强的结果,临床上的癫痫发作除兴奋功能增强外,还与GABA为代表的脑内抑制功能绝对或相对减弱有关。

3. 不同类型癫痫发作的可能机制 异常电流的传播被局限在某一脑区,临床上就表现为局灶性发作;痫性放电波及双侧脑部则出现全面性癫痫;异常放电在边缘系统扩散,可引起复杂部分性发作;放电传到丘脑神经元被抑制,则出现失神发作。

第二节 癫痫的分类及临床表现

【分类】

癫痫分类非常复杂,通常情况下用两种不同的方法分别对癫痫发作类型和癫痫综合征进行分类。发作类型的分类是依据发作时的临床表现和脑电图特征,综合征的分类则是将癫痫的病因、发病机制、疾病的演变过程、治疗效果等放到一起来进行综合分类。目前应用最广泛的分类是国际抗癫痫联盟1981年和1989年提出的癫痫发作和癫痫综合征的分类。

1. 癫痫发作的国际分类　　1981年癫痫发作的国际分类是按照2个标准来进行的:① 发作起源于一侧或双侧脑部;② 发作时有无意识丧失。其依据是脑电图检查的结果和临床表现。起于一侧,没有意识丧失称为部分性发作;起于双侧,伴有意识丧失称为全身性发作(图12-2)。

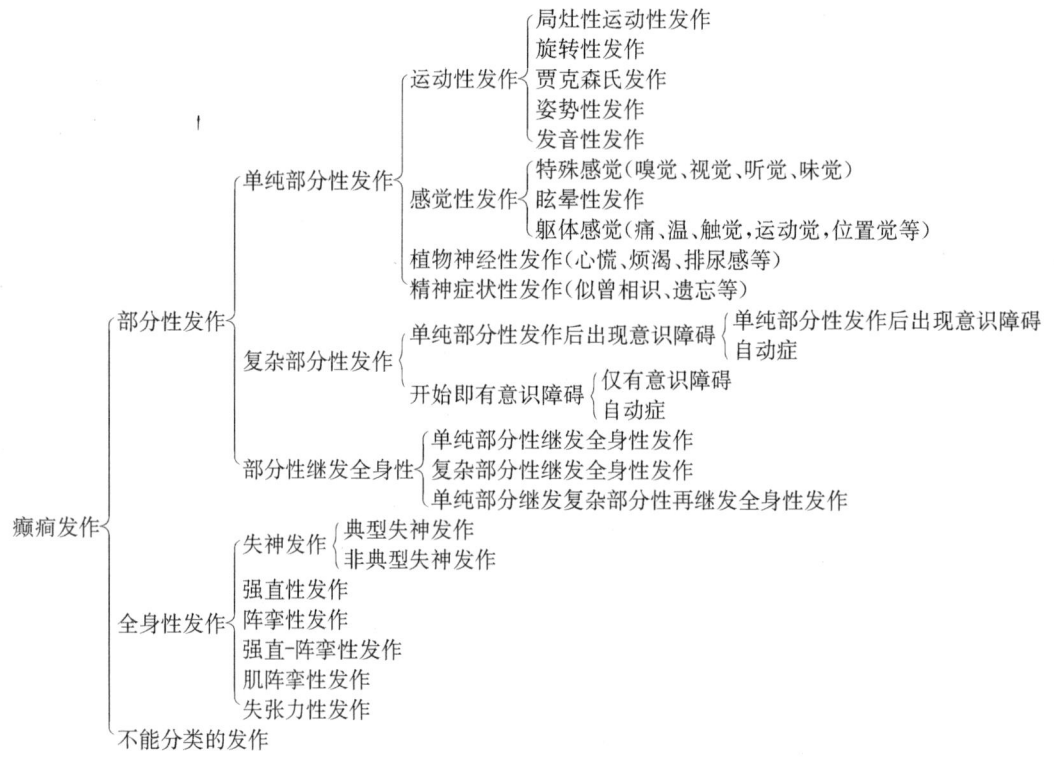

图12-2　癫痫发作的国际分类

2. 癫痫综合征的分类　　癫痫综合征的分类见表12-1。2001年国际抗癫痫联盟又提出了新的癫痫发作类型和癫痫综合征的分类(附1、附2)。各种不同的分类仅仅是人类认识和归纳疾病的不同方法,其并没有改变癫痫发作或癫痫综合征的特征。

表12-1　癫痫、癫痫综合征的国际分类

Ⅰ. 与部位有关(局灶性、部分性)
　1. 与发病年龄有关的特发性癫痫:伴中央-颞部棘波的良性儿童癫痫、伴有枕叶阵发性放电的儿童癫痫、原发性阅读性癫痫
　2. 症状性:颞叶癫痫、额叶癫痫、顶叶癫痫、枕叶癫痫、持续性部分性癫痫、有特殊诱导模式的症状性癫痫
　3. 隐源性,要确定
Ⅱ. 全身性癫痫
　1. 与年龄有关的特发性全身性癫痫:良性新生儿家族性惊厥、良性新生儿惊厥、婴儿良性肌阵挛性癫痫、儿童失神发作、青少年失神发作、青少年肌阵挛性癫痫、唤醒时伴有全身强直-阵挛性发作的癫痫、其他全身性特发性癫痫、特殊活动诱导的癫痫
　2. 隐源性或症状性癫痫:婴儿痉挛征、Lennox-Gastaut综合征、肌阵挛-起立不能性癫痫、肌阵挛失神发作性癫痫
　3. 症状性全身性癫痫:无特殊病因、早发性肌阵挛性脑病、伴有爆发抑制的早发性婴儿癫痫性脑病、其他症状性全身性发作
　4. 特殊综合征:其他疾病状态下的癫痫发作

Ⅲ. 不能确定为局灶性或全身性的癫痫或癫痫综合征
    1. 有全身性和局灶性发作的癫痫：新生儿癫痫、婴儿重症肌阵挛性癫痫、慢波睡眠中伴有连续性棘-慢波的癫痫、获得性癫痫性失语（Landau-Kleffner综合征）、其他不能确定的发作
    2. 没有明确的全身或局灶特征的癫痫
Ⅳ. 特殊的综合征
    发热惊厥
    孤立性单次发作或孤立性单次癫痫状态
    乙醇、药物、子痫、非酮症高血糖等因素引起急性代谢或中毒情况下出现的发作

【癫痫发作的临床表现】

人类癫痫有两个特征，即癫痫的临床发作和脑电图上的痫样放电。癫痫临床发作又有两个主要特征：①"共性"：是所有癫痫发作都有的共同特征，即发作性、短暂性、重复性、刻板性。发作性指癫痫突然发生，迅速恢复，间歇期正常；短暂性指患者发作持续时间都非常短暂，数秒钟、数分钟，除癫痫持续状态外，很少超过5分钟；重复性指癫痫都有反复发作的特征，仅发作一次的癫痫几乎没有见到；刻板性指就某一患者而言，发作的临床表现几乎一致；②"个性"：即不同类型癫痫所具有的特征，是一种类型的癫痫区别于另一种类型的主要依据。

1. 全身性发作 最初的症状学和脑电图提示发作起源于双侧脑部者称为全身性发作，这种类型的发作多在发作初期就有意识丧失。

（1）全身强直-阵挛性发作：意识丧失、双侧强直后紧跟有阵挛的序列活动是全身强直-阵挛性发作的主要临床特征。可由部分性发作演变而来，也可一起病即表现为全身强直-阵挛发作。早期出现意识丧失，跌倒。随后的发作可分为三期：① 强直期：全身骨骼肌强直性收缩。眼肌收缩出现眼睑上牵、眼球上翻或凝视；咀嚼肌收缩出现口强张，随后猛烈闭合，可咬伤舌尖；喉肌和呼吸肌强直性收缩致患者尖叫一声，呼吸停止；颈部和躯干肌收缩出现先屈曲，后反张，上肢由上举后旋转为内收前旋，下肢先屈曲后强烈伸直，持续10～20 s后进入阵挛期；② 阵挛期：此期患者从强直转成阵挛，每次阵挛后都有一短暂的间歇，阵挛频率逐渐变慢，间歇期延长，在一次剧烈的阵挛后，发作停止，进入发作后期。以上两期均伴有呼吸停止、血压升高、瞳孔扩大、唾液和其他分泌物增多；③ 发作后期：此期尚有短暂的阵挛，可引起牙关紧闭和大小便失禁。呼吸首先恢复，随后瞳孔、血压、心率渐至正常。肌张力松弛，意识逐渐恢复。从发作到意识恢复为5～15 min。醒后患者感头痛、全身酸痛、嗜睡，部分患者有意识模糊，此时强行约束患者可能发生伤人和自伤。

（2）强直性发作：类似强直-阵挛性发作中强直期的全身骨骼肌收缩，常伴有明显的植物神经症状，如面色苍白等。

（3）阵挛性发作：类似全身强直-阵挛性发作中阵挛期的表现。

（4）失神发作：突然发生，迅速终止的意识丧失是失神发作的特征。典型失神发作表现为活动突然停止、发呆、呼之不应，手中物体落地，部分患者可机械重复原有的简单动作，每次发作持续数秒钟，每天可发作数十至上百次。发作后立即清醒，无明显不适，可继续先前的活动，醒后不能回忆。

不典型失神发作（atypical absences）的起始和终止均较典型失神慢，除意识丧失外，常伴肌张力降低，偶有肌阵挛。

（5）肌阵挛性发作：肌阵挛（myoclonus）是一种突发的、短暂的、触电样的，由于肌肉收缩或运动抑制产生的不自主运动，前者称为正性肌阵挛（positive myoclonus），后者称为负性肌阵挛（negative myoclonus）。正性肌阵挛表现为快速、短暂、触电样肌肉收缩，可遍及全身，也可限于某个肌群，常成簇发生；负性肌阵挛指持续500 ms以下的强直性肌肉活动的中止，其前没有肌阵挛的证据。

（6）失张力发作：表现为肌张力突然丧失，可致患者跌倒，局限性肌张力丧失可仅引起患者头或肢体下垂。

2. 部分性发作 部分性发作包括单纯部分性、复杂部分性、部分性继发全身性发作三类。后者系神经元异常放电从局部扩展到双侧脑部时出现的临床发作。

（1）单纯部分性发作：除具有癫痫的共性外，发作时意识始终存在，发作后能复述发作的生动细节是单纯部分性发作的主要特征。① 局灶性运动性发作：a. 表现为身体的某一局部发生不自主运动。大多见于一侧眼睑、口角、手或足趾，也可见于一侧面部或肢体。严重者发作后可留下短暂性肢体瘫痪，称为Todd麻痹。发作偶可持续数小时或更长，称为部分性癫痫持续状态；b. 异常运动从局部开始，沿皮质功能区移动，如从手指-腕部-前臂-肘-肩-口角-面部逐渐发展，称为贾克森（Jackson）发作；c. 旋转性发作表现为双眼突然向一侧偏斜，继之头部不自主地同向转动，并伴有身体的扭转，但很少超过180，部分患者过度的旋转可引起跌倒，出现继发性全身性发作；d. 姿势性发作：发作性一侧上肢外展，肘部屈曲，头向同侧转动，眼睛注视着同侧；e. 语言性发作：不自主重复发作前的单音或单词，偶可有语言抑制；② 感觉性发作：躯体感觉性发作表现为面部、肢体或躯干局部的麻木、刺痛；眩晕性发作表现为坠落感、漂动感或

水平/垂直运动感;偶尔可出现本体感觉或空间知觉障碍性发作,出现虚幻的肢体运动感。特殊感觉性发作则出现味、嗅、听、视幻觉;③ 植物神经性发作:表现为上腹部不适、恶心、呕吐、面色苍白、出汗、竖毛、瞳孔散大等;④ 精神症状性发作:可表现为各种类型的遗忘症(如似曾相识、似不相识、强迫思维、快速回顾往事)、情感异常(恐惧、忧郁、欣快、愤怒)、错觉(视物变形、变大、变小,声音变强或变弱)、复杂幻觉等。

(2) 复杂部分性发作:复杂部分性发作的主要特征是有意识障碍,发作时患者对外界刺激没有反映,发作后不能或部分不能复述发作的细节。临床表现可分为4种类型:① 自动症(automatism):在意识障碍的基础上,出现发作性行为异常,这种行为看起来有目的,但实际上没有目的,称为自动症,如反复咂嘴、噘嘴、咀嚼、舔舌、磨牙或吞咽(口消化道自动症)或反复搓手、抚面,不断地穿衣、脱衣、解衣扣、摸索衣裳(手足自动症),也可表现为游走、奔跑、无目的的开门、关门、乘车上船(动作自动症);还可出现自言自语、叫喊、唱歌(语言性自动症),也可表现为机械重复原来的动作。发作后患者意识模糊,常有头昏,不能回忆发作中的情况;② 仅有意识障碍:此时需与失神发作鉴别(表12-2);③ 先有单纯部分性发作,继之出现意识障碍;④ 先有单纯部分性发作,后出现自动症。

表12-2 失神发作与复杂部分性发作的鉴别

特 征	失神发作	复杂部分性发作
神经功能状态	正常	可能有神经系统疾病史或阳性体征
年龄	多见于儿童	任何年龄
持续时间	数秒钟	数分钟,额叶起源者可仅有数秒钟
发作	突然	可能有短暂的先兆
终止	突然	可能有短暂的发作后定向力障碍
频率	常发	少发
过度换气诱发	常见	少见
脑电图	弥漫性2~3 Hz棘-慢波	可能正常或间歇期出现局灶性棘波
病因	常为原发性或遗传性	隐源性、症状性
MRI	正常	可能有异常
药物疗效	多数良好	多数耐药

(3) 部分继发全身性发作:先出现上述部分性发作,随之出现全身性发作。

【常见癫痫综合征的临床表现】

癫痫发作的临床表现描述的是一次发作的全过程,而癫痫综合征则是将包括疾病的病因、可能的发病机制、病变部位、好发年龄、临床表现、脑电图特征、治疗、预后转归等相关的一组资料放在一起进行描述。以下仅就几种较特殊癫痫综合征作一简要介绍。

1. 具有中央-颞部棘波的良性儿童癫痫(benign childhood epilepsy with centro-temporal spike) 好发于2~13岁,通常为局灶性发作。表现为发作性语言停顿、舌-口-面部麻木、局部颤搐、恶心、呕吐等,极少数可继发全面性发作。多在夜间发病,发作轻微、稀疏,可不经治疗于16岁前自愈。脑电图在中央-颞区可见一侧或双侧的局灶性棘波。

2. 具枕区放电的良性儿童癫痫 好发年龄1~14岁,高峰为4~5岁。发作始以视觉症状,如黑朦、闪光、视幻觉或错觉,随之出现眼肌阵挛、偏侧阵挛,也可合并全身强直-阵挛性发作及自动症。常伴有偏头痛样头痛和恶心、呕吐。脑电图示一侧或双侧枕区有棘-慢波或尖波。

3. West综合征 又称婴儿痉挛症,出生后1年内发病,男孩多见。波及到头、颈、躯干或全身的频繁肌痉挛、精神发育迟滞和脑电图上高幅失律构成本征特征性的三联征。

4. Lennox-Gastaut综合征 好发于1~8岁,少数出现在青春期。强直性发作、失张力发作、肌阵挛发作、非典型失神发作和全身强直-阵挛性发作等多种发作类型并存、精神发育迟缓、脑电图上慢棘-慢波(1~2.5 Hz)和睡眠中10 Hz的快节律是本征的三大特征,多数患者对常用抗癫痫药耐药,易出现癫痫状态。

【癫痫的脑电图表现】

脑电图上痫性放电是人类癫痫的另一个重要特征,也是诊断癫痫的主要佐证。从理论上讲,任何一种癫痫发作都能用脑电图记录到发作或发作间期痫样放电,但实际工作中由于技术和操作上的局限性,常规头皮脑电图仅能记录到49.5%患者的痫性放电,重复3次可将阳性率提高到52%,采用过度换气、闪光刺激等诱导方法还可进一步提高脑电图的阳性率,但仍有部分癫痫患者尽管多次进行脑电检查却始终正常。部分正常人中偶尔也可记录到痫样放电。因此,不能单纯依据脑电活动的异常或正常来确定或否定癫痫的诊断。

癫痫脑电图的典型表现是棘波、尖波、棘慢或尖慢复合波。不同类型的癫痫,脑电图有不同表现,可辅助进行癫痫发作类型的确定。失神发作表现为 3 Hz 的棘慢复合波；West 综合征表现为无规律性的高幅慢波，混有少量的棘波；局灶性痫样放电多提示系部分性发作；广泛性痫样放电则在全身性发作中常见。

第三节 癫痫的诊断

癫痫的诊断需遵循三步原则。

1. 首先确定是否是癫痫 人类癫痫有两个特征，即脑电图上的痫样放电和癫痫的临床发作，而病史是诊断癫痫的主要依据，需要通过病史了解：① 发作是否具有癫痫发作的共性；② 发作表现是否具有不同发作类型的特征；如全身强直-阵挛性发作的特征是意识丧失、全身抽搐，如仅有全身抽搐而无意识丧失则需考虑假性发作或低钙性抽搐；失神发作的特征是突然发生、突然终止的意识丧失，一般不出现跌倒，如意识丧失时伴有跌倒，则晕厥的可能性比失神发作的可能性大；自动症的特征是在意识障碍的基础上，出现看似有目的，实际无目的的行为异常，如发作后能复述发作细节也不支持癫痫自动症的诊断；③ 当患者的发作具有癫痫的共性和不同类型发作的特征时，需进行脑电图检查以寻找诊断的佐证，同时尚需除外其他非痫性发作性疾病。

（1）假性发作（pseudoseizures）：假性发作是一种非痫性的发作性疾病，是由心理机制而非脑电紊乱引起的脑部功能异常。假性发作极易误诊为癫痫的原因是其临床表现与癫痫相似，难以区分。发作时脑电图上无相应的痫性放电和抗癫痫药治疗无效是与癫痫鉴别的关键，尤其是在下列情况下更要考虑假性发作的可能：① 视频脑电图记录到在发作中有意识改变和双侧肢体运动或感觉表现，而脑电图无异常者；② 发作没有阵发性和刻板性，运动表现为非典型癫痫样抽动、持续脑电图记录在不同生理条件下都无异常。但应注意，10%假性发作的患者可同存有真正的癫痫，10%～20%癫痫患者中伴有假性发作。

（2）晕厥：为弥漫性脑部短暂性缺血、缺氧所致。常有意识丧失、跌倒，部分患者可出现肢体的强直或阵挛，需与癫痫全身性发作鉴别。下列几点支持晕厥的诊断：① 由焦虑、疼痛、见血、过分寒冷、高热所诱发；② 站立或坐位时出现的发作；③ 伴有面色苍白、大汗者。除此之外还需注意：① 晕厥与癫痫强直-阵挛性发作的区别主要是前者系脑供血不足所引起的短暂性、弥漫性缺血，因而其"缺失"症状多于刺激症状，肢体的无力、肌张力低下较强直、阵挛多见；② 晕厥与失神发作的鉴别是前者常有跌倒，发生和恢复都较后者慢，有明显的发作后状态；③ 原发疾病的存在也有利于晕厥的诊断。心源性晕厥患者有心律失常和心脏病的体征；脑源性晕厥有动脉硬化的佐证；原发性直立性低血压除晕厥外还有阳痿、括约肌障碍、锥体束征及立卧位血压相差 30 mmHg；排尿和咳嗽性晕厥有排尿和剧烈咳嗽的病史；低血糖引起的晕厥可查到低血糖的存在；④ 晕厥患者的脑电图多数正常或仅有慢波，而癫痫患者脑电图可见到棘波、尖波、棘慢或尖慢复合波。

（3）偏头痛：偏头痛与癫痫的鉴别要点有：① 癫痫头痛较轻，出现在发作前后，偏头痛则以偏侧或双侧剧烈头痛为主要症状；② 癫痫脑电图为阵发性棘波或棘慢复合波，偏头痛主要表现为局灶性慢波；③ 简单视幻觉二者均有，但复杂视幻觉以癫痫常见；④ 癫痫的意识障碍发生突然、很快终止，程度重，基底动脉型偏头痛的意识障碍发生较缓慢，易唤醒。

（4）短暂性脑缺血发作（TIA）：TIA 与癫痫的鉴别可从以下几方面入手：① TIA 多见于老年人，常有动脉硬化、冠心病、高血压、糖尿病等病史，持续时间从数分钟到数小时不等，而癫痫见于任何年龄，以青少年为多，前述的危险因素不突出，发作的时间多为数分钟，极少超过半小时；② TIA 的临床症状多为缺失而非刺激，因而感觉丧失或减退比感觉异常多，肢体的瘫痪比抽搐多；③ TIA 患者的肢体抽动从表面上看类似癫痫，但多数患者没有癫痫家族史，肢体的抽动不规则，也无头部和颈部的转动；④ TIA 的短暂性全面遗忘征是无先兆而突然发生的记忆障碍，多见于 60 岁以上的老年人，症状常持续 15 min 到数小时，复发的可能性不到 15%，脑电图上无明显的痫性放电。癫痫性健忘发作持续时间更短，常有反复发作，脑电图上多有痫性放电。癫痫的诊断还需考虑脑电图检查的结果。

2. 明确癫痫发作的类型或癫痫综合征 在肯定是癫痫后还需区别癫痫发作的类型及明确是否是癫痫综合征。

癫痫发作类型是一种由独特的病理生理机制和解剖基础所决定的发作性事件，是一个具有病因、治疗和预后含义的诊断。不同类型的癫痫需用不同的方法进行治疗，发作类型诊断错误，可能导致药物治疗的失败。如将自动症诊断为失神发作选用卡马西平治疗就可能加重病情。癫痫综合征则是由一组体征和症状组成的特定癫痫现象，它所涉及的不仅仅是发作类型，还包含着其特殊的病因、病理、预后、转归，选药上也与其他癫痫不同，需仔细鉴别。

3. 确定癫痫的病因 如是继发性癫痫，还需确定癫痫的病因。为明确脑部疾病的性质，可考虑进行头颅 CT、磁共振、放射性核素脑扫描或脑血管造影等检查。由于磁共振较 CT 更敏感，因而高度怀疑是继发性癫痫者，尤其是有局灶性神经系统定位体征的难治性癫痫应该首先考虑进行磁共振检查。

第四节 癫痫的治疗

癫痫的治疗可参照下列程序进行(图12-3):

```
                  ┌ 病因治疗
                  │                ┌ 发作期治疗 ┌ 单次发作的治疗
癫痫的治疗 ┤ 药物治疗 ┤             └ 癫痫持续状态的治疗
                  │                └ 发作间期的治疗 ┌ 普通癫痫的治疗
                  └ 手术和其他治疗                  └ 难治性癫痫的治疗
```

图12-3 癫痫治疗流程示意图

1. 病因治疗 有明确病因者应首先行病因治疗,如颅内肿瘤,需用手术方法切除新生物,寄生虫感染,需用抗寄生虫的方法进行治疗。

2. 药物治疗 无明确病因,或虽有明确病因但不能根除病因者,需考虑药物治疗。

(1)癫痫发作间期的治疗:发作间期的药物治疗应遵循以下基本原则。

1)正确选择用药的时间:传统认为癫痫首次发作不需用药,第二次发作以后才开始用药。但自从国际抗癫痫联盟提出癫痫新定义以来,学者们主张癫痫诊断一旦明确,除一些良性的癫痫综合征以外,都应立即开始治疗。发作次数稀少者,如半年以上发作1次者,可在告之抗癫痫药可能的副反应和不治疗可能后果情况下,根据患者及家属的意愿,酌情选择用或不用抗癫痫药。

2)选药:临床上常将抗癫痫药按上市时间分为老和新的抗癫痫药。丙戊酸及以前上市的药物称为老的或传统的抗癫痫药,以后上市的则称为新型抗癫痫药。近几年的临床实践发现在新老抗癫痫药间总的疗效并没有明显差异,但新抗癫痫药总体安全性较好。

抗癫痫药物的选择需依据癫痫发作类型、副反应大小、药物来源、价格、患者年龄、性别等多种因素来决定。其中最主要的依据是癫痫发作类型。一般情况下可参考表12-3、12-4选药,选药不当,不仅治疗无效,而且可能加重癫痫发作(表12-5)。癫痫综合征的选药可参考表12-6。由于抗癫痫药需要较长时间用药,因而,所选择的药物要有稳定的来源。

表12-3 按发作类型选药参考表(传统抗癫痫药)

发作类型	可选药
部分性发作和部分性继发全身性	卡马西平、丙戊酸、苯妥英钠、苯巴比妥
全身强直-阵挛性发作	丙戊酸、卡马西平、苯妥英钠
强直性发作	卡马西平、苯妥英钠、苯巴比妥、丙戊酸
阵挛性发作	丙戊酸、卡马西平
典型失神、肌阵挛发作	丙戊酸、乙琥胺、氯硝西泮
非典型失神发作	乙琥胺或丙戊酸、氯硝西泮

表12-4 按发作类型选药参考表(已在中国上市的新抗癫痫药)

发作类型	可选择药物
部分性发作和部分性继发全身性发作	托吡酯、左已拉西坦、奥卡西平、拉莫三嗪
全身强直-阵挛性发作	托吡酯、拉莫三嗪、奥卡西平、卡巴喷丁
强直性发作	托吡酯、拉莫三嗪、左已拉西坦
阵挛性发作	左已拉西坦 托吡酯、奥卡西平
失神发作	拉莫三嗪
肌阵挛发作	左乙拉西坦、托吡酯

表12-5 已报道能增加痫性发作的抗癫痫药

抗癫痫药	增加的痫性发作类型
卡马西平、苯巴比妥、苯妥英钠 氨已烯酸、加巴喷丁	失神发作
卡马西平、氨已烯酸、加巴喷丁、拉莫三嗪	肌阵挛性发作

续 表

抗 癫 痫 药	增加的痫性发作类型
氨己烯酸	自动症
卡马西平	强直-失张力性发作

表 12-6 常见癫痫综合征的治疗

癫痫综合征	治 疗 方 法
伴中央-颞部棘波的良性儿童癫痫	多数不需治疗，少数可用卡马西平、丙戊酸
伴有枕叶阵发性放电的儿童癫痫	不需治疗，少数患者可用卡马西平
原发性阅读癫痫	避开诱因，必要时可用丙戊酸、氯硝西泮
持续性部分性癫痫	地西泮、咪达唑仑
良性新生儿家族性惊厥	不需治疗，必要时可用苯巴比妥、丙戊酸
良性新生儿惊厥	同上
婴儿良性肌阵挛性癫痫	丙戊酸
儿童失神发作	乙琥胺、丙戊酸、氯硝西泮
青少年失神发作	乙琥胺加丙戊酸、拉莫三嗪
青少年肌阵挛性癫痫	丙戊酸、苯巴比妥、氯硝西泮
觉醒时伴有全身强直-阵挛性发作的癫痫	苯巴比妥
婴儿痉挛征	ACTH、泼尼松
Lennox-Gastaut 综合征	托吡酯、丙戊酸、拉莫三嗪
肌阵挛-起立不能性癫痫	首选丙戊酸，无效改用拉莫三嗪
肌阵挛失神发作性癫痫	乙琥胺加丙戊酸、拉莫三嗪
早发性肌阵挛性脑病	药物治疗无效
伴有爆发抑制的早发性婴儿癫痫性脑病	苯巴比妥
婴儿重症肌阵挛性癫痫	丙戊酸、苯二氮䓬类
慢波睡眠中伴有连续性棘-慢波的癫痫	丙戊酸氯巴占左乙拉西坦
获得性癫痫性失语（Landau-Kleffner 综合征）	丙戊酸、乙琥胺、地西泮

3) 剂量：从小剂量开始，逐渐增加，达到即能控制癫痫发作，又无明显副反应时为止。如不能达此目的，宁可满足部分控制，不要出现副反应。在有条件的单位可选用血药浓度监测的方法来指导用药，减少用药过程中的盲目性。

4) 单用或联合用药：单一药物治疗是应遵守的基本原则，如治疗无效，可换用另一种单药，但换药期间应有 5～7 d 的过渡期。多数情况下联合用药并不能明显提高临床疗效，还可增加药物副反应和加重患者的经济负担。一旦出现副反应，也影响医生对副反应来源的判断，不利于进一步的治疗。

下列情况可考虑进行合理的多药治疗：① 有多种类型的发作：如伴有失神发作的眼肌阵挛性发作、有多种发作类型的癫痫综合征等。如既有全身强直-阵挛性发作，又有失神发作时可考虑用卡马西平治疗全身强直-阵挛性发作，合用乙琥胺治疗失神发作；② 针对药物副反应：如用苯妥英治疗部分性发作时出现失神发作，除选用广谱抗癫痫药物外，也可合用氯硝西泮治疗苯妥英钠引起的失神发作；③ 针对患者的特殊情况：如月经性癫痫的患者在月经前后可加用乙酰唑胺(diamox)，以提高临床疗效；④ 对部分单药治疗无效的患者可考虑联合用药。联合用药应注意：① 不能将药理作用相同的药物合用，如扑米酮进入体内后可代谢成苯巴比妥，故不能将两药合用；② 尽量避开有相同副反应药物的合用；如苯妥英可通过引起肝肾组织坏死性脉管炎导致肝肾功能损伤，丙戊酸可引起特异性过敏性肝坏死，因而在对有肝功能损伤的患者联合用药时要注意这两种药物的副反应；③ 不能将多种药物联合作广谱抗癫痫药使用；④ 合并用药时要注意药物的相互作用；如一种药物的肝酶诱导作用可加速另一种药物的代谢，药物与蛋白的竞争性结合也会改变另一种药物起主要药理作用的血中游离浓度。

5) 服药方法：根据药物性质可将每日的剂量分次服用。半衰期长的药物可每日 1～2 次，如苯妥英、苯巴比妥等；半衰期短的药物可每日服 3 次。由于多数抗癫痫药为碱性，因而饭后服药可减轻胃肠道反应。

6) 观察副反应：多数抗癫痫药都有不同程度的副反应，因而，除常规体检、用药前需查肝肾功能、血尿常规外，用药后还需每月复查血尿常规，每季度复查肝肾功能，至少持续半年。苯妥英钠用药后引起的恶心、呕吐、厌食、齿龈和毛发增生、体重减少，对治疗无明显影响也可以不处理；眼震、呐吃、共济失调往往是中枢神经系统过量的表现，减量可好转。如出现严重的皮疹或肝肾功能、血液系统损伤，则需停药，换其他药物进行治疗（表 12-7）。

表 12-7 常用抗癫痫药物的基本特征

	卡马西平	苯妥英	丙戊酸	苯巴比妥	乙琥胺
有效血浓度范围	4~12 μg/ml	10~20 μg/ml	50~100 μg/ml	20~40 μg/ml	400~100 μg/ml
剂量 成人：	0.3~1.2 g/d	0.3~0.6 g/d	0.6~2.5 g/d	30~250 mg/d	成人从 1~2 g/d
儿童：	10~30 mg/kg	4~8 mg/kg	16~60 mg/kg	2~5 mg/d	15~40 mg/kg
用法	分3次服用 缓释剂日剂量分2次	分3次服用	分2~3次服用 与其他肝酶诱导剂合用时要大剂量	分2~3次服用	成人从 500 mg/d 儿童从 250 mg/d 开始 分 3 次用
适应证	强直-阵挛性发作 部分性癫痫	强直-阵挛发作 部分性发作 癫痫状态	原发性全身性发作 强直-阵挛性发作 失神发作、肌阵挛 强直、失张力性发作 部分性发作	强直阵挛性发作 部分性发作 新生儿癫痫 胃肠外制剂 可用于癫痫状态，尚可用于高热惊厥	失神发作
优势：	1. 治疗范围内无镇静副反应 2. 缓释剂可每日 2 次给药 3. 致畸作用比其他抗癫痫药小 4. 价格相对便宜	治疗范围内无镇静副反应 半衰期长可每日 1 次给药 有胃肠道外给药剂型 价格相对便宜	广谱 少有过敏反应 能胃肠外给药 有糖浆、静脉给药、喷雾剂等多种剂型	价格低 可每日 1 次给药 相对广谱 有胃肠外制剂	耐受性好 药物相互作用小 无已知致畸作用
不足：	1. 治疗范围狭窄易出现神经毒性 2. 治疗谱狭窄 3. 初始剂量易出现神经毒性作用 4. 微粒体酶诱导剂 5. 无胃肠道外给药形式可引起某些发作加重 6. 有潜在的认知毒性	治疗范围狭窄易出现神经毒性 治疗谱狭窄 易出现结缔组织异常 影响患者美观 饱和运力学 偶有胃肠道反应、致畸、有微粒体酶诱导作用	体重增加 慢性认知、记忆行为改变 少数有严重的肝毒作用 可能出现胰腺炎 特异性毒副反应相对常见 药物的相互作用明显 有慢性组织和认知毒性 有致畸作用	有镇静副反应 偶可引起结缔组织损伤 断戒反应 微粒体酶诱导剂 致畸	治疗谱狭窄偶有胃肠道反应

7) 停药：除 39% 的自发性缓解外，余下患者的 50% 经正规治疗后可终生不再发病，因而，多数患者不需长期服药。一般说来，全身强直-阵挛性发作、强直性发作、阵挛性发作完全控制 4~5 年后，失神发作停止半年后可考虑停药。但停药前应有一个缓慢减量的过程，这个时期一般不应少于 1~1.5 年。有自动症的患者可能需要长期服药。

(2) 难治性癫痫的治疗：癫痫患者总体预后良好，用目前的治疗方法，人类能够控制 80% 左右的癫痫发作。通过 3~5 年的努力，多数患者停药或减量以后可以终生不再发病，但仍有 20% 左右的癫痫患者对目前的治疗无效，这部分癫痫称为难治性癫痫。

广义的难治性癫痫指用目前所有的治疗方法仍不能阻止其继续发作的癫痫或与治疗前比较发作没有明显减少的癫痫。这种治疗包括药物、手术、迷走神经刺激术等。狭义的难治性癫痫指耐药性癫痫。

广义的耐药性癫痫指用目前的抗癫痫药仍不能完全控制其发作的癫痫。它是一种动态的概念，随着新的抗癫痫药问世，取得疗效的癫痫患者将不再称为耐药性癫痫。狭义的耐药性癫痫指用一线抗癫痫药（卡马西平、苯妥英钠、丙戊酸、苯巴比妥、乙琥胺、扑痫酮等）不能完全控制其发作的癫痫。为了反映其用药后再控制的易难程度，主张对其进行分级管理：① Ⅰ型：用两种抗癫痫药仍不能完全控制其发作的癫痫或已被临床实践证实是耐药的癫痫或癫痫综合征；② Ⅱ型：用三种抗癫痫药仍不能完全控制其发作的癫痫或已被实践证明是耐药的癫痫或癫痫综合征；③ Ⅲ型：用所有的一线抗癫痫药都不能完全控制其发作的癫痫或已被临床实践证明是耐药的癫痫或癫痫综合征。

临床上广泛应用的难治性癫痫 (intractable epilepsy)，如没有明显标注，均指的是狭义的耐药性癫痫（包括本章）。

难治性癫痫最为突出的特征就是对一线抗癫痫药耐药，因而用传统的治疗方法难以奏效，对这种癫痫的治疗应更多的选用多种药物的联合应用或使用新的抗癫痫药，如仍无效则要考虑外科手术治疗，部分患者也可考虑中医治疗、药物辅助治疗、物理疗法等，同时需积极处理癫痫患者可能出现的并发症和药物副反应。

1) 合理的多药治疗：抗癫痫药物治疗的基本原则是单一治疗，主张选用一种合适的药物单用于癫痫患者，这种原则对大多数癫痫患者来讲是合适的,但由于难治性癫痫是对一线抗癫痫药耐药的顽固性癫痫,单一药物治疗很难达到预期目的。另外,难治性癫痫往往有多种不同的病因和发作类型,单一药物治疗可能对某些发作类型有效,而对另一种类型的发作则有加重作用,因而合理的多药治疗对难治性癫痫可能是适宜的。实践证明,合理的多药治疗可使50%以上难治性癫痫患者的发作明显的减少。

多药联合治疗并不是随意地将多种药物合用,而应该遵循一定的原则(见治疗原则中联合用药原则)。具体选用见表12-8。

表12-8 常用抗癫痫药物的联合应用

发作类型	老 药	新 药	新 药
部分性发作或全面性发作	CBZ/PHT+VPA	CBZ/PHT+GVG	GVG+LTG
	CBZ/PHT+PB	CBZ/PHT+GBP	GVG+GBP
	CBZ/PHT+PRM	CBZ/VPA+FBM	GBP+LTG
失神发作或少年肌阵挛性发作	ESM+VPA		
	VPA+PRM		

注:CBZ=卡马西平;PHT=苯妥英钠;VPA=丙戊酸;PRM=扑米酮;PB=苯巴比妥;GVG=氨已烯酸;GBP=加巴喷丁;FBM=非氨酯;LTG=拉莫三嗪;ESM=乙琥胺。

2) 新抗癫痫药:新抗癫痫药是最近开始在临床上应用的新药,也是治疗难治性癫痫的主要药物。

① 托吡酯(topiramate,TPM):与其他抗癫痫药物的结构迥然不同,是一种单糖磺基衍生物。托吡酯可使60%左右难治性癫痫患者的发作频率减少50%以上。

托吡酯有片剂和散剂,用药原则仍需遵循抗癫痫药物使用的基本准则,缓慢增加,达到即能有效控制癫痫发作,又没有明显副反应为止。成人初始量为25 mg/d,儿童0.5 mg/kg·d^{-1},每晚1次口服,连续1周,以后可参照表12-9缓慢加量,分2次服,至发作停止或达到目标剂量(成人100~200 mg/d,儿童4~8 mg/kg/d),部分患者需200~400 mg/d才有效。

表12-9 托吡酯加量方法(日剂量)

患 者	第二周	第三周	第四周	第五周	第六周	第七周	第八周
儿 童	1 mg/kg	1.5 mg/kg	2 mg/kg	2.5 mg/kg	3 mg/kg	3.5 mg/kg	4 mg/kg
成 人	50 mg	75 mg	100 mg	125 mg	150 mg	175 mg	200 mg

② 氨已烯酸:临床实践证明该药可使一半难治性癫痫患者的发作频率减少50%以上,对部分性发作的疗效优于全身性发作,对婴儿痉挛症、Lennox-Gastaut等也有部分疗效。氨已烯酸不宜用于失神发作、肌阵挛发作。

初始时0.5 g,每日2次,以后可酌情每1~2周增加0.5 g,至1.5 g/d时即可显著减少发作频率,3 g/d效果更明显,但有些患者可能需增加至4 g/d才能控制发作。撤药时应在2~3周逐步停药为妥,过快的减量可能会导致复发及癫痫持续状态。

③ 加巴喷丁(gabapentin,GBP):是人工合成的能自由通过血-脑屏障的拟GABA药物。主要用于难治性癫痫的添加治疗,对自动症及局灶性继发全面性发作特别有效,可使25%的难治性癫痫发作减少50%,对于强直阵挛性发作亦有效。但对失神发作无效,甚至可加重发作,对光敏性、肌阵挛性发作亦无效。

成人始量为300 mg/d,5~10 d增至900~1 800 mg,分3次口服,儿童可按100 mg/kg/d应用,肾功能低下者宜减量。推荐日剂量为900~1 800 mg,增加至2 400 mg也能很好耐受,最大剂量不宜超过4 800 mg。

④ 奥卡西平(oxcarbazepine):在对上千例难治性癫痫进行的多中心研究发现奥卡西平可使40%患者发作频率减少,对部分性和全身性强直-阵挛性发作更有效。

⑤ 拉莫三嗪(lamotrigine):国外对4500例难治性癫痫患者进行的拉莫三嗪添加试验中发现其可使66%患者发作频率减少50%以上,并有相当部分患者的发作消失,表明拉莫三嗪对难治性癫痫有明显的抑制作用。可用于难治性局灶性发作、全身强直-阵挛性发作,对Lennox-Gastaut综合征也有效。

⑥ 非氨酯(felbamate):双盲、随机、安慰剂对照研究发现非氨酯可使部分难治性癫痫患者发作次数明显下降。多数情况下作为添加剂用于难治性局灶性发作、强直-阵挛性发作和Lennox-Gastaut综合征。对失张力性发作、非典型失神发作也有效。

初始剂量成人为600 mg,每日2次,儿童为15 mg/kg/d,分次服用,增量以每周增加600 mg/d。合并用药的维持量为1 200~2 400 mg/d,每天1次或2次均可。合并用药时需注意其他药物的血药浓度。

(3) 发作期的治疗:

1) 单次发作:癫痫发作有自限性,多数患者不需特殊处理。强直-阵挛性发作时可扶助患者卧倒,防止跌伤或伤人。衣领、腰带需解开,以利呼吸通畅。抽搐发生时,在关节部位垫上软物可防止发作时的擦伤;不可强压患者的肢体,以免引起骨折和脱臼。发作停止后,可将患者头部转向一侧,让分泌物流出,防止窒息。多次发作者,可考虑肌注苯巴比妥。对自动症患者,在保证安全前提下,不要强行约束患者,以防伤人和自伤。

2) 癫痫持续状态的治疗:癫痫全身性发作在两次发作间意识不清楚,单次发作持续5分钟以上或在短时间内频繁发作称为癫痫持续状态。癫痫持续状态的治疗需要解决几个主要问题:保持稳定的生命体征和进行心肺功能支持;终止呈持续状态的癫痫发作,减少发作对脑部神经元的损害;寻找并尽可能根除病因及诱因;处理并发症。

① 强直-阵挛性癫痫状态、强直性癫痫状态、阵挛性癫痫状态可选用下列方法治疗。

a. 保持稳定的生命体征:首先要保持呼吸道通畅,吸氧,必要时作气管插管或切开,尽可能对患者进行心电、血压、呼吸、脑电的监测,定时进行血气、血化学分析,以保持患者稳定的生命体征。

b. 控制发作:终止发作是治疗的关键,可酌情选用以下方法。

地西泮加地西泮疗法:首先用地西泮10~20 mg静脉注射,每分钟不超过2 mg。如有效,再将60~100 mg地西泮溶于5%葡萄糖生理盐水中,于12小时内缓慢静脉滴注。地西泮偶可抑制呼吸,需停止注射,必要时加用呼吸兴奋剂,儿童首次静脉剂量为0.25~0.5 mg/kg,一般不超过10 mg。

地西泮加苯妥英钠疗法:首先用地西泮10~20 mg静脉注射取得疗效后,再用苯妥英钠0.3~0.6 g加入生理盐水500 ml中静脉滴注,速度不超过50 mg/min。用药中如出现血压降低或心律不齐时需减缓静滴速度或停药。

单用苯妥英钠:部分患者也可单用苯妥英钠,剂量和方法同上。

10%水合氯醛:20~30 ml加等量植物油保留灌肠,每8~12小时1次,适用于肝功能不全或不宜使用苯巴比妥类药物者。

副醛:8~10 ml(儿童0.3 ml/kg)植物油稀释后保留灌肠。

经上述处理,发作控制后,可考虑使用苯巴比妥0.1~0.2 g肌注,每12小时1次,巩固和维持疗效。同时鼻饲抗癫痫药,达稳态血浓度后逐渐停用苯巴比妥。

上述方法均无效者,需按难治性癫痫状态处理。

c. 寻找病因和处理并发症:发作停止后,还需积极寻找癫痫状态的原因予以处理。对同存的并发症也要给予相应的治疗。

② 失神性癫痫状态和肌阵挛性癫痫状态:首先按病因治疗。酒精中毒、苯二氮䓬类戒断引起者可选用地西泮;抗癫痫药物不足者可补足药物;服用过量抗精神病药物引起者可适当减量。终止发作首选地西泮或氯硝西泮静脉注射,也可考虑用丙戊酸静脉滴注。无效者,可选用氯巴占(clobazam,1 mg/kg)。防止其复发以丙戊酸为首选。如用上述方法不能终止发作,可考虑按难治性癫痫状态处理。

③ 部分性癫痫状态的治疗:80%以上患者的部分性发作能被地西泮、咪达唑仑及劳拉西泮所控制,因而这些药物可作为治疗的首选。苯妥英钠及丙戊酸注射剂也可能有效。劳拉西泮作用时间短,必要时可以长时间滴注。伴爆发抑制的婴儿癫痫性脑病或伴皮质发育不全的重症持续性部分性发作的患者,维生素B_6治疗可能有效。

④ 难治性癫痫状态:难治性癫痫状态是指持续的癫痫发作,对地西泮、氯硝西泮、苯巴比妥、苯妥英钠中的两种治疗无效,连续1 h以上者。在美国,每年有2 000~6 000例患者出现难治性癫痫状态。

癫痫状态是急诊,预后除与病因有关外还与成功治疗的时间有关。如发作超过1 h,体内环境的稳定被破坏,将引发中枢神经系统许多不可逆损害,因而难治性癫痫状态治疗的首要任务就是要迅速终止发作,可选用下列药物。

a. 异戊巴比妥:异戊巴比妥(amobarbitalum)是治疗难治性癫痫状态的标准疗法,几乎都有效。成人每次0.25~0.5 g,1~4岁的儿童0.1 g/次,>4岁的儿童每次0.2 g,用注射用水稀释后缓慢静注(每分钟不超过100 mg)。低血压、呼吸抑制、复苏延迟是其主要的副反应,因而在使用中往往需行气管插管,机械通气来保证生命体征的稳定。

b. 咪达唑仑:由于其起效快(1~5 min出现药理学效应,5~15 min出现抗癫痫作用),使用方便,对血压和呼吸的抑制作用比传统药物小,近年来,有广泛用于替代异戊巴比妥成为治疗难治性癫痫状态标准疗法的趋势。常用剂量为首剂静注0.15~0.2 mg/kg,然后按0.06~0.6 mg/kg/h静滴维持。新生儿可按0.1~0.4 mg/kg·h^{-1}持续静脉滴注。

c. 普鲁泊福:普鲁泊福(propofol)是一种非巴比妥类的短效静脉用麻醉剂,能明显增强GABA能神经递质的释放,可在几秒钟内终止癫痫发作和脑电图上的痫性放电,平均起效时间为2.6 min。建议剂量1~2 mg/kg静注,继之以

2~10 mg/kg/h持续静滴维持。控制发作所需的血浓度为2.5 μg/ml，突然停用可使发作加重，逐渐减量则不出现癫痫发作的反跳。普鲁泊福可能的副反应包括诱导癫痫发作，但并不常见，且在低于推荐剂量时出现。还可出现其他中枢神经系统的兴奋症状，如肌强直、角弓反张、舞蹈手足徐动症。儿童静注推荐剂量的普鲁泊福超过24 h，可能出现横纹肌溶解、难治性低氧血症、酸中毒、心衰等副反应。

与难治性癫痫状态的其他治疗一样，咪达唑仑和普鲁泊福在使用前也要进行气管插管，机械呼吸和进行血动力学监测。

d. 利多卡因：利多卡因对苯巴比妥治疗无效的新生儿癫痫状态有效，终止发作的首剂负荷剂量为1~2 mg/kg，大多数患者发作停止后仍需静脉维持给药。虽在控制癫痫发作的1.0~2.0 mg/kg范围内很少有毒副反应发生，但在应用利多卡因的过程中仍应注意其常见的不良反应：烦躁、谵妄、精神异常、心律失常及过敏反应。

e. 其他：对难以控制的癫痫状态也可选用氯氨酮、硫喷妥钠等进行治疗。

3. 手术治疗 对药物治疗无效的难治性癫痫，可考虑手术治疗。半球切除术、软脑膜下横断术、病灶切除术、胼胝体切开术都是目前常用的方法，可根据病情酌情选用。

【预后】

未经治疗的癫痫患者，5年自发缓解率在25%以上，最终缓解率约为39%。80%左右的患者用目前抗癫痫药能完全控制发作，正规减量后，50%以上患者终生不再发病。特发性全身性癫痫复发的机会较少。青年期失神发作发展成全面性强直-阵挛性发作的可能性较大，青年期肌阵挛癫痫易被丙戊酸控制，但停药后易复发。

(王学峰)

思 考 题

1. 癫痫、癫痫发作的定义是什么？
2. 何谓癫痫发作的共性？不同类型癫痫发作的临床特点是什么？
3. 癫痫发作间期药物治疗的基本原则是什么？
4. 什么叫癫痫持续状态，如何治疗？
5. 什么部位的神经元异常放电才会引起癫痫发作？
6. 病例分析

【病史摘要】

赵某，女，18岁。10年前在学校上课期间，突然感到口中有一股异味，难以描述，随之意识丧失、跌倒，双目上视，牙关紧咬，四肢抽动，持续2分钟后自行恢复，事后除发作嗅觉外，患者不能回忆发作的详细过程，发作后觉头痛，全身乏力，发作间期自觉无异常。以后反复发作多次，初1次/年，后3~4次/年，每次发作的症状相似，到当地医院就诊，作脑电图发现多个导联有局限性尖波，并可见阵发性慢波，神经系统体检无阳性发现，头颅磁共振检查也无异常。否认家族史，其母亲述其生产时有窒息史。8年前开始服用卡马西平，发作停止，5年前自行停用卡马西平，7 d后出现频繁发作，10次/d，急送医院就诊，在医院急诊过程中发作4次，医生发现在二次发作间期，呼之不应。随后静注地西泮，发作停止，改用静滴80 mg地西泮，每日1次，3 d后患者恢复正常。以后一直坚持用卡马西平治疗，未再发作。

【诊断分析】

1) 患者临床表现为发作性疾病，发作间期一如常人，每次发作持续时间2 min左右，反复多次发作，症状相似，具备了癫痫的共性，即发作性、重复性、刻板性、短暂性。发作时意识丧失，跌倒，四肢抽动，符合癫痫全身强直-阵挛性发作的个性，应考虑癫痫的存在，脑电图提示尖波和阵发性慢波，支持癫痫的诊断。患者发作前有异常嗅觉，事后能回忆，提示系部分性发作，随之意识丧失，跌倒，四肢抽动，是全身强直-阵挛性发作，因此，本例患者的发作类型是单纯部分继发全身强直-阵挛性发作。

2) 患者在8岁时发病，无阳性家族史，神经系统体检无阳性发现，头颅磁共振也无异常，母亲提供其生产时有窒息史，因而首先要考虑症状性癫痫的可能，其原因可能与产伤有关。

3) 发病之初未用药是考虑到患者每年仅发作1次，故没有用药，以后发作次数增多，始用卡马西平，用药符合癫痫发作间期药物治疗原则。

4) 患者表现为部分继发全身强直-阵挛性发作，此种类型的发作停止4~5年后才能减量，患者自行停药，且停药前没有一个逐渐减量的过程，违背了癫痫发作间期药物治疗原则，随后出现的癫痫发作是不规则用药的结果。

5) 患者在一天内发作10次，医生发现其发作间期意识不恢复，符合癫痫状态的定义，选用静注地西泮终止发作是合理的。

6）在癫痫状态纠正后，改用卡马西平治疗，可以重新控制发作。患者目前发作已停止5年，可考虑减量，并逐渐停药。

参考文献

陈生弟. 2005. 神经病学. 北京：科学出版社

王学峰. 2007. 解读国际抗癫痫联盟和癫痫局癫痫新定义. 中华医学杂志. 87(29)：2023～2024

王学峰，肖波，洪震. 2010. 癫痫持续状态的诊断和治疗. 北京：人民卫生出版社. 206～269

吴江. 2005. 神经病学. 北京：人民卫生出版社. 264～281

Panayiotopoulos CP. 2005. The Epilepsies, Seizures, Syndromes and Management. Oxford：Bladon Medical Publishing

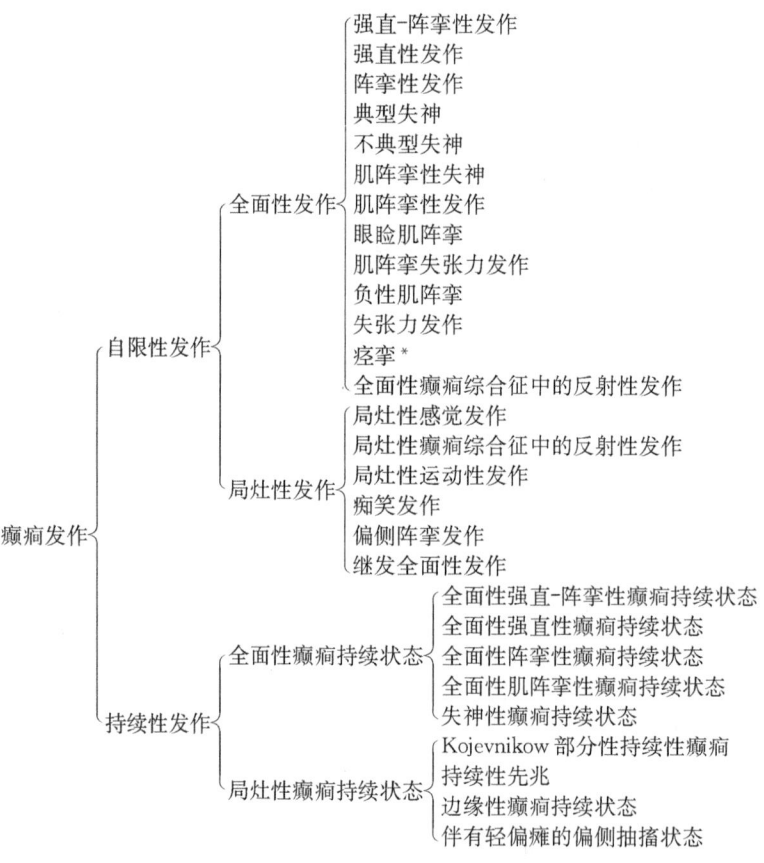

附1　2001年国际抗癫痫联盟癫痫发作分类

附2　癫痫综合征新的国际分类

癫痫综合征
良性家族性新生儿惊厥
婴儿早期肌阵挛性脑病
大田原(Ohtahara)综合征
婴儿游走性部分性发作
West综合征
良性婴儿肌阵挛性癫痫
良性家族性婴儿惊厥
良性非家族性婴儿惊厥
Dravet综合征
HH综合征#
非进行性脑病中的肌阵挛状态*
伴中央颞区棘波的良性儿童癫痫
早发性良性儿童枕叶癫痫

续表

癫痫综合征

迟发性儿童枕叶癫痫(Gastaut 型)
肌阵挛失神癫痫
肌阵挛站立不能发作性癫痫
Lennox-Gastaut 综合征
Landau-Kleffner 综合征(LKS)
慢波睡眠中持续棘慢复合波的癫痫(不含 LKS)
儿童失神癫痫
进行性肌阵挛性癫痫
不同表型的特发性全面性癫痫
青少年失神癫痫
青少年肌阵挛癫痫
仅有全面性强直阵挛性发作的癫痫
反射性癫痫
  特发性光敏性枕叶癫痫
  其他视觉敏感性癫痫
  原发性阅读性癫痫
  惊吓性癫痫
常染色体显性遗传夜间额叶癫痫
家族性颞叶癫痫
全面性癫痫伴热性惊厥重叠综合征
不同病灶的家族性局灶性癫痫
  症状性(或可能为症状性)局灶性癫痫
    边缘叶癫痫
      伴海马硬化的颞叶内侧癫痫
      根据特定病因确定的颞叶内侧癫痫
      根据部位和病因确定的其他类型
    新皮质癫痫
      Rasmussen 综合征
      根据部位和病因确定的其他类型
有癫痫样发作但不需诊断为癫痫的情况
  良性新生儿惊厥
  热性惊厥
  反射性发作
  酒精戒断性发作
  药物或其他化学物质诱导的发作
  外伤后即刻或早期性发作
  单次发作或单次簇性发作
  极少发作的重复性发作(Oligoepilepsy)

* 此综合征的概念有待进一步明确;♯ 译者注:偏侧抽搐偏瘫综合征
(引自周东,2002 年,作者略有修改)

第十三章 头痛

Headaches are classified commonly as primary or secondary. The primary headaches as migraine, tension, and cluster have no apparent underlying organic disease etiology. Headache can be diagnosed by symptoms and signs with the use of criteria. The International Classification of Headache Disorders, second edition (ICHD-II) system presently provides the gold standard. As empirical evidence and clinical experience accumulate criteria for diagnosing headaches will be revised. The focus of management of primary headaches is to relieve the symptoms and prevent recurrence. Secondary headaches are caused by an underlying organic process and are considered a symptom of the underlying disease. The focus of management is treating the underlying disease. This article examines the diagnosis and treatment of the three most common types of headaches that are seen in primary care practices: migraine, tension-type and cluster headaches.

—— www.icsi.org/guidelines and more/gl os prot/other health care condition/headache/headache diagnosis and treatment of guideline.html 2009

第一节 概 述

头痛(headache)系指头颅上半部即从眉弓至枕部发际连线以上的区域内疼痛,是临床上最常见的症状之一。其病因与发病机制非常复杂,慢性和复发性头痛多为预后良好的疾病,但是最近发生的头痛很可能是全身性病变或者严重的颅内病变的主要症状,因此必须掌握头痛的诊治方法,以免延误诊断和治疗。

大多数头痛系因颅内外组织结构中的痛觉感受器受到某种物理的、化学的刺激,产生异常神经冲动,经感觉神经通过相应的神经通路传递到大脑皮质,进行分析整合,产生痛觉。头痛主要发生于头部痛觉敏感组织,颅内各组织结构中对疼痛敏感的组织是硬脑膜、血管及部分的脑神经。硬脑膜对疼痛的敏感程度因部位而不同,除颅底的硬脑膜对疼痛敏感外,颅顶部的硬脑膜只有硬膜动脉两旁 5 mm 以内的部分和静脉窦边缘部分对疼痛敏感,其余的硬脑膜对痛觉较迟钝。颅内血管包括颈内动脉的颅内段,脑底动脉环,大脑前、中、后动脉的近端,硬膜动脉,椎动脉和基底动脉主干,上矢状窦、直窦、乙状窦等均属痛觉敏感组织。脑神经中的三叉神经、面神经、舌咽神经及迷走神经的根和颅内分支及 $C_{1\sim2}$ 脊神经分支受刺激可致头痛。颅外的各组织结构如头皮、皮下组织、肌肉、帽状腱膜、动脉、骨膜、血管和末梢神经以及副鼻窦黏膜、外耳、中耳、牙髓等对刺激均可产生疼痛反应,其中以颅外动脉、肌肉及末梢神经最为敏感。头痛的病理生理机制主要涉及脑膜或颅周组织特异性炎症与非特异性炎症,三叉神经、$C_{1\sim2}$ 脊神经等外周神经疼痛致敏,中枢传入通路调控紊乱,大脑皮质相关结构与功能异常等几个重要环节。

2004 年国际头痛联盟发表的第二版《头痛疾患的国际分类》将头痛分为 14 类。但是,临床中常按疾病的病因按急性、亚急性和慢性发作分类(如表 13-1)。同时又根据对脑功能影响的大小,以及对生命、肢体运动、视力影响的不同,分成原发性头痛和继发性头痛。原发性头痛常常没有明确病因,长期反复发作,预后相对较好。继发性头痛常常是病因明确,有可能是威胁患者生命或致残的头痛。

表 13-1 头痛的病因分类

急性发作	慢性发作
常见病因	偏头痛
蛛网膜下腔出血	紧张型头痛
其他脑血管病	丛集性头痛
脑膜炎或脑炎	慢性每日性头痛(含药物过度使用性头痛)
少见病因	
痫性发作	
低颅压性头痛	
高血压性脑病	

续 表

  亚急性发作
    颞动脉炎
    颅内占位病变
    良性颅内压增高症
    疱疹后神经痛

  头痛的诊断过程应在了解头痛病理生理机制的基础上进行,包括详细询问病史,全面的体格检查,以及仔细的鉴别诊断三个步骤。病史的询问需注意以下几个方面：① 头痛发生的方式与经过,是急性、亚急性还是慢性发生,其过程为波动性、持续进展、周期发作或慢性复发性。首次出现的急性起病剧烈头痛,其病因多为器质性;② 头痛产生的部位,是单侧或双侧、前头部或后头部、局部或弥漫、颅内或颅外;③ 头痛出现时间与持续时间;④ 头痛的性质与程度。临床常用10分自评法来评估疼痛程度,1～3分为轻度疼痛,4～6分为中度疼痛,7～9分为重度疼痛,10分为极严重疼痛;⑤ 加重、减轻或诱发头痛的因素以及伴随症状;⑥ 必要时建议患者使用头痛日记记录疼痛发作,并定期检查。全面的体格检查包括神经系统检查。在鉴别诊断时,要有选择性地使用头颅CT、MRI,以及腰椎穿刺脑脊液检查。

  头痛发作时疼痛程度不一,轻度疼痛对患者生活、工作、学习干扰较小,而中重度疼痛则严重影响患者的心身健康。因此,头痛的防治原则包括病因治疗,对症治疗(尤其是紧急止痛)和预防性治疗。对病因明确者应尽早去除病因,对急性发作的头痛治疗,主要在于减轻或终止头痛的发作,对头痛的伴随症状如恶心、呕吐、眩晕等给予适当的对症治疗,对慢性反复发作的头痛,应给予预防性治疗。

第二节　原发性头痛

一、偏头痛

  偏头痛(migraine)是一种反复发作的神经血管紊乱性疾病。表现为发作性的偏侧或两侧交替性搏动性头痛,伴有恶心、呕吐及畏光。在安静、黑暗环境或睡眠后头痛可缓解,间歇期正常。多在青春期起病,部分患者有家族史。其患病率在欧美国家高达8%～28%,亚洲与非洲国家为1%～8%,我国为9.3%。

【病因及发病机制】

  病因尚不清楚,有50%～60%患者的双亲有偏头痛史。多数属多基因遗传,极少数特殊亚型为常染色体显性遗传。很多患者的自主神经系统呈不稳定状态,尤其在环境变化、外界刺激、躯体及精神疲劳、睡眠不足、月经周期变化等情况下更易诱发偏头痛。女性偏头痛患者常在月经来潮前发作,多数人在妊娠后发作频度减少或发作消失。

  有些患者摄入某些食物后,如奶酪、熏鱼、巧克力、柑橘及酒精类饮料等可诱发偏头痛发作。

  发病机制主要有血管源性、神经源性及三叉神经血管系统激活学说。

  血管源性学说认为偏头痛先兆症状(一过性脑功能障碍)是颅内血管收缩使脑局部缺血所引起,表现视觉改变、闪光样暗点、视野缺损。在典型偏头痛先兆期时局部脑血流(rCBF)可见明显降低,头痛出现后,rCBF及颅外动脉血流均显著增加,同时见脑脊液内乳酸增加,碳酸氢盐含量降低。

  神经源性学说提出偏头痛是原发性神经源性功能紊乱,伴有继发性血管运动的改变。偏头痛呈现的各种复杂症状是大脑皮质功能紊乱的结果,可能是原发于下丘脑/间脑水平的脑部阈值障碍。各种诱发因素只要导致脑部阈值下降就能引起头痛发作。Leao首先在动物实验中用皮质脑电图观察到皮质受到有害物质刺激后出现局部脑电活动异常,并以3mm/min的速度缓慢自后向前扩散,称之为扩散性皮质抑制(cortical spreading depression,CSD),扩散的速度和偏头痛发作时先兆症状扩展速率相同,偏头痛发作中先兆或神经功能障碍可能与大脑皮质细胞去极化,先兴奋后短暂抑制有关。偏头痛先兆症状中发光视幻觉为刺激症状,与皮质细胞去极化有关;而随后出现的视野内的暗点、偏盲、黑矇为抑制症状,与皮质细胞抑制有关。CSD对丘脑、三叉神经脊束核、蓝斑等中枢疼痛处理有广泛作用,还可引起与偏头痛有关的NO、降钙素基因相关肽等递质释放,并产生与痛觉过敏及炎症有关的基因表达如神经生长因子、神经胶质纤维酸性蛋白、环氧合酶-2等,这可能是CSD样神经电活动引起头痛及其相关临床表现的重要原因。

  三叉神经血管系统激活学说认为脑膜中动脉和颅内大动脉主要由三叉神经纤维支配,而支配这些血管的大量交感和副交感纤维其投射也属于三叉神经血管系统。偏头痛时,受累的脑内大动脉和脑膜中动脉不断发生兴奋,激活三叉神经,使脑膜血管扩张,血流增加,血管周围水肿,血管内皮细胞、血小板、肥大细胞被激活等,局部释放活性致痛物质,如降钙素基因相关肽、P物质和神经激肽A等,这些物质又可作为兴奋冲动使受累动脉更加扩张,形成恶性循环。

总之,偏头痛的发病机制,尚无最后定论。许多学者设想应该先由一个神经源性触发点引起三叉神经血管反射,并释放某些物质进入血管壁,血管扩张后引起搏动性头痛和触痛。情绪障碍、劳累、饥饿等因素诱导偏头痛发作有可能激活了上述神经性机制。

【临床表现】

女性多于男性,约为3:1,多在青春期起病,发作频率不定,病初可每年发作1至数次,以后有的每月发作1至数次,少数患者可每周发作数次。根据临床表现主要分为三种类型:有先兆偏头痛、无先兆偏头痛、特殊类型偏头痛。

1. 有先兆偏头痛(migraine with aura)　又称典型偏头痛(classic migraine),约占偏头痛的20%,有明显的先兆期,具有发作性、缓解性、复发性三大特点。临床发作可分为5个时期:

(1) 前驱期:约有60%患者在偏头痛发作前数小时至数天出现前驱症状,可表现为精神症状如抑郁、乏力、懒散、倦睡、情绪激动、易激惹、欣快等,也可表现自主神经症状如面色苍白、厌食或明显饥饿感、口渴、尿频、尿少、腹痛、腹泻、心慌、气短等。不同患者前驱期症状有很大的差异,但同一患者每次发作前驱期症状相对稳定。

(2) 先兆期:先兆多为局灶神经症状,偶为全面性神经功能障碍。典型的先兆常重复出现,逐渐发展,持续约十多分钟至1h以内,随后出现头痛。最常见的先兆为视觉性先兆,如闪光、暗点、视物变形、视野缺损、单眼或双眼黑矇。其次为躯体感觉性先兆,如一侧肢体感觉异常或面部麻木等。运动性先兆较少见,可出现肢体轻偏瘫及言语障碍。偏头痛先兆可不伴头痛出现,称为偏头痛等位症,多见于儿童偏头痛,有时见于中年以后,先兆可为主要临床表现而头痛很轻或无头痛,也可与头痛发作交替出现。

(3) 头痛期:先兆期症状消失后,很快产生头痛。疼痛多始于一侧眼眶部或额颞部,逐渐加剧,并扩展至半侧头部或整个头部。头痛呈搏动或胀痛,并伴有恶心、呕吐、畏光、怕声、面色苍白、精神萎靡、厌食,有的伴有球结膜和鼻黏膜充血和分泌物增多,也可伴有尿频、排尿障碍、便秘或腹泻、高血压或低血压、心慌甚至出现心律失常等自主神经功能障碍。日常活动如上下楼梯可加重头痛,故患者多躲至较暗的安静处休息。头痛发作数小时,有的达1~3d,尚有持续时间更长者,可持续数周。1次偏头痛发作持续时间超过3d以上者,称为偏头痛持续状态。

(4) 缓解期:服止痛剂或睡眠后头痛明显缓解。

(5) 后续症状期:头痛缓解后数日之内,仍出现一系列后续症状,表现疲倦乏力、昏昏欲睡、肌肉酸痛、情绪低落、烦躁、易怒、注意力不集中等。

2. 无先兆偏头痛(migraine without aura)　又称普通型偏头痛(common migraine),是偏头痛中最常见类型,约占80%,无先兆症状,但在头痛前数日或数小时可出现胃肠道症状,情绪低落或欣快和一些自主神经功能紊乱等前驱症状。头痛发作与有先兆偏头痛相似,但常两侧不定,有的自开始即为两侧,疼痛持续时间较长,可持续3d。可伴有食欲不振、恶心、呕吐、畏光、畏声等症状。

3. 特殊类型偏头痛

(1) 眼肌麻痹型偏头痛(ophthalmoplegic migraine):见于年轻的成年人,在偏头痛反复发作中或发作后,在头痛侧出现眼肌麻痹,常见为动眼神经麻痹,表现为上睑下垂,瞳孔散大,眼球上、下、内收运动障碍,少部分患者尚有滑车神经、展神经麻痹的症状,出现眼球运动障碍,每次发作可持续数小时至数周不等,极少数不能恢复。

(2) 偏瘫型偏头痛(hemiplegic migraine):多在儿童期发病,可分为两类,一类为阳性家族史,多呈常染色体显性遗传,半数病例与第19号染色体连锁,亦与P/Q型钙通道突变有关;另一类为散发型,与有或无先兆偏头痛交替发作。表现为轻偏瘫或/和偏侧麻木、有时伴失语。数十分钟后发生同侧或对侧头痛,而偏瘫可持续数十分钟至数日不等。

(3) 基底型偏头痛(basilar migraine):多发生于少年或青年女性,发作与月经有明显的关系,家族成员较多有同病或其他类型偏头痛。头痛发作的先兆症状以双侧视觉症状如闪光、暗点、黑矇、复视、视野缺损以及脑干症状,如眩晕、眼震、耳鸣、构音障碍、共济障碍、双侧肢体麻木、无力或口周感觉异常等,也可出现意识模糊和跌倒发作。先兆症状持续20~30 min后出现搏动性头痛,多位于枕后部,向后颈部放射,常伴有恶心、呕吐,在头痛高峰期部分患者可有短暂意识障碍。头痛可持续数小时,发作后恢复正常,间歇期一切正常。

(4) 视网膜动脉型偏头痛(retinal artery migraine):表现为反复发作偏头痛伴有同侧的视网膜循环障碍,出现头痛伴单侧眼的畏光、黑矇、暗点、甚至失明。如果反复发作可伴发中心视网膜动脉及其分支的血栓形成或视神经乳头萎缩。

【诊断】

根据年轻人好发,女性多见,长期多次发作的头痛史,每次发作性质相类似,同时还具有下述的特点:偏侧搏动性头痛或胀痛,日常活动会加重的中至重度疼痛,伴恶心呕吐、畏光或畏声,每次疼痛持续数小时但多数不超过3d,发作间歇期正常,常有家族史,神经系统检查无异常发现。若伴有先兆还应有:至少有1次完整的发作,症状持续4~

60 min，随后头痛发作。患者具备上述临床特点，诊断不难。但对出现严重的先兆或先兆时间延长者，以及近期出现严重的头痛者应进行颅脑 CT、MRI、MRA 或 DSA 等影像学检查。

【鉴别诊断】

有先兆或无先兆偏头痛诊断多无困难，但其他特殊类型的偏头痛诊断应十分慎重，首先要排除引起头痛的常见病。

1. 丛集性头痛　头痛位于一侧眶部周围，重者波及全头部，头痛发作无先兆呈密集性，非常剧烈。呈钻痛或爆裂样痛，发作迅速并可突然停止。发作时伴有头痛侧鼻黏膜、球结膜充血、流泪、鼻塞，少数出现上睑下垂，每日发作 1 至数次，可在睡眠中发作，每次发作数十分钟至 3 h，亦可连续数日数周，缓解期可长达数月至数年之久。

2. 血管性头痛　由于某些患者脑血管本身具有动脉粥样硬化、血管畸形及动脉瘤等病理改变，加之伴有高血压，在血流冲击下，血管易极度扩张，刺激血管感觉神经末梢，引起血管扩张性头痛类似偏头痛，但常无典型偏头痛发作过程，颅内动脉瘤和动静脉畸形可出现相应的神经功能缺损症状或癫痫发作，神经影像学检查可显示病变。

3. 颈动脉痛（carotidynia）综合征　又称下半部头痛（lower half headache）或颜面型偏头痛（facial migraine），是一种多因素所致的头痛综合征，多见于老年人。表现为一侧面部、颈部、下颌或眶周的搏动性、刀割样疼痛或钝痛，疼痛为持续性阵发性加剧，每次疼痛数分钟到数小时，持续数日至数周才缓解，疼痛常因颈部活动、吞咽、咀嚼、哈欠、咳嗽等诱发或加重，检查时发现颈动脉区有触痛，周围组织有水肿。常见病因为颈动脉壁间动脉瘤、颈动脉炎或动脉粥样硬化，部分病例病因不明。彩色多普勒超声、MRA、DSA 等检查有助于诊断。

4. 颅内占位病变　早期头痛可为间歇性或晨起为重，随病情发展多成为持续性头痛，尚有颅内压增高表现：头痛、恶心、呕吐、视神经乳头水肿，并可出现局灶性症状与体征，头颅 CT 和 MRI 检查可有助于鉴别。

【治疗及预防】

偏头痛为反复发作性的疾病，在发作时要解除或减轻头痛发作症状，同时要预防和减少头痛的复发。偏头痛的治疗和预防应掌握个体化的原则。

1. 头痛发作期治疗　目的是快速止痛。应使患者保持安静，消除精神上恐惧感，安置在稍暗的房间里，避免焦虑和紧张，让患者保持适度的睡眠。

（1）轻、中度头痛：服用一般解热镇痛剂或非类固醇性消炎药物即可显效。常用药物如阿司匹林、布洛芬、芬必得、萘普生、双氯芬酸钠等。恶心、呕吐可应用甲氧氯普胺。

（2）重度头痛：宜首选麦角衍生物类药物，常用麦角胺咖啡因片（每片含咖啡因 100 mg，酒石酸麦角胺 1 mg），在偏头痛发作开始时即服 1～2 片，必要时隔数小时或 12 h 再加服 1 片，可重复 2 次，直至头痛消失为止，每次发作用量不超过 5 片，一周总量不超过 10 片。如有剧烈呕吐不能口服药物时，可皮下或肌肉注射酒石酸麦角胺 0.25～0.5 mg。麦角碱药物的不良反应较大，现多选用作用迅速、副反应小的曲普坦类药物（5-$HT_{1B/1D}$受体激动剂），如舒马曲普坦（sumatriptan，imigran）25～50 mg，口服，24 h 内不宜超过 300 mg，或 6 mg，皮下注射，1 h 后可重复，24 h 内不宜超过 12 mg；亦可用佐米曲普坦（zolmitriptan，zomig）2.5～5 mg，口服，2 h 后可重复，每日不宜超过 10 mg。还可使用利扎曲普坦（rizatriptan）：口服，5～10 mg，每次用药的时间间隔至少为 2 h，一日最高剂量不得超过 30 mg。有冠心病和高血压病史等血管病的患者不能使用曲普坦类药物。也可用氟灭酸（flufenamic acid），每 2 h 服 2 片，总量不超过 6～8 片。甲氧氯普胺 10 mg，肌肉注射，同时或 30 min 后服乙酰氨基酚（Paracetamol，扑热息痛）1 g 和地西泮 5 mg，可有效地抑制头痛。

2. 偏头痛预防性治疗　目的是减少发作次数，减轻头痛程度，增强急性期止痛药物效果。服用预防治疗药物至少 3 个月为 1 个疗程。具体用法：① 普萘洛尔（propranalol，心得安）：为 β 肾上腺素能受体阻滞剂，10～40 mg，每日 2～4 次；② 钙拮抗剂：氟桂嗪（flunarizine）5～10 mg，睡前服用；③ 抗抑郁药：如阿米替林、氟西汀等；④ 抗惊厥药：如丙戊酸钠、卡马西平、托吡酯、加巴喷丁等。过去常用的苯噻啶、噻庚啶、苯乙肼、可乐定、非类固醇消炎药（萘普生、双氯芬酸钠等），可酌情选用。

【预后】

大约 2/3 的偏头痛患者在更年期后，头痛逐渐消失或显著减轻，还有部分演变为慢性头痛，极少数为顽固性头痛。

二、紧张型头痛

紧张型头痛（tension-type headache，TTH）是原发性头痛中最常见的一种，发病率高于偏头痛。以往曾称之紧张性头痛或肌收缩性头痛，表现为双侧头部束带样或全头部紧缩性或压迫性头痛。

【病因及发病机制】

尚未完全明确,可能与多种因素有关。由于长时的特殊头位,或由于精神因素、疲劳等应激因素所致的颈部肌肉或肌筋膜结构持久的收缩,肌肉血循环的障碍和缺血,细胞内、外钾离子转运障碍,以及中枢单胺能系统间断性功能障碍等有关。

有关紧张型头痛与颅周肌肉疾患之间的关系,肌肉疾患是紧张型头痛的原因还是结果,或仅是紧张型头痛发病机制中的因素之一,尚无定论。Bansevicius等对紧张型头痛患者的肌肉疼痛、紧张和肌电反应之间进行了相关性研究,发现疲倦和疼痛之间在全部实验过程中有显著相关性,头痛时间越长,疲倦感觉越显著;但紧张和疼痛之间相关性较弱,仅在后期实验有相关性,且只见于颈部肌肉。肌电活动和疼痛之间,肌电活动和疲倦之间,紧张和疲倦之间均无相关性。因此,认为紧张在紧张型头痛中的作用并不突出。

最近有人对紧张型头痛患者进行痛阈研究,结果发现不论是偶发型、频发型还是慢性型,对疼痛敏感均显著高于正常人,说明患者可能具有周围性和中枢性疼痛敏感增强的现象。临床上可见到紧张型头痛和偏头痛同时发生在同一患者,有些患者最初表现为偏头痛,当发作频率逐渐增加后表现为发作性紧张型头痛,并可进而转为慢性紧张型头痛。

【临床表现】

发病年龄多在20~40岁的青、中年,女性多于男性。病前多有应激情况或长期在紧张状态下工作或生活。疼痛持续时间从30 min到7 d不等。其临床特征为双侧头痛呈钝痛、无搏动性,头痛位于顶、颞、额及枕部或全头部,头痛程度属轻到中度,呈发作性或持续性疼痛,不因体力活动而加重,患者觉头顶重压发紧或头部带样箍紧感,并在枕颈部发紧僵硬,转颈时尤其明显,一般不伴恶心、呕吐,无畏光或畏声等症状。多数患者伴有头昏、失眠、焦虑或抑郁等症状。神经系统检查多无阳性体征,半数患者在颅周肌肉如颞肌、颈枕部肌肉、头顶部、斜方肌常有压痛,有时轻揉和捏压这些肌肉反觉轻松和舒适。

临床上根据头痛的发作频率和持续时间,分成偶发(1月不到1次)、频发(1月内少于15 d发作)和慢性(1个月内发作≥15 d,连续3个月以上)三型。偶发型患者病情较轻,头痛程度轻微,很少去医院诊治。大多频发和慢性型患者因头痛程度严重而去医院诊治。

【诊断及鉴别诊断】

1. 诊断 主要根据患者的多次相同临床表现,双侧头部对称性闷痛、钝痛、压迫性痛等(无搏动性),轻至中等程度疼痛,持续30 min到7 d,一般体检及神经系统检查无异常发现,神经影像学检查无异常发现,诊断不难。在明确紧张型头痛诊断同时最好还要根据标准进行分型,尤其是颅周肌肉是否有疼痛,亦要说明以供选择治疗方法与药物。

2. 鉴别诊断 紧张型头痛患者若头痛病程较短,应注意与颅内各类器质性疾病相鉴别。

(1) 偏头痛:头痛呈搏动性跳痛,常伴恶心、呕吐。头痛前可先有视觉障碍,也可无任何先兆即开始偏头痛,一般历时数小时或数日逐渐缓解。少数患者偏头痛与紧张型头痛同时并存,难以区分。

(2) 丛集性头痛:头痛发作呈密集性是其特征,剧烈无先兆,发作迅速并可突然停止。每日发作1至数次,每次发作数十分钟至3 h,并可连续数日至数周,但缓解期可长达数月至数年之久。

(3) 颅内慢性感染:有感染史,神经系统检查有阳性体征,腰穿脑脊液检查有异常。

(4) 颅内占位性病变:由于颅内压增高引起头痛,神经系统检查存在阳性体征,颅脑CT或MRI检查可助鉴别。

(5) 低颅压性头痛:包括颅内低压综合征。此类患者均以头痛为主,酷似紧张型头痛,详细的神经系统检查和腰穿测颅压及颅脑CT检查有助鉴别。

【治疗】

紧张型头痛与偏头痛一样包括疼痛的发作性和迁延慢性化,故治疗上也包括急性期止痛和预防性治疗。在急性期可使用非类固醇性抗炎药物,如布洛芬、芬必得、萘普生、双氯芬、普鲁奎松等;也可应用普通的镇静剂,如地西泮、劳拉西泮(lorazepam)、硝西泮等;预防治疗中可以使用抗焦虑、抑郁剂,如阿米替林、氟西汀、舍曲林等。

消除各种应激因素可以明显改善头痛。紧张型头痛也可用物理疗法,包括松弛锻炼、生物反馈治疗、理疗、按摩、针灸等,使头痛症状得到改善。

【预后】

约半数患者在3~4年内逐渐好转,头痛消失。还有近1/3者会演变成慢性紧张型头痛。

三、丛集性头痛

丛集性头痛(cluster headache)曾称为周期性偏头性神经痛(periodic migrainous neuralgia)、组织胺性头痛

(histamine headache)、Sluder 神经痛、Horton 综合征。这是一种较少见的原发性头痛,表现为一侧眼眶部和(或)额颞部剧烈疼痛,在丛集期内,以反复的密集性发作为其特征。

【病因及发病机制】

迄今尚不明了,可能与下丘脑功能障碍以及颅内段的颈内动脉损伤有关,有人曾发现丛集性头痛发作时海绵窦部位的颈内动脉扩张。患者头痛发作时睾酮水平变化,提示下丘脑病变。丛集性头痛患者松果体分泌黑色素高峰在晚上减弱,松果体的分泌活动多受视交叉上核调控,这些均也提示下丘脑有病变。PET 研究发现丛集性头痛患者下丘脑有变化,其下丘脑后部灰质有视交叉上核,该处调控生物钟。因此有人认为丛集性头痛病灶位于下丘脑灰质,系调控生物钟的神经元功能发生紊乱。

【临床表现】

发病年龄迟于偏头痛,多在 20~50 岁发病,男女之比约为 4∶1,无家族遗传史。常在夜间入睡后突然发作,而使患者痛醒,短时间内达高峰。疼痛开始无先兆,先表现为一侧眼球后牵拉或压迫感,在数分钟内发展为眼眶周围剧烈疼痛呈钻痛性或搏动性,常扩散到同侧额颞部或上颌部,也可扩散到颈枕部或颈部,站立后头痛可减轻,因此患者常表现特有的来回踱步,常用拳捶打头部或以头撞墙。痛侧常伴有鼻黏膜、球结膜充血、流泪、鼻塞、颜面潮红。约有 1/4 病例在头痛同侧出现颈交感神经麻痹综合征(Horner 征),可出现畏光,不伴恶心、呕吐。每次发作持续数十分钟至 3 h,发作时常以非常规方式每日发作或一日中有数次发作,以凌晨和午睡后发作最常见,连续数日或数周,然后头痛停止,在间隔数月或数年后又出现,常在每年春季和(或)秋季发作。在丛集期,饮酒或使用血管扩张药可诱发头痛发作。

【诊断及鉴别诊断】

主要根据病史、临床表现、体格检查及必要特殊检查排除其他器质性头痛,诊断多无困难,在原发性头痛中,丛集性头痛应与偏头痛鉴别。

国际头痛联盟提出对丛集性头痛诊断必须符合:① 至少发作 5 次;② 重度偏侧眼眶、眶上或颞部疼痛,持续 15~180 min(若不治疗);③ 头痛侧至少具有以下 1 项症状:结膜充血,流泪,鼻塞,流涕,前额及面部出汗少,瞳孔缩小、眼裂变窄、眼睑水肿;④ 丛集发作时,可以隔日 1 次至 8 次/d。

【治疗】

丛集性头痛治疗包括急性止痛治疗、过渡性治疗和维持性治疗。急性止痛治疗包括采用面罩纯氧吸入(7~15L/min),多数患者在 15 min 内头痛缓解,还可以皮下注射舒马曲普坦;过渡性治疗是指急性止痛后使用的药物能够继续缓解头痛直至维持性治疗药物发挥作用,包括短期静脉滴注皮质类固醇、2% 利多卡因溶液滴鼻、枕大神经封闭等,同时开始预防性使用如维拉帕米(verapamil)、碳酸锂、氟桂利嗪、丙戊酸钠、托吡酯等维持性治疗药物,头痛丛集期终止后才可以停药。治疗期间要避免饮酒,减少诱发。

第三节 继发性头痛

一、颞动脉炎

颞动脉炎(temporal arteritis)是从颈部动脉发出供应头部的大和中型血管的炎症与损伤。如果影响到颈部、上肢和上身的动脉,又称巨细胞动脉炎(giant cell arteritis)、颅动脉炎(cranial arteritis)等,是颅动脉的特殊炎症性疾病,也是老年人头痛的重要原因之一。

【病因及发病机制】

病因不清,可能是一种影响动脉血管的异常免疫反应,常与严重感染和使用大剂量抗生素有关。

可以单独发生,也可以并发于多发性风湿性肌痛(polymyalgia rheumatica)。

【临床表现】

1) 发病年龄通常大于 50 岁,尤以 65 岁以上多见。一般为亚急性起病,逐渐加剧的搏动性或非搏动性头痛,常呈锐痛和刺痛,可伴烧灼感。少数患者可突然发作。

2) 头痛多位于单侧或双侧颞部及眼眶周围,可波及额部与枕部,一般在受累动脉一侧头皮的表浅部位。咀嚼时可出现疼痛,并可以此为首发症状。疼痛通常持续一天,夜间尤为严重,如不经治疗可持续数月甚至一年。

3) 视觉障碍是较常见的首发症状,可先有数次短暂性黑朦发作而后出现部分或完全视力丧失,视力一旦丧失,很少恢复。眼肌麻痹少见。

4) 患者常感到全身怠倦不适、低热、贫血、食欲不振、肌肉疼痛和肢体无力,以及体重下降、焦虑和抑郁等症状。颅内大血管偶可受累。

5）检查时通常可见表浅的颞动脉及其他头皮动脉硬而粗大，有触痛，无搏动。严重病例可见下颌功能受损、头皮出现缺血性小结节（ischemic nodules）和皮肤表面溃疡。50%的患者出现全身肢体近端肌肉疼痛，提示存在风湿性多发性肌痛。

6）血沉通常加快（>50 mm/h），少数患者外周血中性粒细胞增多。病理检查颞动脉壁巨噬细胞浸润，其他部位血管结节性动脉周围炎改变，可确定诊断。

【诊断】

老年人（50～65岁或以上）逐渐加剧的搏动性或非搏动性头痛，伴短暂性黑矇发作或视力障碍，颞动脉变硬及触痛，血沉加快等，可考虑颞动脉炎。确诊依赖病理检查。

早期诊断很重要，可避免因眼动脉血栓而造成的失明。若诊断不明，可行颞动脉活检，如发现肉芽肿或巨细胞动脉炎可确诊。颈外动脉分支动脉造影是最敏感可靠的检测手段，但一般很少采用。

【治疗】

一旦确诊颞动脉炎，应立即使用泼尼松45～60 mg/d，分次服用，数周后逐渐减量至10～20 mg/d，并用此维持量服用数月或数年，以防复发。头痛一般可在1～2 d内缓解，否则可能诊断有误。血沉恢复到正常水平是治疗有效的可靠指标。

二、低颅压性头痛

低颅压性头痛（intracranial hypotension headache）是指由于各种原因引起颅内压降低，腰穿脑脊液压力低于70 mmH$_2$O(0.68 kPa)甚至无法测出，临床上表现以站立性头痛为主的低颅压综合征。

【病因及发病机制】

原发性低颅压性头痛病因不明，可能与血管舒缩障碍引起的侧脑室的脉络丛脑脊液分泌减少或因上矢状窦的蛛网膜颗粒和脊髓静脉的蛛网膜绒毛吸收增加有关。

继发性低颅压性头痛的病因有颅脑外伤、颅脑手术后、腰椎穿刺后、脑室分流术等使脑脊液漏出增多。其他如颅内感染、全身感染、脱水、休克、低血压、脑供血不足、过度换气、糖尿病酮症酸中毒、内分泌及代谢紊乱（垂体功能减退、肾上腺功能低下、胰岛素功能亢进等）、尿毒症、慢性巴比妥类药物中毒等。由于上述病理改变，均可使脑脊液生成减少，导致低颅压性头痛。

颅内压力降低后，脑组织移位下沉使颅底的疼痛敏感组织如硬脑膜、血管、神经等被牵拉而引起头痛。

【临床表现】

本病可发生于各种年龄，男女均可罹患，两性患病数无明显差异。头痛部位在枕部或后颈部，有时位于前额或全头。疼痛呈胀痛、钻痛、牵扯痛或搏动性痛。头痛与体位变化有明显关系，起坐或站立时头痛加剧，平卧后头痛减轻或消失。当咳嗽、打喷嚏、摇头、用力时可使头痛加重。可伴有头晕、耳鸣、恶心、呕吐、视物模糊等症状。神经系统检查多无异常。

腰椎穿刺后低颅压性头痛，通常在腰穿后10～12 h发生，最常发生于腰穿后第2、3天，持续3～5 d后恢复，少数可达两周或更长时间。

原发性低颅压性头痛脑脊液检查可见有红细胞或蛋白增多，可能是脉络丛停止分泌时，脑和脑膜充血，使红细胞渗出；也有认为在正常情况下，颅内压与蛛网膜下腔内静脉压大致相等，颅内低压时，静脉压可相对高于颅内压，可引起血液进入蛛网膜下腔，因而使脑脊液红细胞增多。

【诊断及鉴别诊断】

根据典型的临床表现，头痛与体位的特殊关系，大多诊断不难。个别诊断尚不能明确者，可行腰椎穿刺测定脑脊液压力低于70 mm H$_2$O(0.68 kPa)，部分病例压力更低或测不出，放不出脑脊液。少数病例脑脊液可见白细胞或红细胞轻度增多，或蛋白轻度增加，糖和氯化物正常。头颅 MRI 可见脑垂直移位，脑桥基底部倚在斜坡上，鞍上池消失，Gd-DTPA 增强扫描可见全脑膜弥漫性强化。放射性核素脑池造影对腰穿后头痛、头部外伤后头痛或疑有脑脊液漏是一种敏感的检测手段。

本病应与高颅压性头痛鉴别，后者头痛常伴有颅内增高征，眼底视乳头水肿，卧位时头痛不减轻，使用高渗脱水治疗后头痛可缓解。

【治疗】

根据颅内低压性头痛的病因分别给予处理，如控制感染、纠正脱水、治疗糖尿病酮症酸中毒等。在一般对症治疗中应卧床休息,大量饮水,每日口服 3 000~4 000 ml 生理盐水,每日静脉滴注低渗液或林格液 1 000~2 000 ml,给予适量镇痛剂。严重病例可于鞘内注入生理盐水,每次 20~30 ml;可给予苯甲酸钠咖啡因 500 mg 皮下或肌肉注射,亦可加入 500~1 000 ml 乳化林格液中缓慢静脉滴注,因该药具有阻断腺苷酸受体作用,使脑血管收缩,增加脑脊液压力,缓解头痛。对腰穿后头痛经上述治疗无效时,可应用硬膜外自体血修补法,采用自体血 15 ml 缓慢注入脊柱的腰和(或)胸段硬膜外腔,压迫硬膜囊,阻塞脑脊液漏出口,增加脑脊液压力。此法副反应有感染并发蛛网膜炎、脊神经炎、下肢感觉异常和背痛等。此外还可采用脑垂体后叶素、麻黄素、地塞米松等治疗,也可行颈交感神经节封闭疗法对外伤性的低颅压性头痛效果佳。采用细针芯可减少腰穿后头痛发生率,患者腰穿后俯卧和头低足高位并维持一段时间。

【预后】
绝大多数患者经药物治疗后预后良好,只有个别人需要手术修补。

三、药物过度使用性头痛

药物过度使用性头痛(medication overuse headache,MOH)系指患者在长期服用能够解除疼痛的药物同时,头痛性质与程度发生新的变化,当停用这些药物后疼痛可以明显改善的一类头痛。

【病因及发病机制】
发生机制仍不清楚。许多药物长期过度使用都可以造成头痛,这类药物主要有巴比妥类、非甾体抗炎止痛、麦角胺类、曲普坦类等。

长期服用这类止痛药物,有偏头痛病史者比无偏头痛者更易罹患慢性头痛,由于偏头痛者具有显著的遗传特征性,因此推测,这类罹患药物过度使用性头痛的患者同样具有遗传特征。

最近有研究证实止痛药物下调 5-HT 受体的表达与功能可能是导致慢性头痛的重要机制。在中枢神经系统中,降低血小板 5-HT 和上调 5-HT_{2A} 受体表达,诱导血小板产生一氧化氮(NO)和增加 P 物质与神经生长因子等炎性物质水平也可能是药物过度使用性头痛产生的另外机制。止痛药物剂量的增加与头痛频率增多的平行关系强烈地提示两者之间的因果关系,也预示着撤药后头痛的症状会明显改善。

【临床表现】
男女性均可患病,女性多于男性,近年有逐年升高趋势。在有些头痛诊所,本病约占慢性头痛患者的 70%。

本病系慢性每日头痛的一种表现。主要由两种临床表现构成,即偏头痛和紧张型头痛。在一段时间里患者表现为轻度、全头部、压迫性头痛,不伴有消化道症状,而在另外几天,患者表现为严重、偏侧、搏动性头痛,伴有恶心、呕吐和畏声、畏光等症状。除此之外,这类患者头痛还具有以下特点:

1) 常有偏头痛或者紧张型头痛病史。
2) 有明确的长期止痛或镇静药物服用史。表现止痛药物服用剂量与次数逐步增加,早期每月服用数次发展到每周服用数次直至每日服用,最高每天可以达到 6~7 片,成为每日必备的物品;服用止痛药物与头痛性质改变,尤其是慢性化具有比较明确的时间关系。
3) 严重头痛与轻度头痛交替发生。按 10 分疼痛程度计,严重头痛程度可达 8~10 分,可以持续 4~24 h,类似于偏头痛发作;在严重头痛发作之间的轻度头痛程度达 3~5 分,类似于紧张型头痛发作。这种头痛常持续数月至数年,甚至更长时间。
4) 服药短暂止痛与头痛"反跳"交替出现。两次严重头痛间歇期与止痛药物的代谢速度有关。当头痛发作时,服药可以获得短时的止痛效果,时间一过,头痛再次出现,患者又必须服药。
5) 患者常有焦虑和抑郁等心身性症状,表现为烦躁、失眠、注意力减退和记忆力下降等。

神经系统体检和头颅 CT 检查正常。使用头痛日记,有助于判断头痛与服药之间的关系。必要时进行焦虑和抑郁量表检查,有助于诊断和治疗。

【诊断及鉴别诊断】
本病主要依靠临床表现,没有特异性辅助检查指标。详细的病史询问,尤其是每月头痛 10 d 以上,连续服用止痛药物至少 3 个月,当中止服用可疑药物期间,头痛明显改善就可以诊断本病。

鉴别诊断需与其他慢性头痛,尤其是颅内感染、颅内肿瘤以及原发性慢性头痛相鉴别。

【治疗】
关键是停止服用长期和大剂量导致头痛的止痛药物。停药后头痛症状会得到显著的改善。

长期习惯使用较大剂量止痛药物的患者,按计划治疗多数效果较好。包括以下措施:① 坚决停止正在服用的止痛药物；②使用其他非抗炎性药物控制疼痛的发作；③提供适当的液体与食物；④多数患者需要使用偏头痛预防治疗的一些药物；⑤提供心理咨询与治疗，必要时可以使用相关药物；⑥适当的休息与睡眠是非常重要的；⑦教育患者认识到药物过度使用性头痛的本质就是与药物使用有关的一种头痛现象。

【预后】

经过治疗，许多患者停止止痛药物的使用，头痛明显好转。但是还有一部分演变成顽固性慢性头痛，治疗非常困难。

（万 琪）

思 考 题

1. 采集头痛患者病史时应该注意哪几个方面？
2. 先兆性偏头痛的主要临床表现有哪些？先兆症状的特点有哪些？
3. 如何进行原发性头痛的鉴别诊断？
4. 低颅压性头痛的主要症状与体征有哪些？如何治疗？
5. 药物过度使用性头痛的临床特点？治疗计划应包括几个方面？
6. 病例分析

【病史摘要】

患者女性，38岁，反复发作性头痛18年。

患者缘于20岁时开始出现偏侧头痛，每次发作持续半天左右，跳动性头痛，伴恶心、呕吐，疼痛剧烈，活动会加重头痛，服用半片消炎止痛药物或发作时卧床休息可以缓解头痛，发作间歇期间如常人。病初，每年发作5～6次，3年后开始逐渐次数增多，现平均每月2～3次，每次1d左右，睡眠休息后好转或消失，增加消炎止痛药物用量效果不佳。遇劳累、受凉均会诱发头痛，曾行多次头颅CT或头颅MRI检查均无异常发现。既往体健，其母有"头痛"病史。

体格检查：体温37.1℃，呼吸20次/min，心率70次/min，血压120/70 mmHg。神志清楚，心肺腹无异常发现，头颅外观无异常，眼底正常，颈软，四肢肌力肌张力均正常，腱反射对称，未引出病理反射。

辅助检查：血常规、尿常规、粪常规正常。血电解质正常，肝功能、肾功能检查无异常。

【诊断分析】

1. 病例特点　①年轻女性；②急性起病，缓慢发展，18年来头痛反复发作性；③具有原发性头痛特点：长期反复发作性头痛，发作形式比较固定，偏侧性，搏动性疼痛，发作间歇期工作、学习、生活同常人；④头颅影像学检查无异常发现。

2. 定位诊断　偏侧脑膜血管。依据有：长期发作性偏侧性头痛，搏动性质，严重疼痛。

3. 鉴别诊断

（1）紧张型头痛：患者表现全头痛，程度较轻，不伴呕吐，对工作和生活无明显影响，疼痛多表现为紧缩性或紧箍性，有时为压迫性，半数有颞肌等颅周肌肉的压痛。

（2）丛集性头痛：患者头痛发作具有丛集期和非丛集期特点，在丛集期发作时，头痛集中于一侧眼眶周围，疼痛及其剧烈，每次发作1～3h，突发突止，伴眼眶周围皮肤、球结膜充血水肿，患侧流涕和流泪，非丛集期时，可以数月或数年无发作。

（3）颅内占位病变：患者头痛逐渐加重，伴有颅内压逐渐升高的症状：除头痛外，频繁恶心呕吐，反射性血压升高和视乳头水肿。局灶性神经系统损伤的体征。头颅CT或MRI有典型变化。

4. 定性诊断　偏头痛。依据有：年轻女性，多年前起病，偏侧头痛，搏动性，持续1d，发作频繁，伴恶心呕吐，形式刻板，有遗传倾向，可以自动好转，体力活动会加重头痛。曾行头颅CT和头颅MRI无异常发现。

参考文献

陈生弟. 2005. 神经病学. 北京：科学出版社
贾建平. 2008. 神经病学. 第6版. 北京：人民卫生出版社
王维治. 2006. 神经病学. 第1版. 北京：人民卫生出版社
Ropper AH, Brown RH. 2005. Adams & Victors' Principles of Neurology. 8th edition. New York：McGraw-Hill Inc
Rowland LP. 2009. Merritt's Neurology. 12th edition. Philadelphia：Lippincott Williams & Wilkins

第十四章 痴呆

Three decades of genetic research in Alzheimer disease (AD) have substantially broadened our understanding of the pathogenetic mechanisms leading to neurodegeneration and dementia. Positional cloning led to the identification of rare, disease-causing mutations in *APP*, *PSEN1*, and *PSEN2* causing early-onset familial AD, followed by the discovery of *APOE* as the single most important risk factor for late-onset AD. Recent genome-wide association approaches have delivered several additional AD susceptibility loci that are common in the general population, but exert only very small risk effects. As a result, a large proportion of the heritability of AD continues to remain unexplained by the currently known disease genes. It seems likely that much of this "missing heritability" may be accounted for by rare sequence variants, which, owing to recent advances in high-throughput sequencing technologies, can now be assessed in unprecedented detail.

—— Lars Bertram; Christina M. Lill; Rudolph E. Tanzi, 2010

第一节 概 述

痴呆(dementia)是指患者原本大脑发育成熟、智能发育正常，但由于各种有害因素引起大脑器质性损害，造成持续性智能障碍。智能障碍包括不同程度的记忆、认知、语言、视空间功能减退以及精神行为异常，其中认知功能包括概括、计算、判断、综合和解决问题的能力。此时患者的意识是清晰的，即在无意识障碍的情况下，在上述五项心理活动中，有记忆和认知功能障碍和另外三项中的一项受损，且足以影响其工作、社会交往和日常生活能力。

【分类】

痴呆分类方法很多，如按发病年龄可分为早老性痴呆(presenile dementia)和老年性痴呆(senile dementia)；按遗传特点可分为遗传性(家族性)和散发性；按是否可治可分为可治性痴呆和难治性痴呆；按临床特点分为皮质性痴呆和皮质下性痴呆，这些分类方法都存在一些缺陷，在指导临床实践上意义不大。目前常用的痴呆分类是按引起痴呆的原因将痴呆分为两大类：变性病性痴呆和非变性病性痴呆(表14-1)，前者主要包括阿尔茨海默病、路易体痴呆、额颞痴呆(包括Pick病)等；后者包括血管性痴呆、感染性痴呆、代谢性或中毒性脑病等。

表14-1 临床常见的引起痴呆的疾病

变性病性痴呆(degenerative dementing disorders)
　Alzheimer病
　Pick病和额颞痴呆(Pick's disease and Frontotemporal dementia)
　路易体痴呆病(Lewy body disease)
　　弥漫性路易体病(diffuse Lewy body disease)
　　路易体痴呆(dementia with Lewy body, DLB)
　　Alzheimer病路易体型(Lewy body variant of Alzheimer's disease)
　帕金森病合并痴呆(Parkinson disease with dementia, PDD)
　　关岛型帕金森病-肌萎缩侧索硬化-痴呆复合征
　皮质基底节变性(corticobasal degeneration)
　苍白球黑质色素变性(Hallerverden-Spatz disease)
　亨廷顿病(Huntington disease)
　肝豆状核变性(Wilson disease)
非变性病性痴呆(non-degenerative dementing disorders)
　血管性痴呆(vascular dementia, VaD)
　　脑缺血性痴呆
　　脑出血性痴呆
　　皮质下白质脑病(Binswanger病)
　　合并皮质下梗死和白质脑病的常染色体显性遗传性脑动脉病(CADASIL)
　正常颅压脑积水
　抑郁和其他精神疾病所致的痴呆综合征

续表

感染性疾病所致痴呆
  神经梅毒、神经钩端螺旋体病、莱姆病等
  艾滋病-痴呆综合征
  病毒性脑炎
  朊蛋白病(prion disease)
  霉菌和细菌性脑膜炎/脑炎后
  进行性多灶性白质脑病
脑肿瘤或占位病变所致痴呆
  脑内原发或转移脑瘤
  慢性硬膜下血肿
代谢性或中毒性脑病
  心肺衰竭
  慢性肝性脑病
  慢性尿毒症性脑病
  贫血
  慢性电解质紊乱
  维生素 B_{12} 缺乏、叶酸缺乏
  药物、酒精或毒品中毒
  重金属中毒
脑外伤性痴呆

【流行病学】

  痴呆的患病率和发病率随年龄增高而增加。据国外报告,痴呆患病率在65岁以上人群中为4%～6%,80岁以上人群中达20%,其中半数以上为阿尔茨海默病。国内调查显示,65岁以上人群中北方患病率为6.9%,南方为3.9%。痴呆的发生率女性高于男性,男：女之比约为7∶26。在所有痴呆中,有0.1%～7.2%的患者为重度痴呆,必须受到监护性照顾,即使是轻、中度患者,他们也过着依赖性生活,生活质量受到严重影响。由于本病的患病率和致残率高、病程长和治疗支出大,给患者家庭和社会均带来巨大的负担和影响。

  不同类型的痴呆患病率和发病率不一。在临床诊断的痴呆中,阿尔茨海默病占首位,其次是血管性痴呆。其他痴呆按患病率依次是路易体痴呆、帕金森病痴呆、额颞痴呆、进行性核上性麻痹、皮质基底节变性、亨廷顿病、克雅病等。

【病因及病理】

  痴呆的病因见表14-1。老年人痴呆中大部分为神经变性疾病,这些疾病在病理上共同特征是某些特异蛋白在脑内异常沉积,如β-淀粉样蛋白(β-amyloid,Aβ)、α-突触核蛋白(α-synuclein)、Tau蛋白、TAR DNA结合蛋白(TDP-43)等,这些蛋白沉积在神经元、胶质细胞内或细胞外。根据脑内蛋白沉积病理特征,可以将变性病性痴呆分为不同类型(表14-2)。需要强调的是不同类型的蛋白沉积病理常有不同程度的重叠,例如以Aβ沉积为主要病理特征的阿尔茨海默病病例将近一半伴有其他病理损害,如路易体(Lewy body)及脑血管病变。类似地,以路易体为主要病理特征的路易体病(Lewy body disorders)可伴不同程度的阿尔茨海默病病理改变。因此,"纯粹的"阿尔茨海默病与路易体病之间有一些过渡重叠状态。虽然临床诊断的血管性痴呆在所有痴呆中所占比例很高(仅次于阿尔茨海默病),但病理研究发现只有单纯的血管病病理改变而无阿尔茨海默病及路易体病病理表现的病例较少(2%～10%)。

表14-2 变性病性痴呆的异常蛋白沉积病理类型及其代表性疾病

β淀粉样蛋白病：阿尔茨海默病(同时有继发性Tau蛋白沉积)
α突触核蛋白病：路易体痴呆、帕金森病痴呆
Tau蛋白病：额颞痴呆(Pick病)、进行性核上性麻痹、皮质基底节变性
TDP-43蛋白病：伴泛素沉积的额颞痴呆(FTD-U)、肌萎缩侧索硬化伴痴呆
朊蛋白病：克雅病、家族性/散发性致死性失眠症

【临床评估】

  对于以认知功能障碍为主诉的患者,需要通过病史询问、详细的精神检查和体格检查,结合适当的辅助检查,进行综合分析做出诊断。痴呆诊断可按以下三个步骤进行：① 判断是否存在痴呆；② 确定痴呆的程度；③ 明确痴呆的病因。

  在询问病史时应注意询问起病时间,疾病如何发展,特别注意首发症状和主要症状,不同症状出现的时间次序和演变情况,患者认知功能和社会生活功能的损害程度,有无伴随神经症状和体征(如头痛、瘫痪、步态异常、小便失禁等)。既往史、个人史、家族史对确定痴呆病因有帮助,注意询问有无脑血管疾病及其危险因素、脑外伤、脑炎史,有无吸

烟史、饮酒史及其他生活嗜好，有无痴呆家族史或其他遗传病史。

精神状况检查重点在判断认知功能损害的范围（局灶性还是全面性）、程度、有无意识障碍。当怀疑痴呆时，可使用痴呆筛查量表进行初步筛查，以大致了解患者的认知功能状况，常用量表为简易智力状态检查（MMSE）。精神检查应包括定向、注意、记忆、语言、失认、失用、计算、抽象思维、精神行为活动（易激惹、脱抑制、抑郁、偏执、多疑、幻觉、妄想等）。对可疑痴呆患者可选用神经心理测验，以便了解不同认知领域的损害分布和程度。可供临床使用的神经心理测验有许多，如智商测验、各种成套神经心理测验、记忆测验、语言测验等。

对所有可疑痴呆患者都要进行详细的体格检查，尤其要注意神经系统检查。神经系统体征在提示痴呆病因上有重要价值，如偏瘫、假性球麻痹、锥体束征等局灶性神经体征提示脑血管疾病；步态不稳提示正常压力性脑积水；肌张力增高、震颤和运动迟缓提示帕金森病、Lewy体痴呆及其他伴帕金森综合征的痴呆；舞蹈症提示亨廷顿病；眼球垂直凝视障碍提示进行性核上性麻痹；肌阵挛提示克-雅病（CJD）；阿-罗瞳孔提示神经梅毒；角膜K-F环提示肝豆状核变性；脑膜刺激征提示慢性脑膜炎等。系统检查的体征也有助于提示系统疾病引起的痴呆病因，如黄疸提示获得性肝脑变性；低体温、低血压、心动过缓提示甲减。

痴呆辅助检查应根据具体病情选择。与痴呆病因筛查有关的辅助检查包括血、尿、粪三大常规，肝、肾和甲状腺功能，血糖，血清梅毒筛查，HIV检查，血清叶酸和维生素B_{12}浓度，脑脊液分析，心电图，脑电图，CT或MRI。实验室检查对识别环境因素所致痴呆很有必要。CT或MRI对诊断脑血管病、肿瘤、脑积水、脑脓肿等环境因素所致痴呆很有帮助，对某些神经变性病所致痴呆的诊断也有一定价值。功能性脑成像如正电子发射断层扫描（PET）、单光子发射断层扫描（SPECT）和磁共振波谱（MRS）可帮助了解不同脑区脑功能活动变化，对某些痴呆的诊断有一定辅助诊断价值，一般不作为常规。脑电图有助于鉴别发作性疾病，特殊脑电表现对某些痴呆有较大诊断意义（如克雅病的周期性同步放电）。脑脊液分析对确定中枢感染性疾病所致痴呆非常关键，近年来不少研究显示通过检查脑脊液中特异性蛋白标志物（如β淀粉样蛋白、Tau蛋白、14-3-3蛋白），对某些神经变性病性痴呆的诊断和病情进展监测也有一定意义。

第二节　阿尔茨海默病

阿尔茨海默病（Alzheimer disease，AD）是老年人最常见的神经系统变性疾病，主要侵犯大脑皮质尤其是海马和前脑基底核，以进行性痴呆为突出临床表现。该病于1907年首先由Alois Alzheimer描述。其患病率随年龄增长而增加，女性多于男性（3∶1）。依据有无家族遗传史可分为家族性AD（familiar Alzheimer disease，FAD）和散发性AD（sporadic Alzheimer disease，SAD），前者不足10%，为常染色体显性遗传，且多早期发病。

【病因及发病机制】

本病的病因及发病机制不明，学说众多，包括胆碱能递质假说、金属离子中毒假说、基因突变假说、β淀粉样蛋白级联假说、突触功能障碍假说等，这些假说并不一定互相冲突，只是从不同侧面解释AD的发病机制，其中β-淀粉样蛋白级联假说是目前的主流学说。

1. 病因

（1）遗传因素：分子遗传学研究发现淀粉样蛋白前体（amyloid precursor protein，APP）、早老素-1（presenilin 1，PS-1）和早老素-2（presenilin 2，PS-2）基因突变时能引起家族性AD，它们分别定位于第21、14和1号染色体上，这些基因突变可能通过增加β淀粉样蛋白（β-amyloid，Aβ）的生成或沉积致病。有三条21号染色体的Down综合征，APP基因较正常多了一个拷贝，在中年就可出现类似AD的病理改变。

由上述基因突变引起的家族性AD仅占所有AD患者中的不足10%，对于绝大多数的散发性患者，其遗传因素可能与某些基因的多态性有关，这些基因多态性尽管不直接致病，但可增加AD的发病风险。大量研究证实载脂蛋白E（ApoE）基因的ε4等位基因型（ApoEε4）是晚发型家族性AD和散发性AD的危险因素。此外，有研究提示低密度脂蛋白受体相关蛋白、α_2巨球蛋白（α_2M）以及新近发现的一些基因多态性亦可能增加患病的风险。

（2）环境因素：病毒感染、重金属（铝、铁、锌、硒、锰等）接触史、脑外伤、脑血管疾病等因素也可能与AD的发病有关，可能是AD病理损伤的促进因素。铝作为AD的危险因素曾是研究的热点，20世纪90年代的多数对照研究未能证实AD与铝有关。此外，由于正常老年人脑中也可见到不同程度的Aβ沉积和神经原纤维缠结（neurofibrillary tangles，NFTs），因此，有人认为年龄老化也可能在AD发病中起一定作用。

2. 发病机制

（1）β淀粉样蛋白级联假说：这一假说强调脑内Aβ聚集是AD患者的原发性改变，其他病理过程均由Aβ产生和清除不平衡所致。Aβ沉积及淀粉样斑块形成是AD的主要病理特征。Aβ由脑内普遍存在的大分子肽类物质β淀粉样蛋白前体(β-amyloid protein precurser,APP)衍生而来,含39~43个氨基酸残基。APP是一种跨膜蛋白,最长异构体由770个氨基酸残基组成,尾部位于细胞内,其余大部分位于细胞外。正常的APP代谢有三种蛋白酶(α、β、γ分泌酶)参与,有两种剪切方式。第一种剪切方式是α分泌酶(α-secretase)作用于靠近细胞膜处的α位点,产生一条比较长的APP片段,称为可溶性APPα(sAPPα),余下的部分再被γ分泌酶(γ-secretase)剪切产生一个可溶性短肽(P3)和β-淀粉样蛋白前体细胞内域(β-amyloid precursor protein intracellular domain,AICD)并被释放到胞内,后者可能是一种转录因子。第二种剪切方式是APP先被β分泌酶(β-secretase)剪切,β位点位于α位点的外侧,故其剪切后产生一个较短的可溶性APP片段(sAPPβ),余下的部分再被γ分泌酶剪切产生两个肽类片段,其中之一是由40~42个氨基酸残基组成的Aβ,另一片段是β淀粉样蛋白前体细胞内域。正常情况下APP主要通过前一途径代谢,故Aβ生成较少。AD患者由于遗传因素使APP后一代谢途径增强,产生大量Aβ。

早发型AD患者由于 *APP* 、*PS-1* 或 *PS-2* 基因突变使$Aβ_{42}$生成增加,晚发型患者由于Aβ清除机制障碍致Aβ随年龄增长而逐渐升高,其结果均可使$Aβ_{42}$在边缘叶和相关皮质积聚。由于Aβ易于聚集沉积,过多的Aβ在脑部形成弥散性沉积斑块或可溶性的寡聚体,Aβ寡聚体激活小胶质和星形胶质细胞,引致炎症反应,改变了神经元内的离子平衡状态,产生氧化损伤,从而改变了激酶、磷酸酶活性,引起细胞损伤和广泛的神经元轴突功能障碍,导致细胞死亡。

NFTs是AD的另一主要病理特征。NFTs为细胞骨架的异常改变,其主要的蛋白质成分为异常磷酸化的tau蛋白。AD患者脑中异常磷酸化的tau蛋白可以减低微管组装的能力,损害神经细胞的运输功能,在神经细胞变性死亡过程中发挥重要作用。由于AD患者并未发现tau蛋白基因突变,而且由tau蛋白基因突变引起的其他神经变性疾病(如额颞痴呆)未发现老年斑(senile plaques,SPs),故目前认为NFTs是继发于Aβ沉积的病理损伤表现。

(2)神经递质障碍假说:中枢胆碱能系统与学习、记忆密切相关,胆碱能系统的缺损与痴呆程度呈正相关。AD患者前脑基底核(Meynert基底核)内70%~80%的胆碱能神经元丢失;脑脊液和脑组织中胆碱乙酰转移酶(ChAT)和乙酰胆碱酯酶(AchE)的活性及乙酰胆碱(Ach)的含量均有下降。上述改变在AD的早期即有发现。近来研究者正关注影响Ach代谢的丁酰胆碱酯酶(BuChE),正常人脑内含量极少,AD患者较正常人升高40%~60%,主要在AD的累及区域包括颞叶皮质和海马。研究发现BuChE聚集在突变的小鼠皮质APP的淀粉样斑块中,它参与弥散型Aβ向聚集型Aβ的转化,并与 *ApoE* 和其他与AD相关的一些结构的形成密切相关。此外,其他神经递质如5-羟色胺、生长抑素、去甲肾上腺素及其受体在皮质及海马中也有不同程度的减少。上述递质改变在AD发病中的意义尚有待进一步研究。

【病理】

AD患者的脑重量减轻,脑回变窄,脑沟变宽,尤以额、颞和顶叶为著。其病理特征包括SPs、NFTs、神经元减少、颗粒空泡变性和淀粉样血管病变(amyloid angiopathy)。

1. 老年斑 SPs位于神经元之外,为球形结构,大小为50~200μm,可用银染色、刚果红染色和免疫组化方法显示。典型的斑块以淀粉样物质为中心,周围为嗜银的神经元轴突和树突(图14-1)。淀粉样物质的主要蛋白质成分为Aβ,由正常脑中所富含的大分子肽类物质APP衍生而来。Aβ存在于新皮质、海马、视丘、杏仁核、尾状核、豆状核、Meynert基底核、中脑、脑桥、延脑等结构。虽然很多研究提示Aβ可能是产生AD的最主要原因,但它产生痴呆的作用机制仍不明确。有资料显示,SPs的多寡与疾病的严重度相关。在SPs附近可见免疫炎性反应,包括大量星形细胞的增生和小胶质细胞的激活,后者主要存在于斑块内。基于AD的SPs中有与免疫球蛋白链相似的物质,有人提出抗原-抗体复合物沉积形成淀粉样核心,可能导致神经元变性和SPs形成。

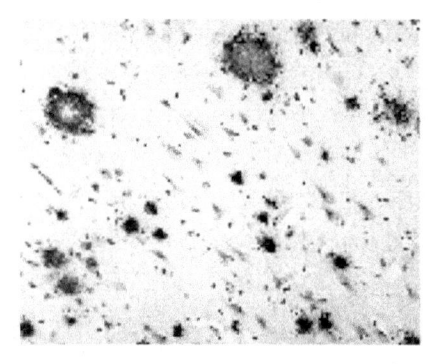 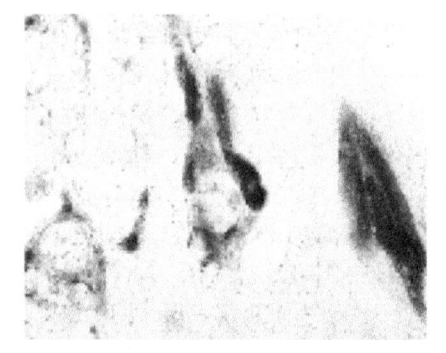

图14-1 老年斑　　　　　　　　　图14-2 神经原纤维缠结

2. 神经原纤维缠结 位于病变部位的神经元胞质内(图14-2)。电镜下NFTs主要由成对螺旋细丝(paired helical filaments,PHFs)组成。PHFs主要由变异tau蛋白集合而成。tau蛋白是人脑中正常存在的磷蛋白,AD中超磷酸化的变异 tau 蛋白可以损害微管结合能力,阻断细胞核与轴突之间的蛋白质运输通路,使细胞体调节制造蛋白质的功能降低,从而导致 AD。NFTs 也见于正常老年人和其他神经系统变性病中,但在 AD 中 NFTs 不仅在数量上多于正常老年人,且遍及整个大脑。NFTs 随 AD 的发展而增多,并与痴呆程度相关。

3. 胆碱能神经元丢失 本病的神经元丢失不是均匀一致的,而是存在区域和细胞类型的差别。所有的研究都发现本病前脑基底核的胆碱能神经元丢失。神经元和突触的丢失与临床症状的关系密切。发病早的患者神经元丢失较发病晚的患者明显,且往往伴有星形胶质细胞增生。此外,还出现生长抑素能神经元、5-羟色胺能神经元和多巴胺能神经元的丢失。

4. 颗粒空泡变性 高度选择性地存在于 AD 患者海马的锥体细胞,表现为神经元细胞质内存在空泡,每个空泡的中心均存在与抗 tubulin、tau 蛋白、泛素的抗体呈阳性反应的颗粒。

5. 淀粉样血管病变 患者脑膜和皮质的血管内皮细胞也有淀粉样物质的沉积,其成分与 SPs 中的类淀粉核心相同,均为 Aβ,称为淀粉样血管病变。沉积的程度和范围变化很大,严重者可有继发性血管病变,例如血管阻塞、血管周围轻微出血或侧支灌流腔隙等。

【临床表现】

本病大多在 65 岁以后发病,少数在老年前期(中年或更年期)发病。其临床特征为隐袭起病、持续进行性的智能衰退。患者症状严重到被家属发现时,只能推测不确切的发病时间,甚至可推测至 2~3 年前。老年前期发病的起病相对较快。

1) 记忆障碍(memory impairment):早期以近记忆下降为主,表现为刚发生的事不能记忆,刚做过的事或说过的话不能回忆,熟悉的人名记不起来,时常忘记物品放置何处,忘记约会,常感"记的不如忘的快"。疾病后期远记忆也受累及,日常生活受到影响。

2) 认知障碍(cognitive impairment):在记忆障碍之后,患者逐渐出现认知障碍,这是 AD 的特征性症状,表现为学习新知识感到困难,工作主动性下降,承担新任务常无法胜任,并随时间的推移而逐渐加重。渐渐出现说话词汇减少,找词困难,交谈能力减退,命名障碍,出现错语症,阅读理解受损,但朗读可相对保留,最后完全失语;计算力障碍常表现算错账,付错钱,最后连最简单的计算也不能;视空间障碍表现为穿外套时手伸不进袖子,铺台布不能把台布的角和桌角对齐,外出迷路回不了家,不能画最简单的几何图形;失用失认表现为原先熟悉掌握的技能丧失,甚至不会拿勺和筷子。不认识镜中的自己,和镜中的自己对话,不认识亲人和熟悉的朋友。

3) 精神障碍:常有敏感、多疑、易激惹、易伤感等精神症状,部分患者则表现有明显的焦虑、抑郁情绪;有的患者终日忙碌,重复无意义的动作,无目的的徘徊,半夜起床活动或吵闹不休等;有的终日无所事事,寡言少动;也有的忽略进食或贪食;少数患者出现性行为异常。

4) 体检可发现患者坐立不安、易激动、少动、不修边幅、不注意个人卫生。无锥体束征和感觉障碍等;可有吸吮反射、握持反射、碎小步态等体征;5%患者可出现癫痫发作和帕金森综合征。

【辅助检查】

目前在患者生前尚无确诊 AD 的辅助检查方法。现阶段开展的临床检查,仅是作为"像/不像本病"的肯定/否定的依据来使用,尽管如此,它们有助于排除与 AD 相似的疾病。目前应用较多的检查方法主要有神经心理学、影像学、电生理学等检查。

1. 神经心理学 神经心理学检查有助于明确是否痴呆、痴呆的严重程度和痴呆的类型。可供使用的量表有:简易智能状态检测(Mini-Mental State Examination,MMSE)、蒙特利尔认知评估(the Montreal Cognitive Assessment,MoCA)、Blessed 行为量表(BBS)、韦氏成人智力量表(WAISRC)、临床痴呆评定量表(CDR)和 HAchinski 缺血积分(HIS)等。它们的用途不尽相同,临床工作中可依据实际情况加以使用。

2. 神经影像学 CT 和 MRI 是 AD 在临床鉴别诊断上最主要的工具,其中 MRI 明显优于 CT,可显示 AD 患者存在广泛性脑萎缩,为脑皮质及髓质均萎缩,尤以内侧颞叶海马萎缩更明显。CT 和 MRI 可有助于排除临床上与 AD 相似的其他伴有痴呆的疾病,如慢性硬膜下血肿、脑积水、脑梗死和脑肿瘤。MR 波谱(MRS)可显示 N-乙酰天门冬氨酸(NAA)波幅降低和肌醇(MI)波幅升高。PET 和 SPECT 检查可显示额、颞、顶叶脑区葡萄糖代谢率或脑血流量降低,且上述指标的降低程度与痴呆的严重度有关。PIB(匹兹堡复合物)-PET 显像能够发现 AD 患者脑内 Aβ 的聚集,为临床诊断 AD 提供了很大的帮助。

3. 神经电生理 脑电图检查在 AD 早期可正常或 α 波慢化,晚期出现 δ 波活动增加,以额、颞区明显。事件相关电位(ERP)中的 P_{300} 潜伏期可延长和波幅降低。

4. 其他检查 脑脊液(CSF)常规检查多正常,ELISA 检测 CSF 中的 tau 蛋白升高、$Aβ_{42}$ 降低;还可检测 CSF 中的多巴胺、去甲肾上腺素、5-羟色胺等神经递质及其代谢产物含量；有明确家族史的患者可检测 APP、PS-1 或 PS-2，若发现基因突变则有助于确诊。

【诊断及鉴别诊断】

1. 诊断 AD 的诊断主要依据其特殊的临床演变过程。首先应根据临床症状和神经心理学检查确定是否有痴呆，然后再明确是否为 AD。虽然一般认为，只有病理学检查才能肯定 AD 的诊断，但详细的临床过程及有关检查排除引起痴呆的其他器质性疾病，仍可从临床作出诊断。目前广泛用于 AD 诊断的标准有：① 世界卫生组织的《国际疾病分类》第 10 版(ICD-10)(表 14-3)；② 美国精神病协会的精神障碍诊断与统计手册第 4 版(DSM-Ⅳ)；③ 美国神经病、语言障碍卒中研究所-阿尔茨海默病及相关疾病协会(NINCDS-ADRDA)诊断标准 2007 修正版(表 14-4)；④ 中国精神疾病分类方案与诊断标准(CCMD-2R)。

表 14-3 ICD-10 AD 诊断标准

1) 符合痴呆诊断标准
2) 隐匿起病，缓慢进展
3) 无临床依据或特殊检查的结果能够提示痴呆是由全身性疾病或脑疾病所致
4) 缺乏突然卒中样发作，在疾病早期无局灶性神经系统体征

表 14-4 NINCDS-ADRDA AD 诊断标准修正版(2007)

Ⅰ. 核心标准
  出现早期和显著的情景记忆障碍，包括以下特征：
  1) 患者或知情者诉记忆功能有超过 6 个月的渐进性下降
  2) 情景记忆显著受损的客观证据：包括不能被线索提示、再认测试改善或纠正的回忆困难
  3) 情景记忆损害在起病或疾病进展过程中可以单独存在，或与其他认知功能改变共存
Ⅱ. 支持标准
  1) 颞叶内侧萎缩：MRI 显示海马、内嗅区皮质、杏仁核体积缩小(应与相应年龄的正常人群均值比较)
  2) 脑脊液生物标志物异常：① $A\beta_{42}$ 浓度降低、总 tau 蛋白浓度升高、磷酸化 tau 蛋白浓度升高，或三者皆有；② 其他可能被发现的生物标志物
  3) PET 影像学异常：① 双侧颞顶叶糖代谢降低；② 其他已明确的示踪配体的变化，包括 PIB、FDDNP 等
  4) 直系亲属中有 AD 的常染色体显性遗传患者
Ⅲ. 排除标准
  1) 病史：突然起病；早期出现步态障碍、癫痫发作、行为异常等
  2) 临床特征：① 局灶性神经系统表现，包括偏瘫、感觉缺失、视野缺损等；② 早期锥体外系症状
  3) 其他导致记忆减退或相关症状的疾病：① 非 AD 痴呆；② 严重抑郁；③ 脑血管病；④ 中毒或代谢性疾病，需要特殊检查予以明确；⑤ MRI 的 FLAIR 或 T_2 像显示内侧颞叶的感染或血管性病变的异常信号
Ⅳ. 很可能 AD 的诊断标准：
  1) 符合核心标准
  2) 加上一个或多个支持标准(情景记忆＋生物标志物)
  确诊 AD 的诊断标准：
  1) 符合临床诊断标准，同时脑活检或尸检符合 AD 的病理标准(符合 NIA-Reagan 的死后诊断标准)
  2) 符合临床诊断标准，同时具有遗传学证据(第 1、14 或 21 号染色体上的突变)

2. 鉴别诊断

(1) 轻度认知障碍(mild cognitive impairment，MCI)：为介于正常衰老与痴呆之间的过渡状态，一般仅有记忆力下降，无认知功能障碍，不影响日常生活能力，不伴有注意力及语言的障碍。临床实践中，MCI 与早期 AD 很难鉴别，随访观察有助于鉴别。

(2) 抑郁症：患者抑郁心境突出，对各种事物缺乏兴趣，睡眠障碍，易疲劳或无力。如病程较短，既往有情感受刺激史或类似家族史，对询问有情感性症状，认知测试不费力等较符合抑郁症的诊断；5-羟色胺再摄取抑制药治疗有效。

(3) 其他疾病导致的痴呆：如额颞痴呆、血管性痴呆等详见下述。

【治疗】

AD 的治疗可以从以下环节入手：① 针对病因；② 阻止或延缓发病；③ 阻止或延缓疾病进展；④ 缓解原发症状；⑤ 减轻继发症状。迄今仍无针对病因的药物，也没有药物能逆转 AD 的病理变化，但很多药物能改善 AD 患者的记忆和认知功能。当然良好的护理和其他精神症状的对症处理对于患者也是至关重要的。

1. 胆碱酯酶抑制剂(Cholinesterase Inhibitors，AchE-Ⅰ) 中枢胆碱能传递系统受损是导致 AD 患者的记忆、认知障碍等的主要原因，AchE-Ⅰ能抑制乙酰胆碱(Ach)降解以提高其活性，改善递质传递功能，是目前用于 AD 治疗中的一类主要药物。目前临床上常用的药物有：① 多奈哌齐(donepezil)：选择性抑制 AchE。开始剂量 5 mg，每日 1 次，1 月后增至 10 mg，每日 1 次口服；② 重酒石酸卡巴拉汀(rivastigmine)：是脑内 AchE 和丁酰胆碱酯酶(BuchE)双重抑

制剂。起始剂量 1.5 mg,每日 2 次,1 月后增至 3 mg,每日 2 次,最大剂量 6 mg,每日 2 次口服;③ 加兰他敏(galantamine):抑制 Ach 降解和调节烟碱受体的双重作用。起始剂量 4 mg,每日 2 次,1 月后增至 8 mg,每日 2 次,最大剂量 12 mg,每日 2 次口服;④ 石杉碱甲(huperzine A):是我国从中草药千层塔中提取的 AchE 抑制剂。应用剂量为 100 μg,每日 2 次口服。四氢氨基吖啶(cognex)曾是第一个被美国 FDA 批准用于治疗 AD 的药物,因其肝脏毒副反应严重现已不用。

2. 美金刚(memantine) 是用于治疗 AD 的一种 N-甲基-D-门冬氨酸(NMDA)受体拮抗剂,可抑制谷氨酸的过度释放,减轻因谷氨酸过度释放、Ca^{2+} 过多所致的神经元损伤,以改善痴呆患者的认知障碍等症状。起始剂量 5 mg,每日 1 次,后以 5 mg 的剂量递增,最短间隔时间为 1 周,治疗剂量为 10 mg,每日 2 次。

3. 改善脑循环和脑代谢 脑血流减少和代谢降低是 AD 重要的病理生理改变,使用吡咯烷酮衍生物(如吡拉西坦、茴拉西坦、奥拉西坦等)、麦角碱类(如海得琴、尼麦角林)、银杏叶提取物制剂(金纳多、达纳康等)、阿米三嗪萝巴新、钙离子拮抗剂等可能有改善认知障碍等症状或延缓疾病进展的作用。

4. 研究中的治疗药物 主要包括针对淀粉样前体蛋白(APP)和 Aβ 的药物研发和临床试验阶段,如 Aβ 疫苗免疫和 γ 分泌酶抑制剂等;针对抑制炎症反应的非甾体类抗炎药;以及神经营养因子中的神经生长因子(NGF)。这些有可能成为今后治疗 AD 的发展方向。

5. 对症治疗 AD 患者在病程中常有精神行为异常、癫痫发作和失眠等,应综合考虑各方面的因素,予以相应的对症治疗。

6. 康复治疗及护理 应鼓励患者尽量参加各种社会活动,加强家庭和社会对患者的照顾、帮助和训练。有定向和视空间障碍的患者应尽量避免单独外出,为防意外,应让患者随身携带必要的身份证明。

【预后】

AD 确诊后病程常为 5～12 年,患者多死于继发感染。

第三节 血管性痴呆

血管性痴呆(vascular dementia,VaD)指因脑血管疾病(包括缺血性脑血管病、出血性脑血管病以及急性和慢性缺氧性脑血管病)所致的智能及认知障碍临床综合征。血管因素可以是指颈动脉与椎-基底动脉两大系统血管本身的病变,也可以是颅外大血管及心脏的病变,间接影响脑内血管,导致脑组织缺血缺氧性改变,最终使大脑功能全面衰退。西方国家 VaD 占所有痴呆的 15%～20%,我国及日本所占比例较高,是痴呆的第二位原因(仅次于 AD)。VaD 与 AD 相比,疗效及预后较好。

【病因及发病机制】

VaD 依据病因可分为六种类型:① 多梗死性痴呆(MID):为最常见的类型,患者反复发生缺血性脑血管病,每次留下或多或少的神经精神症状,积少成多,终致痴呆;② 大面积脑梗死性痴呆:由脑动脉主干闭塞引起,多发生于主侧半球,一次发病即可导致痴呆;③ 关键部位梗死的痴呆:角回、丘脑、基底前脑或后动脉、前动脉供血区的梗死均可发生痴呆;④ 低血氧-低灌流性痴呆:常为急性血流动力学改变(心脏骤停、脱水、低血压)所致的分水岭脑梗死引起;大脑前、中、后动脉交界区长期处于低灌流状态也可发生脑功能障碍;⑤ 小血管病变引起的痴呆:腔隙状态、Binswanger 病、脑淀粉样血管病导致的痴呆;⑥ 出血性痴呆:指脑出血后造成的痴呆,蛛网膜下腔出血后发生的痴呆不包括在内。

VaD 既可累及大脑皮质,也可累及皮质下结构。同其他痴呆发病机制一样,神经递质改变也参与其发病过程。病理学研究显示患者脑中可同时存在神经变性相关痴呆的病理改变,提示血管病变并非是大多数 VaD 患者致病的惟一因素。另外,年龄、糖尿病、高血压、既往卒中史、卒中病灶部位及大小、卒中合并失语及文化程度低等可能易导致痴呆。

【病理】

颅内血管病变是 VaD 的基础,常见为动脉粥样硬化或血管炎性改变等。病变的大脑组织可见出血或缺血改变,脑软化(局灶性或多发性)较为多见,可有脑萎缩及双侧脑室扩大。另外,有些患者脑中可同时存在神经变性相关痴呆的病理改变。VaD 的病理表现多种多样,并非有上述改变者,临床一定会有痴呆,但如果脑血管病同时伴有痴呆,病理又有上述改变者,则有助于 VaD 的确诊。

【临床表现】

临床症状主要有两类,一类是构成痴呆的精神症状,另一类是脑损害的局部症状和体征。在构成痴呆的精神症状中,真正精神症状相对较少。缓慢起病者,记忆力减退是早期的核心症状,早期为近记忆下降,后期出现远记忆障碍以及其他智能(计算力、定向力、理解力)的减退。急性起病者常为关键部位或大面积的病变,也可为多次发病相对稳定后,智能突然下降。

VaD 与 AD 相比,在时空定向、短篇故事即刻和延迟回忆、命名和复述等方面损害较轻,在执行功能等方面损害较重。不同的血管性病变引起的临床表现可有不同,如大脑前动脉梗死,可有意志缺失、失用、经皮质性运动性失语、记忆力减退、对侧下肢瘫痪及感觉障碍、尿失禁等;大脑中动脉梗死,可有严重的失语(优势半球受损)、失读、失写及计算障碍,对侧偏瘫、偏身感觉障碍及视野缺损,对侧锥体束征等;大脑后动脉梗死,可有记忆力障碍、失认、失读,无失写,有视野缺损及脑干受损症状等。

【辅助检查】

1. 影像学检查 CT 扫描对 VaD 的诊断具有极为重要的意义,表现为单个或多个大小不一、新旧不等的低密度灶,新鲜病灶边缘模糊,陈旧病灶边缘整齐,可有侧脑室或第三脑室的扩大。与 CT 相比,MRI 可显示 CT 难以分辨的微小病灶,病灶周围脑组织可见局限性脑萎缩。PET/SPECT、电生理检查、DSA 等也有一定的参考价值。

2. 血液学检查 血液流变学检查可显示全血黏度增高,红细胞压积升高,纤维蛋白原增多等。

【诊断及鉴别诊断】

1. 诊断 国际上采用如下标准诊断"可能"、"可疑"和"肯定"的 VaD:

(1) 可能 VaD 的临床诊断标准:① 具有痴呆,排除伴有意识障碍、谵妄、精神病、失语或严重妨碍神经心理测试的感觉运动损害,以及排除能解释全部记忆和认知障碍的系统性疾病或其他脑病(如 AD);② 具有脑血管病;③ 上述两者相关联,并具有以下一个或两个特点: a. 痴呆发生于卒中后的 3 个月内; b. 认知功能突然恶化,或呈波动性、渐进性发展。

(2) 可疑 VaD 的临床诊断标准:存在痴呆,伴有血管病脑损害局灶体征,但影像学缺乏证据;或缺乏痴呆与卒中的确切关系;或隐袭起病,病程多变(平稳或好转)。

(3) 肯定 VaD 的诊断标准:① 具有 VaD 的临床诊断标准;② 活检或尸检具有病理学证据;③ 不存在与其年龄不符的 NFTs 和 SPs;④ 无其他病因导致的痴呆。

2. 鉴别诊断 VaD 应注意与下列疾病鉴别:① 阿尔茨海默病(AD):AD 起病隐匿,进展缓慢,记忆等认知障碍明显,无偏瘫等局灶性神经系统定位征,影像学显示明显脑萎缩,且皮质萎缩突出。Hachinski 的缺血评分量表 ≤4 分有助于鉴别;② 进行性多灶性白质脑病(PML):是主要以全身网状内皮系统疾病为背景而发生的,进行性的脑部脱髓鞘疾病,可能与病毒感染有关。依据病史与临床可以鉴别;③ 正常颅压脑积水:临床以进行性智能障碍、共济失调步态、尿失禁为三大主征,且发病隐匿,无卒中史,再结合影像学检查不难鉴别;④ 其他:还应与各种脑炎、麻痹性痴呆、皮质纹状体脊髓变性、失语、去皮质状态、精神病、良性遗忘等相鉴别。

【治疗及预防】

1. VaD 的治疗

(1) 改善脑循环:改善脑循环药物的作用是减少脑血管阻力,增加脑血流量,基本不影响正常血压,种类较多,临床上均广泛应用。最常用有钙离子拮抗剂,其中选择性改善脑循环的为二氢吡啶类和二苯烷胺类,代表药物分别为尼莫地平和氟桂利嗪。二氢麦角碱类药物具有 α-受体阻滞作用,阻碍交感神经过度兴奋,增加小静脉紧张性,改善脑循环,常用药物有双氢麦角碱、尼麦角林。VaD 患者应与缺血性卒中患者一样应用抗血小板聚集药物,如阿司匹林或氯吡格雷。也可用具有活血化瘀,改善血液黏滞度和抗血小板聚集作用的中成药。

(2) 脑代谢激活剂:AD 患者存在糖、蛋白、核酸、脂质等代谢障碍,同时其脑血流量及耗氧量明显低于同龄正常人。因此,脑代谢激活剂和脑循环改善剂,尤其是具有脑血管扩张作用的脑代谢激活剂成为 VaD 治疗的又一大类可供选用的药物。包括:阿米三嗪萝巴新,吡咯烷酮类药物(如吡拉西坦、茴拉西坦、奥拉西坦等)、胞二磷胆碱、施普善、细胞色素 c、ATP、辅酶 A 等。

(3) 胆碱酯酶抑制剂:VaD 与 AD 相似,也存在中枢胆碱能传递功能障碍,故应用 AchE-Ⅰ 对改善 VaD 患者的记忆、认知功能障碍也有效。主要药物及用法详见阿尔茨海默病。

(4) 脑保护剂:VaD 与脑缺血、缺氧的关系密切,而决定神经元命运的不仅是缺血、缺氧,还涉及许多复杂的机制:细胞内钙超载、兴奋性氨基酸、自由基,以及缺血后的基因表达、细胞凋亡、迟发性神经元坏死等,因此应该有针对性地进行脑保护治疗:① 钙离子拮抗剂:尼莫地平和氟桂利嗪;② 兴奋性氨基酸受体拮抗剂:美金刚和 MK_{801},后者动物实验证明有效,但尚缺乏临床依据;③ 自由基清除剂:维生素 E、维生素 C 以及银杏叶制剂。Egb761 是银杏叶的有效提取物,可用于治疗 VaD,欧美进行的多项随机、双盲、安慰剂对照的研究表明其安全有效。

(5) 伴随症状的治疗及康复治疗:约 90% VaD 患者在病程中表现一种或几种伴随症状,最常见为抑郁状态及睡眠障碍,其次为焦虑及谵妄等,应予以对症处理。由于患者多为老年人,其消化、代谢、排泄功能降低及脑内药动学改变,抗精神障碍药用量应较成年人低,用药方案尽量简单化,并应注意心理状态的改善。另外,应加强对患者的康复治疗。

2. VaD 的预防　　VaD 被认为是目前惟一可预防的痴呆类型。预防的关键是引起 VaD 发生的危险因素的防治,首先是有效控制高血压。高血压发生于 26%～49% 的卒中患者,被认为是最重要、最可治疗的卒中危险因素。另外,通过辅助检查如血生化、颈动脉超声、心电图、超声心动图寻找卒中的其他危险因素,积极治疗冠心病、心律失常、心脏瓣膜病,控制高脂血症和糖尿病,有高度颈动脉狭窄者可考虑介入治疗;同时戒烟,合理饮食,禁止过度饮酒。

卒中的复发与痴呆关系密切,因此应积极预防。对于已有明确遗传因素的脑血管病,基因治疗正在研究中。

第四节　额 颞 痴 呆

额颞痴呆(frontotemporal dementia,FTD)是一种以局限性额叶和颞叶前部萎缩为特征的非阿尔茨海默病痴呆综合征,病情呈缓慢进展,临床主要表现为进行性精神行为异常、语言障碍和认知功能障碍,有时伴运动神经元病或帕金森病的征象。

该综合征在历史上曾有多种名称。Pick 病(Pick disease)是由 Arnold Pick(1892)首报的一种额颞痴呆,Alois Alzheimer(1911)首次行组织学检查发现神经元胞质内存在嗜银包涵体,称 Pick 小体(Pick body),神经元呈弥散性肿胀、染色质松散,称 Pick 细胞,并伴局灶性额颞叶萎缩,但无神经原纤维缠结和老年斑。额颞痴呆患者中仅约 1/4 存在 Pick 小体,可诊断为 Pick 病。

额颞痴呆以往认为非常少见,近年来的研究认为占所有痴呆的 5%～15%。在 65 岁前发病的早发性痴呆中占 12%～25%,仅次于阿尔茨海默病。

【病因及发病机制】

迄今未明。近年来的研究显示,约 40% 的患者有家族史,可能为常染色体显性遗传;10% 的患者一级亲属出现痴呆,对照组仅为 2.3%,提示与遗传因素有关。目前至少确定 2 个基因突变可导致家族性额颞痴呆。其中之一是位于第 17 号染色体上的 tau 蛋白基因,约 20% 额颞痴呆患者的该基因发生突变,这部分病例被称作与第 17 号染色体连锁伴帕金森综合征的额颞痴呆(FTD-17)。tau 蛋白是微管相关蛋白的一种,参与微管的组装与稳定。tau 蛋白基因突变可导致 tau 蛋白的结构和功能异常,tau 蛋白在细胞内异常聚集形成包涵体,引起细胞死亡。另一家族性额颞痴呆致病基因是位于第 17 号染色体上的 *progranulin*(*PGRN*)基因,该基因表达产物 progranulin 是一种 68 500 的生长因子,与细胞分化存活、损伤修复、肿瘤形成等多种生理及病理活动有关。*progranulin* 基因突变致病机制不明,在 *progranulin* 基因突变患者脑内可检测到泛素/TAR DNA 结合蛋白-43(TDP-43)阳性包涵体,但无 progranulin 沉积,提示 *progranulin* 基因功能缺失与发病有关。除 tau 蛋白和 *PGRN* 基因外,还有一些基因或基因位点被报道与一些家族 FTLD 连锁,但均少见,如含缬酪肽蛋白(valosin-containing protein,VCP)基因,位于第 3 号染色体的染色质修饰蛋白 2B(chromatin 2 modifying protein 2B)基因。额颞痴呆-肌萎缩侧索硬化还被报道与第 9 号染色体连锁。

【病理】

大体病理表现为以额叶或颞叶以前部为主的局限性脑萎缩,皮质下白质萎缩。可累及尾状核、壳核、丘脑、黑质等皮质下结构。组织病理呈异质性,除神经元脱失、微空泡变性、胶质增生等非特异性改变外,通过银染色和免疫组化染色技术可发现不同特征的包涵体。以往病理分型包括 Pick 病型、非特异型和运动神经元病型三类,近年根据免疫组化特征将 FTD 分为 tau 阳性和阴性两大类,每类又分多种亚型。Tau 阳性 FTD 占 15%～30%,其变性的神经元和神经胶质细胞通过 tau 蛋白免疫组化染色可显示多种形态特征,如 Pick 小体、球形缠结(globose tangle)、星形胶质细胞斑(astrocytic plaques)等。大部分为 tau 阴性 FTD,病理上具有类似运动神经元病的泛素/TDP-43 阳性包涵体,*progranulin* 基因突变患者此种包涵体位于细胞核内。tau 阴性 FTD 中,少数患者表现为缺乏特异性病理特征的痴呆(dementia lacking distinctive histopathology,DLDH)。还有少数 tau 阴性 FTD 病理上可见神经丝(neurofilament)阳性包涵体。少数 FTD 患者病理上表现为 AD 的 SPs 和 NFTs,主要位于外侧裂周围额颞叶皮质。

【临床表现】

发病多见于 45～65 岁之间,也可发生于 30 岁以前。女性多于男性。约半数患者有家族史。起病隐袭,进展缓慢,临床以明显的人格、行为和情感改变以及认知障碍为特征。

1. 人格、行为和情感改变　　早期即可发生,如易激惹、暴怒、固执、情感淡漠和情绪抑郁等,渐出现行为异常、举止不当、无进取心、对事物漠不关心及冲动性行为。可观察到刻板的固定行为和僵硬的宗教仪式。患者的人格改变突出,如专心致志型的人可变为对家人无情;正直者可变为对家人及工作不关心;谨慎者可有犯罪;坚强者变得动摇。人格和行为改变常在智能衰退出现之前,这有助于与其他痴呆的鉴别。

2. 言语障碍　语言不正常也是最早发生的智能变化之一。可出现言语进行性减少,内容刻板、重复,后期出现缄默。

3. 认知障碍　认知障碍的出现相对较晚,与 AD 比较,患者的空间记忆多无缺损。随病情进展,认知障碍逐渐加重。但近年来也有研究提示,病程早期即有顺行性遗忘,只不过临床常用的 MMSE 量表未曾检出而已。

4. 其他　早期可出现吸吮反射、强握反射及大小便失禁,晚期出现锥体系及锥体外系损害体征。运动神经元病型可出现肌无力、肌束震颤等。

【辅助检查】

CT 和 MRI 显示特征性的局限性额叶和(或)前颞叶萎缩,多为不对称改变,但少数也可对称。疾病早期可以正常,至疾病晚期,脑萎缩仍以额叶和前颞叶为主,中颞叶很少被累及。脑电图检查早期多正常,晚期可有异常改变,表现为波幅减少,有低幅或中幅不规则 θ 波,α 波极少或无。SPECT 和 PET 检查可帮助了解脑特定部位的血流和代谢,两者均较 MRI 更为敏感,有助于早期诊断。遗传学检查可能发现基因突变。

【诊断及鉴别诊断】

1. 诊断标准　目前尚无统一的诊断标准,此处主要介绍 Mckhann 等 2001 年提出的 FTD 的临床诊断标准:

1) 进展性的行为或认知损害:① 早期出现进行性人格异常,以行为调整障碍,常导致不适当的反应或行为活动为特征;② 早期出现进行性语言功能障碍,以语言表达障碍或严重命名障碍、语义障碍为特征。

2) 上述行为或认知损害导致显著的社会或职业能力缺损,与病前功能水平比较有明显下降。

3) 病程以隐匿起病,持续加重为特征。

4) 上述行为或认知损害并不是由于其他神经系统疾病(如脑血管疾病)、系统性疾病(如甲状腺功能减退)或药物滥用所致。

5) 排除谵妄期间发生的损害。

6) 上述损害不能用精神疾病(如抑郁症)解释。

如果 CT 和 MRI 检查显示额叶和(或)前颞叶萎缩,SPECT 或 PET 可发现额、颞叶脑血流或代谢率减低;有阳性家族史、遗传学检查发现 tau 蛋白基因突变有助于确诊。

2. 鉴别诊断

(1) 阿尔茨海默病:本病主要应与 AD 鉴别。两者临床上有许多相似之处,最具鉴别价值的临床特征是症状在病程中出现的先后次序。AD 患者通常早期出现记忆减退,社交技能和个人礼节相对保留;额颞痴呆患者早期表现为明显的人格、情感和行为改变以及言语障碍,空间定向力和记忆力保存较好。CT、MRI 有助于两者的鉴别,额颞痴呆表现为额和(或)颞叶萎缩,AD 则为广泛脑萎缩及海马萎缩。

(2) 原发性进行性失语:原发性进行性失语亦为局限性额颞萎缩性疾病,患者的临床表现为语言功能进行性下降 2 年或以上,但其他功能仍保持正常,可以此与额颞痴呆及 AD 相区别。

【治疗】

目前尚无有效治疗方法,主要是对症治疗、生活护理、心理支持治疗和康复训练等。对有攻击行为、易激惹和好斗等行为障碍者可审慎使用小剂量苯二氮䓬类、选择性 5-羟色胺再摄取抑制剂等药物治疗。

【预后】

预后较差,病程 2～20 年,多死于肺部感染、泌尿道感染和褥疮等并发症。

第五节　路易体痴呆

路易体痴呆(dementia with Lewy body,DLB)是一种较常见的变性病性痴呆,由 Okazaki(1961 年)首先描述。临床主要表现为波动性的认知障碍、帕金森综合征和以视幻觉为突出代表的精神症状,病理特征为大脑皮质及皮质下核团弥散分布 Lewy 小体。

本病占所有痴呆的 8%～20%,在变性病性痴呆中占第 2 位,仅次于阿尔茨海默病(AD)。发病年龄与 AD 类似,但性别分布上男性多于女性(1.5∶1～2∶1)。

【病因及发病机制】

迄今未明。DLB 和帕金森病同属 α-突触核蛋白(α-synuclein)病,两者都以 α-synuclein 的异常聚集形成 Lewy 体为主要病理特征,因此 α-synuclein 沉积及泛素-蛋白酶降解系统功能异常可能与 DLB 的发病机制有关。遗传连锁分析提示家族性 DLB 与某些基因突变有关,例如在一西班牙 DLB 家系,*α-synuclein* 基因突变,导致 α-synuclein 第 46

位谷氨酸被赖氨酸替代。其他与帕金森病相关的基因突变尚未发现存在于DLB。与AD类似,DLB患者中*ApoE*等位基因比例显著增高,提示*ApoE*等位基因可增加DLB患病风险,可能是DLB的易感基因。有研究提示DLB患者存在胆碱能系统的缺陷和单胺类递质的改变,因此神经递质系统的损害可能与DLB的认知障碍及锥体外系症状有关。

【病理】

DLB患者的大脑皮质萎缩不明显,可见轻度额叶萎缩,其最重要的病理特征为皮质和皮质下大量Lewy体存在。Lewy体是神经元胞质内球形、嗜酸性的小体,直径3～25μm,有一个致密颗粒杂乱排列构成的1～10nm核心。免疫组化研究发现Lewy体主要由蛋白质组成:α-synuclein、泛素、补体蛋白、微丝、微管、tubulin、calbindin等,但没有tau蛋白和类淀粉样蛋白,α-synuclein免疫组化可能是最特异和敏感的技术。Lewy体常分布于黑质、蓝斑、迷走神经背核、Meynert基底核和下丘脑核等处。含有Lewy体的细胞明显肿胀、变性,病程越长,病情越严重的患者Lewy体的数量越多,体积越大,形态越典型。分布于脑干的Lewy体较典型,大脑皮质的Lewy体则不规则,且无明显的致密颗粒核心。皮质Lewy体主要分布在大脑边缘系统、杏仁核及旁海马区等。现在人们发现Lewy体也存在于部分具有典型AD病理特征的痴呆患者脑中。

DLB患者脑内也可存在SPs、NFTs、神经细胞脱失及海绵状改变等,病变程度因人而异。因此,DLB病理变化介于帕金森病和AD之间,有些病例在病理上甚至难以区分。

【临床表现】

本病多见于50～83岁之间,男性稍多于女性。病程持续的平均时间与AD相仿。以痴呆为主,帕金森症状较轻。

1. 认知障碍 认知障碍与AD有相似之处,但早期记忆障碍较轻;认知障碍的突出特点为波动性,但无一定规律,可在数周内甚至1d内有较大变化,异常与正常状态交替出现。症状随病程而进行性发展,患者可有皮质痴呆(失语、失用及失认),也可有皮质下痴呆(注意力减退及言语不流畅)。

2. 帕金森综合征 主要表现为肌张力增高、动作减少、运动迟缓和姿势异常,震颤较轻,症状的左右不对称性较少见。上述症状、体征与智能障碍可同时或先后发生,两组症状在一年内相继出现具有诊断意义。

3. 精神障碍 症状呈明显波动性,以视幻觉最多见。患者能详细、生动地描述视幻觉,而AD、VaD患者常因遗忘使描述不能详细。患者也可有嗅幻觉、听幻觉、触幻觉、妄想、抑郁和行为异常等。

4. 其他 还可有自主神经功能紊乱、肌阵挛、肌张力障碍、吞咽困难和睡眠障碍等症状,如经常跌倒、晕厥,甚至短暂性意识丧失。此外,对神经安定剂和抗精神病药物的高敏感性也是DLB区别于其他类型痴呆的特点。但临床用此类药物应慎重,因易发生明显副反应。

【辅助检查】

神经心理学检查可用于临床检测痴呆。但应注意,波动性认知障碍可能会影响量表测试的结果。

早期脑电图多正常,少数表现为背景波幅降低,可见2～4Hz周期性放电,颞叶或额颞区阵发性慢波可为DLB的诊断提供线索。睡眠脑电图出现快速眼动期异常对诊断也有一定的参考价值。

影像学多为正常,偶有轻度弥漫性脑萎缩,与AD相比,颞叶内侧萎缩程度轻者高度提示DLB。^{18}F-dopa PET检查可发现黑质和纹状体多巴胺摄取减少,PET显示额、颞、枕皮质葡萄糖代谢率降低,枕部代谢减低较AD明显,AD主要是颞叶和扣带回降低。

【诊断及鉴别诊断】

1. 诊断 具有波动性的认知障碍、帕金森综合征和视幻觉的患者应考虑DLB可能。国际上较多使用的诊断标准包括:

(1) DLB临床诊断的必备条件:包括波动性的认知障碍,影响社会及工作能力。

(2) 具备以下3项中的2项:① 波动性的认知障碍,以注意力和警觉障碍波动尤为明显;② 反复发作的视幻觉;③ 同时或之后发生的帕金森综合征。

(3) 支持DLB的诊断条件:① 反复跌倒;② 晕厥;③ 短暂意识丧失;④ 对神经安定剂敏感;⑤ 其他形式幻觉。

(4) 不支持DLB的诊断条件:提示脑卒中的局灶性神经系统体征或影像学证据,或其他可能导致类似临床症状的躯体疾病。

2. 鉴别诊断 本病应与下列疾病鉴别:① 帕金森病痴呆(Parkinson's disease with dementia, PDD):PDD患者的智能障碍出现较晚,在出现帕金森症候后多年才会出现,国际上提出"1年原则(one year rule)",即出现帕金森症候后1年内发生痴呆考虑为DLB,而1年后出现的痴呆应诊断为PDD。此外PDD的帕金森症候以偏侧起病为特征,左旋多巴等药物治疗反应良好可资鉴别;② 阿尔茨海默病:多无波动性认知障碍,叙述的幻觉常含糊不清,而DLB患者的视幻觉则详细生动;影像学检查有助于鉴别;病理学检查AD无路易小体;③ 皮质纹状体脊髓变性(Creutzfeldt-Jacob disease,CJD）：是由异常朊蛋白（prion protein，PrP）在脑内沉积引起的一种迅速进展性痴呆为主要症状的致死性疾病，锥体外系体征多样化，有肌阵挛及癫痫发作，慢波背景上出现周期性爆发性放电之典型脑电图改变有助于诊断；④ 其他需鉴别的疾病有纹状体黑质变性、进行性核上性麻痹等。

【治疗】

目前尚无有效治疗方法，主要为对症治疗：① 胆碱酯酶抑制剂如多奈哌齐、卡巴拉汀或加兰他敏，改善认知功能；② 左旋多巴等改善锥体外系症状。针对痴呆和锥体外系症状的联合治疗可有所裨益；③ 非典型抗精神病药，如氯氮平（clozapine）、奥氮平（olanzapine）、奎硫平（quetiapine）改善视幻觉效果好，用5-羟色胺再摄取抑制剂治疗抑郁症状。

【预后】

本病预后差，病程5～10年，最终死因多为营养不良、肺炎、骨折、压疮等并发症。

（陈生弟）

思 考 题

1. 试述痴呆的定义与病因分类。
2. 阿尔茨海默病的病理特征有哪些？
3. 试述阿尔茨海默病、额颞痴呆、路易体痴呆的临床特点及诊断要点。
4. 试述血管性痴呆的临床表现及诊断要点。
5. 病例分析

【病史摘要】

王某，女，65岁，已婚，退休高级教师，大专文化。因记忆力减退两年余，性格改变半年于2001年4月5日入院。

现病史：患者原在当地某重点中学教初中数学，5年前（60岁）退休，在家给学生进行一周二次家教辅导，偶尔担任代课老师，生活正常。一年后自觉记忆减退，所阅读书籍中的一些新题型内容不能记忆，学生反映对其讲解不能理解，有时甚至有错误。患者自觉辅导学生压力较大，逐渐出现失眠多梦、精神不振，头昏、疲倦感，曾在外院就诊，按"神经衰弱、颈椎病"治疗，症状无明显好转。患者及家人均认为是退休在家生活方式改变，环境变化等因素引起，未予重视。之后两年间家属发现患者做菜经常放错或多放佐料，经常在家找不到自己放置的东西，忘记与同事的约会；不喜读书看报，与朋友、同事碰面有陌生感；不体贴、不关心家人，不注重仪表整洁，始被家属所重视，近半年上述症状明显加重，遂来我院就诊。

既往史及家族史无特殊。

一般体检：体温、脉搏、呼吸正常，血压120/80 mmHg，内科检查无异常。

神经系统体检：神清，反应迟钝，语言清晰但缓慢，对医生的提问表现出可答可不答的态度，注意力不集中。记忆力、计算力和理解力差，如不能说出前一餐所进食物，不知道梯形面积的求法，不能解释鸡与鸭的区别等等。神经系统体检除双侧桡骨膜反射转化（＋）外，余未发现异常体征。

辅助检查：血尿常规、肝肾功能、血糖、血脂、维生素 B_{12}、叶酸、甲状腺功能检查均正常。脑电图示额、颞区有散在θ波，头颅MRI示双侧基底节小缺血灶，老年脑改变。神经心理学检查示MMSE 20分，Blessed行为量表（BBS）4分，HAchinski缺血积分2分。

入院后拟诊为"阿尔茨海默病"，给予多奈哌齐5 mg，每日1次，银杏叶片2片，每日3次，维生素E 400 mg，每日1次治疗，20 d后出院。出院后2周门诊随访，MMSE评分20分，BBS 4分。2年后MMSE评分12分，BBS 11分。

【诊断分析】

1. 临床特点　① 老年女性，隐袭起病；② 以智能减退、人格改变为主要症状，表现为学习新知识困难、工作能力下降，记忆力、理解力、计算力减退，不修边幅；③ 经治疗症状无明显改善，并呈缓慢进行性加重，出现症状至今已4年；④ MRI示双侧基底节小缺血灶、老年脑改变，MMSE评分20分。

2. 定位诊断　根据患者的记忆减退，认知障碍（如理解力、计算力减退等）和精神障碍（如失眠多梦、精神不振、不修边幅等）可定位于大脑半球的额、颞叶受累。

3. 定性诊断　首先该患者的临床症状符合痴呆的诊断，即有记忆和认知功能障碍，伴有语言、情感和人格改变，且已影响其社会、生活活动功能；MMSE测试得分20分支持痴呆的诊断。在明确存在痴呆后，依据本例患者起病缓慢，认知功能进行性减退，病史、体检及实验室检查未发现明显其他躯体疾病和神经系统疾病，可排除全身疾病、营养不良等引起的痴呆；尽管头颅MRI提示有双侧基底节小缺血灶，但没有脑卒中史，也无局灶神经系统体征，病程无阶梯状,HAchinski 缺血积分 2 分,可排除 VaD;不具有波动性认知障碍的特点,也无帕金森综合征和视幻觉的症状,可排除 DLB;患者早期出现智能障碍,而人格、情感和言语障碍在后期发生,MRI 显示非额、颞叶性萎缩,基本可除外额颞痴呆;符合 AD 的诊断。

参考文献

陈生弟. 2005. 神经病学. 北京:科学出版社

贾建平. 2009. 神经病学. 第 6 版. 北京:人民卫生出版社

Arvanitakis Z. 2010. Update on frontotemporal dementia. Neurologist. 16(1):16~22

Beal MF, Lang AE., Luddph A C.. 2005. Neurodegenerative disease:neurobiology, pathogenesis and therapeutics. New York: Cambridge University Press

Dubois B, Feldman HH, Jacova C, et al. 2007. Research criteria for the diagnosis of Alzheimer's disease:revising the NINCDS-ADRDA criteria. Lancet Neurd. 6:734~746

Ian Mckeith, Jacobo Mintzer, Dag Aarsl, et al. 2004. Dementia with lewy bodies. Lancet Neurol. 3:19~28

Querfurth HW, LaFerla FM. 2010. Alzheimer's disease. N Engl J Med. 362(4):329~344

第十五章 神经系统变性疾病

The diseases included in the degenerative disease of the nervous system begin insidiously, after a long period of normal nervous system function, and pursue a gradually progressive course that may continue for many years, often a decade or longer. In this respect they differ from most of the metabolic diseases. Frequently it is impossible to assign a date of onset. Sometimes, the patient or the patient's family gives a history of abrupt appearance of disability, particularly if some injury, infection, surgical procedure, or other memorable event coincided with the initial symptoms.

As a rule, the degenerative diseases of the nervous system run a ceaselessly progressive course, and with few exceptions are uninfluenced by all medical and surgical measures, so that dealing with a patient with this type of illness may be an anguishing experience for all concerned. However, some of these diseases are characterized by long periods of stability; moreover, some symptoms (e.g., those of Parkinson disease) can be alleviated by skillful management, and advice may be of great help.

—— Allan H. Ropper; Martin A. Samuels, 2005

第一节 概　　述

神经系统变性疾病是指由于遗传性或尚未明确的因素引起的中枢神经系统和周围神经系统的神经细胞变性和继发性的脱髓鞘变化为主要病理特征的一组慢性进行性疾病。

神经系统变性疾病有许多共同的特点：变性过程累及神经系统内某个或某些特定的神经元细胞体，主要是神经元的脱失；除神经元破坏外，尚可出现继发性脱髓鞘变化；无明显的特异性的组织反应和炎性细胞。有时，许多同一类型的异常细胞和结构可见于不同疾病的组织中。如 Lewy 小体主要出现在 Lewy 体病中，也可以在帕金森病（Parkinson's disease，PD）、阿尔茨海默病（Alzheimer's disease，AD）和肌萎缩侧索硬化（amyotrophic lateral sclerosis，ALS）中发现。

许多变性疾病选择性地损害一定的解剖部位和特定功能的同一系统的神经元。如肌萎缩侧索硬化主要累及皮质-脑干-脊髓的运动神经元和皮质脊髓束；某些遗传性共济失调主要累及小脑的 Purkinje 细胞。有时也可失去专一选择性损害某一系统的特性，而同时或先后选择性地损害多个系统的神经元，造成多系统萎缩（multiple system atrophy，MSA），如遗传性共济失调常可同时累及小脑、脊髓、大脑、周围神经等。

中枢神经系统变性疾病大部分起病隐袭，缓慢进行性发展，病程较长。少数患者有家族遗传史。神经系统变性疾病的病变部位和临床表现多样，病种繁多，常有重叠，有时分类困难。常常可以单独成为一个疾病，也可以合并出现于一个患者身上。如帕金森病可单独发生，也可与痴呆、肌萎缩侧索硬化合并发病称之为帕金森-痴呆-肌萎缩侧索硬化重叠征（Parkinson-dementia-ALS complex）。

目前尚无有效的办法阻止变性疾病的发展，所有的治疗仅能暂时缓解和减轻症状的对症治疗。

第二节 运动神经元病

运动神经元病（motor neuron disease，MND）是指累及脊髓和脑部的上、下运动神经元的一组慢性进行性神经系统变性疾病。临床上表现为上、下运动神经元损害的肌无力、肌萎缩、延髓麻痹及锥体束征的不同组合，感觉和括约肌功能通常无损害。本病发病率每年为(0.13~1.4)/10 万。5%~10% 运动神经元病患者有家族史。

【病因及发病机制】

本病病因和发病机制尚不清楚。可能与遗传因素、氧化应激、兴奋性毒性、神经营养因子障碍、自身免疫因素、病毒感染及环境因素等因素有关。另外，老年男性、病前有外伤史、过度的体力活动（如矿工、重体力劳动者等）可能是发病的危险因素。目前多认为在遗传背景的基础上，各种原因引起神经系统有毒物质堆积，特别是自由基氧化损害和兴奋性毒性作用共同影响了线粒体和细胞骨架的结构和功能，损伤了运动神经元而致病。

1. 兴奋性氨基酸 近年来的研究认为兴奋性氨基酸(主要是谷氨酸和天门冬氨酸)的神经细胞毒性作用与肌萎缩侧索硬化(ALS)发病有关。部分患者的细胞外和脑脊液中的谷氨酸浓度异常,细胞外谷氨酸的聚集,可对运动神经元产生兴奋性毒性作用,导致运动神经元缓慢变性。

2. 氧化应激 约20%家族遗传性ALS患者和1%~4%散发性ALS患者出现超氧化物歧化酶(superoxide dismutase 1,SOD-1)基因突变,导致SOD-1活性降低,形成大量自由基,使运动神经元受自由基损害。在部分ALS患者中,有线粒体RNA编码的细胞色素氧化酶亚单位1的突变;脑脊液和大脑皮质中,DNA氧化损伤的标记物:8-羟基2-脱氧鸟苷酸浓度升高,脂质过氧化产物丙二醛含量增多,均提示线粒体氧化应激损伤在神经变性中起作用。

3. 自身免疫异常 近年研究表明,ALS不仅与体液免疫有关,而且还与细胞免疫有关。ALS脊髓病理研究中发现有免疫反应T细胞,肌肉活检中有T细胞及巨噬细胞的浸润,尤其萎缩的肌纤维附近见到CD3、CD4、OKM+1巨噬细胞。此外,病变组织有人类白细胞抗原2DR(HLA-DR)的表达,说明T细胞与巨噬细胞呈激活状态,并与ALS肌萎缩程度有密切联系。免疫功能测定曾发现ALS患者CSF免疫球蛋白升高,血中T细胞数目和功能异常,免疫复合物形成。运动神经元病患者与正常人群相比,患甲状腺疾病的概率增高,患者亲属中患免疫性疾病的患者数量也明显增多。部分ALS患者血清存在抗神经节苷脂(GM)的IgM循环多克隆抗体,尤其是GM_1和GD_{1a},脑脊液抗GM1抗体升高,脑脊液的抗体异常与血清抗体之间缺乏相关性,提示ALS是一个慢性、分离性的鞘内低免疫反应。由此看来,运动神经元病可能是一种非传统的自身免疫性疾病。

4. 病毒感染 研究发现脊髓灰质炎病毒与肌萎缩侧索硬化有联系。脊髓灰质炎后数年,可出现进行性肌肉萎缩,十分类似ALS。尚有人认为ALS发病与朊病毒、人类免疫缺陷病毒(HIV)有关。然而在运动神经元病的病理中从未发现病毒颗粒和感染后炎性变化,而且也无法将ALS组织转染到动物中。

5. 金属中毒假说 有的学者认为ALS发病与某些金属中毒或某些元素缺乏有关。长期暴露于铝、锰元素而饮食中又缺乏钙、镁也是ALS的发病原因之一。环境中金属元素含量的差异可能是某些地区ALS地理性高发病率的原因。导致发病的机制可能与铝、锰的逆行性轴索流动转运,沉积在中枢神经系统内,破坏了神经元细胞骨架、增加神经纤维丝的沉积而形成神经元缠结有关。

6. 遗传因素 本病大多为散发,有5%~10%的病例有家族史,表现为常染色体显性遗传。3%~4%散发性运动神经元病和20%家族性运动神经元病与第21号染色体上的Cu/Zn SOD_1基因突变。SOD在清除神经兴奋性毒性产物和氧化代谢产物中起重要作用,Cu/Zn SOD_1基因突变可以加速体内毒性物质积聚,导致大量自由基形成,损伤运动神经元。最近,Sreedharan等英国学者在一个ALS大家系中发现了与特征性细胞内包涵体成分TDP-43有关的基因突变,进一步的研究在散发性和家族性ALS患者中都发现了该基因突变,最终导致神经元细胞凋亡。

7. 神经营养因子缺乏 神经营养因子(NTF)是一类由靶细胞提供的特殊多肽或蛋白质,主要包括神经生长因子(NGF)、睫状节神经营养因子(CNTF)、脑源性神经营养因子(BDNF)、胰岛素样生长因子(IGF)及成纤维细胞生长因子(FGF)等。由于NTF不仅是维持神经细胞功能活动的重要物质,而且与神经细胞分化、成熟、衰老、死亡等密切相关。IGF能促使脊髓运动神经元的生长,ALS脊髓的IGF结合密度减低。但这些营养因子或生长因子与ALS的关系并不明确。

【病理】

肉眼可见大脑额上回轻度萎缩。脊髓较正常略小,切面见前角变小,前根变细。运动神经元病主要累及脑干和脊髓中的支配躯体肌的运动神经元和脊髓中的Clarke柱。动眼神经核一般不受累,脊髓的Onuf核也不受累。大脑皮质运动区的锥体细胞脱失、变性,前额叶、顶叶、颞叶、下丘脑、黑质、脑干网状结构等处细胞也可变性。ALS患者的神经元胞质内有一种泛素化包涵体,其主要成分为TAR-DNA结合蛋白(TAR DNA binding protein,TDP-43),是ALS的特征性病理改变。

脑干运动神经核的变性以舌下神经核变性最为突出,疑核、三叉神经运动核、迷走神经背核和面神经核也有变性,动眼神经核一般很少受累。神经细胞固缩、变性脱失,胶质增生,吞噬活动不明显。

脊髓病变以颈段为著,随着病情发展可致胸段或腰段脊髓。脊髓的前角细胞大量皱缩、变性脱失,伴有程度不同的胶质细胞增生,吞噬现象极为轻微。脊髓前根内的大神经纤维也发生变性、前根变细,重者可见轴索断裂、髓鞘脱失,纤维减少。

皮质延髓束及皮质脊髓束变性自远端向近端发展,最早在脊髓低位,以后逐渐向高位或脑干内发展,出现脱髓鞘和轴突变性。有时还可见到其他传导束,例如皮质的联系纤维、后纵束、红核脊髓束以及脑干和脊髓内多种其他传导束的变化。

在严重病例可见周围神经轴索变性和不同程度的脱髓鞘改变。肌肉呈现神经源性萎缩,在正常肌纤维之间存成簇的萎缩肌纤维,在亚急性与慢性病例中可见到肌肉内有神经纤维再生的萌芽,可能为神经再生的证据。

【临床表现】

运动神经元病通常起病隐袭,缓慢进展,偶见亚急性进展者。病变可以选择性影响脑干运动核、脊髓前角和(或)锥体束。由于损害部位的不同,临床表现为肌无力、肌萎缩、锥体束征的不同组合构成不同的临床表现。单独损害下运动神经元主要有两型:进行性脊肌萎缩和进行性延髓麻痹。进行性脊肌萎缩损害仅限于脊髓前角细胞,表现为肌无力和肌萎缩而无锥体束征;进行性延髓麻痹单独损害延髓运动神经核而表现为咽喉肌和舌肌无力、萎缩。上运动神经元受累仅一型:原发性侧索硬化,病变仅累及锥体束而表现为无力和锥体束征。若上、下运动神经元同时损害,表现为肌无力、肌萎缩和锥体束征,则为肌萎缩侧索硬化(amyotrophic lateral sclerosis ALS)。但在疾病早期临床上常常难以截然分清类型,不少病例先出现一种类型的表现,随着病情进展,又出现其他类型表现,最后演变成ALS。

1. 肌萎缩侧索硬化 本病是最常见的类型。大多数为获得性,少数为家族性。发病年龄多在30～60岁之间,多数45岁以后发病,男性多于女性。

肌萎缩侧索硬化同时累及上、下运动神经元,受损的部位为脊髓前角、脑干运动神经核和锥体束,主要临床表现:① 脊髓前角和锥体束受累表现:症状自肢体远端开始,呈非对称性,常见首发症状为一侧或双侧手指活动笨拙、无力,手部肌肉萎缩,以大、小鱼际肌、骨间肌、蚓状肌为明显,双手可呈鹰爪形,向上逐渐延及前臂、上臂和肩胛带肌群。随着病程的延长,肌无力和萎缩扩展至下肢、躯干和颈部,最后累及咽喉肌和面肌。受累部位常有明显肌束颤动,下肢肌萎缩和肌束颤动较轻。约1/5肌萎缩侧索硬化病变先自腰膨大前角开始,则首先有下肢无力、足下垂等,逐渐向上发展累及上肢,最后出现锥体束征;也有先颈肌无力、抬头困难、胸背部等躯干肌无力和萎缩起病,然后累及四肢,为本病的变异型。眼外肌一般不受累。双上肢肌萎缩,肌张力不高,但腱反射亢进,Hoffmann征阳性;双下肢痉挛性瘫痪,肌张力高,腱反射亢进,Babinski征阳性,呈典型的上、下运动神经元同时受累的临床特征。② 脑干运动核受累表现:疾病晚期出现延髓麻痹症状,在少数病例可为首发症状,表现为舌肌萎缩、束颤和伸舌无力,随后出现腭、咽、喉、咀嚼肌萎缩无力,以致患者构音不清、吞咽困难、饮水呛咳、咀嚼无力等。由于同时有双侧皮质延髓束受损,可出现强哭、强笑、下颌反射亢进等假性延髓麻痹表现。

患者意识始终保持清醒。一般无客观的感觉障碍,但常有主观的感觉症状,如麻木等。括约肌功能正常。

家族性肌萎缩侧索硬化的临床表现与非遗传型完全相同,但下肢无力起病较多,男女发病相等以及病程短。

病程逐渐进行性加重,预后不良,最后常被迫卧床,需鼻饲饮食,多在3～5年内因呼吸肌受累,死于呼吸肌麻痹或肺部感染。

2. 进行性脊肌萎缩(progressive spinal muscular atrophy) 发病年龄20～50岁,多在30岁左右,略早于ALS,男性较多。大多为遗传性。根据其起病年龄、肌无力类型、进展速度及遗传方式不同而被分为不同类型。大多数患者均先侵犯脊髓颈膨大的前角细胞,首发症状常为一手或双手小肌肉无力、萎缩,逐渐累及前臂、上臂及肩胛带肌群。少数病例从下肢开始。受累肌肉萎缩明显,肌张力降低,可见肌束颤动,腱反射减弱或消失,病理反射阴性。感觉和括约肌功能一般无障碍。少数(10%)从腰膨大开始,出现双下肢无力、足下垂。除急性婴儿型脊肌萎缩外,进展缓慢,病程可达10年以上或更长,晚期发展至全身肌肉萎缩、无力,生活不能自理,最后常因肺部感染而死亡。进行性脊肌萎缩有多种类型,此处主要介绍两种:

(1) 婴儿型脊肌萎缩(infantile spinal muscular atrophy, Werdnig-Hoffmann disease):为常染色体隐性遗传,其异常基因位于第5对常染色体的长臂上。可在母体内发病或出生后(婴儿期)起病。若在母体内发病,往往在妊娠期可感觉胎动减少或消失,婴儿出生后哭声微弱,吸吮无力,呼吸和吞咽困难,四肢肌张力极低,仅可存活数月。出生后发病的婴幼儿,多在出生后3个月内或更长时间发病,表现为四肢及躯干肌肉松弛无力,肌张力低下,关节被动活动呈过伸位,抬头困难,无法坐立,主动动作减少,对疼痛刺激有反应但无回避动作,深、浅反射减弱或消失。无锥体束征和感觉障碍。病情进展快,最后呼吸肌受累,多于病后1～2年内死亡。

(2) 少年型进行性脊肌萎缩(Kugelberg-Welander病):多数为常染色体隐性遗传或显性遗传。发病年龄多在3～18岁之间,少数在成年后发病。首发症状常为下肢无力,逐渐累及上肢。无力从近端开始,表现为肢体近端无力,登楼及蹲位站起困难,仰卧时不易爬起,站立时腹部前凸,有翼状肩胛,Gowers征阳性,行走摇摆似鸭步。肢体近端肌萎缩明显,肌束颤动不明显,腱反射减弱和消失。部分患儿长有脊柱侧凸,肢体畸形,腓肠肌代偿性肥大。患者智能正常,一般无感觉障碍。本型易误诊为酷似肢带型肌营养不良症。血清肌酸激酶可由轻中度增高,脑脊液正常,肌电图表现为慢性失神经和神经再支配改变,可有纤颤电位,可与肌营养不良症等相鉴别。此型进展极其缓慢,通常预后较好,部分病例发病20年后仍可以独立行走,存活时间较长。

3. 进行性延髓麻痹(progressive bulbar palsy) 临床较少见,发病年龄较晚,多在40～50岁以后起病。约25%运动神经元病患者以进行性延髓麻痹的症状先出现,早于其他锥体束损害症状。病变主要侵及延髓的运动神经核。临床表现为进行性发音不清,尤其是用舌腭部的发音更含糊(发 K、G、M 等音时),咀嚼无力,吞咽困难,饮水呛咳等。舌肌明显萎缩并伴有肌束颤动,软腭抬举无力,咽反射消失。有时两侧皮质延髓束同时受损,出现强哭强笑、下颌反射亢进、咽反射活跃,呈典型的真、假性延髓麻痹共存的表现。此型进展较快,预后不良,通常在 1～2 年内因呼吸肌麻痹死于肺部感染。

4. 原发性侧索硬化(primary lateral sclerosis)　　临床上罕见。起病隐袭,多在中年以后起病,平均发病年龄 50 岁。病变选择性地损害皮质脊髓束,常由下肢开始,逐渐扩展到上肢和延髓。首发症状为双下肢对称性肌张力增高、无力,行走呈痉挛步态,病情缓慢进展,逐渐累及双上肢。四肢肌张力呈痉挛性增高,腱反射亢进,病理反射阳性。一般无肌萎缩和肌束颤动,感觉和括约肌功能不受累。痉挛较无力明显为其特征。如双侧皮质延髓束受损,可出现假性球麻痹表现。病情进展缓慢,可超过 15 年。

【辅助检查】

1. 肌电图　　有诊断价值。ALS 患者往往在延髓、颈、胸与腰骶不同节段神经支配的 2 块或 3 块以上的肌肉出现失神经支配现象。

主要表现为病变处肌肉插入电位延长,静止时出现典型的不规则纤维颤电位,动作电位时限增宽、波幅增高、混合相或单纯相为主,可见巨大电位。运动神经传导速度可能下降或正常,而感觉神经传导速度正常。

2. 脑脊液检查　　腰穿压力正常或偏低,脑脊液检查正常或蛋白有轻度增高,免疫球蛋白可能增高。

3. CT 和 MRI 检查　　脊髓变细(腰膨大和颈膨大处较明显)。ALS 患者的磁共振波谱(MRS)可以发现大脑皮质运动区乙酰天门冬氨酸/肌酸(NAA/Cr)下降,胆碱/肌酸(Cho/Cr)升高,这是大脑皮质运动区神经元破坏的判断指标。弥散张量成像(DTI)可以显示皮质脊髓束受累。

4. 肌肉活检　　有助于诊断,但特异性不强,呈现去神经性肌萎缩的病理表现。

5. 其他　　一般血常规检查正常。血清肌酸磷酸激酶轻度增高而其同工酶不高。免疫功能检查可能出现异常。

【诊断】

主要根据中年以后隐袭起病,慢性进行性加重的病程;不同组合的上、下运动神经元损害,临床上表现为肌无力、肌萎缩、延髓麻痹及锥体束征;无感觉障碍;肌电图呈神经源性损害,有巨大电位、明显纤颤波等提示前角细胞损害的表现,周围神经的运动传导速度正常;血、脑脊液和影像学无异常,一般不难做出诊断。但必须注意与其他疾病鉴别。

世界神经病学联盟将运动神经元病的范围分为延髓、颈髓、胸髓、腰骶髓 4 个部位,1998 年修订的 El Escorial 诊断标准要求 ALS 必须符合以下 3 点:① 临床、电生理或病理检查显示下运动神经元病变的证据;② 临床检查显示上运动神经元病变的证据;③ 病史或检查显示上述症状在一个部位内扩展或者从一个部位扩展到其他部位。

同时必须排除以下 2 点:① 电生理或病理检查提示患者有可能导致上下神经元病变的其他疾病;② 神经影像学提示患者有可能导致上述临床或电生理变化的其他疾病。

进一步根据临床证据的充足程度,可以对 ALS 进行分级诊断(表 15-1)。

表 15-1　修订的 El Escorial 肌萎缩侧索硬化临床诊断标准

诊 断 确 定 性	临 床 特 点
临床确诊 ALS	至少有 3 个部位的上、下运动神经元病变的体征
临床拟诊 ALS	至少有 2 个部位的上、下运动神经元病变的体征,而且,某些上运动神经元体征必须位于下运动神经元体征近端(之上)
实验室检查支持拟诊 ALS	只有 1 个部位的上、下运动神经元病变的体征,或 1 个部位的上运动神经元体征,加肌电图显示的至少两个肢体的下运动神经元损害证据;需神经影像或临床、实验室检查排除其他病因
临床可能 ALS	只有 1 个部位的上、下运动神经元病变的体征,或有 2 处或以上的上运动神经元体征,或者下运动神经元体征位于上运动神经元体征近端(之上);并排除其他病因

【鉴别诊断】

肌萎缩侧索硬化必须与颈椎病、脊髓空洞症、颈髓肿瘤和多灶性运动神经病鉴别。也必须与手外科的疾病如颈肋、第 7 颈椎横突过长和其他胸廓出口综合征的原因相鉴别。颈椎病有感觉障碍,上肢无力肌萎缩,肌萎缩只限于颈 5～7 神经根支配的肌群。这与运动神经元病广泛脊髓前角损害不同。脊髓空洞症有节段性感觉分离不难鉴别,MRI 脊髓可见空洞形成。颈髓肿瘤有感觉障碍和(或)神经根痛,可逐渐发展成横贯性脊髓损害。颈椎或腰椎 X 线平片,CT、MRI 或椎管内碘造影等检查对于区别上述颈髓肿瘤、脊髓空洞、颈椎病有意义。多灶性运动神经病也可表现为慢性进行性肢体肌肉无力、萎缩,可伴有肌束颤动,感觉受累很轻,临床酷似 ALS。但多灶性运动神经病的肌无力、萎缩为不对称性,肌电图有周围神经节段性多灶性传导阻滞节,F 波异常,血中抗 GM1 体阳性,免疫抑制剂或免疫球蛋白有效,可与之鉴别。

进行性延髓麻痹与延髓空洞症、脑干肿瘤、重症肌无力等鉴别。延髓空洞症有面部感觉障碍、眼球震颤、病程长等特点。重症肌无力症状呈晨轻暮重的波动性,受累肌运动后症状加重,休息后好转,常有眼外肌受累而无延髓肌萎缩。脑干肿瘤多见于 5～15 岁儿童,有交叉性瘫痪、共济失调、眼肌运动障碍等病情进展较本病为迅速。

【治疗】

目前对本组疾病尚无有效的治疗措施。MND 是一组异质性疾病,致病因素多样且相互影响,治疗应该是多种方法的联合应用。针对 MND 的治疗包括病因治疗、支持和对症治疗,保持足够营养,改善全身状况。

病因治疗包括抗兴奋性氨基酸毒性、神经营养因子、抗氧化和自由基清除、新型钙通道阻滞剂、抗细胞凋亡、基因治疗及神经干细胞移植。谷氨酸抑制剂力鲁唑(riluzole)是目前的最有效药物,可延缓本病的进程及延长存活期,但未证明可改善运动功能。通过抑制谷氨酸释放,减少电压依赖性钙通道的作用从而对抗细胞内兴奋性氨基酸毒性作用。成人剂量每次 50 mg,每日 2 次,餐前 1h 或餐后 2h 服用。可连续服用 12～18 个月。适用于轻、中度患者。有肌无力、肌痉挛、血清转氨酶升高、血压升高、消化道反应等副反应。也有试用免疫抑制剂泼尼松、环磷酰胺等治疗,用药后可改善部分病例的延髓麻痹症状,但对四肢无力萎缩的患者帮助不大。此外,肌酸(creatine),每次 3 片,每日 4 次,口服,可能有一定帮助。

对症治疗包括针对吞咽、呼吸、构音、痉挛、疼痛、营养障碍等并发症和伴随症状的治疗。晚期患者应加强护理,防止肺部感染和褥疮发生。吞咽困难者必要时应给予鼻饲以保证营养,半固体的食物较之固体或液体食物更适宜。肋间肌无力时,肺部感染可以迅速发生急性呼吸障碍,应及早控制肺部感染。有呼吸呼吸障碍者可行气管切开并机械通气。

第三节 多系统萎缩

多系统萎缩(multiple system atrophy,MSA)是中枢神经系统一组散发性、进行性的主要累及自主神经系统、锥体外系、锥体系和小脑等多部位的变性疾病。根据累及的主要部位不同,临床分为 3 个类型:① 散发性橄榄-脑桥-小脑萎缩(olivopontocerebellar atrophy,OPCA)又称 MSA-C 亚型,临床以小脑性共济失调为主要表现;② 夏-德综合征(Shy-Drager syndrome, SDS),又称 MSA-A 亚型,临床上以自主神经系统功能障碍(直立性低血压)为突出表现;③ 纹状体-黑质变性(striatonigral degeneration,SND),又称 MSA-P 亚型,临床上以帕金森综合征为主要表现。尽管在起病时累及三个系统的先后不同,它们之间仅存在着受累部位和严重程度的差异,造成的临床表现各不相同,但随着疾病的发展,最终出现锥体外系统、小脑系统和自主神经系统三大系统全部损害的临床症状和体征,部分患者还可以出现锥体束损害的表现。无论在临床表现上,还是在病理改变上三个类型都具有极大的相似性,可有相互重叠和组合,有学者认为是异质性的同一疾病,统称为 MSA。

【病因及发病机制】

病因及发病机制尚不清楚。病理研究的结果显示 MSA 存在神经胶质细胞(特别是少突胶质细胞)胞质内包涵体及神经元包涵体,因此考虑此包涵体是 MSA 的主要病因。目前认为和少突胶质细胞包涵体、病毒感染、谷氨酸脱氢酶缺陷、线粒体 DNA 异常、神经元凋亡、环境因素等有关。

【病理】

MSA 病变部位广泛,中枢及周围神经系统均可累及,但病变主要累及纹状体-黑质系统、橄榄-脑桥-小脑系统和脊髓的中间内、外侧细胞柱和 Onuf 核。

MSA 的病理改变主要为弥漫性神经元萎缩、变性、消失,反应性胶质细胞增生。病理学标志是在神经少突胶质细胞质内发现嗜酸性包涵体,在三种亚类疾病中均有发现,所以这三种亚类疾病是具有不同临床表现的同一组疾病。其他特征性病理学发现还有壳核胶质细胞增生、小脑 Purkinje 细胞丧失和神经元丧失。MSA 包涵体的核心成分为 α-突触核蛋白(α-synuclein),也可见于帕金森病、Lewy 体痴呆、Down 综合征、Hallervoden-Spatz 病,因此这些疾病一起被归为突触核蛋白病。

【临床表现】

成年期发病,50～60 岁发病多见,男性发病率稍高,缓慢起病,逐渐进展。首发症状可以表现为自主神经功能不全、帕金森综合征和小脑性共济失调三组症状。由于病理变化部位及严重程度存在差异,临床表现某一系统的症状出现较早或者受累严重,其他系统的症状出现较晚或者受累程度相对较轻。各种临床表现互相重叠和组合,但随着病程最终都表现为锥体外系、小脑和自主神经三大系统损害的症状和体征,但仍以首发症状为主要表现。按照上述三组症状出现的先后和不同组合,MSA 可分类为几组临床亚型,每个亚型过去曾被认为是独立病种,有各自不同的传统命名(表 15-2)。

表 15-2 多系统萎缩(MSA)亚型

传统名称	MSA 临床亚型
纹状体黑质变性(striatonigral degeneration,SND)	帕金森综合征(MSA-P)(parkinsonism)
散发性橄榄脑桥小脑萎缩(sporadic olivopontocerebellar atrophy,sOPCA)	小脑性共济失调(MSA-C)(cerebellar ataxia)
夏-德综合征(Shy-Drager syndrome,SDS)	自主神经功能不全(MSA-A)(autonomic dysfunction)

【辅助检查】

1. **卧立位血压检查(直立试验)** 分别测量平卧位及卧位站立后血压,卧位血压正常,站立 2～3 min 内血压下降大于 30/20 mmHg,而心率无变化者为阳性。
2. **血液生化检查** 血浆去甲肾上腺素含量、24 h 尿儿茶酚胺含量可明显降低。
3. **肌电图检查** 可出现纤颤电位。
4. **脑电图检查** 背景多为慢波节律。
5. **头颅 CT 或 MRI 检查** 脑桥、小脑萎缩,严重者可有双侧侧脑室扩大、脑沟变深的广泛性脑萎缩改变。

【诊断】

1. **临床诊断** 中年隐匿起病,无家族史,进展缓慢的小脑性共济失调、自主神经功能不全和帕金森综合征等表现,应考虑本病。但应排除可以导致类似症状的其他疾病。诊断可参照 2007 年的改良 Gilman 诊断标准(表 15-3)。

表 15-3 MSA 的改良 Gilman 诊断标准(2004)

诊断所需临床症状的标准和特征		疾病的特征
临床表现	定义标准	
帕金森综合征	运动缓慢加 2～4 项中的至少一项	① 运动缓慢(自主运动缓慢,伴有进行性重复动作时的速度和幅度的减慢和减低);② 肌强直;③ 原始姿势性反射丧失;④ 震颤(位置性、静止性或两者);⑤ 对左旋多巴或其他多巴胺能药物反应不良或暂时反应
小脑功能障碍	步态共济失调加 2～4 项中的至少一项	① 步态共济失调(宽基步态,姿态和步幅不规律);② 肢体共济失调;③ 共济失调性语言;④ 凝视诱发的眼球震颤
自主神经功能障碍	体位性低血压(收缩压下降＞30 mmHg 或舒张压下降＞15 mmHg)或持续性尿失禁(男性伴有阳痿)或二者全有	体位性低血压,尿失禁,膀胱排空困难,阳痿
皮质脊髓束征	不作为诊断 MSA 的定义标准	伸性足跖反射和腱反射亢进
诊断分级		
可疑	1 项定义标准,附加两个不同系统的疾病特征	
可能(P 型)	自主神经定义标准,附加帕金森综合征的标准,对左旋多巴或其他多巴胺能药物反应不良	
可能(C 型)	自主神经定义标准,附加小脑功能障碍的标准	
确诊	病理学证实	

注:(1) 未列入的附加症状和体征包括:严重的慢性便秘,大便失禁,慢性疲劳和无力感,排汗改变,肢体远端变色,女性生殖器感觉减退和 REM 睡眠障碍。

(2) 不对称的上运动神经元性无力,虽未列入诊断标准,也是附加体征。

(3) 确诊 MSA:病理组织学证实在黑质纹状体通路和橄榄脑桥小脑通路内的胶质细胞存在高密度的胞质内包涵体,并合并神经元丧失和胶质细胞增生等病理改变。

(4) 多系统症状出现前,只有自主神经功能障碍很难或不能诊断为 MSA。故标准中未把 MSA-A 列为亚型。

2. MSA 的排除诊断标准（表 15-4）

表 15-4 诊断 MSA 的排除标准

1. 病史
   (1) 30 岁以前发病
   (2) 相似疾病的家族史
   (3) 有系统疾病或可查出的原因能解释临床症状
   (4) 与药物无关的幻觉
2. 体格检查
   (1) 存在痴呆
   (2) 垂直扫视明显缓慢，或垂直性核上性凝视麻痹
   (3) 存在局限性皮质功能障碍，如失语、异己手(肢)综合征和顶叶综合征
3. 实验室检查
   有代谢、分子遗传和影像学证据支持由其他病因所致

一、橄榄脑桥小脑萎缩

橄榄脑桥小脑萎缩(olivopontocerebellar atrophy, OPCA)即 MSA-C 亚型，主要临床表现为进行性小脑性共济失调和帕金森样综合征，也可有不同程度的自主神经损害症状和(或)锥体束征等。常分为两型：① Menzel 型，又称家族性或遗传型，为常染色体显性或隐性遗传，基因定位在第 6 号染色体 HLA 基因内，也有发现在 4p21 及 4q21 有断裂点。现已归类在遗传性脊髓小脑共济失调中的 SCA-1 型。② Dejerine-Thomas 型，又称散发性橄榄脑桥小脑萎缩(sporadic olivopontocerebellar atrophy, SOPCA)，临床以此型多见，一般归于多系统萎缩范畴。

【病理】

大体标本可见脑桥、下橄榄核和小脑明显萎缩，额叶亦可有改变。镜下可见神经元脱失和明显胶质细胞增生，桥横纤维、小脑半球白质和小脑中脚纤维也有明显的数量减少和髓鞘脱失。半数患者有黑质、纹状体(壳核、苍白球)及延髓网状结构中细胞脱失。少突胶质细胞中出现嗜银包涵体，是诊断 SOPCA 的重要依据。脊髓病变主要表现为脊髓小脑束、背柱、皮质脊髓束及脊髓中间外侧柱变性，细胞脱失，脊髓前角亦可受累。

【临床表现】

多成年起病，平均发病年龄在 50 岁左右，缓慢进展，男、女发病无明显差异。无遗传史。主要表现为进行性的小脑性共济失调，多数患者随着病程进展，可逐渐出现帕金森综合征、自主神经功能障碍、锥体束、肌阵挛、痴呆等症状。

1. 小脑性共济失调　　多从下肢开始，行动缓慢、步态不稳、行走步基宽，逐渐累及上肢，出现双手动作笨拙与不稳。以后可以累及咽喉肌，出现构音障碍，后期可有吞咽障碍。还可以出现明显眼球震颤、躯干姿势不稳和头部和躯干震颤等。后期出现肌张力增高、腱反射亢进和 Babinski 征，视神经萎缩。少数有眼肌麻痹、眼球向上或向下凝视麻痹。

2. 自主神经功能障碍　　绝大部分患者出现自主神经功能障碍，男性患者 90% 以上出现阳痿，半数以上出现尿失禁。其他尚有体位性晕厥、直立性低血压和尿潴留等，大便失禁少见。

3. 帕金森综合征　　主要表现为肌强直、运动迟缓及各种形式的震颤(静止性震颤、动作性震颤、姿位性震颤等)，左旋多巴治疗多无效或疗效甚微。部分患者帕金森综合征的表现严重甚至可以掩盖小脑损害的症状和体征。

4. 眼球运动障碍　　为一常见症状，除眼球震颤外，还可以出现眼肌麻痹、辐辏运动障碍、眼球向上或向下凝视麻痹，凝视麻痹属于核上性眼肌麻痹，其病变可能在脑桥旁正中网状结构附近，可能为橄榄核、脑桥神经元脱失，是小脑经脑桥旁正中网状结构的视觉传出通路受到影响所致。特征性的临床标志是"慢眼球运动"，是由于眼球的快速扫视运动障碍所致，常呈凝视状，晚期眼球固定。

5. 不自主运动　　病程后期可以出现肌阵挛、痉挛性斜颈、舞蹈样或手足徐动样运动等。

6. 其他临床表现　　半数左右出现肌张力增高、腱反射亢进和 Babinski 征等锥体束征。少数有痴呆表现，偶可有弥散性视网膜变性、视神经萎缩、球后视神经炎以及白内障等眼部症状。还可以出现易激动、抑郁和焦虑等精神症状。

【辅助检查】

1. 头颅 CT 及 MRI　　头颅 MRI 显示脑干及小脑病变较头颅 CT 具有明显的优越性。主要表现为：① 延髓腹侧面、脑桥、小脑中脚萎缩，脑干形态变细，尤以脑桥前后径变小更为明显；② 双侧小脑半球萎缩，小脑体积变小，小脑沟裂增宽加深，半球小叶变细变直，呈枯树枝状；③ 第四脑室及脑池扩大，其中以桥前池增宽最为明显。④ T_2 加权像还可以显示脑桥的十字形高信号影即"十字征"对 OPCA 诊断有重要意义。⑤ T_2 加权像上见壳核、黑质致密带信号明显

较苍白球信号减低,呈裂隙状,为 OPCA 的特征性 MRI 表现。

2. 诱发电位　　约 73% 的患者出现脑干听觉诱发电位(BAEP)异常,表现为第 I、II、III 波潜伏期明显延长,提示听觉传导通路损害主要出现在蜗神经核至脑桥下橄榄复合体之间。

3. SPECT 及 PET　　SPECT 显示额叶、基底节及心脑灌注量减低。PET 显示脑干和小脑葡萄糖代谢率下降,且与萎缩程度一致。

【诊断及鉴别诊断】

诊断要点:中年以后发病;缓慢进展的小脑性共济失调为突出表现;还可以伴有核上性眼球运动障碍、锥体外系、锥体束征以及尿道括约肌功能障碍、性功能减退、晕厥等自主神经功能障碍表现;CT 或 MRI 显示脑干、小脑萎缩;无遗传史等时应考虑本病。

本病应与帕金森病、单纯小脑皮质萎缩症(holmes 病)、其他多种遗传性和非遗传性小脑性共济失调相鉴别。

【治疗】

目前缺乏有效的治疗。但应用改善脑循环,促进细胞代谢的药物可能有益,如维生素 E、ATP、胞二磷胆碱等。OPCA 病程中出现锥体外系症状用左旋多巴制剂、金刚烷胺和多巴受体激动剂等可能有助于缓解症状。对于 SOPCA 等其他症状,可采用对症治疗。

二、纹状体黑质变性

纹状体黑质变性(striatonigral degeneration,SND)亦为多系统萎缩的一种亚型(MSA-P),但较 OPCA 及夏-德综合征少见。临床上以进行性加重的肌强直、运动迟缓、步态障碍为主要表现,病情发展至最后可导致不同程度的自主神经损害、锥体束损害及(或)小脑损害的症状和体征。纹状体黑质变性临床和病理上可分为两类:单纯型和混合型。目前病因和发病机制尚未明了。

【病理】

黑质损害最严重,比帕金森病更加明显,这可能是 SND 进展比帕金森病快的原因。在致密带、腹侧缘均可见大量神经元脱失,但多数患者背侧缘神经元有损害但相对保留,在黑质内还可见大量神经细胞碎片及胶质细胞增生,无 Lewy 体或神经原纤维缠结发现。除此之外,蓝斑、下丘脑花团、脑桥复侧核、下橄榄核、小脑蒲肯野细胞、迷走神经背核、前庭神经核及脊髓中间外侧柱等部位均可见神经元缺失伴胶质细胞增生。还可见小脑中脚以及橄榄小脑纤维减少,脑干被盖及顶盖未受影响。

【临床表现】

多于 35~68 岁发病,病程呈进行性,一般为 5~8 年。临床上分为单纯型和混合型纹状体黑质变性。

1. 单纯型纹状体黑质变性　　以帕金森综合征为主要表现,开始时有一侧肢体的僵硬、强直、少动,以后发展到对侧,也常有双侧肢体同时先受累。逐渐出现运动减少、活动缓慢、姿势异常和步态变化,可有面具脸、路标手、构音障碍、吞咽困难、翻身困难等典型的帕金森病症状和体征。与特发性帕金森病不同的是 75% 的 MSA 患者锥体外系症状为对称性,单纯静止性震颤少见,而以动作性和静止性震颤共存,大部分患者用左旋多巴治疗无效,1/3 患者有效但维持时间不长。

2. 混合型纹状体黑质变性　　除上述帕金森综合征的表现外尚有自主神经功能障碍或橄榄脑桥小脑萎缩症状。

(1) 自主神经功能障碍:常有性功能不全,男性患者出现阳痿。排尿症状也是常见症状,大多有尿失禁、尿潴留、尿频、尿急等,括约肌肌电图示失神经支配。大多数有直立性低血压、晕厥,若出现直立性低血压,这就构成了夏-德综合征。

(2) 小脑功能障碍:多在发病 4~5 年后出现,主要表现为肢体共济运动失调,步态不稳、快复动作和跟膝胫试验差等。也可出现眼球震颤和意向性震颤。

(3) 其他症状:多数有构音障碍。许多患者还可以出现呼吸节律异常和睡眠呼吸暂停现象,呼吸喘鸣是纹状体黑质变性的特征性临床表现,在病情进展期尤易出现。少数患者有双眼向上凝视困难、会聚不良、肌阵挛、锥体束征阳性等表现。

【辅助检查】

1. MRI　　头颅 MRI T_2 加权像上可显示双侧壳核萎缩、低信号,外周边界可见狭窄条状高信号影,由于铁沉积所致。现认为 T_2 加权像上壳核低信号是纹状体变性的标志,在早期病例中可与帕金森病区别。

2. PET　　额叶、颞叶、顶枕叶皮质及纹状体葡萄糖代谢率降低,脑干小脑未受影响。壳核和尾状核中 ^{18}F-脱氧葡萄糖代谢下降,而在帕金森病中并无改变。

3. 肌电图 骨盆底部肌肉及尿道括约肌电图检查显示失神经支配,对早期诊断有一定价值。

【诊断及鉴别诊断】

主要依靠临床表现进行诊断,确诊需依靠病理学检查。对于中老年起病,明显的帕金森症状如肌强直、步态不稳、运动缓慢,症状对称,无静止性震颤,左旋多巴治疗3个月以上无效或疗效甚微,病情进展迅速,站起出现姿势不稳和易跌倒,或伴有双眼向上、下凝视麻痹,小脑共济失调,性功能不全,体位性晕厥或尿失禁等自主神经功能障碍者,应考虑到本病的可能。

本病主要与帕金森病、血管性帕金森综合征、进行性核上性麻痹、皮质基底节变性、Lewy体痴呆等有帕金森症状的其他疾病鉴别。

【治疗】

目前尚无特殊治疗,主要为对症处理。左旋多巴对部分患者短时期内有效,部分患者有反常反应或短暂性加重。多巴胺受体激动剂效果不肯定。除药物治疗外可进行康复治疗,以维持患者的运动功能和防止挛缩形成,同时可进行语言训练,以改善言语功能和吞咽功能等。对于严重吞咽困难的患者,可考虑鼻饲。

三、夏-德综合征

夏-德综合征(Shy-Drager syndrome)即 MSA-A 亚型,也称为原发性直立性低血压,主要表现为进行性自主神经系统变性并伴锥体外系、小脑和(或)锥体系变性的一种病因不明的多系统损害疾病。

【病理】

中枢神经系统广泛的神经细胞变性、脱失和反应性胶质细胞增生。主要为有脊髓中间外侧核、迷走神经背核、交感神经节前神经细胞脱失。其次黑质、小脑、脑桥、苍白球和壳核、下橄榄核,甚至脊髓前角细胞等均有广泛的细胞脱失。在黑质、迷走神经背核中尚有 Lewy 体出现。

【临床表现】

成人均可发病,50~60岁多见。男性多于女性。隐匿起病,缓慢进展。自主神经症状常首先出现,以突然起立后头昏、眼花,甚至昏厥为首发。男性常以性功能减退为首发症状。数月或数年后出现小脑、锥体外系病变等躯体症状。

1. 自主神经系统损害表现 ① 原发性直立性低血压:平卧和直立时血压明显下降,以收缩压下降更明显,可达 30 mmHg 以上,但脉搏不变。直立后有头昏、视物模糊、面色苍白等脑供血不足表现,严重时昏厥、抽搐、甚至只能卧床;② 括约肌功能障碍及性功能障碍:男性以性功能障碍为首发症状。括约肌功能障碍如小便淋漓、尿频、尿潴留甚至尿失禁;少数有便秘和腹泻等肠道功能障碍;尿道及肛门括约肌电图异常;③ 其他自主神经症状:全身无汗或出汗不对称,体表温度异常,皮肤划痕试验减弱或消失,冷热试验后血管收缩反应消失,有 Horner 征等。

2. 锥体外系症状 如表情呆板、动作减少、姿势异常、小步急促步态、肢体强直、肌张力增高等。

3. 小脑损害症状 躯干和肢体共济失调,步态不稳,上肢笨拙、意向性震颤,构音含糊等小脑损害症状及体征,与 OPCA 相似,眼震和视神经萎缩较少见。

4. 其他 还可以出现假性延髓麻痹、腱反射亢进、病理反射阳性等锥体系损害表现。少数患者有智能减退,情绪不稳、抑郁等。

【辅助检查】

1. 脑脊液检查 生化常规一般无异常。

2. 影像学检查 CT 和 MRI 扫描在疾病早期无异常,病程中晚期可见有脑干和(或)小脑的萎缩。SPECT 检测局部脑血流(rCBF)可以发现患者立位脑灌注指数与卧位相比明显减低,而其他疾病的患者立卧位无明显变化。PET 检测示壳核、尾状核、小脑和脑干的 $^{18}F-6-fluorodopa$ 摄入减少,提示多巴胺代谢下降和 $^{18}F-$脱氧葡萄糖代谢下降,核素显像中有纹状体多巴胺 D_2 受体损害。

【诊断及鉴别诊断】

根据中年男性,缓慢起病,以性功能减退、括约肌功能障碍、起床或站立过久有头昏或晕厥等体位性低血压的自主神经功能紊乱为主要表现,并有小脑、锥体外系等多系统病损症状,体位血压试验阳性,则 Shy-Drager 综合征诊断可确诊。

本病应与纯自主神经功能不全、散发性橄榄脑桥小脑萎缩、进行性核上性麻痹、纹状体黑质变性、帕金森病等相鉴别。

还应与单纯性直立性低血压、神经系统继发性直立性低血压疾病以及药物、内分泌病(肾上腺皮质、垂体及甲状腺功能减退、糖尿病等)、各种原因贫血和血容量不足原因引起的继发性直立性低血压区别。

【治疗】

尚无特效治疗方法。对症治疗为主。直立性低血压患者卧位时抬高头位15°~20°;从卧位转换为立位时,动作要缓慢;穿弹性紧身裤和弹力袜;增加食盐摄入。药物治疗可以用α受体激动剂盐酸米多君,2.5 mg,每日2~3次,最大剂量40 mg/d,但不要睡前服用(以免卧位高血压);或氢化可的松增加水、钠潴留,改善血管充盈状况。丁螺环酮改善小脑性共济失调症状。锥体外系症状可选用多巴胺能制剂等药物。

(贾建平)

思 考 题

1. 运动神经元病分哪几种临床类型,其主要的临床表现是什么?
2. 运动神经元病应与哪些疾病相鉴别?
3. 简述多系统萎缩的分型,其临床特点是什么?
4. 简述SOPCA的临床表现?
5. 病例分析

【病史摘要】

患者,52岁,女性。南通人。进行性肢体无力伴进食呛咳6月,于2003年11月4日入院。

患者于2003年5月逐渐出现右手持重物无力,夹菜等动作不灵巧。饮水易呛咳,吞咽干饭费力。7月左上肢和右下肢相继出现无力、沉重感、行走不便,上肢举物十分困难。8月出现发音低沉、含糊。10月上下楼困难,需人搀扶,下蹲后无法站起。全身"肉跳感"。感觉和大小便正常。

查体:伸舌略偏左,明显舌肌萎缩、肌束颤动。抬头无力。右手骨间肌,大、小鱼际肌萎缩,左手骨间肌萎缩。肌力:右手Ⅱ°、左手Ⅲ°、双下肢Ⅲ°。四肢不定部位出现短暂微小肌束颤动。四肢腱反射亢进、双踝阵挛。右Hoffmann征阳性。双侧Babinski征阳性。深、浅感觉和其他神经系统无异常。

颈椎MRI示$C_{5\sim6}$椎间盘轻度膨隆,T_3、T_4等甲状腺功能正常。脑脊液常规检查正常。肌电图示所检肌肉神经源性损害。针插入肌静息时有纤颤电位和正尖波。轻收缩时有巨大电位。神经传导速度正常范围。

【诊断分析】

1. 病史特点　①中年女性,病史半年,起病隐匿,进行性加重;②肢体无力(右上肢→左上肢→右下肢→左下肢)伴构音不清、饮水呛咳、全身"肉跳感";③体检示舌肌萎缩、束颤、四肢肌力减退及抬头无力,双手肌萎缩伴四肢肌束颤动,四肢腱反射亢进、双侧Babinski征阳性;④肌电图示神经源性损害。

2. 定位诊断　选择性累及运动系统中的锥体系统,包括脑神经(Ⅸ、Ⅹ)运动核群、脊髓前角细胞和锥体束,包括上、下运动神经元均有受累。

3. 定性诊断　肌萎缩侧索硬化。依据:中年女性,病程半年,发病隐匿,缓慢进行性加重,符合神经变性疾病的特征。因疾病累及四肢及延髓,且四肢无力的发展过程呈右上肢→左上肢→右下肢→左下肢的特点;上运动神经元损害(腱反射亢进、锥体束征)和下运动神经元损害(肌萎缩、肌束颤动等)体征同时存在。肌电图提示神经源性损害。

本病需与颈椎病、颈髓肿瘤、脊髓空洞症进行鉴别。这些疾病均有上肢节段性感觉障碍的表现,有下肢传导束性感觉障碍,与本例不同,而且影像学检查可排除这些疾病。

参考文献

陈生弟. 2005. 神经病学. 北京:科学出版社

陈生弟. 2006. 神经病性疾病. 北京:人民军医出版社

贾建平. 2009. 神经病学. 第6版. 北京:人民卫生出版社

李焰生,黄坚,庄建华. 2001. 运动神经元疾病. 上海:第二军医大学出版社

Gilman S, Wenning GK, et al. 2008. Second consensus statement on the diagnosis of multiple system atrophy. Neurology. 71(9):670~676

Wilbourn AJ. 1998. Clinical neurophysiology in the diagnosis of amyotrophic lateral sclerosis: the Lambert and El Escorial criteria. J Neurol Sci. 160 Suppl 1:S25~29

第十六章 神经系统先天性疾病

It would be intellectually satisfying if all the states that originate in the intrauterine period could be separated into genetic (hereditary) or nongenetic (congenital) forms, but in many instances the biologic information and the pathologic changes in the brain at this early age do not allow such a division. For example, among the many diseases in which the neural tube fails to close (rAchischisis), more than one member of a family may be affected; but it cannot be stated whether a genetic factor is operative or an exogenous factor, such as folic acid deficiency, has acted upon several members during a succession of pregnancies of one mother. Even what appears to be an outright malformation of the brain may be no more than a reflection of the timing of a pathologic process that has affected the nervous system and other organs early in the embryonic period, derailing later processes of development. Teratology, the scientific study of neurosomatic malformations, is replete with such examples.

—— Ropper AH；Brown RH，2005

第一节 概 述

神经系统先天性疾病也称神经系统发育异常性疾病(developmental disease of nervous system)。传统的概念是指由于胚胎期特别是妊娠初3个月胎儿神经系统发育处在旺盛期时，受到母体内外环境各种有害因素的侵袭，造成不同程度的发育障碍，导致出生后神经组织及其覆盖的被膜、颅骨、脊柱的各种畸形和功能异常。但不能将神经系统先天性疾病与神经系统遗传性疾病截然分开，据WHO统计，神经系统先天性疾病中约10%为遗传因素所致。

【病因及发病机制】

病因及发病机制尚未十分清楚。大多数由于先天性因素不易与后天性因素如分娩时的产伤、窒息及新生儿期的代谢紊乱等截然分开，且已有先天性缺陷的胎儿也更易受到围产期和产后期不良环境因素的影响，故本组疾病的病因及发病机制可能是复杂的，致病因素包括：

1. 环境因素 ① 感染因素：细菌、病毒、原虫或螺旋体等病原体经过胎盘导致胎儿先天性感染致畸，如风疹病毒、巨细胞病毒、弓形体等可导致先天性心脏病、先天性脑积水等多种先天性畸形；② 物理因素：a. 电离辐射：电离辐射不仅可诱发生殖细胞发生畸形，还可直接作用于胎儿致畸，以小头畸形最多见；b. 机械因素：子宫内某些机械压迫致使胎儿活动受限，导致先天畸形或变形；c. 缺氧：母亲休克、妊娠初期的全身麻醉、蜕膜不全、高龄初产妇的子宫退行性变可导致胎儿缺氧致畸；d. 其他：温度过高或过低、微波辐射、噪声等对胎儿也可能有致畸作用；③ 药物：现已明确对胚胎有致畸作用的药物包括抗癌制剂、抗癫痫药、抗甲状腺药、四环素类及氨基苷类抗生素等；④ 化学因素：包括各种重金属、化工产品及农药可导致胎儿神经系统损伤，出生后表现为智力减退或行为异常；⑤ 其他：孕妇自身一些因素，如营养不良、不良嗜好（如抽烟、酗酒）等也可能影响胎儿的正常发育。

2. 遗传因素 包括遗传基因的异常和染色体异常，这种异常可以是本身存在的，也可以是由于放射线或化学物质作用于精子或卵细胞而突变产生的。

3. 原因未明 约占60%，推测可能为环境因素与遗传因素的相互作用。

【分类及临床表现】

神经系统先天性疾病有许多不同的分类方法，如以发病原因或受累组织器官的不同进行分类，但因本组多数疾病病因不明而使分类缺乏系统性。目前，国际上多采用WHO的国际疾病分类法，分为三类：器官形成障碍、组织发生障碍、细胞发生障碍。

1. 器官形成障碍 ① 神经管闭合障碍：包括脑膨出、脑膜膨出、无脑畸形、胼胝体发育不全、小脑扁桃体下疝畸形(Arnold-Chiari malformation)、先天性四脑室中侧孔闭锁综合征(Dandy-Walker Syndrome)、Aicardi综合征、畸胎瘤等；② 脑憩室和脑分裂障碍：包括视隔发育不良、前脑无裂畸形，前脑无叶无裂畸形、无脑室等；③ 脑沟及脑移行部障碍：包括无脑回、多小脑回畸形、脑裂畸形、脑沟回错乱畸形如灰质异位等；④ 体积发育异常：包括小头畸形、巨头畸形等；⑤ 破坏性病变：包括脑积水性无脑畸形、脑穿通畸形、缺氧、中毒、炎性病变等。

2. 组织发生障碍 ① 神经皮肤综合征：结节性硬化、神经纤维瘤病、脑面血管瘤病(Sturge-Weber Syndrome)、小脑视网膜血管瘤病(Von Hippel-Lindau Syndrome)；② 血管性病变；③ 肿瘤性病变。

3. 细胞发生障碍 ① 先天性代谢异常：氨基酸尿症、黏多糖沉积病、脂质沉积病；② 脑白质营养不良；③ 神经元变性；④ 轴索营养不良。

【诊断及治疗】

根据各种畸形的临床表现和体征，结合生化检查、X线摄片、CT、MRI或病理检查可做出诊断。目前，大多数神经系统先天性疾病尚无有效的治疗，预防及进行产前诊断甚为重要。

第二节 颅颈区畸形

颅颈区畸形(malformation of the craniocervical region)系颅底、枕骨大孔和上段颈椎以及此区的脑、脊髓先天性畸形。在胚胎发生学上，神经管在此处闭合最晚，所以易在此区发生先天性畸形，包括颅底凹陷症(basilar invagination)、扁平颅底(platybasia)、小脑扁桃体下疝畸形(arnold-chiari malformation)、寰枕融合、颈椎分节不全、寰枢椎脱位等。以上先天性畸形可单独发生，也可合并存在。

一、颅底凹陷症

颅底凹陷症(basilar invagination)又称颅底压迹(basilar impression)，是最常见的颅颈区畸形，其特点是颅底骨组织及上段颈椎发育畸形，向颅腔内陷入，导致脑干下部、后组脑神经、颈神经受压或受牵拉而产生的一系列症状。

【病因及病理】

根据病因可分两类：① 原发性：为先天性发育异常，如小脑扁桃体下疝畸形、先天性脑积水等；② 继发性：多见于佝偻病、畸形性骨炎(paget disease)等。

病理改变表现为寰椎向颅内陷入、枢椎的齿状突高于正常水平而进入枕大孔，枕大孔的前后径缩短，后颅凹及颈椎管上部空间相对狭窄；此外，枕大孔附近的筋膜、韧带和硬脑膜增厚粘连，呈束带状压迫或牵拉神经组织及血管。

【临床表现】

本病多起病于青壮年，病程缓慢进展，可因头部突然用力等外部因素诱发症状。神经系统症状体征依受累部位而异：① 后组脑神经：因脑干移位牵拉或蛛网膜粘连，出现声音嘶哑、吞咽困难、舌肌萎缩等后组脑神经受损的症状；② 延髓及上颈髓：髓内长传导束受损则可表现四肢无力或瘫痪、感觉障碍、括约肌功能障碍等；③ 颈神经根：由于畸形骨质的刺激和压迫，可出现颈部疼痛及活动受限，一侧或双侧上肢麻木、无力、肌萎缩；④ 小脑：可表现为眼球震颤、共济失调；⑤ 椎-基底动脉：如受压可有供血障碍，表现头晕、视物旋转、恶心、呕吐等；同时，此类患者常有短颈、后发际低等特殊外貌表现。

【辅助检查】

头颅X线侧位片、张口正位X线片测量枢椎齿状突上移是诊断本病的重要依据，常用的测量方法有：① 硬腭-枕大孔线(Chamberlain line)：在头颅侧位片上，若齿状突高于硬腭后缘至枕骨大孔后缘的连线上3 mm，即可诊断颅底凹陷症；② 硬腭-枕骨线(Mc Gregor line)：在头颅侧位片上，若齿状突高于硬腭后缘至枕骨最低点的连线上9 mm，即可诊断颅底凹陷症。CT和MRI也能发现颅底凹陷征象及脑积水等异常征象，特别是后者是重要的辅助检查。

【诊断及鉴别诊断】

根据临床表现及体征，头颅X线片、MRI检查可明确诊断。本病需与后颅窝、枕骨大孔区、上颈段脊髓占位性病变、肌萎缩侧索硬化、颈椎病等鉴别。

【治疗】

手术治疗为唯一选择。适应证为临床症状明显且进行性加重，出现脑脊液循环通路受阻、颅内压增高、X线提示合并寰枢关节脱位者。如患者症状轻微或无神经症状，即便影像学检查畸形明显也无需治疗，但应嘱患者注意防止外伤诱发或加重病情。

二、扁平颅底

扁平颅底(platybasia)是颅前凹、颅中凹及颅后凹的颅底部，特别是鞍背至枕大孔前缘处向颅腔内上凸，使颅底成为扁平，蝶骨体长轴与枕骨斜坡构成的颅底角度变大。单纯的扁平颅底可无临床症状，或仅有短颈、蹼状颈等外貌，诊断主要根据头颅X线侧位片检查，正常颅底角（鼻根至蝶鞍中心连线与蝶鞍中心至枕大孔前缘连线所成夹角）为109°～145°，平均132°，大于145°有诊断意义。须注意是否并发颅底凹陷症，小脑扁桃体下疝畸形，延髓或（和）脊髓空洞症，颈椎畸形等。单纯扁平颅底无需治疗。

三、小脑扁桃体下疝畸形

小脑扁桃体下疝畸形（Arnold-Chiari malformation），又称Arnold-Chiari畸形、Chiari畸形，主要为后颅凹中线结构在胚胎期发育异常，常并发其他颅颈区畸形。

【病因及病理】

一般认为畸形发生于胚胎期3～5周或妊娠初3个月内，后颅凹中线结构原始神经组织过度生长，导致了后颅凹结构下疝，而伴随的枕骨发育不全致后颅凹容积变小，使畸形进一步加重。小脑扁桃体向下异常延伸，疝入枕骨大孔及椎管内，延髓、第四脑室也有不同程度的下移，脑干和颈髓上段受压，由于压迫和粘连，可导致梗阻性脑积水。多并发颅底凹陷症、胼胝体发育不全等畸形。生长激素受体（growth hormone receptor, GHR）基因的功能缺陷可导致小脑扁桃体下疝畸形。

【临床表现】

本病于婴幼儿期至成年期均可发病，临床表现包括：① 脑神经及颈神经受累症状：表现为面部麻木、声音嘶哑、吞咽困难、颈部疼痛等；② 延髓及上颈髓受压症状：表现为偏侧或四肢运动障碍、感觉障碍、自主神经功能障碍、呼吸困难等；③ 小脑症状：表现为行走不稳、共济失调、眼球震颤等；④ 颅高压症状：表现为头痛、呕吐、视力模糊，眼底检查示视乳头水肿。

依畸形形式及轻重程度，将其分为四型。Ⅰ型：小脑扁桃体疝入椎管内，延髓与四脑室位置正常，偶有延髓轻度下移，不并发脊髓脊膜膨出和中央管发育异常；Ⅱ型：小脑扁桃体、下蚓部、延髓、四脑室疝入椎管内，合并脊髓脊膜膨出，此型最常见；Ⅲ型：表现为Ⅱ型伴有低枕部或高颈部的脊髓脊膜膨出，此型最重；Ⅳ型：仅有严重小脑发育不良，此型罕见。

【辅助检查】

头颅X线片可见后颅凹变小，枕骨大孔扩大，也可显示伴有其他颅颈区畸形；CT检查常显示脑积水，表现为第四脑室或中脑导水管以上部分的脑室扩张；MRI可清晰显示小脑扁桃体下疝畸形，是诊断本病首选检查方法。

【诊断及鉴别诊断】

根据患者的临床症状和体征，结合头颅X线片、CT、MRI等检查，可明确诊断。本病应与颈静脉瘤、小脑肿瘤、颈椎病等疾病鉴别。

【治疗】

对诊断明确、神经系统症状体征进行性加重、梗阻性脑积水、颅压增高者应进行手术治疗，以解除脑疝，缓解对小脑、脑干及颈髓的压迫，重建脑脊液循环通路。

第三节　脑性瘫痪

脑性瘫痪（cerebral palsy）是多种原因引起的非进行性运动功能障碍及姿势异常的疾病或综合征。本病是儿童主要致残性疾病之一，我国患病率为(180～400)/10万，国外为(150～250)/10万。临床主要表现为肢体瘫痪和姿势异常。

【病因及发病机制】

本病确切的病因并不清楚，通常为多因素所致，产前、围生期和产后等不同时期各种因素均与脑性瘫痪有关。① 产前因素：包括母亲自身的因素、妊娠期间的外来因素和遗传因素，母亲自身的因素包括患有甲状腺疾病、精神发育迟滞和癫痫等疾病，及曾有流产、生产低体重儿和精神发育迟滞患儿等病史；妊娠期间的外部因素包括感染、出血、外伤、放射线照射等；研究发现携带载脂蛋白E（ApoE）ε4等位基因型，患脑瘫的风险增加；② 围生期因素：早产，出生过程中产伤、出血、缺氧等因素；③ 出生后因素：核黄疸、感染、外伤、颅内出血及脑缺氧等。

【病理】

根据病因的不同，脑性瘫痪主要有四种病理改变：① 早产儿基质（室管膜下）出血：多见于胎龄不足32周的早产儿，位于室管膜下细胞生发基质中，由于胚胎期基质血管壁较薄，又缺乏相应的支持组织，血管较脆弱，脑部发育不完善,调节脑血流量能力较差,因此易造成基质出血;② 脑室旁白质软化:这是发生在皮质支与深穿支分水岭区的白质柱状坏死,它们位于侧脑室的外侧面,并累及视辐射和感觉运动纤维,1/3 的基质出血者合并有脑室旁白质软化;③ 缺氧-缺血性损害:由于脑缺氧-缺血性改变所引起神经细胞的损害,从而引起脑缺血和脑坏死,病变多弥漫发生,可见脑白质软化,脑皮质及皮质下萎缩;④ 其他病理改变:包括核黄疸(kernicterus),脑穿通畸形,脑裂畸形等改变。

【临床表现】

脑性瘫痪多在婴幼儿期发病,临床表现多种多样,主要表现为中枢性瘫痪和姿势异常,并常伴有不自主运动,多数患儿有不同程度的精神发育迟滞和癫痫发作。根据病因和运动功能异常的性质,脑性瘫痪可分为以下几种类型:

1. 脑性痉挛性双侧瘫痪(cerebral spastic diplegia,或 Little 病) 表现为双侧瘫痪,下肢的运动障碍较上肢重,在爬行时婴儿双臂呈正常相互交替姿势向前,但髋部内收,双腿则被拖拉前进;患儿行走延迟,用双侧足尖着地,伴有内收痉挛,呈剪刀步态和马蹄内翻足;体格检查可见双下肢肌张力增高,腱反射亢进和病理征,智能和言语一般不受累。

2. 婴儿偏瘫、截瘫和四肢瘫 包括以下几种类型:① 婴儿偏瘫:出生后发病或 4~6 个月以后发病,表现为瘫痪肢体自发运动减少,1岁前即可发现患侧运动功能异常,行走延迟,患侧肢体缩短,腱反射亢进,可有病理征,1/3~1/2 的患儿在 1~2 岁时有惊厥发作,通常表现为患侧肢体的部分性发作,也可发展为全身性发作,少数有智能障碍;② 痉挛性四肢瘫:通常上肢比下肢重,部分患儿可见严重的肢体痉挛而颈部肌张力减退,通常不能走路,常伴有中至重度智能障碍,婴儿期即可发现患儿运动功能明显落后于正常同龄儿童;③ 痉挛性截瘫。

3. 运动障碍型 出现不自主的动作,表现为手足徐动、舞蹈、肌强直、震颤和颤搐等,均为双侧性,紧张时加重,睡眠时消失;通常无锥体束征,惊厥较多见;症状一般在 1 岁后逐渐出现,早期肌张力降低,随年龄增长肌张力逐渐增高;患儿智能障碍一般不严重。

4. 其他 还有共济失调型、弛缓性瘫痪、先天性延脑麻痹和混合型等表现。

【诊断及鉴别诊断】

脑性瘫痪的诊断主要依据病史和体检,缺乏特异性诊断指标。主要依据是:婴幼儿期出现的中枢性瘫痪;病情稳定,非进行性;可伴有智力减退、言语障碍和不自主运动等异常表现;头颅 CT、MRI 有助于发现脑结构的异常。注意与以下疾病鉴别:① 遗传性痉挛性截瘫:本病多有家族史,病情缓慢进展,无智能障碍,故可与脑性瘫痪鉴别;② 先天性肌张力不全:本病无智能障碍,腱反射消失,没有锥体束征可资鉴别。

【治疗】

目前尚无治愈办法,提倡早期治疗。目前采用的方法主要有:① 康复治疗:采用理疗、按摩等物理疗法提高患儿的运动功能,改善步态和姿势;进行系统的、科学的语言及生活能力训练,提高患儿的语言功能、生活自理能力;② 药物治疗:药物主要是对症治疗,如痉挛性患儿可用氯苯氨丁酸(baclofen)、氯硝西泮,运动过多可应用氟哌啶醇、地西泮,合并癫痫者应给予抗癫痫治疗;③ 手术治疗:如选择性脊神经后根切除术(selective posterior rhizotomy,SPR)等,对关节畸形及肢体痉挛,可行肌腱切开等矫形手术。

第四节 先天性脑积水

先天性脑积水(congenital hydrocephalus)是指由于脑脊液分泌过多,循环障碍或吸收障碍,导致脑脊液在脑室系统和蛛网膜下腔过多积聚,造成颅内压增高、脑实质萎缩的综合征。患病率为(4~10)/10 万。

【病因及分类】

临床上根据脑脊液流通情况,将脑积水分为交通性脑积水和梗阻性脑积水两类。① 交通性脑积水(communicating hydrocephalus):脑室系统和蛛网膜下腔畅通,由于脑脊液分泌过多或吸收障碍引起;② 梗阻性脑积水(obstructive hydrocephalus):由于脑室系统内的循环通路阻塞引起。

先天性脑积水的原因很多,脑脊液循环通路障碍引起的梗阻性脑积水最多见,常见原因为:① 先天性畸形:中脑导水管狭窄、分叉及隔膜形成,Dandy-Walker 综合征和 Arnold-Chiari 畸形引起的第四脑室正中孔及侧孔闭锁等;② 炎症粘连:脑室内炎症、脑膜炎、脑室出血以及蛛网膜下腔出血等各种原因引起的蛛网膜粘连,造成导水管和第四脑室出口阻塞;③ 脑室内或邻近部位占位病变:如肿瘤、血肿、寄生虫等阻塞脑脊液循环通路。

【临床表现】

先天性脑积水多在出生后 6 个月内出现,最突出的体征是婴儿头颅进行性迅速增大,与全身的发育不成比例。伴骨缝分离、前囟扩大且饱满、头皮静脉怒张、颅骨变薄,叩诊出现"破罐声"(Macewen 征)。双眼球向下旋转,而上部巩膜外露,使眼球下半部落到下眼睑下方,称之为"日落征"(setting-sun sign),是先天性脑积水特有的体征。

患儿多有头痛、呕吐、烦躁不安、嗜睡等表现;常有外展神经麻痹,严重患者可发生视神经乳头水肿及视神经萎缩。四肢常呈痉挛状态、腱反射亢进,以下肢明显,重者可出现去脑强直。

【辅助检查】

(1) 头围测量:① 周径:自眉间至枕骨粗隆间;② 前后径:自眉间沿矢状线至枕外粗隆连线的长度;③ 横径:两耳孔经前囟连线;脑积水患儿的上述数值显著增加。

(2) 影像学检查:头颅平片示颅腔扩大,颅骨变薄,颅缝分离,前后囟扩大;头颅 CT、MRI 示脑室系统扩大,可伴有颅内先天畸形等。

【诊断及鉴别诊断】

头颅 CT 和 MRI 检查可发现脑室扩大,并可发现颅内先天畸形和脑室系统梗阻部位。根据婴儿头颅快速增大、特殊头型、破壶音和日落征等,并结合头颅 CT 或 MRI 检查,即可诊断。应注意与下列疾病鉴别:① 佝偻病:头颅不规则,头颅增大以额部和枕部突出,呈"方颅",而无颅内压增高的表现;② 巨脑畸形:虽有头颅增大,但无颅高压症状,脑室系统正常。

【治疗】

先天性脑积水以手术治疗为主,去除病因如大脑导水管成形术等;减少脑脊液形成如侧脑室脉络丛切除术;或重建脑脊液循环通路如侧脑室颈内静脉分流术、侧脑室腹腔分流术等。

药物治疗的主要目的是减少脑脊液的总量,减轻症状。首选乙酰唑胺,作用机制是抑制脑脊液分泌。还可选用脱水、利尿药物如甘露醇、呋塞米等,降低颅内压,减轻症状。

第五节 胼胝体发育不良

胼胝体发育不良(agenesis or dysgenisis of the corpus callosum,AgCC)是胚胎期背部中线发育不良的一种形式,它主要包括胼胝体完全缺如、胼胝体部分缺如及胼胝体变薄。根据其发病原因,将其分为原发性 AgCC 和继发性 AgCC。在新生儿中原发性 AgCC 发病率为 0.3%~0.5%,而在神经系统发育畸形的患儿中约占 2.3%。原发性 AgCC 的发病率具有种族异质性,黑种人群的发病率最高,其次是白种人群,亚洲人群发病率最低。

【病因及发病机制】

胼胝体发育不良的病因尚未完全明了,与多种因素有关:① 遗传因素:胼胝体发育不良是某些遗传性神经系统综合征的表现之一,如安德曼综合征(Andermann Syndrome)、美-格综合征(Meckel-Gruber Syndrome)、缅克斯综合征(Menkes Syndrome)、阿佩尔综合征(Apert's Syndrome)等;② 胚胎期缺血、感染等原因:在胎儿第 12~20 周之间胼胝体由前向后发育,此期间病变如宫内感染、缺血等原因可导致胼胝体部分不发育甚至完全不发育。此时许多重要的脑结构也在发育形成,所以胼胝体发育不良往往伴发其他中枢神经系统畸形,如胼胝体脂肪瘤、Dandy-Walker 综合征、Aicardi 综合征等。

【临床表现】

AgCC 多在儿童期发病,临床表现多样,一般单纯胼胝体发育不良没有症状,当合并其他颅脑畸形时才出现症状体征,主要表现为精神发育迟滞、智力减退、癫痫发作、痉挛状态、共济失调等;其他症状和体征包括头痛、颅内压增高、头颅增大、语言障碍、行走不稳等。

【诊断】

胼胝体发育不良单靠症状和体征难以诊断,头颅 MRI 是目前诊断胼胝体发育不良的首选方法,主要可见下列异常表现:① 胼胝体部分或完全缺如、变薄,压部失去正常球茎状轮廓;② 侧脑室额角向两侧分离,侧脑室体扩大;③ 第三脑室扩大上移,并向前延伸可达大脑纵裂。

【治疗】

目前尚无特殊治疗方法,有症状者可行对症处理,有脑积水者可行分流术。继发性 AgCC 解除继发因素的作用可能会缓解其临床症状;围产期保健、遗传咨询能降低原发性 AgCC 的发病率。

(唐北沙)

思 考 题

1. 神经系统先天性疾病的概念是什么?其常见病因有哪些?

2. 颅颈区畸形包括哪些畸形？它们的临床表现是什么？
3. 针对脑性瘫痪的病因及发病机制，其防治措施是什么？
4. 先天性脑积水的临床表现有哪些特征？
5. 胼胝体发育不全的临床表现有哪些特征？头部 MRI 影像表现有哪些特征？
6. 病例分析

【病史摘要】

患者，女，38 岁，头痛头晕 5 年，上肢麻木乏力 1 年。患者近 5 年来无明显诱因出现头晕头痛，以头晕为主，偶有视物旋转，耳鸣，感恶心，当地医院诊断"紧张性头痛，神经症"，予相应治疗后无明显缓解；近 1 年来出现声音嘶哑，吞咽困难，双上肢麻木乏力，行走不稳，为进一步诊治入住神经内科。

既往史、个人史、家族史无特殊。

神经系统体查：神清，语利，智力正常；颈短，后发际低；眼球活动可，见水平眼球震颤，眼底无异常，声音嘶哑，吞咽困难，舌肌无萎缩；四肢肌力Ⅴ级，肌张力正常，腱反射适中，病理征阴性，Romberg 征闭眼不稳，一字步不稳；双侧 C_2～T_4 皮区痛温觉减退。头颅侧位片示"颅底凹陷症"，头颅 MRI 示"小脑扁桃体下疝畸形（ChiariⅠ型）并脊髓空洞症"。临床诊断：① 颅底凹陷症；② 小脑扁桃体下疝畸形（ChiariⅠ型）。经神经外科行枕骨部分切除术及寰椎后弓切除减压术治疗，患者康复出院。

【诊断分析】

1. 病史特点　　成年女性，以头痛头晕、声音嘶哑、吞咽困难、上肢麻木为主要临床特征，伴有共济失调体征，头颅 X 线侧位片示"颅底凹陷症"，头部 MRI 示"小脑扁桃体下疝畸形（ChiariⅠ型）并脊髓空洞症"，予枕骨部分切除术及寰椎后弓切除减压术后痊愈出院。

2. 诊断分析　　小脑扁桃体下疝畸形又称 Arnold-Chiari 畸形，是一种常与颅底凹陷畸形伴发的中枢神经系统发育异常，可于婴幼儿期至成年期间发病，表现后组脑神经及上颈部神经根受累症状体征。该患者表现为头痛头晕，声音嘶哑，吞咽困难，上肢麻木，共济失调；体查可见颈短、后发际低，水平眼球震颤，吞咽困难，Romberg 征闭眼不稳，一字步不稳，双侧 C_2～T_4 皮区痛温觉减退；头颅侧位片示"颅底凹陷症"，头部 MRI 示"小脑扁桃体下疝畸形（ChiariⅠ型）并脊髓空洞症"；所以"颅底凹陷症、小脑扁桃体下疝畸形（ChiariⅠ型）"诊断成立。该患者以头痛头晕起病，症状不典型，易误诊。但如果医师体查时能注意到颈短、后发际低，应能考虑到"小脑扁桃体下疝畸形（ChiariⅠ型）"可能，可避免误诊为"紧张性头痛，神经症"。

参考文献

Behrman RE, Kliegman RM and Jenson HB. 2000. The Nervous System. In: Behrman RE, Kliegman RM and Jenson HB (ed): Nelson Textbook of Pediatrics. Harcourt, Ltd, 16th. 1793～1845

Golden JA, Bonnemann CG. 2007. Developmental Structural Disorders. In: Goetz CG (ed): Textbook of Clinical Neurology. Philadelphia: Elsevier, 3rd. 561～593

Koenigsberger MR, Kairam R. 2000. Neonatal Neurology. In: Rowland LP (ed): Merritt's Neurology. Philadelphia: Lippincott Williams & Wilkins, 10th. 467～499

Kotagal S, Bicknese AR, Eswara M, Fenton GA, et al. 2008. Developmental Disorders. In: Rosenberg RN (ed): Atlas of Clinical Neurology. Philadelphia: Springer, 3rd. 1～34

Ropper AH, Brown RH. 2005. Developmental Diseases of the Nervous System. In: Ropper AH, Brown RH (ed): Adams and Victor's Principles of Neurology. New York: McGraw-Hill, Inc, 8th. 850～894

第十七章 神经系统遗传性疾病

Humanity has been given a great gift. With the completion of the human genome sequence, we have received a powerful tool for unlocking the secrets of our genetic heritage and for finding our place among the other participants in the adventure life.

—— Jasny BR and Kennedy D, 2001

The complete human genome sequence will facilitate the identification of all genes that contribute to disease. We propose that the functional classification of disease genes and their products will reveal general principles of human disease. We have determined functional categories for nearly 1,000 documented disease genes, and found striking correlations between the function of the gene product and features of disease, such as age of onset and mode of inheritance. As knowledge of disease genes grows, including those contributing to complex traits, more sophisticated analyses will be possible; their results will yield a deeper understanding of disease and an enhanced integration of medicine with biology.

—— Jimenez-Sanchez G, 2001

第一节 概 述

遗传性疾病(genetic disease)是人的遗传物质在数量、结构或功能上发生改变,干扰了正常的生命活动过程而引起的疾病,也是一类能够通过生殖细胞传递给后代的疾病。它不同于某些先天性疾病(congenital disease)和先天性畸形(congenital malformation),后两者是由于胎儿在母亲怀孕期间受到体内外某些物理、化学或生物等致畸因素的影响而引起的疾病。人类遗传学家和医学遗传学家根据遗传物质改变的类型不同,将遗传性疾病分为单基因病(monogenic disorders)、多基因病(polygenic disorders)、染色体病(chromosomal disorders)、线粒体病(mitochondrial disorders)及体细胞遗传病(somatic cell genetic disorders);按孟德尔遗传方式,单基因病分为常染色体显性遗传病(autosomal dominant inheritance disease, AD)、常染色体隐性遗传病(autosomal recessive inheritance disease, AR)、X-连锁显性遗传病(X-linked dominant inheritance, XD)、X-连锁隐性遗传病(X-linked recessive inheritance disease, XR)及Y-连锁遗传病(Y-linked inheritance disease)。在临床工作中,临床医学遗传学家常常将遗传病按主要受累部位所在系统分类,如神经系统遗传病、心血管系统遗传病、消化系统遗传病、血液系统遗传病等。

依据"Online Mendelian Inheritance in Man, OMIM"的信息统计,在人类12 000余种单基因病中,累及神经系统的遗传病或综合征约占1/3,以神经系统症状、体征为主要临床表现而归为神经系统遗传性疾病或综合征的约300多种,国内文献报道约200余种。另外,神经系统遗传性疾病致残率、致死率高,危害性极大。

【病因及发病机制】

与其他遗传性疾病一样,神经系统遗传病的基因突变(gene mutation)形式多种多样,最常见的是DNA中的碱基替换(base substitution)、移码突变(frame-shift mutation)、碱基缺失、碱基插入及动态突变(dynamic mutation)等。突变不仅发生于基因的编码序列中,也可能发生于启动子区、剪接部位及内含子区等。基因突变通过一种功能获得(gain-of-function)或功能丧失(loss of function)机制或显性负性(dominant-negative)效应导致疾病的发生。如X25基因编码的frataxin蛋白定位于线粒体,参与调控线粒体内铁的水平,X25基因突变引起frataxin蛋白功能异常,铁硫蛋白失活,铁在线粒体内聚集,破坏线粒体功能,导致弗里德赖希共济失调(Friedreich ataxia, FA);遗传性脊髓小脑性共济失调(spinocerebellar ataxia, SCA)部分亚型是由于致病基因编码区内CAG三核苷酸重复序列异常扩增导致编码蛋白内形成异常扩展的多聚谷氨酰胺肽链(polyglutamine, polyGlu),引起编码蛋白的错误折叠,在中枢神经系统和小脑等部位的神经元内形成核内包涵体(intranuclear inclusions, NIs),并且产生选择性细胞毒性作用而引起的。在这些亚型的家系中,常出现发病年龄逐代提前、症状逐代加重的现象,称作遗传早现(genetic anticipation),是SCA非常突出的表现,与CAG三核苷酸异常扩增的动态突变相关。尽管如此,许多遗传性疾病的具体发病机制并不清楚。人类基因组全序列测定的完成,标志着现代医学的发展已经进入"基因组医学"时代(Era of genomic medicine)。下一步的工作方向由原来的结构基因组学(structural genomics)转向功能基因组学(functional genomics)或后基因组学(post-genomics)、蛋白质组学(proteomics)研究,为揭示人类疾病的发病机制奠定了基础。

【临床表现】

神经系统遗传病可以在新生儿期、婴儿期、儿童期以及中年期发病,临床表现也多种多样,但总体来说包括神经系统症状和神经系统以外的症状。① 神经系统症状包括智能发育障碍、痴呆、行为异常、语言障碍、抽搐、眼球震颤、瘫痪、不自主运动、共济失调、感觉异常、肌肉萎缩、视觉及听觉障碍等;② 神经系统以外的症状包括骨骼畸形、心脏病变、肝脾肿大、皮肤毛发异常、内分泌失调等;③ 特征性症状包括肝豆状核变性的角膜色素环(Kayser-Fleischer ring,K-F ring)、共济失调毛细血管扩张症的结膜毛细血管扩张、结节性硬化症的面部血管纤维瘤等。

【诊断】

神经系统遗传病的诊断依赖于病史、症状、体征、辅助检查、系谱分析及特殊的遗传学检查。系谱分析对遗传病的诊断是非常重要的,可以帮助确定遗传病的遗传方式,有助于区分单基因病与多基因病,有助于区分某些表型相似的遗传病,有助于计算遗传咨询个体的患病风险;染色体检查可检查出染色体数目异常和结构畸变;基因诊断就是利用分子生物学方法在 DNA 或 RNA 水平对某一基因进行分析,从而对特定的疾病进行诊断。

【治疗及预防】

随着现代医学遗传学的迅速发展,尽管一些神经系统遗传病的发病机制逐渐被人们所认识,但这些神经系统遗传病的治疗仍有困难。目前,神经系统遗传病的治疗主要有饮食疗法、药物疗法、对症、支持治疗、基因治疗等。遗传咨询、基因诊断、产前诊断对预防神经系统遗传病是十分重要的。

第二节 遗传性共济失调

遗传性共济失调(inherited ataxias,IAs)是一类以共济运动障碍、辨距不良为突出表现的神经系统遗传变性病,占神经系统遗传性疾病的10%～15%。发病年龄可从婴幼儿期到中年期,但以青少年期和中年期多见。遗传形式主要呈常染色体显性遗传,也可呈常染色体隐性遗传、X-连锁遗传,散发病例也不少见。主要临床表现有共济失调、辨距不良、构音障碍、眼球震颤、锥体束征、锥体外系征等。病变主要累及小脑、脑干、脊髓,其他如大脑皮质、基底核、脑神经、脊神经等均可受累。大部分遗传性共济失调的病因和发病机制尚未阐明,生化缺陷、三核苷酸动态突变、线粒体功能缺陷、DNA 修复功能缺陷等与发病有关。遗传性共济失调类型众多,各类型之间存在交叉重叠和过渡,同一家系中的患者可表现不同表型,不同家系中的患者又可表现同一表型,具有明显的遗传异质性,致使分类十分困难,目前尚无统一的分类标准,其中 Harding 的分类方法被大多数学者接受。

一、遗传性脊髓小脑性共济失调

遗传性脊髓小脑性共济失调(hereditary spinocerebellar ataxia,SCA)是一组最常见的遗传性共济失调,有明显的遗传异质性。患病率为(5～7)/10万,多于青少年期和中年期发病,大多数呈常染色体显性遗传,极少数为常染色体隐性遗传或 X 连锁遗传。根据致病基因定位研究,遗传性脊髓小脑性共济失调目前至少可分为 29 种基因型,SCA3/MJD 是最常见类型,约占 50%。病因和发病机制尚未阐明,三核苷酸动态突变与多种基因型的发病有关。病理改变主要在小脑、脑干、脊髓、基底核和大脑皮质等处。临床表现除共济失调外,可伴有眼球运动障碍、慢眼运动、锥体束征、锥体外系征、周围神经病和痴呆等。

【分类】

Harding 把这类疾病中呈常染色体显性遗传方式者定义为常染色体显性遗传小脑性共济失调(autosomal dominant cerebellar ataxia,ADCA),并至少分为三型:ADCA I 型:小脑性共济失调伴其他神经系统症状;ADCA II 型:小脑性共济失调伴视网膜色素变性;ADCA III 型:"单纯"晚发型小脑性共济失调。基因诊断有助于基因分型。

【病因及发病机制】

自 1993 年 Orr 等克隆了 SCA1 致病基因以来,迄今已先后有 19 种 ADCA 的致病基因被克隆,其中 7 种与 CAG 三核苷酸重复扩展突变有关,含有异常扩增(CAG)n 的致病基因导致编码蛋白内形成异常扩展的 PolyGlu 肽链,引起编码蛋白的错误折叠,在中枢神经系统的神经元内形成呈泛素阳性的 NIs,且产生选择性细胞毒性作用而致病。

【病理】

可见小脑半球和蚓部萎缩;脑干萎缩变小,以脑桥及下橄榄核明显;脊髓的颈段和上胸段明显萎缩。镜下可见小脑浦肯野细胞和颗粒细胞数量明显减少,齿状核细胞也可受累;脑桥核、下橄榄核、基底核及脑神经运动核细胞变性脱失;脊髓Clarke柱、脊髓前角细胞和后柱细胞均可受累;小脑白质及三对小脑脚纤维脱髓鞘、橄榄小脑束、桥小脑束、橄榄脊髓束、皮质脊髓束及脊髓小脑束纤维脱髓鞘或轴索变性。细胞水平的病理改变主要为神经元胞质内和(或)核内包涵体形成,这种包涵体对泛素和带有扩展突变的多聚谷氨酰胺肽链染色阳性。

【临床表现】

大多数为青少年和中年起病,有明显的遗传早现现象。缓慢起病,进行性加重,直至延髓功能衰竭,最终死于反复肺部感染或延髓功能障碍所致的中枢性呼吸衰竭。首发症状多为进行性行走不稳和口齿不清,包括共济失调步态、共济失调语言、意向性震颤、眼球震颤、眼肌麻痹、慢眼活动、腱反射亢进、巴宾斯基征阳性、痉挛状态等。可伴有肌萎缩、周围神经病、锥体外系症状、视网膜色素变性和痴呆等。临床上出现慢眼活动、腱反射减弱、帕金森样表现或痴呆常提示为SCA2型;面舌肌搐颤、突眼、严重的痉挛状态或显著的周围神经病常见于SCA3/MJD型;SCA6型则表现为单一的小脑综合征,发病年龄较晚;SCA7型有视网膜色素变性。

【辅助检查】

头部CT和MRI可发现小脑和(或)脑干萎缩。SPECT或PET检查可提示局部脑缺血改变和氧代谢变化,如小脑、脑干、颞顶叶等区域。肌电图、诱发电位、眼震电图检查可确认病变损害部位及程度。国际协作共济失调评定量表(international cooperative ataxia rating scale,ICARS)和共济失调等级量表(scale for assessment and rating of ataxia,SARA)等评分量表检查能较客观地评价患者的病情严重程度。

【诊断】

根据阳性家族史、临床表现、头部CT或MRI检查可作出临床诊断。基因突变检测有助于诊断和分型(表17-1)。

表17-1 遗传性共济失调的致病基因定位与克隆

基因型	遗传方式	OMIM号	基因定位	致病基因
SCA1	AD	164400	6p22.3	*ATAXIN1*
SCA2	AD	183090	12q24.13	*ATAXIN2*
SCA3/MJD	AD	109150	14q32.12	*MJD1*
SCA4	AD	600223	16q24-qter	*SCA4*
SCA5	AD	600224	11q13.2	*SPTBN2*
SCA6	AD	183086	19p13.13	*CACNA1A*
SCA7	AD	164500	3p14.1	*ATXN7*
SCA8	AD	603680	13q21	*ATXN8OS/ATXN8*
SCA9	?	?	?	?
SCA10	AD	603516	22q13.31	*ATXN10*
SCA11	AD	604432	15q14-q21.3	*TTBK2*
SCA12	AD	604326	5q32	*PPP2R2B*
SCA13	AD	605259	19q13.33	*KCNC3*
SCA14	AD	605361	19q13.42	*PRKCG*
SCA15	AD	606658	3p24.2-3pter	*ITPR1*
SCA16	AD	606364	8q23-q24.1	?
SCA17	AD	607136	6q27	*TBP*
SCA18	AD	607458	7q31-q32	?
SCA19	AD	607346	1p21-q21	?
SCA20	AD	608687	11	?
SCA21	AD	607454	7p21.3-p15.1	?
SCA22	AD	607346	1p21-q23	?
SCA23	AD	610245	20p13-p12.2	?
SCA24	AD	607317	1p36	?
SCA25	AD	608703	2p21-p15	?
SCA26	AD	609306	19p13.3	?
SCA27	AD	601515	13q33.1	*FGF14*
SCA28	AD	610246	18p11.22-q11.2	*AFG3L2*
SCA29	AD	117360	3p26	?
SCA30	AD	613371	4q34.3-q35.1	?
SCA31	AD	117210	16q22.1	*PLEKHG4*
DRPLA	AD	125370	12p13.31	*ATN1*

续 表

基因型	遗传方式	OMIM号	基因定位	致病基因
EA 1	AD	160120	12q13	KCNA1
EA 2	AD	108500	19p13	CACNA?1A
EA 3	AD	606554	1q42	?
EA 4	AD	606552	?	?
EA 5	AD	160120	2q22-q23	CACNB4
EA 6	AD	612656	5p	SLC1A3
EA7	AD	611907	19q13	?
SCAR1	AR	606002	9q34	SETX
SCAR2	AR	213200	9q34-qter	?
SCAR3	AR	271250	6p23-p21	?
SCAR4	AR	607317	1p36	?
SCAR6	AR	608029	20q11-q13	?
SCAR7	AR	609270	11p15	?
SCAR8	AR	610743	6q25	SYNE1
Salla disease	AR	604369	6q14-q15	SIALIN
AOA1	AR	606350	9p13	APTX
EPM1	AR	254800	21q22.3	CSTB
SCAN1	AR	607250	14q31-q32	TDP1
AT	AR	208900	11q22	ATM
ATLD	AR	604391	11q21	MRE11
Early onset with retained reflexes	AR	212895	13q12	EOCA
FA	AR	229300	9q13	FRDA
FA2	AR	601992	9p23	FRDA2
IOSCA	AR	271245	10q24	?
VED	AR	277460	8q13	TTPA
Arts syndrome	X-linked	301835	Xq22.3	PRPS1
SCAX1	X-linked	302500	Xp11.21-q21.3	?
SCAX5	X-linked	300703	Xq25-q27.1	?
Mental retardation with epilepsy, rostral ventricular enlargement	X-linked	300486	Xq12	OPHN1
Mental Retardation, Microcephaly, Epilepsy & Ataxia	X-linked	300243	Xq26.3	SLC9A6
Rett syndrome	X-linked	312750	Xq28	MECP2
FXTAS	X-linked	300623	Xq27.3	FMR1

注释：AOA1-Ataxia-Oculomotor Apraxia 1；AT-Ataxia telangiectasia；ATLD-Ataxia telangiectasia-like Disorder；DRPLA-Dentatorubral-pallidoluysian atrophy；EA-Episodic ataxia；EPM1-Myoclonic epilepsy of Unverricht and Lundborg；FA-Friedreich ataxia；FXTAS-Ataxia with Tremor & Cognitive decline；IOSCA-Infantile Onset Spinocerebellar；MJD-MAchado-Joseph Disease；SCA-Spinocerebellar ataxia；SCAR-Spinocerebellar ataxia recessive；SCAN1-Spinocerebellar ataxia with axonal neuropathy；SCAX1-Congenital X-linked ataxia；SCAX5-X-linked congenital ataxia；VED-Vitamin E deficiency

【治疗】

本病无特殊治疗。除对症支持治疗外，常用药物有毒扁豆碱、胞二磷胆碱、辅酶 Q_{10}、5-羟色氨酸、左旋多巴、磷脂酰胆碱、组蛋白去乙酰化酶抑制剂等。部分患者经扩张脑血管治疗可能有暂时的疗效。除药物治疗外，高压氧治疗、康复训练、饮食治疗等可使症状体征减轻以减缓病情的进展，康复治疗可以在医师的指导下进行按摩、功能体操、理疗、言语训练等，可以增强患者的日常生活自理能力。基因治疗等先进的治疗方法将来有望于应用于共济失调患者。

二、弗里德赖希共济失调

弗里德赖希共济失调(friedreich ataxia，FA)，也称少年脊髓型共济失调，是国外最常见的遗传性共济失调之一。患病率为(2～4)/10万，其遗传方式为常染色体隐性遗传。多于少年期发病，病情呈进行性发展。主要临床特征包括进行性姿势和步态的共济失调、构音障碍、腱反射消失、深感觉丧失等神经系统症状和体征。病理改变主要累及脊髓后索、侧索、小脑和大脑。

【病因及发病机制】

Chamberlain(1988年)将本病的基因定位于染色体9q13～21.1,Campuzano(1996年)克隆了弗里德赖希共济失调的致病基因,称为 X25 基因,该基因编码的一个由 210 个氨基酸残基组成的蛋白质,称为 frataxin,是一种线粒体蛋白,可能调节线粒体铁的内流和外流,使线粒体内铁和自由基的浓度维持在较低的水平,防止氧化应激。X25 基因的 GAA 三核苷酸不稳定重复扩增干扰了转录和转录后的加工,导致 frataxin 的量减少,铁不能被有效地运输或利用,迅速发生氧化损伤,线粒体受损,使细胞发生凋亡。

【病理】

脊髓萎缩以颈段明显,小脑萎缩也可见。镜检发现:轴索变性、髓鞘脱失、胶质细胞增生的改变主要在脊髓后索中的薄束、楔束及侧索中的皮质脊髓束、脊髓小脑束,也可见于脊神经节、后根及脊神经;Clarke 柱细胞消失,脊髓前角细胞基本完好。神经系统组织以外可见心肌肥厚、结缔组织增生、心肌细胞内铁沉积等改变。

【临床表现】

大多数患者于儿童期或青少年期发病,男女无差别。缓慢起病,逐渐进展。首发症状为行走不稳、站立不稳、易于跌倒,继而出现上肢运动不协调、动作笨拙、意向性震颤、爆发性言语、视听力减退等。神经系统检查可见眼球震颤,眼球运动障碍,肢体肌张力低,膝、踝反射消失,振动觉和位置觉减退或消失,指鼻试验、跟膝胫试验和闭目难立征阳性;后期可出现锥体束征,肢体肌肉萎缩和感觉异常。60%～80%的患者伴有脊柱侧弯、弓形足等骨骼畸形,50%～75%的患者有心肌肥厚、心脏杂音,约 10% 的患者可伴有糖耐量异常或糖尿病。

【辅助检查】

约 2/3 的患者心电图异常,常见 T 波倒置,也可见心律失常。超声心动图检查多见左心室肥厚。约 1/10 的患者血糖或糖耐量异常。几乎所有患者体感诱发电位检查可见中枢和周围神经传导异常。脑干诱发电位、视觉诱发电位也可见异常改变。MRI 检查可见脊髓萎缩,以颈段明显。

【诊断】

Harding 等制定了本病的诊断标准:① 青春期发病,一般多在 30 岁前发病;② 进行性躯干及四肢共济失调;③ 膝、踝反射消失;④ 晚期逐渐出现锥体束征、振动觉及关节位置觉明显减退等;⑤ 2/3 患者出现脊柱侧凸、弓形足等骨骼畸形和肥厚性心肌病;⑥ 少数患者出现远端肌萎缩、视神经萎缩、白内障等;⑦ 10% 患者可伴发糖尿病。应用基因诊断技术是必然趋势。注意与伴维生素 E 缺乏性共济失调、遗传性运动感觉神经病等疾病作鉴别诊断。

【治疗】

目前无特殊有效治疗。胞二磷胆碱、毒扁豆碱、磷脂酰胆碱、血管扩张药等药物可能有一定疗效。对症治疗、理疗、功能锻炼、支持疗法有助于正常运动功能的保持。对严重的骨骼畸形患者可考虑手术治疗。伴有糖尿病的患者,可给予胰岛素等降糖药物治疗。

三、共济失调毛细血管扩张症

共济失调毛细血管扩张症(Ataxia-telangiectasia,AT)又称 Louis-Bar 综合征,较少见,呈常染色体隐性遗传,发病率为(0.25～0.3)/10 万;也是一种累及神经、血管、皮肤、单核巨噬细胞系统和内分泌系统的原发性免疫缺陷病。临床表现为婴幼儿期发病的共济失调,眼球结膜和面部皮肤的毛细血管扩张,反复发作的副鼻窦炎和肺部感染,且具有对射线的杀伤作用极其敏感、易患癌症等特征。

【病因及发病机制】

本病的发病与 DNA 损伤/断裂的异常过程,细胞周期关卡缺陷,应激-应答通路的激活缺陷,淋巴细胞丝裂原应答缺陷等相关,上述缺陷可造成遗传不稳定性(染色体重排、免疫基因重排中断等)、易患癌症和减弱机体对射线损伤的 DNA 修复等。细胞过量凋亡可导致 AFP 水平增高。

Gatti 等(1988年)将 AT 的致病基因定位于染色体 11q22～23。Schiloh 及 Savitsky(1995年)克隆了 ATM(AT mutant,ATM)基因。该基因编码一个有 3 056 个氨基酸残基、分子量为 350 kD a 的 P13-kinase 蛋白。野生型 ATM 蛋白类似磷脂酰肌醇-3-激酶,含有蛋白激酶结构域,与 DNA 损伤修复有关,能阻止细胞凋亡,控制免疫细胞对抗原的反应,阻止基因的重排,与性成熟有关等。

【病理】

肉眼可见小脑弥漫性萎缩。光镜下可见浦肯野细胞、星形细胞和篮状细胞脱失,齿状核细胞消失,小脑白质轴突减少,广泛胶质增生。脊髓后索和脊髓小脑束严重脱髓鞘,后柱细胞轴突消失。电镜下可见浦肯野细胞内质网膜腔隙扩大，自噬空泡增多，电子密度增高。可伴胸腺缺失或发育不良，缺乏 Hassall 小体，皮髓质分界不清，淋巴细胞数量减少，上皮样细胞增多。

【临床表现】

1. 神经系统　　首发症状为婴儿期出现的进行性共济失调。查体可见肌张力低下，指鼻不准，快速轮替试验笨拙，闭目难立征阳性，舞蹈样动作、手足徐动、肌张力障碍、面具脸；约33%患儿出现智能缺陷，身体发育迟滞。

2. 皮肤改变　　毛细血管扩张是另一突出的特征，多发生于3～6岁，最先出现于球结膜的暴露部分，在接近角膜处渐消失。随着年龄的增长，皮肤和毛发的早老性改变亦很明显，如皮下脂肪减少或消失、皮肤菲薄、干燥等。

3. 呼吸道感染　　患儿极易发生不同程度的呼吸道感染，如反复发作的慢性鼻炎、副鼻窦炎、气管炎和肺炎，感染迁延不愈，抗生素疗效较差。

4. 伴发肿瘤倾向　　约半数病例伴发肿瘤，最多见为恶性淋巴瘤，其次为淋巴细胞性白血病，颅内胶质瘤也常见。*ATM* 基因杂合子携带者易患癌症。

5. 其他　　可见身高体重发育差（可呈侏儒症）、性腺发育不良、胸腺不发育等。

【辅助检查】

血清 AFP 明显升高；低丙种球蛋白血症，血清中选择性 IgA、IgE、IgG 减少；外周血淋巴细胞数量减少及功能异常；血清糖耐量试验异常；染色体检查可见易位、倒位、断裂、裂隙等多种异常，常累及第7号、第8号染色体；头颅 CT 和 MRI 显示小脑不同程度的萎缩。

【诊断及鉴别诊断】

根据临床表现和辅助检查可诊断本病。基因诊断有助于临床诊断并可发现携带者。需与弗里德赖希共济失调、小脑视网膜血管瘤病、Hartnup 病等疾病鉴别。

【治疗】

本病无特效疗法。主要是对症治疗，改善机体免疫状态，增加抗感染能力，积极控制感染，避免接触放射性物质及强阳光刺激等。提高机体免疫力可采用胸腺肽、转移因子、新鲜成分血、免疫球蛋白等。

四、遗传性痉挛性截瘫

遗传性痉挛性截瘫（hereditary spastic paraplegia, HSP 或 SPG），又称 Strümpell-Lorrain 病，是一组具有明显临床和遗传异质性的神经系统遗传病，患病率为(2～9.6)/10万，主要表现为进行性双下肢痉挛性无力、剪刀步态，病理改变主要表现为双侧皮质脊髓束的轴索变性和(或)脱髓鞘。按遗传方式不同又可分为常染色体显性遗传、常染色体隐性遗传和 X-连锁隐性遗传。

【病因及发病机制】

发病机制未明，已发现遗传性痉挛性截瘫有27个致病基因相关位点，其中14个致病基因已被克隆（表17-2），如 atlastin 蛋白是 GTP 酶家族成员，在囊泡转运中有重要作用；spastin 蛋白是 AAA (ATPase with various celluar activity) 蛋白家族成员之一，在蛋白复合物装配、分解和功能上起分子伴侣作用，参与一系列不同的细胞活动，包括蛋白变性、蛋白转运、微管运动等；paraplegin 蛋白位于线粒体内，参与线粒体正常功能。

表17-2　遗传性痉挛性截瘫致病基因的定位及克隆

基因型	遗传方式	OMIM号	染色体定位	致病基因
SPG3A	AD	182600	14q11-q21	*Atlastin*
SPG4	AD	182601	2p22-p21	*SPAST*
SPG6	AD	600363	15q11.1	*NIPA1*
SPG8	AD	603563	8q24.13	*KIAA0196*
SPG9	AD	601162	10q23.3-q24.1	?
SPG10	AD	604187	12q13	*KIF5A*
SPG12	AD	604805	19q13	?
SPG13	AD	605280	2q24-q34	*HSPD1*
SPG17	AD	270685	11q13	*BSCL2*
SPG19	AD	607152	9q33-q34	?
SPG29	AD	609727	1p31.1-p21.1	?
SPG31	AD	610250	2p11.2	*REEP1*

续　表

基因型	遗传方式	OMIM号	染色体定位	致病基因
SPG33	AD	610244	10q24.2	ZFYVE27
SPG36	AD	613096	12q23-q24	?
SPG37	AD	611945	8p21.1-q13.3	?
SPG38	AD	612335	4p16-p15	?
SPG42	AD	612539	3q24-q26	SLC33A1
SPG5	AR	270800	8p12-q13	CYP7B1
SPG7	AR	602783	16q24.3	Paraplegin
SPG11	AR	610844	15q21.1	KIAA1840
SPG14	AR	605229	3q27-q28	?
SPG15	AR	270700	14q22-q24	ZFYVE26
SPG20	AR	275900	13q12.3	KIAA0610
SPG21	AR	248900	15q22.31	ACP33
SPG23	AR	270750	1q24-q32	?
SPG24	AR	607584	13q14	?
SPG25	AR	608220	6q23.3-q24.1	?
SPG26	AR	609195	12p11.1-q14	?
SPG27	AR	609041	10q22.1-q24.1	?
SPG28	AR	609340	14q21.3-q22.3	?
SPG30	AR	610357	2q37.3	?
SPG32	AR	611252	14q12-q21	?
SPG35	AR	612315	16q21-q23	FA2H
SPG39	AR	612020	19p13.3	PNPLA6
SPG43	AR	?	19p13	?
SPG45	AR	613162	10q24.3-q25.1	?
SPOAN	AR	609541	11q13	?
TCC+epilepsy	AR	?	8p12-p11.21	?
SPG1	X-linked	312900	Xq28	L1CAM
SPG2	X-linked	312920	Xq21-q22	PLP
SPG16	X-linked	300266	Xq11.2	?
SPG22	X-linked	309600	Xq21	?
SPG34	X-linked	300750	Xq25	?

注释：TCC-thin corpus callosum；SPOAN-Spastic paraplegia, optic atrophy and neuropathy

【病理】

主要病理特征是皮质脊髓束和后索的轴索变性，以胸段为主，脊髓小脑束和脊髓丘脑束损害较轻，脊髓前角细胞、巨锥体细胞、基底节、脑干、小脑、视神经等也可受累。

【临床表现】

多于儿童期或青春期发病，主要表现为缓慢进展的双下肢痉挛性无力，患者感双下肢僵硬，走路不便，易摔跤；可伴有精神发育迟滞、共济失调、锥体外系、多发性神经病、视神经萎缩、视网膜色素变性等症状；查体可发现双下肢肌张力增高，腱反射活跃、亢进，膝、踝阵挛，Babinski征阳性，剪刀步态。

根据Harding标准，遗传性痉挛性截瘫可分为单纯型和复杂型。单纯型只表现为进行性双下肢痉挛性无力，按发病年龄进一步分为Ⅰ型和Ⅱ型，Ⅰ型于35岁前发病，肌张力增高明显，行走困难严重，Ⅱ型于35岁后发病，感觉障碍和括约肌障碍明显，锥体束征明显；合并脊髓外损害症状的称为复杂型。

【辅助检查】

胸段脊髓MRI可见脊髓萎缩，头颅MRI一般无异常，偶有报道胼胝体发育不良或大脑半球白质病变。痉挛性截瘫评分量表(The Spastic Paraplegia Rating Scale, SPRS)可评估患者痉挛状态的严重程度。

【诊断及鉴别诊断】

根据进行性双下肢肌张力增高和无力、阳性家族史，胸髓MRI示胸髓萎缩，可作出诊断。致病基因的克隆使基因诊断成为可能。需与运动神经元病和脑瘫等相鉴别。

【治疗】

目前本病无特殊治疗，但对肢体痉挛状态的治疗是可行的，可选用的药物有地西泮、氯硝西泮、硝西泮、氯苯氨丁酸、乙苯哌丙酮、奥昔布宁等。除药物治疗外,肌腱松解术、按摩、理疗、针灸等方法可以减轻肌肉痉挛,改善行走困难。

第三节 腓骨肌萎缩症

腓骨肌萎缩症(charcot-marie-tooth disease,CMT),又称遗传性运动感觉性神经病(hereditary motorsensory neuropathy,HMSN),是遗传性周围神经病中最常见的类型之一,患病率约为40/10万。多呈常染色体显性遗传,少数呈常染色体隐性遗传或X-连锁遗传。多于儿童期或青少年期起病,主要表现为进行性四肢远端肌萎缩、肌无力和腱反射减退或消失。依据病理和电生理特点可分为两型:脱髓鞘型(CMT1型),神经传导速度显著减慢(正中神经运动传导速度<38 m/s),神经活检示广泛的节段性脱髓鞘和髓鞘增生形成洋葱球样结构;轴突型(CMT2型),神经传导速度正常或轻度减慢(正中神经运动传导速度>38 m/s),神经活检示轴突变性。

【病因及发病机制】

发病机制尚不清楚。基因分型至少有39型,其中29型已被克隆(表17-3)。已克隆的致病基因基本上都与轴索和髓鞘的结构和功能维持有关,如周围神经髓鞘蛋白22(peripheral myelin protein 22,PMP22)基因编码的PMP22蛋白可能与维持髓鞘结构的完整性、调节细胞周期等细胞功能相关;周围神经髓鞘蛋白(myelin protein zero,MPZ)基因编码一跨膜黏附蛋白MPZ,其功能可能通过与邻近的髓鞘板层相连保持髓磷脂的稳定,并对髓磷脂的致密化有一定作用。

表17-3 腓骨肌萎缩症致病基因的定位与克隆

基因型	遗传方式	OMIM号	基因定位	致病基因
CMT1A	AD	118220	17p11.2-p12	*PMP22*
CMT1B	AD	118200	1q22	*MPZ*
CMT1C	AD	601098	16p13.3-p12	*SIMPLE/LITAF*
CMT1D	AD	607678	10q21.1-q22.1	*EGR2*
CMT1E	AD	607734	8p21	*NEFL*
CMT2A1	AD	118210	1p36-35	*KIF1B*
CMT2A2	AD	609260	1p36.2	*MFN2*
CMT2B	AD	600882	3q21	*RAB7*
CMT2C	AD	606071	12q23-q24	?
CMT2D	AD	601472	7p15	*GARS*
CMT2E	AD	607684	8p21	*NEFL*
CMT2F	AD	606595	7q	*HSPB1*
CMT2G	AD	608591	12q12-13.3	?
CMT2I/J	AD	607677/607736	1q22	*MPZ*
CMT2L	AD	608673	12q24	*HSPB8*
DI-CMTA	AD	606483	10q24.1-q25.1	?
DI-CMTB	AD	606482	19p12-p13.2	*DNM2*
DI-CMTC	AD	608323	1p34-p35	*YARS*
DI-CMTD	AD	607791	1q22	*MPZ*
CMTX1	XD	302800	Xq13.1	*GJB1/Cx32*
CMTX2	XR	302801	Xp22.2	?
CMTX3	XR	302802	Xq26.3-q27.1	?
CMTX4	XR	310490	Xq24-q26.1	?
CMTX5	XR	311070	Xq22.3	*PRPS1*
CMT4A	AR	214400	8q13-q21.1	*GDAP1*
CMT4B1	AR	601382	11q22	*MTMR2*
CMT4B2	AR	604563	11p15	*SBF2/MTMR1*
CMT4C	AR	601596	5q32	*KIAA1985*
CMT4D	AR	601455	8q24.3	*NDRG1*
CMT4E	AR	605253	10q21.1-10q21.2	*EGR2*
CMT4F	AR	145900	19q13.1-q13.2	*PRX*
CMT4G	AR	605285	10q23.2	?
CMT4H	AR	609311	12p11.21-q13.11	*FGD4*
CMT4J	AR	611228	6q21	*FIG4*
CMT2B1	AR	605588	1q21.2	*LMNA*
CMT2B2	AR	605589	19q13.3	*MED25*
CMT2H/K	AR	607731/607831	8q13-q21.1	*GDAP1*

【病理】

周围神经对称的节段性脱髓鞘和(或)轴索变性,某些部位的周围神经髓鞘再生,施旺细胞增生与修复,形成"洋葱球样"改变。肌纤维束萎缩,间质胶原纤维增生伴玻璃样变。

【临床表现】

隐袭起病,逐渐进展。男性多于女性。常于儿童期或青少年期发病,CMT1型发病年龄较早,CMT2型发病年龄较晚。最初表现为双下肢无力,足背伸、趾屈活动无力,行走呈跨阈步态,数年后发展至上肢。神经系统体查可见双下肢远端肌萎缩,肌萎缩多止于大腿下1/3处,双下肢呈倒香槟酒瓶状,或称"鹤腿";上肢表现手部骨间肌和大小鱼际肌无力和萎缩,出现爪型手或猿手畸形,肌萎缩一般不超过肘关节以上;腱反射减弱或消失,特别是踝反射通常消失;可出现末梢型感觉障碍及自主神经功能障碍;多伴有弓形足、马蹄内翻足畸形。

【辅助检查】

CMT1型患者的神经传导速度显著减慢(正中神经运动传导速度<38 m/s),CMT2型神经传导速度减慢不明显(正中神经运动传导速度>38 m/s);CMT1型患者神经活检示广泛的节段性脱髓鞘和髓鞘增生形成洋葱球样改变;CMT2型神经活检示轴突变性。部分患者的脑干诱发电位和视觉诱发电位异常。

【诊断及鉴别诊断】

依据临床表现、阳性家族史、电生理检查、神经活检等,可作出诊断。可开展基因诊断。主要与远端型肌营养不良、慢性进行性远端型脊肌萎缩症和慢性炎症性脱髓鞘性多发性神经病(CIDP)等相鉴别。

【治疗】

无特殊治疗,主要是对症支持治疗。补充大量B族维生素及同时给予周围血管扩张剂可能有利于病情缓解。足畸形者行矫形术可改善症状。理疗和功能训练可改善患者的生活质量。

第四节 神经皮肤综合征

神经皮肤综合征(neurocutaneous syndromes,NCS),又称斑痣性错构瘤(Phakomatoses),是一类源于外胚层的组织和器官发育异常的疾病。该类疾病可同时累及皮肤和神经系统,也可累及心、肺、骨骼等器官,表现为多系统、多器官的形态和功能异常。皮肤改变是诊断神经皮肤综合征的重要线索,其特征性的皮肤损害有助于早期诊断。神经系统症状多表现为智能发育异常、癫痫、偏瘫和共济失调等,结合皮肤损害有助于临床诊断。目前已发现的神经皮肤综合征有40余种,本节主要介绍神经纤维瘤病、结节性硬化、脑-面血管瘤病和小脑视网膜血管瘤病等。

一、神经纤维瘤病

神经纤维瘤病(neurofibromatosis,NF)是一种神经系统遗传病,呈常染色体显性遗传。患病率为(4~30)/10万。主要表现为多发性神经纤维瘤、皮肤异常色素斑等。根据临床表现和致病基因位点的不同,可分为NFⅠ型和NFⅡ型。NFⅠ型在临床上较为常见,多表现为皮肤咖啡牛奶斑(caf au lait macule)和周围神经纤维瘤等,约占NF的90%左右,又称von Recklinghausen病;而NFⅡ型相对较少见,表现为中枢神经纤维瘤或听神经纤维瘤。

【病因及发病机制】

NFⅠ型致病基因定位于染色体17q11.2,是一种肿瘤抑制基因,编码神经纤维肽(neurofibromin)与鸟苷三磷酸酶激活蛋白(GTPase activating protein,GAP)有高度的同源性,具有调控细胞增殖与分化的功能。若NFⅠ基因突变会导致细胞增殖、分化异常而发病。NFⅡ型致病基因则定位于染色体22q11,亦是一种肿瘤抑制基因,其基因产物merlin蛋白参与多种细胞活动,具有调节细胞生长的功能。NFⅡ基因突变会使得细胞分化、生长失控而发病。

【病理】

其病理特点为分布于脊神经、脑神经、皮肤及皮下神经的多发性神经纤维瘤,以及表皮基底细胞层内黑色素沉积而致的皮肤色素斑。神经纤维瘤由梭形细胞排列组成,肿瘤大小不一,与神经鞘膜紧密连接。

【临床表现】

该病的发病年龄多在儿童期或中、青年期,前者以NFⅠ型多见,而后者以NFⅡ型多见。

1. 神经系统损害　表现有以认知功能缺陷为特征的智能损害;约50%的患者由于周围或中枢神经系统肿瘤压迫而引起疼痛或肢体活动障碍,也可引起颅高压、癫痫及脊髓压迫等症状;颅内肿瘤以一侧或双侧听神经瘤最为常见,多见于NFⅡ型;视神经受累多见于NFⅠ型;椎管内肿瘤可表现为单个或多个神经纤维瘤、脑脊膜瘤等,而周围神经系统肿瘤以马尾好发,多无明显症状,一旦发生恶变,可引起剧烈疼痛;部分患者还可合并有脑脊膜膨出、脊髓空洞症等。

2. 皮肤损害 几乎所有患者在出生时均可出现皮肤牛奶咖啡斑,形状及大小不一,边缘不规则,不高出皮肤平面,好发于躯干非暴露部位,在青春前期有6个或6个以上直径大于5 mm的咖啡牛奶斑(青春期后直径大于15 mm)应高度怀疑本病;部分患者在腋窝、躯干部、腹股沟等处可出现雀斑,对该病也有诊断价值;皮肤或皮下神经纤维瘤分布于躯干部,数目不定,大小不等,质软,常沿神经分布;纤维软瘤常固定或有蒂,质地柔软且有弹性,浅表神经纤维瘤扪之有结节感,可伴有压痛及放射性痛或感觉异常;由于神经干及其分支的弥漫性神经纤维瘤形成丛状纤维瘤,常伴有局部皮肤和皮下组织的大量增生而称为神经纤维性象皮病。

3. 眼部症状 眼睑可见软瘤或丛状神经纤维瘤,眼眶可扪及肿块,裂隙灯下可见虹膜有粟粒状橙黄色圆形小结节,称Lisch结节,是一种错构瘤,随着年龄的增长而数目有所增加,在20岁以上的成年人均可出现,为NFⅠ型所特有。

4. 其他症状 部分患者合并有先天发育异常或肿瘤压迫而引起的器官病变,如脊柱畸形、颅骨畸形和颅底凹陷等;少数患者合并内脏神经纤维瘤如心、肺、肾上腺及腹膜后多发性神经纤维瘤。

【辅助检查】

X线摄片有助于发现各种骨骼畸形,而CT、MRI等检查可发现中枢神经系统肿瘤,脑干诱发电位对听神经瘤则有较高诊断价值。皮肤或皮下结节神经系统肿瘤活检有助于明确诊断。另外,基因诊断则可进行明确分型。

【诊断及鉴别诊断】

根据皮肤下神经纤维瘤、皮肤咖啡牛奶斑及阳性家族史可作出临床诊断。CT或MRI检查、脑干诱发电位有助于诊断。组织病理活检可作出明确诊断。需与结节性硬化、脊髓空洞症等疾病相鉴别。

【治疗】

目前该病尚无特异性的治疗方法,其并发症可以通过早期识别和干预措施而得到缓解。认知功能障碍可以通过教育、行为矫正、心理治疗和药物治疗等获得改善,对于中枢和周围神经纤维瘤引起的压迫症状可以通过手术方法得以解除。

二、结节性硬化症

结节性硬化症(tuberous sclerosis,TS),又称Bourneville病,呈常染色体显性遗传,患病率为(0.5～10)/10万,可导致多器官、多系统受损,故亦称结节性硬化症候群(tuberous sclerosis complex,TSC)。典型临床表现为面部血管纤维瘤、癫痫样发作和智力减退。

【病因及发病机制】

根据致病基因定位可分四型:TSC1、TSC2、TSC3、TSC4,分别定位于染色体9q34、16p13.3、12q、11q23。TSC1和TSC2致病基因已克隆,基因产物分别为错构瘤蛋白(hanartin)和结节蛋白(tuberin)。tuberin与鸟苷三磷酸酶激活蛋白高度同源,且与hanartin相互作用,在细胞分化中起着一定作用。*TSC1*和*TSC2*基因突变导致细胞增殖与分化异常,也是一种肿瘤抑制基因。Hamartin与tuberin可能形成异源双体结构,在囊泡运输中共同作用,共同参与调节细胞增殖。

【病理】

脑部的病理改变主要表现为神经胶质增生性硬化结节,呈灰白色、质硬,常位于侧脑室前角室管膜下,也见于大脑皮质、基底核、小脑、脑干和脊髓中。镜下可见结节内结构紊乱、神经胶质细胞增生,伴有钙化沉着。面部血管纤维瘤由增生的结缔组织和血管组成。

【临床表现】

多见于儿童期发病,男多于女,常见症状有:

1. 神经系统症状 表现有癫痫样发作和智力减退,80%～90%的患者有癫痫样发作,发作形式多样,初始表现为婴儿痉挛样发作,后转为复杂部分性或全身性强直-阵挛性发作;多数患者伴有违拗、固执、呆滞等性格改变;早期有癫痫样发作的患儿常伴有智力减退;少数患者可伴有肌张力障碍、肢体瘫痪、共济失调等表现。

2. 皮肤症状 面部血管纤维瘤为本病所特有的体征,是由血管和结缔组织组成,颜色呈红褐色或与皮肤色泽一致,隆起于皮肤,呈丘疹状或融合成小斑块状,表面光滑,无渗出或分泌物,遍布于鼻唇沟周围,呈蝴蝶状,见于80%～90%的患者。另外,约90%的患者出生时即可出现皮肤色素脱失斑(又称桉树叶斑);20%～50%的患者可出现鲨鱼皮样斑,见于躯干或背部;约20%的儿童患者有多发性指(趾)甲纤维瘤,随年龄增长,约88%患者可见指(趾)甲纤维瘤。

3. 其他症状 30%～60%的患者有视网膜和视神经胶质瘤；可伴有其他内脏损害，常见肾肿瘤和囊肿，其次为心脏横纹肌瘤、肺癌或甲状腺癌。

【辅助检查】

头颅平片可显示颅内结节性钙化，腹部平片可见肾脏外形增大；CT及MRI可发现侧脑室结节和钙化，大脑皮质、小脑内结节和钙化，及肾脏实质性病变。

【诊断及鉴别诊断】

根据典型癫痫样发作、智力减退、面部血管纤维瘤和阳性家族史可作出临床诊断，头颅平片、CT、MRI检查发现颅内多发性结节性钙化更有助于诊断。需与脑囊虫病鉴别。

【治疗】

目前尚无特效治疗方法，对症治疗包括抗癫痫、降颅压、精神药物和综合心理治疗；抗癫痫药物治疗无效时，手术切除大脑皮质和皮质下结节可使部分患者暂时缓解抽搐症状；面部血管纤维瘤可采用液氮冷冻或激光等整容治疗。

三、脑面血管瘤病

脑面血管瘤病(encephalo facial angiomatosis)又称脑-三叉神经血管瘤病(encephalo trigeminal angiomatosis)或Sturge-Weber综合征，多为散发病例，部分为常染色体显性或隐性遗传。临床主要表现面部三叉神经分布区域内有不规则血管斑痣，癫痫样发作，偏瘫，智力减退，青光眼等。

【病因及病理】

本病发生在胚胎发育的不同阶段，外胚层及中胚层结构有不同程度的发育障碍，导致皮肤、软脑膜、硬脑膜及颅骨的血管系统发育异常。主要表现为：① 面部血管瘤：为毛细血管扩张；② 软脑膜的血管瘤：通常发生于面部血管瘤同侧的顶枕区，病变部位脑膜增厚，血管瘤下的脑皮质萎缩、钙化、胶质增生。

【临床表现】

1. 神经系统症状 约90%的患者有癫痫样发作，多为面部血管瘤对侧肢体部分性发作，全身性发作较少见，偶有复杂部分性发作，30%～50%的患者有对侧肢体轻瘫，部分患者有智力减退，包括精神不集中、记忆减退、语言障碍、行为改变等。

2. 皮肤症状 皮肤血管瘤一般出生后即可发现，呈红葡萄酒色或紫红色扁平血管痣，压之不褪色，多为单侧，也可双侧，常沿三叉神经第Ⅰ支范围分布，偶可累及Ⅱ、Ⅲ支分布区，严重者可累及面、颈部及躯干，少数可累及口腔黏膜，其分布不随年龄增长而改变。

3. 眼部症状 36%～70%的患者可出现眼部疾患，包括青光眼、偏盲、角膜血管翳、晶状体混浊、视网膜血管瘤等。

【辅助检查】

头颅平片可显示特征性脑回双轨状钙化影，CT检查可显示皮质萎缩及钙化，MRI可见软脑膜血管瘤。

【诊断】

根据典型的面部血管瘤、癫痫样发作、智力减退、青光眼等可作出临床诊断，头颅平片、CT、MRI可协助诊断。

【治疗】

无特殊治疗，主要为对症治疗，包括控制癫痫发作、治疗青光眼、预防血管出血；面部血管瘤可行整容手术或激光治疗。

四、视网膜小脑血管瘤病

视网膜小脑血管瘤病(retino-cerebellar angiomatosis)，又称Von Hippel-Lindau综合征(Von Hippel-Lindau syndrome, VHL)，是一种以小脑的血管母细胞瘤伴发视网膜血管瘤为特征的神经系统遗传病。

【病因及病理】

本病呈常染色体显性遗传，致病基因定位于3p25，是一种肿瘤抑制基因。50%～70%的患者有视网膜血管瘤，常伴有小脑、延髓、脊髓血管瘤，小脑血管瘤通常位于一侧小脑半球，多数位于小脑蚓部或第四脑室底部，幕上者罕见。也可伴有肝、肾、胰囊肿或肿瘤，肿瘤可出现炎症、出血、钙化等病理改变。

【临床表现】

较少见,发病年龄在20～30岁之间。常见症状有眩晕、呕吐、头痛、视乳头水肿等颅高压症状,伴眼球震颤、共济失调等;视网膜血管瘤常位于视网膜周边部,多为单发,1/3双眼发病,表现为视力下降、视网膜出血,甚至失明;部分患者有皮肤色素痣、咖啡牛奶斑等,少数可伴有肝、肾、胰囊肿或肿瘤。

【诊断】

CT、MRI可显示小脑实质囊性病灶伴壁结节强化,结合临床表现可作出诊断。

【治疗】

可行外科手术切除小脑血管瘤,早期手术治疗预后较好。

(唐北沙)

思 考 题

1. 遗传性脊髓小脑性共济失调的临床特点和基因诊断流程是什么?
2. 遗传性痉挛性截瘫的临床特点和基因诊断流程是什么?
3. 腓骨肌萎缩症的临床特点和基因诊断流程是什么?
4. 什么是遗传早现现象?其病理机制是什么?
5. 随着科学技术的发展,神经系统遗传病治疗的发展方向是什么?
6. 病例分析

【病史摘要】

患者,女,39岁,进行性行走不稳5年,口齿不清2年入院。患者5年前无明显诱因渐起行走不稳、易摔倒,特别是走小路或不平坦的路明显,逐渐加重,发展到走平路也易摔倒。近2年出现口齿不清。

既往史、个人史无特殊;其父亲、祖父、伯父、堂兄有类似病史。

神经系统体查:神清,吟诗样语言,智能正常;双眼水平震颤,四肢肌力Ⅴ级,双上肢肌张力正常,双下肢肌张力增高,双膝、踝反射亢进,病理征阴性。双侧指鼻试验、跟膝胫试验阳性,双侧轮替运动差;步态蹒跚,一字路不能。Romberg征睁眼、闭眼均阳性。

辅助检查:血糖、血脂、血铜蓝蛋白正常;裂隙灯下眼底检查未见K-F环;头颅MRI示小脑、脑干萎缩。基因检测:SCA3/MJD(CAG)n突变检测发现1个等位基因CAG重复数为70次,超出正常范围(12～40次),基因诊断为SCA3/MJD型患者。

【诊断分析】

1. 病例特点　　中年女性,隐袭起病,缓慢进展;以进行性共济运动障碍为主要临床特点;呈常染色体显性遗传;头颅MRI显示小脑、脑干萎缩。

2. 诊断和鉴别诊断　　遗传性脊髓小脑型共济失调(SCA)呈常染色体显性遗传,成年后发病、缓慢进展、共济运动障碍为主要临床表现,头颅CT或MRI显示小脑和(或)脑干萎缩。基因突变检测和基因分型有助于本病的诊断和分型。本例为中年发病,起病隐匿,进展缓慢,以进行性小脑性共济失调为主要临床表现;患者的父亲、伯父、祖父、堂兄均有类似病史,说明为常染色体显性遗传;头颅MRI示小脑、脑干萎缩,进一步支持SCA的诊断。由于SCA存在明显的临床和遗传异质性,必须借助于基因突变检测确诊及分型。

SCA3/MJD需与常染色体显性遗传性共济失调的其他类型鉴别。① SCA1型基因定位于6p23,主要临床表现与SCA3/MJD型类似,临床表现常常难以区分,但面舌肌搐颤、突眼、锥体外系症状、严重的痉挛状态更常见于SCA3/MJD型,本例在追踪随访中出现了面舌肌搐颤和锥体外系症状高度提示为SCA3/MJD型。② SCA2型基因定位于12q24,主要临床表现也与SCA3/MJD型类似,但SCA2型常出现慢眼活动、腱反射减弱或痴呆,本例腱反射亢进与之不符。③ SCA7型基因定位于3p11～12,除小脑性共济失调外,突出的特征为视网膜色素变性,本例眼底检查正常与之不符。

本例患者经过基因检测诊断为SCA3/MJD型。

参考文献

Bird TD, Jayadev S. 2008. Genetic Diseases of the Nervous System. In: Rosenberg RN(ed): Atlas of Clinical Neurology. Philadelphia: Springer. 3rd. 35～72

Klockgether T., Ataxias. 2007. In: Goetz CG (ed): Textbook of Clinical Neurology. Philadelphia: Elsevier. 3rd. 765~781

Ropper AH, Brown RH. 2005. Degenerative Disease of Nervous System. In: Ropper AH, Brown RH (ed): Adams and Victor's Principles of Neurology. New York: McGraw-Hill. Inc. 8th. 895~958

Tang BS, Lin CY, Shen L, et al. 2000. Frequency of SCA1, SCA2, SCA3/MJD, SCA6, SCA7 and DRPLA CAG trinucleotide repeat expansion in patients with hereditary spinocerebellar ataxia from Chinese kindreds. Arch Neurol. 57: 540~544

Tang BS, Luo W, Xia K, et al. 2004. A new locus for autosomal dominant Charcot-Marie-Tooth disease type 2 (CMT2L) maps to chromosome 12q24. Hum Genet. 114(6): 527~533

第十八章 脊髓疾病

Acute transverse myelitis is a group of disorders characterized by focal inflammation of the spinal cord and resultant neural injury. Acute transverse myelitis may be an isolated entity or may occur in the context of multifocal or even multisystemic disease. It is clear that the pathological substrate — injury and dysfunction of neural cells within the spinal cord — may be caused by a variety of immunological mechanisms. For example, in acute transverse myelitis associated with systemic disease (i.e. systemic lupus erythematosus or sarcoidosis), a vasculitic or granulomatous process can often be identified. In idiopathic acute transverse myelitis, there is an intraparenchymal or perivascular cellular influx into the spinal cord, resulting in the breakdown of the blood-brain barrier and variable demyelination and neuronal injury. There are several critical questions that must be answered before we truly understand acute transverse myelitis: (1) What are the various triggers for the inflammatory process that induces neural injury in the spinal cord? (2) What are the cellular and humoral factors that induce this neural injury? and (3) Is there a way to modulate the inflammatory response in order to improve patient outcome? Although much remains to be elucidated about the causes of acute transverse myelitis, tantalizing clues as to the potential immunopathogenic mechanisms in acute transverse myelitis and related inflammatory disorders of the spinal cord have recently emerged.

——Kerr et al. 2002

第一节 概 述

【脊髓解剖】

1. 脊髓的外形 脊髓呈扁圆柱状,位于椎管内,前后稍扁,粗细不一。上端与延脑相连,下端达第1~2腰椎水平,以下形成一条细小的终丝,在第2骶椎平面穿过硬膜,固定在尾椎骨的背面。成人脊髓全长约45 cm,但脊髓下端终止的部位并不恒定,最高可达第12胸椎高度,最低可至第3、4腰椎之间,50%左右在第1腰椎的下缘。

脊髓表面无分节现象,但在构造上仍保持着节段性,它发出31对脊神经,每对脊神经的前、后根将脊髓划分为31个节段,包括颈髓8节、胸髓12节、腰髓5节,骶髓5节和尾髓1节。在C_5~T_2及L_2~S_2处脊髓较粗,分别称为颈膨大和腰膨大。

在胚胎早期,脊髓几乎与脊椎等长,但在人体发育过程中,脊髓发育较脊柱慢,再加上脊髓上端连接延脑,位置固定,结果使脊髓节段的位置由上向下逐渐高于相应的椎骨。成人脊髓上颈段($C_{1~4}$)大致与同序数椎体相对应,下颈段($C_{5~8}$)和上胸段($T_{1~4}$)比同序数椎体高一个椎体的位置,如颈5节段平第4颈椎椎体。中胸段($T_{5~8}$)比同序数椎体高二个椎体的位置,如胸7节段大约平第5胸椎椎体。下胸段($T_{9~12}$)比同序数椎体高三个椎体的位置,如胸9节段平第6胸椎。全部腰节段平对第10、11胸椎椎体,全部骶、尾节段平对第12胸椎和第1腰椎椎体(图18-1)。这种对应关系对确定脊髓病变部位有重要的临床意义。

脊髓由三层被膜包裹,外层为硬脊膜,中间是蛛网膜,内层为软脊膜。硬脊膜厚而坚韧,上端附着在枕骨大孔周缘,与硬脑膜相连,下端在第2腰椎水平。硬脊膜与椎管壁之间有一个狭窄的腔隙,称为硬脊膜外腔,内含神经丛、淋巴管、椎静脉丛、动脉和脊神经根。脊神经穿

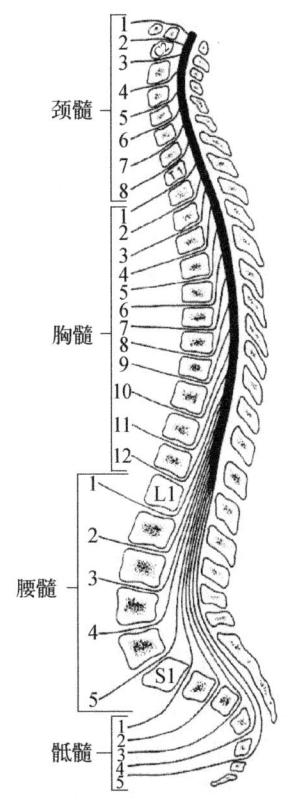

图18-1 脊髓、脊神经节段与脊柱的关系

脊髓与脊柱长度不等,但脊神经根均由相对应的椎间孔离开椎管,因而越是下段脊髓神经根向下偏斜越明显,腰髓周围的神经根几乎垂直下降,形成马尾。

过硬脊膜时,硬脊膜也沿神经根向外延伸,形成脊神经根的被膜。蛛网膜薄而透明,包绕脊髓全长。蛛网膜与硬脊膜之间的腔隙称为硬膜下腔,腔内无特殊结构,蛛网膜与软脊膜之间的腔隙称为蛛网膜下腔,与脑蛛网膜下腔相通,腔内充满脑脊液。软脊膜紧贴在脊髓的表面,在脊髓的两侧软脊膜形成 18～24 对三角形突起,称为齿状韧带,它穿过蛛网膜,尖端附着在硬脊膜内面,起固定脊髓的作用。

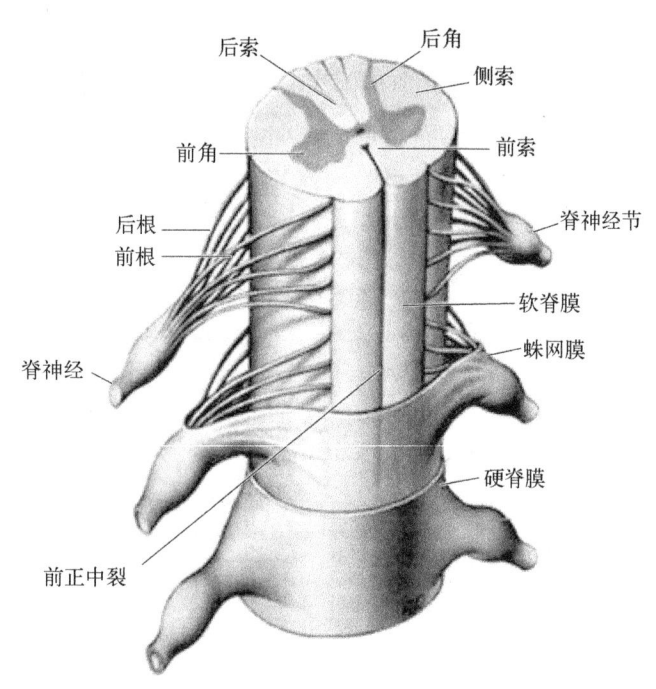

图 18-2 脊髓的外部结构

脊髓的表面有 6 条纵行的沟裂,位于腹侧正中线上的沟称为前正中裂,约 3 mm 深,达脊髓前后径的 1/3;背侧正中线的沟较浅,称后正中沟,它将脊髓背索对称性地分为左、右两部分。在脊髓的两侧面还有两对外侧沟,即在腹侧的前外侧沟和背侧的后外侧沟。脊神经的前根由前外侧沟离开脊髓,后根从后外侧沟进入脊髓,前根和后根汇合之前,后根形成的膨大称为脊神经节,脊神经节内含有感觉性假单极神经元。在颈髓和胸髓上部,在后外侧沟和后正中沟之间,还有后中间沟(图 18-2)。

2. 脊髓的内部结构 脊髓由灰质和白质构成,位于脊髓中央的含有大量的神经细胞团,呈蝴蝶形或"H"形,中央管穿行其中,中央管内充满脑脊液,与第四脑室相通。

(1) 灰质:灰质可分为前角、后角和中间带三个部分,在 C_8～L_2 及 $S_{2～4}$ 尚有侧角。在灰质周围呈亮白色、内含密集有髓纤维的部分称为白质。

前角有下运动神经元聚集,后角有浅感觉的第二级感觉神经元聚集,T_1～L_2 节段侧角含交感神经节前神经元,$S_{3～5}$ 节段侧角含副交感节前神经元。

(2) 白质:白质主要由纵行的神经纤维组成,形成传导束,是脊髓与脑之间信息传递的通路。下行传导束包括皮质脊髓束、前庭脊髓束、顶盖脊髓束、红核脊髓束、网状脊髓束和内侧纵束等。上行传导束包括薄束、楔束、脊髓小脑前束、脊髓小脑后束、脊髓丘脑侧束和脊髓丘脑前束。

3. 脊髓的血液供应 脊髓的血液主要由脊髓前动脉、脊髓后动脉和根动脉供应。脊髓前动脉与根前动脉主要供应脊髓灰质前角、中央管周围和后角的前半部、白质前索、前连合及侧索的深部;脊髓后动脉、根后动脉与冠状动脉主要供应灰质后角的表浅部分、白质后索和白质侧索的表浅部分(图 18-3)。

(1) 脊髓前动脉:起源于两侧椎动脉的颅内部分,在延髓腹侧合并成一支,沿脊髓前正中裂下行,其分支供应脊髓横断面前 2/3 的区域。脊髓前动脉粗细不均,在两支根动脉相邻的供血区,血液供应最差,如 T_4 与 L_1 处是临床上最易发生脊髓缺血性病变的部位。

(2) 脊髓后动脉:起源于同侧椎动脉的颅内部分,左右各一根,沿脊髓后外侧沟下行,其分支供应脊髓横断面后 1/3 区域。脊髓后动脉也不是一条完整连续的血管,在其下行的过程中,不断有根动脉加入,其分支间吻合较好,极少发生血液供应障碍。

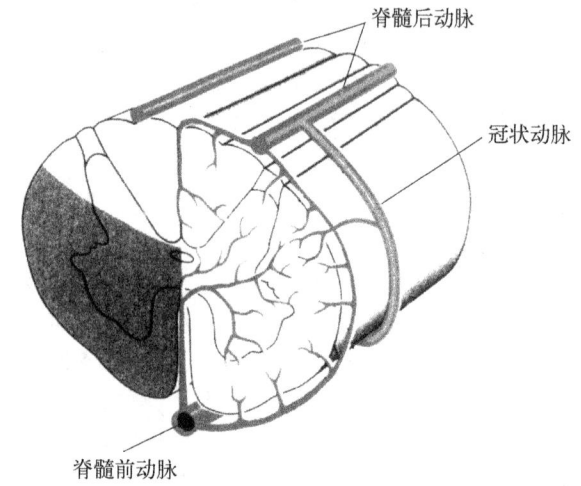

图 18-3 脊髓的血液供应

(3) 根动脉:颈部椎动脉、甲状腺下动脉、肋间动脉、腰动脉、髂腰动脉和髂外动脉分支进入椎间孔后组成根前动脉和根后动脉,分别与脊髓前动脉和脊髓后动脉吻合,围绕脊髓构成冠状动脉,再发出终末动脉深入脊髓,供应脊髓表面结构及实质。除 C_6、T_9、L_2 处的根动脉较粗大外,其他根动脉都较细小。

脊髓的静脉分布与动脉分布基本一致,静脉回流入至椎静脉丛,由椎静脉再引流到上、下腔静脉。

【脊髓损害的临床表现】

除头部外,其他部位的深、浅感觉及大部分内脏感觉都是通过脊髓传导到大脑,大脑对躯体、四肢骨骼肌的管理及部分内脏的管理也要通过脊髓才能完成。脊髓病变后主要表现为深、浅感觉障碍、运动功能障碍和自主神经功能障碍。

1. 感觉障碍 脊神经后根、传导束的刺激性或破坏性病灶可引起疼痛、感觉过敏、感觉减退、感觉缺失、感觉分离和感觉异常等各种感觉障碍。

脊神经后根的刺激性病灶可引起根痛,它部位固定,局限于受累神经后根分布的区域,表现为异常难以忍受的疼痛,呈电击样、刀割样、撕裂样、牵扯样和针刺样;开始为间歇性,每次发作持续数秒至数分钟,用力、咳嗽、打喷嚏、大便等导致胸、腹腔压力突然增加的动作可触发或加剧疼痛;间歇期无异常或在疼痛部位出现麻木、蚁走感、虫爬感、寒冷、针刺感、发痒等感觉异常;病变进一步发展,疼痛呈持续性,严重程度更重,波及范围更大。

脊髓丘脑束、薄束和楔束损害可引起传导束型感觉障碍。脊髓丘脑束损害后病灶对侧肢体痛、温觉丧失,触觉保留;薄束和楔束损害后病灶同侧关节运动觉等深感觉丧失,触觉保留;脊髓丘脑束、薄束和楔束同时损害,在损害平面以下,所有感觉减退或丧失,在感觉减退或消失平面的上方常有一条感觉减退较轻区域,再上方常有一条狭窄的感觉过敏带,感觉减退较轻区与感觉过敏带之间的界线多代表脊髓受损节段的上缘。

2. 运动障碍 累及前根、前角及皮质脊髓束的病变都会产生运动障碍。前根和前角的病变表现为肌无力、肌张力降低、肌萎缩、肌束颤动和深反射消失等下运动神经元瘫痪的症状;一侧皮质脊髓束病变表现为肌无力、肌张力增高、深反射亢进、浅反射消失和出现病理反射等上运动神经元瘫痪的症状;如两侧皮质脊髓束出现病变,则出现截瘫或四肢瘫痪。

3. 自主神经功能障碍 脊髓内存在调节血管收缩、排尿、排便和性功能的低级中枢,这些低级中枢受损或其与高级中枢的联系中断时,会出现多汗、少汗、无汗、血管收缩和立毛反射异常等改变,常伴有瘫痪肢体的水肿。大小便功能受损的早期表现为尿急和排尿困难,以后出现尿潴留、顽固性便秘,最终大小便失禁。脊髓圆锥部位的病变括约肌功能障碍出现较早;圆锥以上的病变膀胱呈痉挛状态,其容积减少,患者有不能控制的尿频、尿急症状,同时有便秘;圆锥以下的病变膀胱松弛,出现尿潴留和充盈性尿失禁,肛门括约肌松弛,自行流出稀的粪便。

由于自主神经功能障碍,瘫痪肢体皮肤干燥、变薄、失去弹性、易脱屑,皮下组织松弛,指(趾)甲失去光泽、增厚和脱落,易发生褥疮等营养性障碍。

【脊髓病变的定位诊断】

临床上主要根据神经根痛、感觉障碍的节段和平面、反射改变、肌肉瘫痪的节段和自主神经功能障碍的特点来进行脊髓病变的定位诊断。

1. 皮肤感觉神经的节段性分布 脊髓病变的定位上,人体皮肤感觉神经的节段性分布有十分重要的诊断意义,每一个皮节形成一个环绕的束带,环绕颈部和躯干。除C_1无皮肤分布外,其他节段都有相应的分布区(图18-4)。

2. 脊髓不同部位病变的临床症状

(1) 后根型感觉障碍:指脊神经后根受损,表现为其分布节段内所有感觉丧失,常见有根痛。

(2) 后角型感觉障碍:指后角受损,表现为其分布范围内的痛、温觉障碍,触觉和深感觉保留。

(3) 脊髓型感觉障碍:又称传导束型感觉障碍,指受损平面以下该传导束传导的感觉减退或丧失,有明显的感觉平面。

(4) 前根型运动障碍:前根受损后,出现节段性运动障碍,即该前根支配肌肉的下运动神经元瘫痪。

(5) 前角型运动障碍:前角型运动障碍与前根型运动障碍相似,也表现为节段性运动障碍。慢性起病者多伴有肌束颤动(fasciculation),肉眼可见到患病肌肉的肌纤维束跳动,即"肉跳"。

(6) 脊髓型运动障碍:皮质脊髓束病变引起截瘫、四肢瘫痪。

3. 脊髓主要节段损害的症状

(1) 高颈段($C_{1\sim4}$):四肢上运动神经元瘫痪,损伤平面以下深、浅感觉障碍,大小便功能障碍。根痛位于枕部及颈后部。如$C_{3\sim5}$损害可引起膈肌瘫痪,出现呼吸困难。

(2) 颈膨大($C_5\sim T_1$):双上肢下运动神经元瘫痪,双下肢上运动神经元瘫痪,病变平面以下深、浅感觉障碍,括约肌功能障碍。上肢有节段性感觉减退或消失,可有向肩部及上肢放射的神经根痛。$C_8\sim T_1$侧角受损可出现同侧Horner征,表现瞳孔缩小、眼球内陷、眼裂变小及面部出汗减少。上肢的深反射可帮助确定病变的节段,如肱二头肌反射减弱或消失而肱三头肌反射亢进提示病变在C_5或C_6,肱二头肌反射正常而肱三头肌反射减弱或消失提示病变在C_7。

(3) 胸髓($T_{2\sim12}$):双上肢正常,双下肢上运动神经元瘫痪,病变平面以下深、浅感觉障碍,大小便功能障碍。病灶相应部位根痛或束带感。可根据皮节来判断病灶的部位,也可根据腹壁反射来判断病灶的部位,如上腹壁反射消失提示病变在$T_{7\sim8}$,中腹壁反射消失提示病变在$T_{9\sim10}$,下腹壁反射消失提示病变在$T_{11\sim12}$。Beevor征是判断下胸段病灶部位的一个有用的体征,患者仰卧,检查者手按压患者头部,令患者用力抬头,脐孔被上半部腹肌牵拉而向上移动提示

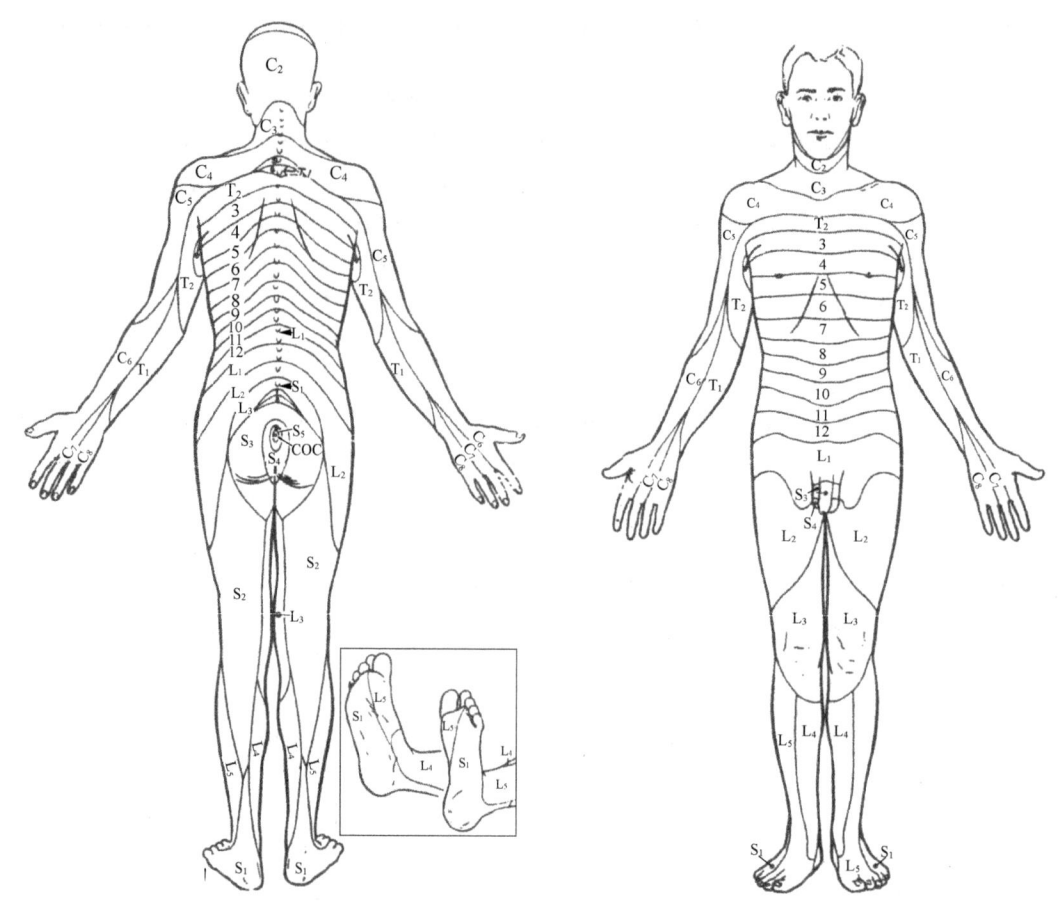

图18-4 皮肤感觉神经的节段性分布

上半部腹直肌正常,下半部腹直肌无力。

(4) 腰膨大($L_1 \sim S_2$):双下肢下运动神经元瘫痪,双下肢及会阴部深、浅感觉障碍,大小便功能障碍。腰膨大上段受损时神经根痛在腹股沟或下背部,下段受损时根痛表现为坐骨神经痛。膝反射消失提示 $L_{2\sim 4}$ 受损,踝反射消失提示 $S_{1\sim 2}$ 受损,阳痿提示 $S_{1\sim 3}$ 受损。

(5) 脊髓圆锥($S_{3\sim 5}$ 和尾节):无肢体瘫痪及锥体束征,肛门周围及会阴部皮肤感觉丧失,呈鞍状分布,髓内病变可有分离性感觉障碍,肛门反射消失和性功能障碍。

(6) 马尾:临床表现与脊髓圆锥病变相似,但症状和体征为单侧或不对称,大小便功能障碍常不明显或出现较晚,根痛重,多位于会阴部、股部或小腿,下肢可有下运动神经元瘫痪。

(7) 脊髓半切综合征(Brown-Sequard syndrome):主要特征是病变同侧损害节段以下上运动神经元瘫痪和深感觉障碍,病变对侧损害节段以下痛、温觉减退或丧失,而触觉正常。

(8) 脊髓横贯性损害:表现受损节段以下双侧感觉、运动障碍、大小便障碍及自主神经功能障碍。早期表现为脊髓休克,以后逐渐出现锥体束征,表现为肌张力增高、深反射亢进、病理征阳性和反射性排尿等。

第二节 急性脊髓炎

急性脊髓炎(acute myelitis)是指累及脊髓一个或邻近几个节段的一种非特异性急性脊髓炎症,它不是一种疾病,而是一个症候群。脊髓横贯性的炎症称横贯性脊髓炎(transverse myelitis)。

【病因】

急性脊髓炎的病因不明。有些患者在非特异性病毒感染或疫苗接种后发病,但在脑脊液和神经组织又分离不出病毒,这提示急性脊髓炎发病与免疫有关,病毒感染不是直接致病因素,而是病毒感染后引起的机体免疫应答异常。

【病理】

胸段脊髓受累最常见,其次为颈段和腰段,骶段脊髓罕见。肉眼见病变段肿胀、质地变软、软脊膜充血,有炎性渗出物,病灶多可累及脊髓几个节段;切面见受累节段脊髓灰、白质分界不清、边缘不整,部分软化,可以是部分脊髓受累,也可以是整个脊髓受累;镜下可见软脊膜和脊髓内血管扩张、充血,血管周围炎性细胞浸润,以淋巴细胞和浆细胞为主;灰质内神经细胞肿胀、碎裂、消失,尼氏体溶解,白质中髓鞘脱失、轴突变性,病灶中可见胶质细胞增生。

【临床表现】

任何年龄均可发病,但以青壮年多见,男女发病率相近,可发生在任何季节,但以冬末春初多见。发病前数天多有上呼吸道感染史或胃肠道症状,部分患者有疫苗接种史。急性起病,先可出现下肢麻木或刺痛感,背痛并放射至下肢或围绕躯干的束带感,1~2 d后出现脊髓横贯性损害症状。如病情迅速发展,很快上升波及延髓,称为上升性脊髓炎(ascending myelitis)。

神经系统症状与脊髓受损节段有关。胸段脊髓受损最常见,表现为两下肢瘫,早期常呈脊髓休克(spinal shock),表现为肌张力降低,深反射、腹壁反射及提睾反射消失,病理反射引不出。如脊髓受损不严重,数日或数周后深反射逐渐活跃、亢进,肌张力增高,出现病理反射,表现为典型的痉挛性截瘫,肢体肌力逐渐恢复;如脊髓受损严重,脊髓休克期较长,肢体肌力恢复困难。早期的感觉障碍表现为肢体麻木,以后出现病变节段以下传导束型感觉障碍,在感觉消失平面上缘可有一感觉过敏区或束带样感觉异常区,随病情恢复感觉平面逐步下降,但较运动功能恢复慢。同时可出现自主神经功能障碍,大、小便潴留或失禁,瘫痪肢体水肿、少汗或无汗,阴茎异常勃起等。

颈段脊髓受损表现为两上肢弛缓性瘫痪,而两下肢痉挛性瘫痪;高位颈段脊髓受损则表现为四肢痉挛性截瘫,并可出现吞咽困难、构音障碍。感觉障碍和自主神经功能障碍与胸段脊髓炎相似。

如急骤起病,脊髓症状在1~2 d甚至数小时内上升至延髓,迅速引起延髓支配肌群的瘫痪,出现呼吸麻痹称为上升性脊髓炎。

【辅助检查】

1. 外周血象　急性期白细胞正常或轻度增高。

2. 脑脊液　细胞数可正常或稍高,主要是淋巴细胞增高,蛋白可轻度增高,糖及氯化物正常;部分患者脑脊液完全正常。脊髓水肿严重时,压颈通畅试验可发现少数患者脊髓蛛网膜下腔不完全梗阻。

3. 电生理检查　下肢体感诱发电位波幅明显减低,也可正常;运动诱发电位异常。肌电图呈失神经改变。

4. 影像学检查　CT可观察到脊髓内斑片状或弥散性低密度区,脊髓造影检查可显示脊髓增粗,但CT往往难以显示脊髓的病理改变。MRI是发现急性脊髓炎的一项重要影像学检查手段,主要表现为:① 急性期受累脊髓节段均匀增粗(图18-5);② 受累脊髓内斑片状长 T_1 和长 T_2 异常信号(图18-6);③ 急性期病灶可有强化反应,注射Gd-DTPA后在 T_1 像上呈斑片状短 T_1 高信号;④ 晚期可出现脊髓萎缩。

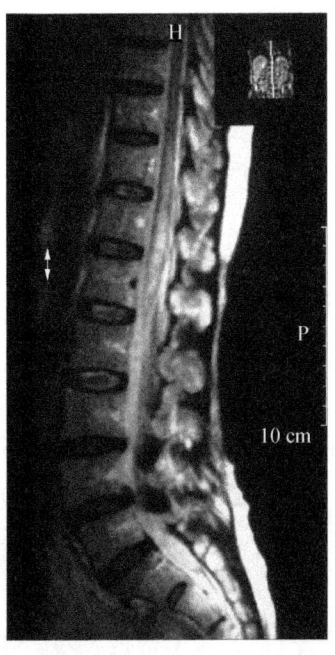 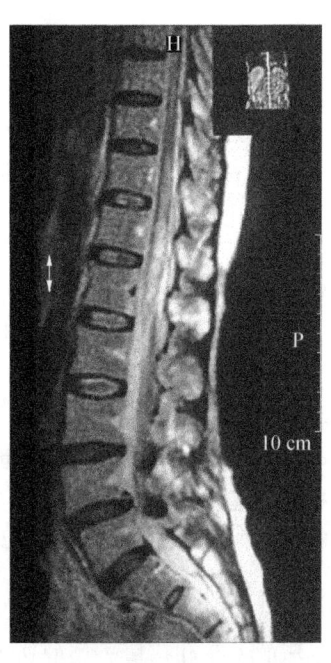

图18-5　MRI T_1WI示 T_{10}~L_1 脊髓均匀增粗　　图18-6　T_2WI示脊髓内异常斑片状长 T_2 信号可见斑片状异常长 T_1 信号

【诊断及鉴别诊断】

根据急性起病、病前感染史和迅速出现的脊髓横贯性损害,结合脑脊液、影像学检查,诊断并不困难。但需与以下疾病鉴别:

1. 急性硬脊膜外脓肿 起病较急,伴高热和全身中毒症状,身体其他部位常有化脓性感染灶。病灶相应部位疼痛剧烈,有明显压痛与叩击痛。外周血液白细胞增高,脑脊液白细胞及蛋白含量增高,CT、MRI可发现脊髓腔梗阻。

2. 脊柱结核 常有低热、纳差、消瘦、精神萎靡、乏力等全身中毒症状,常可在其他脏器发现结核病灶。脊柱X线见椎体骨质破坏,椎间隙变窄及椎旁寒性脓肿阴影等改变。

3. 脊髓血管病 急骤起病,迅速出现剧烈背痛、截瘫和括约肌功能障碍。脊髓出血时CSF为血性;脊髓梗死时CSF多正常。MRI可发现脊髓内异常信号,脊髓DSA可发现脊髓血管畸形。

4. 多发性硬化 急性脊髓炎可以是多发性硬化的首发症状,首次发生的急性脊髓炎很难排除多发性硬化,但如患者用糖皮质激素治疗的效果很好,肢体功能基本恢复正常,应怀疑这次急性脊髓炎是多发性硬化的首发症状。

【治疗】

急性脊髓炎没有特异性的治疗方法,临床上以对症治疗为主,防治继发感染和各种并发症。循证医学认为除以急性脊髓炎为首发症状的多发性硬化外,用皮质类固醇治疗无效。但因为存在免疫应答异常,临床上常用糖皮质激素或免疫球蛋白。

急性期可采用甲基强的松龙冲击疗法,500~1 000 mg静脉滴注,每日1次,连用3~5次;也可用地塞米松10~20 mg静脉滴注,每日1次,连用10 d左右;使用糖皮质激素时应逐步减量,静脉滴注甲基强的松龙或地塞米松后,改用强的松口服,1~2月后逐步减量停用。免疫球蛋白按400 mg/kg·d^{-1},静脉滴注,3~5 d为一疗程。

急性脊髓炎常伴有膀胱功能障碍,患者无尿意或尿失禁。此时应留置导尿管,3~4 h定时排放1次尿液,让膀胱保持定期充盈,防止脊髓功能恢复时发展为痉挛性小膀胱,同时进行膀胱冲洗,保持尿液酸化,预防感染。

褥疮是急性脊髓炎常见的一个并发症,由于患者长期卧床,局部组织受压,加上神经营养障碍,在骨隆起的部位,如臀部、踝部和肩胛等处易发生褥疮。预防是关键,保持皮肤清洁干燥,防止拖拉造成瘫痪肢体皮肤磨破;防止骨隆起部位长期受压,在臀部、踝部和肩胛等处加用气圈和软垫,并经常按摩受压处的皮肤,定时翻身,变换体位;加强营养,进食高蛋白、高热量、高维生素饮食,增加全身抵抗力。一旦发现皮肤受压发红应以50%酒精或红花酒精按摩受压皮肤,亦可用红外线灯照射。如已发生褥疮,应每日清疮换药,红外线灯照射。

急性脊髓炎患者的抵抗力下降,加之大剂量激素的应用,易出现泌尿道和(或)肺部感染,一旦并发感染应根据细菌学检查及药敏试验结果选择敏感抗生素,尽快控制感染。

恢复期的治疗以肢体的康复、功能锻炼和预防并发症为主。

【预后】

不同患者的预后差异大,一般来说,疾病演变越迅速预后越好,脊髓休克期时间越长预后越差。上升性脊髓炎预后极差,可在短期内死于呼吸循环衰竭。若无并发症大多数患者在3~6个月后可基本恢复到生活基本自理。

第三节 脊髓压迫症

脊髓压迫症(compressive myelopathy)是由于椎管内占位性病变压迫脊髓而引起的一组疾病,由于病变呈进行性发展,会不同程度地累及到脊神经根、脊髓血管和脊髓,出现受压平面以下的运动、反射、感觉及括约肌功能障碍。

【病因】

引起脊髓压迫症的原因很多,最常见的是肿瘤,1/3以上的脊髓压迫症由肿瘤引起,青、中年多为原发于脊髓组织及邻近结构的肿瘤,老年人以转移瘤居多,如来源于肺、乳房、胃肠道的转移瘤,或是白血病、淋巴瘤的转移;其次是脊柱、椎体、椎弓或椎板骨折,椎间盘脱出等;椎管内的急性脓肿或慢性肉芽肿、蛛网膜炎、蛛网膜囊肿、结核或寄生虫性肉芽肿也能压迫脊髓;脊髓血管畸形的畸形血管扩张膨胀或破裂出血也是脊髓压迫症的一个原因;某些先天性脊柱疾患,如颅底凹陷、寰椎枕化、颈椎融合、脊柱裂、脊膜脊髓膨出、脊柱侧突畸形以及严重肥大性脊柱骨关节炎等也能压迫脊髓。

【发病机制】

病因不同,脊髓受压的程度和病情进展的速度不同,病理变化也不同,临床上可将脊髓压迫症分为急性和慢性两种。

急性压迫症多由脊髓损伤、急性硬膜外脓肿、椎管内出血、转移瘤等引起。在发病1~3 d内,占位性病灶压迫脊髓的回流静脉,使受压部位水肿,神经细胞和胶质细胞肿胀,体积增大,更进一步加剧脊髓压迫,导致动脉供血障碍,神经细胞缺血、缺氧,受压脊髓逐渐萎缩,功能丧失。如能在早期解除压迫,脊髓功能可望恢复;如在脊髓轴突断离后再解除压迫,脊髓功能难以恢复。

慢性压迫多由椎管内肿瘤如神经鞘瘤、脊膜瘤、脂肪瘤、良性畸胎瘤、囊肿、脊柱结核及一些先天性脊柱畸形引起。由于病灶发展缓慢,早期可通过向病灶对侧移位、减少脑脊液空间及血液循环的代偿来保证神经传导功能正常,但一段时间后,代偿逐渐不完全,会出现脊髓受压的临床症状;后期可通过骨质吸收来扩大局部椎管进行代偿,但代偿不完全,脊髓损害严重,临床上多有明显的神经系统症状与体征。

【临床表现】

慢性脊髓压迫症的临床症状很典型,可分为神经根刺激期、脊髓部分受压期和完全受压期三个阶段。

1. 神经根刺激期 病变尚未累及脊髓,仅造成神经根及脊膜的刺激症状。临床上表现为根痛,疼痛部位固定,局限于受累神经后根分布的皮节区域,呈电击样、刀割样、撕裂样、牵扯样或针刺样痛。间歇性发作,每次发作持续数秒至数分钟,咳嗽、打喷嚏等突然增加腹压时可触发或加剧疼痛。间歇期可完全正常或在疼痛部位出现麻木、蚁走感、虫爬感、寒冷、针刺感等感觉异常。病变进一步发展,疼痛范围扩大,且变为持续性。神经根受压到一定程度时,神经传导功能逐渐降低甚至丧失,根痛消失,出现相应节段的感觉减退或消失。

2. 部分脊髓受压期 病变在椎管内进一步发展,脊髓开始受压,表现为受压平面以下肢体的感觉、运动和自主神经功能障碍。运动障碍往往先出现,因为锥体束纤维粗,其对压迫和缺血的耐受力比感觉传导束差。以后会先后出现脊髓丘脑束、后索受压的症状和体征,表现为病灶对侧肢体痛、温觉障碍,病灶同侧肢体关节运动觉、位置觉、振动觉等深感觉障碍。

3. 脊髓完全受压期 脊髓压迫症的晚期,整个脊髓横断面的功能已大部分或完全丧失,受压平面以下的运动、感觉和膀胱、直肠功能障碍。

上述分期在临床上并非绝对,常有重叠和交叉,髓外的慢性脊髓压迫性病变临床分期最典型。而急性脊髓压迫症病情进展迅速,数小时至数日内脊髓功能完全丧失,多表现脊髓横贯性损害,常有脊髓休克。

【辅助检查】

1. 脑脊液检查 在脊髓压迫症的诊断上脑脊液检查能提供很有价值的线索。腰脊液的蛋白含量与椎管阻塞的程度及部位有关,椎管阻塞程度越重,时间越长,蛋白含量越高;阻塞的平面越低,蛋白含量越高。椎管严重梗阻时,脑脊液呈黄色,流出后可自动凝结,称为 Froin 征。脑脊液的白细胞数能提供病变性质的线索,大多数脊髓肿瘤的脑脊液白细胞数正常或轻度升高,而结核性肉芽肿、寄生虫性肉芽肿、急性硬膜外脓肿等炎症性病灶引起的脊髓压迫症,脑脊液白细胞数多增高。但椎管内肿瘤患者做腰椎穿刺有一定危险,放出脑脊液后病情可突然加重,因此,腰穿要慎重,放脑脊液宜缓慢。

压颈试验(queckenstedt test)能证明椎管有严重梗阻。但试验结果正常不能排除椎管梗阻,因其操作麻烦,有 MRI 的医院很少再作压颈试验。

2. 脊柱 X 线摄片 脊柱本身的病变 X 线摄片最清楚,如脊柱骨折、脱位、错位、结核、骨质增生、椎管狭窄、椎弓根间距增宽、椎弓根变形、椎间孔扩大和骨质破坏等,非脊柱骨本身的病变 X 线摄片意义不大。

3. 脊髓造影 能确定脊髓阻塞的平面,椎管完全阻塞时,上行性脊髓造影只显示病变的下界,下行性脊髓造影只显示病变的上界。硬脊膜外病变脊髓造影显示病灶处脊髓变细,与硬脊膜一起移向病灶对侧,两侧蛛网膜下腔变窄,病灶端造影剂阻断呈横截状或梳齿状。髓外硬脊膜下病变时病灶侧蛛网膜下隙增宽,对侧变窄,病灶处可见充盈缺损,脊髓受压变形,向病灶对侧移位。髓内病变时病灶处脊髓增粗,呈梭形,两侧蛛网膜下腔变窄。造影剂有油性和水溶性两种,水溶性造影剂吸收、稀释太快,油性造影剂不易吸收,而且易引起蛛网膜下腔粘连,MRI 问世后,很少再做脊髓造影。

4. CT 扫描 CT 平扫的诊断价值不大,增强平扫可清晰显示脊髓的影像,椎管造影后 CT 扫描能检出 5 mm 以下的肿瘤,而且能显示肿瘤的位置和肿瘤与脊髓的关系。髓内肿瘤表现为脊髓普遍性或局限性增大,两侧不对称,伴脊髓蛛网膜下腔变窄或不充盈,硬脊膜外间隙变形、变窄,肿瘤多为低或等密度影,少数为高密度影,与正常脊髓分界不清。髓外硬膜内肿瘤 CT 表现为脊髓受压变形、移位;椎管扩大,一侧或两侧椎间孔扩大和相邻椎体骨质破坏。肿块呈等密度或稍高密度影,肿块边缘充盈缺损。椎管内病变 CT 扫描没有 MRI 图像清晰,而且不能扫描脊髓纵轴图像。

5. MRI 检查 MRI 能清晰显示脊髓的影像,显示脊髓的解剖结构、椎管内软组织轮廓,尤其是脊髓纵轴扫描的图像能提供椎管内病变的详细的解剖关系,是诊断脊髓压迫症的一个重要诊断手段(图 18-7)。在矢状位 T_1 像,髓内肿瘤呈不规则增粗,与正常脊髓分界不清;在轴位 T_1 像,髓内肿瘤呈膨胀性增粗,增粗段为等或低信号混杂影,可伴有囊变或空洞形成；Gd-DTPA增强后，有不同程度的不规则增强影。在矢状位 T_1 像，髓外硬膜下肿瘤表现为局限性块影压迫脊髓，脊髓受压变形移位，冠状位 T_1 像显示得最清楚；脊髓移位伴病灶上下平面蛛网膜下腔增宽是髓外硬膜下肿瘤的一个重要特点，在肿块影的外侧有信号强度低的硬膜支持髓外硬膜下肿瘤的诊断。硬膜外椎管内肿瘤也可使脊髓受压变形移位，它与髓外硬膜下肿瘤的区别在于后者病灶上下平面的蛛网膜下腔都变窄，信号强度低的硬膜位于肿块与脊髓之间。

同时 MRI 也能清楚地显示椎管内肉芽肿、急性硬膜外脓肿等炎症性病灶。

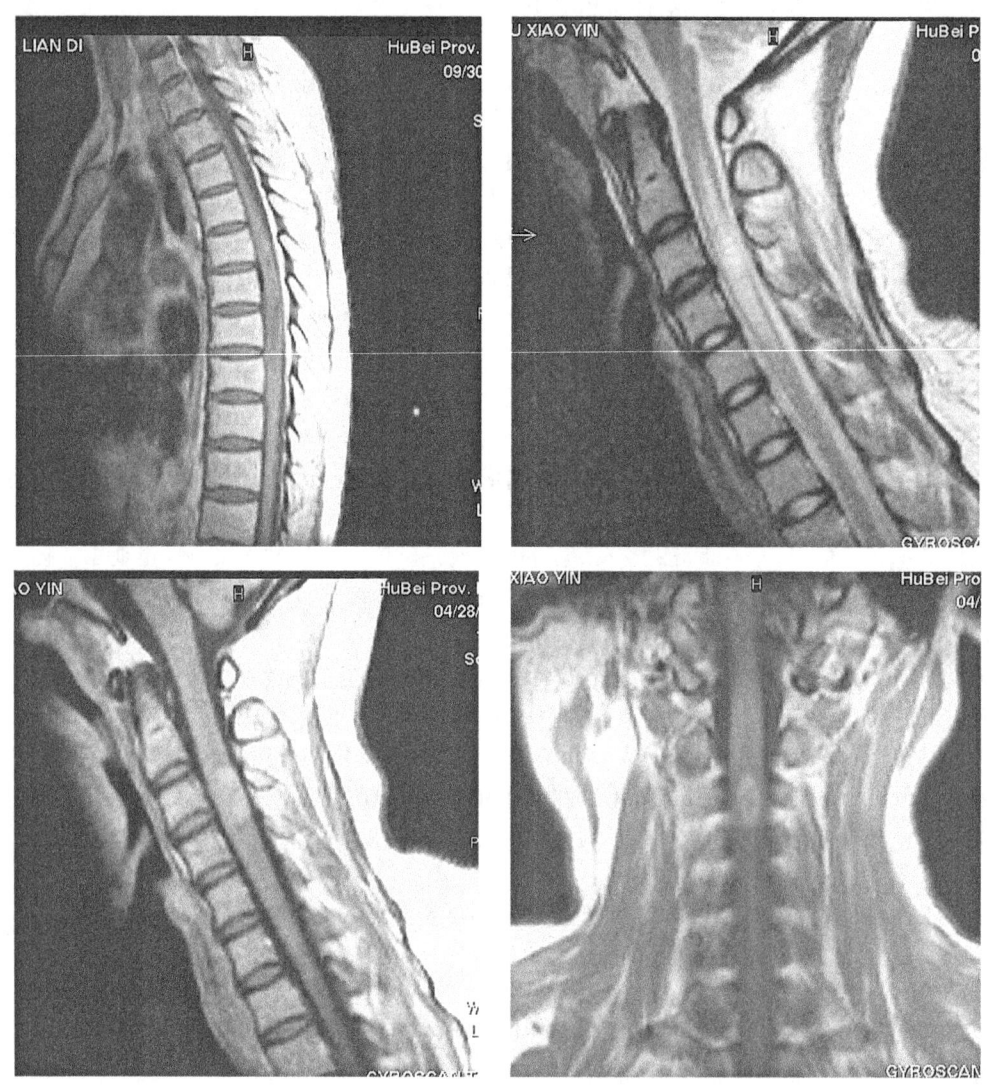

图 18-7　颈髓肿瘤 MRI

$C_{2\sim4}$ 脊髓局限性增粗，内见片状长 T_1 长 T_2 信号，边缘欠清晰，瘤体上下端中央管扩大（上左，上右）；增强扫描瘤体明显强化，囊变区无强化，局部蛛网膜下腔狭窄（下左，下右）

6. 脊髓血管造影　怀疑为脊髓血管病变时应做脊髓血管造影，它可显示脊髓病理性血管及其供血动脉和引流静脉情况。

【诊断及鉴别诊断】

首先要确定是否脊髓压迫症；如果是脊髓压迫症，应确定病变的性质，是髓内病变还是髓外病变。

1. 是否脊髓压迫症　脊髓压迫症与非脊髓压迫症的临床表现有些相像，但治疗完全不同，需要与脊髓压迫症鉴别的疾病有：

（1）急性脊髓炎：急性起病，病前有感染史，脊髓损害症状在数小时至数日内达到高峰，多呈横贯性脊髓损害的体征，CSF 多正常，MRI 可见病变脊髓节段增粗，但随着病情好转，脊髓水肿可完全消退。

（2）脊髓空洞症：隐袭起病，多表现为病变水平以下分离性感觉障碍，呈马甲形。CSF 检查一般正常，MRI 可显示脊髓内长条形空洞。

(3) 脊髓蛛网膜炎：缓慢起病，病程长，症状时起时伏。可有范围常较广泛的根痛。缓解期症状可明显减轻甚至完全消失。脑脊液动力试验多呈现部分阻塞，伴有囊肿形成者，可完全阻塞。脑脊液白细胞增多，蛋白含量可明显增高。脊髓造影可见碘油在蛛网膜下腔，分散成不规则点滴状、串珠状或分叉成数道互不关联。

2. 髓内、髓外病变的鉴别 根据病灶所在部位与脊髓、脊膜的关系，脊髓压迫症可分为髓内、髓外硬脊膜下和髓外硬脊膜外三大类，病灶所在部位不同，其临床经过和表现也不相同。

髓内病变的根痛症状少见，由于病灶在脊髓内，多有两侧脊髓受压的症状，括约肌功能障碍出现早且较重。浅感觉障碍呈下行性进展，常出现分离性感觉障碍，受压节段脊髓支配的肌肉明显萎缩，CT或MRI示局部脊髓增粗，病变区蛛网膜下腔变窄。脑脊液蛋白含量增高，但比髓外硬膜内病变低，细胞数正常或轻度增高。

髓外硬脊膜下病变早期根痛症状多见，有时可能是疾病早期唯一的临床表现。受压神经根支配的肌肉萎缩不明显，以后逐渐出现，常从脊髓一侧开始，早期多表现为脊髓半切综合征。浅感觉障碍呈上行性进展，括约肌功能障碍出现较晚。绝大多数髓外硬膜内病变是神经鞘瘤和脊膜瘤，故脊髓受压症状进展缓慢，因椎管梗阻程度重，脑脊液蛋白含量明显增高，细胞数正常或轻度增高。CT或MRI检查可发现脊髓受压，向一侧移位。

髓外硬脊膜外病变的神经根刺激症状明显，多伴有局部脊膜刺激症状。脊髓受压的症状发生较晚，常在椎管已明显或完全梗阻后发生，浅感觉障碍呈上行性进展，括约肌功能障碍出现晚。脑脊液蛋白含量增高不明显。CT或MRI发现硬脊膜囊受压移位。由恶性病变或骨及椎管外软组织肿瘤引起的硬膜外髓外病变多见，脊髓症状进展相对慢。由脊椎骨折、脱位和硬膜外血肿引起的起病急，有明确的外伤史。

3. 病变性质

(1) 椎管内肿瘤：大多数椎管内肿瘤起源于脊髓组织本身及其附属结构，起源于脊柱和其他部位的肿瘤侵犯、转移到脊髓的以肺、乳房、肾脏、胃肠道恶性肿瘤常见，偶见淋巴瘤、白血病侵及脊髓。髓内肿瘤，主要是胶质瘤和室管膜瘤，少见的有上皮样囊肿、皮样囊肿、畸胎瘤、转移癌和神经鞘瘤。髓外硬脊膜下肿瘤最常见(51%)，主要是神经鞘瘤和脊膜瘤，少见的有上皮样囊肿、皮样囊肿和畸胎瘤。髓外硬脊膜外肿瘤占25.2%，主要是恶性肿瘤（如肉瘤和转移癌），少见的有脂肪瘤、血管瘤、软骨瘤、脊膜瘤、骨瘤、神经鞘瘤、胶质瘤和囊肿。

胸段的肿瘤最多见(42%)，其次是颈段(26%)、腰段(14%)、马尾(14%)，圆锥部最少(4%)。任何年龄都可发病，以青壮年多见。慢性起病，缓慢进展，多在1~3年左右出现明显的临床症状，转移多在半年左右但肿瘤发生囊性变或出血时，症状可急剧恶化。位于高颈段($C_{1~4}$)的肿瘤四肢呈痉挛性瘫痪，躯干、四肢的感觉障碍，枕颈区放射性疼痛；颈膨大段(C_5~T_1)肿瘤上肢弛缓性瘫痪，下肢痉挛性瘫痪，病灶以下感觉障碍，放射性痛在肩及上肢；胸髓段($T_{2~12}$)肿瘤上肢正常，下肢痉挛性瘫痪，病灶以下感觉障碍，胸腹部放射痛和束带感；腰膨大段(L_1~S_2)肿瘤有明显的括约肌功能障碍，会阴部感觉障碍，两下肢放射痛和弛缓性瘫痪；圆锥肿瘤神经根痛少见，不剧烈，两侧对称分布，运动障碍不显著，可有肌颤，感觉障碍对称分布，可有感觉分离，反射异常，膝腱反射存在，跟腱反射消失，自主神经功能障碍发生早且明显，有性能障碍，常有褥疮；马尾肿瘤神经根痛常见，剧烈，单侧或不对称分布；运动障碍肌肉明显萎缩、单侧下肢受累，无肌颤；感觉障碍单侧或不对称分布，各种感觉均有障碍；反射异常均消失；自主神经功能障碍发生晚且不明显。

(2) 硬脊膜外脓肿：硬脊膜外脓肿可发生在任何年龄，但以20~40岁青壮年多见，男性病例多于女性病例。常发生在皮肤、皮下组织感染和各脏器感染后。因中、下胸段及腰段硬脊膜外间隙较宽，富含脂肪和血管丛，脓肿多位于这些节段。脓肿主要位于脊髓背侧或两侧，很少扩展到脊髓腹侧。

多呈急性发病，全身感染及中毒症状，如高烧、寒战明显，血液检查白细胞数明显增高。患者感胸腹及下肢的神经根刺激症状重，于数日内很快出现脊髓横贯性损害症状；慢性硬脊膜外脓肿多无急性感染症状，病程较长，其临床表现与髓外肿瘤相似。

(3) 椎管内结核瘤：椎管内结核瘤是指椎管内硬脊膜内外并侵犯脊髓的结核性肉芽肿，不包括脊柱结核所引起的椎旁脓肿压迫脊髓，临床十分少见。

多见于青少年，多有肺结核和结核性脑膜炎史。除有一般性结核症状外，以脊髓受压的表现为主，多数有神经根痛，病灶以下平面运动障碍、感觉障碍和大小便障碍。病程发展较快，平均1~8个月。椎管内结核瘤的临床表现无特异性，不易与其他椎管内占位相鉴别，如脑脊液蛋白及细胞数增高，血沉加快，应高度怀疑椎管内结核瘤。

(4) 椎管内寄生虫病：椎管内寄生虫病变极为少见，常为脑部寄生虫病变的合并症，但远比脑寄生虫病变为少。常见寄生虫为猪囊虫、狗包虫、血吸虫及肺吸虫等。寄生虫到达椎管内常引起脊髓炎、脊膜炎、动脉炎、局部囊肿、局部肉芽肿或脓肿等病理改变，患者除有脊髓症状外，多有脑部症状。

(5) 椎间盘脱出：椎间盘脱出是指由外伤和退行性改变引起椎间盘纤维环破裂，髓核脱出压迫神经根或脊髓，造成疼痛和神经功能障碍。

腰椎间盘脱出好发于 $L_{4\sim 5}$ 之间，多以腰痛为首发症状，常发生在劳动或长时间持某一姿势后，休息可缓解。主要表现为从臀部开始，沿神经根分布区向下肢放射的剧烈的撕裂样痛，任何可能增加椎管内压力的动作如咳嗽、喷嚏、排便等均能加重疼痛。Laseque 试验阳性。在 MRI 矢状位上，可显示椎间盘变扁后突，硬脊膜囊受压，轴位上可见硬脊膜囊和神经根受压。

颈椎间盘脱出主要表现为颈部疼痛，椎旁肌肉、肩胛间区、肩部和枕部疼痛明显，夜间常因疼痛而难以入睡；向肩部和上肢放射的神经根痛。在咳嗽、排便、打喷嚏时可加重。检查时发现颈部活动受限，椎旁肌肉紧张，有触痛。MRI 可清晰显示椎间盘组织后突，压迫硬脊膜囊和脊髓。

【治疗】

脊髓压迫症的治疗取决于病因，椎管内肿瘤宜手术治疗；硬脊膜外脓肿手术治疗的效果与病程有关，确诊后应给予大剂量抗生素，同时实施紧急手术，延误将出现完全性截瘫；椎管内结核瘤确诊后应积极进行手术治疗，同时给予全身抗结核治疗；寄生虫病宜采用药物治疗为主，手术治疗为辅的方法。椎间盘脱出可采用牵引、手法整复、热疗、冷疗、按摩、超声、冷激光等治疗，无效时可考虑手术治疗。

对症治疗也十分重要，疼痛难忍者给予止痛剂；肌肉痉挛者酌用肌松剂，如巴氯芬（baclofen）、美索巴莫（methocarbamol）和卡立普多（carisoprodol）。

【预后】

脊髓压迫症的预后取决于以下几个因素：

1. 病因及其可能解除的程度 髓外硬脊膜下肿瘤一般为良性，能完全切除，其预后比髓内肿瘤和不能完全切除的肿瘤好；转移瘤手术效果极差；蛛网膜囊肿、椎间盘突出、硬脊膜外炎性或寄生虫性肉芽肿能手术完全切除者疗效令人满意，不能完全切除者效果差。

2. 脊髓功能障碍的程度 在解除压迫之前脊髓功能尚未完全丧失者，治疗效果好，而脊髓功能完全丧失者，效果差。

3. 急性压迫与慢性压迫 急性压迫，脊髓功能代偿来不及发挥，预后比慢性压迫差。

第四节　脊髓空洞症

脊髓空洞症（syringomyelia）是指由多种原因形成的脊髓内管状空腔，以分离性感觉障碍为主要临床特点，多伴有脊髓长束损害的运动和神经营养障碍。如累及到延脑，称为延脑空洞症（syringobulbia）。

【病因及发病机制】

本病病因不明，其发生可能与先天性枕骨大孔区畸形、颅底蛛网膜炎（感染后、放射治疗后、蛛网膜下腔出血后）、脊髓肿瘤和损伤等有关。除少数病例（10%）外，大多数病例的脊髓空洞形成与脑脊液循环障碍有关。

Gadner（1965年）认为伴有枕骨大孔区畸形的脊髓空洞症是因为颅脊区畸形及颅底蛛网膜粘连使第四脑室正中孔闭塞，第四脑室内脑脊液的搏动性冲击使脊髓上端中央管开口扩大，逐渐形成脊髓空洞症。还有人认为脊髓空洞症是脊髓背中缝发育畸形的结果。Milhorat 等（1993年）发现脊髓中央管自颈段脊髓交界处伸向第四脑室，且向背侧移行，前后径变长，开口扩大，直接与枕大孔区蛛网膜下腔相通，而不通向第四脑室，认为脊髓空洞形成与颈髓受压迫无关。

【病理】

颈段及上胸段的中央管是脊髓空洞的好发部位，腰段以下空洞少见。有的空洞是中央管的扩大；有的空洞靠近一侧后角，形成管状，延续多个脊髓节段，并不一定与中央管相通。脊髓空洞并不都是一个管腔，有时存在分隔或是多个空洞串连在一起，它向上可达延脑、脑桥或中脑。空洞处脊髓呈梭形膨胀，软膜血管减少，颜色变淡，洞壁光滑，空洞周围常有神经胶质增生。空洞扩大后压迫脊髓，引起临床症状。

【临床表现】

1）多数在 20～50 岁发病，平均发病年龄 30 岁，偶尔见于老人和儿童。隐袭起病，进展缓慢，近半数患者可处于临床稳定状态数年。

2）开始多为感觉症状，表现为一侧或两侧上肢、胸背部呈披肩或短上衣样分布的痛、温觉缺失而触觉、深感觉保留的节段性分离性感觉障碍。疾病进一步进展，空洞扩展到前角时可出现一侧或两侧上肢弛缓性瘫痪，表现为肌无力，肌张力降低和肌萎缩，萎缩以鱼际肌、骨间肌明显，严重者呈爪形手；如累及到侧束，可引起受损节段以下痉挛性瘫痪；如空洞累及脊髓侧角会出现自主神经损害症状，出现病变相应节段的肢体和躯干皮肤少汗、皮温低，指甲过度角化、萎缩、失去光泽，霍纳征等。空洞累及延脑时可引起舌肌萎缩、构音障碍。

3) 因有痛、温觉障碍，患者易发生烫伤和外伤，晚期可出现大、小便功能障碍。部分患者可伴颈肋、脊柱裂、脊柱后凸、侧弯、弓形足、漏斗胸和小脑扁桃体下疝畸形等。

【辅助检查】

1. 脑脊液 多正常，白细胞计数很少高于 $10\times10^6/L$，近半数患者脑脊液含量轻度升高，如蛛网膜下腔有阻塞脑脊液蛋白可超过 1 000 mg/L。

2. 影像学 X线平片多正常，但可显示枕骨大孔区畸形；CT脊髓造影术和MRI能显示脊髓空洞，MRI的诊断准确性较CT高，可在纵、横断面上清楚地显示空洞的位置及大小（图18-8）。

【诊断及鉴别诊断】

根据隐袭起病，缓慢进展，合并有其他先天性畸形，临床表现为节段性分离性感觉障碍、肌无力、肌萎缩、皮肤和关节营养障碍等不难作出诊断。

本病应与下列疾病鉴别：

1. 脊髓内肿瘤 病情进展较脊髓空洞症快，多有锥体双侧束征，膀胱功能障碍出现较早，营养障碍少见，脑脊液蛋白量增高。MRI可确诊。

2. 颈椎间盘突出 颈后部僵硬，根痛，呈根性分布的感觉障碍，可有手部肌肉的萎缩，CT和MRI可以鉴别。

3. 肌萎缩侧索硬化症 中年起病，同一肢体出现上、下运动神经元同时受累，无感觉障碍和营养障碍，MRI检查无异常。

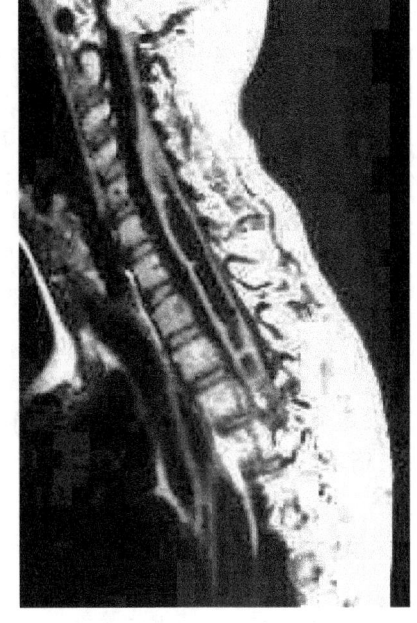

图18-8 MRI T_1WI 示脊髓内空洞

【治疗】

本病进展缓慢，常可迁延数十年之久。无特效治疗方法，目前以对症处理为主，辅助被动运动，防止关节挛缩；痛觉丧失者应防止烫伤、外伤或冻伤；也可给予B族维生素、镇痛剂等。有报道认为口服或椎管内注射 ^{131}I 有效，但未得到肯定。

合并颈枕区畸形及小脑扁桃体下疝者、空洞较大并伴有椎管梗阻者可考虑手术治疗。

第五节 脊髓亚急性联合变性

脊髓亚急性联合变性（subacute combined degeneration of the spinal cord）是维生素 B_{12} 缺乏引起的神经系统变性疾病，病变以后索和侧索为主，临床表现为痉挛性截瘫和双下肢深感觉障碍。

【病因及发病机制】

现已明确本病与维生素 B_{12} 缺乏有密切关系。维生素 B_{12} 是脱氧核糖核酸和核糖核酸合成的必需的辅助因子，神经细胞胞质中的核糖核酸是神经细胞不断向轴突供应的营养物质，维生素 B_{12} 缺乏时，核糖核酸合成不足，神经轴突，特别是脊髓后索、侧索出现变性。维生素 B_{12} 也是髓鞘合成的一种必需辅助因子，维生素 B_{12} 缺乏时，髓鞘合成障碍。

维生素 B_{12} 是一种含钴的维生素，在自然状态下氰钴胺是维生素 B_{12} 存在的主要形式，但在体内必须代谢为脱氧腺苷基钴胺才能有活性。人体内维生素 B_{12} 完全依靠食物供给，肠道内细菌虽能合成维生素 B_{12}，但主要在大肠合成，难被机体吸收。在胃内维生素 B_{12} 必须与胃体部壁细胞分泌的内因子结合才不会被破坏。正常情况下，食物中70%的维生素 B_{12} 能被吸收，但缺乏内因子时，吸收不到2%。

维生素 B_{12} 主要贮存在肝脏，正常人贮存为 2 000～5 000 μg，每日消耗 1～2 μg，如体内贮存量正常，即使食物中长期缺乏生素 B_{12}，也要经过3～6年才会出现维生素 B_{12} 缺乏的症状。维生素 B_{12} 缺乏的主要原因是吸收不良，如内因子缺乏（萎缩性胃炎、胃大部切除术后），肠道疾病，吸收不良综合征，肠道寄生虫或微生物摄取过多维生素 B_{12}，药物（新霉素、秋水仙碱、对氨基水杨酸等）影响了维生素 B_{12} 的吸收等；其次是生理需要量增加或病理消耗量增加，如妊娠、溶血性贫血、感染、甲状腺功能亢进、恶性肿瘤等；血液中运钴胺蛋白缺乏，也可导致维生素 B_{12} 的吸收和运转障碍。

钴胺素传递蛋白-2缺乏导致 B_{12} 不能进入细胞内，可引起功能性 B_{12} 缺乏，患者血清 B_{12} 水平正常，但同型半胱氨酸高，钴胺素传递蛋白-2低。患者也没有大细胞贫血的征象。

【病理】

脑和脊髓的白质、视神经和周围神经都有不同程度的病变，但以脊髓的后索和锥体束为重。病程早期脊髓肿胀，晚期脊髓萎缩，基质变硬，后索最明显，切面色泽较正常淡，软脊膜增厚。显微镜下见后索和侧索髓鞘肿胀、板层分离及空泡形成，融合海绵状坏死灶，病程长者有星形胶质细胞增生。

【临床表现】

1) 中年起病,呈亚急性或慢性发病,逐渐加重。部分患者在神经症状出现前有贫血的一般表现,如面色苍白、倦怠、头晕、心悸、气促等。

2) 神经系统的症状和体征与后索、侧索变性的程度有关。后索变性表现为行走不稳、踩棉花样感,检查可见深感觉缺失、感觉性共济失调、手动作笨拙、步态蹒跚、夜间难以行走、阔基步态、昂白征阳性、指鼻、跟-膝-胫试验不准;因病变最早累及胸髓,感觉障碍往往从足趾开始,逐渐发展到上肢。锥体束变性表现为肌张力增高、腱反射亢进、病理征阳性等上单位损害的体征,因侧索变性往往在颈膨大以下,下肢瘫痪明显,未经治疗的患者最后出现屈曲性截瘫。屈颈时有一阵针刺样感沿脊背向下放射,称 Lhermitte 征,其他脊髓疾病也可出现这种症状。

3) 有的可出现膀胱、直肠功能障碍。除视神经可出现轻度萎缩及中心暗点外,其他脑神经很少受累。

4) 维生素 B_{12} 缺乏还可引起周围神经病,有些患者有周围神经变性的表现,如肢体无力、肌张力降低,腱反射迟钝或消失、轻度肌肉萎缩。但这些患者迟早会出现锥体束受损的体征,而且深感觉障碍出现早,先是足趾部的震动觉与关节位置觉消失,后会扩展到踝关节、膝部及手部。

没用维生素 B_{12} 治疗的患者可有精神症状,表现为易激惹、遗忘、抑郁、类偏执狂及智能衰退。

【辅助检查】

1. 血液学检查 表现为巨细胞低色素性贫血,网织红细胞计数正常或轻度增高,每日注射维生素 B_{12} 100 μg,10 d 后网织红细胞明显增多有助于本病的诊断。骨髓像呈红细胞系增生,粒细胞/红细胞比率降低,可见异常有丝分裂。

2. 胃液分析 胃液分泌量减少,游离胃酸缺乏或显著减少。注射组织胺后作胃液分析,发现有抗组胺性的胃酸缺乏现象。

3. 血液中维生素 B_{12} 浓度 正常维生素 B_{12} 血浓度为 103.6～664 pmol/L(140～900 ng/L),低于 100 pmol/L 为维生素 B_{12} 缺乏症。

4. Schilling 试验 口服放射性核素 ^{60}Co(钴)标记的维生素 B_{12},测定其在尿、粪中的排泄量,可发现维生素 B_{12} 吸收缺陷。

5. 其他 脑脊液多正常,少数蛋白含量轻度增高。脑电图多正常,个别脑白质变性严重的病例可见弥漫性的慢波活动。颅脑 CT 及 MRI 与脊髓 MRI 多正常,偶可发现脊髓后柱有特征性的异常信号(图 18-9)。

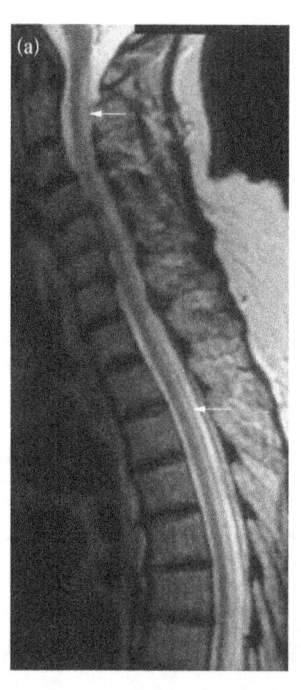
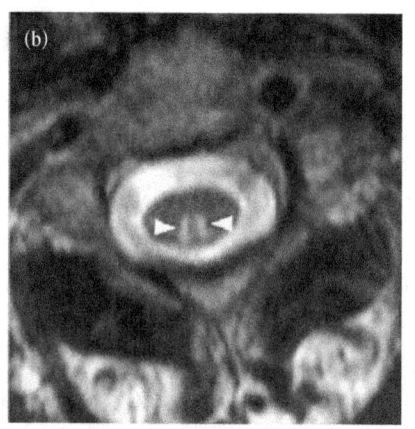

图 18-9 a. T_2 示颈到胸髓后柱连续高信号;b. T_2 快速自旋回波序列示脊髓后柱特征性高信号

【诊断及鉴别诊断】

根据中年起病,呈亚急性或慢性发病,逐渐进展,临床有脊髓后索、锥体束损害的症状和体征,结合实验室检查,不难作出诊断。但应与下列疾病鉴别。

1. 脊髓压迫症 早期多有神经根刺激症状,后逐渐出现脊髓部分或半侧受压症状,有明确的感觉平面。脑脊液蛋白含量高,脊髓造影、椎管造影、脊髓 CT 及 MRI 检查可明确诊断。

2. 多发性神经病 可呈急性、亚急性、慢性起病,主要表现为四肢对称性末梢型感觉障碍、下运动神经元瘫痪和自主神经功能障碍;一般无传导束损害体征,无贫血及维生素 B_{12} 缺乏的证据。

3. 神经梅毒 潜伏期较长,有 Argyll-Robertson 瞳孔,感觉性共济失调,电击样疼痛、束带感或蚁走感等异常感觉,血及脑脊液梅毒诊断试验阳性可以诊断。

4. 多发性硬化 起病较急,中枢神经系统白质内有 2 个或 2 个以上病灶,临床症状和体征缓解、复发交替出现,脑脊液寡克隆带阳性,CT、MRI 可见异常信号有助于诊断。

【治疗】

1. 维生素 B_{12} 维生素 B_{12} 500~1 000 μg/次,每日肌肉注射 1 次,连续 2~4 周,以后每周肌肉注射 2~3 次,2~3 个月后改为 100~200 μg/次,每周 1 次维持,一般应持续治疗 1 年。某些患者需终生用药,同时加用维生素 B_1、维生素 B_6、维生素 C 效果更佳。

2. 叶酸 叶酸参与氨基酸与核酸的合成,与维生素 B_{12} 合用能共同促进红细胞的生成和成熟,对有恶性贫血的患者应与维生素 B_{12} 合用,5~10 mg/次,每日 3 次。单独应用叶酸会使症状加重,一定要与维生素 B_{12} 合用。贫血患者的红细胞计数逐步增长时,应该辅以铁剂,常用硫酸亚铁 0.3~0.6 g/次,每日口服 3 次;10%枸橼酸铁胺溶液,10 ml/次,每日 3 次;或右旋糖酐铁注射液,50~100 mg/次,隔 1~3 d 肌肉注射 1 次。

3. 增加胃酸 缺乏游离胃酸者,可服用胃蛋白酶合剂或饭前服稀盐酸合剂 15~20 滴,以减少因胃酸缺乏引起的消化道症状。

4. 理、体疗 理疗及功能锻炼适于神经损害较严重的患者,有助于改善症状、促进康复。

【预后】

本病不经治疗,可在发病 2~3 年后死亡。在发病后 3 个月内积极治疗,常可完全恢复,周围神经病变的症状恢复最早,如积极治疗 6 个月后周围神经病变的症状还没有明显恢复,以后再恢复的可能性不大。

第六节 脊髓血管性疾病

脊髓血管病比脑血管病少见,可分为缺血性脊髓血管病和出血性脊髓血管病两大类。

一、缺血性脊髓血管病

1. 脊髓前动脉梗死 脊髓前动脉梗死又称脊髓前动脉综合征(anterior spinal artery syndrome),是由动脉硬化、结缔组织病、感染、主动脉夹层动脉瘤等引起的脊髓前动脉内血栓形成或栓塞,造成其供血区脊髓坏死,出现相应的临床症状。$T_{4\sim10}$ 是脊髓血供较差的部位,缺血性坏死多发生在此处。

可发生于任何年龄,呈卒中样起病,症状在数分钟至数小时之内达到高峰。表现为根痛、脊髓不完全性横贯性损害,早初期出现尿潴留,痛、温觉丧失,但深感觉及触觉保持正常,不过胸、腰髓病变可出现深、浅感觉障碍。腰穿脑脊液蛋白可轻度增高;高分辨率 CT 可显示低密度的梗死灶;MRI 可显示脊髓增粗,脊髓前部长 T_1、T_2 异常信号,典型的呈猫头鹰眼样改变(图 18-10);血管造影或 DSA 显示受累脊髓前动脉呈节段性、区域性狭窄或闭塞。

2. 脊髓后动脉梗死 脊髓后动脉梗死又称脊髓后动脉综合征(posterior spinal artery syndrome)。脊髓后动脉有良好的侧支循环,出现缺血性改变比脊髓前动脉更少见,临床症状常十分轻微,主要表现为损害节段以下深感觉障碍、感觉性共济失调,神经根痛或束带感。若累及后角可出现节段性浅感觉障碍。大、

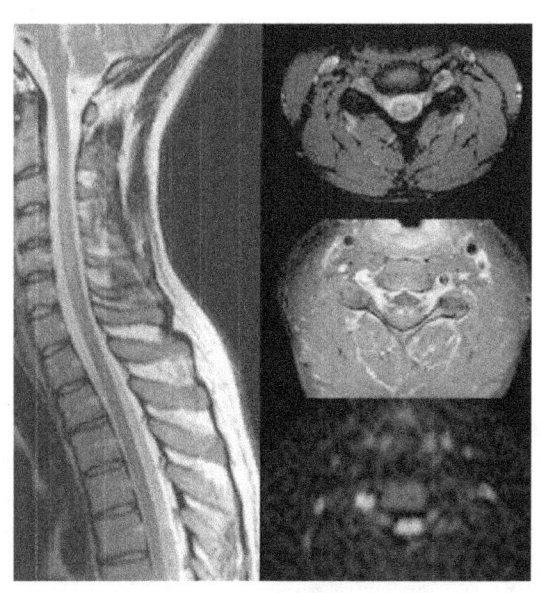

图 18-10 脊髓前动脉梗死

T_2 矢状面(左)见颈髓前部一条状、边界不清的稍高异常信号;T_2 冠状面、T_1 增强和 B1000 见脊髓前角处"猫头鹰眼"

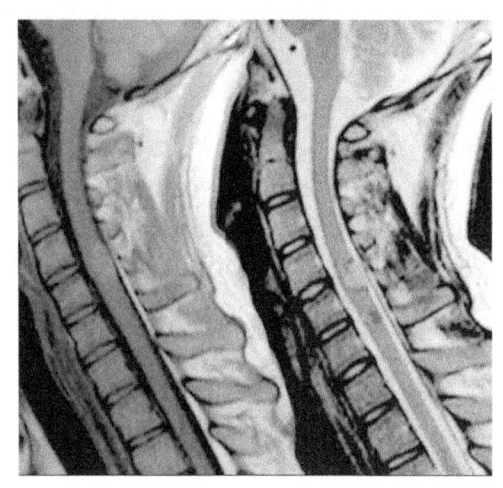

图18-11 海绵状血管瘤引起的脊髓出血

T_1和T_2示颈髓有一局灶性高信号，T_2(右)可见高信号周围的环形低信号

小便常不受影响。CT、MRI表现类似于脊髓前动脉梗死，选择性脊髓后动脉血管造影可确诊本病。

3. 短暂性脊髓缺血 类似暂短性脑缺血发作，表现为间歇性跛行，常在长距离步行后发病，开始为一侧或双侧下肢乏力，步行困难，持续数分钟至数小时后症状完全消失，可反复发作。

4. 脊髓血管畸形 脊髓血管畸形主要是动、静脉畸形，多为缓慢起病，开始局部可有疼痛或根痛，逐渐出现肢体麻木、无力，大、小便功能障碍等，部分患者有缓解期。

缺血性脊髓病的治疗与缺血性脑血管病相同。

二、出血性脊髓血管病

脊髓内出血是指脊髓实质内血管破裂引起的出血，临床比较少见。外伤、血管畸形及出血性疾病是常见的病因。急性起病，迅速出现横贯性脊髓损伤症状，往往发生在外伤或较剧烈活动时。若出血破入蛛网膜下腔，脑脊液可见大量红细胞，CT见脊髓内出血灶呈高密度灶，MRI的改变与病程有关(图18-11)。治疗与出血性脑血管病相同。证实由血管畸形引起者可考虑导管介入治疗或手术治疗。

（李承晏）

思 考 题

1. 颈膨大处右侧脊髓半切后会出现哪些临床症状和体征？请从脊髓解剖的角度来阐明为什么会出现这些临床症状和体征。
2. 请简述髓内病变、髓外硬膜下及硬膜外病变三者之间的鉴别要点？
3. 如何鉴别急性脊髓炎与以脊髓病变为首发症状的多发性硬化？其鉴别的临床意义何在？
4. 脊髓压迫症的临床特点有哪些？
5. 脊髓血管病的特点是什么？如何鉴别？
6. 病例分析

【病史摘要】

患者男性，45岁，因"进行性左下肢麻木2天，双下肢无力伴小便障碍1天"入院。

患者于入院前2天在上楼时无明显诱因突感左小腿麻木乏力，但还能行走，未予重视。第二天早上起床时右下肢亦有乏力感，仍然坚持上班，下午觉双下肢无力加重，即请假回家休息，当晚睡眠很好。第三天早上起床时感小便排出困难，大便未解，双下肢不能站立，送来医院。

发病前10天左右曾患"感冒"，伴有鼻塞，服"感冒片"后很快好转。个人史及家族史均无特殊。

查体：发育正常，营养中等，体温36.5℃，脉搏70次/min，呼吸20次/min，血压120/80 mmHg。全身皮肤及黏膜无黄染，未见出血点及瘀斑。心肺及腹部正常，肝脾未触及。

神经系统体检：神志清楚，语言流利，记忆力、时空间定向力、计算力正常，右利手。脑神经(一)。双上肢肌力V级，肌张力正常，腱反射对称(+)，双侧霍夫曼征、掌颌反射(一)。双下肢肌张力低，双侧膝、跟腱反射未叩出，右下肢肌力Ⅰ级，左下肢肌力0级，双侧中、下腹壁及提睾反射消失，双侧上腹壁反射存在，双侧Babinski征可疑。T_{10}以下痛觉减退，T_{12}以下音叉震动觉减退，肛周痛、温觉减退。大、小便潴留。

辅助检查：血尿常规、肝肾功能正常，心电图、胸片正常。入院当天下午腰穿：脑脊液无色清亮，白细胞$6×10^6$/L，红细胞$0×10^6$/L，蛋白0.42 g/L，糖2.7 mmol/L，氯123 mmol/L。脑脊液涂片找结核杆菌(一)，墨汁染色找隐球菌(一)，细菌培养(一)，寡克隆区带(一)。胸MRI示$T_{7\sim11}$脊髓稍增粗，脊髓内呈稍长T_1、长T_2信号，边缘模糊，增强扫描示上述病灶有增强。

【诊断分析】

1. 病史特点 ① 中年男性；② 急性起病，快速进展的双下肢无力、大小便潴留，双侧Babinski征可疑，提示双下肢上运动神经元瘫，而双侧膝、跟腱反射未叩出提示为脊髓休克；③ 脑脊液检查正常；④ 胸髓MRI示$T_{7\sim11}$脊髓增粗。

2. 定位诊断　　患者双下肢瘫,脑神经及双上肢正常,病灶应在脊髓或下肢的周围神经或肌肉。因有 T_{10} 以下痛觉减退,T_{12} 以下音叉震动觉减退,肛周痛、温觉减退,大、小便潴留,双侧 Babinski 征可疑,可排除下肢的周围神经或肌肉病变,病灶应在脊髓。患者双侧中、下腹壁反射消失,双侧上腹壁反射可引出,感觉平面在 T_{10},定位应在 T_{10} 以上,颈膨大以下。这与胸 MRI 的改变相符,定位在 T_7。

3. 定性诊断　　患者急性起病,在 2 d 内快速进展为双下肢无力、大小便潴留,病前 10 d 左右有"感冒"史,脑脊液检查正常,MRI 示 $T_{7\sim 11}$ 脊髓增粗,未见占位性改变,定性应考虑炎症,疾病诊断考虑为急性脊髓炎。

本例应与以下疾病鉴别:① 脊髓型多发性硬化:起病急,病前可有感染史,但本患者脑脊液寡克隆区带(一),无明显缓解复发病史、无视力受损表现,目前不支持脊髓型多发性硬化的诊断。如今后有复发,又有新的症状和体征,且有影像学和脑脊液的改变,则需要考虑多发性硬化的可能;② 髓内肿瘤:可出现双下肢上运动神经元瘫痪,大、小便潴留,MRI 见脊髓增粗,髓内信号混杂,但髓内肿瘤起病缓慢,呈进行性加重,大小便障碍出现早,这与本病不符,可以排除;③ 脊髓血管病:脊髓血管病有出血和缺血两种,多有脊髓血管畸形的基础病。起病应较本例更急,迅速出现双下肢瘫痪和两便功能障碍,胸 MRI 也不支持,故可排除脊髓血管病;④ 急性硬脊膜外脓肿:起病较急,伴高热和全身中毒症状,身体其他部位常有化脓性感染灶。病灶相应部位疼痛剧烈,外周血液白细胞增高。本例无高热和全身中毒症状,也未发现有化脓性感染灶,病灶相应部位无剧烈疼痛,血常规正常,MRI 示 $T_{7\sim 11}$ 脊髓增粗,不支持急性硬脊膜外脓肿的诊断。

参考文献

Andersen O. 2000. Myelitis. Curr Opin Neurol. 13(3):311~316

Caragine LP Jr, HalbAch VV, Ng PP, et al. 2002. Vascular myelopathies-vascular malformations of the spinal cord: presentation and endovascular surgical management. Semin Neurol. 22(2):123~132

Ghezzi A, Baldini SM, Zaffaroni M. 2001. Differential diagnosis of acute myelopathies. Neurol Sci. 2:S60~64

Martin R Turner, Kevin Talbot. 2009. Functional Vitamin B_{12} deficiency. Pract Neurol. 9:37~41

Schiff D. 2003. Spinal cord compression. Neurol Clin. 21(1):67~86

Scotti G, Gereviei S. 2001. Diagnosis and differential diagnosis of acute transverse myelopathy. The role of neuroradiological investigations and review of the literature. Neurol Sci. 2:S69~73

Victor M. 2001. Adams and Victor's Principles of Neurology. 7th edition. New York:McGraw-Hill Companies Inc. 1293~1341

第十九章 周围神经疾病

The peripheral nervous system is composed of all neural structures lying outside the pial membrane of the spinal cord and brainstem with the exception of the optic nerves and olfactory bulbs, which are but special extensions of the brain. The peripheral nerves subserve diverse motor, sensory, and autonomic functions. The clinical manifestations of neuropathies depend on the severity, distribution, and functions affected. Peripheral neuropathy and polyneuropathy are terms that describe syndromes resulting from diffuse lesions of peripheral nerves, usually manifested by weakness, sensory loss, pain, and autonomic dysfunction. *Mononeuropathy* indicates a disorder of a single nerve often resulting from local trauma, compression, or entrapment. Mononeuropathy multiplex signifies focal involvement of two or more nerves, usually as a result of a generalized disorder such as diabetes mellitus or vasculitis. Neuritis is typically reserved for inflammatory disorders of nerves resulting from infection or autoimmunity.

—— Louis H. Weiner, 2009

第一节 概 述

【解剖】

周围神经系统(peripheral nervous system)是相对脑与脊髓而言的神经系统的周围部分,其一端连于中枢神经系统的脑或脊髓,另一端借各种末梢装置连于身体各系统、器官(图 19-1)。包括:脑神经,共 12 对及其外周神经节(ganglion);脊神经,共 31 对及其前根、后根、后根神经节;自主神经(交感、副交感)及其神经节;以及它们的神经末梢等。周围神经通常指脊神经和脑神经本身(嗅神经及视神经不属于周围神经),它由神经纤维、血管、淋巴组织和结缔组织等构成。除部分脑神经外,一般周围神经是含有感觉性神经纤维、运动性神经纤维和自主神经纤维的混合神经。在周围神经中的感觉神经成分是将神经冲动由感受器传向中枢神经系统,因此,又称为传入神经(afferent nerves);运动神经成分则是将神经冲动由中枢神经系传出达周围的效应器,故又称为传出神经(efferent nerves)。根据形态、功能和药理特点,自主神经又被分成交感神经(sympathetic nerve)和副交感神经(parasympathetic nerve)两部分。

周围神经疾病(peripheral neuropathy)是指周围运动、感觉和自主神经的结构和功能障碍。周围神经纤维可分为有髓鞘和无髓鞘两种。脑神经和脊神经多属有髓鞘神经纤维,而自主神经属无髓鞘神经纤维。有髓鞘纤维的轴突周围由髓鞘围绕,外面是施万细胞(Schwann cell)膜(鞘膜)包裹,间隔 50~1 000 μm 形成郎飞(Ranvier)结。郎飞结围绕轴突周围的髓膜有绝缘作用。神经纤维受损后,施万鞘膜对神经的再生起着重要的作用。无髓鞘纤维是由数个轴突包裹在一个施万细胞内,没有髓鞘环绕。蛋白质、氨基酸、神经递质和其他物质在胞体合成,经轴质向远端运输,维持着轴突及髓鞘的生长、再生及功能(轴质流)。周围神经的冲动传导在两种神经纤维上有明显差别。无髓鞘纤维的传导是沿着神经纤维连续依次进行,而有髓鞘纤维则由一个郎飞结到另一个郎飞结的跳跃式传递。当有髓鞘纤维发生髓鞘变性后,施万细胞增殖导致郎飞结数目增加,使传导速度减慢。

众多神经纤维集合形成神经束,外周包以结缔组织膜,称为神经束膜(perineurium),再集合组成周围神经干,外周的结缔组织膜称为神经外膜(epineurium)。神经束膜进入神经束内各神经纤维之间,成为神经内膜(endoneurium)。

【病理】

周围神经受损时,主要表现为三种病理形式。

1. 华勒变性(Wallerian degeneration) 周围神经纤维轴突损伤断裂,阻断轴质流的营养保护作用,纤维远端的轴突和髓鞘变性。神经断端远侧的髓鞘与神经元纤维肿胀和碎裂,髓鞘碎裂小片被施万细胞或巨噬细胞吞噬。神经细胞胞体肿大,胞核移向边缘,尼氏小体溶解。一般周围神经断裂约 3 个月,远端的髓鞘和神经纤维将完全消失。

2. 轴突变性(axonal degeneration) 由多种原因(如维生素缺乏、代谢障碍、中毒、感染等)引起,胞体蛋白质合成

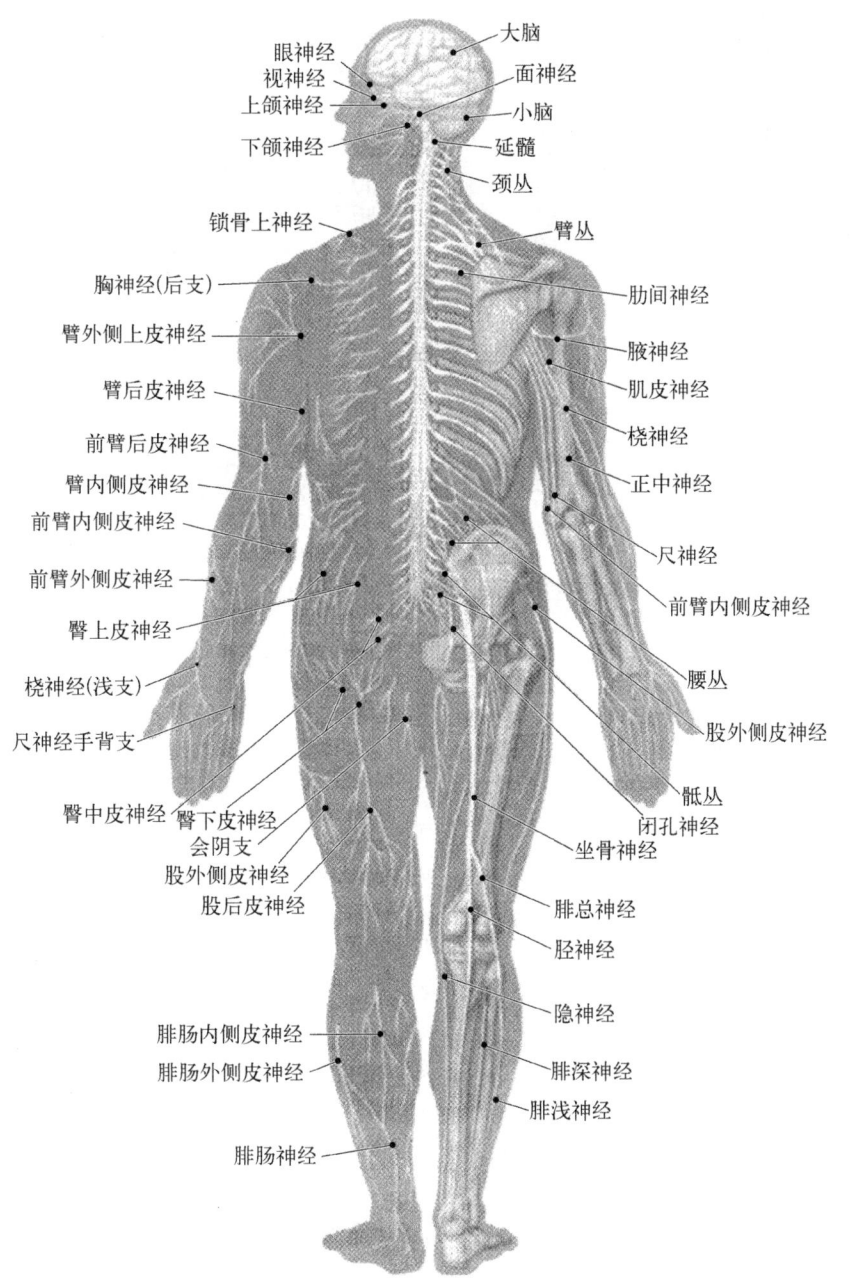

图 19-1 周围神经系统模式图

障碍或轴质运输阻滞,远端轴突失营养出现轴突变性,继而髓鞘碎裂,若向远端蔓延,则可导致运动终板变性。

3. 节段性脱髓鞘(segmental demvelination) 周围神经纤维上发生局限性的髓鞘破坏,而轴突基本平常,但神经传导速度可减慢。病变呈斑点状的髓鞘破坏,之间的髓鞘可保留正常,故称节段性脱髓鞘(图 19-2)。

周围神经疾病的分类依赖于解剖结构、病理和临床特征。一般临床所指的周围神经病是指原发于或继发于其他疾病造成的神经纤维的疾病。病变可以原发于轴突或髓鞘,在组成髓鞘的施万细胞和神经轴突之间存在互相联系,髓鞘的再生有赖于施万细胞,施万细胞的死亡也可引起继发性轴突死亡。

【分类】

1) 按病因,可分为遗传性和获得性。其中遗传性周围神经病中最常见的是遗传性运动感觉性周围神经病,也称腓骨肌萎缩症(charcot-marie-tooth disease,CMT)。获得性周围神经病中最常见的是急性炎症性脱髓鞘性多发性神经病(acute inflammatory demyelinating polyneuropathy,AIDP)或格林-巴利综合征(Guillain-Barre syndrome)。

2) 按临床病程,可分为急性、亚急性、慢性、复发性或进行性神经病等。急性周围神经病常见有外伤,梗死或格林-巴利综合征;亚急性周围神经病可见于重金属中毒性周围神经病,维生素 B_6 缺乏,慢性炎症性脱髓鞘性多发性神经病(chronic inflammatory demyelinating polyneuropathy,CIDP);慢性周围神经病可见于重金属中毒,维生素缺乏,糖尿病

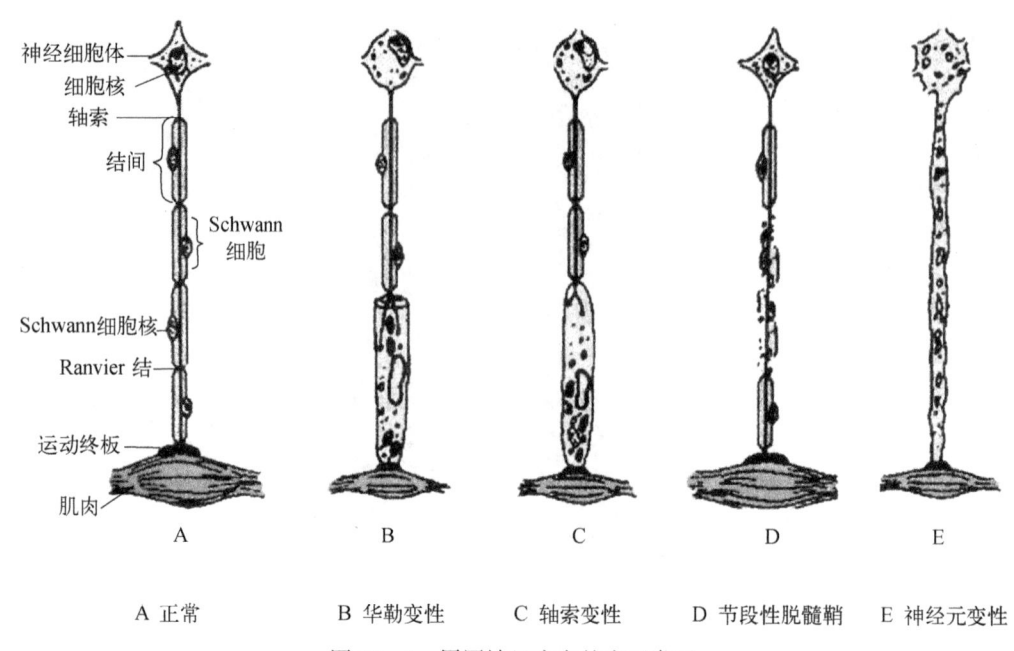

图 19-2 周围神经病变的病理类型

性周围神经病等。

3) 按突出症状和受累的纤维成分,可分为感觉性、运动性、混合性、自主神经性神经病。其中感觉神经分为大有髓纤维和小有髓或无髓纤维受累,其中大有髓纤维受累可见于中毒性或代谢性周围神经病,小有髓纤维受累的感觉神经病可见于糖尿病性周围神经病,家族性淀粉样变周围神经病,常伴有自主神经系统功能障碍。纯运动神经受累或以运动纤维受累为主的可见于格林-巴利综合征、有机磷中毒、局灶性运动神经病。

4) 按病变的解剖部位,可分为神经根病、神经索病、神经丛病、神经干病和单神经病。神经根病在颈椎病所致的颈神经根病和腰椎病所致的腰骶神经根病中较为多见;神经丛病可见于外伤和臂丛神经炎;腕管综合征和肘管综合征是最多见的单神经病。临床所特指的周围神经病一般是指神经干或神经干远端的末梢神经病。

【临床表现】

由于周围神经是由运动、感觉和自主神经纤维组成,周围神经病时就可表现出运动、感觉和自主神经障碍的表现。运动症状表现为无力,肌肉萎缩,肌张力减低,腱反射减退或消失的下运动神经元症状;感觉症状可表现为麻木,疼痛,针刺觉减退或消失,震动觉或关节位置觉减退或消失;自主神经症状可表现为出汗减少或增多,以及皮肤的异常改变。

周围神经病按照发病模式常分为对称性多发性神经病和单神经病(炎)或多数性单神经病(炎)(mononeuropathy multiplex)两大类。

1. 对称性多发性神经病 运动、感觉及自主神经纤维同时受损。临床表现为四肢远端呈对称性"手套"或"袜子"型的感觉减退或消失,肌力减退,伴有不同程度的肌肉萎缩;受损部位腱反射减弱或消失,并有出汗异常、皮肤和指甲的营养障碍等。

2. 单神经病或多数性单神经病 单神经病是指只有一根周围神经受损,多数性单神经病是指两根以上周围神经受损,往往呈不对称性(与对称性多发性神经病不同)。运动、感觉、反射及自主神经功能障碍的区域取决于每根受累周围神经的解剖分布。

【诊断及治疗】

周围神经病的诊断依赖于病史描述、临床体格检查和必要的辅助检查。神经传导速度和肌电图检查可发现尚未出现症状或体征的早期周围神经病,也是判断疗效和预后的客观指标,并有助于鉴别肌源性或神经源性肌萎缩。周围神经组织活检一般用于临床及其他辅助检查难以定性者,结合免疫组织化学染色等辅助诊断。分子生物学的基因检查使人们对遗传性周围神经病能够确诊。但任何一项单独的辅助检查都不能作为诊断的金标准。对周围神经病诊断后,最重要的是明确周围神经病的病因。

治疗周围神经病,首先需明确诊断并予以对因治疗,其次是对症治疗。对症治疗一般应用止痛药物以及促进神经功能恢复的药物,如维生素 B 族等。理疗和体疗是恢复期中重要的措施,有助于预防肌肉挛缩和关节畸形。

第二节 脑神经疾病

脑神经共12对。视神经是大脑的一部分,动眼神经至舌下神经10对脑神经核均位于脑干内,周围支分别从中脑、脑桥及延髓进或出脑干,支配头面部器官。脑神经疾病可为单个或多个神经受累,损害部位在脑干内或脑干外。脑神经损害可分为原因未明的原发性损害和由各种原因引起的继发性损害。

一、三叉神经痛

三叉神经痛(trigeminal neuralgia)是指三叉神经分布区内反复发作的阵发性、短暂、剧烈疼痛而不伴三叉神经功能破坏的症状。

【病因及发病机制】

原发性三叉神经痛的病因尚未明确。目前认为三叉神经在脑桥被异行扭曲的血管压迫三叉神经后根,局部产生脱髓鞘变化而导致疼痛发作。可能由于多种致病因素,使半月神经节的感觉支和运动支发生脱髓鞘改变,脱失髓鞘的轴突与相邻纤维间发生短路。因此轻微的触觉刺激即可通过短路传入中枢,而中枢的传出冲动也可经短路成为传入冲动,达到一定的总和而激发半月神经节内的神经元产生疼痛。继发性三叉神经痛多有明确的病因,如颅底或桥小脑角的肿瘤、转移瘤和脑膜炎、脑干梗塞、多发性硬化等侵犯三叉神经的感觉支或髓内感觉核而引起的疼痛,多伴有邻近结构的损害和三叉神经本身的功能丧失。

【病理】

主要表现为三叉神经节细胞质中出现空泡,轴突不规则增生、肥厚、扭曲或消失,髓鞘明显增厚、瓦解,多数纤维有节段性脱髓鞘改变。

【临床表现】

常于40岁后起病,女性多见。三叉神经痛为骤然发生的剧烈疼痛,但严格限于三叉神经感觉支配区内。疼痛常始自一侧的上颌支(第Ⅱ支)或下颌支(第Ⅲ支),随病程进展可影响其他分支。其中眼支起病者极少见。极个别患者可先后或同时发生两侧三叉神经痛。临床上,患者面部某个区域可能特别敏感,易触发疼痛,如上下唇、鼻翼外侧、舌侧缘等,这些区域称之为"触发点"或"扳机点"。此外,在三叉神经的皮下分支穿出骨孔处,常有压痛点。发作期间面部的机械刺激,如说话、进食、洗脸、剃须、刷牙、打呵欠,甚至微风拂面皆可诱发疼痛。

发作时患者常紧按病侧面部或用力擦面部减轻疼痛,可致局部皮肤粗糙,眉毛脱落。有的在发作时不断作咀嚼动作,严重者可伴有同侧面部肌肉的反射性抽搐,又称之为"痛性抽搐"。每次发作仅数秒钟至1~2 min即骤然停止,间歇期正常。发作可由1日数次至1 min多次。发作呈周期性,持续数周、数月或更长,可自行缓解。病程初期发作较少,间歇期较长。随病程进展,间歇期逐渐缩短。

【辅助检查】

原发性三叉神经痛无需行辅助检查,但是需排除继发性三叉神经痛时应予以辅助检查。一般行头颅MRI检查,有时需行磁共振断层血管成像(MRTA)检查。

【诊断及鉴别诊断】

典型的原发性三叉神经痛,根据疼痛发作部位、性质、面部扳机点、神经系统检查无阳性体征,结合起病年龄,不难做出诊断。

本病需与以下疾病鉴别:

1. 继发性三叉神经痛 疼痛持久,且伴有三叉神经麻痹,患侧面部感觉减退;眼支(第Ⅰ支)受损可有角膜反射迟钝或消失,下颌支受损可有咀嚼肌萎缩,张口下颌歪向病灶侧,或合并其他脑神经麻痹。常见于多发性硬化、延髓空洞症、原发性或转移性颅底肿瘤等。

2. 牙痛 最易与三叉神经痛混淆,常为持续性钝痛,局限于牙龈部,可因进食冷、热液体或食物时诱发或加剧。牙齿局部检查和X线摄片有助于鉴别。

3. 额窦炎或上颌窦炎 可产生三叉神经Ⅰ、Ⅱ支范围的疼痛,但鼻窦骨表面常有压痛,并可结合X线摄片和鼻腔检查进行鉴别。

4. 舌咽神经痛 是局限于舌咽神经分布区的发作性疼痛,位于扁桃体、舌根、咽及耳道深部,疼痛常在吞咽、哈欠、咳嗽时诱发,呈现刀割样或闪电样,持续数秒至1 min。有时在舌根、扁桃体处可有疼痛触发点,局部涂抹地卡因可暂时阻止发作。

【治疗】

治疗原则以止痛为目的,首选药物治疗,无效时可选用神经阻滞疗法或手术治疗。

1. 药物治疗

(1) 卡马西平(Carbamzepine):首选,口服首剂 0.1 g,每日 2~3 次,以后每日增加 0.1 g,直至疼痛停止(最大量不超过 1.0 g/d);以后逐渐减少,确定最低有效量作为维持剂量。有效率达 70%~80%。若出现眩晕、步态不稳、皮疹、白细胞减少等不良反应需停药。孕妇忌用。

(2) 加巴贲丁(gabapentin):可予 100 mg,每日 3 次,逐增量至控制疼痛(最大量可达 1 800 mg/d)。需注意头晕、嗜睡等副反应。

(3) 普瑞巴林(pregabalin):可予 75 mg,每日 3 次,逐增量至控制疼痛。但需注意嗜睡、头晕等副反应。

(4) 苯妥英钠(phenytoin):初始剂量 0.1 g,每日 3 次;如无效可增加剂量,每日增加 0.1 g(最大量不超过 0.6 g/d)。若产生中毒症状(如头晕、步态不稳、眼球震颤等)应即减量至中毒反应消失为仍有效,即以此为维持量。疼痛消失后,逐减剂量。

(5) 氯硝西泮(clonazepam):初始剂量 1 mg/d,逐渐增加 4~8 mg/d。需注意有嗜睡、步态不稳等副反应,尤其老年患者偶见短暂性精神异常,停药后可以缓解。

2. 神经阻滞疗法　适用于药物治疗无效或有明显副反应、拒绝手术治疗或不适宜于手术治疗者。方法是取无水酒精或其他化学药物直接注射到三叉神经分支或半月神经节内,使之发生凝固性坏死,阻断神经传导,可使局部感觉丧失而获止痛效果。阻滞疗法简易安全,但疗效不持久。

3. 经皮半月神经节射频热凝疗法　适用于长期用药无效或无法耐受者。射频通过机体时电磁波能转为热能,产生热效应和热电凝可选择性破坏三叉神经痛觉纤维,基本不损害触觉纤维达到止痛作用。

4. 手术治疗　适用于药物和神经阻滞治疗无效者。对血管压迫所致三叉神经痛效果较好。主要方法有三叉神经微血管减压术(micro-vascular decompression)和三叉神经感觉根部分切断术,但可能出现相邻脑神经损伤症状。

二、特发性面神经麻痹

特发性面神经麻痹(idiopathic facial palsy)又称面神经炎(facial neuritis)或称 Bell 麻痹(Bell palsy),系因面神经管内面神经非特异性炎症所致的周围性面神经麻痹。

【病因及病理】

确切的病因未明,多数人认为与嗜神经病毒感染有关。受凉或上呼吸道感染后发病,可能是茎乳孔内的面神经急性病毒感染和水肿所致神经受压或局部血液循环障碍而产生面神经麻痹。部分患者可由带状疱疹病毒引起的膝状神经节炎所致。也有人认为本病亦属一种自身免疫反应。

病理变化主要可见面神经水肿,髓鞘肿胀、脱失,晚期可有不同程度的轴突变性,以在面神经管内部分尤为显著。

【临床表现】

1) 可发病于任何年龄,以 20~40 岁最为多见,男性略多。绝大多数为一侧性,双侧者甚少。发病与季节无关。通常急性起病,可于 48 h 内达到高峰。有的患者在病前数日有同侧耳后、耳内、乳突区或面部的轻度疼痛。

2) 患侧面部表情肌瘫痪,额纹消失、不能皱额蹙眉,眼裂变大,不能闭合或闭合不全;闭目时眼球向上外方转动,显露白色巩膜,称为 Bell 现象。鼻唇沟变浅,口角下垂,示齿时口角牵向健侧;口轮匝肌瘫痪使鼓腮和吹口哨漏气;颊肌瘫痪而使食物滞留于病侧齿颊之间。

3) 不同部位的面神经损害出现不同的临床症状。① 膝状神经节前病变:因鼓索神经受累,出现舌前 2/3 味觉障碍,镫骨肌分支受累,出现听觉过敏;② 膝状神经节病变:除有面神经麻痹、听觉过敏和舌前 2/3 味觉障碍外,还可有耳郭和外耳道感觉迟钝、外耳道和鼓膜上出现疱疹,称亨特综合征(Hunt syndrome),系带状疱疹病毒感染所致;③ 茎乳孔附近病变:出现典型的周围性面瘫体征和耳后疼痛。

【辅助检查】

可做面神经的传导速度测定,对判断神经损伤的预后有帮助。

【诊断及鉴别诊断】

根据起病形式和典型的临床特点,本病的诊断并不困难,但需与能引起周围性面神经麻痹的其他疾病相鉴别。

1. 格林-巴利综合征 表现为肢体对称性下运动神经元瘫痪，常伴有两侧周围性面瘫及脑脊液蛋白细胞分离现象。

2. 莱姆病(Lyme disease) 伯氏螺旋体感染导致的面神经麻痹，多经蜂叮咬传播，伴慢性游走性红斑或关节炎史。可应用病毒分离及血清学试验证实。

3. 糖尿病性神经病变 常伴其他脑神经麻痹，以动眼、外展及面神经麻痹居多，可单独发生。

4. 继发性面神经麻痹 腮腺炎或腮腺肿瘤、颌后的化脓性淋巴结炎、中耳炎及麻风均可累及面神经，但多有原发病的特殊表现。

5. 后颅窝病变 桥小脑角肿瘤、颅底脑膜炎、鼻咽癌颅内转移等原因所致面神经麻痹，大多起病较慢，有其他脑神经受损或原发病的特殊病症。

【治疗】

治疗原则为减轻面神经水肿，缓解神经受压，促进面神经功能的恢复。

1. 皮质类固醇激素 可用泼尼松 20～30 mg/d，1 周后开始减量，2 周后停用。由带状疱疹所致者，皮质类固醇激素联合阿昔洛韦 0.2 g，每日 5 次，连服 2 周。

2. B 族维生素 维生素 B_1 100 mg，维生素 B_{12} 500 μg，肌肉注射，每日 1 次。

3. 理疗及针刺治疗 茎乳突附近给予热敷，或红外线照射或短波透热疗法。针灸宜在发病 1 周后进行。

4. 物理治疗 患者自己对镜用手按摩瘫痪面肌，每日数次，每次 5～10 min。当神经功能开始恢复后，可对镜练习瘫痪的各单个面肌的随意运动。

5. 保护暴露的角膜 预防结膜炎，可采用眼罩、滴眼药水、涂眼药膏等方法。

6. 手术治疗 面神经减压手术对部分患者有效。对长期不愈者可考虑面-舌下神经、面-副神经吻合术，但疗效不肯定。

【预后】

通常在起病后 1～2 周内开始恢复，约 80% 的患者在数周或 1～2 个月内恢复。约 15% 的患者不能完全恢复。恢复不完全的患者，常伴发瘫痪肌的挛缩、面肌痉挛或联带运动。

三、面肌痉挛

面肌痉挛(facial spasm)是以一侧面部肌肉阵发性不自主抽动为特点，无神经系统其他阳性体征的周围神经病。

【病因及发病机制】

病因未明。多数学者认为与面神经通路受到机械性刺激或压迫有关，少部分见于面神经麻痹恢复不完全的患者。血管压迫报道较多，主要是小脑下前动脉、小脑下后动脉、小脑上动脉及静脉血管。桥小脑角区的肉芽肿、肿瘤及囊肿压迫面神经也可引起面肌痉挛。

发病机制可能是面神经的异位兴奋或伪突触传导所致。

【临床表现】

多见于中老年人，女性多发。表现为阵发性、快速不规律的面肌抽动，多限于一侧，两侧受累较少。起病从眼轮匝肌的轻微抽动开始，逐渐向口角、整个面肌扩展，重者眼轮匝肌抽动致使睁眼困难。每次抽动数秒至数分钟。精神紧张、疲劳和自主运动时加重，睡眠时消失，不伴有疼痛。

神经系统检查除面肌阵发性抽动外，无其他阳性体征。晚期少数患者可有面肌轻度无力和萎缩。在抽搐时肌电图检查可发现肌纤维震颤及肌束震颤电位大量发放。

【诊断及鉴别诊断】

根据病史及面肌阵发性抽动特点，神经系统无其他阳性体征，肌电图可见肌纤维震颤及肌束震颤波，诊断并不困难。应与下述疾病鉴别：

1. 继发性面肌痉挛 须除外由脑桥小脑角肿瘤和炎症、脑干脑炎、Bell 面瘫后遗症等造成的继发性面肌痉挛。

2. 习惯性睑痉挛 常见于儿童及青壮年，为双侧眼睑强迫运动，可自主控制，无下部面肌抽搐，肌电图正常。

3. Meige 综合征 又称睑痉挛-口下颌肌张力障碍，多见于老年女性，主要为双侧睑痉挛，伴口、舌、面肌、下颌、喉及颈肌肌张力障碍。

【治疗】

1. A 型肉毒素(botulinum toxin A) 在痉挛部位注射 A 型肉毒素，3～5 d 起效，可持续 3～6 个月，疗效明显。不良反应为短期睑下垂,视物模糊等,数日后可消失。

2. 药物治疗 可选用多种镇静、抗癫痫药物。卡马西平 0.3 g/d,分次口服,缓慢增量,部分患者发作可完全消失。但需注意副反应如头晕、共济失调等。氯硝西泮 0.5～1 mg,每日 3 次口服,可使症状减轻。也可试用加巴贲丁。

3. 手术治疗 对血管压迫所致面肌痉挛,可以采用微血管减压术。也可酌情行面神经分支切断术。

四、多发性脑神经损害

多发性脑神经损害是指各种病因导致的单侧或双侧的脑神经损害。可以由肿瘤,血管病,感染,外伤等原因引起。临床表现为多种脑神经损害综合征(表 19-1)。

表 19-1 多脑神经损害综合征

综合征	病变部位	损伤脑神经	临床表现	病因
海绵窦综合征(Foix Ⅰ syndrome)	海绵窦	Ⅲ、Ⅳ、Ⅵ、Ⅴ 的第 1 支,病变偏后可包含第 2,3 支受累	病侧上睑下垂、瞳孔散大、眼球运动障碍,复视,Ⅴ 受损分布区感觉障碍,角膜反射消失,眼结膜充血水肿	部位的炎症或外伤,海绵窦血栓性静脉炎,颈内动脉海绵窦瘘,海绵窦内动脉瘤,海绵窦内或邻近部位肿瘤
眶上裂综合征(Rochon-Duvigne aud syndrome)	眶上裂附近	Ⅲ、Ⅳ、Ⅵ、Ⅵ	全眼肌麻痹,外展麻痹出现早,三叉神经区域感觉障碍,角膜反射迟钝或消失,可出现同侧 Horner 征	肿瘤如鼻咽癌、垂体瘤等;血管性病变如动脉瘤、血管炎;感染如局限性硬脑膜炎、眶上部骨膜炎;蝶骨小翼附近骨折、出血
眶尖综合征(Rollet syndrome)	眶尖部位及附近区域	Ⅱ、Ⅲ、Ⅳ、Ⅵ、Ⅴ	眼球活动受限,复视,上睑下垂,三叉神经支配区感觉障碍,视神经受损致视力下降,视神经萎缩,周边视野缺损	肿瘤、血管病、外伤或感染
岩尖综合征(Gradenigo syndrome)	颞骨岩部尖端	Ⅴ、Ⅵ	内斜视和复视,病侧三叉神经眼支支配区疼痛,畏光,角膜感觉减退	炎症如急性中耳炎,肿瘤如表皮样瘤、脑膜瘤等,外伤、骨折、出血等
桥小脑角综合征(Cushing Ⅰ syndrome)	脑桥小脑角	Ⅴ、Ⅶ、Ⅷ,有时伴 Ⅵ、Ⅸ、Ⅹ 受累	同侧进行性神经性耳聋伴前庭功能受损;面部感觉减退,疼痛;角膜反射减退或消失;同侧眼内斜,轻度周围性面瘫,同侧小脑性共济失调,可有颅高压表现,后组脑神经麻痹症状	肿瘤以听神经鞘瘤最常见,其次是脑膜瘤、上皮样囊肿、蛛网膜炎、血管畸形
迷走-舌下神经综合征(Tapia syndrome)	颅外咽旁间隙	Ⅹ、Ⅻ	病侧舌肌无力伴萎缩,迷走神经损害致发音、吞咽困难,可合并同侧 Horner 征	延髓的病变如颅骨骨折,环椎脱位,颈动脉瘤,肿瘤
迷走-副-舌下神经综合征(Jackson syndrome)	延髓下部或颈静脉孔附近	Ⅹ、Ⅺ、Ⅻ	发音、吞咽困难,心动过速,病侧胸锁乳突肌和斜方肌全部或部分瘫痪,病侧舌肌无力伴萎缩	原发或转移性肿瘤,颅底骨折,后咽腔脓肿,颅底动脉瘤,颈静脉孔神经鞘瘤等
半侧颅底综合征(Guillain-Garein syndrome)	半侧颅底的弥漫性病变	一侧广泛的脑神经损害(Ⅰ~Ⅻ)	广泛一侧脑神经损害,一般无脑实质性损害症状	转移瘤,颅底骨折,血肿,脑干脑炎等
枕髁-颈静脉孔综合征(Collet-Sicard syndrome)	颈静脉孔和枕骨髁周围病变	Ⅸ、Ⅹ、Ⅺ、Ⅻ	发音、吞咽困难,胸锁乳突肌和斜方肌无力,舌肌无力萎缩,舌偏病侧的体征	肿瘤如上咽部肿瘤、网状细胞肉瘤、恶性淋巴瘤等、外伤、血管病变、感染等
腮腺后间隙综合征(Villaret syndrome)	颅外咽后区病变	Ⅸ、Ⅹ、Ⅺ、Ⅻ,颈交感神经干	病侧舌后 1/3 味觉消失,软腭、咽喉部感觉消实和声带看,软腭麻痹;胸锁乳突肌和斜方肌麻痹和萎缩,舌肌麻痹及萎缩,可有 Horner 征	肿瘤如腮腺瘤、鼻咽部肿瘤、外伤、感染等
颈静脉孔综合征(Vernet syndrome)	颈静脉孔附近	Ⅸ、Ⅹ、Ⅺ	病侧软腭、咽喉部感觉障碍,舌后 1/3 味觉缺失,声带及软腭麻痹,病侧咽反射消失,副神经受损致病侧胸锁乳突肌和斜方肌麻痹与萎缩	外伤、感染、肿瘤等
枕大孔区综合征	枕大孔区	Ⅸ、Ⅹ、Ⅺ、Ⅻ	吞咽,发音困难,可伴有颈神经根受损及脑膜刺激征,可有颈髓及延髓损害,小脑损害等	肿瘤、神经鞘瘤、颅底凹陷、环椎枕化

第三节 脊神经疾病

脊神经疾病(spinal nerve diseases)是指各种原因引起的脊神经支配区的疾病。脊神经包括发自脊髓的31对神经，由脊髓前根(运动纤维)和脊髓后根(感觉纤维)在相应的椎间孔组合，形成脊神经，离开脊椎管后，脊神经重新组合成神经丛(颈丛、臂丛、腰骶丛)、神经干、周围神经，支配肢体和躯干的运动、感觉以及自主神经。

一、单神经病

(一) 正中神经麻痹

正中神经由C_5～T_1神经根组成。支配旋前圆肌、桡侧屈腕肌、各指深浅屈肌、掌长肌、拇长屈肌、长屈肌、拇短屈肌、拇对掌肌和拇短展肌。正中神经的感觉支分布于手掌桡侧一半，拇、食、中三指的掌面，无名指桡侧一半掌面，食、中两指背面和无名指中节、末节桡侧一半的背面(图19-3)。正中神经的主要功能是前臂旋前和拇、食指的屈曲。

腕管是右腕骨和腕横韧带构成的骨纤维通道，缺乏伸展性。顶部为腕横韧带，底为月骨、头状骨和掌骨及其上面的筋膜组织。腕管内有9条屈肌腱和正中神经通过。在腕管内正中神经受到压迫嵌压，称为腕管综合征(carpal tunnel syndrome)。

【病因】

正中神经通路上的外伤、关节脱臼或骨折、腋和腕部受压、神经炎、颈肋等。在腕管综合征病因中有妊娠、腕骨骨折、腱鞘炎、黏液性水肿、糖尿病、淀粉样变性等。

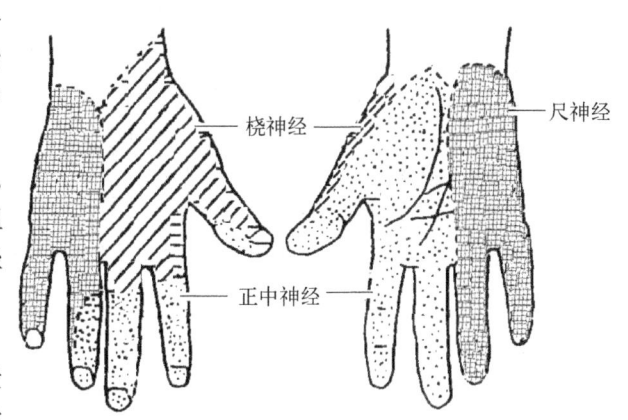

图19-3 正中神经、尺神经及桡神经的感觉分布

【临床表现】

正中神经在上臂受损时会发生完全性麻痹。表现为前臂不能旋前，腕不能外展及屈曲，拇、食、中指不能屈曲，拇指不能对掌、外展及屈曲；肌肉萎缩以大鱼际肌最明显，手掌变平，拇指紧靠食指，呈"猿手"样；感觉障碍分布于手掌桡侧，桡侧三指和无名指的桡侧一半。正中神经的不完全损伤可出现灼性神经痛。

腕部病变损伤正中神经，主要表现为拇指运动障碍。临床表现为桡侧三指的感觉异常、麻木、针刺、烧痛感，及晚期大鱼际肌萎缩，使拇指外展、对掌功能受损。

【治疗】

关键是寻找导致正中神经麻痹的原因。腕管综合征的治疗通常可在腕管内注射泼尼松龙0.5 ml加2%普鲁卡因0.5 ml，每周1次，共4～6次为一疗程。并用B族维生素营养神经治疗。同时需制动腕部而使腕管减压。若仍无效，可切开腕横韧带松解神经。

(二) 尺神经麻痹

尺神经由C_8～T_1神经根的纤维组成。支配尺侧腕屈肌、指深屈肌尺侧半、拇收肌、小鱼际肌及骨间肌等，并支配小指和无名指尺侧及尺侧手掌的皮肤(图19-3)。尺神经在肱骨内上髁后方及尺骨鹰嘴之间处最为浅表。

【病因】

刀伤、骨折及关节脱位容易累及尺神经经肘处。此外，长期以肘支持劳动、肱骨内上髁发育异常、肘外翻畸形、麻风、肘管内腱鞘囊肿和神经炎均可使尺神经受损。

【临床表现】

典型表现为屈腕、手向桡侧偏斜，各指不能分开或合并，小指不能运动，拇指不能内收，手部精细动作障碍。小鱼际肌、部分大鱼际肌和骨间肌萎缩。由于伸肌的过度收缩，使掌指关节畸形成"爪形手"，感觉障碍分布在手掌及手背的尺侧，整个小指和无名指的尺侧一半。尺神经不完全性损伤可以引起患肢烧灼样痛。

【治疗】

针对病因治疗。B族维生素辅助神经生长因子以及康复训练有益于恢复。

(三) 桡神经麻痹

桡神经由 $C_{5\sim 8}$ 神经根组成。支配前臂伸(肱三头肌、肘肌)、腕部伸肌(桡侧伸腕肌、尺侧伸腕肌)、手指的伸肌(伸指总肌)、前臂旋后肌、展拇长肌和肱桡肌等(图19-3)。其主要功能为伸腕、伸指。

【病因】

桡神经是上臂神经中最易遭受外伤的周围神经。病因甚多,有炎症、外伤、肱骨中段骨折,铅、砷、酒精中毒;在睡眠中或腋窝拐杖受压及前斜角肌压迫等。

【临床表现】

桡神经麻痹最突出的临床表现为腕下垂,腕及手指不能伸直,拇指不能伸直外展,拇指背侧及第1、第2掌骨间隙背侧皮肤感觉障碍。按病损部位不同,有不同的临床表现。

1) 高位(如腋部)受损时,产生完全的桡神经麻痹,上肢诸伸肌皆瘫痪,肘关节、腕关节及掌指关节皆不能伸直,因肱桡肌瘫痪致前臂在旋前位不能屈曲肘关节。

2) 肱骨中1/3受损时,肱三头肌功能完好,余诸伸肌瘫痪。

3) 肱骨下端或前臂上1/3受损时,肱三头肌、肱桡肌、旋后肌和伸腕肌功能保存。

4) 前臂中1/3以下受损时,仅有伸指功能丧失而无腕下垂。

5) 腕关节受损时,因桡神经的各运动支均已发出则不产生桡神经麻痹的运动症状。桡神经麻痹的感觉障碍仅见于前臂外侧及拇、食指桡侧区。

【治疗】

桡神经有良好的再生能力,功能恢复较上肢的其他神经为佳。主要针对病因治疗,同时应用B族维生素营养神经和进行康复锻炼。

(四) 臂丛神经病

臂丛系由 $C_5 \sim T_1$ 的脊神经前支组成。主要支配上肢的感觉和运动,各神经出椎间孔后组成上,中,下三个神经干。上干由 $C_{5\sim 6}$ 组成,中干由 C_7 延续,下干由 $C_8 \sim T_1$ 组成,每一神经干又分为前支和后支,各支下行至锁骨及腋窝区,再重新组合成内束、外束和后束。内束由下干的前支组成,外束由上干和中干的前支组成,后束由上中下干的后支组成。各束在腋区下部再分支形成上肢的周围神经,包括腋神经,桡神经,肌皮神经,正中神经,尺神经和前臂内外侧皮神经。

【病因】

多种病因引起。在颈肩部和锁骨区、腋区的肿瘤、炎症、外伤、骨折和肩关节脱位,都可以导致臂丛的神经病变。

【临床表现】

1. 上臂丛麻痹 累及 $C_{5\sim 6}$ 神经根支配区。上肢近端损害,导致三角肌、肱二头肌、肱肌、肩胛下肌、大圆肌、冈上肌和冈下肌、胸大肌桡骨头、旋前圆肌和旋后肌、肱桡肌瘫痪和萎缩,手和手指功能正常。

2. 下臂丛麻痹 累及 $C_8 \sim T_1$ 神经根,造成手和手指功能受损,肩和肘关节功能正常。出现尺侧腕屈肌、全部指屈肌、大小鱼际肌、蚓状肌麻痹和萎缩。表现为手功能完全丧失和手肌肉萎缩,呈爪形,腕不能屈曲。上臂,前臂和手尺侧有感觉缺失。患侧可以出现Horner征。

3. 全臂丛损害 引起患肢完全性的下运动神经元性瘫痪,肩、肘、腕、手均瘫痪。但斜方肌支配的耸肩动作存在。上肢感觉缺失,但肋间臂神经支配的臂内侧近腋部区感觉保留。

【诊断及鉴别诊断】

根据受损部位的运动和感觉障碍,区别不同节段的臂丛损害。通过神经传导速度和肌电图可辨别神经损伤的范围和程度,以及与神经根,尤其是前根病变的鉴别。

【治疗】

主要针对病因治疗。可应用B族维生素治疗以及康复治疗。

(五) 臂丛神经痛

组成臂丛神经的各部位受损时产生在其支配范围内的疼痛称为臂丛神经痛。

【病因】

通常将臂丛神经痛(brachial neuralgia)分为原发性和继发性两类,以后者多见。原发性臂丛神经痛无明确的病因。继发性臂丛神经痛按其病损部位可分为根性臂丛神经痛及干性臂丛神经痛。根性臂丛神经痛的常见病因有颈椎病、颈椎间盘突出、颈椎结核、骨折、脱位、颈髓肿瘤、硬膜外转移癌等。干性臂丛神经痛的病因有胸廓出口综合征、臂丛神经炎、外伤、锁骨骨折、颈部肿瘤、转移性癌肿、肺沟瘤等。

【临床表现】

各种原因导致臂丛神经痛的共同特点有肩部及上肢不同程度的疼痛，可呈持续或阵发性加剧，夜间及活动上肢时疼痛更甚。起初在颈部及锁骨上疼痛，后扩散到肩后、臂及手，呈间歇性或持续性疼痛，似烧灼样、针刺样或酸胀痛，活动和牵拉患肢可加重疼痛。在臂丛神经的行程上，即锁骨上、下窝及腋窝压痛明显。患肢可有感觉减退或过敏区，后期出现肌萎缩。重症者可有皮肤菲薄、肿胀等改变。疼痛多在1~2周内消失，功能可在6~8周恢复正常。

【诊断及鉴别诊断】

根据肩部和上肢的剧烈疼痛，伴有患肢的感觉减退或过敏，患肢的臂丛分布区的肌肉无力与萎缩，可以初步诊断。怀疑臂丛神经痛的患者可以进行患肢的神经传导速度和肌电图检查，检见相应区域的运动和感觉神经损伤即可诊断。但辅助检查正常时也不能排除诊断。

鉴别诊断中要注意与颈神经根病的区别。颈椎病或其他原因造成颈神经根前根或后根病变时也可以出现患肢的疼痛和患肢的无力萎缩，但颈神经根病疼痛相对较轻而麻木和感觉减退更为突出，肌电图检查有助于鉴别。另外需鉴别原发性和继发性臂丛神经痛。

【治疗】

首要是消除病因。受累上肢用宽带悬吊于颈，让其充分休息。可用泼尼松或地塞米松口服。止痛剂、局部理疗、针灸及维生素B族应用均有较好的疗效。

（六）胸廓出口综合征（throacic outlet syndrome）

胸廓出口是由前方的第1肋骨、胸骨上段，后方的第1胸椎所组成的狭窄的腔隙性结构。内有臂丛神经，锁骨下动脉，锁骨下静脉通过。臂丛神经在颈胸出口区经过前、中斜角肌之间，进入第1肋骨与锁骨间的狭窄区。颈胸出口区神经核血管受压造成胸出口综合征。

【病因】

多见于颈肋，第1肋骨抬高，痉挛和先天性异常，锁骨骨折等。

【临床表现】

女性多于男性，20~40岁多见。多数表现为臂丛下干受压表现。锁骨下动脉受压时出现手部发冷，肤色苍白。患肢过伸及外展时，桡动脉搏动减弱或消失。锁骨下静脉受压时出现上肢青紫，水肿，静脉扩张。

【诊断及鉴别诊断】

根据特征性的临床表现，斜角肌压迫试验（adson test）和上臂缺血试验（roos test）阳性和肌电图检查具有辅助诊断意义。

本病应与颈椎病、肩关节周围炎、臂丛神经炎、颈髓肿瘤等鉴别。

【治疗】

主要针对病因治疗。

（七）坐骨神经痛

坐骨神经是由L_4~S_3神经根组成。在盆腔中自盆腔口，下行至梨状肌下缘。在盆腔内各腰骶神经根呈倒伞状向下，汇集为坐骨神经。坐骨神经的运动神经主要支配大腿后方的屈肌群，包括股二头肌长头，半腱肌，半膜肌，大收肌。坐骨神经在腘窝中分为腓总神经和胫神经。

坐骨神经痛（sciatica）是指坐骨神经通路上，即腰、臀部、大腿后、小腿后外侧和足外侧的疼痛症候群，可由多种病因引起。

【病因】

坐骨神经痛可分为原发性和继发性两种。原发性少见，为坐骨神经的间质炎症。常在牙、扁桃体、鼻窦等感染之后发病，寒冷、受潮为常见的发病诱因。继发性者病因复杂，常见病因有腰椎间盘突出、腰椎增生性脊柱炎、腰椎骶化、隐性脊柱裂合并第5腰椎棘突肥大、腰椎管狭窄、各种原因的蛛网膜炎及椎管内肿瘤等，一般称为根性坐骨神经痛。邻近处的病变及腰骶神经丛的病变如骶髂关节及髋关节炎、盆腔炎与肿瘤等，糖尿病、外伤、下肢动脉内膜炎、臀部注射部位不当等亦可引起坐骨神经痛，称为干性坐骨神经痛。

【临床表现】

男性青壮年多见,以单侧性为多。可以急性或慢性起病。疼痛主要沿坐骨神经走行处由腰部、臀部向股后、小腿后外侧和足外侧放射。疼痛常为持续性钝痛,阵发性加剧,也可为电击样,刀割或烧灼样疼痛,行走和牵拉坐骨神经时疼痛明显。根性痛在咳嗽,喷嚏,用力时加剧。为减轻活动时诱发疼痛,患者将患肢微屈并卧向健侧,仰卧起立时先病侧膝关节弯曲,坐下时先健侧臀部着力。直立时脊柱向患侧方侧凸,保持特有的姿势。查体可发现直腿抬高试验(Lasegue征)阳性,为腘旁肌反射性痉挛所致。踝反射减弱或消失,$L_{4\sim5}$棘突旁,骶髂旁,腓肠肌处有压痛点。

【诊断及鉴别诊断】

根据疼痛的分布,加剧和减轻疼痛的特殊姿势,以及直腿抬高试验等检查,诊断一般不难。

原发性和继发性的区别在于原发性坐骨神经痛起病较突然,痛点压痛明显、肌萎缩不明显。继发性起病较徐缓,腰痛明显,但痛点压痛不明显,常伴有肌萎缩。与腰骶神经根病的区别是根性坐骨神经痛在咳嗽、用力时加剧疼痛,且呈放射性。在椎体横突及棘突压痛及叩击痛明显,而腰骶神经根病的痛点压痛轻微或不明显,坐骨神经牵拉症状较轻,而肌力减退和反射消失明显。必要时可进行脑脊液、X线摄片,腰椎CT或MRI等检查以找出病因。

坐骨神经痛需与腰肌劳损、梨状肌综合征及髋关节疼痛鉴别。腰肌劳损多有明显的腰部扭伤或长期腰部劳累史,主要为腰痛,可放射至大腿前部,压痛点在腰肌,Lasegue征阴性。梨状肌综合征多因下肢外展位时扭伤、可有局部肌肉痉挛压迫坐骨神经产生臀部疼痛,臀肌萎缩,臀肌深部可触及索状肌束并有压痛,反射减退或正常。髋关节病变时疼痛在该关节范围内,局部有压痛,髋关节内收或外展时疼痛明显加剧。腰骶部、骶髂、髋关节处的X线摄片或CT等影像学对发现骨折、脱位、先天畸形、脊柱及椎管内病变有帮助。肌电图和神经传导速度对判断坐骨神经损伤、程度及预后有意义。

【治疗】

应针对病因治疗。坐骨神经炎和腰椎间盘突出急性期应卧硬板床休息,以保持腰骶部肌肉松弛。防寒冷和潮湿,局部可进行热敷、透热疗法、离子透入。

口服止痛剂及水杨酸制剂或皮质类固醇口服。镇静剂及维生素B_1、B_{12}亦可辅助应用。针灸推拿可根据病情选用。

药物治疗无效、病因明确的继发性坐骨神经痛可考虑手术治疗。

(八)腓总神经麻痹

腓总神经起自$L_4\sim S_2$神经根,为坐骨神经的一个主要分支,在大腿下1/3从坐骨神经分出,在腓骨头前方分出腓肠外侧皮神经,分布于小腿外侧,然后形成腓浅神经和腓深神经。腓浅神经支配腓骨长肌和腓骨短肌,并分出足背内侧皮神经和足中间皮神经,分布于第2、3、4、5趾背侧皮肤。腓深神经支配胫骨前肌、姆长伸肌、姆短伸肌和趾短伸肌,并分出皮支到第1、2趾间背侧。

【病因】

腓总神经在腓骨上部位置表浅易受撞击、挤夹、压迫、冷冻、膝关节后小血肿及肌肉肿胀压迫等各种外界因素的损害,也可为代谢障碍(糖尿病)、结缔组织疾病(结节性多动脉炎)和麻风所累及。

【临床表现】

腓总神经损伤引起腓骨肌胫骨前肌群的瘫痪和萎缩,患足不能背屈和外展翘趾及伸足外翻,足下垂呈马蹄内翻足。步行时患者高举足,使髋关节、膝关节过度屈曲,当足落地时足尖下垂,接着用整个足尖着地行走的步态,似涉水步态,称跨阈步态。感觉障碍分布于小腿前外侧和足背,包括第1趾间隙。跟腱反射不受影响。

【诊断】

根据典型的垂足症状、肌肉瘫痪特点及其感觉障碍分布范围,腓总神经麻痹的诊断一般并不困难。神经传导速度测定有助于判断腓总神经受损的程度。需通过详细病史及有关检查查找病因。

【治疗】

首先是病因治疗,早期治疗尤其重要。创伤性损伤有手术条件者可考虑手术治疗。继发于结缔组织疾病或糖尿病者应积极治疗原发病。由局部压迫而引起的必须立即解除有关因素。可给予理疗、电刺激、针灸、体疗以及足量B族维生素等促使神经功能的恢复。

(九)胫神经麻痹

胫神经在腘窝上角从坐骨神经分出,在小腿后方直线下行。支配腓肠肌、比目鱼肌、胫骨后肌、趾长屈肌、姆长屈肌及足的全部短肌。感觉支支配足底和足外缘。

【病因】

常见病因为踝关节的反复扭伤、踝关节内侧的腱鞘炎、踝部骨折、肿瘤等。

【临床表现】

胫神经受损时,足和足趾不能屈曲,足的内收受限,跟腱反射消失。由于腓骨肌的拮抗作用,足外翻外展,并略呈旋前背屈位。骨间肌的瘫痪引起足趾的爪状姿势。行走时以足跟着地,不能以足尖站立。感觉缺失区在足外缘。

【治疗】

去除病因和营养神经支持治疗以及康复训练。

(十) 股外侧皮神经炎

股外侧皮神经炎(lateral femoral cutaneous neuritis)也称感觉异常性股痛症(meralgia paraesthesia)。股外侧皮神经由 $L_{2\sim3}$ 神经后支组成。此神经通过腹股沟韧带的下方,在离髂前上棘下约 10 cm 处穿出大腿的阔筋膜,分布于股前外侧皮肤。

【病因】

主要是受压或外伤、各种传染病、酒精及药物中毒、动脉硬化、糖尿病、肥胖、腹部肿瘤和妊娠子宫压迫等。多数病因不明。

【临床表现】

表现为该神经分布区,即大腿前外侧下 2/3 区出现感觉异常,如针刺、烧灼、麻木或疼痛,局部感觉过敏,或有感觉减退甚至缺失。久站或走路较久后症状加剧。病变多为一侧,偶为两侧性,常呈慢性病程,预后良好。

【治疗】

首先为病因治疗。药物治疗以 B 族维生素为主。疼痛严重者可给予口服止痛药、镇静剂及抗癫痫药物,也可局部封闭,配合理疗。必要时可考虑神经切断术或松解术。

(十一) 肋间神经痛

肋间神经痛指肋间神经支配区的疼痛综合征。

【病因】

多为继发性,常由带状疱疹,胸膜炎,肺炎或肋骨外伤引起。

【临床表现】

疼痛沿着一个或几个肋间持续性刺痛或烧灼样疼痛,咳嗽,喷嚏时加重。查体可见肋间皮肤疼痛过敏。带状疱疹引起的疼痛可以出现在疱疹发病前,在疱疹消失后可以持续一段时间。

【诊断及鉴别诊断】

根据疼痛的部位和性质,可以初步诊断。要注意排除继发病的原因如胸壁疾病,带状疱疹。

【治疗】

主要针对病因治疗。对症治疗可以给予止痛剂,B 族维生素,局部封闭等。

二、多发性神经病

多发性神经病(polyneuropathy)是由不同病因引起,表现为四肢远端对称性的或非对称性的运动、感觉以及自主神经功能障碍性疾病。

【病因】

根据病因,多发性神经病可大致分类如下:

1. 遗传性周围神经病 包括遗传性运动感觉性神经病(HMSN Ⅰ、Ⅱ、Ⅲ、Ⅳ型)和遗传性感觉性神经病(HSAN Ⅰ、Ⅱ、Ⅲ型),遗传性压迫易感性神经病(HNPP)或称腊肠体样神经病(tomaculous),家族性类淀粉蛋白神经病(FAP),巨轴索性神经病及其他 Friedriech 共济失调和 Fabry 病等。

2. 感染性周围神经病 包括细菌感染麻风病神经病、病毒感染带状疱疹性神经病和 HIV 神经病等。

3. 炎性脱髓鞘性、血管炎性或自身免疫性周围神经病 包括急性炎症性脱髓鞘性多发性神经病即 Guillain-

Barre综合征和慢性炎症性脱髓鞘性多发性神经病。

4. 代谢性营养缺乏性神经病 包括慢性酒精中毒,维生素 B_1、B_{12} 缺乏,急慢性腹泻,消耗过多,摄入不足和吸收不良等;还有肝病和尿毒症等;以及糖尿病周围神经病,血管性病变,缺氧和低氧等多种因素致病。

5. 缺血性周围神经病 包括多发于结缔组织病,如结节性多动脉炎、类风湿性关节炎、红斑狼疮、干燥综合征和硬皮病等。

6. 中毒性周围神经病 药物或工业、农业化学性中毒都可造成周围神经病,如呋喃妥因(呋喃坦啶)类药物,异烟肼中毒、长春新碱中毒神经病等。常见的有职业性中毒性神经病,如砷中毒、铅中毒、丙烯酰胺中毒以及有机磷农药迟发性有机磷中毒神经病等。

7. 恶性肿瘤相关神经病 或称癌性远隔效应非转移性神经病,包括肺癌等感觉运动性神经病、感觉性神经元神经病和淋巴瘤或骨髓瘤特发性神经病。

8. 嵌压性、物理外伤神经病 包括腕管综合征、胸出口综合征和各级物理损伤性神经病。

9. 其他 其他原因的周围神经病。

【病理】

主要的病理改变是周围神经的节段性脱髓鞘和轴突变性或两者兼有,少数病例可伴有神经肌肉接头的改变。轴索损害的周围神经的病变远端最重或自远端开始向近端蔓延,而脱髓鞘性周围神经病表现为斑片状的节段性髓鞘丢失,慢性期可有髓鞘的再生形成"洋葱球"样改变。

【临床表现】

按病程可分为急性、亚急性、慢性、复发性。周围神经的损伤,常是完全性的,一般均有周围神经的感觉、运动和自主神经纤维的组合症状,通常同时出现,呈四肢远端对称性分布,由远端向近段扩展。

1. 感觉障碍 受累肢体远端感觉异常,如针刺、蚁走、烧灼感,触痛等。与此同时或稍后出现肢体远端对称性深浅感觉减退或缺失,呈或长或短的手套-袜子样分布。

2. 运动障碍 肢体远端对称性无力,减弱轻重不等,可为轻瘫以至全瘫。肌张力低下,腱反射减退或消失,后期可出现肌肉萎缩、在上肢以骨间肌、鱼际肌;下肢以胫前肌、腓骨肌明显。可出现垂腕与垂足。肢体挛缩及畸形。

3. 自主神经障碍 肢体末端皮肤对称性菲薄、光亮或脱屑、变冷、苍白或青紫、汗多或无汗、指(趾)甲粗糙、松脆,甚至溃烂。

不同病因的多发性神经病除有上述共性外尚各有差异。不同病因的多发性神经病有其特殊的临床表现,可单独选择性产生一种或两种神经纤维症状和体征。可以对称性的选择性感觉障碍时称为多发性感觉神经病;对称性的选择性运动障碍时,称为多发性运动神经病;两者合并者称运动感觉性多发性神经病。

1) 糖尿病性多发性周围神经病:常有糖尿病史和糖耐量试验异常,往往以下肢远端感觉异常或疼痛为突出症状,深感觉和腱反射可减弱或消失。

2) 药物中毒性多发性神经病:大多发生于服用大剂量呋喃类、异烟肼类药物或有机磷农药的患者,以对称性、远端感觉障碍为主要表现。服用有机磷农药 2~3 周后,出现以四肢对称性运动损害为主要表现的多发性神经病;服呋喃西林类药物后数周,尤其肾功能不全者,可产生疼痛性多发性神经病。

3) 长期酗酒、有胃肠功能紊乱者,可有感觉性多发性神经病;一旦伴有 Wernicke 脑病和 Korsakoff 综合征者则为酒精中毒性多发性神经病。

4) 尿毒症性多发性神经病:以伴有肾功能衰竭及血中尿素氮含量增高为特点,肾移植和透析疗法可使周围神经症状明显减轻。

5) 麻风性多发性神经病:特点为周围神经增粗,周围神经活检可发现麻风杆菌。

【辅助检查】

包括对周围神经病的检查和病因的检查。神经传导速度检查可发现不同程度的神经传导速度下降和波幅降低,或伴有传导阻滞。肌电图可见神经源性改变。神经组织活检可有不同程度的髓鞘脱失或轴突变性。对病因的检查包括血生化、内分泌、维生素、感染或免疫病因的检查,腰穿脑脊液检查等。

【诊断及鉴别诊断】

根据肢体远端呈手套-袜子样分布的对称性感觉障碍,以末端明显的弛缓性瘫痪,自主神经障碍以及肌电图和神经传导速度的改变,可以诊断周围神经病。但需要与下列疾病鉴别,包括急性脊髓炎,脊髓灰质炎,周期性瘫痪等。

对周围神经病的诊断确定后,病因诊断有一定难度。应参考病程(急性、慢性或复发性)、病损累及的性质(运动和感觉、自主神经的单一或合并损害)、病损累及的范围(四肢远端、近端或全身)、神经病理(轴索、髓鞘、还是间质)、其他实验室检查(免疫组化、生化等),有否毒物接触,以及全身营养、代谢状况来判断多发性神经病的病因。

【治疗】

1. 病因治疗 根据不同病因采用不同方法。如铅中毒应立即脱离中毒环境、阻止毒物继续进入体内,及时应用特殊解毒剂治疗。异烟肼中毒除立即停药、加大输液量、通便外,加用大剂量维生素 B_6,具有重要的治疗意义。酒精中毒性者,禁酒是治疗的关键,并应用大剂量 B 族维生素肌肉注射。糖尿病性者应调整控制糖尿病的药物用量,严格控制病情发展。结缔组织疾病及变态反应性可应用皮质类固醇治疗。因营养缺乏及代谢障碍或感染所致者,应积极治疗原发疾病。

2. 一般治疗 可以补充 B 族维生素及其他神经营养药物如辅酶 A 等。疼痛明显的可以应用止痛剂。急性期应卧床休息,适当增加营养,勤翻身,随时按摩瘫痪肢体,早日做被动或主动锻炼,防止肌肉萎缩。有垂手、垂足时可用夹板或支架固定于功能位置,以防止肢体发生挛缩或畸形。恢复期可用理疗、针灸、按摩及穴位注射等方法,以促进肢体功能恢复。

三、急性炎症性脱髓鞘性多发性神经病

急性炎症性脱髓鞘性多发性神经病(acute inflammatory demyelinating polyneuropathy,AIDP)又称急性炎症性脱髓鞘性多发性神经根神经炎(acute inflammatory demyelinating polyradiculoneuritis),也称格林-巴利综合征(Guillain-Barre syndrome)。主要损害多数脊神经根和周围神经,也常累及脑神经,属于脱髓鞘及小血管周围淋巴细胞小巨噬细胞的炎性、自限性、自身免疫性疾病。年发病率为(0.6～1.9)/10 万。发病无季节差异,但国内报道夏秋季节为多。

【病因】

1. 感染 大多数患者在发病前有感染史,如上呼吸道感染或肠道感染;某些病毒性疾病(流行性感冒、水痘、带状疱疹、巨细胞病毒等);有些患者的血清 E－B(Epstein-Barr)病毒滴定度明显增高;近年发现其与空肠弯曲菌(campylobacter jejuni)有关。但迄今尚无证据证实病毒直接侵犯末梢神经或神经根。

2. 自身免疫 由于病原体(病毒、细菌)的某些组分与周围神经髓鞘的某些组分相似,机体免疫系统发生了错误识别,产生自身免疫性 T 细胞和自身抗体,对周围神经组分发生免疫应答,引起周围神经脱髓鞘。

【病理】

病变位于神经根(尤以前根为多见而明显)、神经节和周围神经,偶可累及脊髓。表现为水肿、充血、局部血管周围淋巴细胞、单核巨噬细胞浸润、神经纤维出现节段性脱髓鞘和轴突变性。在恢复过程中,髓鞘修复,但淋巴细胞浸润可持续存在。脑神经核细胞和前角细胞亦可变性。

【临床表现】

1) 任何年龄、任何季节均有发病。病前常见有呼吸道或胃肠道感染症状或疫苗接种史。

2) 急性起病,最常见的首发症状多为肢体对称性弛缓性无力,自远端渐向近端发展或自近端向远端加重,常由双下肢开始逐渐累及双上肢及躯干肌、脑神经。少数以双上肢或面部或球部肌肉无力为首发症状。多于数日至 2 周达到高峰。严重病例可累及肋间肌和膈肌致呼吸肌麻痹,危及生命。若对称性瘫痪在数日内自下肢上升至上肢并累及脑神经,称为 Landry 上升性麻痹。四肢腱反射减低或消失,无病理反射。

3) 感觉障碍主诉通常不如运动症状明显,但较常见,肢体感觉异常如烧灼、麻木、刺痛和不适感等,可先于或与运动症状同时出现。感觉缺失相对轻,呈四肢远端手套和袜子样分布的感觉减退。少数患者肌肉有压痛,尤其腓肠肌压痛较常见,偶有出现 Kernig 征和 Lasegue 征等神经根刺激症状。

4) 部分患者有自主神经功能障碍,表现一过性高血压或体位性低血压,对抗高血压药物敏感,心律失常,窦性心动过速或心动过缓,肠蠕动减慢,肠麻痹,排尿费力,甚至暂时性尿潴留。

除上述典型病例外,尚有一些不典型临床表现的变异型。

1) Miller-Fisher 综合征:主要表现为三大特点,包括共济失调、腱反射减退、眼外肌麻痹。有时可出现瞳孔改变。没有肢体瘫痪或瘫痪较轻,大部分患者病前有感染,脑脊液蛋白升高。周围神经电生理可有传导延迟,髓鞘和轴索同时受损。血清中可以查到神经节苷酯 GQ_{1b} 抗体。

2) 急性轴索性运动神经病(acute axon motor neuropathy):多数由空肠弯曲菌感染后激发。在中国北方夏季流行。急性起病,24～48 h 出现四肢无力的下运动神经元瘫痪,很少有感觉受累。病情严重,常有呼吸肌受累,肌肉萎缩出现早,病残率高,恢复差。周围神经电生理检测示有运动神经轴索受累、复合肌肉运动神经电位严重降低;感觉电位保留,无传导速度减退等脱髓鞘证据。

3) 脑神经型:病前常有上呼吸道或胃肠道感染史,主要表现为脑神经急性或亚急性对称性的运动神经麻痹症状,

如双侧周围性面瘫、延髓麻痹(舌咽和迷走神经损害)、复视(外展神经、动眼或外展神经麻痹)。有脑脊液蛋白-细胞分离。无肢体瘫痪。

【辅助检查】

1. 脑脊液检查 发病后第1周内脑脊液(CSF)检查多为正常。大多数患者CSF内蛋白增高而细胞数正常或接近正常,称为蛋白-细胞分离现象,为本病的特征,在发病后第三周最明显。蛋白增高自$0.8\sim 8$ g/L($80\sim 800$ mg/dl)不等。CSF压力多正常。少数病例CSF无变化。

2. 电生理检查 运动神经传导测定可见远端潜伏期延长、传导速度减慢、F波或H反射延迟或消失、传导阻滞、异常波形离散等脱髓鞘的表现。

3. 神经活检 临床诊断困难的变异型病例,宜做腓肠神经活检,病理可见原发性节段性脱髓鞘。

【诊断及鉴别诊断】

本病的诊断要点是病前1~3周有感染史,急性或亚急性起病,对称性四肢弛缓性瘫痪,腱反射消失及双侧周围性面瘫;轻微末梢感觉障碍;脑脊液蛋白-细胞分离现象;F波或H反射延迟或消失,神经传导速度(NCV)减慢。

本病需与以下疾病相鉴别:

1. 脊髓灰质炎 起病时多有发热,肢体瘫痪常局限于一侧下肢,无感觉障碍,脑脊液蛋白和细胞均增多。

2. 急性脊髓炎 起病急,1~2d出现截瘫,受损平面下运动神经元性瘫痪,锥体束征阳性,伴有传导束性感觉障碍和括约肌功能障碍。脑神经不受累。脑脊液蛋白和细胞均正常或轻度增高。

3. 周期性麻痹 发作时无感觉障碍和脑神经损害,脑脊液正常,发作时多有血钾降低和低钾心电图改变,补钾后症状迅速缓解。

4. 重症肌无力 表现眼面部和四肢弛缓性瘫痪,呈现病态易疲劳性、劳累后加重和休息后缓解的症状波动性特征,新斯的明试验阳性。

【治疗】

1) 静脉注射免疫球蛋白(intravenous immunoglobulin, IVIG):在急性期患者,无免疫球蛋白过敏或先天性IgA缺乏症等禁忌证者,可作为首选应用IVIG。成人按0.4 g/(kg·d)计算,连用5 d。常见不良反应为发热、面红,减慢输液速度即可减轻。

2) 血浆交换(plasma exchange, PE):在无严重感染、血液病、心律失常等禁忌证的急性期患者可用血浆交换,每次交换血浆量按40 ml/kg体重或1~1.5倍血浆容量计算。轻症者每周交换2次,重症者每周交换4~6次。发病两周后治疗效果较差。

IVIG和血浆交换不必联合应用,联合应用并不增效。已经应用IVIG的患者3周之内不能再用血浆交换。

3) 皮质类固醇(corticosteroids):通常认为应用皮质类固醇治疗AIDP无效,并有不良反应。在没有条件接受IVIG或血浆交换治疗的重度患者,皮质类固醇对减轻神经根的水肿可能有一定的意义。

4) 急性期应给予足量B族维生素、维生素C、辅酶Q_{10}和高热卡易消化饮食,对吞咽困难者及早鼻饲饮食。

5) 本病主要威胁生命的原因之一是呼吸肌麻痹。需密切观察呼吸,保持呼吸道通畅。有呼吸衰竭和气道分泌物过多者应及早气管切开,必要时使用呼吸机。

6) 卧床期间加强护理,患肢处于功能位,早期进行康复,防止肢体挛缩、畸形。可进行物理、针灸治疗。

四、慢性炎症性脱髓鞘性多发性神经病

慢性炎症性脱髓鞘性多发性神经病(chronic inflammatory demyelinating polyneuropathy, CIDP),也称慢性复发性多发性神经炎(chronic relapsing polyneuritis)、慢性格林-巴利综合征(chronic Guillain-Barre syndrome)。本病是一种慢性病程进展性、临床表现与AIDP相似的免疫介导的周围神经病。

【病因及病理】

病因不明,自身免疫为其发病的主要机制。至今尚未找到特异性致敏抗原,但患者血清中多种髓鞘成分抗体升高,10%~71%的患者血清和脑脊液中含有糖脂和神经节苷酯抗体升高。

病理变化主要可见周围神经的供应血管周围单核细胞浸润,神经纤维水肿,以及节段性髓鞘脱失和髓鞘重新形成。慢性病者可见神经膜和髓鞘增厚,部分有轴索变性。

【临床表现】

1. 前驱感染 与AIDP不同的是,CIDP较少有明确的前驱感染史。

2. 疾病发展类型 CIDP可分为单相型、慢性进展型和缓解复发型，缓解复发型不到50%。年轻发病者，缓解复发型多见，预后较好；发病年龄大者，慢性进展型多见，预后较差，且与继发的轴索损害有关。

3. 临床症状 起病隐匿，症状进展常在8周（或2个月）以上，因此认为8周是诊断CIDP的时间下限，但仍有约16%的患者症状进展较快，在4～8周内即达高峰。症状局限于周围神经系统，主要表现为对称性肢体无力、感觉异常，尚可伴脑神经和自主神经受累。

（1）肌无力：大部分患者出现无力，多累及四肢的近端和远端。近端肌无力是CIDP有别于其他常见的、轴索性周围神经病的突出特点。

（2）腱反射异常：四肢腱反射减弱或消失，在肌力保存尚好的肢体同样可出现。

（3）感觉障碍：大部分患者出现感觉障碍，主要表现为四肢麻木，部分伴疼痛。体查时可有手套、袜子样感觉减退，肢体的本体觉和振动觉减退，严重时出现感觉性共济失调和Romberg征阳性。

（4）脑神经受累：脑神经受累较少，面瘫或眼肌麻痹均少于10%，支配延髓肌的脑神经也偶可累及。在罕有的脑脊液蛋白非常高的情况下（>1 000 mg/dl），可出现视乳头水肿。

（5）自主神经功能障碍：自主神经受累时可出现体位性低血压、尿便功能障碍和心律异常。

4. 变异型CIDP 临床表现有纯运动型、感觉型、远端型、Lewis-Summer综合征（不对称的感觉运动周围神经病）。

【辅助检查】

1. 电生理检查 周围神经传导速度减慢、传导阻滞、异常波形离散。

2. 脑脊液 疑为CIDP的患者均需行腰穿检查，80%～90%的患者存在蛋白细胞分离现象，蛋白升高，通常在75～200 mg/dl。

3. 神经活检 临床怀疑CIDP而电生理标准不符合时需行神经活检。通常行腓肠神经活检，但也有腓浅神经、桡浅神经和支配股薄肌的运动神经活检。由于脱髓鞘的不均一，活检完全有可能为非特异性改变，分离单纤维的方法（teased fiber）可提高检出率。神经活检对除外血管炎性周围神经病和遗传性周围神经病有鉴别意义。

【诊断及鉴别诊断】

根据病情缓慢进展，或缓解，复发历时6个月以上的多发性神经病患者，脑脊液中蛋白-细胞分离，神经传导速度减慢，对激素治疗效果明显应考虑本病。如果在诊断有困难的患者可以行周围神经活检。

本病需与以下疾病鉴别：

1. 多灶性运动神经病（multifocal motor neuropathy，MMN） 是一种仅累及运动神经的不对称性周围神经病。表现为慢性非对称性的肢体远端无力，上肢为主，感觉正常。神经传导速度可发现运动神经的节段性传导阻滞现象而感觉神经正常。

2. 遗传性运动感觉神经病（hereditary sensory motor neuropathy，HSMN） 一般有家族史，病史更长，表现为四肢远端开始的无力，肌肉萎缩和感觉障碍，进展极缓慢。周围神经电生理检查的严重病变而临床相对较轻。

3. 进行性脊肌萎缩症（progressive spinal muscular atrophy） 缓慢进展病程，但运动障碍不对称分布，有肌束震颤，无感觉障碍。

【治疗】

1. 皮质类固醇 为CIDP首选治疗药物。使用方法：泼尼松1 mg/kg晨顿服，或甲泼尼龙500 mg/d，静脉滴注，连续3～5 d后改为泼尼松1 mg/kg晨顿服，或地塞米松10～20 mg/d，静脉滴注，连续1周后改为泼尼松1 mg/kg晨顿服。维持1～2月后渐减，一般每2～4周减5～10 mg，至20 mg后每4～8周5 mg，或小剂量维持。对病程迁延或复发缓解的患者应注意缓慢减量，并维持治疗。

2. 静脉注射免疫球蛋白（IVIG） 使用方法：0.4 g/(kg·d)静脉滴注，连用5 d，每月一次，一般需要连续治疗3个月，有条件或病情需要者可延长数月。

3. 血浆交换 有条件的可选用。一个疗程3次左右，其间间隔2～3 d，每月进行一个疗程。需注意的是在IVIG使用后3周内不能进行血浆交换。

4. 其他免疫抑制剂 如上述治疗效果不理想，或产生激素依赖或激素无法耐受者，可选用或加用硫唑嘌呤、环磷酰胺、甲氨喋呤、环孢素等。硫唑嘌呤：2～3 mg/(kg·d)，分2～3次口服。环磷酰胺：500～750 mg/m²，可静脉滴注，每月1次，连续3～6月或200～400 mg 2次/周，静脉滴注，2～3 g为一疗程。甲氨喋呤：5～15 mg/周。环孢素：3～6 mg/(kg·d)，分2～3次口服。以上免疫抑制剂使用过程中均需随访肝肾功能、血常规等。

5. 神经营养剂 维生素B_1和维生素B_{12}是较常应用的神经营养药物。

【预后】

缓解复发型较慢性进展型预后好。约90%的患者对初次治疗反应良好,70%对复发后的治疗反应良好,少部分对治疗无反应,或短期有效后对治疗依赖。

(崔丽英)

思 考 题

1. 周围神经病的常见临床表现有哪些?
2. 三叉神经痛的临床表现和诊断是什么?
3. 特发性面神经瘫痪和中枢性面瘫临床如何鉴别?
4. 格林-巴利综合征的诊断标准?
5. CIDP的临床表现有哪些?
6. 病例分析

【病史摘要】

患者女性,23岁,农民,河北籍。1周前出现四肢麻木伴无力呈渐进加重,3天前出现呼吸困难,于2009年11月急诊入院。

患者11月初出现手足麻木,次日出现手足无力,双手握物不紧,不能独立行走。第3日病情加重,双上肢抬起费力,可在扶持下站立但不能行走。3天前出现憋气感,呼吸费力,伴有吞咽困难,说话语音低微。发病前2周有腹泻史。

查体:神智清,双眼闭合不紧,双侧鼻唇沟变浅,双唇不能紧闭。构音欠清,软腭上抬不充分,悬雍垂居中,双侧咽反射对称引出,伸舌居中。视神经未见异常。颈肌肌力Ⅲ级,双上肢近端肌力Ⅲ级,双手握力Ⅱ级,分指、并指力弱,腕关节背伸及腕屈肌力Ⅱ级,双下肢近端肌力Ⅲ级,双踝足背屈及跖屈Ⅱ级,膝关节伸及屈曲肌力Ⅱ级,四肢肌张力低,双上肢腱反射迟钝,双下肢腱反射消失,双侧病理征阴性。双上肢腕以下,双下肢膝以下针刺觉过敏,振动觉和关节位置觉正常。双侧腓肠肌有压痛。

辅助检查:血常规、肝肾功能及电解质正常。胸部X线摄片和心电图正常。腰穿:脑脊液压力175 mmH$_2$O,无色清亮,潘氏试验(++),细胞总数10×10^6/L,白细胞2×10^6/L,蛋白0.75 g/L,糖3.5 mmol/L,氯化物112 mmol/L,神经传导速度减慢,波幅降低,双下肢F波消失。

【诊断分析】

1. 病史特点 本病患者具有如下特点:① 年轻女性;② 病前2周有腹泻感染史;③ 病程1周,加重3天;④ 四肢无力,伴远端感觉障碍、构音不清、吞咽困难和呼吸费力;⑤ 体检发现双侧周围性面瘫及舌咽、迷走神经受累,四肢迟缓性瘫痪,腱反射减低和消失,四肢远端感觉障碍,病理征阴性;⑥ 辅助检查血清电解质正常,脑脊液轻度的蛋白-细胞分离现象,神经传导速度示周围神经损害。

2. 定位诊断 根据患者表现为四肢对称性下运动神经元瘫痪,伴远端呈手套-袜子样感觉障碍,定位于周围神经病变。周围神经病变的范围较广,累及脑神经(包括面神经及舌咽迷走神经)以及呼吸肌,符合多发性周围神经病变。

3. 定性诊断 急性炎症性脱髓鞘性多发性神经病(AIDP),或称格林-巴利综合征。诊断依据是:① 青年女性;② 病前有感染史;③ 急性起病的四肢对称性的下运动神经元病变,呈周围神经的分布;④ 合并脑神经受累和呼吸肌麻痹;以及腓肠肌压痛;⑤ 病后1周呈现轻度的脑脊液蛋白-细胞分离现象;⑥ 电生理提示周围神经受损。

本病需与低钾性周期性麻痹和重症肌无力相鉴别。临床表现为四肢无力以远端为重,且伴有感觉障碍,肌无力无波动性,血电解质正常,而脑脊液出现蛋白-细胞分离现象,故可与上述疾病鉴别。

参考文献

陈生弟. 2005. 神经病学. 北京:科学出版社
郭玉璞. 2009. 周围神经病. 北京:人民卫生出版社
王维治. 2005. 神经病学. 北京:人民卫生出版社
Rowland, Lewis P, Pedley, Timothy A. 2009. Merritt's Neurology, 12th edition, Philadelphia: Lippincott Williams & Wilkins

第二十章 自主神经系统疾病

The human internal environment is regulated in large measure by the integrated activity of the autonomic nervous system and endocrine glands. Their visceral and homeostatic functions, essential to life and survival, are involuntary. Why nature has divorced them from volition is an interesting question. One would like to think that the mind, being preoccupied with discriminative, moral, and esthetic matters, should not have to be troubled with such mundane functions as breathing, regulation of heart rate, lactation, swallowing, and sleeping.

—— Allan H. Ropper, Robert H. Brown, 2005

第一节 概 述

自主神经(又称植物神经)系统是整个神经系统的重要组成部分,系指支配那些在功能上主要不受意志控制的结构之神经。这些结构有平滑肌、心肌和腺体。自主神经系统纤维遍布全身各部的平滑肌,分为交感系统和副交感系统。内脏之传出纤维由两级神经元组成,即节前和节后神经元。交感神经系的节前神经元位于胸腰段的脊髓,而副交感神经系的节前神经元位于脑干及脊髓的骶段;交感神经系的节后神经元起源于椎旁或椎前的交感神经节,而副交感神经系的节后神经元起源于各内脏的自主神经节。

自主神经的分布及形态结构有其特殊性:① 自主神经支配平滑肌、心肌和腺体。② 自主神经运动自中枢发出后,需要在周围自主神经节内换元,由节内的神经元发出的纤维才能到达效应器。因此,自主神经从中枢到达所支配的器官需要两个神经元。第一个神经元(节前神经元)发出的轴突称节前纤维。第二个神经元(节后神经元)发出的轴突称节后纤维。③ 自主神经的节后纤维在分布途中常攀附于脏器或血管表面形成自主神经丛,由丛再发出分支至效应器。④ 自主神经的节前纤维是细的有髓纤维,节后纤维是细的无髓纤维。⑤ 自主神经一般不受意志的直接控制。

自主神经系统的功能主要是调节脏器的功能,而内脏具有相对的自主性,将其支配的自主神经离断后,内脏仍具有一定功能,但不能维持内环境的稳定,对内环境和外环境的变化不能作出相应的反应。自主神经系通过递质与调质对心脏、血压、脑血管、胃肠与盆腔脏器进行调节。自主神经系统的作用在于联系人体的自主性和随意性活动,维持和控制延续生命和种族的一些功能,如循环、消化、排泄和生殖功能。故自主神经系统发生病变时,可以引起非常复杂的临床症状与体征。

(1) 心血管系统:自主神经损害时常见症状有:头昏、头晕、晕厥与疲劳等。查体可见直立性低血压、仰卧位高血压、心律失常等。

(2) 消化系统:常见症状有:吞咽困难、腹胀、便秘、腹泻、腹痛等。

(3) 泌尿生殖系统:可表现为排尿障碍如尿频、尿急、尿潴留和尿失禁、性功能亢进或减退如阳痿等。

(4) 体温调节系统:可表现为皮肤潮红、多汗、无汗、怕冷、怕热、发热等。

(5) 外分泌腺:可表现为泪液分泌增多或减少,唾液分泌增多或减少。

(6) 呼吸系统:可表现为呼吸频率、呼吸节律、潮气量的改变。

自主神经系统的复杂性及其与感觉功能的密切关系,可从一组名为遗传性感觉和自主神经疾病(hereditary sensory and autonomic neuropathy, HSAN)的遗传病中得到很好的表述。每一种HSAN可能由于不同的基因缺陷影响了神经纤维发育的特定方面,导致各种表型。除了主要的症状在12岁后出现的遗传性感觉神经根病(HSAN Ⅰ型)以外,其他HSAN病均为常染色体隐性遗传,出生时即存在。两种由特定部位的基因突变引起的HSAN是家族性自主神经机能异常(familial dysautonomia, FD或HSAN Ⅲ型)和先天性痛觉缺失无汗症(congenital insensitivity to pain with anhidrosis, CIPA或HSAN Ⅳ型)。每一型HSAN均是外显完全,但表型可显著不同。

第二节 雷 诺 病

雷诺现象(Raynaud phenomenon, RP)是一种少见的肢端小动脉痉挛或功能性闭塞引起的局部(指趾)缺血征象。

常因暴露于寒冷中或情绪激动而诱发，症状表现为肢端皮肤阵发性对称性苍白、紫绀和潮红并伴疼痛。RP 分为原发性和继发性两种，前者称雷诺病（Raynaud disease，RD），后者称雷诺综合征（Raynaud syndrome，RS），它继发于各种系统疾病，如血栓闭塞性脉管炎、闭塞性动脉硬化、硬皮病、遗传性冷指病及冻疮等。

【病因及发病机制】

本症为肢端小动脉痉挛所致，引起肢端小动脉痉挛的原因可归纳如下：

1. 神经机制 中枢及周围交感神经机能紊乱。研究发现肢端小动脉壁上肾上腺素受体的密度和敏感性增加，β-突触前受体和病理生理作用，血管壁上神经末梢的反应性增高，以上均提示周围交感神经功能亢进，对正常冷刺激反应过度。一只手震动引起另一只手血管收缩，这现象可被远端周围神经阻滞而控制；身体受冷而肢端不冷可诱发肢端血管痉挛，这现象提示中枢交感性血管收缩机制的作用。

2. 血管壁和血细胞的相互作用 正常的微循环血流有赖于正常的血细胞成分、血浆成分及完整的（未受损伤）内膜。激活的血小板聚集可以阻塞血流，同时释放出血管收缩物质如血栓素 A_2、5-羟色胺（5-HT），这些物质可进一步促使血小板聚集。研究发现 RD 患者血浆纤维蛋白原增加、球蛋白增高、血黏度增高、血流变慢、血小板聚集性增高、强直的红细胞和激活的白细胞以及纤维蛋白降解降低。RD 的血管壁因素不清，但已知损伤的内膜产生血管收缩物质和血管扩张物质均受到影响，RD 患者血浆中前列环素（PGI2）增加、血管收缩物质增高、一氧化氮减少以及 VWF 增高。以上血液及内膜的异常改变是疾病的结果，亦是进一步引起疾病的原因。

3. 炎症及免疫反应 严重的 RS 患者常伴有免疫性疾病或炎症性疾病，如结缔组织病、硬皮病、系统性红斑狼疮、结节性多动脉炎、皮肌炎、肌炎、类风湿性关节炎、混合型结缔组织病、药物性血管炎、血栓栓塞性脉管炎或闭塞性动脉硬化症，因此推测 RS 可能存在免疫或炎症基础。

【病理及病理生理】

疾病早期，指趾动脉壁中无病理改变。随着病程进展，动脉壁营养紊乱，动脉内膜增生，中层纤维化，小动脉管腔变小，血流减少；少数患者由于血栓形成及机化，管腔闭塞，局部组织营养障碍。严重者可发生指趾端溃疡，偶有坏死。

根据指动脉病变状况可分为梗阻型和痉挛型，梗阻型有明显的掌指动脉梗阻，多由免疫性疾病和动脉粥样硬化伴随的慢性动脉炎所致。由于存在严重的动脉梗阻，因此对寒冷的正常血管收缩反应就足以引起症状发作。痉挛型无明显指动脉梗阻，低温刺激才引起发作。

【临床表现】

临床特征为间歇性肢端血管痉挛伴疼痛及感觉障碍，寒冷或情绪激动是主要诱因，每次发作可分为三个阶段：

1. 局部缺血期（苍白期） 指趾、鼻尖或外耳突然变白、僵冷、肢端温度降低、出冷汗、皮肤变白常伴有麻木和疼痛感，为小动脉和毛细血管收缩所致，每次发作持续时间为数分钟至数小时不等。

2. 缺氧期 即缺血期，此时皮温仍低、疼痛、皮色呈青紫或蜡状，持续数小时或数日，然后消退或转入充血期。

3. 充血期 动脉充血，皮温上升，皮色潮红，继之恢复正常。有些患者可以无苍白期或苍白期直接转入充血期，也可在苍白青紫后即恢复正常。少数病例多次发作后，指动脉闭塞，双侧指尖出现缺血、水泡、溃疡形成，甚至指尖坏疽。

【实验室检查】

1. 激发试验 ① 冷水试验：将指趾浸于4℃左右的冷水中1 min，可诱发上述典型发作；② 握拳试验：两手握拳1.5 min 后，松开手指，也可出现上述变化；③ 将手浸泡在10～13℃水中，全身暴露于寒冷的环境中更易激发发作。

2. 指动脉压力测定 用光电容积描记法测定指动脉压力，如指动脉压力低于肱动脉压力且大于 40 mmHg，则为梗阻。

3. 指温与指动脉压关系测定 正常时，随着温度降低只有轻度指动脉压下降；痉挛型，当温度减低到触发温度时指动脉压突然下降；梗阻型，指动脉压也随着温度下降而逐渐降低，在常温时指动脉压也明显低于正常。

4. 指温恢复时间测定 用光电容积描记法测定，浸冰水 20 s 后，指温恢复正常的平均时间为 5～10 min，而本症患者常延长至 20 min 以上。

5. 指动脉造影和低温（浸冰水后） 指动脉造影，此法除能明确诊断外，还能鉴别肢端动脉是否存在器质性改变。

【诊断及鉴别诊断】

主要根据临床表现为间歇性指趾局部麻痛、皮温降低、皮肤苍白及感觉障碍；寒冷或情绪激动诱发；冷水试验阳性可以确诊。但应与雷诺综合征区别。

【治疗】

1. 一般治疗 避免或减少肢体暴露于寒冷中，保持肢端温暖，冬天戴手套，避免指趾外伤和溃疡。

2. 药物治疗 常用药物有：盐酸妥拉苏林 25 mg，每日 3 次。二氢麦角碱 1 mg，每日 1～3 次。利血平 0.25 mg，每日 2～4 次口服。氯丙嗪 25～50 mg，每日 3～4 次。上述药物效果均尚不肯定。

3. 手术治疗 交感神经切除和掌指动脉周围微交感神经切除均可选用。

第三节　红斑性肢痛症

红斑性肢痛症（Erythromelalgia）是一种少见的肢端血管扩张性疾病。临床特征为肢端皮肤发红、肿胀、温度升高和剧烈烧灼样疼痛，尤以足底及趾为甚，环境温度增高时灼痛加剧，环境温度降低时灼痛减轻。

【病因及发病机制】

迄今尚不十分清楚。有人认为是自主神经中枢紊乱，使末梢血管运动功能失调，肢端小动脉极度扩张，局部血流增加充血，局部皮肤发红发热，扩张充血的小动脉内张力增高，压迫或刺激邻近的神经末梢，引起烧灼样剧痛。有研究提出肢端皮肤正常闭塞的动-静脉短路开放造成灌注增加，引起皮温增加和营养不足。因为这种动-静脉直接吻合支具有丰富的神经网，这样可解释发病时的红、热、肿、痛以及皮肤溃烂。少数患者有家族史。

【临床表现】

好发于年轻人。常在严寒季节突然转暖时发病，起病急。主要症状为阵发性肢端（尤以足底足趾为甚）红、热、肿和非常剧烈的灼痛，疼痛酷似烧灼针刺，夜间发作次数较白天多且重，每次发作持续数分钟至数小时或数日不等，发作之间仍有持续性钝痛。温热、指端下垂、站立或运动可引起发作或使发作加重。夜间入睡时，常因足温暖而发生剧痛，双足暴露被外可减轻疼痛。若休息或将患肢抬高或用冷水浸足，灼痛可减轻或缓解，皮色亦可恢复正常。由于小动脉及毛细血管扩张，肢端皮肤发红充血，局部皮温增高，有灼热感，轻压可使红色暂时消退，并有轻微指压性水肿。局部多汗，屡次发作后，肢端皮肤指甲变厚，营养不良甚至溃破，偶见皮肤坏死，但无感觉运动障碍，亦无致命或丧失肢体的并发症。本病常屡次复发与缓解，数年不愈，但部分病例对治疗反应良好。

红斑性肢痛症不是一种单独的疾病，而是皮肤微循环的一种病理生理反应。当发病年龄在儿童期或青少年期，并有家族史者称红斑性肢痛综合征，这类患者仅双足和小腿皮肤累及。当红斑性肢痛症状是由伴发的系统疾病引起称继发性红斑肢痛症。常见的伴发疾病有：红细胞增多症、慢性骨髓性白血病、遗传性球形红细胞贫血；糖尿病、高胆固醇血症；系统性红斑狼疮、风湿性关节炎等；胆固醇结晶栓塞综合征；以及药物反应等（如造影剂注射、钙拮抗剂）。因血管疾病经动脉旁路术后，缺血区灌注恢复引起的明显充血可持续数日至数周，称暂时性红斑肢痛症。

【诊断及鉴别诊断】

根据肢端皮肤阵发性红、肿、热、灼痛，温热可使症状加剧，局部冷敷减轻疼痛，多数病例诊断不难。但需寻找伴随疾病，鉴别是原发性还是继发性红斑肢痛症；还应与周围神经损伤后引起的灼性神经痛、闭塞性脉管炎、糖尿病性周围神经炎、雷诺病及轻度蜂窝组织炎等相鉴别。灼性神经痛有外伤史，症状常在受伤后 1～2 周出现；闭塞性脉管炎或周围神经炎受累的足部皮肤温度低，同时有感觉障碍。雷诺病是血管痉挛所致，通常肢端皮肤、苍白或紫绀，指趾寒冷、麻木或感觉减退；蜂窝组织炎深部压痛明显，白细胞和红细胞计数增高。

【治疗】

无有效的治疗方法。疼痛发作时可口服利血平 0.25 mg，每日 3 次。氯丙嗪 25～50 mg，每日 3 次。阿米替林 25 mg，每日 2～3 次，加服卡马西平 0.1 g，每日 3～4 次，或丙戊酸钠 0.2～0.4 g，每日 3～4 次。口服药物无效时可同时应用静脉封闭（普鲁卡因或利多卡因）及局部组织封闭。

第四节　偏侧萎缩症

偏侧萎缩症是进展性的偏侧肢体或躯干组织萎缩，表现一侧皮肤变薄，皮下脂肪减少及骨骼变小等。局限于一侧头面部的萎缩称为面偏侧萎缩症。本病的病因不详，病理上首先累及结缔组织，特别是皮下脂肪组织，随病情发展逐渐累及皮肤、皮脂腺和毛发，严重者累及骨骼、肾脏及大脑半球。通常为自限性。

【病因】

病因尚不清楚，患者可能存在某种特定的交感神经控制基因缺陷，到一定年龄时该缺陷基因表达，使交感神经受损，引起支配组织的神经营养不良和萎缩；也可能与感染、内分泌障碍、外伤等因素有关。

【病理】

病理上首先累及结缔组织，特别是皮下脂肪组织，随病情发展逐渐累及皮肤、皮脂腺和毛发，严重者累及骨骼、肾脏及大脑半球。局部活组织检查可见皮肤各层尤其乳头层萎缩,结缔组织减少,肌纤维变细而数量不减。

【临床表现】

本病多发于中青年女性,隐袭起病,多在无意中发现身体局部皮肤和皮下组织变薄萎缩,可发生于身体任何部位,但限于一侧。病变皮肤干燥、色素沉着、汗腺分泌减少,与正常皮肤有明显分界线。严重病例出现骨骼萎缩、乳房缩小、腋毛及阴毛脱落等。患者肌力正常。

【诊断】

诊断根据病侧身体或面部皮肤及皮下结缔组织,甚至骨骼萎缩等体征。需注意与正常性身体两侧不对称、偏侧肥大症和硬皮病等鉴别。

【治疗】

目前尚无有效的治疗方法,但本病进展通常为自限性,到一定程度可自行停止。以对症治疗为主,加强营养。可选用维生素,早期可用类固醇激素、胰岛素、垂体激素治疗。严重者可行面部整形美容手术,如脂肪移植、硅胶植入、带蒂皮瓣移植等。

(洪 震)

思 考 题

1. 试述自主神经系统疾病常见的症状与体征。
2. 试述雷诺病的临床表现。
3. 列举雷诺病的实验室检查有哪些?
4. 简述红斑性肢痛症的临床表现。
5. 病例分析

【病史摘要】

患者,女性,46岁,已婚,家庭主妇。发作性肢端苍白、疼痛3年。

患者于2007年双手遇冷时出现手指肤色变苍白,继则青紫、潮红,同时伴有发麻及针刺样痛觉,数秒后可逐渐缓解,或遇暖后可加速缓解,秋冬季发作较频繁。2009年起,患者感觉精神紧张和受凉后手指皮肤更容易变苍白、紫红色,消退时间延长,发作次数更频繁,同时行走时或出现脚趾针刺样痛觉,并发现脚趾亦呈与手指相似改变,于温暖房间时疼痛减轻,数分钟后疼痛缓解。至2010年2月,患者上述症状继续加重,皮肤变色及疼痛部位扩大至双手及双脚,每次发作时间延长,约5min方可缓解。曾予改善微循环、解热镇痛药等治疗,效果不佳。

既往史:无特殊,无家族遗传史。

查体:四肢皮肤干燥,脱屑,双手皮肤颜色苍白,皮温极低;双足皮肤颜色苍白,皮温低,双足趾甲增厚变形。四肢肌肉未见明显萎缩,肌力Ⅴ级,四肢关节活动无受限,双侧腱反射++,病理征未引出;双侧桡动脉、股动脉、腘动脉、足背动脉搏动正常。激发试验阳性。

辅助检查:三大常规、血糖、肝肾功能、血脂、电解质正常。血免疫全套正常。四肢血管B超正常。肌电图无异常改变。

【诊断分析】

1. 病史特点　　中年女性,以发作性肢端苍白、疼痛3年为主要临床表现。有遇冷易诱发,发作以肢端皮肤变白、变紫,同时伴有疼痛,数分钟后可自行缓解的特点。查体发现皮肤颜色苍白,皮温低,双足趾甲增厚变形。激发试验阳性。血管B超等辅助检查无阳性发现。

2. 诊断　　本病的诊断主要根据临床表现,即发作由寒冷或情感刺激诱发;双侧受累;一般无坏疽,即使有仅限于指尖皮肤;无其他引起血管痉挛发作疾病的证据;病史2年以上。该患者的临床表现均符合以上标准,且血液学、血管B超等无异常改变。故本例雷诺病的诊断可确定。

3. 鉴别诊断　　本病应与相似发病机制的红斑性肢痛症及引起雷诺综合征的疾病如血栓闭塞性脉管炎、闭塞性动脉硬化、硬皮病、遗传性冷指病及冻疮等进行鉴别。本例鉴别如下:

(1) 红斑性肢痛症:儿童和成人均可起病,好发于50~60岁女性。主要表现为发作性肢体远端如足趾、足底、手指、手掌处烧灼样痛,皮肤潮红肿胀,皮肤温度升高。症状以肢端,尤以双足趾和足底最常见,多累及双侧,遇冷疼痛减轻,受热症状加重。本例可以除外。

(2) 血栓闭塞性脉管炎:好发于中、青年男性,多有吸烟史。病理改变为四肢中、小动脉缺血和浅表性静脉炎。除肢体烧灼样疼痛、皮肤苍白发绀外，还会有间歇性跛行、足背动脉搏动减弱（或消失）、小腿或足部反复出现游走性血栓性浅静脉炎、足部干性坏疽溃疡等表现，本例不考虑该病。

参考文献

史玉泉,周孝达.2005.实用神经病学.上海：上海科技出版社

王得新.2006.神经病学.北京：人民卫生出版社

Allan H. Ropper and Rober H. Brown. 2005. Adams and Victor's Principles of Neurology, 8th edition. New York：McGraw-Hill

第二十一章 神经-肌肉接头与肌肉疾病

Weakness and progressive fatigue with exercise are the hallmarks of generalized myasthenia gravis. However, diplopia may be the only symptom of ocular myasthenia, and the pupil is never involved. Muscle wasting may occur late, but it is not prominent. The course is variable and marked with remissions and exacerbations, with making evaluation of the therapy difficult. Most patients reach maximum severity of their disease within one year, but a few progress over several years. Classification into several general groups helps to predict the course and to determine the type of therapy. Choice of therapy depends on the individual case; some respond easily to a single modality, whereas others require all modalities used in tandem or together.

—— Martin A. Samuels, 1999

第一节 概 述

神经-肌肉接头疾病是指神经肌肉接头间传递障碍所引起的疾病，主要包括重症肌无力和 Lambert-Eaton 肌无力综合征(Lambert-Eaton myasthenic syndrome, LEMS)等。肌肉疾病是指骨骼肌本身病变引起的疾病。Lambert-Eaton 肌无力综合征将在副肿瘤综合征中予以介绍。

【肌肉的解剖生理】

人体的 600 多块骨骼肌占体重的 40%，其血流量占心脏总输出量的 12%，耗氧量占全身耗氧量的 18%。每块肌肉由许多肌束组成，每条肌束由许多纵向排列的肌纤维聚集而成。肌纤维(肌细胞)呈圆柱状，长 10~15 cm，直径 7~100 μm，为多核细胞，外被肌膜，内含肌质。细胞核位于肌膜下，呈椭圆状，一个肌细胞的胞核可有数百个。肌膜为一层密度较高的匀质性薄膜，除与普通细胞膜的功能相同外，还有兴奋传递功能。肌膜的特定部位(终板)与神经末梢构成神经肌肉突触联系，完成神经肌肉的兴奋传递。肌膜还每隔一定距离向内凹陷，穿行于肌原纤维之间，形成横管。后者与肌原纤维纵行排列的纵管交接处略扩大，称为终池，该池内含有钙离子。肌质中有许多与肌轴平行的肌原纤维，直径约 1 μm，由许多纵行排列的粗、细肌丝组成，粗肌丝含肌球蛋白(myosin)，细肌丝含肌动蛋白(actin)。前者固定于肌节的暗带(A 带)，后者一端固定于 Z 线，另一端伸向暗带。Z 线两侧仅含细肌丝，称为明带(I 带)。两条 Z 线之间的节段(即两个半节的明带和 1 个暗带)称为一个肌节(sarcomere)，为肌肉收缩的最小单位，每条肌原纤维由数百个肌节组成，故有数百个明暗相间的横纹，横纹肌故此得名。电镜下，在暗带区断面上可见每根粗肌丝周围有 6 根呈六角形排列的肌动蛋白纤维包绕。静息状态时，细肌丝的两端相距较远；当收缩状态时，Z 线两侧的细肌丝向暗带滑动，细肌丝两端的接近使肌节缩短。

肌肉收缩和舒张所需的能量来自三磷酸腺苷(ATP)，由线粒体的氧化代谢过程所提供。根据肌肉中氧化酶和糖原水解酶活性高低，结合其形态结构和生理功能将骨骼肌纤维分为两型：Ⅰ型为红肌纤维，又称慢缩肌纤维(slow twitch fibers)，具有高氧化酶活性、低糖原水解酶活性，以脂类为主要能源，有氧代谢为主要获取能量的方式；主要分布在与维持人的体位有关的肌肉，如骶棘肌等躯干肌肉。Ⅱ型为白肌纤维，又称快缩肌纤维(fast twitch fibers)，以糖酵解为主，糖原无氧代谢为主要的能量来源。主要分布于与运动直接有关的肌肉。

骨骼肌受运动神经支配。一个运动神经元支配的范围称为一个运动单位。一个运动神经元的轴突可分出数十至数千分支分别与所支配的肌纤维形成突触。突触前膜(神经末梢)和突触后膜(肌膜的终板)间形成突触间隙。神经末梢不被髓鞘，顶端都呈杵状膨大，内含许多突触囊泡，囊泡中贮满乙酰胆碱(acetylcholine, ACh)；突触后膜由肌细胞表面特殊分化的终板构成，有许多皱褶，每个皱褶的隆起处存在许多乙酰胆碱受体(acetylcholine receptor, AChR)，其密度为 $10^4/\mu m^2$。突触间隙非常狭小，一般约 500 Å，充满了细胞外液。

神经肌肉接头的传递过程是电学和化学传递相结合的复杂过程，当电冲动从神经轴突传到神经末梢，Ca^{2+} 内流使突触前膜的囊泡向轴突膜的内侧面靠近，囊泡膜与轴突膜融合并出现裂口，使囊泡中的 ACh 按全或无的方式进行量子释放，大约 10^7 个 ACh 分子进入突触间隙。1/3 ACh 分子弥漫到突触后膜，两个分子的 ACh 与一个分子的 AChR 结合，引起细胞膜 K^+、Na^+ 通透性改变，细胞内的 K^+ 外溢，细胞外大量的 Na^+ 进入细胞内，引起细胞膜的去极化，产生终板电位,并沿肌膜进入横管系统扩散至整个肌纤维,促使 Ca^{2+} 从肌质网中释出,肌凝蛋白与肌动蛋白结合,细肌丝向粗肌丝滑行而向肌节中心靠拢,使肌节变短,肌纤维呈收缩状态。多个运动单位的神经-肌肉接头同时兴奋和肌纤维收缩则引起肌肉收缩。另 1/3 的 ACh 分子被突触间隙中的胆碱酯酶分解成乙酸和胆碱而灭活,其余 1/3 的 ACh 分子则被突触前膜重新摄取,准备下一次释放。随后,释放到肌质中的 Ca^{2+} 迅速被肌质网纵管系统重吸收,肌质中 Ca^{2+} 浓度降低,肌凝蛋白与肌动蛋白解离,粗细肌丝回复到收缩前状态,引起肌肉舒张。与此同时,肌细胞外的 K^+ 内流,Na^+ 外流以恢复静止膜电位,完成了一次肌肉收缩周期。

【发病机制】

1. 神经-肌肉接头病变　① 突触前膜病变涉及 ACh 合成和释放障碍,如氨基糖甙类药物、癌性类重症肌无力综合征(Lambert-Eaton 肌无力综合征)和高镁血症阻碍 Ca^{2+} 进入神经末梢,干扰 ACh 合成和释放;肉毒杆菌中毒可使 ACh 释放减少;② 突触间隙中乙酰胆碱酯酶含量异常,如有机磷中毒时,乙酰胆碱酯酶活性降低而出现突触后膜过度去极化;③ 突触后膜主要为 AChR 病变如重症肌无力是因体内产生了 AChR 自身抗体而破坏了 AChR;美洲箭毒与 AChR 结合,使 ACh 不能和受体结合(图 21-1)。

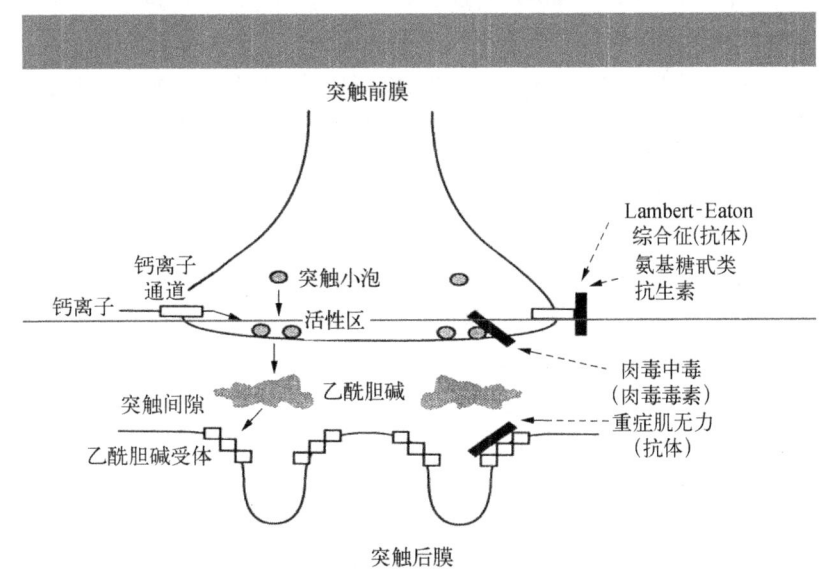

图 21-1　神经-肌肉接头病变示意图

图左所示:在正常传递机制中,神经末梢的动作电位致使突触前膜处电压控制门钙离子通道开放,Ca^{2+} 内流,从而诱导突触前膜活性区的突触小泡向突触间隙释放乙酰胆碱(ACh),ACh 与突触后膜的 ACh 受体结合,使其去极化而产生动作电位。图右显示神经-肌肉接头处影响递质传递的几个关键部位,自上而下,钙通道阻断(Lambert-Eaton 肌无力综合征或氨基糖甙类抗生素);钙介导的 ACh 释放障碍(肉毒毒素);突触后膜乙酰胆碱受体的阻滞(重症肌无力)。

(引自 Michael J. Aminoff, David A. Greenberg, Roger P. Simon. 1976)

2. 肌肉疾病　① 肌细胞膜电位异常,如终板电位下降而引起去极化阻断,包括周期性瘫痪、强直性肌营养不良症和先天性肌强直症;② 能量代谢障碍,如线粒体肌病因缺乏某些酶或载体而不能进行正常的氧化代谢以产生足够的 ATP;③ 肌细胞膜内病变的病种有各种肌营养不良症、先天性肌病、代谢性肌病、内分泌性肌病、炎症性肌病和缺血性病变。

【临床症状】

1. 肌肉萎缩　系身体部分骨骼肌的体积萎缩变小。它是由于肌纤维数目减少或容积变小所致。肌肉萎缩应与消瘦鉴别,前者为局部现象,伴肌力减退,后者为全身普遍现象,肌力一般正常。临床上,脊髓前角细胞、神经根、神经干和神经末梢、神经肌肉接头和肌肉本身的病变都可以伴有肌肉萎缩。因此,判断肌肉萎缩时,必须注意是否伴有感觉障碍,是否按神经支配范围分布,以及是否伴有肌束颤动等;还应注意是否伴有皮肤及皮下组织萎缩(多发性肌炎、皮肌炎)。实验室检查可做肌电图、肌酶及肌活检进行鉴别。

2. 肌无力　肌肉疾病和神经-肌肉接头疾病所致的肌无力的共同特点是肌无力的范围或肌肉分布不能以某一组或某一根单一神经损害来解释,如肌肉疾病常以上肢带和下肢带肌群分布为特点。临床上,缓慢进展的肌无力伴肌萎缩但无其他神经系统体征,多见于进行性肌营养不良症;病态疲劳性肌无力为重症肌无力;发作性肌无力,伴或不伴血钾含量改变为周期性瘫痪。

3. 肌肉疼痛 包括静止性和活动性肌肉疼痛两种。静止性肌肉疼痛,常是固定的,影响肌肉活动,如神经根、臂丛病变等引起的肌痛,亦称痛性肌痉挛。活动性疼痛仅指活动时肌肉疼痛,如长途行军后的缺血性胫前肌综合征、代谢性肌痛等。肌肉疼痛除神经病变导致外,多发性肌炎也常有肌痛。

4. 肌肉强直 肌肉收缩后不易放松,反复多次活动或温暖以后症状减轻。见于先天性肌强直症、强直性肌营养不良症。

5. 肌肉不自主运动 系指在静息状态下肌肉不自主的、无痛性的收缩、抽动。包括:① 肌束颤动(fasciculation):指单个运动单位自发放电引起肌束不自主收缩,患者可感知,肉眼可识别但不引起肢体关节运动(指关节除外),见于脊髓前角或前根损害,也可见于正常人群等;② 肌纤维颤动(fibrillation):指单个肌纤维不自主收缩,患者不能感知,肉眼不能识别(舌肌纤维颤动除外),只能在肌电图上显示;③ 肌肉颤动(myokymia):指大块肌肉不自主的连续、缓慢的蠕动,患者可感知,肉眼可识别,可见于周围神经损害或正常人的过度疲劳之后。

6. 肌肥大与假肥大 肌肉肥大分为功能性和病理性肥大两种。举重运动员及特殊工种的体力劳动者的某些肌群特别发达,肌肉体积肥大,肌力增强,这是生理性(功能性)肥大,有关的职业史可提供诊断的依据。病理性肌肉肥大可见于:① 肌病:先天性肌强直症患者可伴有肌肉肥大,但肌力减弱。假肥大型肌营养不良可有腓肠肌等肌肉肥大,这是由于肌纤维的坏死、再生,脂肪和结缔组织的增生、浸润所致,故称假性肥大。真性肌肥大症(hypertrophia musculorum vera)罕见,在儿童发生,肢体肌肉肥大进行性发展,到一定程度自行停止;② 内分泌障碍:甲状腺功能减退可引起黏液性水肿,可出现躯体外型增大,但肌力减弱。肢端肥大症早期肌肥大,晚期肌萎缩;③ 先天性偏侧肥大,主要表现为一侧面部肥大,或一侧面部与同侧半身肥大。

【诊断】

肌肉疾病的诊断首先判断病变是在肌肉本身还是在神经-肌肉接头。一般说来,四肢近端、骨盆带和肩胛带对称性肌无力和肌萎缩,无感觉障碍和肌束颤动,腱反射减低或消失,提示病变在肌肉本身;若有肌肉病态疲劳,新斯的明试验阳性,提示病变在神经-肌肉接头。根据肌无力和肌萎缩起病年龄、进展速度、是否为发作性、萎缩肌肉的分布、遗传方式、病程和预后,结合实验室生化检测、肌电图、肌肉病理以及基因分析,可对各种肌肉疾病进行诊断和鉴别诊断。如儿童期缓慢起病,小腿腓肠肌假性肥大,Gowers征阳性,血清肌酸激酶显著增高,抗肌萎缩蛋白基因突变及肌肉免疫检测发现肌膜的抗肌萎缩蛋白缺乏,可确诊为假肥大型肌营养不良症。常染色体显性遗传,青年期起病,缓慢进展,面部、肩胛带和肱二、三头肌萎缩,多为面肩肱型肌营养不良症。急性或亚急性起病,数周内症状达高峰,近端肌无力及压痛,肌酶升高者多见于多发性肌炎。肌无力"晨轻暮重",新斯的明试验阳性者常为重症肌无力。稍活动后极度疲劳,休息后症状缓解,肌活检有特征性的"破碎红"纤维,可考虑为线粒体肌病。发作性肌无力,数小时或数日内完全缓解,血清钾降低,则为周期性瘫痪。

【治疗】

1. 病因治疗 去除病因和根据发病机制进行治疗。如重症肌无力的胸腺瘤切除,用糖皮质激素及免疫抑制剂减轻乙酰胆碱受体抗体对突触后膜AChR的破坏;多发性肌炎的免疫抑制治疗等。假肥大型肌营养症的基因治疗研究取得了突破性的进展,不久可应用于临床。

2. 对症治疗 可改善患者的症状。如吡啶斯的明通过抑制胆碱酯酶对突触间隙乙酰胆碱的水解,从而可减轻重症肌无力的症状,苯妥英钠通过稳定肌膜电位减轻肌肉强直。低钾型周期性瘫痪可给予口服10%的KCl,强直性肌营养不良症的白内障可手术治疗以恢复视力。

第二节 重症肌无力

重症肌无力(myasthenia gravis,MG)是一种神经-肌肉接头传递障碍的获得性自身免疫性疾病。临床特征为部分或全身骨骼肌极易疲劳,通常在活动后症状加重,经休息和抗胆碱酯酶药物治疗后症状减轻。本病的发病率为(0.5~5)/10万,患病率为10/10万,我国南方发病率较高。

【病因及发病机制】

重症肌无力是由于神经-肌肉接头突触后膜乙酰胆碱受体(AChR)被自身抗体损害所致的自身免疫性疾病。① 动物实验发现,将电鳗鱼放电器官纯化的AChR注入家兔体内,可产生实验性重症肌无力,并在兔血清中可测到AChR抗体,其结合部位在突触后膜的AChR。免疫荧光发现实验动物突触后膜上的AChR的数目大量减少;② 80%~90%的重症肌无力患者血清中可以测到AChR抗体,血浆交换可暂时改善肌无力症状;③ 将重症肌无力患者的血清注入小鼠体内可产生类重症肌无力的症状和电生理改变。同理,新生儿重症肌无力是由于重症肌无力母亲的 AChR 抗体经胎盘传给了胎儿;④ 80%的重症肌无力患者有胸腺肥大,淋巴滤泡增生,10%~20%的患者为胸腺瘤。胸腺切除后70%的患者的临床症状改善或痊愈;⑤ 重症肌无力患者常合并其他自身免疫性疾病,如甲状腺功能亢进、甲状腺炎、系统性红斑狼疮、类风湿性关节炎和天疱疮等。

以上研究表明重症肌无力是一自身免疫性疾病,其发病机制为体内产生的 AChR 抗体,在补体参与下与 AChR 产生免疫应答,破坏了大量 AChR,不能产生足够的终板电位,导致突触后膜传递障碍而产生肌无力。但是,引起重症肌无力免疫应答的起始环节仍不清楚。由于几乎所有的重症肌无力患者都有胸腺异常,故推断诱发免疫反应的起始部位在胸腺。胸腺是一免疫器官,是 T 细胞成熟的场所,T 细胞可介导免疫耐受以免发生自身免疫反应。而增生的胸腺中的 B 细胞可产生 AChR 抗体。在正常和增生的胸腺中存在肌样细胞(myoid cells),具有横纹并载有 AChR,最近还在胸腺中检测到 AChR 亚单位的 mRNA,因而推测在一些特定的遗传素质个体中,由于病毒或其他非特异性因子感染后,导致"肌样细胞"上的 AChR 构型发生某些变化,成为新的抗原,其分子结构与神经肌肉接头处的 AChR 的结构相似,刺激了免疫系统而产生 AChR 抗体。淋巴增生的胸腺的 B 细胞产生的 AChR 抗体随淋巴系统循环流出胸腺进入体循环,到达神经-肌肉接头突触后膜与 AChR 产生抗原抗体反应。AChR 抗体的 IgG 也可由周围淋巴器官和骨髓产生。另一个始动因素可能是神经-肌肉接头处 AChR 的免疫原性改变,如治疗类风湿的 D-青霉胺可诱发重症肌无力。家族性重症肌无力的发现及其与人类白细胞抗原(HLA)的密切关系提示重症肌无力的发病与遗传因素有关。

【病理】

本病的病理变化显示肌纤维本身变化不明显,有时可见肌纤维凝固、坏死、肿胀。肌纤维和小血管周围可见淋巴细胞浸润,称为"淋巴溢"。慢性病变可见肌萎缩。神经-肌肉接头处的病变较明显,突触间隙加宽,突触后膜皱褶稀少和变浅,免疫电镜可见突触后膜上有 IgG-C3-AChR 结合的免疫复合物沉积,突触后膜崩解等。80%的患者有胸腺淋巴滤泡增生,生发中心增多,10%~20%的患者合并胸腺瘤,以淋巴细胞型为主,良性的胸腺瘤组织几乎替代了正常的腺体。

【临床表现】

女性多于男性,约为 3∶2,任何年龄均可发病,小至数个月,大至 70~80 岁,但有两个发病年龄高峰:一是 20~40 岁,女性多见;另一是 40~60 岁,男性多见,多合并胸腺瘤。如母亲患重症肌无力,则其胎儿可从胎盘获得 AChR 抗体而出现暂时性的重症肌无力症状,多于生后 6 周左右症状消失。约 10%的患者的发病年龄小于 10 岁,家族性病例少见。感染、精神创伤、过度疲劳、妊娠、分娩等为常见的诱因,有时甚至诱发重症肌无力危象。

重症肌无力有以下临床特征:

1) 受累骨骼肌病态疲劳:连续肌肉收缩后出现严重肌无力甚至瘫痪,经短暂休息后可见症状减轻或暂时好转。肌无力症状易波动,多于下午或傍晚劳累后加重,晨起和休息后减轻,称之为"晨轻暮重"。

2) 受累肌的分布:虽然全身骨骼肌均可受累,但颅神经支配的肌肉较脊神经支配的肌肉更易受累。常从一组肌群无力开始,逐步累及到其他肌群。首发症状常为一侧或双侧眼外肌麻痹,如上睑下垂、斜视和复视。重者眼球运动明显受限,甚至眼球固定,但瞳孔括约肌不受累。若累及面部肌肉和口咽肌则出现表情淡漠、苦笑面容;连续咀嚼无力、进食时间长;说话带鼻音、饮水呛咳、吞咽困难。若胸锁乳突肌和斜方肌受累则颈软、抬头困难,转颈、耸肩无力。四肢肌肉受累以近端为重,表现为抬臂、梳头、上楼梯困难,腱反射通常不受影响,感觉正常。呼吸肌受累出现咳嗽无力、呼吸困难,称为重症肌无力危象,是致死的主要原因,心肌偶可受累,可引起突然死亡。

3) 胆碱酯酶抑制剂治疗有效,这是重症肌无力一个重要的临床特征。

4) 起病隐袭,整个病程有波动,缓解与复发交替,晚期患者休息后不能完全恢复,但重症肌无力不是持续进行性加重疾病。少数病例可自然缓解,多发生于起病后 2~3 年内。偶有亚急性起病,进展较快者。多数病例迁延数年至数十年,可靠药物维持。

【临床分型】

1. 成年型(Osserman 分型)

Ⅰ. 眼肌型(15%~20%):病变仅限于眼外肌,出现上睑下垂和复视。此型较为良性。

ⅡA. 轻度全身型(30%):从眼外肌开始逐渐波及四肢,但无明显延脑肌受累。

ⅡB. 中度全身型(25%):四肢肌群受累明显,除伴有眼外肌麻痹外,还有较明显的延脑肌麻痹症状,如说话含糊不清、吞咽困难、饮水呛咳,呼吸肌受累不明显。

Ⅲ. 急性重症型(15%):发病急,常在首次症状出现数周内发展至延脑肌、肢带肌、躯干肌和呼吸肌严重无力,有重症肌无力危象,需做气管切开,死亡率高。

Ⅳ. 迟发重症型(10%):2年内由Ⅰ、ⅡA、ⅡB型发展而来,症状同Ⅲ型,常合并胸腺瘤,预后较差。

Ⅴ. 肌萎缩型:少数患者肌无力伴肌萎缩。

2. 儿童型 约占10%,大多数病例仅限于眼外肌麻痹,双眼睑下垂可交替出现呈拉锯状。约1/4病例可自然缓解,仅少数病例累及全身骨骼肌。

儿童型中还有两种特殊亚型:① 新生儿型:女性患者所生婴儿中,约有10%因含母体经胎盘传给胎儿的AChR抗体IgG而致肌无力。患儿表现为哭声低、吸吮无力、肌张力低和动作减少。经治疗多在1周至3个月内痊愈;② 先天性肌无力:指出生后短期内出现婴儿肌无力,持续存在眼外肌麻痹。患儿虽无重症肌无力,但其家族中有重症肌无力患者。

3. 少年型 指14岁后至18岁前起病的重症肌无力,多为单纯眼外肌麻痹,部分伴吞咽困难及四肢无力。

【辅助检查】

1. 疲劳试验(Jolly试验) 受累肌肉重复活动后症状明显加重。如嘱患者持续上视出现上睑下垂或两臂持续平举后出现上臂下垂,休息后恢复则为阳性。

2. 抗胆碱酯酶药物试验

(1) 新斯的明(neostigmine)试验:新斯的明0.5~1mg肌肉注射,20min后症状明显减轻者为阳性,可持续2h,可同时注射阿托品0.5mg以对抗新斯的明的毒蕈碱样反应(瞳孔缩小、心动过缓、流涎、多汗、腹痛、腹泻、呕吐等)。

(2) 腾喜龙(tensilon)试验:腾喜龙10mg用注射用水稀释至1ml,静脉注射2mg,观察20s,如无出汗、唾液增多等副反应,再给予8mg,1min内症状如好转为阳性,持续10min后又恢复原状。

3. 重复神经电刺激(repetitive nerve stimulation,RNS) 应在停用新斯的明17h后进行,否则可出现假阴性。典型改变为低频(2~3Hz)和高频(10Hz以上)重复刺激尺神经、面神经和腋神经,当出现动作电位波幅递减10%以上时为阳性。80%的病例低频刺激时为阳性。

4. 单纤维肌电图(single fiber electromyography,SFEMG) 用特殊的单纤维针电极测量一个运动单位内单个肌纤维电位及其运动终板的电活动。单纤维肌电图通过测定颤抖(jitter)来研究神经肌肉接头的功能。颤抖是指同一运动神经末梢兴奋时,所支配的两个运动终板冲动传递时间上的微小差异。重症肌无力患者颤抖增加,严重时出现冲动阻滞。这是诊断重症肌无力的敏感方法。

5. AChR抗体滴度测定 对重症肌无力的诊断具有特征性意义。80%以上患者的血清中AChR抗体浓度明显升高,但眼肌型病例的AChR抗体升高不明显,且抗体滴度与临床症状的严重程度不成比例。

6. 胸腺CT、MRI或X线断层扫描检查 可发现胸腺增生和肥大。5%的患者有甲状腺功能亢进,表现为T_3、T_4升高。类风湿因子、抗核抗体、甲状腺抗体常升高。

【诊断及鉴别诊断】

根据缓解与复发交替的病史、受累骨骼肌病态疲劳、症状波动、晨轻暮重的特点,疲劳试验阳性,有助于诊断。以上实验室检查阳性发现则可确诊。

本病需与以下疾病进行鉴别:

1. Lambert-Eaton肌无力综合征 又称类重症肌无力综合征,因四肢近端肌无力需与重症肌无力鉴别。前者为一组自身免疫性疾病,其自身抗体的靶器官为周围神经末梢突触前膜的Ca^{2+}通道和ACh囊泡释放区。主要表现为:① 男性患者居多;② 约2/3患者伴发癌肿,尤其是燕麦细胞型支气管肺癌,也可伴发其他自身免疫性疾病;③ 下肢近端肌无力为主,活动后即疲劳,但短暂用力收缩后肌力反而增强,而持续收缩后又呈疲劳状态;④ 脑神经支配的肌肉很少受累;⑤ 约半数患者伴有自主神经症状,出现口干、少汗、便秘、阳痿;⑥ 新斯的明试验可阳性,但不如重症肌无力敏感;⑦ 神经低频重复刺激时波幅变化不大,但高频重复刺激波幅增高达200%以上;⑧ 血清AChR抗体阴性;⑨ 用盐酸胍治疗可使ACh释放增加而使症状改善。

2. 肉毒杆菌中毒 肉毒杆菌作用在突触前膜,影响了神经-肌肉接头的传递功能,出现骨骼肌瘫痪。但患者多有肉毒杆菌中毒的流行病学史,应及时静脉输葡萄糖和生理盐水,同时应用盐酸胍治疗。

3. 眼肌型肌营养不良症 易与单纯眼型重症肌无力混淆,但前者隐匿起病,青年男性多见,症状无波动,病情逐渐加重,抗胆碱酯酶药治疗无效。

4. 延脑麻痹 因延脑肌无力而需与重症肌无力鉴别,但前者有舌肌萎缩、纤颤和四肢肌束颤动,抗胆碱酯酶药治疗无效。

5. 多发性肌炎 均有近端肌无力而需与重症肌无力鉴别。但前者肌无力伴有肌肉压痛,病情无晨轻暮重,血清酶如肌酸激酶(CK)和乳酸脱氢酶(LDH)增高可资鉴别。

【治疗】

1. 药物治疗

(1) 胆碱酯酶抑制剂：常用溴化吡啶斯的明(pyridostigmine bromide)、溴化新斯的明(meostigmine bromide)和美斯的明(mytelase)。① 吡啶斯的明最常用，成人起始量30～60 mg，每日3～4次，根据临床症状逐增剂量。口服后2 h达高峰，作用时间为6～8 h。作用温和、平稳，副反应小；② 新斯的明：成人15～30 mg，每日3～4次。可在进餐前15～30 min服用，释放快，30～60 min达高峰，作用时间为3～4 h。副反应为毒蕈碱样反应，可用阿托品对抗；③ 美斯的明(mytelase)：成人5～10 mg，每日3～4次。口服后20～30 min起效，维持4～6 h。副反应为低血钾。辅助药如氯化钾、麻黄素可加强胆碱酯酶抑制剂的作用。

(2) 肾上腺皮质激素：可抑制自身免疫反应。① 冲击疗法：适用于住院危重病例、已用气管插管或呼吸机者。甲泼尼龙(methyl prednisolone, MPL)1 000 mg静脉滴注，每日1次，连用3～5 d，随后地塞米松10～20 mg静脉滴注，每日1次，连用7～10 d。若吞咽功能改善或病情稳定，停用地塞米松，改为泼尼松80～100 mg，每晨顿服。当症状基本消失后，每周减2次，每次减10 mg。减至每天60 mg时，每周减1次，每次减5 mg。减至每天40 mg时，开始减隔日量，每周减5 mg，即周1、3、5、7服40 mg，周2、4、6服35 mg，下一周的隔日量为30 mg，依次类推，直至隔日量减为0。以后隔日晨顿服泼尼松40 mg，维持1年以上。若病情无反复，每月减5 mg，直至完全停药或隔日5～15 mg长期维持。若中途病情波动，则需随时调整剂量。也可一开始就口服泼尼松每天60～80 mg，大约2周后症状逐渐缓解，常于数月后疗效达高峰，然后逐渐减量；② 小剂量递增法：从小剂量开始，隔日每晨顿服泼尼松20 mg，每周递增10 mg，直至隔日每晨顿服60～80 mg或症状明显改善，最大疗效常在用药后5个月出现，然后逐渐减量，每月减5 mg，至隔日15～30 mg维持数年。病情无变化再逐渐减量至完全停药。此法可避免用药初期病情加重。长期应用激素者应注意胃溃疡出血、库兴综合征、股骨头坏死、骨质疏松等并发症。

(3) 免疫抑制剂：适用于因有高血压、糖尿病、溃疡病而不能用肾上腺糖皮质激素，或不能耐受肾上腺糖皮质激素，或对肾上腺糖皮质激素疗效不佳者。副反应有周围血白细胞、血小板减少、脱发、胃肠道反应、出血性膀胱炎等。一旦白细胞小于3×10^9/L或血小板小于60×10^9/L应停药，同时注意肝、肾功能的变化。① 环磷酰胺：50 mg，每日2～3次，口服；或200 mg，每周2～3次静脉注射，总量10～20 g；或静脉滴注1 000 mg，每5日1次，连用10～20次；② 硫唑嘌呤：50～100 mg，每日2次，口服，用于泼尼松治疗不佳者，用药后4～26周起效；③ 环孢素A(cyclosporine A)：口服6 mg/(kg·d)，12个月为一疗程。对细胞免疫和体液免疫均有抑制作用，可使AChR抗体下降。副反应有肾小球局部缺血坏死、恶心、心悸等。

(4) 禁用和慎用药物：奎宁、吗啡及氨基糖甙类抗生素、新霉素、多黏菌素、巴龙霉素等均严重加重神经-肌肉接头传递障碍或抑制呼吸肌的作用，应禁用。地西泮、苯巴比妥等镇静剂应慎用。

2. 胸腺治疗

(1) 胸腺切除：手术切除胸腺可去除重症肌无力患者自身免疫反应的始动抗原。适应证为伴有胸腺肥大和AChR抗体效价增高者；伴胸腺瘤的各型重症肌无力；年轻女性全身型；对抗胆碱酯酶药治疗反应不满意者。约70%的患者术后症状缓解或治愈。

(2) 胸腺放疗：对不适宜做胸腺切除者可行胸腺深部^{60}Co放射治疗。

3. 血浆置换 能清除血浆中AChR抗体及免疫复合物。起效快，近期疗效好，但不持久。疗效维持1周至2个月，之后随抗体水平逐渐增高而症状复现。适用于危象和难治性重症肌无力患者。

4. 大剂量静脉注射免疫球蛋白 外源性IgG可使AChR抗体的结合功能紊乱而干扰免疫反应。IgG 0.4 g/(kg·d)静脉滴注，5 d为一疗程，作为辅助治疗缓解病情。

5. 危象的处理 一旦发生呼吸肌瘫痪，应立即进行气管切开，应用人工呼吸器辅助呼吸，但应明确是何种类型的危象，然后进行积极抢救。

(1) 肌无力危象(myasthenic crisis)：为最常见的危象，往往由于抗胆碱酯酶药量不足引起。如静注腾喜龙或肌注新斯的明后症状减轻则应加大抗胆碱酯酶药的剂量。

(2) 胆碱能危象(cholinergic crisis)：由于抗胆碱酯酶药物过量引起，患者肌无力加重，出现肌束颤动及毒蕈碱样反应。可静注腾喜龙2 mg，如症状加重则应立即停用抗胆碱酯酶药物，待药物排除后可重新调整剂量。

(3) 反拗危象(brittle crisis)：由于对抗胆碱酯酶药物不敏感，腾喜龙试验无反应，此时应停止抗胆碱酯酶药而用输液维持。过一段时间后如抗胆碱酯酶药物有效时再重新调整剂量。

危象是重症肌无力最危急状态，病死率为15.4%～50%。不管何种危象，基本处理原则是：① 保持呼吸道通畅，当自主呼吸不能维持正常通气量时应及早气管切开用人工辅助呼吸;② 积极控制感染,选用有效、足量和对神经-肌肉接头无阻滞作用的抗生素控制肺部感染;③ 皮质类固醇激素:选用大剂量甲泼尼龙 500～2 000 mg/d,或地塞米松 20 mg/d 静滴 3～5 d,再逐步递减;④ 血浆置换;⑤ 严格气管切开和鼻饲护理:无菌操作,保护呼吸道湿化,严防窒息和呼吸机故障。

第三节 周期性瘫痪

周期性瘫痪(periodic paralysis)是以反复发作的骨骼肌弛缓性瘫痪为特征的一组肌病,发作时多伴有血清钾含量的改变。肌无力可持续数小时或数周,发作间歇期完全正常,根据发作时血清钾的浓度,可分为低钾型、高钾型和正常钾型三类。临床上以低钾型者多见,其中部分病例合并甲状腺功能亢进、肾功能衰竭和代谢性疾病,称为继发性周期性瘫痪。本节重点介绍低钾型周期性瘫痪。

一、低钾型周期性瘫痪

【病因及发病机制】

低钾型周期性瘫痪为常染色体显性遗传病,致病基因位于第 1 号染色体长臂(1q31),为编码肌细胞 Ca^{2+} 通道基因突变而致病。因显性遗传的特点是在家族中数代均有患者,故该病又称为家族性周期性瘫痪,而我国以散发多见。饱餐后休息中或激烈活动后休息中最易发作,注射胰岛素、肾上腺素或大剂量葡萄糖也能诱发,这可能是因为葡萄糖进入肝和肌肉细胞合成糖原,因代谢需要也带入 K^+,使血中钾含量降低。

发病机制尚不清楚,普遍认为与 K^+ 浓度在骨骼肌细胞膜内、外的波动有关。在正常情况下,钾离子浓度在肌膜内高,肌膜外低。当两侧保持正常比例时,肌膜才能维持正常的静息电位,才能为 ACh 的去极化产生正常的反应。而在患者中,肌细胞内膜经常处于轻度去极化状态,而且很不稳定,电位稍有变化即产生 Na^+ 在膜上的通路受阻,从而不能传播电活动。在疾病发作期间,病肌对一切电刺激均不起反应,处于瘫痪状态。

【病理】

主要变化为肌质网空泡化。肌原纤维被圆形和卵圆形空泡分隔,空泡内含透明的液体及少数糖原颗粒。电镜下可见空泡由肌质网终末池和横管系统扩张所致。发作间歇期可恢复,但不完全,故肌纤维间仍可见数目不等的小空泡。

【临床表现】

1) 任何年龄均可发病,以 20～40 岁男性多见,随年龄增长而发作次数减少。疲劳、饱餐、寒冷、酗酒、精神刺激等是常见的诱因。

2) 常于饱餐后夜间睡眠或清晨起床时,肢体肌肉对称性无力或完全瘫痪,下肢重于上肢,近端重于远端;也可从下肢逐渐累及上肢,数小时至 1～2 d 内达高峰。可伴有肢体酸胀、针刺感。

3) 发病期间神志清楚,呼吸、吞咽、咀嚼、发音、眼球活动正常。瘫痪肢体肌张力低,腱反射减弱或消失。膀胱直肠括约肌功能不受累。发病前可有肢体疼痛、感觉异常、口渴、多汗、少尿、潮红、嗜睡、恶心等。少数严重病例可发生呼吸肌麻痹、心动过速或过缓、室性心律失常、血压增高而危及生命。

4) 发作一般经数小时至数日逐渐恢复,最先受累的肌肉最先恢复。发作频率不等,一般数周或数月一次,个别病例每天均有发作,也有数年一次甚至终身仅发作一次。发作间期一切正常。伴发甲状腺功能亢进的周期性瘫痪发作频率较高,每次持续时间短,常在数小时至 1 d 之内。甲亢控制后,发作频率减少。

【辅助检查】

1) 发作期血清钾常低于 3.5 mmol/L 以下,间歇期正常。

2) 心电图呈典型的低钾性改变,u 波出现,T 波低平或倒置,P-R 间期和 Q-T 间期延长,ST 段下降,QRS 波增宽。

3) 肌电图示运动电位时限短,波幅低,完全瘫痪时运动单位电位消失,电刺激无反应。膜静息电位低于正常。

【诊断及鉴别诊断】

根据周期性发作的短时期的肢体近端弛缓性瘫痪,无意识障碍和感觉障碍,发作期间血钾低于 3.5 mmol/L,心电图呈低钾性改变,不难诊断。有家族史者更支持诊断。

散发病例除甲亢外应与可反复引起低血钾的疾病鉴别,如原发性醛固酮增多症,肾小管酸中毒,失钾性肾炎,腹泻,药源性低钾麻痹(噻嗪类利尿剂、皮质类固醇等)。但上述疾病均有原发病的其他特殊症状可资鉴别。另外,还应与癔病、急性炎症性脱髓鞘性多发性神经病、多发性肌炎、肌红蛋白尿症鉴别。

对个别诊断有困难的患者,可结合肌电图检查进行葡萄糖诱发试验。在 1 h 内静脉滴注葡萄糖 100 g 及普通胰岛素 20 u。通常在滴注后 1 h 随血糖降低而出现低血钾。在瘫痪发生前,可见到快速感应电刺激引起的肌肉动作电位幅度的节律性波动,继而潜伏期延长,动作电位增宽,波幅降低甚至消失。瘫痪出现后可给予氯化钾静脉滴注以终止发作。诱发试验前应取得患者及家属的合作和同意,并做呼吸肌麻痹和心律失常抢救的准备。

【治疗】

1) 发作时给予 10%氯化钾或 10%枸橼酸钾 40～50 ml 顿服,24 h 内再分次口服,一日总量为 10 g。也可静脉滴注氯化钾溶液以纠正低血钾状态。

2) 对发作频繁者,发作间期可用钾盐 1 g,每日 3 次口服;或口服乙酰唑胺 250 mg,每日 4 次;或螺旋内酯 200 mg,每日 2 次以预防发作。

3) 呼吸肌麻痹者应予辅助呼吸,严重心律失常者应积极纠正。伴有甲亢者,甲亢控制后发作将明显减少或终止发作。

4) 应避免各种诱因,平时少食多餐,忌浓缩高碳水化合物饮食,并限制钠盐。避免受冻及精神刺激。

二、高钾型周期性瘫痪

高钾型周期性瘫痪又称强直性周期性瘫痪,较少见,基本上限于北欧国家。

【病因及发病机制】

本病为常染色体显性遗传,研究表明是位于第 17 号染色体长臂(17q13)的肌膜钠通道基因的点突变,引起膜电位下降,膜对钠的通透性增加或肌细胞内钾、钠转换能力缺陷。瘫痪发作时血钾比平时高,K^+ 从肌细胞内运出而 Na^+ 代偿性进入肌细胞内。发作间歇期的肌膜电位低于正常,发作时更加降低。肌肉活组织检查与低钾型周期性瘫痪的改变相同。

【临床表现】

1) 多在 10 岁前起病,男性居多,在饥饿、寒冷、剧烈运动和钾盐摄入可诱发肌无力发作。

2) 肌无力从下肢近端开始,然后影响到上肢、颈部肌和颅神经支配的肌肉,瘫痪程度一般较轻,但常伴有肌肉痛性痉挛。每次持续时间短,约数分钟到 1 h。发作频率为每天数次到每年数次。部分患者伴有手肌、舌肌的强直发作,多数病例在 30 岁左右趋于好转,逐渐终止发作。

3) 发作时血清钾和尿钾含量升高,血清钙降低,心电图 T 波高尖,肢体放入冷水中易出现肌肉僵硬,肌电图可见强直电位。

【诊断及鉴别诊断】

根据患者有发作性无力,血钾含量增高及家族史,易于诊断。若诊断有困难,可行:① 钾负荷试验;口服氯化钾 3～8 g,若服后 30～90 min 内出现肌无力,数分钟至 1 h 达高峰,持续 20 min 至 1 d,则有助于诊断;② 冷水诱发试验:将前臂浸入 11～13℃水中,如为患者,20～30 min 可诱发肌无力,停止浸冷水 10 min 后可恢复。

应注意与低钾型周期性瘫痪、正常钾型周期性瘫痪和先天性副肌强直症鉴别。另外尚需与肾功能不全、肾上腺皮质功能下降、醛固酮缺乏症和药物性高血钾瘫痪相鉴别。

【治疗】

1) 发作时可用 10%葡萄糖酸钙静注,或 10%葡萄糖 500 ml 加胰岛素 10～20 u 静脉滴入以降低血钾。也可用速尿排钾。

2) 预防发作可给予高碳水化合物饮食,勿过度劳累,避免寒冷刺激,或口服氢氯噻嗪等药帮助排钾。

三、正常钾型周期性瘫痪

正常钾型周期性瘫痪又称钠反应性正常血钾型周期性瘫痪,为常染色体显性遗传,较为罕见。病理改变与低钾型周期性瘫痪相似,为肌质网纵管系统扩大。多在 10 岁前发病,常于夜间或清晨醒来时发现四肢或部分肌肉瘫痪,甚至发音不清、呼吸困难等。发作持续时间常在 10 d 以上。限制钠盐摄入或补充钾盐均可诱发,补钠后好转。血清钾水平正常。主要与格林-巴利综合征、高钾型和低钾型周期性瘫痪鉴别。治疗上可给予大量生理盐水静脉滴注;10%葡萄糖酸钙 10 ml,一日 2 次;乙酰唑胺 250 mg,一日 2 次口服。间歇期可给予氟氢可的松和乙酰唑胺。

第四节 进行性肌营养不良症

进行性肌营养不良症(progressive muscular dystrophy，PMD)是一组原发于肌肉组织的遗传病，主要临床特征为进行性加重的肌肉萎缩和无力。

【病因及发病机制】

根据遗传方式、发病年龄、萎缩肌肉的分布、病程和预后，可将该病分为不同的临床类型。各种类型的基因位置、突变类型和遗传方式均不相同，其发病机制也不一样。实际上各种类型均是一种独立的遗传病。如假肥大型肌营养不良症的基因位于染色体 Xp21，属 X 连锁隐性遗传。该基因组跨度 2 300 kb，是迄今发现的人类最大基因，cDNA 长 14 kb，含 79 个外显子，编码 3 685 个氨基酸残基，组成 427 kDa 的细胞骨架蛋白——抗肌萎缩蛋白(dystrophin)。该蛋白位于肌膜的质膜面，具有抗牵拉、防止肌细胞膜在收缩活动时撕裂的功能。患者因基因缺陷而使肌细胞内缺乏抗肌萎缩蛋白，造成功能缺失而发病。面肩肱型肌营养不良症基因定位在 4 号染色体长臂末端(4q35)，在此区域有一与 $KpnⅠ$ 酶切位点相关的 3.3 kb 重复片段。正常人该 3.3 kb/$KpnⅠ$ 片段重复 10~100 次，而面肩肱型肌营养不良症患者通常少于 8 次，故通过测定 3.3 kb/$KpnⅠ$ 片段重复的次数则可做出基因诊断。肢带型肌营养不良症(limb-gird muscular dystrophy，LGMD)具有很强的遗传异质性(genetic heterogeneity)，可由不同的基因突变导致相似的临床表现。常染色体显性遗传的肢带型肌营养不良症称为 LGMD1 型，根据不同的基因突变分为不同的亚型(表 21-1)。常染色体隐性遗传的肢带型肌营养不良症称为 LGMD2 型，其亚型见表 21-2。

表 21-1 LGMD1 各亚型的基因定位和基因产物

LGMD1 亚型	基因位点	基因产物
LGMD1A	5q31	Myotilin
LGMD1B	1q21.2	LaminA/C
LGMD1C	3p25	Caveolin-3
LGMD1D	6q23	未知
LGMD1E	7q	未知
LGMD1F	7q31.1-q32.2	未知
LGMD1G	4q21	未知

表 21-2 LGMD2 各亚型的基因定位和基因产物

LGMD2 亚型	基因位点	基因产物
LGMD2A	15q15.1-q21.1	Calpain-3
LGMD2B	2p13.3-p13.1	Dysferlin
LGMD2C	13q12	Gamma-sarcoglycan
LGMD2D	17q12-q21.3	Alpha-sarcoglycan
LGMD2E	4q12	Beta-sarcoglycan
LGMD2F	5q33	Delta-sarcoglycan
LGMD2G	17q12	Telethonin
LGMD2H	9q31-q34.1	Tripartite motif protein32
LGMD2I	19q13.3	Fukutin 相关蛋白
LGMD2J	2q24.3	Titin
LGMD2K	9q34.1	O-mannosyl 转移酶

【病理】

基本的肌肉病理改变是肌纤维的坏死和再生，肌膜核内移。随着病情进展，肌细胞大小差异不断增加，有的萎缩，有的代偿性增大，呈相嵌分布；肌纤维内横纹消失，空泡形成；萎缩的肌纤维间有大量的脂肪细胞和结缔组织增生(图 21-2)。电镜下肌细胞膜呈锯齿状改变。组织化学染色Ⅰ型和Ⅱ型纤维均受累，为非特异性改变。假肥大的肌肉是由于肌束内大量脂肪和结缔组织的堆积。心肌也有类似病理改变。假肥大型肌营养不良症的肌活检标本用免疫组化染色可见抗肌萎缩蛋白缺失，对诊断有决定性意义。

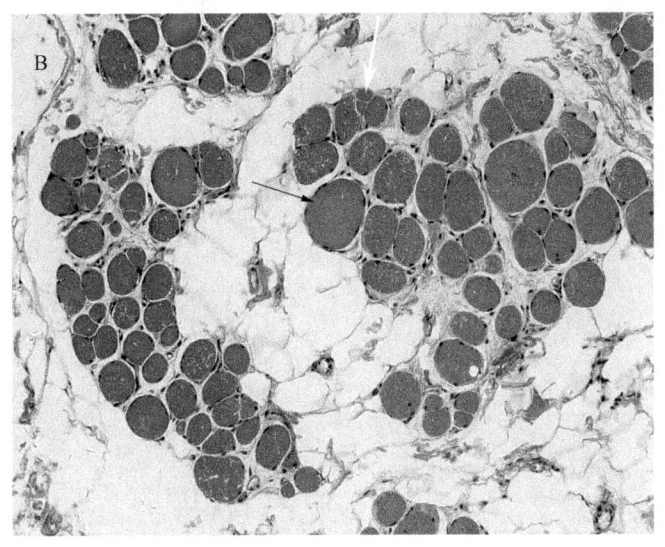

图 21-2　DMD 患儿腓肠肌纤维萎缩(白色箭头)和
肥大(黑色箭头),以及大量的脂肪细胞浸润

【临床表现】

1. 假肥大型　根据抗肌萎缩蛋白疏水肽段是否存在,以及蛋白空间结构变化和功能丧失程度的不同,本型又可分为两种类型:

(1) Duchenne 型肌营养不良症(DMD)

1) DMD 是我国最常见的 X 连锁隐性遗传性肌病,发病率约 1/3 500 活男婴。女性为致病基因携带者,所生男孩 50% 发病。

2) 通常 3~5 岁隐袭起病,突出症状为骨盆带肌肉无力,表现为走路缓慢,易跌跤。由于髂腰肌和股四头肌无力而上楼及下蹲起立困难。背部伸肌无力使站立时腰椎过度前凸,臀中肌无力导致行走时骨盆向两侧上下摆动,呈典型的"鸭步"。由于腹肌和髂腰肌无力,病孩自仰卧位起立时必须先翻身转为俯卧,然后以两手支撑地面和下肢缓慢地站立,称为 Gowers 征(图 21-3)。

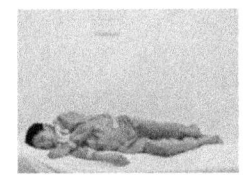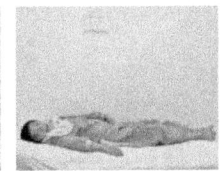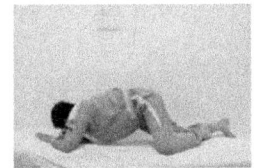

图 21-3　Gowers 征

3) 肩胛带肌往往同时受累,但程度较轻。由于肩胛带松弛形成游离肩。因前锯肌无力,两肩胛骨呈翼状竖起于背部,称为翼状肩胛,在两臂前推时最明显。

4) 90% 的患儿有肌肉假性肥大,触之坚韧(图 21-4),为首发症状之一。以腓肠肌最明显,三角肌、臀肌、股四头肌、冈下肌和肱三头肌等也可发生。因萎缩肌纤维周围被脂肪和结缔组织填塞,故体积增大而肌力减弱。

5) 大多患者伴心肌损害,右胸前导联出现高 R 波和左胸前导联出现深 Q 波。约 30% 的患儿有不同程度的智能障碍。

6) 病情进展快,患儿 12 岁不能行走,需坐轮椅。晚期产生关节挛缩及骨骼畸形。最后因呼吸肌萎缩无力而出现呼吸变浅、咳嗽无力,多数患者在 25~30 岁因呼吸道感染或心力衰竭而死亡。

(2) Becker 型肌营养不良症(BMD):也是 X 连锁隐性遗传,与 DMD 是等位基因病,但只占 DMD 患者的十分之一。多在 5~25 岁起病,临床表现与 DMD 类似,但进展缓慢,多不伴心肌受累及智能障碍。病程可达 25 年以上。

DMD 和 BMD 均有血清肌酸激酶(CK)和乳酸脱氢酶(LDH)显著升高。肌电图示肌源性损害,尿中肌酸增加,肌酐减少。肌肉 MRI 检查示变性肌肉呈"虫蚀现象"。抗肌萎缩蛋白基因诊断(PCR 法、印迹杂交法和 DNA 测序法等)可发现基因缺陷。抗肌萎缩蛋白免疫学检查的确诊率为 100%。

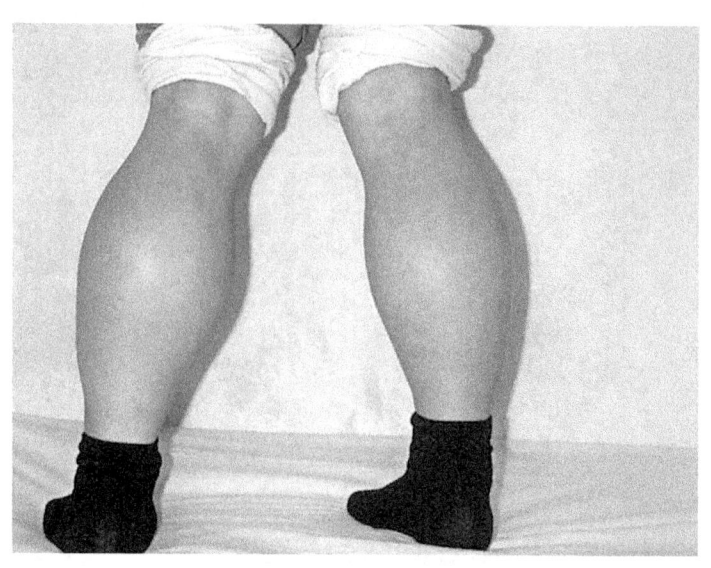

图 21-4 腓肠肌假性肥大

2. 面肩肱型肌营养不良症

1）常染色体显性遗传，性别无差异。多在青年期起病，但也可见儿童及中年发病者。

2）常为面部和肩胛带肌肉最先受累，患者面部表情少，眼睑闭合无力，吹口哨、鼓腮困难，逐渐延至肩胛带（翼状肩胛），三角肌、肱二、三头肌和胸大肌上半部。因口轮匝肌假性肥大嘴唇增厚而微翘，称为"肌病面容"。可见三角肌假性肥大。

3）病情缓慢进展，可逐渐累及躯干和骨盆带肌肉，可有腓肠肌假性肥大。大约20%的患者需坐轮椅，生命年限接近正常。

4）肌电图为肌源性损害，血清酶正常或轻度升高。印迹杂交 DNA 分析可测定第 4 号染色体长臂末端 3.3 kb/*Kpn*Ⅰ重复片段的多少来确诊。

3. 肢带型肌营养不良症

1）常染色体隐性遗传，散发病例也较多。

2）10～20 岁起病，首发症状多为骨盆带肌肉萎缩，腰椎前凸，鸭步，下肢近端无力，出现上楼困难，可有腓肠肌假性肥大。逐渐发生肩胛带肌肉萎缩，抬臂、梳头困难，翼状肩胛。面肌一般不受累。病情缓慢发展，平均起病后 20 年左右丧失劳动能力。

3）血清酶明显升高，肌电图示肌源性损害，心电图正常。

4. 眼咽型肌营养不良症

1）常染色体显性遗传，也有散发病例。

2）40 岁左右起病，首发症状为对称性上睑下垂和眼球运动障碍。逐步出现轻度面肌、眼肌无力和萎缩、吞咽困难、构音不清。

3）血清 CK 正常。检测眼咽型肌营养不良症基因可见 CAG 重复顺序增加。

5. 其他类型

1）眼肌型肌营养不良症较为罕见，病变主要限于眼外肌，易误诊为重症肌无力。

2）远端型肌营养不良症少见，为常染色体显性遗传，40～60 岁起病，肌无力和萎缩始于手和足的小肌肉，亦可向近端发展。

3）先天性肌营养不良症则起病于婴儿期。

【诊断及鉴别诊断】

根据临床表现、遗传方式、起病年龄，加上血清酶测定及肌电图、肌肉病理检查，必要时做基因检测，诊断不难。但应与下列疾病鉴别：

1. 少年型近端脊肌萎缩症 属常染色体显性或隐性遗传。青少年起病，主要表现为四肢近端肌肉萎缩，对称分布，类似肌病，但有肌束颤动；肌电图为神经源性损害，有巨大电位；病理为神经性萎缩，可资鉴别。

2. 慢性多发性肌炎 无家族史，病情进展较急性多发性肌炎慢。血清酶增高，肌肉病理符合肌炎改变，用皮质类固醇治疗有效，可资鉴别。

【治疗】

进行性肌营养不良症迄今无特殊疗法,仅能对症治疗,如增加营养,适当锻炼。药物可选用 ATP、肌苷、维生素 E、肌生注射液等。基因治疗及干细胞移植治疗可望成为有效的治疗方法。

【预防】

由于目前尚无有效的治疗方法,因此检出携带者、进行产前诊断、人工流产患病胎儿就显得尤其重要。首先,应确定先证者(患儿)的基因型,然后确定其母亲是否是携带者。当 DMD 携带者怀孕以后应确定是男胎还是女胎,对男胎进行产前基因诊断,若是病胎则终止妊娠,防止患儿出生。

第五节 多发性肌炎

多发性肌炎(polymyositis)是一组对称性四肢近端、颈肌、咽肌无力,肌肉压痛及血清酶增高为特征的弥漫性肌肉炎症性疾病。

【病因及发病机制】

病因未明。部分患者在发病前有病毒或寄生虫感染史,或有恶性肿瘤病史。有些患者合并红斑狼疮、类风湿性关节炎、硬皮病等。

多发性肌炎的发生与免疫失调有关,包括细胞免疫和体液免疫的异常。90%的患者血清抗肌球蛋白抗体阳性,50%的患者抗核抗体阳性,肌纤维及其周围可见 T 辅助细胞。周围淋巴细胞对肌肉抗原敏感,并对肌细胞培养有明显的细胞毒作用,故本病是一自身免疫性疾病。抗体的作用机制可能为:① 直接与肌膜上的靶抗原结合;② 抗体与肌膜表面的蛋白呈交叉反应,引起组织损害;③ 补体参与引起免疫反应。

【病理】

主要为骨骼肌的炎性改变,肌纤维溶解、断裂,尤其是肌纤维膜下和肌纤维间炎性细胞浸润及肌束周围小血管梗塞,毛细血管内皮细胞增厚、肿胀和毛细血管、小动脉、静脉闭塞。血管壁有免疫球蛋白和补体沉积,免疫细胞化学显示坏死肌纤维上有免疫补体 $C_{5\sim9}$ 的沉积。未坏死的肌纤维的基质部和结缔组织中有 IgG 沉积。肌纤维碱性磷酸酶活性增高,电镜下可见肌纤维的肌质中有淋巴细胞浸润、肌丝断裂、空泡样变、Z 线消失、肌细胞再生、横管系统与肌质网有异常吻合等。包涵体肌炎的特征性改变是在肌质网中发现嗜碱性包涵体颗粒,肌纤维中发现嗜酸性包涵体。

【临床表现】

1) 急性或亚急性起病,发病年龄不限,女性多于男性,病前可有低热或感染。发病率为(2~5)/10 万。

2) 首发症状通常为四肢近端无力,常从盆带肌开始逐渐累及肩带肌肉,表现为上楼、蹲下起立困难、双臂不能高举等。颈肌无力出现抬头困难,咽喉肌无力表现为构音、吞咽困难,呼吸肌受累则出现胸闷、呼吸困难。常伴有关节、肌肉痛。眼外肌一般不受累。少数病例合并有皮疹、蝶形红斑、关节炎等其他自身免疫性疾病。10%~30%的病例伴发恶性肿瘤,如肺癌。消化道受累出现恶心、呕吐、痉挛性腹痛。心脏受累出现晕厥、心律失常、心衰。肾脏受累出现蛋白尿和红细胞。

3) 查体可见四肢近端肌肉无力、压痛,晚期有肌萎缩。感觉正常。

【辅助检查】

1) 急性期周围血 WBC 增高,血沉增快,血清 CK 明显增高。1/3 患者类风湿因子和抗核抗体阳性,免疫球蛋白及抗肌球蛋白的抗体增高,24 h 尿肌酸增高可作为疾病活动期的指标。

2) 肌电图可见自发性纤颤电位和正相尖波。多相波增多,呈肌源性损害表现。

3) 肌活检见纤维变性、坏死、再生、炎性细胞浸润、血管内皮细胞增生。电镜下可见横管系统与肌质网有异常吻合。包涵体肌炎的特征性改变是在肌质网中发现嗜碱性包涵体颗粒,肌纤维中发现嗜酸性包涵体。

4) 52%~75%的患者有心电图异常,Q-T 间期延长,ST 段下降。

【诊断及鉴别诊断】

根据典型的四肢近端肌无力伴压痛,无感觉障碍,血清酶活性增高,肌电图呈肌源性损害,肌活检为炎性改变则可确诊。肌活检的特征性改变是确诊包涵体肌炎的惟一依据。40 岁以上者需除外恶性肿瘤。

本病需与下列疾病鉴别:

1. 肢带型肌营养不良症 因有四肢近端和骨盆、肩胛带无力和萎缩,肌酶增高而需与多发性肌炎鉴别。但肢带型肌营养不良症常有家族史,无肌痛,肌活检以脂肪变性为主而无明显炎性细胞浸润,可资鉴别。

2. 重症肌无力 多发性肌炎患者晚期卧床不起,构音障碍,吞咽困难要与本病鉴别。可根据病情无明显波动,抗胆碱酯酶药物不灵敏,血清酶活性增高而排除重症肌无力。

【治疗】

急性期患者应卧床休息,适当体疗,防止并发症和肌肉痉挛。

1）皮质类固醇激素：为多发性肌炎之首选药物。常用方法为：地塞米松 10～20 mg/d 静脉滴注或泼尼松 100～200 mg,隔日顿服。一般在 6 周左右之后临床症状改善,持续 8～12 周后逐渐减量,每 2～4 周减少 1 次,每次减少 5～10 mg,逐步减至 30 mg,隔日顿服,整个疗程约需 1 年左右,激素量不足时肌炎症状不易控制,减量太快则症状易波动,应特别注意。急性或重症患者可首选大剂量甲泼尼龙 1 000 mg 在 2 h 内静滴,每日 1 次,连用 3 d,然后逐步减量。

2）免疫抑制剂：当激素治疗不满意时加用。首选甲氨蝶呤,其次为硫唑嘌呤、环磷酰胺、环孢素 A,用药期间注意控制白细胞减少。

3）中药治疗：雷公藤糖浆或昆明山海棠片。服药期间应注意肝、肾功能损害。

4）泼尼松和免疫抑制剂治疗无效者可用血浆置换治疗,可改善肌无力和临床症状。急性期使用免疫球蛋白(IgG) 1 g/(kg·d),静滴连续 2 d;或 IgG 0.4 g/(kg·d)静脉滴注,每月连续 5 d,4 个月为一疗程,效果较好。副反应为恶心、呕吐、头晕,但能自行缓解。

5）给予高蛋白和高维生素饮食,进行适当体育锻炼和理疗。重症者应预防关节挛缩及废用性肌萎缩。

6）对包涵体肌炎目前无特效治疗。皮质类固醇激素和免疫抑制剂治疗无效,小剂量全身放射治疗可能有效。

第六节　肌强直性肌病

肌强直是一种病态临床现象,其特征为骨骼肌在随意收缩或物理刺激后,收缩的肌肉不易立即放松;电刺激、机械刺激时肌肉兴奋性增高;重复骨骼肌收缩或重复电刺激后骨骼肌松弛,症状消失;寒冷环境中强直加重;肌电图检查呈现连续的高频放电现象。

肌强直的原因不清,可能与肌膜对某些离子的通透性异常有关。例如,强直性肌营养不良症肌膜对 Na^+ 的通透性增加;而先天性肌强直,则对 Cl^- 通透性减弱。不管何种肌强直,均可对症治疗,常用药物有普鲁卡因酰胺、苯妥英钠、卡马西平、乙酰唑胺、地西泮等。

一、强直性肌营养不良症

强直性肌营养不良症(myotonic muscular dystrophy)是一组多系统受累的常染色体显性遗传病。发病率为(1～37)/10 万,患病率为 1/(8 000～20 000)。

【病因及发病机制】

强直性肌营养不良症的基因位于第 19 号染色体长臂(19q13.3),基因组跨度为 14 kb,含 15 个外显子,编 582 个氨基酸碱基组成肌强直蛋白激酶(myotonia protein kinase)。该基因的 3′-端非翻译区存在一个三核苷酸串联重复顺序即 p(CTG)$_n$ 结构,正常人的 p(CTG)$_n$ 结构中 n 拷贝数在 5～40 之间,而强直性肌营养不良患者的 n 为 50～2 000,称为 (CTG)$_n$ 动态突变。该异常扩展了的 p(CTG)$_n$ 影响基因的表达,因而发病。该病的外显率为 100%。

【病理】

肌细胞核内移,呈链状排列。肌原纤维退缩到肌纤维的一边,形成肌膜的团块及环形纤维。肌细胞大小不一,呈相嵌分布。

【临床表现】

1）多在 30 岁以后起病,缓慢进展。肌强直通常在肌萎缩之前数年或同时发生。

2）主要影响手部动作、行走和进食,如用力握拳后不能立即将手伸直,需重复数次才能放松;或用力闭眼后不能睁开;或开始咀嚼时不能张口。用叩诊锤叩击四肢肌肉、躯干甚至用棉纤刺激舌肌时,可见局部肌球形成,持续数秒后才能恢复原状,这有重要的诊断价值。

3）肌肉萎缩往往先累及手部和前臂肌肉,继而累及头面部肌肉,如上睑、颞肌、咬肌、面部诸肌、胸锁乳突肌等。尤其颞肌和咬肌萎缩最明显,患者面容瘦长,颧骨隆起,呈"斧状脸",颈消瘦而稍前屈,而成"鹅颈"。

4）除肌肉外,还累及其他系统出现多种临床症状,如心脏传导阻滞、心律失常、秃发、白内障、性腺萎缩、颅骨内板增生、脑室扩大、智能减退等。

5）肌电图检查可见一次收缩后引起一系列动作电位,为典型的"肌强直放电"。

【诊断及鉴别诊断】

根据肌强直及肌萎缩的特点,加上有白内障、前额秃发、睾丸萎缩等不难诊断。肌电图及基因检查可确诊。但应与先天性肌强直和进行性肌营养不良症鉴别。

【治疗】

目前缺乏根本的治疗。针对肌强直可口服苯妥英钠0.1g,每日3次;普鲁卡因酰胺1g,每日4次;或奎宁0.3g,每日3次。但有心脏传导阻滞者忌用奎宁和普鲁卡因酰胺,可改用Ca^{2+}通道阻滞剂。

二、先天性肌强直

先天性肌强直(congenital myotonia)又称Thomsen病,常染色体显性遗传。主要临床特征为骨骼肌用力收缩后放松困难,患病率为(0.3~0.6)/10万。

症状自婴儿期或儿童期开始,逐渐进行性加重,在成人期趋于稳定。患者表现为全身骨骼肌强直和肥大,肢体僵硬,动作笨拙;静息后初次运动较重,如久坐后不能立即站立,静立后不能起步,握手后不能放松,但重复运动后症状减轻。在寒冷的环境中上述症状加重。

体检可见全身肌肉肥大,酷似"运动员"。叩击肌肉可见肌球或局部肌肉收缩出现持久凹陷。全身感觉正常。

肌电图检查出现肌强直电位,插入电位延长,扬声器发出轰炸机俯冲般或蛙鸣般声响。

本病无肌萎缩、脱发、白内障和内分泌功能障碍等与强直性肌营养不良症鉴别。

治疗可用普鲁卡因酰胺、乙酰唑胺、苯妥英钠等减轻肌强直。保暖也可使肌强直减轻。

第七节 线粒体肌病及线粒体脑肌病

线粒体是细胞内提供能量的细胞器。线粒体DNA(mtDNA)是一环状双链分子,长16 569 bp,含37个基因,主要编码呼吸链和与能量代谢有关的蛋白。如果线粒体DNA发生突变(缺失或点突变),则不能编码线粒体在氧化代谢过程中所必需的酶或载体,糖原和脂肪酸等原料不能进入线粒体,或不能被充分利用,故不能产生足够的ATP而导致能量代谢障碍,并产生复杂多样的临床症状。如病变以侵犯骨骼肌为主,则称为线粒体肌病;如病变同时累及到中枢神经系统,则称为线粒体脑肌病。线粒体病的遗传方式是母系遗传,因受精卵中的线粒体均来自卵子。

【病理】

肌活检冰冻切片,经Gomori Trichrome(GT)染色,光镜下可见破碎红纤维(RRF),电镜下可见大量异常线粒体、糖原和脂滴堆积,线粒体嵴排列紊乱。DNA分析可发现mtDNA缺失或点突变。

【临床表现】

1. 线粒体肌病 多在20岁左右起病,也可见于儿童及中年起病的患者,男女均受累。临床上以极度不能耐受疲劳为特征,往往在轻度活动后即感疲乏,休息后好转,常伴有肌肉酸痛及压痛,但肌萎缩少见。常误诊为多发性肌炎、重症肌无力和进行性肌营养不良症等。

2. 线粒体脑肌病

(1) 慢性进行性眼外肌瘫痪(chronic progressive external ophthalmoplegia,CPEO):多在儿童期起病。首发症状为眼睑下垂,缓慢进展为全眼外肌瘫痪、眼球运动障碍。因两眼的眼外肌对称受累,故复视并不常见。部分患者可有咽部肌肉和四肢无力。

(2) Kearns-Sayer综合征(Kearns-Sayre syndrome,KSS):由固定的三联征组成:① 20岁前起病;② CPEO;③ 视网膜色素变性。常伴有心脏传导阻滞、小脑性共济失调、脑脊液蛋白含量增高、神经性耳聋、智能减退。病情进展较快,多在20岁前死于心脏病。

(3) MELAS综合征(mitochondrial encephalomyopathy with lactic acidosis and stroke-like episodes,MELAS):又称线粒体肌病伴乳酸血症和卒中样发作。多在40岁以前,尤其是在儿童期起病,临床症状为突发卒中、偏瘫、偏盲或皮质盲、反复癫痫发作、偏头痛和呕吐。病情逐渐加重,头颅CT和MRI显示主要为枕叶的脑软化,其病灶范围与主要脑血管分布不一致。脑萎缩、脑室扩大和基底节钙化也常见。血和脑脊液乳酸增高。

(4) 肌阵挛性癫痫伴肌肉破碎红纤维综合征(myoclonus epilepsy and ragged red fibers,MERRF syndrome):主要特征为肌阵挛性癫痫发作、小脑性共济失调、四肢近端无力。主要在儿童期发病,有的家系多伴发多发性对称性脂肪瘤。

【辅助检查】

1) 生化检查：约80%患者的乳酸、丙酮酸最小运动量试验阳性，即运动后10 min血乳酸和丙酮酸仍不能恢复正常。脑肌病者脑脊液(CSF)乳酸含量也增高。线粒体呼吸链复合酶活性降低。

2) 肌电图检查示肌源性损害或神经源性损害。肌肉活检组织化学染色示肌细胞内线粒体堆积，RRF和糖原、脂肪增多。RRF是特征性的改变。

3) 头颅CT或MRI示白质脑病、基底节钙化、脑软化、脑萎缩和脑室扩大。

4) 线粒体DNA分析：① CPEO和KSS综合征均为mtDNA片断的缺失，其可能发生在卵子或胚胎形成的时期；② 80%的MELAS综合征患者是由于mtDNAtRNA基因3243位点突变所致；③ MERRF综合征是tRNA基因位点8344的点突变所致。

【诊断及鉴别诊断】

诊断主要根据四肢近端极度不能耐受疲劳，身体矮小，神经性耳聋，并具有各亚型的临床特征。辅助检查可有血乳酸、丙酮酸增高；肌活检可见RRF纤维，电镜下线粒体异常；线粒体呼吸链酶异常；以及mtDNA的病理性改变。

本病需与其他肌无力疾病鉴别，如多发性肌炎、重症肌无力、周期性瘫痪和眼咽型进行性肌营养不良症。

【治疗】

目前无特效治疗。可给予ATP、辅酶Q_{10}和大量B族维生素等治疗。

（张　成）

思　考　题

1. 重症肌无力与Lambert-Eaton肌无力综合征病因及临床特征有何不同？
2. 何谓肌无力危象？有哪几种类型？应如何鉴别及处理？
3. 进行性肌营养不良症分哪几型？各自的临床特征是什么？
4. 何谓Gower征？
5. 多发性肌炎的诊断与鉴别诊断是什么？
6. 病例分析

【病史摘要】

患者男性，11岁，学生。因"行走缓慢、易跌跤、上楼梯困难，呈进行性加重6年"前来就诊。患者2岁开始学习走路，3岁才能单独行走，走路比同龄儿缓慢。5岁时发现双下肢无力，走路易跌跤，上楼需扶楼梯，下蹲起立扶膝，双小腿腓肠肌增大，症状逐渐加重。患儿系足月顺产，1岁说话，无其他各系统病史。家族中其姐姐、哥哥和父母均无类似肌无力病史；患者的2个舅舅（其中一人已去世）、1个表舅有同样的病史，现不能行走，肌肉萎缩明显。

查体：内科检查基本正常。神经系统：智力一般。颅神经未见异常。双上下肢体近端肌肉萎缩明显，翼状肩胛，双小腿腓肠肌假性肥大，触之坚韧。四肢近端肌力Ⅲ～Ⅳ级，远端肌力Ⅳ级。肌张力略低。全身痛、温、触觉无异常。双膝反射弱，踝反射存在，病理反射未引出。腰椎前凸，走路呈鸭步，Gower征阳性。

辅助检查：血尿常规检查正常。血清乳酸脱氢酶567 U/L，肌酸激酶6 277 U/L，肌酸激酶同工酶304 U/L，均显著升高。肌电图检测示肱二头肌、胫骨前肌为肌源性损害。抗肌萎缩蛋白(dystrophin)基因检测为非缺失型基因突变。股四头肌肌肉活检HE染色见肌细胞大小不等，类圆形，肌细胞核中心移位，大量结缔组织和脂肪细胞增生；免疫组化染色见骨骼肌抗肌萎缩蛋白荧光阴性。心电图和超声心动图基本正常。

【诊断分析】

1. 病例特点　　男性儿童，运动较同龄儿迟缓，病情缓慢进行性加重；有家族史，因只有母系家族中男性患病，故为X连锁隐性遗传；临床上以四肢近端进行性无力、萎缩，翼状肩胛，腓肠肌假性肥大、腰椎前凸、鸭步、Gower征阳性为特征；血清CK为正常值的30倍以上、肌电图为肌源性损害、肌活检HE染色示肌性损害、抗肌萎缩蛋白抗体检测示骨骼肌肌膜抗肌萎缩蛋白缺乏。

2. 诊断　　① 该患者表现为四肢近端肌肉萎缩和无力，故首先应判断是神经源性肌萎缩还是肌源性肌萎缩。因患者无感觉障碍，血清CK高达正常值的30倍以上、肌电图和肌活检均为肌源性损害，故是肌源性肌萎缩无疑；② 因患者四肢近端肌无力和萎缩慢性进行性发展，在肌源性肌萎缩的疾病中，当属进行性肌营养不良症；③ 进行性肌营养不良症有不同的类型，由于该患者为男性儿童，独立行走的时间（3岁）比同龄儿迟，5岁走路时易跌跤，双腓肠肌假性肥大、腰椎前凸、鸭步、Gower征阳性，家系谱分析其遗传方式是X连锁隐性遗传，故可初步诊断为假肥大型肌营养不良症；④ 假肥大型肌营养不良症的最大特点是血清CK显著增高，在3~5岁达最高峰，可为正常值的50~100倍。随着病情加重，肌细胞的坏死增多，而血清CK反而会下降。本例患儿的CK为6 277 U/L，为正常值的30多倍，但检查时患儿为10岁，符合假肥大型肌营养不良症的血清CK的变化规律。肌电图和肌肉病理（HE染色）均支持假肥大型肌营养不良症的诊断。部分假肥大型肌营养不良症的患者有智能轻度减退和心电图及超声心动图异常，虽然本例患者心脏检查无异常，但不影响假肥大型肌营养不良症的诊断；⑤ 假肥大型肌营养不良症又分为DMD和BMD。DMD患者起病年龄为3~5岁，病情进展快，肌无力和萎缩明显，12岁以前不能行走需坐轮椅，常在20~30岁死亡；BMD患者起病年龄为6~11岁，病情进展缓慢，16岁以后不能行走，生命年限接近正常。本例患儿起病年龄较早、病情进展较快，较早出现翼状肩胛和上楼梯及下蹲起立困难，DMD的可能性最大。最具确诊意义的检查是骨骼肌抗肌萎缩蛋白的检查，DMD患者的抗肌萎缩蛋白几乎全部缺失，而BMD患者的抗肌萎缩蛋白尚可保存10%~15%。本例患者的免疫组化染色示骨骼肌抗肌萎缩蛋白荧光阴性，故可确诊为DMD；⑥ 基因诊断：大约65%的假肥大型肌营养不良症患者的抗肌萎缩蛋白基因外显子缺失（缺失型基因突变），其余为点突变（非缺失型基因突变）。在缺失型基因突变假肥大型肌营养不良症患者中，DMD多为移码突变，BMD多为整码突变，常以此来判别是DMD还是BMD。但本例患者为非缺失型基因突变，不能用移码/整码基因缺失理论来解释，下一步需做抗肌萎缩蛋白基因测序来确定是哪个碱基的突变。

3. 鉴别诊断　① 少年型近端脊肌萎缩症主要表现为类似肌病的对称性四肢近端肌肉萎缩，与DMD相似。但它有肌束颤动、肌电图有巨大电位、病理为神经性肌萎缩等特点，本例患者的检查均为肌原性损害，易与之鉴别；② 慢性多发性肌炎有四肢近端肌无力和萎缩，血清CK值明显升高，需与DMD鉴别。但它有肌肉病理为炎性改变、用激素治疗效果好和无遗传史等特点，而本例患者为X连锁隐性遗传，易与之区别。

参考文献

许贤豪. 2000. 神经免疫学. 武汉：湖北科学技术出版社. 100~150
Dubowitz V. 1995. Muscle disorders in childhood. 2nd edition. Philadephia：Saunders. 34~133
Johnson RT，Griffin JW. 1997. Current therapy in neurologic disease. 5th edition. St. Louis. Mo：Mosby. 392~406
Martin A. ，Samuels. 1999. Manual of Neurologic Therapeutics. 6th edition. Philadelphia：Lippincott Williams & Wilkins. 416
Meriggioli MN，Howard JF，Harper CM. 2004. Neuromuscular junction disorders. Marcel Dekker. 101~221
Rowland LP. 2000. Merritt's Neurology. 10th edition. Philadelphia：William & Wilkins. 721~768

第二十二章 神经康复学

Neurorehabilitation is a speciality of neuroscience, which deals with the study and application of complex medical processes aiming at recovery from nervous system injury and to compensate for functional alterations.

In case of a serious disability, such as caused by a severe spinal injury or brain damage, the patient and their families' abilities, life style, and projects, are suddenly shattered. In order to cope with this situation, the person and their family must establish and negotiate a "new way of living", both with their changed body and as a changed individual within their wider community.

Thus, neurorehabilitation works with the skills and attitudes of the disabled person and their family and friends. It promotes their skills to work at the highest level of independence possible for them. It also encourages them to rebuild self-esteem and a positive mood. Thus, they can adapt to the new situation and become empowered for successful and committed community reintegration. Neurorehabilitation should be: Holistic, Patient-focused, Inclusive, Participatory, Sparing, Lifelong, Resolving and Community-focused.

—— Wikipedia Encyclopedias Dictionaries

康复是指综合采取一切措施，减轻残疾或疾病带来的各种功能障碍，提高其才智和功能，改善生活质量，使患者重返社会。康复针对患者的功能障碍，以提高患者的功能水平为中心；而功能的恢复是全面性的，是以整体的人为对象，以提高生活质量，最终回归社会为目标，即包括肢体功能、内脏功能、日常生活及就业能力的康复，也包括心理上、精神上的康复。

康复医学是应用医学科学及其有关技术，使有功能障碍患者的潜在能力和残存能力得到充分发挥的医学科学。康复医学在早期曾被认为是后续医学，随着康复医学的进一步发展，世界各国的专家学者相继提出康复医学并不单纯是临床医学的延续，而应该是与临床医学相互结合，相互渗透，相辅相成。康复早期介入临床可以有效地制止或减轻各种因疾病导致的二次性功能障碍，如"废用综合征"，其作用是任何药物所不能替代的。

神经康复学是康复医学近年进展最为迅速的领域之一。神经系统疾病常导致运动、感觉、语言、认知、情感的异常，进而影响患者的躯体功能和社会功能。神经康复的目的是采取功能训练为主的多种措施，加速神经功能康复进程，减轻疾病损伤导致的残疾程度，使患者回归家庭和社会，获得较好的生活质量。现代的神经康复医学重视早期介入，认为神经康复应该成为针对患者的具体情况而制定的个体化综合治疗方案的一部分，而不是急性期之后或恢复期才进行的与药物治疗及其他治疗完全脱节的治疗措施。

神经康复的实质不是单纯疗养，也不是理疗、体疗或是运动疗法，而是一门集多学科之长的系统的康复学分支，是包括药物、手术、运动、物理疗法、康复工程等为一体的综合学科。它和临床应是密切交织的，在急性期生命体征平稳后，就可介入神经康复治疗，而在康复过程中，又必须有临床保证措施，防止康复中病情的突变，即治疗与康复并重。在内容上过去重视运动功能的康复，而现在则应包括认知、心理、语言的整体综合康复。

第一节　神经康复的理论基础

在很长的一段时间内，由于对脑细胞不能再生的片面认识，人们在神经疾病的治疗上采取悲观态度，一直认为中枢神经系统损伤后功能是不能恢复的。但是对中枢神经系统损伤后的患者进行训练后，其功能得到改善的事实使研究人员不得不重新审视这个问题。后来的许多相关研究结果提示，中枢神经系统损伤后是有可能恢复的。其机制不是神经再生，而是由于部分残留功能重组的结果，这就是脑的可塑性理论。该理论认为：中枢神经系统损伤后，某些残存的组织通过功能重组，以新的方式完成业已受损的功能。在此过程中，功能恢复训练起着至关重要的作用。

脑的可塑性是指脑有适应能力，可在结构和功能上重新组织自己以适应改变了的客观事实。中枢神经系统的可塑性通过以下四种方式实现：

（1）功能代偿：根据进行功能代偿的部位不同又可以分为周边代偿、对侧半球代偿和低位水平的神经结构代偿。

(2) 功能重组或转移：通过训练可使正常情况下不承担某种功能的神经细胞承担起某种功能。

(3) 突触调制：即突触效率的改变，包括失神经过敏、潜伏通路或突触的开放等。

(4) 出芽：出芽可分为再生性出芽、代偿性出芽、侧枝性出芽三种形式。再生性出芽是指出芽取代已失去的轴突，即损伤近端的轴突再生支配适当的目标，主要见于周围神经系统中，需数周至数月才能完成再生过程。代偿性出芽由同一神经细胞轴突未损伤分支长出，此过程对成年脑神经恢复有效，需数月才能完成。侧枝性出芽是指完好的神经细胞轴突终末在邻近另一神经元轴突损伤时出芽与之连接，需要8 h至1个月。侧枝出芽是哺乳动物脊髓乃至整个中枢神经系统可塑性的主要表现形式。

突触连接是中枢神经系统可塑性的关键，损伤后轴突出芽及潜在通路和突触的启用是中枢神经系统功能重组的主要形式。这种改变形成较早但其功能不稳定、不到位，要使其能够承担因损伤而丧失的功能必须进行大量有效的功能训练。功能训练可促进新突触形成，使不稳定突触变为稳定突触，使神经环路发生永久性变化，还可以影响突触效能的变化。

影响可塑性的因素包括髓磷脂相关轴突生长抑制因子，巢蛋白，微管相关蛋白，生长相关蛋白，少突胶质细胞与胶质组织，神经营养因子，此外，还与年龄、药物等因素有关。

第二节　康复评定和康复目标

1. 康复评定（rehabilitation assessment） 是指对伤、病、残者功能障碍的原因、部位、性质、程度、预后进行客观的定性和（或）定量的描述与分析，并依此制定相应的康复目标和治疗方案的全过程。

康复评定是康复医学的重要特征之一，与康复预防、康复治疗共同构成康复医学的三大工作内容，并贯穿于康复医疗工作流程的始终，可在康复医疗过程中多次重复。康复评定是康复工作流程中的重要环节，并为康复治疗的针对性、科学性、计划性提供客观依据，是康复效果的重要保证。

一般康复评定所包含的项目：① 躯体功能评定：关节、肌肉、平衡、感觉、反射、步态、日常生活能力（ADL）等；② 精神心理功能评定：认知、知觉、情绪、行为、智力、性格、心理状态等；③ 语言功能评定：失语症、构音障碍、语言发育迟缓、言语失用、听力等；④ 社会功能评定：社会生活能力、就业能力、生命质量（QOL）等。

2. 康复目标 确定康复目标前应对患者全身状况，包括功能状态（意识、智能、言语及肢体伤残程度）和心理状态（个性、抑郁和焦虑等）进行评估。康复目标分为近期目标和远期目标。近期目标：康复1个月达到的目标；远期目标：康复3个月达到的目标，也就是患者系统康复后能恢复的程度（独立生活、部分独立、部分借助、回归社会、回归家庭等）。

康复目标由康复小组集体制定，由康复医师主持评估会，由负责医疗、护理、理疗、物理疗法、作业疗法、语言疗法、临床心理的工作人员参与制定康复的集体目标，并把目标分解细化给各专业人员，根据康复程序进行治疗及功能训练。

第三节　康复治疗技术

各种神经系统疾病，如急性起病的脑卒中、中枢神经系统的感染、中毒、外伤等，反复发作的各种发作性疾病，以及慢性起病的各种退行性疾病，都可能导致患者的运动、感觉、语言、认知、情感功能的异常。不同原发病所致的功能受累各有特点。根据原发病变的性质和受损的功能特点，合理给予康复治疗，促进患者功能的恢复，是康复医学的核心。

1. 物理治疗 物理治疗是应用物理因子作用于人体，并通过人体的神经、体液、内分泌等生理调节机制来治疗和预防疾病的一门学科。具体包括直流电疗法，直流电离子导入疗法，低频脉冲电疗法，间动电疗法，中频电疗法，高频电疗法，光线疗法，超声波疗法，磁疗法，导热疗法，低温冷冻疗法，水疗法，生物反馈疗法，高压氧疗法等方式。

2. 运动疗法 包括应用各种形式的主动和被动活动进行具体操练，以促使患者康复的一类疗法。根据疾病的特点，选择合适的操练方法，制订运动处方或运动疗法方案，按照锻炼身体的基本原则来进行治疗和训练。运动疗法是现代综合疗法的一个重要组成部分。

神经促通技术是按照神经发育学、神经生理学的基本原理和法则通过对外周的良性刺激，抑制异常的病理反射和病理运动模式，引出并促进正常的反射和建立正常的运动模式。神经促通技术的创立为传统神经科治疗方法带来了生机，极大地促进了现代神经康复学的发展。后来，出现了一些更为积极的治疗方法，如运动再学习技术、强制性使用运动疗法等。

强制性使用运动疗法的基本概念是限制使用健肢，强制性反复使用患肢，其机制可能与大脑皮质的重组有关。

运动再学习技术把功能恢复训练视为一种再学习或再训练的过程,以作业或功能为导向,强调患者主观参与,按照科学的运动学习方法对患者再教育,以恢复其运动功能的一套完整方法。

减重训练通过部分减重以减轻下肢负荷,产生重力学和不同速度下无帮助行走。等速肌力训练对于促进肌力恢复、防止肌萎缩具有重要意义。

3. 作业疗法 作业疗法是为了使患者功能复原,应用有目的的、经过选择的作业活动,对于身体上、精神上、发育上有功能障碍或残疾,以致不同程度地丧失生活自理和职业能力的患者,进行治疗和训练,使其恢复、改善和增强生活、学习和劳动能力,作为家庭和社会的一员过着有意义的生活的一种治疗方法。

4. 语言治疗 语言交流障碍常见于中枢神经系统损伤后患者。由于大脑病变,特别是脑血管病变造成的语言交流障碍尤为多见,而且性质一般都比较严重。语言交流障碍与听力或说力的缺陷或丧失有密切关系,对语言障碍的治疗需根据病因和病理从听力和(或)说力加以矫治。言语障碍按言语组成的四大要素来划分,即:① 发声;② 构音;③ 语言(词汇、语法、逻辑组织);④ 流畅度。

语言治疗常用的方法:发音器官锻炼;语言训练;用语练习;说出物品名称训练;读字练习;会话练习;阅读练习,改善流畅度。

5. 心理治疗 心理治疗又称精神治疗,是应用心理学方法通过医患之间语言和非语言的相互作用,以改变患者的认知、情绪和行为,达到消除症状、防治疾病乃至改善神经适应能力,提高生活质量的目的。

具体的治疗方法有以患者为中心的疗法(client-centered therapy),认知疗法,合理情绪疗法和行为矫正疗法。

6. 中医康复 中医康复治疗由来已久,向上可追溯到两千多年前。中医康复在我国得到蓬勃发展,现已广泛用于我国的康复实践中,并取得显著疗效。传统康复治疗技术包括按摩、针灸、拔罐、气功等。

第四节 脑卒中的康复

康复对于脑血管病整体治疗的效果和重要性已被国际公认。据世界卫生组织1989年发表的资料,脑卒中患者经康复后,第1年末约60%可达到日常生活能力自理,20%需要一定帮助,15%需要较多帮助,仅5%需要全部帮助;且30%在工作年龄的患者,在病后1年末可恢复工作。脑卒中的康复原则:① 康复应尽早进行;② 调动患者积极性;③ 康复应与治疗并进;④ 强调康复是一个持续的过程。

一、急性脑血管病三级康复体系

在欧美国家综合医院内的脑血管病病房实施急性期脑血管病早期康复,协助临床治疗,防止继发合并症的发生。实施早期坐位能力、进食能力的训练,为离开脑血管病病房进行下一步康复打下基础。这段时间一般为7d左右。然后患者转移到康复科作进一步康复治疗。这阶段以康复治疗为主,临床治疗为辅。康复治疗的任务是提高患者的肢体运动功能及日常生活能力,如站立平衡训练、转移训练、步行能力训练及自行进食、如厕、洗澡、整容洗漱、交流能力等训练。这段时间一般为20d左右。绝大多数患者经过这段训练后均可达到生活能力自理,回归家庭,其中80%的患者转到社区医疗进行进一步康复训练。社区康复的任务是巩固已取得的康复效果,进一步提高运动功能、交流功能和日常生活能力。其中20%左右尚不能达到日常生活能力完全自理的患者直接转到脑血管病专科康复中心进行康复治疗。其任务是让患者能达到大部分日常生活能力自理。这一般为2个月左右。这就是所谓的急性脑血管病三级康复体系。

二、脑卒中主要神经功能障碍的康复

(一)运动功能的康复

1. 急性期(早期卧床期)康复 保持良好体位,进行被动运动,床上运动训练和开始日常生活能力训练。训练应循序渐进,基本程序如下:① 正确的卧位姿势;② 床上坐位;③ 维持关节活动度的训练;④ 正确的椅子及轮椅上的坐姿;⑤ 转移动作训练;⑥ 上肢自我主动辅助训练;⑦ 活动肩胛骨。

2. 恢复期康复

(1) 上肢功能训练:在这个阶段应通过运动疗法和作业疗法相结合的方式,将运动疗法所涉及的运动功能通过作业疗法充分应用到日常生活中,并不断训练和强化,使患者恢复的功能得以巩固。因此,这个时期运动疗法师和作业疗法师应密切的配合,确定患者所存在的关键问题,充分理解训练内容和项目的主要目的。

(2) 下肢功能训练：恢复期下肢功能训练主要以改善步态为主。

（二）感觉障碍的康复

很多偏瘫患者在运动障碍同时伴有感觉障碍，必须建立感觉-运动训练一体化的概念。

在偏瘫恢复初期，往往把训练和恢复的重点放在运动功能方面，这是一个误区，治疗者应该对运动障碍和感觉障碍给予同等重视并加以训练。

（三）痉挛的康复

痉挛的治疗和康复是综合的，需采取多方面措施。

(1) 药物治疗：主要使用具有减轻痉挛作用的抗痉挛药。抗痉挛药物按作用部位不同，分为中枢性抗痉挛药及周围性抗痉挛药，前者有地西泮（diazepam）、松得乐（tizanidine，sirdalnd）、巴氯芬（baclofen）；后者有硝苯呋海因（dantrolene）。

(2) 运动疗法：包括牵张法，反射学抑制肌张力的方法，姿势反射法。

(3) 物理疗法：包括温热治疗、寒冷疗法、振动疗法、电刺激等。

(4) 其他：主要包括生物反馈治疗，肉毒毒素局部注射法，支配痉挛肌神经干阻滞法，支具治疗和手术治疗。

（四）失语症的康复

脑卒中后的失语症可有许多类型，应根据不同类型的失语症设计不同方案进行康复。失语症的康复方法也有多种。

（五）构音障碍的康复

① 代偿性技术。适用于理解能力存在的患者，提示患者说话要慢，并辅以呼吸支持疗法常可获效。② 交流板沟通治疗。③ 电子交流盘治疗。④ 手术：适用于因软腭麻痹出现鼻音语言，可通过软腭修复术等手术治疗。

（六）吞咽障碍的康复

急性脑血管病有吞咽障碍的患者应尽早撤离鼻饲，进行吞咽功能的训练。口腔时相吞咽障碍的康复采用口腔周围的自主及被动运动、舌肌运动、冰块按摩皮肤、冰块按摩咽喉等或湿热刺激发声训练；咽喉时相吞咽麻痹的康复采用侧卧吞咽、边低头边吞咽、空气或唾液吞咽训练、小口呼吸、咳嗽、哼唱等。无论间接还是直接的吞咽障碍训练，患者体位都尤为重要。因为颈部前驱位易引起吞咽反射，而躯干向后倾斜可防止误咽，还能促进吞咽功能的恢复。

（七）废用综合征

废用综合征（disuse syndrome）是由于机体处于不活动状态而产生的继发障碍。

1. 局部废用综合征

(1) 废用性肌无力及肌萎缩：每天做几十分钟锻炼，所用肌力宜为机体最大肌力的 20%～30%，而用神经肌肉电刺激也可能预防或减轻肌无力和肌萎缩。

(2) 关节挛缩：防治的主要措施是：① 定时变换体位；② 保持良好肢位；③ 被动关节活动；④ 自主或被动关节活动；⑤ 机械矫正训练；⑥ 抑制痉挛治疗（如 Bobath 法，PNF 法）。

(3) 废用性骨质疏松：防治方法：负重站立，力量、耐久和协调性的训练，肌肉等长、等张收缩等。

2. 全身废用引起的症状及治疗

(1) 直立性低血压：防治方法有定时变换体位；下肢、腹部用弹性绷带促使血液回流增加；健肢、躯干、头部做阻力运动，增加心搏出量；睡眠时，上身略高于下身；平卧时头高于足等。最重要的是尽可能避免长期卧床，尽可能早期开始坐位训练。

(2) 静脉血栓形成：防治措施是早期活动肢体，抬高下肢位置，用弹性绷带促进静脉回流，也可用按摩协助静脉回流，严重者则可使用抗凝剂（如华法林、肝素）或/和阿司匹林（Aspirin）。必要时行手术治疗。

(3) 精神、情绪及认知的改变：防治方法是鼓励患者与医务人员、其他患者及家庭成员多接触，完善社会心理，参与社会活动，可作些娱乐性治疗。

(4) 其他：心脏、消化道、内分泌、水电解质、代谢及营养等改变，根据情况对症处理。

(八) 肩关节半脱位

在患者上肢处于弛缓性瘫痪时，保持肩胛骨的正确位置是早期预防肩关节半脱位的重要措施。治疗有：① 按照肩关节的肩胛骨的正确位置及肱骨头在肩关节腔内位置进行纠正，恢复肩部的固定机制；② 通过逐步递加强度刺激，直接促进与肩关节固定有关的肌群的活动；③ 在不损伤肩关节及周围组织的条件下，作被动无痛性全关节活动。

(九) 肩手综合征

原则是早期发现，早期治疗，一旦慢性化，就无有效治疗，特别是发病3个月内是治疗最佳时期。方法有：① 防止腕关节掌屈；② 向心性缠绕压迫手指；③ 冰水浸泡法；④ 冷水-温水交替浸泡法；⑤ 主动和被动运动。

脑卒中早期康复的观念已经深入人心，脑卒中的康复理论和方法有望取得突破。例如：一些新的偏瘫康复方法（强制性训练、部分减重平板运动训练、主动操作性肌电生物反馈训练、经颅磁刺激和经颅直流电刺激、运动想象疗法等），以及针对肌肉痉挛的一系列临床处理方法（针对脑和脊髓机制的药物、神经干阻滞、神经根或后角损毁术、肉毒毒素注射、肌肉松解术等）、预防性康复、主动性康复、强化康复等，都已经超出了神经生理学方法的范畴，其中一些方法已经得到"循证医学"的证据。将神经生理学方法、大脑的功能重组方法和临床的康复方法有机地结合起来，有可能进一步提高脑卒中康复的理论和实践的水平。

（洪　震）

思 考 题

1. 试述康复的理论基础。
2. 康复治疗的常用技术有哪些？
3. 何谓急性脑血管病三级康复体系？
4. 痉挛的治疗措施有哪些？

参考文献

周华东. 2001. 神经系统疾病康复治疗学. 北京：军事医学科学出版社. 36~77
朱镛连. 2005. 脑的可塑性与神经康复. 中华神经科杂志. 38(9)：591~592
卓大宏. 2003. 中国康复医学（第二版）. 北京：华夏出版社. 35~42

第二十三章 睡眠障碍

Three types of sleep and wakefulness are distinguishable in all mammals: wakefulness, non-rapid eye movement (NREM) sleep and rapid eye movement (REM) sleep. For each of these states, regulation is both global and specific to our different physiological systems, attesting to the existence of a real sleep-related physiology. The major physiological functions, whether ventilatory, cardio-vascular or endocrine, have been explored during sleep to define the changes that occur and determine the main factors involved in regulating them. A disruption of the major vital functions during sleep lies at the origin or may affect the entire sleep-wake cycle. Research has also focused on a number of other important functions such as the digestive functions, sexual functions and thermoregulation during sleep.

—— Michel Billiard, 2003

第一节 睡 眠 生 理

睡眠期脑活动并非处于静止状态,而是呈现一系列主动调节的周期性变化。机体的多种生理功能此时也随着睡眠深度发生有规律的变化。根据睡眠期脑电图、眼球运动和肌张力变化,可将睡眠分为两种不同的时相:非快速眼球运动(non-rapid eye movement,NREM)睡眠相和快速眼球运动(rapid eye movement,REM)睡眠相。

NREM 睡眠期特点是:全身代谢减慢,总体代谢率较入睡前安静状态降低 10%～25%;脑血流量减少,大部分脑区神经元活动降低;循环、呼吸及交感神经系统兴奋性降低,表现为心率减慢、呼吸平稳、血压与体温降低和肌张力降低(但仍能维持一定姿势),无明显的眼球运动等。NREM 睡眠期可进一步分为 1 期(入睡期)、2 期(浅睡期)、3 期(中度睡眠期)和 4 期(深度睡眠期),其中 NREM 3、4 期作为较深的睡眠期又被合称为慢波睡眠期(slow wave sleep,SWS)。

REM 睡眠期脑电活动与清醒时相似,脑代谢与脑血流量增加,大部分脑区神经元活动增强。EEG 表现也与觉醒时类似。REM 睡眠期除眼肌和中耳肌外,其他肌肉张力均极低。自主神经功能不稳定,呼吸浅快而不规则、心率增快、血压波动、瞳孔时大时小、体温调节功能丧失。REM 睡眠期阴茎或阴蒂勃起,各种感觉功能显著减退。

在每夜睡眠中,NREM 睡眠与 REM 睡眠交替出现,每次交替为一个周期,每夜经历 4～6 个周期。以正常成人夜间睡眠 8 h 为例,开始首先进入 NREM 睡眠期,并迅速由 1 期依次进入 2、3 和 4 期并持续下去;NREM 睡眠期持续 80～120 min 后出现第一次 REM 睡眠期,REM 睡眠期持续数分钟后,进入下一个 NREM 睡眠期,形成 NREM 睡眠与 REM 睡眠的循环周期。以后平均每 90 min 出现一次 REM 睡眠,越接近睡眠后期,REM 睡眠时间逐渐延长,每次可持续 10～30 min。在大多数正常成人每昼夜总睡眠时间中,REM 睡眠占 20%～25%,NREM 睡眠 3、4 期占 20% 左右。NREM 睡眠 3、4 期主要分布在睡眠前半部,NREM 睡眠 1、2 期主要分布在睡眠后半部,因而在早晨比较容易觉醒。

人类睡眠最显著的变化是,随着年龄增长,总睡眠时间和 REM 睡眠与慢波睡眠比例逐步减少。从绝对量看,REM 睡眠时间在出生时高达 8 h,至青春期只有 1.5～1.7 h;NREM 睡眠 4 期比例在整个发育期至老年期逐渐下降。但老年人的总睡眠时间与年轻人大致相同,只是常常被分割成小的睡眠片段(sleep fragmentation)。

第二节 失 眠

失眠(insomnia)是一种常见的生理心理疾患,通常是指患者由于睡眠始发或睡眠维持障碍(易醒、早醒和再入睡困难)等因素,导致对睡眠时间和(或)质量不满足并影响日间社会功能的一种主观体验。根据 2002 年全球失眠调查显示有 45.4% 的中国人在过去 1 年中曾经历过不同程度的失眠,其中约 20% 的人选择使用镇静催眠药物来解决失眠问题。长期失眠会对人的躯体健康、生活质量和社会功能产生严重的不利影响。近年来提出了"按需服药"和"小剂量间断服药"的使用镇静催眠药物的失眠治疗原则,并提倡采用帮助患者建立良好的睡眠习惯、进行心理和环境自我调节等非药物治疗手段,进一步提高睡眠质量。

【病因及发病机制】

失眠的发生与个体因素、诱发失眠的环境因素和维持因素的共同作用有关。没有明确诱发和维持因素的原发性失眠患者很少见,仅占总失眠患者的10%。继发性失眠常见的诱发因素和维持因素有:

1. 环境因素　各种可以诱发入睡困难的因素,如睡眠环境改变、作息时间调整、卧室噪音和睡前从事兴奋性活动等,都可导致睡眠紊乱。改善这些不利环境和纠正不良睡眠习惯后,失眠可以缓解。

2. 心理生理因素　突发生活事件如精神创伤、患病或工作挫折等情绪应激可以导致失眠。患者过分关注自身睡眠问题导致更加不能入睡,产生躯体紧张和习惯性阻睡联想,这两种因素互为强化,干扰睡眠。过度思虑、疼痛等可以成为习惯性阻睡联想的促发因素。

3. 躯体疾病因素　慢性肺疾病、心脏病、内分泌疾病、胃食管反流、神经系统变性疾病和脑损伤等,可伴有一定程度的睡眠结构破坏。夜间遗尿、疼痛、呼吸困难等症状,可导致患者夜间频繁觉醒和睡眠片段增多,进而出现失眠。

4. 药物因素　目前临床上常用的药物中有多种可能干扰睡眠,比较明确的包括糖皮质激素、甲状腺素制剂、抗癫痫药物(拉莫三嗪等)、抗抑郁药物(氟西汀等)、抗帕金森病药物(左旋多巴等)和含咖啡因成分的药物等。

【临床表现】

女性多于男性,可在青春期起病,发病率随年龄增加逐渐增高。根据病程可分为:急性失眠(病程小于4周)、亚急性失眠(病程大于4周小于6个月)和慢性失眠(病程大于6个月)。临床特征包括:

1. 有效睡眠时间不足和(或)睡眠质量下降　患者可有明显的入睡困难(卧床后超过30 min不能入睡),夜间易醒或睡眠维持障碍(夜间觉醒次数≥2次,或觉醒时间超过30 min),凌晨早醒,总睡眠时间缩短(通常少于6 h),多伴有不同程度的睡眠质量下降感觉,如自觉睡眠浅,深睡眠时间缩短或夜间多梦等。

2. 日间残留效应(diurnal residual effects)　晨起后感觉精力未得到恢复,头脑不清晰,困倦或思睡,并有程度不等的焦虑、急躁、疲劳和情感压抑,常伴有消极情绪、注意力和警觉度下降。由于睡眠需要量存在明显的个体差异,所以睡眠时间的减少并不一定都具有病理意义,只有当存在睡眠时间不足或睡眠质量下降的同时,又伴有上述脑和躯体功能下降的临床表现时,才能诊断为失眠。

【辅助检查】

包括一般情况和专项睡眠情况的检查。一般情况包括睡眠卫生情况(卧床时间、睡眠时间、睡眠环境等)、体格检查及实验室辅助检查;专项睡眠情况可以选择进行,包括:① 睡眠日记、睡眠评估量表[阿森斯失眠量表(AIS)、失眠严重指数(insomnia severity index,ISI)和匹兹堡睡眠质量指数(Pittsburgh sleep quality index,PSQI)量表]、视觉类比量表等;② 多导睡眠图(polysomnography,PSG);③ 多次睡眠潜伏期试验(multiple sleep latency test,MSLT);④ 体动记录仪(actigraphy);⑤ 镇静催眠药物使用情况。失眠患者的多导睡眠图检查,可见睡眠潜伏期延长,NREM睡眠1、2期时间延长,NREM睡眠3、4期时间缩短,觉醒时间和次数增多,睡眠效率降低,或由于频繁觉醒而导致睡眠片段增多。

【诊断】

失眠的诊断主要根据有效睡眠时间不足和(或)睡眠质量下降的主诉,及白天出现因睡眠不足导致的社会功能和生活质量下降等临床表现。同时应注意一些仅以失眠为表现的神经精神疾病及其他躯体疾病。失眠的诊断标准如下:

1) 有效睡眠时间不足的主诉:① 睡眠潜伏期延长:入睡时间超过30 min;② 睡眠维持障碍:夜间觉醒次数≥2次或凌晨早醒;③ 总睡眠时间缩短:通常少于6 h;④ 睡眠质量下降:睡眠浅、多梦。

2) 上述睡眠不足症状在诱发睡眠的环境或事件因素恢复正常后仍未改善。

3) 日间残留效应:次晨感到头昏、精神不振、思睡、乏力、不能恢复精力等,社会功能受到影响,或过度担心自己的睡眠状况。

【鉴别诊断】

失眠作为一种原发性或继发性睡眠障碍,诊断多无困难,但应注意对引起失眠的病因进行鉴别。还要注意鉴别一些以失眠为表现的神经精神疾病和其他躯体疾病,以及其他形式的睡眠障碍。

1. 主观性失眠　是对睡眠状态感知不良引起的失眠感觉。患者能够具体描述入睡困难或睡眠不足的症状,但多导睡眠图检查显示睡眠时间和睡眠结构正常。患者主观与客观睡眠的不一致性,具有鉴别价值。

2. 精神障碍导致失眠　抑郁障碍相关性失眠以抑郁心境和缺乏动力为突出表现,患者常主诉高兴不起来、心情压抑、注意力不集中、多无工作热情和信心等,失眠症状以早醒明显,白天不适症状晨起较重,下午减轻。焦虑障碍相关性失眠日间表现心烦意乱、烦躁、易激惹、紧张和恐惧不安等,失眠的典型表现为入睡困难和易醒,患者常从梦中惊醒并出现恐惧感,无法继续入睡或持续睡眠。

3. 其他类型睡眠障碍 睡眠呼吸暂停低通气综合征、不安腿综合征、快速眼球运动睡眠行为障碍、梦魇、睡眠惊跳、磨牙症和遗尿症等其他类型的睡眠障碍,可以导致睡眠连续性破坏,睡眠片段增多,都可出现失眠表现。

【治疗】

临床治疗失眠的目标应包括缓解症状(缩短睡眠潜伏期、减少夜间觉醒次数、延长总睡眠时间),保持正常睡眠结构和恢复社会功能。方法包含病因治疗、非药物治疗以及药物治疗三个方面。一般原则是,不论是否进行药物治疗,首先帮助患者建立健康的睡眠习惯,逐步纠正各种影响睡眠的行为和认知因素;其次要重建正常睡眠模式和恢复正常的睡眠结构;长期药物治疗时应遵循"按需用药"的原则。

1. 非药物治疗

(1) 睡眠卫生教育:主要是帮助患者认识不良睡眠卫生在失眠的发生与发展中的重要地位,分析寻找形成不良睡眠卫生的原因,建立科学良好的睡眠卫生习惯。健康的睡眠卫生习惯包括:睡前几小时避免使用兴奋性物质(咖啡、浓茶和抽烟等);睡前不要饮酒,酒精可干扰睡眠;规律的体育锻炼,但傍晚及临睡时应避免剧烈运动;睡前不要大吃大喝或进食不易消化的食物;睡前至少1 h内尽量不思考问题;卧室环境应安静、舒适、光线及温度适宜;保持规律的作息时间;避免午睡或白天小睡等。

(2) 认知疗法:主要目的是改变患者对失眠的认知偏差,重置患者对睡眠和睡眠缺乏的错误信念和态度,如对失眠本身感到恐惧、过分关注失眠的不良后果等。这些负性情绪使睡眠进一步恶化,失眠的加重又反过来影响患者的情绪,两者形成恶性循环。认知疗法常与刺激控制疗法和睡眠限制疗法联合使用。其基本内容为:保持现实的期望;不要把所有的日间功能损害归咎于失眠;从不试图入睡;别过分关注睡眠问题;不要因为一晚没睡好而有挫败感;培养对失眠影响的耐受性。

(3) 刺激控制疗法:该疗法是一套可改善睡眠环境与睡意的相关条件作用的行为干预措施,恢复卧床作为诱导睡眠信号的功能,使患者易于入睡,重建睡眠-觉醒生物节律。刺激控制疗法的具体内容为:只有在有睡意时才上床;如果卧床20 min不能入睡,应起床去另外房间,可从事一些简单活动,等有睡意时再返回卧室睡觉;不要在床上做与睡眠无关的活动,如进食、看电视、听收音机及计划与解决问题等;不管前晚睡眠时间有多长,保持规律的起床时间;日间避免小睡。

(4) 睡眠限制疗法:主要适用于心理生理性失眠。睡眠限制疗法通过缩短患者卧床时间,使卧床时间尽量接近所需的睡眠时间,进而增加患者的入睡驱动力。即通过减少患者卧床时的非睡眠时间,提高睡眠有效率(总睡眠时间/卧床时间×100%)。操作上减少患者卧床时间以使其和实际睡眠时间相符,并且只有在一周的睡眠效率超过85%的情况下,才可以增加15~20 min的卧床时间,当睡眠效率低于80%时则减少15~20 min的卧床时间,睡眠效率在80%~85%之间则保持卧床时间不变。但每晚总卧床时间不能少于5 h,否则可能会引起白天过度疲劳和思睡等不适。此外,要求患者尽量避免日间小睡,并保持规律的起床时间。

(5) 放松训练:是最常用的非药物疗法。包括渐进性肌肉放松、指导性想象和腹式呼吸训练等。主要是针对应激、紧张及焦虑等失眠的危险因素,通过减少卧床时的警觉及夜间觉醒,对患者进行减少觉醒和促进夜间睡眠的技巧训练,减轻其心身紊乱症状,降低心理或心理生理性唤醒水平。患者进行放松训练后,应坚持每天练习2~3次,初期应在专业人员指导下进行。

2. 药物治疗

(1) 苯二氮䓬类(BDZ)镇静催眠药:在20世纪60年代开始用于临床。口服吸收良好,主要经肝脏代谢。作用机制主要同GABA-BZDA(γ氨基丁酸苯二氮䓬)复合受体有关,具有镇静、肌松和抗惊厥作用。能够改变睡眠结构,延长总体睡眠时间,缩短睡眠潜伏期。本类药物主要包括:① 短效药物:作用快,半衰期短(1~5 h),对入睡困难有效,如咪达唑仑(midazolam)、三唑仑(triazolam)等;② 中效药物:半衰期多在8~20 h,有阿普唑仑(alprazolam)、艾司唑仑(estazolam)等;③ 长效药物:半衰期达20~50 h,有地西泮(diazepam)、氟西泮(flurazepam)、氯硝西泮(clonazepam)等。中、长效药物主要适用于易醒、早醒及白天焦虑患者。不良反应及并发症较明确,包括:日间困倦、认知和精神运动损害、失眠反弹及戒断综合征;长期大量使用会产生耐受性和依赖性。特别是老年人和伴有呼吸系统疾病患者易发生意外。

(2) 非苯二氮䓬类镇静催眠药:在20世纪80年代出现,主要有唑吡坦(zolpidem)、佐匹克隆(zopiclone)和扎来普隆(zaleplon)。口服后吸收迅速,起效快,半衰期短。作用机制主要是选择性拮抗GABA-BZDA复合受体的ω1受体亚型,增加GABA传递,抑制神经元激活。由于受体专一性较强,因此此类药物具有如下特点:仅有催眠而无镇静、肌松和抗惊厥作用；不影响健康者的正常睡眠结构，并可改善患者的睡眠结构；一般不产生失眠反弹和戒断综合征。现多将此类药物作为治疗原发性失眠的首选用药。

(3) 抗抑郁类药物：抗抑郁类药物没有特异的催眠作用，但可通过治疗抑郁和焦虑以改善其失眠症状。临床常用的有帕罗西汀(paroxetine)、舍曲林(sertraline)、米氮平(mirtazapine)和曲唑酮(trazodone)等。使用中应注意个别患者在使用选择性 5-羟色胺重摄取抑制剂(SSRIs)类药物后，在开始阶段的睡眠并无改善甚至恶化，部分患者可能增加周期性肢体运动障碍的发生率。

(4) 褪黑素及褪黑素受体激动剂：褪黑素是由松果体腺分泌的一种吲哚类物质，参与睡眠-觉醒周期调节。主要用于治疗睡眠时相延迟综合征(DSPS)、昼夜节律失调性失眠、时差和倒班工作所致失眠等。褪黑素受体激动剂包括雷美尔通(rameltcon)、特斯美尔通(tasimelteon)、阿戈美拉汀(agomelatine)等。这些药物能够缩短入睡潜伏期，改善睡眠连续性，但由于临床应用尚无完整一致结论，故尚不推荐作为失眠的常规治疗药物。

3. 失眠治疗方法的选择

(1) 根据失眠病程选择治疗方法：① 急性失眠：早期选择镇静催眠药物治疗；② 亚急性失眠：早期药物治疗并联合认知-行为治疗等非药物治疗方法；③ 慢性失眠：如药物治疗以迅速缓解症状为目的，则只需临时或间断用药，服药 8 周后应再次评估患者状况，并以联合认知-行为治疗等非药物治疗为长期治疗选择。

(2) 根据不同症状选择药物：入睡困难者选用诱导入睡作用快速的药物，主要是短半衰期镇静催眠药物，如唑吡坦、佐匹克隆、扎来普隆、三唑仑和咪达唑仑等。夜间上半夜易醒可选用短半衰期镇静催眠药物，如三唑仑、咪达唑仑、唑吡坦等，下半夜易醒者可选用中、长半衰期药物，如艾司唑仑、阿普唑仑、氯硝西泮、氟西泮等。早醒症状多见于抑郁症患者，在治疗原发病的同时可选用中、长半衰期药物。

(3) 慢性失眠的"按需用药"治疗策略：对于需要长期药物治疗的慢性失眠患者从安全性角度考虑，提倡"按需用药"。"按需用药"的具体策略是只有在如下情况时，才选择服用药物：① 预期可能入睡困难时，于上床前 10 min 服用；② 根据夜间睡眠的需求使用：上床 30 min 不能入睡时；③ 夜间易醒：在通常起床时间 5 h 以前醒来，无法再次入睡时；④ 根据白天活动的需求使用：次日白天有重要工作或事情时。

第三节　睡眠呼吸暂停综合征

成人睡眠呼吸暂停综合征(sleep apnea syndrome, SAS)包括阻塞性睡眠呼吸暂停低通气综合征(obstructive sleep apnea-hypopnea syndrome, OSAHS)、中枢性睡眠呼吸暂停综合征(central sleep apnea syndrome)、睡眠低通气综合征(sleep hypoventilation syndrome)等。临床上以 OSAHS 最为常见，本节主要介绍 OSAHS。其临床特征是睡眠过程中反复发生打鼾并伴有上气道完全或不完全阻塞，引起夜间反复发生间断性低氧血症、高碳酸血症和睡眠结构紊乱等一系列病理生理改变，导致白天思睡、疲劳、心脑血管并发症乃至多脏器损害。OSAHS 在成年人中的患病率为 2%～4%，是多种全身疾病的独立危险因素。

【病因及发病机制】

在正常的觉醒状态下，高级神经系统持续调节神经肌肉功能，维持整个气道处于开放状态。睡眠状态下，这种高级调节功能发生改变，某些时候可以诱发不稳定的呼吸，如在正常的 REM 睡眠期可以出现呼吸频率和潮气量的较大变异。但在化学反射、压力反射等呼吸反射的协调保护作用下，总体上不会出现明显的低氧血症。在某些上气道病理情况下，出现上气道狭窄、软组织松弛，吸气时在胸腔负压作用下，软腭、舌坠入咽腔，造成上气道阻塞，是引起 OSAHS 的主要原因。主要的危险因素有：

1. 肥胖　它是引起 OSAHS 最重要的独立危险因素。肥胖可使患者软腭、舌、咽旁脂肪垫和咽侧壁的截面积和体积均增加，气道受压最终导致 OSAHS 的发生。此外，肥胖还可以对上气道周围肌肉成分造成影响，使得上气道软组织的生物力学成分发生改变。

2. 年龄与性别　成年后随年龄增长患病率增加；女性绝经期后患病者增多，70 岁以后患病率趋于稳定。男性患病者明显多于女性。

3. 上气道解剖异常　包括鼻腔阻塞(鼻中隔偏曲、鼻甲肥大、鼻息肉、鼻部肿瘤等)、扁桃体肥大、软腭松弛、悬雍垂过长、过粗、咽腔狭窄、咽部肿瘤、咽腔黏膜肥厚、舌体肥大、舌根后坠、下颌后缩、颞颌关节功能障碍及小颌畸形等。

4. 其他相关疾病　包括甲状腺功能低下、肢端肥大症、垂体功能减退、淀粉样变性、声带麻痹、神经肌肉疾患(如帕金森病)、长期胃食管反流、颅底角度异常等。

【临床表现】

OSAHS的临床特征包括：夜间睡眠过程中打鼾且鼾声不规律，呼吸及睡眠节律紊乱，反复出现呼吸暂停及觉醒，同时患者自觉憋气，晨起头痛，白天思睡明显，记忆力下降。

打鼾是OSAHS的常见症状，典型的打鼾类型由响亮的鼾声或短促的气喘以及持续20～30 s的沉默时间相交替组成。大声打鼾可能已经持续多年，常干扰同床睡眠者，但患者自己常不会注意到自己打鼾或出现呼吸暂停。患者可因为憋气和可能伴随的身体运动而突然醒来，在出现几次呼吸后再次入睡，又重复出现鼾声与呼吸暂停的过程。

呼吸暂停事件时口、鼻气流停止，但胸、腹呼吸运动仍然保持，是OSAHS的重要临床特征。呼吸暂停事件可以持续十至数十秒不等，常在大声鼾声、气喘或呻吟后终止。部分患者可见睡眠时频繁翻身或肢体运动，有时可突然坐起，甚至踢伤同床者。

白天过度思睡是OSAHS患者的典型主诉，常在看书、看电视、开会或乘车等安静及放松状态下发生。晨起口干、头痛，记忆力、注意力、判断力和警觉性下降等表现亦常见。部分患者还伴有高血压、心律失常及焦虑、抑郁、易激惹、性欲减退等躯体和精神症状。

【诊断】

OSAHS的诊断主要根据病史、体征和多导睡眠监测结果。临床上有典型的夜间睡眠时打鼾及呼吸不规律、白天过度思睡者，应行多导睡眠图检查。

多导睡眠图是诊断本病的"金标准"。OSAHS应满足的标准为每夜7 h睡眠过程中呼吸暂停及低通气反复发作在30次以上，或睡眠呼吸暂停-低通气指数（apnea-hypopnea index，AHI，即平均每小时睡眠中的呼吸暂停-低通气事件次数）≥5次/h。睡眠呼吸暂停是指睡眠过程中口鼻呼吸气流均停止10 s以上。低通气是指睡眠过程中呼吸气流强度（幅度）较基础水平降低50%以上并伴有血氧饱和度较基础水平下降≥4%。白天嗜睡程度评估可采用Epworth嗜睡量表（ESS）或多次睡眠潜伏期试验（MSLT）。

【鉴别诊断】

主要应与其他引起白天思睡的疾病相鉴别，包括其他睡眠、呼吸疾病及其他能引起思睡的情况。

1. 发作性睡病　　主要临床表现为白天嗜睡、猝倒、睡眠瘫痪和睡眠幻觉，多发生在青少年，主要诊断依据为多次睡眠潜伏期试验明确存在入睡时间缩短和出现REM睡眠异常。鉴别时应注意询问发病年龄、主要症状及MSLT的结果。同时应注意鉴别本病与OSAHS合并存在的情况。

2. 原发性鼾症和上气道阻力综合征　　可能通过睡眠片段增多等睡眠结构的改变，导致睡眠质量下降，出现白天思睡，可通过多导睡眠图进行鉴别。

3. 其他　　不安腿综合征和周期性肢体运动障碍等其他类型的睡眠障碍，可导致患者出现失眠或白天思睡，多伴有醒觉时的下肢不适感觉或运动异常，通过详细向患者及同床睡眠者询问患者的睡眠病史，结合查体和多导睡眠监测结果可以鉴别。

【治疗】

1. 一般性治疗　　对每位OSAHS患者均应进行多方面指导，包括：① 减肥：控制饮食和体重，适当运动；② 戒酒、戒烟，停用镇静催眠药物及可引起或加重OSAHS的其他药物；③ 侧卧位睡眠；④ 适当抬高床头；⑤ 白天避免过度劳累。

2. 病因治疗　　纠正能引起OSAHS或使之加重的基础疾病，如应用甲状腺素治疗甲状腺功能减低等。

3. 气道内正压通气治疗　　是目前最常用的治疗手段。包括持续气道正压通气（continuous positive airway pressure，CPAP）和双水平气道正压通气（bi-level positive airway pressure，BiPAP），以经口鼻CPAP最为常用。可以通过与呼吸机相连的面罩提供强制性气流增加气道的压力，支撑上气道使其持续保持开放状态，避免发生气道塌陷或阻塞。对伴有肺大泡、纵隔气肿、急性心肌梗死患者血流动力学指标不稳定者、脑脊液漏、颅脑外伤或颅内积气以及急性中耳炎、鼻炎、鼻窦炎感染未控制等患者应慎用。

4. 口腔矫治器　　通过矫正口腔内结构，使下颌骨或舌体向前上方提起，增加咽部横截面积，进而增加气流量。适用于单纯鼾症及轻度的OSAHS患者（AHI<15次/h），特别是有下颌后缩者。对于不能耐受CPAP、不能手术或手术效果不佳者可以试用。

5. 外科治疗　　对于某些非肥胖而口咽部阻塞明显的重度OSAHS患者，可以考虑在应用CPAP治疗且其夜间呼吸暂停及低氧已基本纠正情况下，试行悬雍垂腭咽成形术（uvulopalatopharyngoplasty，UPPP）。

6. 药物治疗　　主要使用某些改变睡眠结构和呼吸的神经控制功能的药物，如黄体酮、肺达宁、抗抑郁药物丙烯哌三嗪及氨茶碱等。总体上药物治疗效果尚不肯定，且有不同程度的不良反应。

第四节 发作性睡病

发作性睡病(narcolepsy)是一种以白天出现不可控制的短暂性、发作性睡眠为主要特征的睡眠障碍,常伴有猝倒发作、睡眠瘫痪、睡眠幻觉等。本病同 HLA 等位基因 *HLA-DQB1*0602* 和 *HLA-DQA1*0102* 密切相关。该病从儿童早期到老年期均可发病,以 15～25 岁为发病高峰,患病率为 0.02%～0.16%。

【临床表现】

典型的临床表现为发作性睡病四联症:

1. 发作性睡眠 患者白天突然出现无法预测的过度睡意和不可抗拒的睡眠发作。在阅读、看电视、听课、吃饭、行走甚至驾车时均可出现,一段短时间的小睡(10～30 min)可使精神恢复振作,但通常这种恢复仅能在醒后维持一段时间。

2. 猝倒发作 可见于 65%～70% 的患者。常由强烈的情感刺激诱发,表现为躯体肌张力突然丧失,但意识清楚,呼吸不受影响。发作持续时间通常为数秒,发作后可完全恢复,亦可持续数十分钟而后进入明显的睡眠发作。

3. 睡眠瘫痪 可见于 20%～50% 的患者。患者从 REM 期睡眠中醒来时,发生一过性全身随意运动不能和(或)言语不能,呼吸和眼球运动不受影响,可持续数秒至数分钟。

4. 睡眠幻觉 见于 12%～50% 的患者。可发生于从觉醒向睡眠转换时(入睡前幻觉)或睡眠向觉醒转换时(醒后幻觉)。常为不愉快的异常听觉或视觉感知,典型者伴有恐惧感和受到威胁感。

5. 其他 约半数患者有自动症或遗忘症发作,是由于患者试图抵制困倦而逐渐陷入迷茫,对指令无反应。常有无法言语,对发生的事情完全遗忘。可伴有失眠、晨起后疲倦或头痛、肌肉疼痛、无力和记忆力下降等。

【诊断】

根据 ICSD-2 的诊断标准,发作性睡病可分为伴猝倒发作性睡病、不伴猝倒发作性睡病和继发性发作性睡病。前两种疾病的诊断标准如下。

1. 伴猝倒的发作性睡病 ① 几乎每天发生白天过度思睡,至少持续 3 个月;② 有明确的猝倒史,猝倒被定义为由情感诱发的、突然发作的短暂性(<2 min)肌张力丧失;③ 辅助检查:经充足的睡眠(≥6 h)后,次日多次睡眠潜伏期试验显示平均睡眠潜伏期≤8 min,或见≥2 次 REM 睡眠始发的睡眠(sleep-onset rapid eye movement periods, SOREMPs),或脑脊液中食欲素-1(hypocretin-1/oriexin-A)≤110 pg/ml 或≤正常值的 1/3;④ 排除引起白天过度思睡的其他类型睡眠障碍、内科或神经疾病、精神疾病。

2. 不伴猝倒的发作性睡病 除第②项为"无典型猝倒发作"外,其他标准与"伴猝倒的发作性睡病"相同。

【治疗】

1. 一般治疗 合理安排作息时间,保证夜间充足睡眠。白天合理的小睡可以有效改善患者的精神状态。避免从事倒班工作、长时间连续工作或具有高精度、高危险性工作。给予心理支持,增强治疗信心。

2. 药物治疗 中枢神经系统兴奋性药物如安非他命、苯哌啶醋酸甲酯、莫达非尼和 γ-羟丁酸钠等,可以改善发作性睡病的日间嗜睡症状;三环类抗抑郁药丙米嗪、去甲丙米嗪和氯丙米嗪等,可改善猝倒症状,并具有抑制 REM 睡眠的作用。5-羟色胺再摄取抑制剂(如氟西汀、西酞普兰)、去甲肾上腺素再摄取抑制剂(如维洛沙嗪、瑞波西汀)以及去甲肾上腺素和 5-羟色胺双重再摄取抑制剂(如文拉法辛),对猝倒治疗也有效。

第五节 其他常见类型的睡眠障碍

一、不安腿综合征

不安腿综合征(restless legs syndrome, RLS)是一组由于腿部不适感而产生的、以强烈的移动双腿的渴望为特征主诉的睡眠期感觉运动障碍综合征。患病率为 0.1%～11.5%。

【临床表现】

特征表现为在安静情况下,出现腿部的不适感而引发的腿部活动。患者主诉腿部出现难以描述的不适感,如蠕动、蚁走、瘙痒、烧灼、触电感等,感觉异常位于肢体深部,多数以累及下肢为主,可出现于单侧或双侧,半数患者也可累及上肢。这种不适感迫使患者通过持续活动来缓解症状,如伸展肢体、搓揉下肢等,静息后可使症状重复出现或加重。通常夜间症状加重,典型者在 23 点至次日凌晨 4 点最为严重。这种不适感常会影响患者和同床者的正常睡眠。

多导睡眠图可见腿部运动明显增多,每次运动持续时间超过 10 s,每小时可超过 40 次。同时可伴有夜间觉醒次数和觉醒时间增多,以及睡眠片段现象增多。

【治疗】

首先应培养患者健康的睡眠习惯,并进行适度活动等,同时去除各种引起 RLS 的病因,如对缺铁引起者给予补铁治疗等。药物治疗可选用多巴胺能受体激动剂(普拉克索、罗匹尼罗)、复方左旋多巴制剂(多巴丝肼、卡左双多巴)、加巴喷丁或镇静催眠类药物(如氯硝西泮)等。

二、周期性肢体运动障碍

周期性肢体运动障碍(pediatric limb movement disorder,PLMD)是指在睡眠中反复发作的肢体周期性动作。本病患病率随年龄增长逐渐增加,在青年期为 5% 左右,老年人可升高至 40%。

【临床表现】

主要表现为睡眠中反复出现肢体运动,以下肢发作性收缩为特征性表现,呈周期性发作,每次持续时间 0.5~5 s,发作间隔 5~90 s,上肢也可以出现类似的表现。这种不自觉的运动常会影响患者和同床者的正常睡眠。

多导睡眠图检查可见肢体运动可发生于睡眠中任何时段,以 NREM 期多见。腿动监测显示反复发作的特征性肢体运动,运动连续发作≥4 次,发作次数≥5 次/h。同时可伴有睡眠片段增多、觉醒次数增多等睡眠结构紊乱表现。

【治疗】

药物治疗可选择多巴胺类药物如多巴丝肼、苯二氮䓬类药物如氯硝西泮等。

三、快速眼球运动睡眠行为障碍

快速眼球运动睡眠行为障碍(REM sleep behavior disorder,RBD)的临床特征是 REM 睡眠中反复出现肌张力不消失的现象,并伴有与梦内容有关复杂行为的发作性疾病。RBD 患者多见于 50~70 岁。

【临床表现】

主要表现为睡眠中突发的、大幅度运动的行为,如在床上挥动手臂、踢腿、喊叫、起床,偶可出现磨牙、大笑、唱歌等。这些行为可以造成严重的后果,对本人或同床睡眠者造成伤害。通常需要极大声音或触动才能将患者唤醒,唤醒后患者多能描述生动的、内容各异的梦境。一般在入睡 90 min 后开始出现,发作频率数周一次到每晚数次不等。

多导睡眠图检查显示在 REM 期睡眠时出现异常的肌电活动,下颌肌电过度增强,下颌或肢体肌电图显示时相性肌电活动增多,并伴有异常行为。部分患者还可伴有周期性肢体运动。

【治疗】

本病主要通过药物治疗,小剂量的氯硝西泮对 RBD 疗效明显,褪黑素可以减少夜间运动发作。同时应采取保护措施以防止继发性损伤。

四、睡行症

睡行症(sleepwalking)又称梦游症,是一种以行走或其他异常复杂行为或活动为特征的睡眠障碍,通常在 NREM 睡眠期出现。发病率为 1%~15%,儿童较多见。

【临床表现】

主要表现在入睡后的 2~3 h 内从床上坐起,目光呆滞,漫无目的地行走;或做简单刻板的动作,如拿起被子、移动身体等;少数表现为较复杂的日常习惯性动作,如做饭、进食、驾车等。患者活动可自行停止,并回到床上继续睡眠,醒后对发作过程无记忆。患者在发作时对环境只有简单的反应,易发生磕碰、摔倒等意外伤害,发作时不易被唤醒,受到限制时可出现冲动或攻击行为。

多导睡眠图显示发病多在 NREM 睡眠 3、4 期,常见于夜间睡眠的前 1/3 阶段 NREM 期结束时。

【治疗】

发作频繁时可选用苯二氮䓬类(如氯硝西泮、阿普唑仑)、抗抑郁剂(如阿米替林、氟西汀)等。进行自我催眠和松弛疗法等心理治疗方法，有助于缓解症状。

五、睡惊症

睡惊症（sleep terror）也称夜惊症（night terror），是一种觉醒调节障碍。常见于4~12岁儿童。

【临床表现】

患儿多在入睡后的0.5~2h后，突然坐起，尖叫、哭喊、双眼凝视、手腿舞动，常有不能理解的不自主言语，伴呼吸急促、心跳加快、面色苍白、出汗、瞳孔扩大、皮肤潮红等自主神经症状。发作时意识呈朦胧状态，呼之不应，持续1~2min后常能自行缓解并继续入睡。次日对发作经过不能回忆或仅部分记忆，无完整生动的梦境。

多导睡眠图显示发病在NREM睡眠3、4期，常见于夜间睡眠前1/3阶段的NREM期。

【治疗】

可选用氯硝西泮、地西泮、阿普唑仑等，睡时服用。

（赵忠新　李雁鹏）

思 考 题

1. 失眠的常见临床表现有哪些？
2. 常用的非药物治疗失眠的方法包括哪些？
3. 阻塞性睡眠呼吸暂停低通气综合征如何治疗？
4. 发作性睡病的特征性表现是什么？
5. 不安腿综合征和周期性肢体运动障碍如何鉴别？
6. 病例分析

【病史摘要】

患者，女性，25岁，公司职员。主诉反复失眠7年余。患者于7年前高考时因压力较大开始出现睡眠障碍，每晚均需卧床至少1小时后才能入睡，自觉睡眠较浅，同时白天感觉疲倦、思睡，注意力、记忆力均下降。症状持续1周后，服用"唑吡坦"治疗能够较快入睡。此后，每遇考试、重要工作或生活事件等前几夜，都会担心如果当晚出现失眠会导致次日精神不佳，而出现明显的入睡困难。当这些事件过去后，睡眠即可恢复正常。3个月前因为参加职称考试而再次出现入睡困难，虽然顺利通过考试，但是入睡障碍未恢复，睡眠浅。自觉越是接近睡眠时间越担心失眠问题。无明显心情压抑、工作动力下降及恐惧不安等。

既往体健，无类似家族病史。查体：神清，精神可，神经系统检查无阳性体征。多导睡眠图检查：总记录时间8小时58分，其中睡眠5小时37分，睡眠效率62.6%。睡眠潜伏期57min。有20次觉醒，觉醒时间180.5min。微觉醒223次，微觉醒指数41.5次/h。

治疗经过：给予睡眠健康知识教育和认知行为指导，进行睡眠限制疗法结合放松训练等方法，降低患者对睡眠的担忧和焦虑水平。在治疗开始阶段，同时给予唑吡坦（10mg，卧床时口服）间断按需服用。4个月后随访，患者失眠症状基本消失。

【诊断分析】

1. 病史特点　①青年女性；②反复失眠7年，以条件性入睡困难为主要表现，有明显的习惯性阻睡联想；③日间困倦、疲劳，影响社会功能；④神经系统无阳性体征，无明显焦虑、抑郁表现；⑤多导睡眠图检查可见睡眠潜伏期延长，睡眠效率降低，未发现其他睡眠障碍。

2. 诊断　根据上述病史特点，符合心理生理性失眠的诊断标准。

3. 鉴别诊断　①睡眠卫生不良、躯体疾病及神经活性物质等导致失眠：可通过对患者作息时间、生活习惯和既往服药史等询问排除；②焦虑、抑郁相关性失眠：通过对患者进行精神心理评估，未见明显的心境障碍，可以排除；③主观性失眠：多导睡眠图检查结果可排除；④其他类型睡眠障碍伴随的失眠：多导睡眠图检查未见其他常引起失眠的睡眠障碍类型，如不安腿综合征、周期性肢体运动障碍等。

4. 治疗建议　帮助患者分析睡眠问题产生与持续的原因，进行睡眠限制疗法结合放松训练等认知行为治疗方法的指导，适当使用催眠药物。

参考文献

赵忠新. 2003. 临床睡眠障碍学. 上海：第二军医大学出版社. 98~141

American Academy of Sleep Medicine. 2005. International classification of sleep disorders: Diagnostic and coding manual. 2nd ed. West-chester. 12~216

Arnardottir ES, Mackiewicz M, Gislason T, et al. 2009. Molecular signatures of obstructive sleep apnea in adults: a review and perspective. Sleep. 32(4): 447~470

Mahowald MW, Schenck CH. 2005. Insights from studying human sleep disorders. Nature. 437(7063): 1279~1285

Morgenthaler T, Kramer M, Alessi C, et al. 2006. Practice parameters for the psychological and behavioral treatment of insomnia: an update. An American Academy of Sleep Medicine report. 29(11): 1415~1419

第二十四章 系统疾病的神经系统并发症

Systemic medical conditions may cause central and peripheral nervous system dysfunction. It is important to recognize that the function of all organ system is to keep the brain alive. If treatment is initiated for systemic organ failure (i. e., medication, transplantation, surgery), these may be associated with other types of neurological disorders. Rather than memorizing lists of neurological disorders associated with specific systemic disorders, it is important to understand the mechanism of neurological dysfunction associated with systemic disease.

—— LA Weisberg, C Garcia, R Strub, 2010

第一节 概 述

神经系统的结构和功能与机体各器官、系统关系十分密切,其他系统的疾患都可影响神经系统的功能,如机体的代谢紊乱、缺氧、中毒和恶性肿瘤等均能导致神经系统的损害,表现出相应神经系统症状和体征,或进而危及生命。

【病因】

1. 器官功能衰竭 如急、慢性肝病导致的肝性脑病,肾功能衰竭引起的尿毒症性脑病和神经病变。

2. 内分泌失调 如糖尿病导致的周围神经病变和非酮症性高渗昏迷,甲状腺危象引起的脑功能障碍。

3. 缺氧 常见于各种慢性肺部疾病伴呼吸功能衰竭所致的二氧化碳潴留,如肺性脑病。

4. 外源性中毒 各种有害物质进入体内或药物使用不当均可引起神经系统症状或并发神经系统损害,常见的有一氧化碳中毒,急、慢性汞、铅等重金属中毒,酒精中毒等。

5. 恶性肿瘤 如继发于小细胞肺癌的副肿瘤小脑变性和副肿瘤性脑脊髓炎,白血病细胞浸润中枢神经系统导致的中枢神经系统白血病,淋巴瘤浸润压迫脊髓、脑脊膜、脑神经和脊神经等。

6. 治疗措施相关并发症 如肝、肾移植后出现弥漫性脑病和透析治疗中出现的透析性脑病等。

【临床表现】

1. 原发疾病的临床表现 这类神经系统并发症大多存在相关原发病或基础疾病的临床表现,如肝性脑病患者呼出气味呈特征性"肝臭",肺性脑病患者存在肺功能不全和高碳酸血症,肾性脑病患者存在肾功能衰竭等。也有少数以神经系统表现为首发症状或在原发病之前出现神经系统体征,如相当一部分恶性肿瘤患者是在发现癌肿之前就表现出神经系统受累的征象。

2. 中枢神经系统受累表现 ① 神经症状:常见头痛,头昏,睡眠障碍,注意力不集中,记忆力减退等,见于糖尿病、贫血和甲状腺功能亢进等;② 精神症状、智能障碍或意识障碍:如烦躁、兴奋、抑郁、人格改变、记忆力减退、定向障碍、谵妄、淡漠、意识模糊、昏迷等,常见于肝昏迷、尿毒症性脑病等;③ 癫痫发作:可见于肺性脑病、尿毒症、糖尿病高渗性非酮症昏迷、胰性脑病等;④ 局灶性神经功能缺损表现:如偏瘫、脑神经损害等,见于系统性红斑狼疮、白血病等。有颅内压增高时可表现出头痛、呕吐等。

3. 周围神经损害 可出现相应神经支配区运动或感觉障碍,如麻木、疼痛等。糖尿病和尿毒症患者常出现肢体对称性感觉障碍。

4. 神经系统查体 常出现震颤、偏瘫、感觉障碍、失语、共济失调、肌阵挛、去脑强直或去皮质状态等。

5. 实验室检查有助于发现原发疾病相关病因 血糖、电解质、血气分析、肝肾功能等实验室检查有助于发现与原发病相关的病因,血药浓度检测和毒物筛查有利于毒物或药物中毒的诊断。

【诊断原则及步骤】

系统疾病的神经系统并发症是一个发生、发展的动态过程,早期诊断存在困难,目前还没有这方面的规范或指南。但及时诊断和早期干预对疾病的转归有积极意义。因此,各种系统疾病的神经系统并发症应尽可能早期诊断。

1) 及时评估可能导致神经系统损害的疾病诱因和医源性操作。如肾功能衰竭患者可能发生尿毒症性脑病,肝病患者大量放腹水可能引起肝昏迷。

2) 详细询问病史,熟悉患者原发疾病,评估全身疾病的病情严重程度。继发于系统疾病的神经并发症多在原发疾病急性加重或长期慢性损害过程中发生。如慢性阻塞性肺病(COPD)患者血二氧化碳分压($PaCO_2$)升高到 80 mmHg 出现头晕、精神兴奋或抑制、意识障碍时就应考虑并发肺性脑病,而不仅是单纯的二氧化碳潴留。

3) 确定是全身疾病并发的神经系统症状还是神经系统疾病本身的临床表现。系统疾病的神经并发症一定存在某种基础疾病。但神经症状的出现有时先于原发系统疾病的症状。故不能仅仅根据神经症状和系统症状出现的先后顺序判断神经症状是否为并发症。如副肿瘤综合征患者常在原发肿瘤被发现前,因神经系统症状而就诊。此时,详细的系统回顾和有针对性的辅助检查结果常可提示原发疾病的存在。常见神经系统症状的系统疾病与神经疾病病因比较详见表 24-1。

表 24-1 常见神经系统症状的系统疾病与神经系统疾病的病因

症 状	其 他 系 统 疾 病	神经系统疾病
意识障碍	严重肺功能不全、一氧化碳中毒、糖尿病、严重肝病、尿毒症、肾上腺功能减退、甲亢、碱中毒、电解质紊乱等	幕上病变、幕下病变、弥散性脑部病变等
头痛	传染病、一氧化碳、酒精和重金属中毒、SLE、尿毒症、糖尿病、肺气肿、甲亢等	原发性头痛、颅腔疾病、颅腔临近结构疾患等
眩晕	低血糖、甲减、高血压、尿毒症、中毒等	脑肿瘤、脑血管疾病等
不自主运动	严重肝病、严重慢性肺部疾病、尿毒症等代谢性疾病	帕金森病、亨廷顿病、小舞蹈病等
抽搐	肝昏迷早期、低血钙、内分泌代谢紊乱、中毒、破伤风等	大脑病变、癫痫等
脑神经损害	SLE、白血病	脑血管疾病、颅内病变等
周围神经病变	糖尿病、尿毒症、SLE、白血病、恶性淋巴瘤、慢性中毒等	AIDP、CIDP 等
精神异常	严重肝病、急性胰腺炎、严重慢性肺部疾病、糖尿病、尿毒症、急性酒精中毒等	大脑器质性疾病、癫痫等

4) 怀疑神经症状与系统疾病相关时,应结合病史,有针对性地安排辅助检查。如血糖、血氨、各种影像学检查等,详见图 24-1。

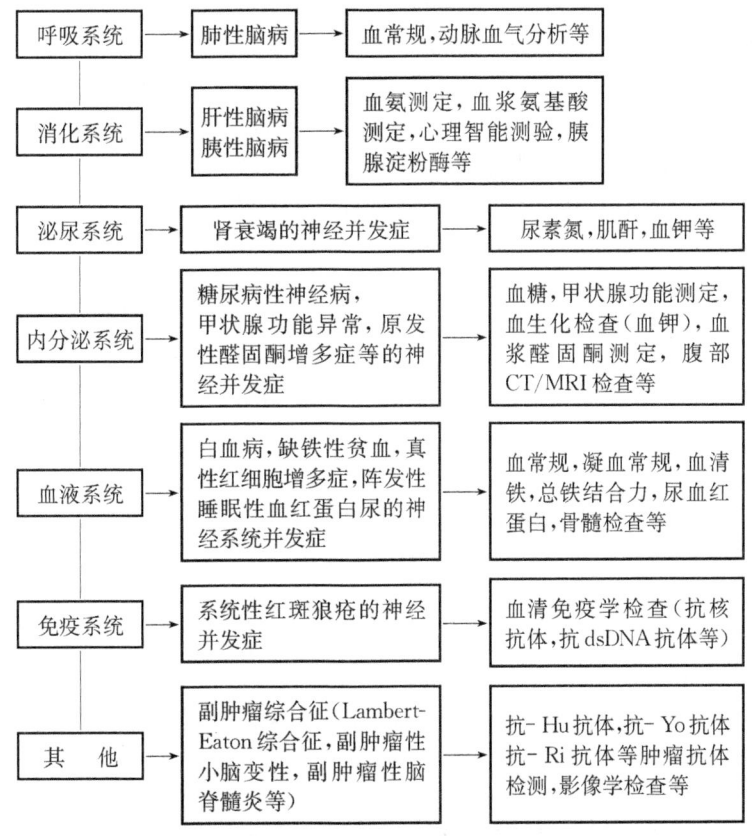

图 24-1 系统疾病神经并发症的相关辅助检查

5) 观察处理原发疾病后神经系统症状是否改善。

【治疗原则】

1. 积极治疗原发病 针对原发疾病治疗是关键措施,大多数神经系统并发症在纠正病因或积极治疗原发病后,神经系统症状可以缓解或消失。因此，病因治疗应贯穿于疾病治疗始终。但在出现危及生命的严重症状时，如颅内压增高、脑水肿、脑疝、呼吸抑制等，应首先以抢救生命为主。

2. 对症治疗 神经系统症状应根据具体表现给予相应的对症治疗，如镇静、抗癫痫、止痛、降颅压、处理精神症状、营养神经等；系统疾病症状的对症处理参见相关教材。

第二节 消化系统疾病的常见神经系统并发症

肝性脑病

肝性脑病（hepatic encephalopathy，HE）是严重急性或慢性肝病引起的以代谢紊乱为基础、意识障碍和精神行为改变为主要表现的中枢神经系统功能紊乱综合征，又称肝昏迷（hepatic coma）。

【病因及发病机制】

各种急性、亚急性、慢性肝病是引起肝性脑病的常见病因。最常见的是由各型肝硬化引起，以肝炎后肝硬化最多见。治疗肝硬化门脉高压常用的外科门体分流手术也可能引起肝性脑病。其他见于急性、亚急性和慢性重症病毒性肝炎、中毒性肝炎、药物性肝病的急性肝功能衰竭阶段。少见原因有原发性肝癌、妊娠期急性脂肪肝、严重胆道感染等。肝病患者出现上消化道出血、感染、肾功能不全、高蛋白饮食、大量饮酒、便秘、大量放腹水或使用排钾利尿药都有可能诱发肝性脑病。

肝性脑病的发病机制尚未完全明了。目前认为：① 血氨代谢紊乱引起的肝中毒是主要发病机制。摄入过多含氮食物或药物、消化道出血后肠内血液分解为氨，氮质血症时血中大量尿素转变为氨再进入血液均导致血氨生成过多；肝功能衰竭时，肝脏将氨合成尿素的能力减退，门体分流存在时肠道内的氨未经肝脏解毒直接进入血液循环，这些因素导致氨清除过少，干扰脑的三羧酸循环，消耗大量α-酮戊二酸和谷氨酸，使大脑抑制增强；同时生成谷氨酰胺导致脑细胞肿胀；② 肝功能不全时，肝脏对肠道吸收的环胺类物质代谢障碍。这些胺类在结构上与左旋多巴、多巴胺、去甲肾上腺素类似，通过血-脑屏障竞争性取代真正的神经递质与肾上腺素能受体结合，使神经元突触传递发生障碍。影响脑干网状结构即可发生意识障碍，基底节受累时即引起扑翼样震颤。但目前这种假神经递质学说还未得到完全证实；③ 在肝性脑病患者中，肠源性γ-氨基丁酸（γ-aminobutyric acid，GABA）在血中过度聚集，透过异常的血-脑屏障和高敏感度的突触后GABA受体结合产生大脑抑制；④ 肝功能不全的患者中，血浆中的芳香族氨基酸增多，而由于胰岛素在肝脏中的灭活作用降低，支链氨基酸大量进入肌肉组织，血浆中支链氨基酸/血浆芳香族氨基酸比例失衡，芳香族氨基酸进一步形成假性神经递质，对大脑功能产生抑制作用。

【临床表现】

1. 精神异常

（1）意识障碍：早期表现为失眠或睡眠倒错，病情加重会出现谵妄、嗜睡、昏睡或昏迷。

（2）智能改变：思维过程受损常隐蔽出现，可出现高级神经功能障碍，如记忆力、定向力、注意力障碍，严重时对人物概念模糊，最终自我定向力丧失。

（3）性格及行为改变：早期性格改变可有难以察觉的抑郁或欣快、多语，加重可有焦虑、冷漠或兴奋，甚至躁狂。早期行为改变可有衣衫不整、哭笑无常、随便便溺，进一步可出现怪癖行为或幼稚行为，也可表现为被害妄想或偏执狂。

2. 神经症状 主要为神经肌肉运动障碍，表现为扑翼样震颤，常伴随中度意识改变出现。出现肌肉动作不协调，书写潦乱。早期正常反射存在，病理反射阴性；随病程进展，症状可逐渐加重，出现双侧肢体肌张力增高，共济失调，生理反射低下或亢进，双侧Babinski征阳性。可见痉挛性瘫痪，伴随昏迷加深常出现去脑强直或去皮质强直。抽搐可在肝性脑病患者中出现，但较尿毒症性脑病相对少见。

3. 其他 肝臭是肝性脑病患者常呼出一种类似烂苹果、变质鸡蛋或大蒜样的特征性气味，是血中硫醇含量增高随呼气排出所致。还可发生低钾血症、酸中毒、脑水肿等。

【临床分期】

1. Ⅰ期（前驱期） 轻度性格改变，行为失常。此期无明显神经系统体征，脑电图无明显异常。

2. Ⅱ期（昏迷前期） 以精神错乱、意识模糊、睡眠障碍、行为异常为主要表现，定向力、理解力均减退，有明显神经系统体征，如扑翼样震颤，腱反射亢进，肌张力增高，踝阵挛和锥体束征阳性。脑电图常出现异常的θ波。

3. Ⅲ期（昏睡期） 以昏睡和精神错乱为主要表现。各种神经体征持续或加重，脑电图出现明显异常的θ波和三相慢波。

4. Ⅳ期(昏迷期) 患者意识完全丧失,进入昏迷状态。昏迷时因查体不合作,不能引出扑翼样震颤。进入深昏迷时,各种反射消失,瞳孔散大,过度换气,脑电图出现对称的δ波。

【辅助检查】

1. 简易智能测试 对诊断早期肝性脑病,特别是轻微型肝性脑病最有意义。最常规使用的是数字连接试验(NCT)。NCT有两种,NCT-A是将标记有1~25分散的数字方块按顺序连接起来。NCT-B是将标记有1~13和A~L字母的方块按1A,2B,3C……的顺序相连起来。但测试会受到文化、年龄、教育程度的影响。

2. 实验室检查 常规进行肝肾功能及电解质检查。怀疑肝性脑病应进行血氨检查。正常人空腹静脉血氨为40~70 ng/L,动脉血氨为静脉血氨的0.5~2倍,且分布均匀稳定,脑中氨的摄取量和动脉血氨含量呈线性相关。在急性肝衰竭所致的脑病血氨多正常。血浆中氨基酸检查还可发现支链氨基酸和芳香氨基酸比例倒置,肝性脑病时比值常<1。在无或有很轻微肝病时,血氨水平和脑脊液谷氨酰胺含量上升对诊断有高敏感性。

3. 电生理检查

(1) 脑电图:对肝性脑病诊断无特异性,对预后的判断有帮助。典型脑电图改变为节律变慢,随病情发展,波幅逐渐增高,而频率减慢。昏迷前期为θ波,晚期出现高波幅δ波。

(2) 诱发电位:特异性不强。EEG平均优势频率及特殊节律倍数、听觉诱发电位的P300波峰被认为有临床诊断意义。

4. 影像学检查

(1) CT:在脑病早期,仅出现神经心理学检查异常时,头颅CT可显示皮质萎缩、脑水肿或无异常。

(2) MRI:在T_1相可见基底节高信号,可能与锰代谢有关。此信号在肝移植后可消失。

(3) 磁共振波谱(MRS):在肝性脑病患者中白质及灰质中肌醇与肌酐比值降低,脑代谢异常还可出现在没有轻微肝性脑病的肝硬化患者,对轻微肝性脑病的早期诊断可提供线索。

【诊断及鉴别诊断】

肝性脑病主要的诊断依据为:① 严重急、慢性肝病病史;② 有肝性脑病的常见诱因;③ 精神行为异常,昏睡或昏迷等意识障碍为主要临床表现;④ 扑翼样震颤的体征和典型的脑电图改变有重要的参考价值;⑤ 实验室检查示明显肝功能损害,血氨增高或血浆氨基酸谱变化;⑥ 排除其他原发的神经系统疾病,如癫痫,脑卒中,脑外伤等。

以精神症状为惟一突出表现的肝性脑病常被误诊为精神病。昏迷者应与糖尿病、低血糖、尿毒症、脑血管意外、肺部感染和镇静剂过量相鉴别。

【治疗】

1. 消除诱因 大多数肝性脑病的诱因为消化道出血、大量放腹水、大量排钾利尿、尿毒症、高蛋白饮食、感染等。去除诱因,避免肝性脑病的发生和发展是最基本的治疗手段。

2. 减少肠内毒物的生成和吸收

(1) 饮食指导:控制蛋白质的摄入,每日蛋白质摄入量不宜超过70 g,以植物蛋白为佳。

(2) 灌肠或导泻:用生理盐水或弱酸性溶液灌肠可清除肠内的积食或积血及其他含氮物质。

(3) 抗生素:抑制肠道内细菌生长,降低氨和其他脑毒性物质产生。口服新霉素2~4 g/d或选服巴龙霉素、卡那霉素、氨苄青霉素均有疗效。

(4) 双糖:口服不吸收的双糖(乳果糖/乳山梨醇)可使肠腔呈酸性,从而减少氨的形成和吸收。联用乳果糖和新霉素效果更好。

3. 促进有毒物质的代谢消除 降氨药可降低门体分流性脑病的血氨水平,但对重症肝炎所致的急性肝昏迷无效。常用的有谷氨酸钾和谷氨酸钠、精氨酸、苯甲酸钠、鸟氨酸门冬氨酸、γ-氨酪酸和苯乙酸。

4. 纠正氨基酸代谢的紊乱 口服支链氨基酸用于预防和治疗慢性肝性脑病,但其疗效目前有争议。

5. GABA/BZ复合受体拮抗药 常用弱安定类受体拮抗剂氟马西尼。氟马西尼治疗肝性脑病的效果很不一致,与选择应用剂量和方法不同有关。

6. 其他对症治疗 包括保持呼吸道通畅,纠正水、电解质和酸碱平衡紊乱,防治出血和休克,防治脑水肿和脑保护,必要时可进行腹膜或血液透析。

7. 人工肝支持系统 可部分清除肝性脑病体内的毒性物质,同时补充大量的血浆蛋白,凝血因子,补体激活物,初步纠正代谢紊乱,为肝移植提供过渡治疗手段,但目前成功率还不理想。

8. 肝移植 对进行性不可逆性终末期肝脏患者积极可取的最佳措施之一。供体不足仍是目前的主要困难之一。8%~47%接受肝移植的患者出现神经系统并发症。中枢神经系统并发症包括癫痫、昏迷、皮质盲、错觉、视幻觉、头痛等,周围神经系统并发症包括臂丛神经病和多发性周围神经病等。

第三节 呼吸系统疾病的常见神经系统并发症

肺性脑病

肺性脑病(pulmonary encephalopathy)是因慢性肺胸疾病等伴有呼吸功能衰竭,致使低氧血症和高碳酸血症,而出现各种精神神经功能障碍的一种临床综合征。

【病因及发病机制】

原发于肺部的慢性疾病,其中以慢性支气管炎、哮喘伴发肺气肿是肺性脑病最为常见的病因。还见于可导致呼吸功能障碍的神经系统疾病。

发病机制较为复杂,主要是由肺部损害致缺氧,尤其是二氧化碳潴留产生的高碳酸血症。血中二氧化碳分压($PaCO_2$)升高到 80 mmHg 时即可出现精神兴奋或抑制、头晕、厌食、意识障碍,达到 120 mmHg 时意识障碍可加重,出现昏迷、抽搐等"二氧化碳麻痹"症状。急、慢性肺部感染常是肺性脑病的诱发因素,异丙嗪、异戊巴比妥、苯巴比妥等药物也能诱发。

【临床表现】

1) 多发于 50 岁以上的有慢性肺部疾病的患者,急性肺部感染、使用镇静镇痛药物、水或电解质紊乱、急性或慢性呼吸道阻塞时可诱发。

2) 早期临床症状可不典型,甚至缺如。可仅表现为头晕、乏力、精神差、神情淡漠等,有时血气指标未达到诊断标准。

3) 典型的肺性脑病可出现皮肤青紫、明显发绀等缺氧和二氧化碳潴留的临床表现,伴有意识障碍、精神神经症状和某些神经系统定位体征。各种不自主运动均可见到,如扑翼样震颤、肌阵挛。患者也可有局灶性或全身性癫痫发作。

【辅助检查】

1. 血气分析 主要指标可见 $PaCO_2 > 50$ mmHg,$PaCO_2 < 60$ mmHg,血 pH 降低。当合并代谢性酸中毒或代谢性碱中毒,表现为相应的血气改变。

2. 脑脊液 压力升高,可高达 200 mmH_2O 以上。可见红细胞增加,白细胞和生化检查正常。

3. 脑电图 呈不同程度全脑弥漫性中至重度异常慢波,程度与脑缺氧的程度一致。

【诊断及鉴别诊断】

典型的肺性脑病的诊断标准为:① 慢性肺部疾病伴呼吸功能衰竭病史;② 临床症状有意识障碍、神经或精神症状和神经系统定位体征;③ 血气分析有肺功能不全或高碳酸血症表现;④ 排除其他原因引起的神经、精神障碍。

当肺性脑病患者出现一般原因不能解释的神志或精神改变时,尽管血气分析未达到诊断标准,仍要考虑肺性脑病的可能,应及时做各项检查,做到早发现、早治疗。注意与脑动脉硬化、严重的电解质紊乱、单纯的碱中毒、感染中毒性脑病等鉴别。

【治疗】

1. 病因治疗 针对各种慢性呼吸道疾病进行治疗。

2. 控制呼吸道感染 急性肺部感染是肺性脑病重要诱发因素。应根据痰培养及药敏试验选用两种以上足量的抗生素静滴或选择雾化吸入。

3. 改善呼吸功能,保持呼吸道通畅 对肺性脑病有明显意识障碍的患者,肺部感染较严重,气管内有大量痰液难以排出者,应尽早考虑气管插管,并给以辅助呼吸,插管 3~5 天病情无改善者应行气管切开,并辅助机械呼吸。

4. 纠正酸碱平衡及水电解质紊乱 轻度失代偿性呼吸性酸中毒合并代谢性酸中毒患者,在积极控制感染、对症综合治疗后大多可不必加用碱性药物。较严重的失代偿性呼吸性酸中毒合并代谢性酸中毒的患者可适当给予一定的碱性药物,但酸中毒不宜纠正过快,否则氧离曲线左移,组织缺氧加重。过度通气易产生呼吸性碱中毒;因补充的碱性药物和快速利尿等使排钾、排氯过多,易导致低钾、低氯性碱中毒。

5. 神经系统症状对症治疗 有明显颅内高压的患者需用甘露醇或利尿剂脱水,注意补充钾盐。右心衰者应注意尽量减少甘露醇的用量以免加重心脏负荷。糖皮质激素对支气管痉挛有确定疗效,但对脑水肿的控制作用有争议。原则上不用镇静剂,对患者极度兴奋、躁动不安,可适量选用对呼吸中枢抑制作用微弱的镇静剂或安定剂,如氟哌啶醇 5 mg,地西泮 2.5~5 mg 口服,10% 水合氯醛 10~15 ml 灌肠等。

第四节　内分泌系统疾病的常见神经系统并发症

一、高渗性非酮症高糖昏迷

高渗性非酮症高糖昏迷（hyperosmolar hyperglycemic nonketotic coma HHNC），又称糖尿病高渗性昏迷，是糖尿病急性合并症之一。多见于2型糖尿病，常发生在老年患者或以往无糖尿病史或轻度糖尿病不需胰岛素治疗者。临床表现为高血糖引起的严重高渗性脱水和进行性意识障碍的临床综合征，有时伴有癫痫。血糖增高明显，但无明显的酮症酸中毒。

【病因及发病机制】

由于胰岛素量不足，血糖利用减少，形成高血糖和糖尿，在症状性高血糖持续一段时间后，液体摄入不足以阻止高血糖诱导的渗透性利尿，导致脱水。神经细胞也严重脱水引起神经症状。诱发因素有：① 引起血糖升高的各种因素如感染、应激、摄入糖分过多、服用引起血糖升高的药物、患有甲亢、肢端肥大症等；② 各种原因导致的失水、脱水等；③ 肾功能不全，如急、慢性肾功能衰竭、糖尿病肾病等。

发病机制尚不完全清楚，一般认为患者体内胰岛素相对不足或敏感性下降，葡萄糖利用障碍造成机体高血糖，严重脱水，血液浓缩，继发性醛固酮分泌增多，加重高血糖，形成恶性循环，出现极度高血糖，高血钠和氮质血症，使血浆渗透压增高，脑细胞脱水，从而导致严重脱水伴意识障碍等神经、精神症状。

【临床表现】

本病多发于中老年2型糖尿病及少数幼年1型糖尿病患者。糖尿病大多较轻，约2/3的患者发病前未诊断糖尿病。

发病初期症状不典型。主要表现为反应迟钝、表情淡漠、进行性嗜睡和糖尿病原有症状加重。病情进行性发展，典型的临床表现为严重脱水和中枢神经系统症状。患者脱水可出现体重明显减轻、血压下降、心跳加快，乃至休克，晚期少尿、无尿和急性肾功能衰竭。脱水造成的血液浓缩还易并发静脉血栓。神经系统表现有神志恍惚、定向障碍、烦躁及癫痫发作，可有中枢性高热和呼吸频率加快。可合并败血症和脑血管意外。

【辅助检查】

1. 血液检查　应进行血常规、血糖、血生化、血浆渗透压和血气检查。特征性表现为高血糖和高血浆渗透压。血糖可高达33.3 mmol/L，血浆渗透压显著增高达330～460 mOsm/L。血钠高至155 mmol/L，血钾常高于正常值，也可正常或偏低。血清酮体可升高，但多不超过4.8 mmol/L。血尿素氮和肌酐常中度升高，多为肾前性病变所致，也可有肾脏病变。血气分析可见血pH大多正常或稍低，约半数以下可伴轻度酸中毒。血清HCO_3^-稍低或正常。

2. 尿液检查　尿糖呈强阳性。

3. 脑脊液检查　脑脊液渗透压常增高，pH可降低。主要与颅内感染等颅内疾病相鉴别。

【诊断及鉴别诊断】

诊断依据糖尿病患者，特别是老年患者，因高热、厌食、恶心、呕吐、腹泻等引起失水时，或血糖≥33.3 mmol/L，血浆渗透压正常或稍增高。

应与中枢神经系统疾病引起的昏迷相鉴别。如有高热应与颅内感染相鉴别，脑脊液检查有助于鉴别诊断。有抽搐者还需除外癫痫和脑血管意外等。需要注意的是非酮症高渗性糖尿病昏迷也可能合并脑血管意外。

【治疗】

1. 积极补液　是治疗本病的关键性措施，主要目的在于扩容，以稳定血压，改善循环和保护重要脏器功能。

（1）补液性质：目前多主张开始输等渗盐水，有利于恢复血容量和防止因血渗透压下降太快导致脑水肿。对血压较低，血钠<150 mmol/L者，首先可用等渗液以恢复血容量和血压，若血容量恢复血压上升而渗透压仍不下降时可改用低渗液；血压正常，血钠>150 mmol/L，可一开始就用低渗溶液；若有休克，还应间断补充胶体溶液。

（2）补液剂量：失水量一般按患者体重的10%～12%估计。

（3）补液速度：按先快后慢的原则在2～3 d内逐渐补足。一般在前2h输1000～2000 ml，前4h输液量占总失水量的1/3，以后渐减慢，一般第1天可补给估计失水总量的1/2左右。在老年患者以及有冠心病者可根据中心静脉压补液，不宜过快过多。补液中要密切观察，警惕脑水肿的发生。

（4）补钾：本病患者体内钾盐丢失严重，但因脱水状态，血液浓缩致血钾正常或升高，在补液过程中可能出现严重的低钾血症，需及时补充。补钾静滴速度1～1.5 g/h为宜，最好进行心电监护。

2. 胰岛素治疗 一般可按血糖每增高 5.6 mmol/L 给 10 u 胰岛素,通过静脉或皮下注射。第 1 天剂量一般在 100 u 以下,治疗过程中每 2~4 h 监测血糖,当下降到 14 mmol/L 时应开始补糖液及钾盐,同时暂停胰岛素治疗并密切监测血糖等。

3. 其他治疗 治疗诱因和合并症是抢救本病的关键。

二、糖尿病性神经病

糖尿病性神经病(diabetic neuropathy)是糖尿病的主要神经系统并发症,其机制不明,可能与糖代谢异常、微血管病变、神经缺氧和维生素缺乏有关。

糖尿病性神经病非常多见,任何部位的神经均可累及,包括单神经病、多发性神经病、自主神经病、神经根病变和卡压性神经病。以多发性神经病最常见,患者常诉肢体麻木、灼痛,查体可有对称性肢体远端无力和感觉减退或消失,下肢重于上肢,分布如手套、袜子状,腱反射减弱或消失。后期有运动神经受累,肌力减退,肌张力降低,肌萎缩。自主神经病几乎在所有糖尿病中均可出现,影响心血管、胃肠、泌尿系统和性器官,常表现为心律失常、体位性低血压、便秘、腹泻、排尿困难、充盈性尿失禁、阳痿等。糖尿病单神经病和神经根病变的常见症状是疼痛,单神经病起病急,主要累及脑神经,以动眼神经和外展神经最常受累,瞳孔大小和对光反射不受影响,预后良好。

糖尿病性神经病的治疗首要是控制血糖,同时可补充 B 族维生素。常用甲钴胺,增强神经细胞内核酸和蛋白质的合成,促进髓鞘再生,可改善肢体疼痛、麻木。此外,还可试用西洛他唑、前列腺素 E_1 等改善微循环、抗血小板聚集药物。缓解疼痛可选三环类抗抑郁药,可单独使用或视病情与抗癫痫药合用。疼痛持续加重者可选用加巴喷丁。腹泻、便秘可选用相应药物对症治疗。体位性低血压者应避免改变体位时动作过快,平时穿弹力袜、紧身裤减少下肢静脉淤滞。

第五节 泌尿系统疾病的常见神经系统并发症

一、尿毒症性脑病

尿毒症性脑病(uremic encephalopathy)是指急、慢性肾脏疾病所致的肾功能衰竭引起以氮质潴留为主,发生严重神经、精神障碍的一组疾病。慢性肾小球肾炎、慢性肾盂肾炎和肾小动脉引起慢性肾功能衰竭是尿毒症脑病的常见病因。肾衰所致的神经系统并发症的临床特征并不与任何单一的生化指标异常有明显的关联性,但可能与肾衰及发展的快慢有关。

【病因及发病机制】

慢性肾脏疾病,如慢性肾小球肾炎、肾盂肾炎、肾盂积水和结缔组织病等造成的急、慢性肾功能受损,是尿毒症性脑病的重要病因。但发病机制至今未明。目前认为水、电解质、酸碱平衡失调、高血压、贫血等导致肾功能受损,使体内含氮物质蓄积从而造成脑组织损伤。而继尿毒症之后的甲状旁腺功能亢进,又可致钙、磷代谢紊乱,使脑细胞内钙含量增高,进而影响神经细胞功能;甲状旁腺激素还可通过抑制线粒体氧化磷酸化而影响脑组织的能量代谢,造成神经细胞功能异常。

【临床表现】

尿毒症性脑病表现出一系列的神经功能受损征象,如构音障碍,步态不稳,扑翼样震颤,动作性震颤,肌阵挛,感觉模糊等。早期最可靠的征象是感觉模糊,患者出现疲乏、情感淡漠、难以集中精神。出现感知错误、记忆力下降和意识模糊后,反应迟钝变得更加明显。昏迷前可出现扑翼样震颤,昏睡和昏迷阶段可出现全面强直-阵挛发作。抽搐常是尿毒症性脑病的晚期表现。约 40% 的尿毒症患者出现不安腿综合征(restless legs syndrome, RLS),可能是脑病的症状之一。

【辅助检查】

头颅 CT 和 MRI 的表现常无特异性,但有助于排除其他病变,如缺血性卒中,脑出血,硬膜下血肿等。EEG 异常在急性肾衰者中较慢型肾衰者明显,早期表现为弥漫性的低电压慢波,后期表现为弥漫性慢波中有高波幅慢波。血内氮质增高和二氧化碳结合力降低。约 35% 的尿毒症患者出现脑膜刺激征,其中半数患者出现脑脊液(CSF)细胞改变。约 60% 的尿毒症患者 CSF 蛋白含量>60 mg/dl,20%超过 100 mg/dl。血液透析后 CSF 蛋白含量可立即降至正常。

【诊断】

在已确诊肾功能衰竭的基础上,如发现疲倦、无力、少动、抽搐等神经精神症状,并有血氮质增高和二氧化碳结合力降低,可考虑尿毒症性脑病的诊断。

【治疗】
1) 针对病因治疗,改善肾功能。
2) 神经并发症对症处理,抽搐可用地西泮 20 mg 静脉缓慢推注或苯巴比妥 0.1 g 肌注。
3) 出现扑翼样震颤或意识障碍应使用透析治疗。血尿素氮超过 37.5 mmol/L 时应积极透析治疗。

二、尿毒症性神经病

尿毒症性神经病(uremic neuropathy)是慢性肾功能衰竭最常见的神经系统并发症,是一种远端、对称性的主要累及轴突的混合型感觉运动神经病,对下肢的影响大于上肢。男性较女性更常见。临床上与慢性酒精中毒和糖尿病所致的神经病变很难区分。尿毒症性神经病的进展速度在不同个体差异很大,通常超过数月,但也可呈暴发性起病。

1. 多发性周围神经病 临床表现根据病情严重程度而有不同,初期或轻症患者可无症状。症状下肢重于上肢,远端重于近端,以感觉神经受累较明显,感觉丧失以手套-袜子样分布最常见,常伴有疼痛。当症状主要集中于下肢,患者会感觉到大腿或小腿皮下异常蚁行感,夜间症状更明显,活动后可减轻,患者因此不自主的活动双腿,称为不安腿综合征。透析治疗改善症状,但不如肾移植有效。缓解神经痛可口服卡马西平、氯硝西泮、加巴喷丁。三环类抗抑郁药也可能有效。

2. 自主神经病 发病机制不明。可能与透析不充分、毒素不能被有效地清除有关。发病率随着肾脏透析治疗时间的延长而增加,以低血压为主要临床表现,患者易出现体位性低血压或在透析过程中发生低血压,还可有性功能障碍及迷走神经功能紊乱的表现,如腹胀、便秘、腹泻、尿潴留、心律失常。加强透析,改善透析方法可缓解症状,必要时行肾移植治疗。

三、透析相关的神经系统损害

透析造成血液内代谢产物迅速被清除,血-脑屏障又使脑实质、脑脊髓中尿素及其他物质浓度下降速度减慢,造成脑脊液渗透压比血液高,水分则由血浆渗入脑脊液和脑细胞,出现颅内压增高和脑水肿。此外,透析后水、电解质失衡,二氧化碳透过血-脑屏障,而 HCO_3^- 则不能透过,造成脑内酸中毒。

1. 透析性脑病 透析性脑病(dialysis encephalopathy)是长期血液透析过程中最严重的致命性并发症,其发病率为 2%~15%(平均 4%~6%),又称为透析性痴呆(dialysis dementia)。多发生在有 2 年以上透析史的患者。

临床以进行性痴呆、言语障碍、运动障碍、痉挛和精神障碍为主要表现。首发症状常是口吃或语言表达迟疑,言语障碍在透析中或透析后加重,最初仅可在这些阶段发现语言表达障碍。随病情进展,言语障碍表现为构音障碍或失语,痴呆和肌阵挛性抽搐逐渐明显。急性透析性脑病,常于透析后出现躁动不安,甚至谵妄、精神错乱,出现错觉、幻觉,可持续数日。长期透析所致的进行性脑病,多于透析的 14~36 个月时发生,呈亚急性起病,进行性发展,可有周期性波动,主要表现为失语、痴呆、肌阵挛、癫痫发作和行为失常等。

脑电图出现弥漫性多灶性慢波及额中区双侧同步性棘慢综合波。神经影像和脑脊液检查无特征性,仅用于排除其他病变。近年来随着透析技术的发展,透析性脑病发病率已明显下降,早期多无症状或仅有注意力、记忆力下降,随着病情加重出现以高级神经功能障碍为主要表现的症状。

治疗以减轻脑水肿、抗癫痫和精神症状对症处理为主。

2. 平衡失调综合征 平衡失调综合征(dialysis dysequilibrium syndrome)是指在血液透析(通常仅指人工肾透析)以后,由于有效透析导致体液容量及化学渗透平衡校正过速引起,影响了细胞内、外渗透压的平衡,并由此引起一系列与肾功能衰竭本身无直接关系的症候群。

透析过快时,脑脊液中的尿素等其他大分子物质由于血-脑屏障的存在难以清除,与血浆中这些物质的浓度形成渗透压差,使颅内和细胞内渗透压增高,造成脑水肿。多发生在透析初期,常因透析过快后出现,症状在透析后 3~4 h 出现,也偶见于透析后 8~24 h 后。

本病临床表现多样,从轻度头痛、恶心、肌肉痉挛到更少见的反应迟钝、意识模糊或谵妄。大约 5% 以上的患者可发生精神异常,甚至出现意识障碍。一些患者因眼内压增高而出现突眼。症状往往为自限性,在数小时后消退,但谵妄可以持续数天。MRI 可发现脑体积增大。

本病一经诊断,应给予高渗葡萄糖、3% 氯化钠或 5% 碳酸氢钠静滴调整血浆渗透压。注意透析方法,首次采用低血流量，增加透析频率，缩短透析时间可减少发病风险。对多次透析患者应提高警惕，加强监测。

3. Wernicke 脑病 慢性肾功能衰竭患者在透析过程中会进一步丢失氨基酸、维生素、微量元素及其他营养物质，其中维生素 B_1 丢失比较常见，受损的主要部位是丘脑、下丘脑、乳头体、中脑导水管周围、第四脑室顶（特别是迷走运动背核和前庭核）和小脑上蚓部。

临床表现通常首先出现共济失调，数天或数周后精神错乱，并出现眼震和眼肌麻痹。MRI 检查较 CT 更敏感，早期能发现双侧丘脑和脑干的对称性病变，典型改变为第三脑室和导水管周围有对称性长 T_2 信号影，其特征性神经病理异常表现是乳头体萎缩。Wernicke 提出的三联征：眼肌麻痹、共济失调和精神意识障碍具有诊断价值。治疗以补充大剂量维生素 B_1 为主，同时控制原发病，加强支持治疗。值得注意的是，对确诊或怀疑本病的患者，严禁在补充维生素 B_1 前先给予葡萄糖或皮质激素，因葡萄糖会大量耗竭体内维生素 B_1，导致症状加重。皮质激素也可阻碍丙酮酸氧化，导致昏迷。

第六节 结缔组织病相关的神经系统并发症

一、系统性红斑狼疮

系统性红斑狼疮（systemic lupus erythematosus，SLE）对神经系统的损伤可累及中枢神经系统和周围神经系统，脑损害弥漫全脑，脑血管广泛受累，白质可出现脱髓鞘改变；周围神经主要以多灶性不对称的脱髓鞘改变为主。

【病因及发病机制】

中枢神经系统狼疮的发病机制尚不清楚，目前的研究认为，本病的发生、发展是在 SLE 基础上，多种因素共同作用下导致的免疫损伤。可能与下列因素有关：抗磷脂抗体、抗神经元抗体、抗核抗体 P 蛋白导致中枢神经系统免疫损伤；免疫复合物沉积引起血管炎和管腔狭窄或闭塞，如抗磷脂抗体能引起血小板聚集，血管内皮损伤致血管血栓形成；另外，抗神经元抗体还可直接造成神经细胞受损。

【临床表现】

神经症状可出现在 SLE 的各个时期或先于 SLE。主要的神经精神症状表现为：

1. 头痛 是 SLE 最常见的神经症状。主要表现为偏头痛，其次是紧张型头痛。糖皮质激素治疗可以缓解头痛。

2. 癫痫 5%～10% 的 SLE 患者以癫痫为首发症状，常被误诊为原发性癫痫。发作形式多样。

3. 脑血管病 是 SLE 常见的神经症状，占 3%～15%，包括各种形式的卒中，病因可为脑血管病变、心源性栓塞等。

4. 狼疮性脑病 指神经影像上未发现明确病灶但有精神症状的脑病，发生在 SLE 的活动期或终末期，由于病变累及中枢神经系统，故而出现一系列的精神、神经症状。临床表现为意识模糊、胡言乱语、幻觉、痴呆、抑郁等精神障碍。CSF 检查可出现蛋白、中性粒细胞及淋巴细胞升高。临床上，当患者出现精神障碍伴神经病变或脑脊液异常时多考虑为狼疮性脑病。

5. 无菌性脑膜炎 包括急、慢性脑膜炎，可为首发症状，也可为复发。临床表现为头痛、呕吐、颈强直。查体可见脑膜刺激征。CSF 压力可增高，淋巴细胞可增高，但查不到病原菌。

6. 脑神经损害 主要累及视神经，也可累及面神经、三叉神经及后组脑神经。

7. 脊髓病 可作为 SLE 的最初临床表现，常为急性或亚急性起病，胸髓受累居多，表现受累平面以下运动、感觉和自主神经功能障碍。脊髓 MRI 可见相应节段病灶。CSF 蛋白和淋巴细胞可升高。约 1/4 脊髓病变还合并视神经损害，需与视神经脊髓炎相鉴别。

8. 周围神经病变 主要表现为感觉异常、痛觉减退，其次为感觉性共济失调，比较少见。

9. 认知障碍 比较常见，表现为记忆力减退，可恢复，也可复发。影像学上可有脑梗死和白质疏松的征象。

【辅助检查】

1. 脑脊液 CSF 压力可升高，一般为轻度升高，也可高达 400 mmH$_2$O。大多数患者可出现蛋白升高，糖和氯化物多正常，也可降低。可见抗神经元抗体和抗淋巴细胞的 IgG 抗体。C4 补体降低常提示活动性狼疮脑病。

2. 血清免疫学 血清中的一些抗体和临床症状有一定关系。如抗淋巴细胞抗体与认知障碍有关，抗核蛋白 P 抗体和神经症有关，抗心磷脂抗体与脑梗死、舞蹈病和脊髓炎有关。

3. MRI MRI 的阳性率高于 CT，但特征性不强，可见多发性脑梗死、脑出血、脑萎缩、白质疏松、脊髓异常信号等。

4. 脑电图 发生癫痫的 SLE 患者有相关的脑电图异常改变,但对诊断 SLE 无特殊意义。

5. 肌电图 当累及周围神经时可出现神经传导速度的减慢,个别提示轴索损害。

【诊断】

当 SLE 患者伴发神经、精神症状时应考虑诊断 SLE 神经系统并发症。在 SLE 症状不典型或神经、精神症状先于 SLE 之前者易导致误诊,当神经、精神症状不能用其他疾病解释时,应注意行 SLE 的相关检查。因脑梗死、脑出血、蛛网膜下腔出血就诊的患者应除外动脉粥样硬化及脑血管病其他危险因素。

【治疗】

1. 一般治疗 避免诱因如紫外线照射、精神刺激、过度劳累。SLE 急性期应休息,积极控制感染。

2. SLE 治疗 糖皮质激素是治疗 SLE 的主要药物,一般以甲泼尼龙冲击治疗为主,然后给予地塞米松或泼尼松维持治疗。病情严重者通常需要激素联合免疫抑制剂治疗。常用环磷酰胺、硫唑嘌呤静脉注射,甲氨蝶呤鞘内注射等治疗。应注意预防激素和免疫抑制剂的不良反应。

3. 神经症状治疗 主要为对症治疗,如抗癫痫治疗,脱水剂降低颅内压,周围神经病用激素和 B 族维生素。

第七节 恶性肿瘤的神经系统并发症

一、副肿瘤综合征

神经系统副肿瘤综合征(paraneoplastic neurological syndrome,PNS)是指一些恶性肿瘤非直接侵犯及非转移引起的神经和(或)肌肉组织损伤的一组综合征,也称为肿瘤的远隔效应。它不包括肿瘤的直接压迫、浸润、转移等引起组织破坏所致的症状,也不包括在肿瘤治疗过程中如手术,放、化疗及其他治疗引起的症状。由于肿瘤引起的营养、代谢障碍和应用免疫抑制剂引起的各种感染后发生的症状也不属于副肿瘤综合征。PNS 极少见,仅见于 0.1% 以下的肿瘤患者。大多数伴有 PNS 的患者在肿瘤确诊前就出现神经系统症状。

1. 副肿瘤性小脑变性 副肿瘤性小脑变性(paraneoplastic cerebellar degeneration,PCD)又称为亚急性小脑变性(subacute cerebellar degeneration),是最常见的 PNS。可并发于各种恶性肿瘤,最常见的是小细胞肺癌。大多数患者神经系统症状可先于原发癌肿数月到 2~3 年出现。

临床表现以小脑症状和体征为主,常以恶心呕吐、眩晕或步态不稳为首发症状,病情逐渐加重并出现构音障碍、眼震、复视、共济失调,还可伴有轻微的锥体系和锥体外系的改变。症状在数月内逐步发展达到高峰。

辅助检查中头颅 CT 和 MRI 早期正常,但 T_2 加权像偶见小脑的弥散高密度影。随疾病进展出现弥漫性小脑萎缩。患者血清和脑脊液可查见自身抗体,如 Yo 抗体(妇科肿瘤)、Hu 抗体(小细胞肺癌)、抗 PCA-Tr 抗体和 mGluR1 抗体(霍奇金病),或 Ri 抗体(胸部肿瘤)等。CSF 检查无特异发现,可有轻度淋巴细胞和蛋白含量升高。根据原因不明的急、慢性小脑性共济失调,结合血液或 CSF 检查的抗神经元抗体诊断本病不难。早期对癌肿手术治疗及血浆交换可能对 PCD 症状有所缓解。

2. 副肿瘤性脑脊髓炎 副肿瘤性脑脊髓炎(paraneoplastic encephalomyelitis,PEM)是指侵入中枢神经系统多部位的副肿瘤综合征。引起 PEM 最常见的肿瘤是小细胞肺癌。临床上根据主要累及不同部位所出现的临床表现而进行分类。损伤颞叶和边缘叶为主的称为副肿瘤性边缘叶脑炎,损伤脑干为主的称为副肿瘤性脑干脑炎,损伤脊髓为主的称为副肿瘤性脊髓炎。根据损伤部位的不同临床症状也多种多样。如病变主要侵犯颞叶和海马,表现为近记忆力减退、定向力障碍、行为异常、虚构、幻觉、抑郁及多种形式的癫痫发作等。如病变累及脑干延髓,表现为眩晕、恶心、吞咽困难、构音障碍、锥体束征。如累及脊髓前角,表现为慢性进行性对称或不对称的肌无力、肌萎缩,上肢常见。如仅有单一部位的神经系统功能障碍则不能诊断脑脊髓炎。一半以上的患者脑脊液或血清检查可查见抗 Hu 抗体。MRI 提示受损部位的炎症表现。

目前对 PEM 没有特殊的治疗方法,应用糖皮质激素、免疫抑制剂治疗有效,治疗原发疾病后可得到改善。对 PCD 而言,有报道血浆置换也可稳定病情,乳腺癌合并 PCD 的预后好于患有其他妇科肿瘤合并 PCD。对癌肿及早行手术治疗可能对 PCD 症状有所缓解。

3. Lambert-Eaton 综合征(Lambert-Eaton syndrome,LES) 本病是一种免疫介导的神经-肌肉接头传递功能障碍性疾病,主要累及胆碱能突触前膜的电压依赖性钙通道。引起 LES 可为肿瘤性或其他自身免疫性疾病。引起肿瘤性 LES 最多见的因素为小细胞肺癌(约 60%),其他也可见于前列腺癌、子宫癌、淋巴瘤和腺癌等。由于肿瘤细胞表面的抗原决定簇与突触前膜神经末梢钙通道蛋白有交叉免疫反应,产生抗体对神经末梢前膜产生免疫应答,导致钙通道开放障碍,继而突触前膜释放乙酰胆碱障碍,导致神经-肌肉接头传递功能障碍。

临床上多发于成年男性,多伴有癌肿,神经系统症状常先于肿瘤表现,间隔期可长达5年。临床以进行性肌无力为主要表现,常以走路、上楼困难为首发症状,休息后不能缓解。一般不累及脑神经支配的肌肉。半数以上患者伴有胆碱能自主神经功能障碍或合并其他PNS。

辅助检查中,新斯的明或滕喜龙试验常阴性,可有弱反应,但不如重症肌无力敏感。最具特征性改变的是肌电图,表现为低频(10 Hz以下)刺激时动作电位波幅变化不大,而高频(10 Hz以上)重复电刺激时波幅递增可达200%以上。根据典型的临床症状结合辅助检查及肿瘤病史诊断不难。需与重症肌无力相鉴别,胆碱酯酶抑制剂如溴吡斯的明通常无效。

治疗上以针对原发肿瘤为主。血浆置换有效,但疗效短暂,可在应用血浆置换后加用免疫抑制剂或免疫球蛋白。避免应用钙通道阻滞剂如尼莫地平、维拉帕米、氟桂利嗪等。

二、恶性淋巴瘤的神经系统并发症

恶性淋巴瘤的神经系统并发症多出现于肿瘤进展或复发期,侵犯脑膜、脑实质、脊髓或神经根。

1. 软脑膜淋巴瘤 表现为头痛、呕吐、意识改变、癫痫发作、脑神经受累等颅内压增高和侵犯颅底及神经根的症状。脑脊液检查可发现肿瘤细胞,MRI显示脑膜增强或神经根增强结节。

2. 硬膜外及硬膜下淋巴瘤 不同部位受累引起相应临床表现,如轻偏瘫,言语和认知障碍,癫痫发作及颅内压增高等。颅底淋巴瘤可压迫脑神经或累及垂体和下丘脑,脊髓受压引起相应节段根痛。

3. 颅内损害和周围神经损害 颅内损害症状因病灶部位而异,周围神经损害可表现为感觉运动性神经病、亚急性运动性神经病和感觉性神经病。

通常恶性淋巴瘤较晚累及神经系统,在出现神经系统损害症状之前,一般已有身体其他部位淋巴结受累的表现。因此,怀疑恶性淋巴瘤时要进行详细的体格检查,一旦发现全身无痛性淋巴结肿大,要进行组织病理学检查,诊断不难。恶性淋巴瘤的治疗主要以化疗为主,化、放疗结合进行综合治疗。但是,不同病理分型淋巴瘤的具体用药方案不尽相同,详细治疗方案请参见相关专业书籍。

(刘　鸣　孔繁一)

思　考　题

1. 什么是系统疾病神经系统并发症的诊断与处理原则?
2. 如何早期诊断肝性脑病?
3. 糖尿病的神经系统损害有哪些临床表现?
4. 何谓Lambert-Eaton综合征?有哪些临床特点?
5. Lambert-Eaton综合征如何与重症肌无力鉴别?
6. 病例分析

【病史摘要】

患者,女性,42岁,因"恶心、呕吐、腹痛4天,意识障碍8小时"入院。入院前3~4 d因进食较多,出现恶心、呕吐、腹痛,未在意,自服"胃药"后,病情无好转。8 h前出现兴奋躁动,并逐渐出现意识不清而入院。既往有10年慢性乙型肝炎史及5年高血压病史,3年前被诊断肝硬化失代偿,否认糖尿病、癫痫史。

入院查体:T 37.7℃,P 100次/min,R 24次/min,BP 160/100 mmHg。面色晦暗,口唇略发绀,呼气有肝臭味,全身黏膜黄染明显。双肺呼吸音粗,可闻及干、湿啰音。心律齐,未闻及杂音。腹软,肝脾未触及,肝上界位于右侧锁骨中线第5肋间,腹水征(-),四肢可活动,双下肢无水肿。

神经科查体:浅昏迷,压眶有反应,双瞳孔等大等圆,光反射存在。四肢对疼痛有躲避反应。颈有抵抗,Kernig征(-)。肌张力增高。腹壁反射、膝腱反射、跟腱反射消失,双侧巴宾斯基征(-),未引出扑翼样震颤,踝阵挛(+)。

辅助检查:肝功能T-Bil 255 μmol/L、ALT 2 200 u/L、AST 850 u/L、胆固醇1.61 mmol/L、总胆汁酸465 mmol/L、胆碱酯酶2 230 u/L;血糖8.1 mmol/L;肾功正常;血氨130.9 mmol/L;HBVM示HBsAg(±)、HBcAb(+)、HBeAb(+)、HBcIgM(+);HBVDNA 5.661×10^9 copies/ml;血常规WBC 7.1×109/L,RBC、Hb正常,PLT 106×10^9/L,N 73%,血钾4.0 mmol/L,CO_2-CP 25 mmol/L。脑电图示:弥漫性尖波。心电图示:窦性心律、ST段略下移。

入院头颅CT及MRI未发现异常。

入院诊断：肝性脑病、肝硬化失代偿期，慢性乙型肝炎，高血压病Ⅲ级、极高危，电解质紊乱。

入院后下病危，Ⅰ级护理，记出入量，心电监护，给予降氨、灌肠治疗肝昏迷，降颅内压，补钾，利尿，降血压，抗感染及白蛋白和新鲜血浆等处理后，患者于入院8 h后神志转清，复查血氨水平下降，脑电图正常。入院第3日，患者突然出现四肢间断痉挛，急查头颅CT，诊断为左枕顶叶脑出血，治疗无缓解，于第3日晚出现脑水肿、脑疝，抢救无效而死亡。

【诊断分析】

1. 病史特点

(1) 中年女性，起病急，变化快，有乙肝、肝硬化、高血压等基础疾病史，以突发恶心、呕吐、腹痛伴意识障碍为主要症状。

(2) 内科查体可见慢性肝病急性加重的表现，神经系统查体以意识障碍，肌张力增高为主要阳性体征。

(3) 辅助检查显示肝功能异常和血氨升高，支持意识障碍等神经症状可能与肝脏病变有关。头颅CT及MRI未发现脑内病灶，排除原发脑部病变可能。EEG异常提示脑功能已受到影响。入院后头颅CT提示脑出血。

2. 最后诊断　　根据该患者的上述临床及辅助检查特点，可以得出如下诊断：左枕顶叶脑出血、脑疝、呼吸循环衰竭、肝性脑病、肝硬化失代偿期、慢性乙型肝炎、高血压病Ⅲ级、极高危、电解质紊乱。

参考文献

胡兴越. 2007. 神经内科疾病临床治疗与合理用药. 北京：科学技术文献出版社

王维治. 2006. 神经病学. 北京：人民卫生出版社

Brouns R, De Deyn PP. 2004. Neurological Complications in Renal Failure：A Review. Clinical Neurology and Neurosurgery. 107(1)：1~16

Rowland LP, Pedley TA. 2009. Merritt's Neurology, 12th edition. Philadelphia：Lippincott Williams & Wilkins

Weisberg LA, Garcia C, Strub R. 2010. Essentials of Clinical Neurology：Neurological Complications of Systemic Diseases, www.psychneuro.tulane.edu/neurolect/